广东省博物馆事业发展基金会
Guangdong Museum Development Foundation

本书由广东省博物馆事业发展基金会捐赠出版，

并获广州市宣传思想文化领军人才培养项目资助。

空谷足音

敦复书室信札整理与研究

第一卷

程存洁　著

文物出版社

图书在版编目（CIP）数据

空谷足音：敦复书室信札整理与研究 / 程存洁著
. —— 北京：文物出版社，2024.2
ISBN 978-7-5010-8139-4

Ⅰ.①空… Ⅱ.①程… Ⅲ.①考古学—中国—文集②
书信集—中国—现代 Ⅳ.① K870.4-53 ② I266.5

中国国家版本馆 CIP 数据核字 (2023) 第 136152 号

空谷足音

敦复书室信札整理与研究

著　　者　程存洁

责任编辑　卢可可　吕　游
封面设计　王文娴
责任印制　张　丽

出版发行　文物出版社
社　　址　北京市东城区东直门内北小街 2 号楼
邮　　编　100007
网　　址　http://www.wenwu.com
经　　销　新华书店
印　　刷　北京墨阁印刷有限公司
开　　本　889mm×1194mm　1/16
印　　张　48
版　　次　2024 年 2 月第 1 版
印　　次　2024 年 2 月第 1 次印刷
书　　号　ISBN 978-7-5010-8139-4
定　　价　800.00 元（全二卷）

序

程存洁先生著《空谷足音——敦复书室信札整理与研究》一书（以下简称"程书"）已蒇事，将清样交给我，托为通读并写点意见。对于朋友找我读他们的未刊论著，我历来乐于接受，因为我觉得朋友找我，是对我的信任；其次，这是一个学习的机会，读后无疑会增长知识、开阔视野；第三，一个人不论是否名家，他的文章都是改出来的，谁也做不到"文不加点"，切磋学问，便是互相讨论，互相帮扶。但是，当我翻动这近八百页书稿清样的时候，深感自己的应承有些草率。我对罗原觉其人其事知之不多，从目录上经眼所及，书中收录人物太多，范围太广，以本人所见所知，实不足以言作序。但已答应，自不能食言，只好黾勉从事了。

当代广东文史界，对罗原觉的名字比较陌生。他在 20 世纪 40 年代末期便定居香港，60 年代中期去世了。前些年，广东曾有学者撰长文介绍罗原觉，认其为"岭南碑帖第一人"，并对他在古字画、石刻拓本，碑和碑帖，金石，砖，瓦，木刻字，古印章、印谱，乃至玉石、陶瓷、造像、端砚等，无不极力收集，并加以研究。梁启超曾在致友人信中说："友人罗原觉，精鉴别，所藏颇有尤物。"便是有感而发。及定居香港，经中山大学商承祚教授介绍与联系，罗原觉及其家属相继将所藏部分友朋函札捐赠给广州博物馆收藏。平实地说，在 20 世纪上半叶，罗原觉是岭南地区屈指可数的文博学者。这种判断，可从程书内容得到证实。

有关程书的编著过程，在本书《自序》中已经说得很清楚，从立意到成书，已历三十年。当他接触到罗氏的资料后，先是系统收集和整理罗氏已刊和未刊著述文稿，整理捐赠品中的碑拓、书画等各品类文物，对岭南这位文物鉴藏家、学者的所专所长和学识，逐渐加深了认识，做到"知人"这一步。其次，是整理和研究罗氏所藏亲友往来信札，这就是"知交"——知其所交游。在此整理过程中，按人头将来往信札加以研究，先后撰成七十余篇论文，其中部分信札是罗氏所藏而非其本人直接与亲友的往来信件，因为内文有关文博行业之事，一并加以收存研究。

在程书中，经著者考实的信札作者，既有粤港澳地区的，也有京津沪等地乃至国外的；既有一般文博界的友人，也有名声彰著的学者、官员等各式人物，关于这类人，可列一长串名单，如王国维、黄节、蔡守、丁文江、周季木、朱师辙、朱希祖、汪兆镛、张元济、邓实、陈少白、李仙根、邹鲁、韩树园、陈融、沈曾植、马衡、黄宾虹、关冕钧、王秋湄、梁启勋、熊闰同、温廷敬、李沧萍、李韶清、古直、姜忠奎、黄居素、胡毅生、陈宗孟、曾传轺、钟介民、徐新六、袁枥准、陈洵、罗惇曧、罗惇曧、罗君美、易大厂、龙泽厚、李次武、谭瑑青、徐良、陈熙橡、陈承修、江天铎以及日本的犬养毅、原田淑人等人。要查清楚这六七十位信札作者的情况及与罗氏的关系，并撰文介绍，绝非易事，但存洁先生做到了，条分缕析，解说清楚，各篇文章，都值得一读。

在罗氏这批友朋中，黄节是与他关系最为密切的一位。因为黄的关系，黄的学生丰顺李沧萍、女婿李韶清（沧萍之弟）也成为罗氏的文友。程书所收《广州市市立博物院创始人黄节与罗原觉交往简述》即记其事。据载，罗氏的"敦复书室"是1925年由黄节起名并刻匾的。黄罗间通函保存下来的达二十封之多。1998年，广东人民出版社影印出版了由欧初先生撰写《前言》的《蒹葭楼自定诗稿原本》，其中收录了己巳年（1929）写的《濠镜寄广州罗原觉》一诗。另外，黄节壬申年（1932）写的《我诗》："亡国哀音怨有思，我诗如此殆天为。欲穷世事传他日，难写民间尽短诗。习苦蓼虫惟不徙，食肥芦雁得无危？伤心群贼谋经国，孰谓诗能见我悲。"该书《前言》中说，黄文宽先生生前曾对作者欧谓，"晦公逝后翌年，于广州永汉路（今北京路）仰忠街口吉祥茶楼举行纪念活动，展出晦公诗书作品，中有折扇书赠罗原觉《我诗》，因有所忌讳，展出时折盖'伤心群贼'等二句。"此诗写于"九一八"事变、"一·二八"淞沪抗战之后，形势岌岌，国家危亡即在眼前，黄为罗氏题此诗，足见彼此皆有同感，且系可以推心置腹之人。可惜，次年黄节便去世了，罗氏也从此失去了这位师友、同道与知音。

程书的一个显著特点，是在整理信札时，对各函件加以标点、释文，并相应撰文考订史事，或旁及其他事项。同时，尽可能地记述信札的保存现状等信息，从而拓展信函的学术空间，并通过对信札的解读，力求发掘书写者的学术业绩、学术交往及其性格情趣等历史信息。如程书收录的《新发现王国维书信考释——兼论晚清民国广东商周青铜器的收藏及与湖南的渊源关系》《从新见信函谈粤籍学人汪兆镛与罗原觉的学术交往》《新发现蔡哲夫遗函考释》《陈少白的书画情》《丁文江的人格魅力》《班马传家作史官——读经史小学名家朱师辙的一封书信》《因书结缘——读张元济写给罗原觉的两封书信》《入粤为寻绍武来——朱希祖的一封遗函读后》《马衡先生鉴定文物的一张便签》《寻常一物关兴废——从李仙根遗函所获文物收藏启示》《罗原觉日本之行考略》等内容，就是以罗原觉往来信函为中心，谈及更为广阔的学人学术交流活动。通过研究，揭示了民国时期一些南北学人鲜为人知的资讯，拓展了民国史研究资料范围。

晚清以降，文物出土渐多，文物交易日盛，而且日本欧美西方列强大肆盗窃、掠夺，大大刺激了文物市场，加速了文物的流转。通过程书所收函札的内容，可以说，罗原觉也是一名文化商人。在文物出土、流转与整理、研究中起桥梁作用，他确是将自己的藏品中的"尤物"，挑出其中部分转手，进行交易。当然，他也对文物进行整理和研究，有其鉴品水平，否则，便不会有众多海内名家与之来往了。

存洁先生在编著这部书稿时，因为所收各该信函的作者有的是名家，其经历与著述不难看到；有的是名不见经传而又是具有学术可观的普通文博界人士，故在标点、释文后进行相应研究时，便不能不定一个原则，用他的话说，是秉持"详人所略，略人所详"，在各文中加以体现，在此过程中，自然也就展现出他的学术心得与学术成果，体现出作者严谨的治学风格。书中所收信札，从时间上说，有的几近百年，保存不易，陈年漫漶或破损，个别信札有字迹难以辨认者，编著者虽然努力将事，或求教通人，可能仍有失当之处，相信读者会不吝指正。

函札、书信，旧称尺牍。"付诸洪乔"故事，相传已近一千六百年。此通信手段原为我国所固有，积渐而传诸四裔汉文化圈者。然而，民国以后，此具程式之技，日见式微，致有某校学生不能书一函者。盖尺牍以文字为载体，文以载道，字为书法，书画并称，名家之作，在文化范围为艺术品。尺牍不昌，自难有书法之可究，书艺亦趋淡化。程书所收各家函札，属名家之品者，叙事为历史资料，书法则洵属珍品。程书刊世后，闲暇无事，随手翻阅，当会心旷神怡，不知读者以为然否？

《空谷足音——敦复书室信札整理与研究》的出版，是岭南文博界的一宗盛事，可喜可贺。承蒙存洁先生厚意，使我得以先读为快，读后受益良多。以上，拉杂写了一些粗浅的随笔，以报存洁先生，并乘此机会诚恳地向读者推荐。

李吉奎

二〇二三年五月廿九日

于广州中山大学寓所

1990 年 7 月，我从中山大学历史学系毕业，分配到广州博物馆工作。1992 年 1 月，馆领导安排我到罗冲围文物库房参加馆藏文物的整理工作，编目造册。这项工作是馆领导特意安排的，目的是让我们年轻人尽快熟悉馆藏家底。当时，博物馆的文物库房分散在广州城郊的三个地方，其中最偏远的就是位于罗冲围的这间文物库房，它在一栋厂房的二楼，面积较大。整理室设置在库房靠南面的一间房间里。每天我都会骑着自行车，往返于市中心与郊区之间，风雨无阻。这次文物整理编目工作持续了数月。正是在这次整理工作中，我第一次接触到了罗原觉先生及其家属捐献的文物。

罗原觉（1891～1965），原名罗泽堂，别字韬元、弢盦、恽卢等，号道在瓦斋、菜园病叟、平宁瓷佛庵等，广东南海人，著名文物鉴藏家兼学者，广州市市立博物院 14 名筹备委员会委员之一。抗日战争期间，一批暂居香港的广东文化人组成"中国文化协进会"，联合本港的文化界专家学者及文物鉴藏家等有志之士，举办了一场前所未有的"广东文物展览会"。罗原觉以"平宁瓷佛庵"之名，将自己收藏的宋代潮州石印章"许申之印"等许多文物珍品借出展览。这次展会办得很成功，极大地鼓舞了国人的爱国之心。

在我入职广州博物馆之前，罗原觉先生及其家属已两次向博物馆捐献了文物。第一次是 1965 年 1 月，罗原觉先生在香港委托李子诵先生将"隋南海王夫人碑志"带回广州，捐献给国家。这块墓碑是广东四大隋碑之一。第二次是 1988 年 8 月，罗原觉先生的妻子黄宝权女士向博物馆捐赠了一大批文物古书。据我当年整理时留下的不完整统计，古书有 142 部共 519 册[1]，文物有碑拓、陶瓷、铜器、玉器、书画、信札等品类[2]。

罗原觉夫妇是民国时期著名的粤籍文物鉴藏家兼学者，他们捐赠的这批文物具有极高的历史和艺术价值。只是当年的我，在文物鉴赏方面的学识和修养都还较浅，无法感受到这批文物古书所具有的价值。在整理这批文物古书时，我对黄宝权女士捐献的两件元代铜权很感兴趣，做了粗浅研究，撰写了《广州博物馆藏三件元代铜权》，后刊发在《考古》1995 年第 10 期。

随后的数年里，罗原觉、黄宝权夫妇的子女又多次向国家捐献文物文献资料。1995 年 9 月，罗德慈女士向广州博物馆捐献罗原觉藏亲友往来信札三百余件及罗原觉研究碑拓、字画等文物的著述文稿复印件一批。同年 12 月，罗德慈女士再次捐献罗原觉生前使用的墨砚一方和毛笔二支。1996 年，她第三次向博物馆捐献罗原觉生前穿过的男装黑绒长袍一件、使用过的素身拐杖一支及罗原觉个人原版照片两张。2001 年 6 月，罗思穆先生从香港带回其父罗原觉先生著述稿的油印本及影印件，捐给了广州博物馆。这批油印本及影印件，计有《汉任城武氏墓前石室测议》《隋南海王夫人墓志》《隋南海王夫人墓志跋》《故太原王夫人墓志铭并序》《宋元耕织图画本记略》《顾闳中绘韩熙载夜宴图记》《唐张九龄撰书徐楎墓碣》《广东重修天庆记》《元高明撰书碧梧翠竹记卷》《李卓吾传》《李卓吾批评水浒传容与堂藏版初印本》《诸帖刊误》等。

在后续的文物整理工作中，及与罗原觉先生子女的交往中，我逐渐认识到罗原觉先生收藏的这批文物及其个人著述文稿具有很高的历史、艺术和学术价值，解读这批文物将有助于了解民国时期学人之间的交往、友谊及生活习性等，于是下定决心整理研究这批藏品。也是从那时开始，我有计划地收集罗原觉及相关人员的历史文献资料。

对上述捐赠品进行整理研究，我原计划分两部分进行：一是系统收集和整理罗原觉先生已刊和未刊著述文稿，整理研究捐赠品中的碑拓、陶瓷、铜器、玉器和书画等品类文物。这部分工作，我开展得较早，在 2012 年至 2014 年间曾整理了罗原觉先生的两篇未刊文稿，一篇是由罗思穆和罗德慈提供的《汉任城武氏墓前石室测议》。这篇文稿的整理工作是由笔者与宋平、陈鸿钧两位同事一起完成的。该文后刊登在 2013 年 6 月文物出版社出版的《广州文博（陆）》。另一篇是《李卓吾批评〈水浒传〉容与堂本》。

容与堂本《水浒传》原为罗原觉收藏，现收藏在国家图书馆善本部。这篇文稿的整理工作是由笔者与宋平一起完成的。后该文与罗原觉先生发表在1959年2月7日香港《文汇报》上的《"朵云轩""藏修堂"水浒全图两版刻之校异》一文，同时刊登在2014年8月文物出版社出版的《广州文博（柒）》。遗憾的是，这部分的研究后来随着我工作岗位突然发生变动而被迫中断[3]。

二是整理和研究罗原觉藏亲友往来信函。这批信函写于民国时期，以学人、友人写给罗原觉的信函为主。早在2000年初，我已开始留心收集与这批信函内容相关的历史资料。

记得2006年我在博物馆的图书室查阅图书资料时，意外地发现一本《蔡哲夫信函册》，册中信函涉及多个与罗原觉有往来的学人。我当时真是欣喜万分！

《蔡哲夫信函册》由蔡哲夫的夫人谈月色装订，早年广州博物馆工作人员以人民币2.5元从广州市古籍书店书画门市部购得。为了保护好这本珍贵信函，我建议博物馆工作人员将该信函册，连同图书室里收藏的其他手写本、1923年广州地图等数件珍品，调至文物库房保管。数年后，笔者依据这本《蔡哲夫信函册》，撰写了《从新发现的两封黄宾虹书信看黄宾虹与粤籍文人的交往》一文，收录在2013年11月岭南美术出版社出版《岭南画派在上海国际学术研讨会论文集》中。

2015年12月，笔者曾借孙中山大元帅府纪念馆"祝福的印记——传统童服里的故事"艺术展在香港文化博物馆开展之际，抽出时间前往香港大学调查罗原觉先生留存香港的物品情况，并在该校冯平山图书馆取得了意想不到的收获，查阅到了罗原觉的部分藏品[4]。

2017年5月，笔者承蒙广东省博物馆白芳博士告知，获悉广东省博物馆早年入藏了六封《李仙根致罗原觉函》；2017年9月，承蒙香港中文大学文物馆馆长林业强先生告知，又获悉香港中文大学文物馆于1992年1月在北山堂的资助下，入藏了三十多种罗原觉藏碑帖拓本[5]。2022 年 9 月，笔者在广东省文物考古研究院刘春喜同志引荐下，拜访了王大文先生，观赏了王贵忱先生收藏的两封《罗君美致罗原觉函》。2023 年 6 月 8 日，承蒙广东省博物馆任文岭先生见告，1995 年罗德慈女士向广东省博物馆捐赠了黄节墓志铭复印件、罗原觉向日本东京帝国大学赠书收条复制件、罗原觉生前使用过的铜柄放大镜及《罗原觉先生印集》等物品 9 件（套）；同时，广东省博物馆也积极收购了晚清民国学人写给罗原觉的信函一批，共有 37 个号，约 230 通，其书写人有文廷式、黄节、黄葆戉、张元济、蔡守、蔡廷干、汪兆镛、汪荣宝、罗惇曧、罗君美、李耀汉、李仙根、胡毅生、谭祖任、江广竞、冼玉清、马小进等，其中黄节写的信函，数量最多，有约 125 通。在此，对林业强先生、白芳博士、刘春喜同志、王大文先生和任文岭先生给予的热情帮助，表示衷心的感谢！

在整理研究这批信函的过程中，我深感辨认出信函中的每一个字是最为困难的一件事情，因为不同信函的笔迹和书写方式千差万别。在释文过程中，我多次得到广东省社会科学院二级研究员王杰先生的指导，在此深表谢意！

这批信函的作者虽然各不相同，时间跨度也很大，但由于都是写给罗原觉先生的，因而彼此间也有一定的关联。本稿的基本研究路径：首先是考定每封信函的写作时间和作者，对信函内容进行标点、释文，然后对信函内容进行研究。通过研读这批信函，笔者获得了两点启示：一是民国时期，作为文物鉴赏家的罗原觉，走南闯北，交游甚广，既与自然科学、美术、出版、博物等不同领域的学者如沈曾植、罗振玉、王国维、梁启超、黄节、罗惇曧、丁文江、黄宾虹、张元济、马衡、陈洵、罗君美、日本原田淑人等有交往，也与政界人士如李仙根、胡毅生及日本犬养毅等有联系，而他们之间的联系交往基本上都是围绕古物收藏而展开的。二是晚清民国时期是我国古物出土、流转及收藏的一个关键时期。当时无论是学界、商界，还是政界，都喜爱收藏古物，大批古物收藏重新洗牌，为日后的收藏格局奠定了基础。

每当想到罗原觉及家属捐献给国家的这批文物资料尚未得到系统研究时，我心里总是有一份不安和内疚，强烈的使命感支撑着笔者痛下决心，自己无论遇到多大困难，都要坚持将这批信函整理研究出来，奉献给社会。对罗原觉藏民国学人往来信函整理研究工作，如今已有了阶段性的初步成果，这是对捐献者的最好回报！也是给我自己的一个交代！

书中各部分文稿写于不同时期，其中的部分内容曾在不同刊物发表过，得到了相关编辑的支持与指教，纠正了文稿中的不少错漏。湖南省博物院研究馆员傅举有老师通读了全稿，提出了许多修改意见。中山大学历史学系教授李吉奎老师认真审阅了书稿，纠正了书中不少错误，并赐序。广州博物馆同仁也给予了极大支持和帮助。在此，真诚地感谢他们！

值此书稿出版之际，我还要感谢妻子傅京芳的一路陪伴和大力支持！三十余年来我们相濡以沫，她不仅默默地承担家务，还对我的每篇文章提出修改意见，纠正了书稿中的不少错误。

今天呈现给读者的这部书稿，由于我个人的学识有限，依然存在不少失误，期待读者给予严正的批评！

最后特别要感谢广东省博物馆事业发展基金会和广州市宣传思想文化领军人才培养项目的资助！

注释

[1] 参阅本书附录"黄宝权捐赠罗原觉藏书目录"。

[2] 主要文物有汉代铜勺、铜害，六朝青釉刻莲瓣纹碟，唐代青釉陶立俑、唐三彩人面陶埙，宋代潮州"许申之印"石印章、端溪青天石虹月砚、青釉罐，南宋磁州窑碗，元大德八年和大德九年

铜权、青白釉小罐、枢府窑系印花小碟，明兰亭序图石砚，明天启嵌石榴花铁笔筒、正德青花折枝花卉纹小罐，明末木雕方形印盒、酱地青花牡丹纹三足炉，明清守卫悬带铜牌，清雍正十年铜牌、乾隆御笔金版横额、嘉庆青花缠枝牡丹印盒、嘉道青花花卉开窗四足印盒、咸丰陶变釉水盂、阮元题款天台红藤杖、清中期石湾仿钧窑翠毛釉小罐、清宜兴紫砂六方暖壶，清"崇曜臣印"篆书方形玉印（边刻"次闲赵之琛仿汉铸印"字）、"伍氏紫垣"篆书长方形玉印（边刻"六十八叟次闲制"）、"粤雅堂"篆书玉印（边刻"次闲仿雪渔老人法时戊申三月"字），黎简《三老图轴》《行书诗卷》，《邓吴包三子碎金》合轴，陈澧胡金竹陈胡书法杂说合卷，罗振玉篆书横额，梁启超"康有为诗"行书卷，《宋文信国公画像》，清郭兰石少宗伯书赠罗邨侍郎楷范册，黄宾虹赠罗原觉《山水画扇面》《水墨山水卷轴画》，等等。

[3] 目前，尚待整理的罗原觉著述文稿，除前文提及的《隋南海王夫人墓志》《隋南海王夫人墓志跋》《故太原王夫人墓志铭并序》《宋元耕织图画本记略》《顾闳中绘韩熙载夜宴图记》《唐张九龄撰书汉徐雉墓碣》《广东重修天庆记》《元高明撰书碧梧翠竹记卷》《李卓吾传》《诸帖刊误》等外，尚有《木兰并非姓朱》（1959 年 3 月 18 日香港《文汇报》）、《杨贵妃和荔枝》（1957 年 7 月 27 日香港《文汇报》）、《岭南荔枝与杨贵妃之事实》（1960 年 5 月 29 日、6 月 1 日、6 月 5 日香港《星岛日报》）、《张九龄书撰徐糴墓碣》（1960 年 7 月 17 日和 7 月 24 日香港《大公报》）、《唐鸡林道经略使印略记》（1959 年 11 月 8 日香港《大公报》）、《唐释怀仁集晋王羲之书圣教序碑》（1960 年 5 月 26 日香港《星岛日报》）、《谈粤中韩昌黎石刻及屯门山字迹》（1959 年 6 月 8 日香港《星岛日报》）、《谈何子贞书迹》（1959 年 1 月 22 日香港《文汇报》）、《宋严益彰撰书宝安北堂山石塔记、石刻、志略》（1959 年 1 月 22 日香港《文汇报》）、《谈广州六榕寺之六榕——并及古舍利塔与粤制古砖瓦》（1959 年 1 月 30 日香港《大公报》）、《宋高益画鬼神搜山图卷》（1960 年 4 月 15 日香港《星岛日报》）、《谈瓷别录》（广州私立岭南大学 1936 年 7 月《岭南学报》第五卷第一期）、《云南雄州路总管府印》（1959 年 7 月 26 日香港《大公报》）、《宋王洪潇湘八景图》（1960 年 4 月 29 日香港《星岛日报》）、《宋祁序潇湘逢故人图与董思翁所藏董源潇湘图卷之辩说》（1959 年 10 月 2 日香港《星岛日报》）、《潇湘逢故人图》（1959 年 9 月 6 日香港《大公报》）、《契丹安了延印》（1959 年 9 月 27 日香港《大公报》）、《阅故宫博物院秘藏名画写真展记事赘言》（1959 年 6 月 21 日香港《星岛日报》）、《缅茄珍品》（1959 年 7 月 6 日香港《大公报》）、《陈白沙诗翰真迹》（1959 年 11 月 21 日香港《新晚》）、《乾隆内府梅花玉版笺与蔡之定篆联——书法文玩展览会上所见》（1959 年 7 月 10 日）、《乾隆"石渠宝笈""宋司马光通鉴稿卷"校记》（1960 年 1 月 27 日《星岛日报》）、《谈苏六朋绘事暨及粤中人物画》（1959 年 1 月 20 日香港《文汇报》）、《谈二樵山人绘事》（1960 年 1 月 31 日香港《大公报》）、《续谈二樵山人绘事》（1960 年 3 月 13 日香港《大公报》）、《粤画漫言为备守拙斋百粤名贤书画展采录》（1960 年 3

月 27 日香港《华侨日报》）、《唐段赞善写郑谷雪诗图与故宫五代人雪渔图轴之参证》《宋念法明林道义重修北佛堂记石刻纪存》《潮州出土宋瓷器》等。

［4］如：1. 黄宝璇题签《绛帖题跋》石印线装本。该稿封面有墨书"初稿呈教并求绛帖题跋"字样，正文共 29 页，其中第一页至第 20 页由"西关杨巷五羊城印"，第二十一页至第二十九页由"大马站播文印刷厂承印"。第 1、2 页共有 3 个版面，为"绛帖题跋先录诸耆宿题跋，以年月为次，观款列后"，有梁启超、罗振玉、顺德罗惇曧、罗惇㬊、寐叟（即沈曾植）、南海康更甡（即康有为）、泉唐汪大燮、辛酉上巳海宁王国维、归安朱孝臧、平陵狄葆贤、郑孝胥、南陵徐乃昌、辛酉首夏息存、南海崔师贯等学者书写的题跋内容。第 3 页至第 20 页的内容为"南海罗原觉学，十一年五月再校帖毕录记"。按"十一年"指民国十一年即 1922 年。第 21 页至第 23 页的内容为"十二年二月十八日罗原觉再记"；第 24 页至第 29 页的内容为"十二年一月廿五日录毕，适树师赍告，培老道丈讣书已至，为之惘然。罗原觉记"。按"十二年"指民国十二年即 1923 年，"树师"指韩文举，"培老道丈"指沈曾植。

2. "问官里新得汉画"清拓本。拓本封面有墨书"戊申中春磊盦"，拓本右侧有"问官里新得汉画"毛笔竖写字一行，并盖有"松村"篆体字红色印文一方。按"戊申"即 1908 年，"磊盦"即张祖翼（1849～1917），字逖先，号磊盦，安徽桐城人，近代著名书法家、篆刻家、金石收藏家。表明这份清拓本曾是安徽桐城张祖翼的藏品，后归罗原觉收藏。

3. 罗原觉藏《文衡山先生高士传真迹》，1925 年。

4. 周进《弥斋藏匋》拓片装订本一套十二册。第一册的内页有"弥斋藏匋，壬申十一月拓奉原觉先生鉴定，秋浦周进寄自北平"等字毛笔墨书，并盖有"季木"篆体字红色印文一方；另有信封一个，信封上书写了"敬求吉便带交罗原觉先生收启，外纸包一个。季木拜托"等文字。按"壬申"即 1932 年。

5. 1936 年北京《考古学社》刊载罗原觉著《宋傅二娘造石水笕记石刻》《元张弘範碑残石》抽印本。

6. "汉武梁祠石室画像"初拓本。原为筠清馆吴荣光藏品，后为罗原觉收藏。内有武梁祠堂画像 11 幅，《汉武梁祠全签》线装本下册（30 厘米，收录拓片 54 张），武班碑、武氏石阙铭、释文、武家林题字等 10 幅，武氏祠前石室拓本 16 幅，武氏祠后室拓本 8 幅，武氏祠左石室拓本 11 幅，1935 年 10 月 26 日和 11 月 2 日《大公报》"艺术周刊"第 55、56 期特稿容庚撰《汉武梁祠画像考》剪报 2 份共 6 张。

这批初拓本的具体情况：

武梁祠堂画像题字精拓本，筠清馆所藏。

武梁祠堂画像题字八分书大小共六、五纸，戊申精拓本。

武梁祠堂画像大小计六纸全（此是新出时拓本，尚属完好。后此所拓已残缺无数）。

稿本两页纸：汉武氏祠石室画像及其阙铭碑刻。

武梁祠堂画像初拓本（整幅宣纸抹墨精拓，第一石一幅，第二石下右角分拓，第三石上右角分拓各为二幅，凡五幅。盖有"梦华馆金石书画印""吴荣光印""筠清馆金石文字""筠清馆所藏金石文字"诸印印文）。

武氏祠前石室画像，共 16 幅，筠清馆所藏。

武氏祠后石室画像，共 8 幅，筠清馆所藏。

武氏祠左石室画像，共 11 幅，筠清馆旧物。

汉敦煌长史武班碑（廿行，每行四十字）老拓神品（汉武班碑并阴，在嘉祥县，建和元年）。

［5］宋淳化秘阁法帖宋拓本各本十册，明肃府刻淳化阁帖最初拓陈子励藏本十册，旧拓淳化秘阁帖十册，宋拓元祐秘阁续帖零本二册，宋拓淳熙秘阁续帖原拓本二册，唐释怀仁集王羲之书圣教序最初宋拓本（另整纸本一张），王本圣教序，唐欧阳询书九成宫醴泉铭最初宋拓本，唐颜真卿书郭敬之家庙碑阴宋拓本剜字罕本，宋拓郭家庙碑，新罗沙门灵业书断俗寺神行禅师碑旧拓本，高丽蔡忠顺书大慈恩玄化寺碑阴旧拓本，南宋拓馆本十七帖，兰亭序洛神赋十三行集册，长兴州重新学官记高帖（原缺前夹板），刘宋爨龙碑（另附三册印本），宋拓怀素圣母帖，唐薛曜书夏日游石淙诗石刻拓本，唐薛曜书秋日宴石淙序石刻拓本，宋拓张维嶽碑，宋拓魏黄初封孔羡碑（另附石印本一册），北魏孝文帝吊殷比干墓文（另副本），吊比干墓文南宋拓本，赵孟頫玄教宗传碑，宋嘉祐二体石经，唐褚遂良叔同州圣教序元明间拓本，梁萧憺碑旧拓本，唐梁师亮墓志，北齐临淮王像碑明拓本，唐褚亮碑明初拓本，峋嵝碑湖南岳麓唐原刻明拓本，西南宝气帖，明拓多宝塔碑、曹全碑、京兆府学石经记、唐吴通微书禅师碑，北魏元谳墓志初拓本、北魏元怀墓志初拓本、朝侯小子碑出土初拓本，唐徐浩嵩阳观纪圣德感应颂旧拓本。

罗原觉在天津　　　　　　　　　　罗原觉在香港

广州市文物管理委员会牋

罗原觉先生：

你捐献给国家的湄南海王

夫人碑志一件，由李子诵先生送

给我们，现已交广州博物馆保管

展示。我们对你保护祖国文物的

爱国主义精神，表示感谢。

广州市文物管理委员会

一九五七年七月二十六日

黄宝权女士热爱祖国文化事业，捐献
文物古书一批给广州博物馆收藏，特发
此状，以为襃扬。

广州博物馆

1988年8月1日

罗德慈女士：

　　捐赠罗原觉先生所藏
必信札300件及招生、字画、碑
志
文章及印件一批为_____

　　我館收藏，特發此證，

以留紀念，並表謝忱。

　　　　　　　　廣州博物館

　　　　　　一九九五年九月十四日

广州博物馆接受捐赠文物资料收据

字第 069 号

　　兹收到 罗德慈女士

捐赠给我馆的 罗原觉先生生前用过的 墨砚一方、免笔二支.

共 叁 件，此据。

　　　　　　　　广州博物馆

　　　　　　经办人：张嘉极、谭金校.

　　　　　　1995年12月29日

廣　州　博　物　館
GUANGZHOU MUSEUM

地址：广州市越秀山　电话：83552355　传真：83541030

感 谢 信

罗思穆先生：

　　您从香港带回的罗原觉先生撰写的有关研究碑刻拓本的
述著稿，计有《汉任城武氏墓前石室测议》、《元高明撰书碧
梧翠竹记卷》、《李卓吾传》、《李卓吾批评水浒传容与堂藏版
初印本》、《隋南海王夫人墓志》、《隋南海王夫人墓志跋》、《故
太原王夫人墓志铭并序》、《宋元耕织图画本记略》、《顾闳中
绘韩熙载夜宴图记》、《唐张九龄撰书汉徐稚墓碣》、《广东重
修天庆记》、《诸帖刊误》等手稿、油印稿、影印件一批，并
把这些稿件无偿移交给我馆，我们会妥善保管的，非常感谢
您对文博事业的关心和支持。

　　　　　　　　　　广州博物馆
　　　　　　　　　　2001年6月26日

广州博物馆　　　文物清单

类别：　　　　1996年10月29日罗德慈女士捐赠　　　第　全 页

顺序号	编号	年代	物品名称	数量	单位	实数量	物品情况	备考
1			男装黑绒长袍	1件	件	1	罗原觉先生使用过的	
2			青身扬杖	1支	支	1		
3			黑罗原觉照片（原件）	2张	张	2		

合计：叁件

提取单位：　　　领取人：叶炎华　　　审批人：　　　经办人：

目录

民国黄节戊辰出都题粤五诗轴

民国黄节行书杜祁公闻捷诗轴

民国黄节敦煌书室榜书

○临公孙生榜书祇此 遗迹未闻有此店

○粤人书迹首梅曲江遗迹已见通志所载遗笔石刻久佚

淳熙续帖宋拓未见惟徐孺子碣独著今时近

世李青霞名列南园五先生且属明人传神之笔

并为御郭致重之品

罗原觉手迹

1929 年 2 月 11 日（农历正月初二）建成并对外开放的广州市市立博物院是广州乃至岭南地区第一座官办博物馆，也是我国最早具有现代教育功能的一座博物馆。它的建成开放开辟我国文化之新纪元，在中国博物馆发展史上具有里程碑意义。博物院的筹建，曾获社会各界的大力支持[1]。黄节和罗原觉即是其中的代表性人物。

黄节（1873～1935），初名纯熙，又名玉昆、玉筠，字佩文，后更名为节，字晦闻[2]，别署甘竹滩洗石人、晦翁、黄史氏，广东顺德甘竹右滩人，近代诗人、学者，1928 年树立的广州《重修镇海楼碑记》的撰稿人和书写人。罗原觉（1891～1965），原名罗泽堂，别字韬元、戣盦、悷卢等，号道在瓦斋、菜园病叟、平宁瓷佛庵等，广东南海人，著名文物鉴藏家兼学者，广州市市立博物院 14 名筹备委员会委员之一。黄、罗两人虽然相差 18 岁，但是他们在筹建广州市市立博物院、学术交往和文物鉴赏中结下了深厚的友谊。

本文将对广州博物馆珍藏黄节致罗原觉 20 封书信进行整理考释，从中可见他们二人之间的交往历程，以及结下的深厚友谊。

这批书信，均为 1995 年 8 月由广州罗德慈女士捐赠。罗德慈是罗原觉和黄宝权的女公子。通过考证遗存书信的书写时间，我们大致将这批书信划分为三个阶段：黄节在 1928 年春之前、黄节离开北京南下广州担任广东省府委员兼广东教育厅厅长期间（1928 年春～1929 年夏）、黄节返回北平及受聘北京大学期间（1929 年夏～1935 年去世前）。

一、第一阶段：黄节在 1928 年春之前

在 1928 年春之前，黄节写给罗原觉的信函，能够流传下来的不多。经考证，下述 7 封书信应写于此段时期。

第一封信，一页纸，横 17.1 厘米，纵 19.5 厘米，共 8 行（每行结束，以 / 为标识，下同），内容如下（图一）：

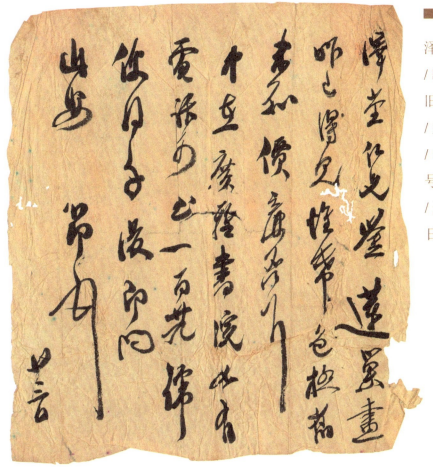

泽堂仁兄鉴：莲、巢画 / 昨已得见，惟纸色极旧。 / 未知价廉否耳？ / 弟在广雅书院，如有 / 电话，可至一百廿九号 / 便得。手复，即问 / 近安。节顿首。 / 廿三日。 /

图一

信中提到，黄节书写这封信时是在广州的广雅书院。据考，广雅书院始建于光绪十四年（1888），1904 年改组为两广高等学堂，辛亥革命后，原学堂监督吴道镕去职，广东都督府委派黄节继任，1913 年 7 月学堂宣告结束[3]。据此可推断，该信应写于 1912 年至 1913 年间。信中提到的"莲"即蒋莲，字香湖，有芗湖居士之名，广东香山（今中山）人，生于乾隆六十年（1795），工人物、山水、花卉、草虫，著有《剑光楼诗钞》《乐志堂文集》《乐志堂诗集》《常惺惺斋书画题跋》等；"巢"即居巢（1811～1865），字梅生，号梅巢，又号古泉，广东番禺人，工诗词、草虫、花卉，岭南画派鼻祖，著有《昔邪室诗》《烟语词》等[4]。信中提到黄节未能购得蒋莲和居巢的画作，但至少表明此时黄节已关注清代广东地方画家的作品。

第二封信，一页纸，横12.5厘米，纵22.5厘米，共5行，内容如下（图二）：

泽堂先生大鉴：/ 手书拜悉，倘有暇（每星期五、日十二点至一点），请携该 / 扇及联过河南舍间一观为感。/ 草此不尽，并问 / 起居。节顿首。廿六日。/

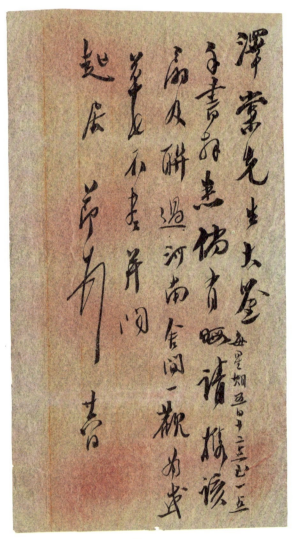

图二

信中写道，黄节此时正住在广州河南（珠江南岸）舍间。据考，黄节住在广州河南的时间最有可能的有下列三个时段：一是1901年。此时黄节与杨渐逵、黄汉纯、欧阳日瑚、李蕴石、谢英伯、何锡朋等税居于广州河南龙溪首约，创"群学书社"。群学书社旋迁至海幢寺之园照堂，易名"南武公学会"。二是 1907～1908 年。1907 年农历四月，黄节自沪南归，主讲广州南武公学。秋，赴沪。冬，南归至粤。1908 年春，在粤，主讲南武公学。7 月赴沪。三是 1910～1911 年。1910 年，黄节在广州参加进步文学团体南社，次年农历闰六月十七日，与梁鼎芬、姚筠、李启隆、沈泽棠、吴道镕、汪兆铨、温肃等人，在广州南园抗风轩重开后南园诗社[5]。按罗原觉生于 1891 年。因此，黄节书写此信的时间最有可能是在 1910～1911 年，此时罗原觉已近 20 岁。该信不仅表明黄、罗二人交往的时间很早，而且表明他们二人拥有共同的爱好，喜欢旧字画。

　　第三封信，一页纸，横 12.5 厘米，纵 24.1 厘米，共 4 行，内容如下（图三）：

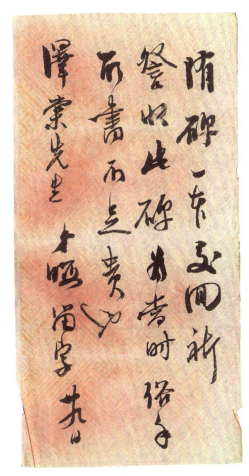

图三

隋碑一本交回，祈/察收。此碑为当时俗手/所书，不足贵也。/泽棠先生。弟晦留字。廿九日。/

信中提到的"隋碑一本",可能是指1911年（宣统三年）广州出土的《隋故太原王夫人墓志铭》。该墓志铭为广东四大隋碑之一。黄节在收到罗原觉寄给他鉴赏的隋碑拓本后,复信评价此碑的书法应"为当时俗手所书,不足贵也"。由此也表明该信应写于1911年之后不久。

第四封信,一页纸,横17.2厘米,纵25.7厘米,共6行,内容如下（图四）:

昨讬袞侯带上子贤交款 / 一百六十元,想经 / 收悉。兹有沪信转邮,何 / 日南下,希顺复知,至盼。/ 原觉老兄。节顿首。/ 十二月一日。/

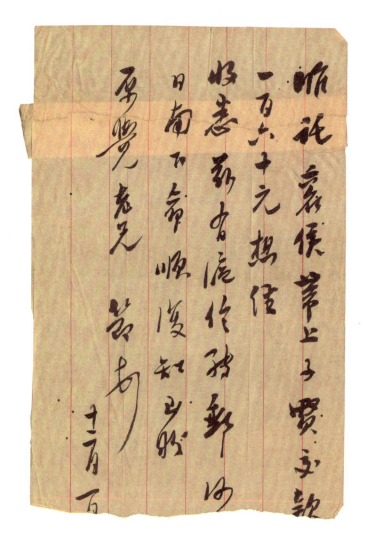

图四

按"衮侯"即邓衮侯，"子贤"即胡祥麟，广东顺德人。另一封信，亦只一页纸，横 17.2 厘米，纵 27 厘米，共 7 行，内容如下（图五）：

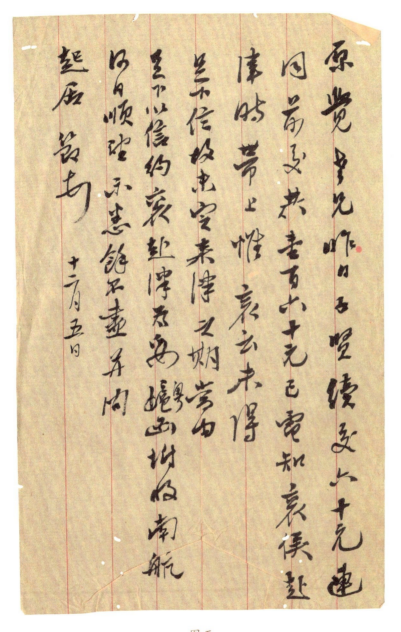

图五

原觉老兄：昨日子贤续交六十元，连 / 同前交共壹百六十元，已电知衮侯赴 / 津时带上，惟衮云未得 / 足下信，故未定来津之期，当由 / 足下以信约衮赴津为妥。粤函附收，南航 / 何日，顺望示悉，余不尽，并问 / 起居。节顿首。十二月五日。/

按罗原觉 1923 年下半年往来北平天津两地，故可推断上述两封信应写于 1923 年 12 月。信中所述黄节托邓衮侯代交钱给罗原觉，但没有说明交钱的用途，估计是购古物款。

还有一封信亦可能写于此时期。该信共有四页，每页横 14.5 厘米，纵 24.4 厘米，共 24 行，全文如下（图六）：

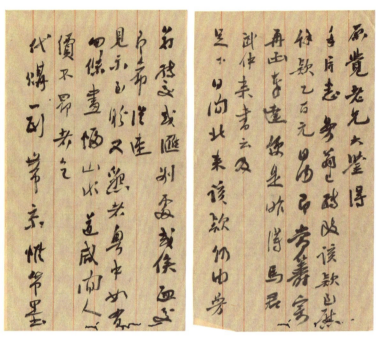

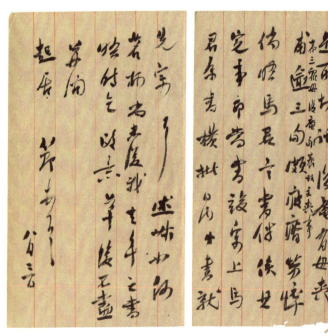

图六

原觉老兄大鉴：得 / 手辱，悉曼荪已转致该款，至慰。/ 余款乙百元，日内即当筹寄，/ 再函奉达便是。昨得马君 / 武仲来书，云及 / 足下日间北来，该款仍由曼 / 荪转交，或汇别处，或俟面交，/ 即希从速 / 见示，至盼。又恳者，粤中如有 / 四条画幅山水，道咸间人，/ 价不昂者，乞 / 代购一副带京，惟纸墨 / 不取陈旧，或有横幅，亦可。/ 是所切托。复庵有母丧（其慈母，此为其第三继母，复庵承养，故主丧事），/ 甫逾三旬，颇疲瘠劳瘁。/ 倘晤马君言书件，俟其 / 完事，即当书竣寄上。马 / 君原书横批，日内弟书就，/ 先寄耳。述叔如何，/ 茗柯尚未复我去年之书，/ 晤时乞致意。草复，不尽，/ 并问 / 起居。节顿首。/ 八月三日。/

信中所提马武仲（1880～1964），原名马复、孝武，号鉏经，斋名小黄山馆、媚秋堂、马锄经，广东顺德人，原住西关大同路马晚闻堂，曾辅佐当时主粤政者徐固卿、胡汉民任秘书，多所赞勷，擅作诗词，长于书画，精于鉴赏，富于收藏，著有《媚秋堂诗》《媚秋堂名人书画目录》。陈洵（1871～1942），字述叔，别号海绡，广东江门潮连芝山人，1911年在广州加入南国诗社，晚年任教广州中山大学，著有《海绡词》《沧海遗音集》等，素有"陈词黄诗"之号。"复庵"即罗复堪（1872～1955），名惇，字孝毅，又字子燮、季孺，号照岩、敷庵、复庵、复闇、复堪（一作复戡），别署悉檀居士、羯蒙老人、凤岭诗人，作画署名曼渊，室号三山簃，广东顺德人，早年与堂兄罗瘿公从康有为受业，后肄业于京师译学馆，民国初年在财政部供职，后长期在北京艺专和北京大学文学院讲授书法，新中国成立后为中央文史馆馆员，擅长章草，著有《三山簃诗存》《三山簃学诗浅说》《书法论略》等。"茗柯"即李尹桑（1882～1945），精研篆刻碑拓。

信中提到"昨得马君武仲来书，云及足下日间北来"，据前文所言，罗原觉1923年下半年往来北平天津两地，另据遗存信封所示，1923年8月16日罗原觉住北京煤市街华北旅社。由此可推测，该信应写于1923年8月3日。

信中提到的主要是黄节请罗原觉在广州物色并代购道光咸丰时期四条画幅山水一事。由此也可见黄节在收集乡邦字画方面可谓尽心尽力。

第七封信，共有三页纸，每页横 17.2 厘米，纵 26.6 厘米，共
21 行，内容如下（图七）：

手书并龚书均奉悉，/
即日交由徐善伯带上。/
白沙字一轴、明扇页五 /
张、吴慈成扇二柄，请 /
察收示复为幸。/
大著题跋当刊登，文 /
字同盟以示海内，将来可 /
寄与 / 尊鉴也。仆以售
出书 / 物为度活之计，
倘 / 令友尚欲购书或图
章 / 等件，仆无不可以
售出，/ 尤望 / 兄在粤中
为仆推广。鬻字生涯，
俾有少补，/ 否则穷饿
不堪，扰及 / 著述矣。
拙著各书有 / 可重印者，
请随时 / 示知，或代为
印刷，不胜 / 拜托之至。
手此，并颂 / 旅祺。弟
节顿首。八月十九日。/

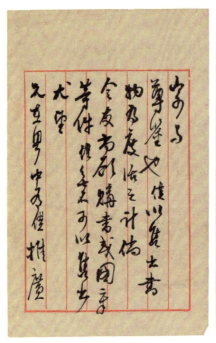
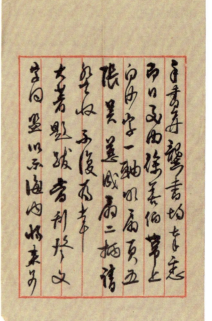
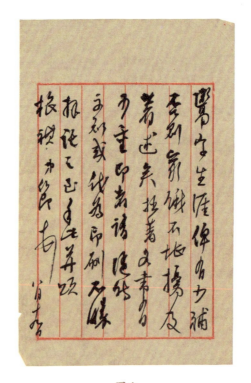

图七

据吴宓介绍："民国十五年，东北军入关，北京大学改组，先生（指黄节）即辞职隐居。其时寓前门外高井胡同，贫甚，则斥售其平昔珍聚之古玩书画以自给。民国十六年春，先生大病，几殆。"[6] 此段介绍正与信中所述"仆以售出书物为度活之计""否则穷饿不堪"相吻合。可见该信应写于1926年8月19日。信中提及的"徐善伯"即徐良，为康有为的大弟子徐勤的儿子，广东三水人。信中既叙述了此时黄节生活困难，著作甚望重行印刷。

二、第二阶段：黄节离开北平南下广州担任广东省府委员兼广东教育厅长期间（1928年春～1929年夏）

民国十七年（1928）春，黄节应"梁漱溟君之招邀，及门弟子之吁请，回粤，任广东省府委员兼教育厅长，欲有以行其志。在职，自晨至夕，治事极勤密"[7]。我们在《顾颉刚日记》卷二"一九二八年四月廿三号星期一（农历三月初四）"这一天的日记里读到"晦闻先生、苍萍、丁山、莘田来"的记载。"晦闻"即黄节；"苍萍"为误字，应为"李沧萍"；"莘田"即罗常培。可知，黄节最晚此时已到了广州。1929年春，因蒋桂战争愈演愈烈，军费激增，省库益困，教育经费无法发给，加上广东省主席李济深被蒋介石扣留南京，黄节遂"辞教育厅长职，居澳门。其年夏，挈眷返北平"[8]。

在此阶段，保留下来的信函有五封，其中有四封信是与广州市市立博物院有关，一封信与编修广东通志有关。

第一封信有四页纸，每页横 10.7 厘米，纵 27.3 厘米，共 13 行，内容如下（图八）：

原觉我兄：顷教育局 / 来电，言博物院（五层楼）已成立，/ 该院职员欲聘定（其中历史博物一门，匪兄不可），拟 / 借重 / 足下，但其内部组织只 / 有干事若干人，每人 / 月薪只九十元。不审 / 足下能屈就否？刻因 / 急欲发表，如肯屈 / 就，请即（务请即日六钟前赐复）/ 赐覆。弟可转致前 / 途也。余面罄。节顿首。/ 十一月三日。/

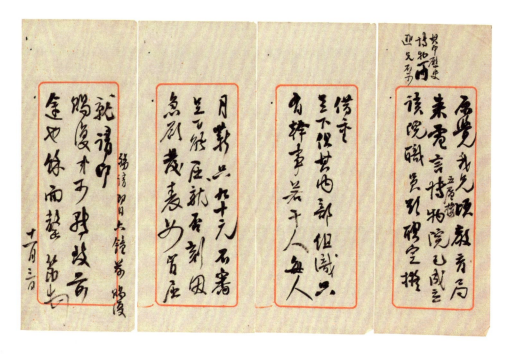

图八

根据 1929 年编印《广州市市立博物院成立概况》介绍，1928 年 10 月 24 日，广州市第 170 次市行政会议，讨论并通过时任代理广州市教育局局长陆幼刚《请拨镇海楼筹设市立博物院》的提议，指定本市内越秀山镇海楼为院址。此为信中所提"博物院（镇海楼）已成立"一事。此外，根据 1928 年 11 月 14 日筹委会决议通过的《广州市市立博物院筹备委员会组织大纲》规定，广州市市立博物院筹备委员会由委员若干人组织，内设常务委员三人；本会暂分美术、历史博物、自然科学等三部筹备，每部设主任一人，由常务委员分任；本会由教育局委任干事三人，管理员一人，承本委员会办理本会文书会计保管庶务。另据上引《广州市市立博物院成立概况》所列《市立博物院筹备期间经费表》介绍，常务三人，每支 120 元，余不支薪；干事二人，每支 90 元；院警四人，每支 15 元；院役三人，每支 15 元。此与黄节信中所提"内部组织只有干事若干人，每人月薪只九十元"相吻合。由此可判断，该信应写于 1928 年 11 月 3 日。

此后的三封信均为黄节询问罗原觉是否愿意就聘博物院干事一事。我们结合前述第一封信的内容及其落款，可判断下面三封信均写于 1928 年 11 月。

第一封信共三页，每页横 10.7 厘米，纵 27.3 厘米，共 10 行，应写于 1928 年 11 月 8 日。内容如下（图九）：

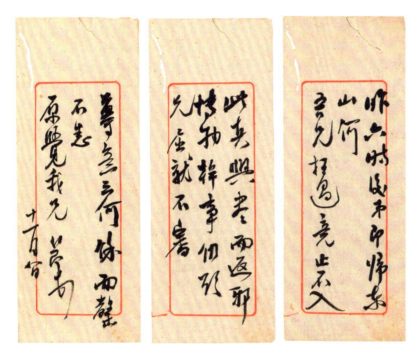

图九

昨六时后，弟即归东 / 山。何 / 吾兄枉过，竞止不入，/ 此真兴尽而返邪。/ 博物干事，仍欲 / 兄屈就，不审 / 尊意云何。余面罄，/ 不悉（尽）。/ 原觉我兄。节顿首。/ 十一月八日。/

此时，黄节住在广州东山。

第二封信共五页，每页横 10.7 厘米，纵 27.3 厘米，共 16 行，应写于 1928 年 11 月 9 日。内容如下（图一〇）：

教育局公事一件送上，/ 请即 / 察收。弟以为干事始 / 有事可办。/ 兄以筹备员兼干 / 事，万不可辞。此 / 等文化事业，不必争 / 委任聘任名目，且筹 / 备委员亦经聘任，所先 / 在当局之急，不为 / 不隆重也。惟 / 兄细酌之。如有 / 公暇，或约兄幼刚一 / 面，何如？ / 原觉吾兄。节顿首。/ 十一月九日。/

 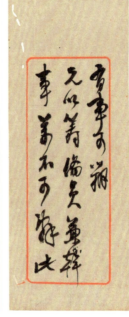 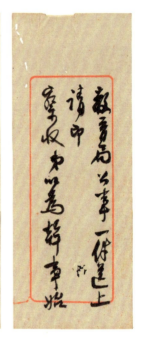

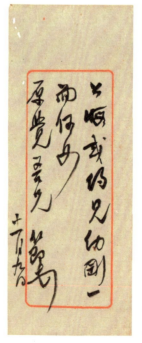 

图一〇

"幼刚"即陆幼刚，时任广州市教育局局长

第三封信共有四页，每页横 10.7 厘米，纵 27.3 厘米，共 13 行，应写于 1928 年 11 月 13 日。内容如下（图一一）：

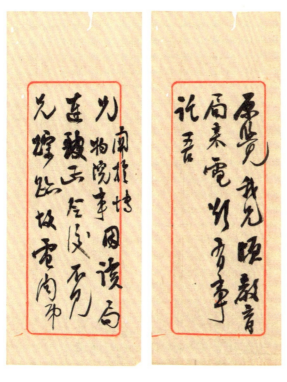

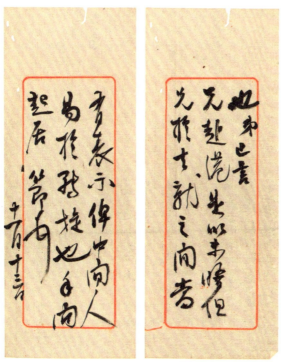

原觉我兄：顷教育 / 局来电，欲有事 / 讬吾。/ 兄关于博物院事，因该局 / 连致函令复，不见 / 兄踪迹，故电问弟 / 也。弟已言 / 兄赴港，是以 / 未晤。但 / 兄于去就之间当 / 有表示，俾中间人 / 易于转旋也。手问 / 起居。节顿首。/ 十一月十三日。/

图一一

此时，黄节正担任广东省委委员兼教育厅长。因为时人知道他们二人关系密切，所以广州市教育局三番五次致函黄节，请他出面询问罗原觉是否愿意就聘博物干事一职。从事后发展情况来看，罗原觉没有接受博物院干事一职，只担任了不带薪水的筹备委员。

黄节1928年春南下广州后，年中复被聘兼任广东省通志馆馆长，直至次年春辞职止。由此可见下面引用的这封信应写于1928年11月30日。

该信共五页，16行，每页横10.8厘米，纵27.5厘米。全文如下（图一二）：

原觉我兄：昨奉/手教，论修志事极/为翔密，尤征/卓见，至佩何如。此事/由弟拟复省府，当于/尊论有所折衷也。/九江文批，乞/兄割让与弟，原值/若干，即乞/示悉，不敢索赠，但同/强夺耳。兄勿见怪为幸。君如闻日间来省，/兄港行想尚缓也。/十一月卅日。节顿首。/属书楹帖奉缴并乞收。/

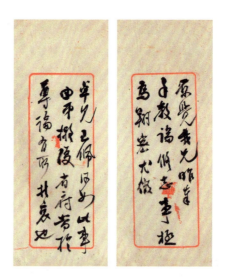

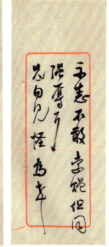

图一二

1928 年，广东民政厅长兼中山大学副校长朱家骅向国民政府会议广州会议提出纂修《广东通志》的议案，后经广东省政府第四届委员会第一七次会议讨论决定，交由黄节、许崇清、伍观淇三及罗院长具体拟定编纂通志办法。因此，罗原觉向黄节提供一份翔密的修志方案，可能是应黄节的要求完成的。信中还提出请求罗原觉割让"九江文批"一事。"九江"即朱九江。因此，黄节提出收藏"九江文批"实属情理之中的事情。

　　此外，还有两个信封亦属此段时期的物品。信封一，横 9.5 厘米，纵 20 厘米，书写的文字是"专差送逢源中约 / 三十八号 / 罗原觉先生 / 准即日四点前送到 / 广东教育厅黄缄 /。"信封二，横 9.6 厘米，纵 21.6 厘米，书写的文字是："即送逢源中约 / 三十八号 / 罗原觉先生 / 广东教育厅黄缄 / （图一三）。"可见，这是黄节写于担任广东教育厅长期间的信封。

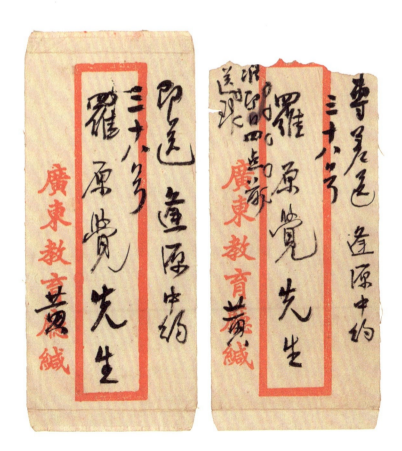

图一三

三、黄节返回北平及受聘北京大学期间（1929 年夏～ 1935 年去世前）

1929 年春，黄节辞去广东教育厅长一职，移居澳门；同年夏，返回北平。在现存信件中，我们没有见到黄节在澳门期间写给罗原觉的信函，只见到一个信封。该信封横 9.5 厘米，纵 20.4 厘米，书写的文字是"广州逢源中约三十八号 / 敦复书室 / 罗原觉先生 / 澳门黄缄 /"。信封邮戳显示："Canton 十八年六月四日 广州（图一四）。"很显然，这是黄节 1929 年 6 月 4 日在澳门寄给家住广

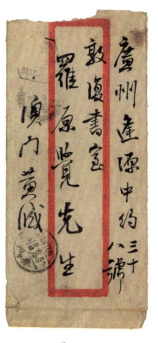

图一四

州的罗原觉的一封信的信封，虽然这封信已不见。这个信封同时表明黄节在 1929 年 6 月 4 日还停留在澳门，此后不久应启程前往北平。到 1929 年 9 月 4 日，已回到北平的黄节给广州的罗原觉写了一封信，信中详细地向友人介绍了回到北平后的近况。这封信共有七页，28 行，每页横 10.9 厘米，纵 25.9 厘米，全文如下（图一五）：

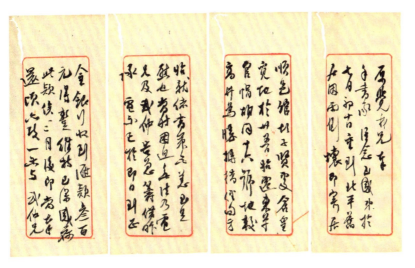

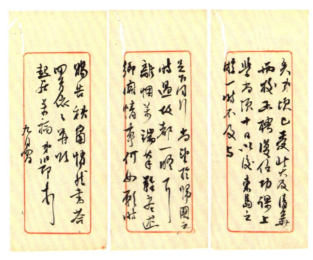

图一五

信中写道，黄节于 1929 年 7 月 7 日从广州回到了北平，因旧居倒坏，寄住北平顺邑馆胡子贤处；与此同时，又在"仓皇觅地"，并于 7 月 25 日迁居北平东单官帽胡同十六号。据吴宓介绍，黄节很快又搬到"大羊仪宾胡同二十四号"居住，直至去世[9]。按胡祥麟，字子贤，广东顺德人，毕业于京师大学堂，民国时期著名画家，在北平时向汤定之学习山水画，与余绍宋共任司法官，1915 年与陈师曾、余绍宋等十余人成立宣南画社，工书法。顺邑指广东顺德。信中告诉罗原觉，自己已受聘北大和清华两校，开学时间是在 9 月 14 日。信中又特别写道，黄节刚回到北平时，生活十分困难，向友人罗原觉及马武仲告急求援，罗原觉通过正金银行汇款 300

原觉我兄：奉/手书，承注念，至感。弟于/七月初十日重到北平，旧/居因雨倒坏，即寄居/顺邑馆胡子贤处，仓皇/觅地，于廿五日始迁东单/官帽胡同十六号，地较/高井为胜。擗挡经旬，方/始就续。书策无恙，至足/慰也。当时困迫无法，乃电/兄及武仲告急筹借。昨/承电示，已于即日到正/金银行收到汇款叁百/元，得暂足维持，已深感荷。/此款俟一二月后即当奉/还。顷亦致一函与武仲/兄矣。弟顷已受北大及清华/两校函聘，复任功课，上/学尚须十日以后。东岛之/游，一时不及与/足下同行，尚望于归国之/时过故都一晤耳。离悃万端，笔难尽述，/乡关情事何如，愿时/赐告，秋窗悄然书答，/回首依依，并颂/起居万福。弟节顿首。/九月四日。/

元给黄节救急。正金银行为日本早期外汇专业银行，1880年成立，总行设在日本横滨，以经营对外汇兑、贴现为主要业务。信中提到"东岛之游，一时不及与足下同行"，是指罗原觉1929年以广州市市立博物院筹备委员的身份赴日本访学一事。信中提及的"武仲"是指马武仲。

从1929年9月起，直至1935年去世，黄节一直任教北京大学兼清华研究院导师。以下几封信均写于这一时期。

信函一，共五页、20行，每页横10.8厘米，纵25.8厘米。全文如下（图一六、一七）：

来函知 / 兄匆匆航沪南反，竟不得 / 北来一晤为怅何如？此次 / 东游有何所得，故园亲 / 友前后情形、兵间消息，/ 极盼一一 / 详示，以慰旅人远念。/ 记弟到澳，寄 / 兄诗有四首，乡邦独界 / 戏句，今竟何如。南望慷 / 慨，不知所为耳。弟 / 校课不忙，而忙于北大 / 之研究所，袞手劳神 / 实不可持久。相见之期，/ 未知何日，至为惘惘矣。秋 / 湄近状亦不见佳，近日 / 无来书，正为殷盼。北平 / 初雪严寒，草达并颂 / 旅祺，不一。弟节顿首。/ 十二月十五日。/

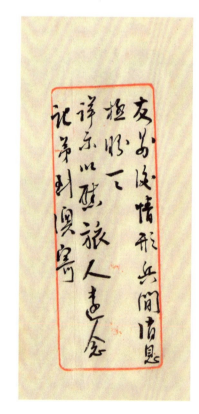
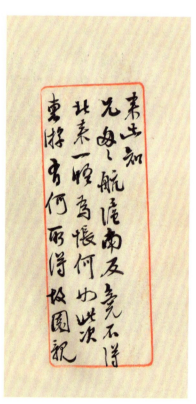

图一六

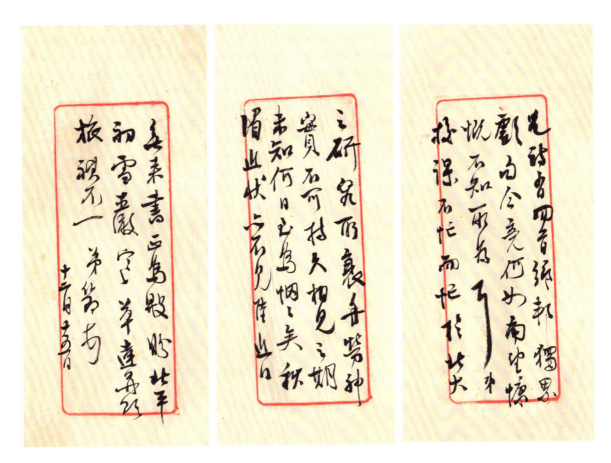

图一七

按罗原觉 1929 年东渡日本，1930 年回国。信中提及罗原觉东渡日本一事，据此可推知该信当写于 1930 年 12 月 15 日。信中提到"校课不忙，而忙于北大之研究所"，披露了黄节在北大的教学情况。信中还提到"秋湄近状亦不见佳"等事，表明黄节与北京的岭南学人保持一定的联系。"秋湄"即王薳（1884～1944），号秋斋，广东番禺人，曾任北京南洋兄弟烟草公司经理，抗战后杜门参佛，毕生研究金石、文字、音韵等，工书法及诗，著有《摄堂诗选》。

信函二，共六页、50 行，每页横 16.2 厘米，纵 26.2 厘米，内容如下（图一八、一九、二○）：

原觉我兄足下：前寄一／函，想当／察览。伯猷兄云，节后回港，想在旧九月／方可首途，各书画当讬其带返。昨夜／后五时，得奉／电示，知粤中息争尚有问题。今午已／有一电致精卫、树人两兄。电文云：国／难天灾，愿息争御外，急救破亡等／语。弟亦只尽吾一点心力，恐两兄未必／置意。且此等语，实人云亦云而已。忆十／七年春间，弟道大连回粤，同舟有日（忘其／姓名，原有一名刺留在皮夹，后到大连，并皮夹失去。此人／并讬弟代购某种小说）／人久客济南者，阅船册，知弟同舟，乃／通刺攀谈，醉后（此人长以饮酒），遂言：在百年以内，黄／白种族必有战争，稍有世界眼光／者，无不知之；东亚大国黄种惟华与／日，若非合力，不足以抵当白祸，华若能／举国团结，一

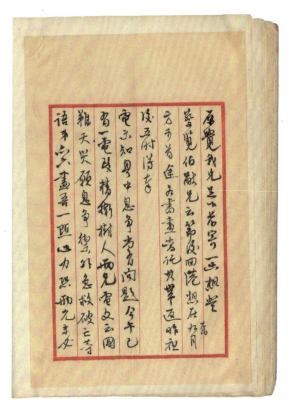

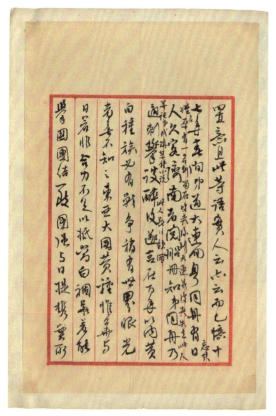

图一八

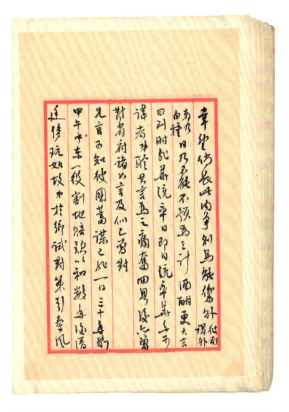

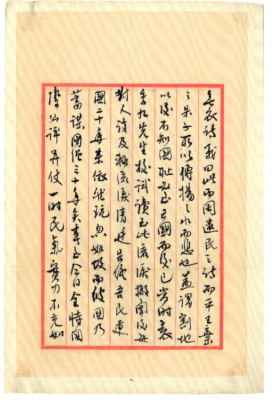

图一九

致图强，与日提携，实所 / 幸望；倘长此内争，则焉能御外（彼所谓外 / 者乃白种），日乃不能不预为之计。酒酣，更大言 / 曰：到时非华统率日，即日统率华，无可 / 讳者。弟聆其言，为之痛奋。回粤后，亦曾 / 对省府诸公言及，似已曾对 / 兄言。可知彼国蓄谋已非一日。三十年前 / 甲午中东一役，割地赔款以和。数年后，清 / 廷偾玩如故。弟于乡试对策，引秦风 / 无衣诗义，曰此西周遗民之诗，而平王弃 / 之，朱子所以传扬之水而悲也，盖谓割地 / 以后不知国耻，必至亡国而后已。当时袁 / 季九先生校试，读至此流泪；撤闱后，每 / 对人谈及，辄流泪。清廷告终，吾民建 / 国二十年来依然玩忽如故，而彼国乃 / 蓄谋图强三十年矣。事至今日，全恃国 / 际公评，并仗一时民气，实力不充，如 / 何抵拒。

吾恃国际正中其惧白之忌，将必/以强黄之说，愚惑吾民。观其外交官言，/若隐若吐，盖彼不敢公言于列强之前/也。恐此役非一时之事。吾国若不合力/图强，以御后门之风潮，则不并于日，恐/亦暗分于诸强耳。弟老矣，尚复何/用，以故年来著述只求心知（即朝闻夕死之意），不思传后，/实痛乎壮年无补于时，老而无力无/财，救国徒自废而已耳。/尊电期望弟甚殷，但当道何当/置意。今日致电汪、陈，乃答/盛意，知无补于丝毫也。尚愿勿以/致电之事告人，否则人亦疑弟之/多言矣。学校因乱耗，经费又绝，此虽/小事，然教育何能振兴邪。专复并颂/秋祺，不一一。弟节顿首。九月廿六日。/

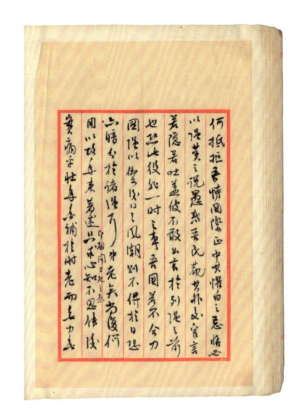

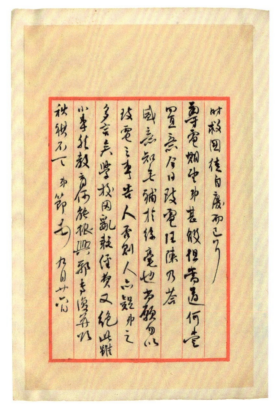

图二〇

关于这封信，我曾在《日本侵华的精神麻醉剂——黄节书信读后》一文里作了详细考证，认为这封信写于1931年9月26日，即日本发动"九一八"沈阳事变后的第八天[10]。这里需要补充的是，信中提及黄节致电汪精卫、陈树人"国难天灾，愿息争御外，急救破亡"等语，"国难"是指"九一八"沈阳事变，"天灾"是指自1931年7月下旬起长江流域发生的六十年来未有的大水灾，"粤中息争"是指1931年2月蒋介石悍然将胡汉民扣押于南京而引发的宁粤对峙。信中又提及黄节乡试对策时自已所作策文感动袁季九一事。信中还提到黄节本人对时局的看法及对个人著述、学校教育等个人认识问题。

信函三，共两页、13行，每页横16.6厘米，纵25.6厘米，内容如下（图二一）：

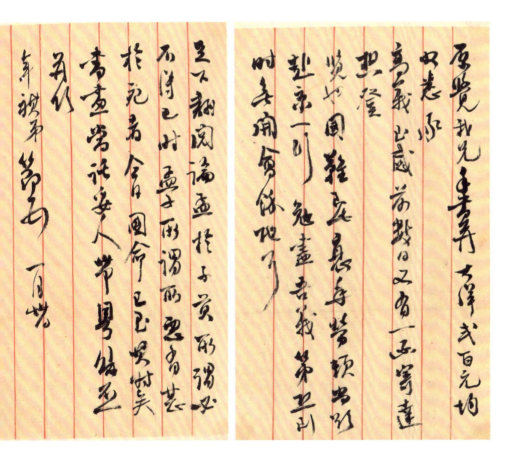

图二一

原觉我兄：手书并大洋式佰元，均/收悉。承/高义，至感。前数日又有一函寄达，/想登/览也。国难即此，衰年劳顿，尚欲/赴京一行，勉尽吾义。第恐到/时无开会余地耳。/足下翻阅论孟，于子贡所谓必/不得已时。孟子所谓所恶有甚/于死者，今日国命已至其时矣。/书画当托妥人带粤。余不一，/并颂/年祺。弟节顿首。一月卅日。/

025

按：1932年1月28日，日寇进攻淞沪，国民政府采取不抵抗政策，借迁都洛阳以欺骗全国人民，复于是年2月（公历）召开国难会议以为掩饰。汪精卫电请黄节出席会议。黄节复电，拒绝赴会，以示抗议[11]。信中所言"国难即此，衰年劳顿，尚欲赴京一行，勉尽吾义。弟恐到时无开会余地矣"，即指此事。"京"指南京。由此可见，该信当写于1932年1月30日。黄节在信中还写道"时孟子所谓取恶有甚于死者，今日国命已至其时矣"，表达了强烈的爱国心。

信函四，共四页、34行，每页横16.2厘米，纵26.2厘米，内容如下（图二二、二三、二四）：

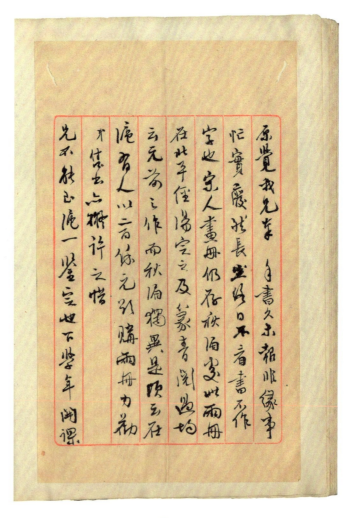

图二二

原觉我兄：奉手书，久未报，非缘事/忙，实废然长坐，终日不看书不作/字也。宋人画册仍存秋湄处。此两册/在北平，经汤定之及篆青阅过，均/云元前之作，而秋湄独异是。顷云在/沪有人以二百余元欲购两册，力劝/弟售出。亦拟许之。惜/兄不能至沪一鉴定也。下学年开课/在即（北大或不能开学，因经费无着也），北大清华皆授毛/诗，弟拟续成全书。前年寄交/尊处《诗旨纂辞》，请即/检查，无论多少存书，乞悉数

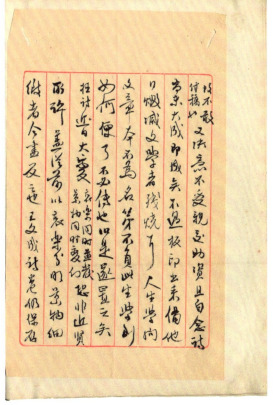

图二三

/迅赐寄平，以备清华授课之用/（清华《毛诗讲义》，原从北大购用，不另印也）（因恐北大不能开课，则毛诗印刷当然停顿，而清华选毛诗者不过数人，旧书可用也），至/感至感。拙诗因无资付印（原已定第一监狱代印，已/拟价及定实纸张，旋因北大积欠薪修，恐印费/无着，京寓生活独靠清华，兼理旧债，每形不足，/故不敢付稿也），又决意不受亲交助资，且自念诗/尚未大成，即成矣，不过板印出来，备他/日毁灭文学者残烧耳。人生学问/文章，本不为名，第不负此生，学到/如何便了，不必传也，以是遂置之矣。/拙诗近日大变（哀乐同时并发，景物同时变幻），恐非近贤/所许，盖从前以哀乐分明、景物细/致者，今尽反之也。王文成诗卷，仍保存，/不欲舍弃。承/询陈亮伯遗著，已面问篆

027

青，据／云其说瓷书只有《匋雅》一种，不闻十／种之多，不知／足下何所据而云然，若知在平寄售／处，可以示知，当购取寄上也。敷／庵长住辽阳，篆青时晤。手复并颂／时祺。弟节顿首。八月廿七日。／《毛诗纂辞》，请速寄。又注。／

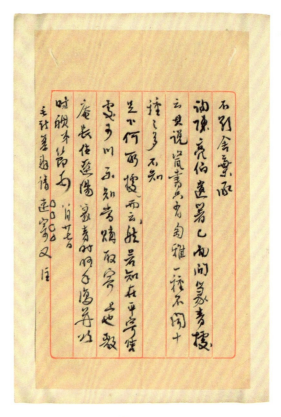

图二四

按信中所提《诗旨纂辞》一书，三卷一册，出版于民国十九年[12]，成书于民国十八年。据吴宓介绍："民国十八年十一月，先生以所著《诗旨纂辞》一册（卷一至卷三）授宓，且题其封面云：'搜箧仅存此册。欲续成全编，恐年力不继矣。持赠雨生……后有续予此编者，予所至望也。节又记。'"[13]从信中所言"交尊处《诗旨纂辞》，请即检查，无论多少存书，乞悉数迅赐寄平，以备清华授课之用"，可推知此时《诗旨纂辞》已正式出版。因此，信中所提"前年"应指民国十九年（1930）。由此可推知该信写于1932年8月27日。

信中提及北大清华现状及黄节个人生活、著作出版、诗风变化等情况，极具史料价值。信中还提及了一些人物，如汤涤（1878～1948），字定之，小字丁子，号乐孙，江苏武进人，清代名画家汤贻汾（1778～1853）的曾孙，中年长居北京，是民国年间北京画坛的重要画家；篆青即谭篆青，谭莹之孙，谭宗浚之子，宣统年间任邮传部员外郎，辛亥革命后任议员，后又在各部局任闲职；陈亮伯即陈浏（1863～1929），江苏江浦人，民国初任交通部秘书，著有《匋雅》《寂园说印》等；敷庵即罗复堪等。

在此阶段，还遗留一个信封（图二五），横 9.9 厘米，纵 20.2 厘米，信封上写着："□州市逢源中约三十八号 / □复书室 / □原觉先生 / 北平黄缄 /"，邮戳"北平 BEIPING19.2.11."显示这是黄节 1930 年 2 月 11 日寄自北平的一个信封。可惜，不见信的内容。

图二五

四、余论

在罗德慈先生的捐赠品中，还有数封黄节致罗原觉的信函。我因掌握的资料有限，暂时无法确定这几封信函写作的准确时间。第一封信，一页纸，4 行，横 10.9 厘米，纵 25.8 厘米，内容如下（图二六）：

原觉我兄：本月十日曾寄 / 太和旅馆一函，内附介绍与 / 安仲智奉天函，不审达 / 览否。顷奉。十一日。/

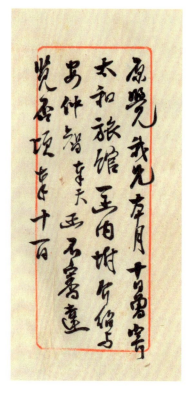

图二六

该信内容简单，写于 11 日。信中，黄节询问罗原觉是否已收览早一日即 10 日寄出的信，并在信中提及 10 日信的主要内容。

另一封信亦仅有一页纸，12 行，横 26.7 厘米，纵 15.2 厘米，内容如下（图二七）：

扇面式十式开、/ 阮云台联一对、/ 傅青主画一轴、/ 寇白门像一轴、/ 金冬心画一轴、/ 查士标画一轴、/ 古玉一方、/ 铜造像一尊，/ 乞 / 带港交 / 罗原觉兄收。/ 黄节拜手。十月廿一日。/

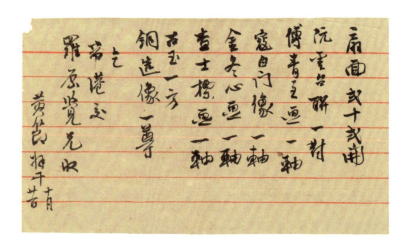

图二七

按信中所提"阮云台"即阮元（1764～1849），清代政治人物、经学家、思想家；"傅青主"即傅山（1607～1684），山西阳曲人，明末清初医家、文学家；"寇白门"又名寇湄，金陵人，其寇家是著名的世娟之家，她是寇家历代名妓中佼佼者，人称女侠；"金冬心"原名金农（1687～1763），浙江仁和（今杭州）人，清代书画家，为扬州八怪之一；"查士标"（1615～1698），新安人，清代画家、书画家和诗人。信中提到，黄节托人将一批清代书画、古玉和铜造像带往香港，交给罗原觉。

还有一封信，有两页纸，共13行，每页横14.7厘米，纵24.6厘米，内容如下（图二八）：

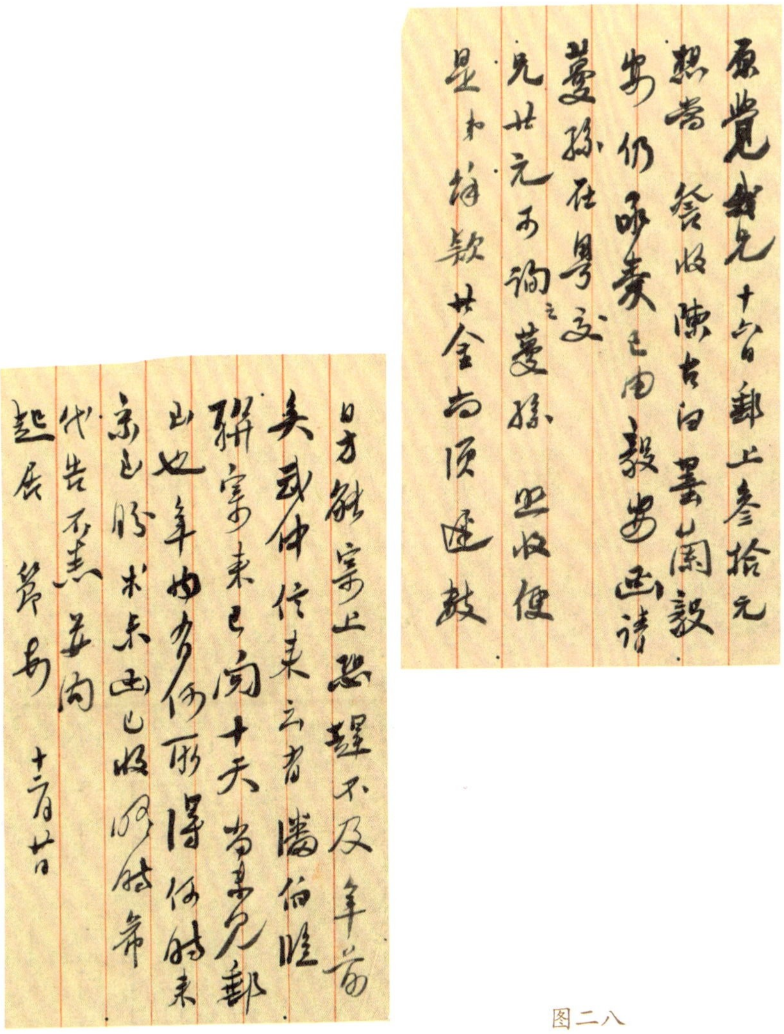

图二八

原觉我兄：十六日邮上叁拾元，/想当察收。陈古白《墨兰》，毅/安仍亟受，已由毅安函请/蔓孙在粤交/兄廿元，可询之蔓孙，照收便/是。弟余款廿金，尚须迟数/日方能寄上，恐赶不及年前/矣。武仲信来，云有潘伯临/联寄来。已阅十天，尚未见邮/至也。年内有何所得，何时来/京，至盼示，来函已收。晤/时希/代告，不悉，并问/起居。节安。十二月廿日。/

031

按信中所提"陈古白",明代画家;"潘伯临"即潘正亨（1779～1837），号荷衢，广东番禺人，潘有为从子，十三行行商子弟，县贡生，捐刑部员外郎。信中描述黄节如何支付购物款，以及自己喜爱哪些书画等内容。

在清末民国著名诗人"岭南四家"中，黄节的成就和影响无疑是最大的。黄节去世后不久，吴宓在1935年1月27日《大公报》第一张发表了《最近逝世之中国诗学宗师：黄节先生学述》一文。吴宓评价："黄先生生平以诗为教，盖将以正民志，立国本。由陶冶个人性情，进而淬厉道德，改善风俗。期于明耻笃行，尚勇合群，以保我国家民族之生命，而绵续先哲教化之德泽。诚今之人师也。即论其诗法与诗学，研究之勤，造诣之精，以及所作之诗之深厚佳妙，在今中国亦成推第一人。"

本文整理的这批遗函，真切地反映了黄节与罗原觉二人之间有长达数十年的交往历程，彼此间结下了深厚友谊，真实地再现了黄节不同时期的工作、生活和教学状况以及个人情趣。黄节积极热情地帮助朋友，为朋友牵线搭桥，推荐罗原觉担任广州市市立博物院干事。当黄节在生活中碰到困难时，自然而然地也得到了朋友们的帮助。黄节热爱他的学术事业，但不急于出名，他在《致罗原觉信函》中坦言："人生学问文章，本不为名第，不负此生，学到如何便了，不必传也"。"著述只求心知（即朝闻夕死之意），不思传后。"

长期以来，我们只知黄节的诗学成就。透过这批遗函，我们知道，黄节又是一位热爱乡邦文物的鉴藏家。可惜的是，为了生活，他在不同时期变卖了不少古玩字画，他的藏品没能得到很好的保存。

1935年1月24日下午1时半，黄节病逝于北平[14]，之后归葬广州白云山御书阁畔[15]。在安葬过程中，我们了解到罗原觉同黄节的其他弟子和朋友一样积极出力。现存《任子贞致罗原觉函》和《李沧萍致罗原觉函》披露了一些具体细节。

如《任子贞致罗原觉函》，一页纸，横 14 厘米，纵 25 厘米，10 行。信中写道（图二九）：

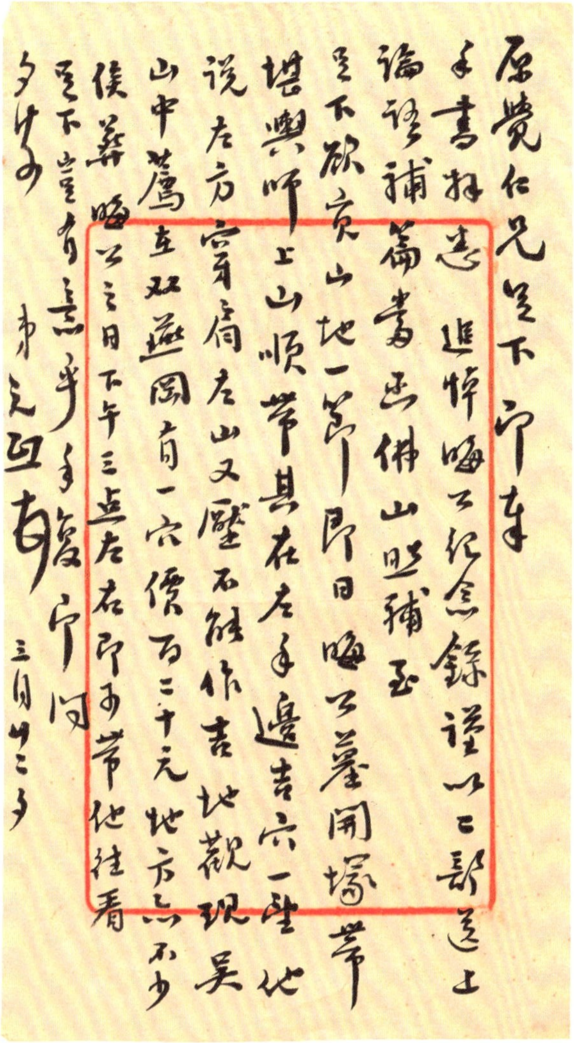

图二九

原觉仁兄足下：即奉 / 手书，拜悉。《追悼晦公纪念录》，谨以二部送上。/《论语补篇》，当函佛山照补。至 / 足下欲觅山地一节，即日晦公墓开冢，带 / 堪舆师上山，顺带其在左手边吉穴一座，他 / 说左方穿局，左山又压，不能作吉地观。现吴 / 山中荐在双燕岗有一穴，价百二十元，地方亦不少，/ 俟葬晦公之日下午三点左右即可带他往看。/ 足下岂有意乎。手复，即问 / 夕安。弟元熙顿首。三月廿二夕。/

"元熙"即任子贞，广东南海人，黄节至交之一，早年同在简朝亮开设的读书草堂就读，1935 年正担任广州广才中学校长一职。该信写于 1935 年农历三月二十二日，即公历 4 月 22 日。信中叙述了挑选墓地的情况，并邀请罗原觉"俟葬晦公之日下午三点左右"一同现场查看墓地，表明罗原觉与黄节之间的关系非同一般。

任子贞在写给罗原觉的另一封信（横 14 厘米、纵 25 厘米，8 行）中写道（图三〇）：

原觉仁兄足下：晦公安碑系在 / 旧历三月廿八四点半钟，午间尚多 / 空闲时候，拟于是日上午十一时偕 / 同梁堪舆先到沙河天赐堂（已约梁堪舆是日十一点前到广才听候矣，有雨则否），约 / 吴山中前导如马仔岭、锦衣岭、/ 大钵丘等地，亦可看也。已有函约 / 梁堪舆及吴山中矣，如何？即希 / 示复。弟元熙顿首。廿六日。/

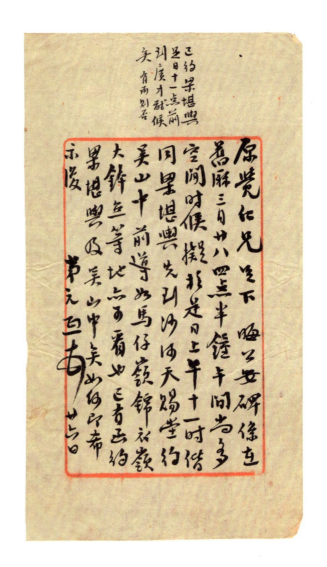

图三〇

信中陈述黄节墓立碑时间定在农历三月二十八日，即公历 4 月 30 日，已函约梁堪舆及吴山中，并向罗原觉请教是否可行。

黄节的学生之一李沧萍在《致罗原觉函》（横 8.4 厘米、纵 25.8 厘米，6 行）中写道（图三一）：

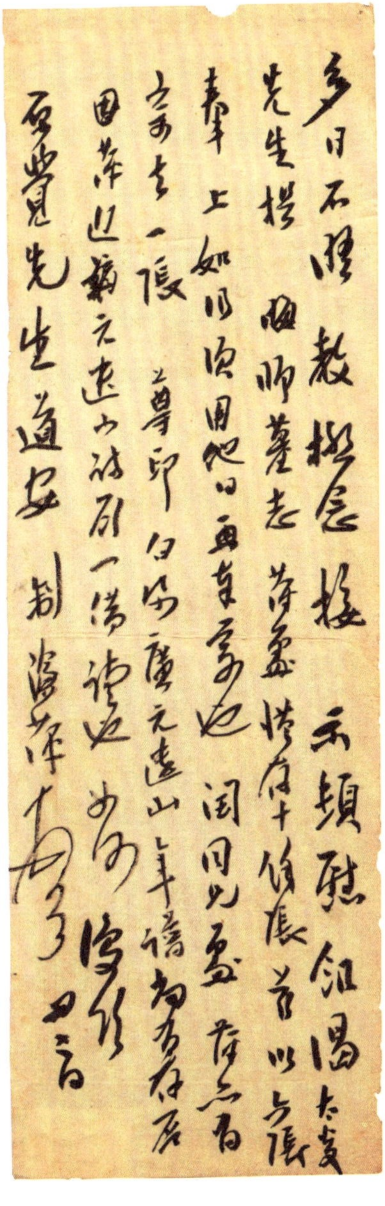

图三一

多日不晤教，极念。接示，顿慰饥渴。太炎 / 先生撰晦师墓志，萍处仅存十余张，首以六张 / 奉上。如仍须用，他日再奉寄也。闰同兄处，萍亦有 / 寄去一张。尊印白纸《广元遗山年谱》尚有存否？ / 因萍近讲元遗山诗，愿一借读也，如何？ / 原觉先生道安。制沧萍顿首。 / （复信，四月二日）

该信写于 1935 年。信尾有罗原觉手书"复信，四月二日"，表明罗是在 1935 年农历四月二日，即公历 5 月 4 日收到此信。"闰同"即熊闰同。"沧萍"即李沧萍，"最切实用功，可望传先生（指黄节）之学，而为先生所喜者"[16]。从信中所述，可知罗原觉

035

与李沧萍一起交换《黄晦闻墓志》，二人关系密切。黄节与罗原觉二人的友谊，可谓至深至远。

注释

［1］1928年10月24日广州市市政府第170次市行政会议议决通过代理广州市教育局局长陆幼刚"请拨镇海楼筹设市立博物院"的提议；11月6日上午，在广州市教育局召开广州市市立博物院筹备委员会成立会，聘请丁衍镛、谢英伯、陆薪翘、费鸿年、辛树帜、司徒槐、顾颉刚、朱庭祐、罗原觉、何叙甫、胡毅生、左元华、陈焕镛、丁颖等十四人为筹备委员，组织筹备委员会。11月7日星期三（农历九月廿六），"到广州市教育局，为筹备博物院事设宴。市立博物馆聘予为筹备委员，自此又多一事。今晚同席：辛树帜、费鸿年、朱庭祐（笔者按：误，应为'祐'）、卫中、黄晦闻、区声白、谢英白（笔者按：误，应为'伯'）、陆幼刚等二十人。"（《顾颉刚日记（1927～1932）》卷二，北京：中华书局，第221页）

［2］李焕真：《岭南书画考析》，广州：岭南美术出版社，2006年9月第1版，第120页。

［3］刘斯奋选注：《黄节诗选》，广州：广东人民出版社，1993年10月第1版，第64页。

［4］汪兆镛编纂，汪宗衍增补：《岭南画征略》，广州：广东人民出版社，2011年3月第1版，第176页。

［5］刘斯奋选注：《黄节诗选》，广州：广东人民出版社，1993年10月第1版，第315～317页。

［6～9］吴宓：《最近逝世之中国诗学宗师：黄节先生学述》，载《大公报》1935年1月27日第一张。

［10］载《文物天地》2015年第8期。

［11］刘斯奋选注：《黄节诗选》，广州：广东人民出版社，1993年10月第1版，第321页。

［12、13］吴宓：《最近逝世之中国诗学宗师：黄节先生学述（续）》，载《大公报》1935年1月28日第一张。

［14］吴宓：《最近逝世之中国诗学宗师：黄节先生学述（续）》，载《大公报》1935年1月28日第一张。

［15］刘斯奋选注：《黄节诗选》，广州：广东人民出版社，1993年10月第1版，第321页。

［16］吴宓：《最近逝世之中国诗学宗师：黄节先生学述（续）》，载《大公报》1935年1月29日第一张。

（原载《广州文博（玖）》，北京：文物出版社，2016年10月第1版，第306～335页）

02

新发现王国维书信考释
——兼论晚清民国广东商周青铜器的收藏及与湖南的渊源关系

手教并父乙卣拓本、石印本二种收到，谢谢！前／赐拓本夹在诸拓片，一时猝检不得，俟后奉呈，或竟留／作副本也。专覆，敬请／原觉先生道安。弟维顿首。五月二日。／

一、问题的提出

1995 年 8 月，广州市市立博物院筹备委员、广东著名鉴藏家罗原觉先生的女儿罗德慈女士向广州博物馆捐赠了一批文物。在这批文物当中，有一封书信，仅一页纸，为"龙复昶监制"信笺，横 13 厘米，纵 24 厘米，是由一位名叫"维"的人写给罗原觉先生的。信函共有四行，从右往左竖写，全文如下（图一）：

图一

信函文字虽然不多，但它透露了一段鲜为人知的历史：罗原觉与这位名叫"维"的人有过学术交往，他们二人间在探讨殷商青铜器学术问题。长期以来，我们一直没有解决这封书信的作者问题。随着一件拓本的被拍卖，书信的作者及一些相关史实逐渐浮出水面。

二、信函作者考证及相关问题

这件拍品是一件由王国维、徐乃昌、邹安等题款，罗惇识，黄宝璇录文的父乙卣拓本，2008 年起至 2011 年，先后在香港、上海、北京等地被拍卖，价格从 2 万余元飙升至 126 万元。由于该件拓本上的题款有助于我们解答上述问题，为说明问题起见，我们不妨将题跋内容移录如下并略作考释（图二）：

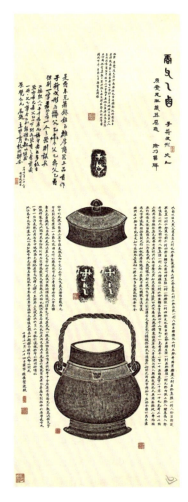

图二

首先看徐乃昌的题记：

商父乙卣。"子荷戈形"父乙。／原觉先生藏器属题。徐乃昌释。／

徐乃昌（1868～1946），字积余，号随庵。安徽南陵人。光绪十九年（1893）举人，江苏候补知府，官至江南盐法道兼金陵关监督。辛亥以后居沪。以藏书、刻书、坊碑及收藏金石古器物著名。该题款虽未写落款时间，但从中可推知，徐乃昌是在见到罗原觉提供的父乙卣藏器和拓本后且在罗的要求下写下自己对该件器物的命名和对铭文的解释。

与此同时，该件拓本也由罗原觉先生提供给了王国维先生鉴赏。王国维在该件拓本上也留下了一段十分珍贵的题记：

此器原觉道兄得于南海伍氏，字为锈掩，近始别出，古／厚雄骏，商器之致佳者。首一字作"子负戈"形，殆与"戍"字从人／负戈同意。商器中铭止三四字，而中具祖父名者，其文义卒／不可解。余尝集数十器比较之，亦不能得其例。此等处／阙疑可耳。辛酉三月海宁王国维。／

王国维在题记中指出，该件器物属罗原觉所有，罗原觉得自南海伍氏。南海伍氏为广州十三行行商后裔。王国维对该件器物给予了很高评价，认为是"商器之至佳者"，但对器物的命名及对铭文的解释采取了十分谨慎的态度，没有给予肯定解答。按辛酉年即公元1921年，农历三月即公历4月8日～5月6日。可知，王国维先生写此题记的时间是1921年4月8日～5月6日期间。

在该件拓本中，还有两则题记，一则题记的内容是"十年十一月二十三日 黄宝璇撰写"，即指黄宝璇女士写于1921年11月23日。另一则题记的落款时间是"十年十一月二十四日"，即

1921 年 11 月 24 日；题记是由罗惇识，黄宝璇录文。罗惇即罗原觉（1891 ～ 1965），原名罗泽堂，别字韬元、弢盦、惇卢等，号"道在瓦斋""菜园病叟""平宁瓷佛庵""杏冥君室"等，广东南海人。笔者 2015 年 7 月 29 日电话采访家住香港的罗原觉孙女罗京图女士，获悉黄宝璇即黄宝权，是罗原觉先生的夫人。黄宝权是其后来更改的名字。黄女士的书法秀美，柔中带刚，她是罗先生的贤内助。罗先生因手疾问题，很多文稿都是由黄女士代为抄写。1988 年，黄宝权女士也曾向广州博物馆捐献了一批珍贵文物。本则题记的内容大致如下：

此卣以法尺度之……为同学伍保真兄藏器，云其祖得于南雪斋，色黑如炭……八年春间，与政人辩论。夜深洗之，无用，器擦破二巾，而斑绿乃现，惟足边留数点未洗，以存旧色。欧人数请让与，却以腹内文字尚未剔出，传古之责未完。乃请让于伍氏，而倩潘六如剔之，得见字形如下右拓本，犹以为未尽，携之京津沪。数经拓者剔之，仍如故。旅居有暇……锈渐去。十余日，卒现全文如下左拓本。其盖初以拼合既多，定为后配，故每不全拓。今以花纹与器无二，其字虽是仿造，而子父乙三字之文义与器暗合，腹内之字未剔之前，仅露一、二点之迹，固不可臆造成字。元二年间，曾检前人金石诸书，未见著录，则又非依托，是本此盖之文字初必可见，后因残缺补造，故仍仿原文，乃定其花纹一环是原物，其围与顶并拼配。粤中金石甚罕商器，尤不数见。此器文字雄骏，形制古茂。此游所见古物陈列所与京津沪藏家之商卣数具。此器比较，仍属佳品，其外色与内文，前此未见。喜于发现自我，并分茅岭古刻拓本，于吾粤最古之一金一石，得表现于考古界中，故欣为之赘记。至其文字考释，已详于王、徐、邹三文跋矣。此六月二日记于沪旅，影印以贻同好。顷以砥江先生之笃好，遂与之以为弘搜吉金之滥觞焉。原跋脱本留为杏冥君室过物之影迹，且欲再加题证，乃模印此纸以附之。

该题记详细地描述了父乙卣的尺寸、重量和特征，以及该件器物流传过程、铭文发现经过。该件父乙卣原属十三行怡和行行商伍葆恒南雪斋。伍葆恒，原名元蕙，号俪荃，广东南海人，伍秉鉴之子，以捐赀钦赐举人，官刑部郎中、南康知府。从此条题记中，我们还可判断该拓本中下引这条题记的年款有误，应为笔误，即"辛卯"应为"辛酉"，即1921年。该题记的内容如下：

　　是卣未见著录，铭至雄厚，商器上品。首作"子荷戈"形，与卌父乙、禾父乙、弁父乙卣 / 但别一字。若以为一人之器，则误矣。/

　　又按殷人以十干为名，而称甲者不多，故古 / 器亦希见。若父乙以下，则各器有之。余前藏一册父乙尊，今不知归谁氏。睹此坪然。/

　　原觉仁兄属题。辛卯三月杭州邹安。/

　　按邹安（1864～1940），字寿祺，一字景叔，号适庐、双玉主人，浙江杭州人。贡士，光绪二十九年补行殿试，中进士。后任江苏丹阳知县。博览古器，富收藏，精金石文字之学。

　　从上述考释中，我们可初步判断，写给罗原觉先生的这位名"维"的人应是王国维先生，且书写时间是在农历辛酉年五月二日，即1921年6月7日。

　　此外，我们还可通过比对王国维其他书信笔迹作进一步的判断。

　　首先我们比对一下王国维先生的个人签名。图三，1为本论文所考书信中的签名，图三，2为王国维致马衡函中的签名，图三，3为王国维致马衡另一封信函中的签名，图三，4为王国维致蒋毂孙函中的签名，图三，5为王国维致顾颉刚函中的签名[1]。从签名风格和笔迹来看，可确定本论文所考书信中的签名者即为王国维先生。

其次，我们再来比对王国维先生书信落款时间。图三，6 为本论文所考书信中的落款时间，图三，7 为王国维遗嘱的落款时间，

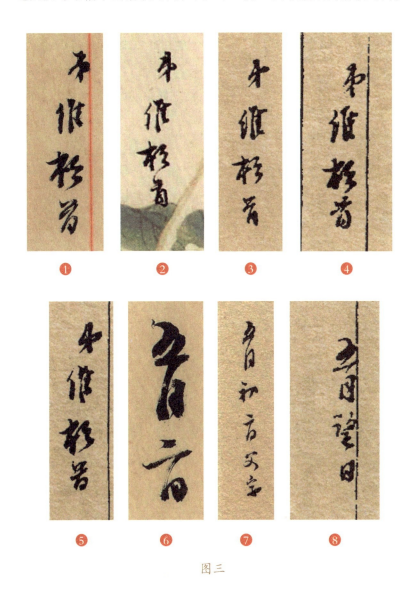

图三

图三，8 为王国维致蒋毂孙函中的落款时间[2]。从落款时间的书写风格来看，亦可确定本论文所考书信的作者即是王国维先生。

再次，本论文所考书信是写在"龙复昶监制"信笺上，该信笺是王国维先生常用的信笺。我们在王国维致蒋毂孙的数封信函中均看到王国维先生使用的信笺是"龙复昶监制"[3]。

通过以上的分析和判断，我们不仅确定了本论文所考书信的作者，而且还揭示了民国初期广东学人与国学大师王国维的一段

学术交往史，并初步了解到广东鉴藏商周青铜器的初步情况及与湖南的关系。

三、晚清民国广东商周青铜器之收藏兼论与湖南的关系

根据前人的研究成果，可知广东鉴藏青铜器之风气，严格来说是从清代嘉庆道光年间开始的。冼玉清先生认为："我们吾粤鉴藏之风，嘉道后始盛。大抵游宦京沪者，学彼都风雅之影响，始举蓄聚。吴氏筠清馆倡之于前，潘氏听帆楼、叶氏风满楼、孔氏岳雪楼继之于后。留传著录，彰彰在人。以后激流扬波，此风益炽。"[4]冼先生虽是泛指广东鉴藏之风气，但广东青铜器之鉴藏风气实与此同步。

晚清，广东青铜器的鉴藏，主要是以十三行行商家族成员和广东籍官员、学人三大群体为主。

冼玉清先生通过梳理史料，指出潘有为建"看篆楼"收藏古泉古印书画彝鼎等甚富，潘正亨收藏有周鬲叔兴簠，潘仕成藏有亚形父丁角矩尊，叶梦龙藏金石书画甚富[5]。容庚先生在《商周彝器通考》上册也提到，潘仕成藏有矩尊、酉癸觚、亚形父丁角矩。潘有为、潘正亨、潘仕成（1804～1873）为同文行祖孙三代，其中潘仕成为盐商，上述潘正亨珍藏的周鬲叔兴簠现藏佛山市博物馆。叶梦龙（1775～1832）为义成行叶仁官（廷勋）之子。另据《贞隐园法帖》介绍，该法帖由叶云谷民部（叶梦龙）出资摹勒，其中甲乙丙丁四册收录大量商周青铜器铭文。该石刻旧藏叶氏风满楼，道光乙巳春，归海山仙馆潘仕成所有。

冼玉清先生还指出，温汝遂（嘉庆道光年间人）藏古彝鼎、宋元名迹率皆精品，吴荣光（1773～1843）生平把法书、名画、吉金、乐石视同性命，梁廷楠（1796～1861）购获商周铜器铭拓本百余种，"其周器铭文百字外者，计千余种，有周齐侯镈钟，

周散氏盘，周曶鼎，周牧敦，周师雝敦铭，周晋姜鼎等。"李宗岱（？～1896）藏有农卣、旗鼎、世主亚形鼎、静敦、纪侯敦、太保敦等[6]。容媛先生在《广东藏古铜器记》一文里也提到，吴荣光藏有仲叔尊（铭六字）、辛兆卣（铭二字）、祖乙鼎（铭二字）、夭鼎（铭一字）、作姬彝（铭三字）、作父辛尊（铭六字）、大师虘豆（铭二十八字）、齐莽史喜鼎（铭十九字）等，其侄孙荃选，举人，藏有作祖癸鼎，铭三字。李宗岱藏彝器致富，凡二百五十四器[7]。容庚先生在《商周彝器通考》上册介绍，吴荣光藏有仲叔尊、兆卣、仄鼎、作姬彝、作父辛尊、大师虘豆、大保彝；李宗岱藏得二百五十四器，有大保方鼎、大保作召伯父辛鼎、大史友甗、鲁伯愈父鬲、大保簋、兔簋、静簋、召伯虎作召公簋、颂簋、陈侯簠、伯宪盉、貉子卣、农卣、杞伯壶、女射鉴、分仲钟、虢叔编钟等名器。

温汝遂、梁廷楠为广东学人，吴荣光、李宗岱为广东籍官员。其中吴荣光，官至湖南巡抚，署湖广总督，精鉴别，藏金石拓本三千余种，其青铜藏品中必有来自湖南境内出土。

此外，容庚先生在《商周彝器通考》上册还提到，陈廷炤字朗亭，顺德人，藏有伯庶父簋盖、伯山父壶盖、中山壶、子孙父辛尊、伯矩尊、父癸爵、癸父戊爵、右爵、子父癸觯、速觯、聿角、祖乙子庙敦、录敦（九字）。

到民国时期，广东籍官员和学人在青铜器收藏方面，无论是数量，还是质量，都远远超过前期。如叶恭绰[8]、容庚、商承祚均藏有古铜器[9]。其中，容庚先生收藏的青铜器最具代表性、最有系统性。1956年，容先生分两次将其珍藏的古铜器捐赠给广州博物馆，共计95件。

以上，我们通过考释新发现的一封王国维书信，得知民国初期一段鲜为人知的学术交流史，即王国维与广东鉴藏家罗原觉有过学术交往，相互间曾互通青铜器收藏与研究心得，并由此梳理出晚清民国时期广东鉴藏家收藏商周青铜器的一段学术发展史及与湖南的渊源关系。

注释

［1］虞坤林编：《王国维书札墨迹》，太原：山西古籍出版社，2008年1月第1版，第139、121、79、171页。

［2］虞坤林编：《王国维书札墨迹》，太原：山西古籍出版社，2008年1月第1版，第79页。

［3］虞坤林编：《王国维书札墨迹》，太原：山西古籍出版社，2008年1月第1版，第76、77、78、79、80页。

［4］冼玉清：《广东之鉴藏家》，载广东文物展览会编《广东文物》下册，广州：广东人民出版社，2013年，第982页。

［5］冼玉清：《广东之鉴藏家》，载广东文物展览会编《广东文物》下册，广州：广东人民出版社，2013年，第982～992页。

［6］冼玉清：《广东之鉴藏家》，载广东文物展览会编《广东文物》下册，广州：广东人民出版社，2013年，第982～992页。

［7］广东文物展览会编：《广东文物》下册，广州：广东人民出版社，2013年，第997～1002页。

［8］据容庚《商周彝器通考》上册介绍，叶恭绰藏有铸客盘。

［9］广东文物展览会编：《广东文物》下册，广州：广东人民出版社，2013年，第997～1002页。

（原载湖南省博物馆编《湖南省博物馆馆刊》第十二辑，长沙：岳麓书社，2016年8月第1版，第126～130页）

附录：
"商父乙卣"全形拓模印本涉及的相关问题

笔者在整理敦复书室藏品时，新见一张"商父乙卣"全形拓模印本（图一），纵63厘米，横36厘米。模印本上除印有青铜器"商父乙卣"全形拓及器物铭文拓外，还印有王国维、徐乃昌、邹安等著名学者书写的跋语（图二）及由该器物主人罗原觉撰写、赵蔚录文、黄宝璇修改完成的有关器物介绍和铭文发现经过等内容（图三、四）。这份模印本上还留有罗原觉和黄宝璇夫妻二人用毛笔修改的痕迹。这件模印本与《新发现王国维书信考释——兼论晚清民国广东商周青铜器的收藏及与湖南的渊源关系》一文引用的经香港、上海、北京等地辗转拍卖的一份"王国维、徐乃昌等题，王秀仁拓'商父乙卣'拓片"（以下简称拍卖本）极为相似。笔者经初步研究，发现这份模印本为我们进一步鉴别拍卖本的文物价值提供了重要依据。

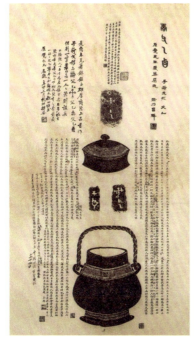

图一

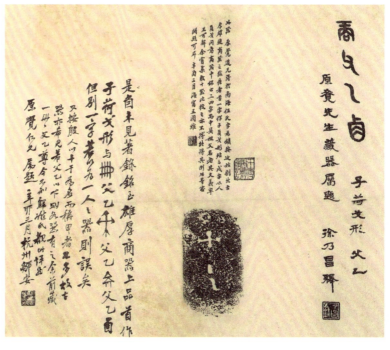

图二

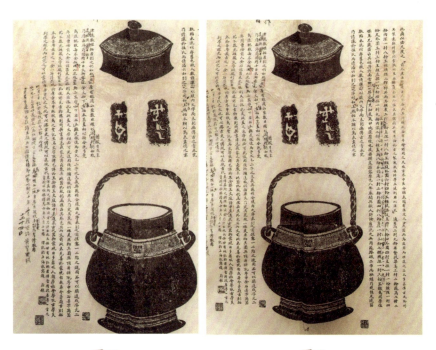

图四   图三

一、王国维跋语在模印本和拍卖本中的差异

模印本的正中间，印制有"商父乙卣"全形拓及器铭拓，自上而下分别有"铭文""器盖""铭文""器身"四组内容。模印本和拍卖本的上方正中，都有王国维毛笔书写的跋语，二者的文字内容完全相同。唯一不同的是，模印本在"王国维"一名的正下方盖有"王国维"白文印一方。

需要补充说明的是，王国维跋语对器物铭文作了初步解读，认为铭文中第一个字"作'子负戈'形，殆与'戍'字从人负戈同意"，还认为"商器中铭止三四字，而中具祖父名者，其文义卒不可解。余尝集数十器比较之，亦不能得其例"。他虽肯定该器物为"商器之至佳者"，却未给该件器物定出名称。

事实上，王国维早在1919年就著有《秉中丁卣跋》一文，后又在《父乙卣跋》一文里对"罍""尊""卣"三种器物做出了区别，指出"酒器中罍最大，尊则有大有小，卣常在大小之间，故《尔雅》

048

云："卣，中尊也。'"[1]表明他对商代"卣"器是十分熟悉的。然而，令人不解的是，王国维在这篇跋语里为何没有给这件商代青铜器命名。

二、模印本中所见徐乃昌、邹安跋语补释

模印本的右上角，印有徐乃昌笔书的两行跋语。徐解释，"商父乙卣"是该器物的名称，即指商代的父乙卣，"'子荷戈'形父乙"三字是器物铭文，其中第1个字呈"'子荷戈'形"，但未指明具体指什么字。模印本在"徐乃昌释"一行字的正下方，盖"乃昌之玺"白文印一方。

模印本的左上角，印有邹安笔书的跋文，共有7行，且在"邹安"名字的正下方盖"驺朗之印"白文印一方。从邹的跋语中，可知当年的邹安是十分赞赏这件器物的，认为它属"商器上品"，并对铭文中的第一个字做出了与徐乃昌相同的解释。

值得注意的是，邹安的落款时间是"辛卯三月"。这着实令人费解。假如此处之"辛卯"是指年份，那么若按邹安的生卒年来计算，只能是指公元1891年，而这一年罗原觉刚出生，显然这里的"辛卯"之"卯"字为笔误，应为"酉"字，即"辛酉"年，公元1921年。

三、模印本中所见罗原觉、黄宝璇夫妇题记

模印本下半部分的左右两边，印有由罗原觉撰写、赵蔚抄录的一篇长文，共有14行文字：

此卣以法尺度之。"前人度古器物用古尺，然各本其所据，故每有并绘所用之尺。考古界中至今犹未闻有准定之古度器而为通用，而模造之品又多慕传古之外形，/其制造缺科学的常识，以致不能□适于用。今惟表其体积，非有考论于古之制度，故准科学上通例，用以法尺。"通盖高二邿九粉，并竖提梁高三邿二粉，

器高二籿二／粉，内深一籿八粉五糎，横径二籿三粉，并两耳横度二籿五粉，直径一籿八粉五糎，腹外围六籿四粉五糎，提梁延直四籿六粉。口外围四籿，直径一籿一粉，横径一籿四／粉，足外围五籿三粉五糎，直径一籿五粉，横径一籿九粉，内深二粉八糎，盖高八粉，并顶高一籿二粉，外围四籿八粉，直径一籿三粉七糎，横径一籿六粉五糎，器重法衡四千二百九十一"格兰"克等，库平一百一十五两，盖重一千零一十九克等，二十七两三钱，为同学伍／保真兄藏器，云其祖得于南雪斋，色黑如炭，若鬃厚漆，或曰：此宋磨蜡也。提梁搁处损露原色。八年春间，与欧人辩论。夜深洗之，无用，器擦破二巾，而斑绿乃现，惟足边留／数点未洗，以存旧色。欧人数请让与，却以腹内文字尚未剔出，传古之责未完。／乃请让于伍氏，而倩潘六如剔之，得见字形，如"上端"下右拓本，犹以为未尽，携之京／津沪。数经拓者剔之，仍如故。"日者"旅居有暇，渍山查数日，继以"淡醋精，仍如故，乃渍西洋药、醋精十日，文渐露"醋酸自淡至／浓，锈渐去，十余日，卒现全文如下"右"左拓本。其盖初以拼合既多，定／为后配，故每不全拓。"顶"今以花纹与器无二，其字"如下左拓本"虽是仿造，而子父乙三字之文义与器暗合，腹内之字未剔之前，仅露一、二点之迹，固不可以臆造成字。元二／年间，曾检前人金石诸书，未见著录，则又非依托，是本此盖之文字初必可见，后因残缺补造，故仍仿原文，乃定其花纹一环，是原物，其围与顶并拼配。粤中金石甚罕商器，／尤不数见。此器文字雄骏，形制古茂。此游所见古物陈列所与京津沪藏家之商卣数具。此器比较，仍属佳品，其外色与内文，前此未见。喜于发现自我，并分茅岭古刻拓／本，于吾粤最古之一金一石，得表现于考古界中，故欣为之赘记。至其文字考释，已详于王、徐、邹三丈跋语中矣。迩来古代器物发现日多，若以人类学、社会学、考古学、美／术学之眼光而研究之，可以发扬中华古代之文化，可以释古史之传疑，可以表现古代（东洋美术之渊源如此，方乃传古之大任，世有此弘愿者，悍当备搜吾粤一方之资料，以供采择焉。十年六月二日罗惇记于上海旅寓。
赵蔚录）。

且在"赵蔚录"一行的正下方盖"罗惇"白文印一方。按"罗
惇"即罗原觉。这篇长文是罗原觉旅居上海时于 1921 年 6 月 2 日
书写的，由赵蔚抄录。这篇长文介绍了"商父乙卣"器物的尺寸、
器身和器盖的重量、器物的流传经历、收藏者的历史信息及铭文
发现经过，详细而生动。

在上文结尾处，又添加了由罗原觉撰写、黄宝璇女士用毛笔
润色修改抄录的一段文字，共有 3 行：

此六月二日记于沪旅，影印以贻同好。顷以 / 砥江先生之笃好，
遂与之以为弘搜吉金之滥觞焉。原跋脱本留为 / 杏冥君室过物之
影迹，且欲再加题证，乃模印此纸以附之。十年十一月二十四日
罗惇志，黄宝璇录。/

由此我们知悉，该份模印本制作于 1921 年 6 月 2 日前后，目
的是"以贻同好"；自此后，罗原觉开始"弘搜吉金"。

文中所提"杏冥君室"，是罗原觉的名号。该文记录了王、徐、
邹三人撰写的跋文原件为罗原觉黄宝璇夫妇所珍藏，是"留为杏
冥君室过物之影迹"。

四、模印本与拍卖本之比较

模印本与拍卖本的差别主要体现在以下几点：

（一）二者都是将"商父乙卣"全形拓摆放在整张纸的正中
部位，都是按铭文（一组）、器盖、铭文（左右两组并排）、器
身次序自上而下摆放，但二者对三组铭文的摆放位置却略有差异。
我们若将模印本上的 3 组铭文按上下左右位置分别给予①②③的
标号，那么拍卖本上的 3 组铭文摆放位置却改成了②③①。

（二）在印文方面，二者也有差异。首先，模印本上的徐、邹、王三人跋文后，均盖有各自的鉴藏印一方，而拍卖本上却完全没有。其次，拍卖本在徐乃昌书"子荷戈形"字右侧盖有"金石制"朱文长条形印文一方，又在王国维跋文左下角盖"杏冥君室"朱文方形印文一方。而模印本只在王国维跋文右下侧盖"王雪澂经眼记"朱文方形印文一方。按王雪澂即王秉恩（1845～1928），清末藏书家、书法家，民国后寓居上海。表明这张模印本是经过王秉恩审阅过的。第三，模印本上盖有"恽卢旧存"白文方形印文、"秀仁拓"白文方形印文、"罗恽"白文方形印文、"蓝天书画"朱文方形印文各一方。按"秀仁"即王秀仁。而拍卖本上盖有"恽卢旧存"白文方形印文、"王秀仁精拓"白文方形印文、"□□考定"朱文方形印文、"□□善学"朱文方形印文、"无地不乐 到此皆思"方形印文等各一方及"宝璇"朱文长条形印文两方。二者即便盖有相同的印文，但所盖位置亦不相同。

（三）我们将模印本和拍卖本二者文字内容进行比对，可知拍卖本中的罗原觉识、黄宝璇录的文本内容完全抄自模印本中修正后的文字内容。

在模印本中，我们看到原作者对罗原觉识、赵蔚录、黄宝璇录的文本内容作过仔细修改，具体改动内容有：1. 将"前人度"至"用以法尺"这一大段文字以及"日者""右""如下左拓本"等，都加上了竖排式单引号。通过比对拍卖本的相关文字内容，可知加竖排式单引号的用意是表示要删掉这些文字。2. 在第 3 至 4 行间，用毛笔添加了一行字："器重法衡四千二百九十一'格兰'克等，库平一百一十五两，盖重一千零一十九克等，二十七两三钱。"后又将"格兰"二字加上竖排式单引号，表示要删掉这两个字。3. 在第 5 行，用毛笔在"髤厚漆黝黑如炭"之"髤"字前补写了"若"字，将"黝"字改写成"色"字，并将前后摆放次序修改为"色黑如炭，若髤厚漆"。4. 在第 7 行，将"上端"二字加上竖排式单引号，表示要删掉这两个字，并在其右侧书写"下左"二字。5. 在第8～9行，将"淡醋精，仍如故，乃渍西洋药、醋精十日，文渐露"一行字加竖排式单引号，表示要删掉这些字，并在其右侧书写"醋酸自淡至浓，锈渐去，十余日"等字。6.在第9行，将"右"字加竖排式单引号，表示要删掉这个字，并在其右侧写"左"字。7.在第10行，将"顷"字划掉，在其右侧书写"今"。8.在第13行，用红笔将"语中"二字标出，表示要删掉此二字。9.又将第13行"迩来"至第14行结尾处这一大段文字作出标识，表示要删掉这段文字。

由此可见，拍卖本中的文本内容完全来自模印本中修改后的文字内容。因此，我们判断，模印本是母本，拍卖本是临摹本，拍卖本中所收录的王、徐、邹三人所书跋文并非原稿原件。原稿原件现藏何处，仍需访查。

五、余论

从上面的比对分析，我们可以断定新见的模印本更为原始，是罗原觉为"以贻同好"而于1921年6月在上海专门模印的一个本子，而拍卖本则是罗原觉、黄宝璇夫妇在对模印本做出局部修改调整后于1921年11月又专门制作的一个临摹本，因为拍卖本中新增"十年十一月二十三日黄宝璇撰写"等文字及"宝璇"朱文印文一方。按"十年"指民国十年，即1921年。

根据上述罗原觉志、赵蔚和黄宝璇录文，可知罗原觉曾携带"商父乙卣"走访"京津沪"。据《黄宾虹年谱》一书考订，辛酉年（1921）三月，罗原觉自北平来沪造访黄宾虹，并由黄宾虹介绍与王国维、朱祖谋、沈曾植等学者相识[2]。通过阅读《王国维全集》，我们了解到1921年王国维正在上海。而事实上，从1916年起，王国维就受聘于上海英人哈同，主持学问杂志，直至1922年离开上海，受聘于北京的大学。陈乃乾在《上海书林梦忆录》中也提到："在民国十年前后，上海藏书家最著者，为刘氏嘉业堂、蒋氏传书堂、张氏适园。三家皆浙江南浔镇人，其搜罗之方法及性质互异；适园所购以钞校本为多，为刻《适园丛书》计也。嘉业堂主人刘翰怡宅心仁厚，凡书贾挟书往者，不愿令其失望，凡已所未备之书，不论新旧皆购之，几有海涵万象之势。其时风气，明清两朝诗文集，几乎无人问鼎，苟有得者，悉趋于刘氏，积之久，遂蔚成大观，非他藏书家所可及；至其所藏明朝实录、《永乐大典》残本，则海内孤帙也。传书堂主人蒋孟蘋精力过人，除经营其轮船、垦牧诸实业外，余事购书，旁及书画，皆亲自鉴断，不假手他人。海上学人若沈子培、朱古微、张孟、王静菴诸人每晚集其家纵论古今，主人以口酬客，以手抄书。"[3]

从模印本和拍卖本中，我们可知罗原觉与王国维有过学术交往，他们是因文物鉴赏而有交际，除上述"商父乙卣"一器留有王国维撰写的跋文外，还有《李思训碑》[4]、《宋拓第一圣教序》[5]都留有王国维撰写的题跋。

注释

［1］谢维扬、房鑫亮主编，胡逢祥分卷主编：《王国维全集》第十四卷，杭州：浙江教育出版社，2009年12月，第458页。

［2］王中秀编著：《黄宾虹年谱》，上海：上海书画出版社，2005年6月第1版，第153页。

［3］谢维扬、房鑫亮主编，房鑫亮、胡逢祥分卷主编：《王国维全集》第二十卷，杭州：浙江教育出版社，2009年12月，第281页。

［4］王中秀编著：《黄宾虹年谱》，上海：上海书画出版社，2005年6月第1版，第153页。

［5］《宋拓第一圣教序》，上海：商务印书馆，1927年1月第一版。

2015 年 11 月 4 日，我在台北胡适纪念馆有幸读到胡适先生编写的初版《丁文江的传记》一书。书中，胡先生引用了傅斯年（孟真）对丁文江（在君）的一段评价："我以为在君确是新时代最良善最有用的中国人之代表；他是欧化中国过程中产生的最高的菁华；他是用科学知识作燃料的大马力机器；他是抹杀主观，为学术为社会为国家服务者，为公众之进步及幸福服务者。这样的一个人格，应当在国人心中留下深刻的印象。"胡先生对丁先生筹建"地质调查所"一事又给予了充分的评价，总结了他的三大贡献，其中一大贡献"在于他的真诚地爱护人才，热诚而大度地运用中、外、老、少的人才。他对朋友的热诚爱护，孟真说得最好：'凡朋友的事，他都操心着，并且操心到极紧张、极细微的地方，有时比他那位朋友操心还要多。'"

读到这样忠实而诚恳的评价，我骤然间对丁先生的人格肃然起敬，同时，也令我想起广州博物馆珍藏罗德慈女士捐赠的丁先生的两封遗函。

第一封遗函横 16.4 厘米，纵 24.5 厘米，从右往左竖写，八行，全文如下（图一）：

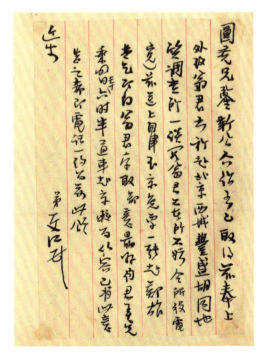

图一

圆觉兄鉴：靳公介绍，吾已取得，兹奉上 / 外致翁君书，祈赴北京西城丰盛胡同地 / 质调查所一谈（如翁君不在所，不妨令所役电 / 觅）。兹送上自津至京免票一张，赴郑旅 / 费，乞即向翁君索取。鄙意最好约君美兄 / 乘明日上午六时半通车赴京较为从容，已将此意 / 告之，希即电话一约为荷。此颂 / 近安。弟丁文江顿首。/

这是丁文江先生写给广东南海罗原觉先生的一封信函。丁文江（1887～1936），字在君，笔名宗淹，江苏泰兴人，地质学家、社会活动家，中国地质事业的奠基人之一，创办了中国第一个地质机构"地质调查所"。圆觉即罗原觉（1891～1965），原名罗泽堂，别字韬元、弢盦、恽卢等，号道在瓦斋、菜园病叟、平宁瓷佛庵等，广东南海人，著名文物鉴藏家兼学者。信中所提"翁君"应指地质调查所第二任所长翁詠霓；君美即罗福成（1885～1960），罗振玉之哲嗣，著有《番汉合时掌中珠》《传古别录》二集。

该信未落年款，事情却写得明明白白：罗原觉先生经人介绍，结识了丁文江先生。罗先生到天津后，丁先生亲笔给他写了一封信，介绍他去北京地质调查所找翁詠霓，如翁不在，可找执勤人员电话找翁，并告诉罗可向翁索要赴郑州的旅费。丁待友极为细心，不仅为罗送上天津至北京免费车票一张，而且建议最好约罗君美一同于次日乘车赴京。

连同该信交给罗原觉的还有另一封信，其用纸及尺寸皆与前一封相同，信的内容如下（图二）：

再启者：附上古物研究社简章数份，/ 到豫或须分散，其中张学良系张君仲平，/ 中兴公司董事、朱桂莘之友，与奉天之张 / 无涉，并希注意为荷。又及。/

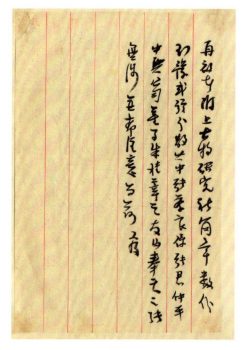

图二

信中提到的朱桂莘即朱启钤（1872～1962），亦作桂辛，号蠖园，贵州开阳人，爱国人士，1912 年 7 月兼代国务总理，后任山东中兴煤矿公司总经理、中国营造学社社长；中兴公司，即指山东峄县中兴煤矿有限公司。该公司 1918 年 6 月第 8 次股东大会选举朱启钤任董事长兼总经理，袁静谐、张仲平为总公司主任。信中还提到此处之张学良系张仲平，非奉天之张，仅属同名同姓而已。

这封信与第一封信一样也无年款，但从内容判断，这两封信应是同时交给罗原觉先生的。丁先生在写好第一封信后，觉得还有话要说，于是又写了第二封信，在信尾写上"又及"。

在罗德慈女士捐赠的书信中，还有两个信封与丁文江先生有关。一个横 9.6 厘米，纵 19.2 厘米，是丁先生从"天津义界东马路三十八号北票煤矿公司"寄至"广东省城西关十六甫北街廿七号敦复书室"（图三）。信封邮戳显示"CANTON 广州"，但日期不清晰，只能辨认出"31 日"字样。可知该信封不是用于前文所述两封信的。

图三

另一个信封横 9 厘米，纵 20.6 厘米，上书"送中国旅馆罗圆觉先生"（图四）。按"中国旅馆"位于天津法租界。可知此时

图四

罗原觉先生正在天津。从前述第一封信所言"乘明日上午六时半通车赴京"一语，以及该信封既无邮戳，也未粘贴邮票，可断定前述两封信是丁先生托人转交而不是通过邮局寄给罗先生的，该信封正是装这两封信的。

那么，这两封信到底写于何时？

丁文江先生 1921 年辞去地质调查所所长一职，到北票煤矿公司做总理，直至 1925 年底。他为了专办北票煤矿的事，把家搬到了天津。罗原觉先生 1923 年 7 月初已旅行到天津，10 月初到了北京。而第二封信中所提"古物研究社简章"，出台于 1923 年 9 月。由此可推断丁先生的这两封信大约写于 1923 年 9 月。

丁先生的这两封遗函，真实地再现了丁先生待友真是"操心到极紧张、极细微"了，比"他那位朋友操心还要多"！

（原载《中国文物报》2016 年 3 月 15 日第 4 版"文缘"）

在陆键东《陈寅恪的最后 20 年》一书中，有这样一段记述：
"经历过两个世纪巨变的朱师辙，怀着深深的感激之情给毛泽东
写了一封信，连同朱氏三代人的著述一齐寄给了毛泽东。不久，
毛泽东亲笔给朱师辙复了信。"毛泽东主席的这封信写于 1951 年
10 月 7 日，是寄往"广州文明路中山大学北斋十二号"。住在
此地的正是"民国年间有名声的经史小学名家朱师辙"。当初在
中山大学读到这段文字时，我就对朱师辙先生有了很深的印象。
说来也巧，在做《广州大典》与广州历史文化研究资助专项课题
（2016GZY06）时，我将藏于广州博物馆的朱师辙的墨迹作了梳理，
所以本文算是此课题的阶段性成果之一。

朱师辙（1879 ~ 1969），字少滨，号充隐，别号嬴台寄主、
东华旧史、西湖梦人，安徽黟县人，经史小学诗词家及历史学家。
著有《商君书解诂》《和清真词》《清史述闻》《黄山樵唱》等。
其"先大父丰芑博士（朱骏声），著述百种，以经小学为著，而
兼及子史。先君仲我（朱孔彰）协修传家学，而注重于史。……
两代著述，皆风行一时。师辙幼承庭训，研究经小诸子百家，而
尤喜读史，马班陈范四家，固所深习，而魏晋六朝诸史，亦用力
弘多。"（《清史述闻·序》）民国初，朱孔彰与朱师辙父子相
继受聘清史馆协修，朱孔彰撰咸同列传六七十篇，朱师辙任艺文
志整理。《清史稿》告成后，朱师辙任北平辅仁大学及中国大学
教授、故宫博物院文献馆专门委员及博物院顾问、河南大学教授；
抗战时，任成都华西大学教授；1939 年春，自成都回上海养疴；
同年冬，回北平，再赴辅仁大学任教，开清史研究一课；1946 年
受聘安徽学院教授；1947 年 10 月，南下广州，任教中山大学，教
授《诗经》及研究清史。

1949 年 1 月，陈寅恪南下广州，任教岭南大学。朱、陈二人
成为亦师亦友极难得的知己。1953 年，陈寅恪作《次前韵再赠少滨》，
盛赞朱师辙"班马传家作史官，风流儒雅未凋残"。这样一位注
定会名留青史的"史官"，着实令人敬仰。

这是一封珍贵的信函，共两页，13 行，从右往左竖写（每行结束标识／），每页横 17.2 厘米，纵 26.5 厘米：

罗原觉先生大鉴：前承寄书／籍数部，均已收到，至感至感。黄先／生之诗，亦已拜读，至为钦佩。弟固／欲简朝亮先生详传，尚请／先生费神查赐知为感。／近日东京天气不正，时疫流行，弟／亦因之小患感冒，故迟迟至今方书／回信，至歉至歉。专此，敬祝／健适。辙敬上。／末二月十六日。／追伸：／有此址可弁之要件，仰下命弟／当周旋，不要客气为可。／

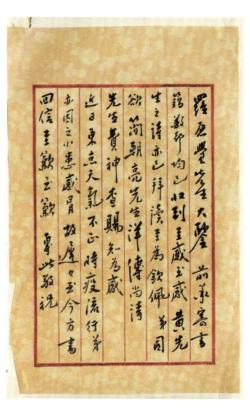

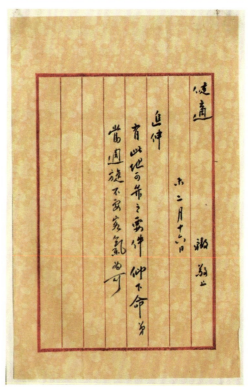

信函末尾署名"辙"，是朱师辙自指。这是一封由朱师辙写给广东南海人罗原觉的信函。

罗原觉，著名文物鉴藏家兼学者。"未年"是指我国的羊年。在朱师辙的一生中，1883年、1895年、1907年、1919年、1931年、1943年、1955年和1967年等8个年份均为羊年。而罗原觉生于1891年，1965年去世。因此，信尾落款"未年"是指1931年、1943年和1955年三个年份中的一个。

朱师辙信中提到请求罗原觉帮忙查找"简朝亮先生详传"。简朝亮，广东顺德人，1933年病逝广州。这表明该信应写于简朝亮去世之后。新中国成立后，罗原觉一直生活在香港，而朱师辙1951年秋从广州退休后回杭州定居直至去世。从新中国成立后的社会形势分析，1955年朱师辙不太可能有赴日本东京(信中描写"近日东京天气不正，时疫流行")的活动。由此可判断，朱师辙这一封信应写于1943年农历未年二月十六日，即公历3月21日。

朱师辙请求罗原觉帮忙查找"简朝亮详传"及走访日本东京，应事出有因。朱师辙受聘清史馆协修，参与编撰《清史稿》。虽然该书纂修于民国三年，至民国十六年全稿略具，但因各种原因，书中遗漏抵牾之处尚多。朱师辙深知，"马班撰史，虽继父业，而必借秘阁兰台典籍，复经广事网罗，始能成其业。""自科举停而士大夫不复向学。大家之中落者，贾客之掠贩者，出售外洋，以图得利。今不但日本人收书，即英美法德，无不知中国书籍有益神智。我国人转不知保守，无怪见闻见陋。修史急务，莫先聚书。"(《清史述闻·搜罗史料第二》)朱师辙走访日本东京，应是"广事网罗典籍"。他查找简朝亮详传，有可能是为了修补《清史稿》"循吏传"中的朱次琦传，因为简朝亮是朱次琦的弟子。

此信的内容虽然不长，但可反映朱师辙探究学问的执着精神。信中提及朱师辙收到罗原觉寄来"书籍数部"，又对"黄先生之诗"表示"至为佩服"，可见朱师辙既有"修史"之眼力，对清朝掌故细心搜罗，又关注民国诗学动态。

信中"黄先生"是指黄节，广东顺德人，他是简朝亮（竹居）的学生，又是吴宓的老师。吴宓曾著文评价黄节为"中国诗学宗师"。香港冯平山图书馆馆长陈君葆在1935年2月7日的日记里也曾高度评价过黄节的诗：

早上偶与憩棠先生讲到黄节的诗，至于何以忽谈起他来，倒莫复能记忆，只记得憩老说他"为人颇有点傲气，诗学宋"云云。下午回家拆看大公报，发现吴宓所做的黄节先生学术一文，读之对于伊人深表景仰，其诗亦甚精錬，岂止"学宋"而已耶！（《陈君葆日记全集》卷一）

罗原觉与黄节既属老乡，又是朋友。朱师辙在信中盛赞黄节，自属情理之中。但信中所述的人与事正表明文化的发扬需要师承，一代传承一代，需要有"了解之同情"（陈寅恪《冯友兰中国哲学史上册审查报告》）态度，方可达到心灵相通。

（原载《中国文物报》2016年4月22日第4版"文缘"）

　　孙中山在《建国方略》一书中写道："每于学课余暇，皆致力于革命之鼓吹，常往来于香港、澳门之间，大放厥词，无所忌讳。时闻而附和者，在香港只陈少白、尢少纨、杨鹤龄三人。……四人相依甚密，非谈革命则无以为欢，数年如一日。故港澳间之戚友交游，皆呼予等为'四大寇'。""余于乙未（1895）举事广州，不幸而败，后数年始命陈少白创《中国报》于香港，以鼓吹革命。"（1923年1月29日《中国之革命——为上海〈申报〉五十周年纪念而作》）孙中山曾经数次明确表示陈少白是他的香港同学和早年坚定的革命伙伴。

　　这样一位坚定的革命者，在历史迈进民国时，却选择远离政治，改做社会公益事业，回家乡从事乡村建设工作，晚年更是以吟诗作字为消遣。

　　陈少白才华出众，有"风流才子"之称，其"字法李北海，娟秀可人，偶绘画，亦雅致异常。"其"用笔爽朗，如其为人……书品与人品并高，诚不可及也。"（番禺麦华三《岭南书法丛谈》）。冯自由在《陈少白之词章》一文写道：陈少白"才思敏捷，诗词歌赋，琴棋书画，无所不通，有风流才子之号。""兴中会初期缺少文士，文告多出少白手笔。"（载《革命逸史》初集）

　　由于陈少白较早远离政治，长时间不为人们所关注，他的生活情趣与交往经历也鲜为人知。广州博物馆珍藏1965年黄宝权女士捐赠陈少白三封遗函及三个信封充分展示了陈少白的书画情怀。

信函一（图一），横 15.5 厘米，纵 25.1 厘米，从右往左竖写，共 6 行，内容如下：

罗兄鉴：贵价来，即将所 / 有送复覃溪联为最安，拟廿 / 五元。宋旭款墨均有未安，而画 / 特佳也，墨侬画次谭三，不 / 能出此价，一并送回。顺颂 / 时安。少白启。三月十一日。/

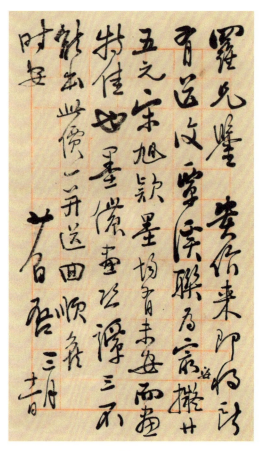

图一

信中所提"少白"即陈少白，原名闻韶，号夔石，广东新会人，生于 1869 年，1934 年 12 月 23 日在北平去世。《西南党务月刊》第 34 期第 66 页刊登 1935 年 1 月 28 日唁电："电信陈少白先生逝世：北平北长街一七七号陈少白先生治丧处并转陈先生家属礼鉴：阅报惊悉少白先生在平逝世，老成凋谢，殊堪悼惜。特电。""罗兄"即指罗原觉（1891～1965），原名罗泽堂，别字韬元、戣盦、恽卢等，号道在瓦斋、菜园病叟、平宁瓷佛庵等，广东南海人，著名文物鉴藏家兼学者。这封信是陈少白写给罗原觉的信函。信中所谓"贵价"二字是对对方仆从、来使的敬语；"覃溪"即翁方纲（1733～1818），顺天大兴（今属北京市）人，清代书法家、内阁大学士，长于金石考证，著有《两汉石记》《粤东金石略》《汉石经残字考》《石州诗话》等；宋旭（1525～1606年后），字初旸，号石门、石门山人，明代画家；"墨侬画次谭三"是指道光年蒋莲为叶云谷作《瞽乐师谭三奏技图》，该图为罗原觉所有，1940年曾在香港"广东文物展览会"上展出过。从信的内容可以看出，陈少白喜爱翁方纲的对联，对明代画家宋旭、清代画家蒋莲的作品有自己的评判标准，这表明他具有较高的书画鉴赏能力。

信函二（图二），横12.5厘米，纵25.1厘米，从右往左竖写，共5行，亦是陈少白写给罗原觉的，内容如下：

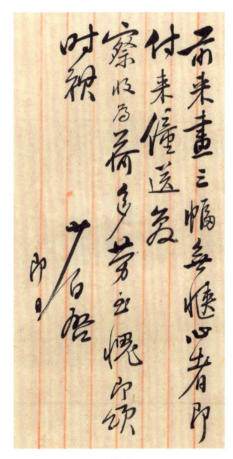

图二

前来画三幅，无惬心者，即 / 付来僮送复。 / 察收为荷，多劳至愧。即颂 / 时祺。少白启。 / 即日。 /

因无更多旁证资料，我们暂无法知道罗原觉送给陈少白的是哪三幅画，但据此仍可推断他们二人之间有交流和互鉴书画的经历。

信函三（图三），横 14.8 厘米，纵 26 厘米，从右往左竖写，共 5 行，也是由陈少白写给罗原觉的，内容如下：

惺庵兄鉴：昨掷下之 / 件，拜读一过，物皆好而 / 非所当，至歉。随价送 / 复，惟检收，并问 / 时佳。少白启。三.十四. /

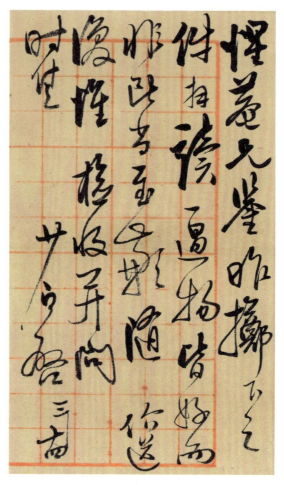

图三

该信亦在谈书论画，陈少白在对罗原觉送来之物表示赞美之同时，亦表示"非所当"，随贵价送还给罗原觉。

根据上述三封信函的内容，结合现存三个信封（每个均为横 8.8 厘米，纵 15.2 厘米）的书写情况，我们可作如下判断：写着"并画三幅 / 送罗先生收 / 陈榍"的信封（图四）是用来装信函二的，写着"外画五件 / 罗先生收 / 少白缄"的信封（图五）和写着"外画并呈 / 罗先生启 / 少白缄"的信封（图六）是用来装信函一或信函三的，且这三封信是陈少白托人带来而不是通过邮局寄给罗原觉的，是他们二人同处一地时书写的。

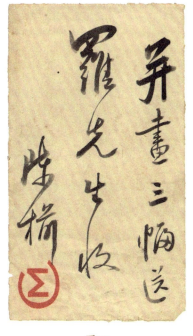  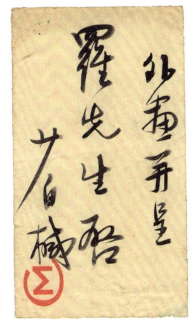

图四　　　　　　　　　　图五　　　　　　　　　　图六

陈少白是广东新会人，罗原觉是广东南海人，他们同一时间同处一地最有可能的是省城广州。据考，陈少白曾于1911年底至1912年初、1920年初、1921年5月后数月等时间段停留在广州。根据书信书写时间判断，这三封信可能是写于1920年。

这三封信不仅说明陈少白与罗原觉二人曾有过一段书画交往，而且亦表明陈少白十分喜爱书画。这三封信的书法也颇秀美。

（原载《中国文物报》2016年8月2日第4版）

自 20 世纪 80 年代以来，随着禁锢我国学术思想的藩篱被一一冲破，许多被尘封埋没的文献资料重见天日，一些被淡忘已久的人和事又开始受到关注，张元济先生就是其中之一。

张元济，字筱斋，号菊生，浙江海盐人，1867 年 10 月 25 日出生于广州，1959 年 8 月 14 日在上海病逝。张为清末进士，曾入翰林院任庶吉士，后在总理各国通商事务衙门任章京，1898 年参加过戊戌变法，失败后被革职。之后又出任上海南洋公学总理。1902 年，入商务印书馆，历任编译所所长、经理、监理、董事长等职。1949 年 9 月，张元济出席了第一届中国人民政治协商会议，19 日应毛泽东主席的邀请，同游天坛。新中国成立后，张担任华东军政委员会委员、上海文史馆馆长，继任商务印书馆董事长，是我国近代文化出版事业的主要奠基人之一。

在《广州大典》与广州历史文化研究资助专项课题（2016GZY06）的资助下，我得以深入研究一些馆藏的珍贵资料。在研究广州博物馆珍藏的广东鉴藏家罗原觉先生与友人的往来书信时，我发现有张元济先生写给罗先生的两通遗函及一个实寄封，信的内容反映了两人间"因书结缘"的交往过程，弥足珍贵。这两通信函和实寄封是罗原觉与黄宝权夫妇之女公子罗德慈于 1995 年 8 月捐赠的。其中，写于 1937 年 5 月 14 日的那封，已全文载于商务印书馆 2007 年 9 月出版的《张元济全集》第 2 卷第 462 页，而另一封信函及实寄封均未见著录，是一封佚函。

这封佚函（图一）写在印有"涵芬楼制"四个篆体字的特制信纸上，仅一页（横 16.6 厘米，纵 25.9 厘米），共 7 行，从右至左竖写（每行结束，以 / 作为标识，下同）：

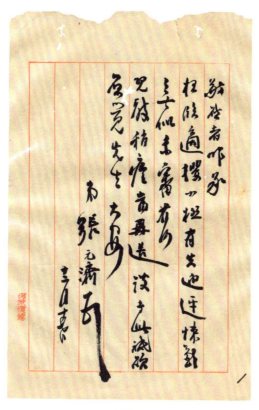

图一

敬启者：昨承／枉临，适攫小极，有失迎迓，悚歉／无似，未审有何／见教，稍痊当再造谈。专此，祗颂／原觉先生大安。／弟张元济顿首。／十二月十七日。／

　　信函留有日期，但未落年款。信上说的是，罗原觉出差上海时，曾登门拜访张元济，但张先生身体抱恙，有些不适，所以两人没能见到面，无法恳谈，十分遗憾。

　　12月17日这一天，张元济确有小疾。这与张元济1930年12月16日致函莫伯骥所述"前接十一月十二日大函，属以负疾积旬，未及展读，今始小愈……衰病初痊，肃复不尽"（《张元济全集》第3册）基本吻合，且时间一致。

　　这种印有"涵芬楼制"篆体字的信纸，亦见于《张元济全集》第2册图版页收录的1930年1月10日张元济致胡适函。"涵芬楼"一名，根据张元济《涵芬楼烬余书录·序》记述："群书充积，而罕见之本亦日有增益。书室狭隘不能容，时人方以图书馆相督责，乃度工厂前宝山路左纛所置地，构筑层楼，而东方图书馆以成，举所常用之书实其中，以供众览。区所得宋元明旧刊暨钞校本、名人手稿及其未刊者为善本，别辟数楹以贮之，颜曰'涵芬楼'。"1932年"一·二八"之役时，商务印书馆总厂被日军飞机掷弹炸毁，并殃及东方图书馆，40多万册藏书化为灰烬，涵芬楼亦遭焚毁。

张元济是在广州出生，罗原觉为广东南海人，二人虽称得上是同乡，但彼此相识较晚。根据张元济1930年7月29日致汪兆镛函记述："汪君允中货去之薛氏《五代史》，仰蒙诹询，获有端倪，欣幸何极。并承代托罗君原觉物色，弟亦与罗有一日之雅，但疏阔有年，今特借重尊意，修函敦托，乞阅后转致。"（《张元济全集》第2册第145页）张、罗二人应是相识于1929年至1930年间，此时张正为影印出版《百衲本二十四史》而积极访书，并委托汪兆镛代求罗原觉帮忙寻找汪允中售出的薛氏《五代史》刊本。后来汪兆镛于1930年9月26日致函张元济："至《薛史》原刻本，罗原觉已回省面询，据称前闻顺德龙氏、佘氏购得，嗣知因谐价未成，为丁乃扬得之。查丁少兰吾浙人，其续任广东盐运使，适合汪允中售书粤估之时，所言或尚可信。兹将其奉覆一函附呈察阅。丁少兰寓金陵，其故宅今为财政部所踞，必流寓沪滨。请就近查询，当有端绪。"（《张元济全集》第2册第148页）同年10月15日张元济复函汪兆镛："薛氏《五代史》为丁君少兰所得。丁为湖州人，素未相识。今不知寓居南北。当分别托人探问。承兄与原觉兄辗转询示，实为心感。兹有致原觉兄函，乞为饬交。"（《张元济全集》第2册第149页）1931年9月7日张元济复函汪兆镛："前示原刻《薛史》为丁君少兰所得，弟素不相识，托人询问，云确有其事，惟在金陵旧寓，先被军队占据，后由财部借用，曾倩其戚前往检寻，竟不复见，薪伤羽化，都在意中。有负盛怀，空劳梦想。近又有某君者来称，家有是书，藏之累世，惟在雩都故里，已属倩人取来，惟穷乡匪窟，至为艰险，倘能携出，竟如所言，则收之桑榆，尚可奉慰同好耳。"（《张元济全集》第2册第149页）经过努力，虽然找到了汪允中售出之薛氏《五代史》刊本的下落，但张元济最后始终没有找到该刻本，不得已采用了刘氏嘉业堂刻原辑《永乐大典》有注本。

由此可见，这封佚函应写于1930年12月17日。张、罗二人相识虽较晚，但因彼此都爱好善本典籍而很快有来往，以至于罗原觉在赴上海期间还专门抽空登门拜访张元济。

在另一封张元济致罗原觉的信函里，除"弟张元济拜启"6字为张元济毛笔手书外，其余文字均为打字稿。该函（图二）一页，横18厘米，纵25.2厘米，共10行，从右往左竖排：

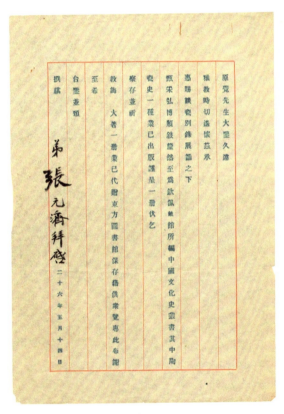

图二

原觉先生大鉴：久违 / 雅教，时切遥怀，兹承 / 惠赐《谈瓷别录》。展诵之下，/ 甄采弘博，类叙厘然，至为钦佩。敝馆所编《中国文化史丛书》，其中《陶 / 瓷史》一种业已出版，谨呈一册，伏乞 / 察存，并祈 / 教诲。大著一册，业已代赠东方图书馆保存，借供众览。专此布谢，/ 至希 / 台鉴，并颂 / 撰祺。弟张元济拜启。二十六年五月十四日。/

1936年张元济先生七十大寿，商务印书馆为纪念他的生日，编印了《张菊生先生七十生日纪念论文集》和《中国文化史丛书》两部书。信中所提"敝馆所编《中国文化史丛书》"正指此事。信中提及的另一著作"《谈瓷别录》"，是指罗原觉以笔名"道在瓦斋"发表在1936年7月《岭南学报》第五卷第一期的那篇论著。张元济对此文不仅评价很高，认为它"甄采弘博，类叙厘然"，而且将其转赠东方图书馆保存，供公众阅览。

实寄封上的邮戳显示："广州二十六年五月十九日 Canton"，即 1937 年 5 月 19 日，与上述写于民国 26 年即 1937 年 5 月 14 日的这封信函的书写时间仅差 5 天，由此我们断定，实寄封是用来装这封信函的。信件从上海寄到广州所需时间为 5 天。该实寄封横 10 厘米，纵 20.2 厘米，上面打印有"广州百子路菜园北五号 / 敦复书室 / 罗原觉先生台启 / 上海极司非而路四十号张宅缄"和"挂号"等字样（图三）。张元济从 1914 年新年初直到 1939 年 3 月 8 日均住在"上海极司非而路四十号"，长达 25 年。

图三

张元济与罗原觉二人来往书信保存极少。透过这两封遗函，我们了解到他们相识虽晚，但彼此间因书结缘而相互走近，并结下友谊。张元济一生与书打交道，收书、编书、校书、印书，孜孜不倦，从未停息。1948 年，他 82 岁时写下一副对联"数百年旧家无非积德，第一件好事还是读书"，正是他本人一生的真实写照。

（原载《中国文物报》2016 年 10 月 14 日）

补记：

最近在整理罗原觉往来信函时，又发现张元济书写的一张便签（图四）。该便签横 8.4 厘米，纵 15.6 厘米，上面的文字是"敬祈 / 饬送逢源中约三十八号 敦复书屋 / 罗原觉先生台启 / 候回片广州汪代交 / 上海极司非而路四十号张宅缄 / 十九年十月三日 /"。"广州汪"是指汪兆镛，"上海极司非而路四十号"是指张元济的住宅门牌号。因而表明这是张元济写给汪兆镛的信笺，张请汪代交罗原觉收。该便笺还表明 1930 年 10 月罗原觉住在广州逢源中约三十八号。

图四

入粤为寻绍武来
—— 朱希祖的一封遗函读后

1944 年 7 月 5 日，一代史家朱希祖遽尔长逝。次年 10 月 2 日，其女婿历史学家罗香林先生作《朱遏先先生行状》一文，文中写道："会日人发动九一八沈阳事变，大举侵陵，先生痛国难深重，益欲纂述南明史乘。适邹海滨先生鲁重长国立中山大学，电聘先生为文史研究所主任。先生以两粤为南明诸王兴兵抗满之所，适于搜集实地资料……故愿一往。"在中山大学邹鲁（海滨）校长的邀请下，朱希祖泛海南下，于 1932 年 10 月 15 日抵达广州，开始了长达一年多的广州教学生活。

朱希祖生于 1879 年，字逖先，又作遏先、迪先，浙江海盐人，现代著名历史学家、藏书家。在广州生活的一年多时间里，他逛书店，走访藏家，积极寻找南明史迹，搜集了大量南明史料，对南明史研究做出了重大贡献。

在《广州大典》与广州历史文化研究资助专项课题（2016GZY06）的资助下，我们寻找到广东鉴藏家罗原觉遗存下来的一封朱希祖的信函，透过这封遗函，可以充分地感受到朱希祖在搜集南明史料方面所付出的艰苦努力。

这封信函是朱希祖写给罗原觉的，用"国立中山大学用笺"，现珍藏于广州博物馆，由罗原觉黄宝权夫妇的女儿罗德慈女士捐赠。信函（图一）横 18.4 厘米，纵 30 厘米，从右往左竖写，正书，共 9 行（每行结束，以 / 为标识），内容如下：

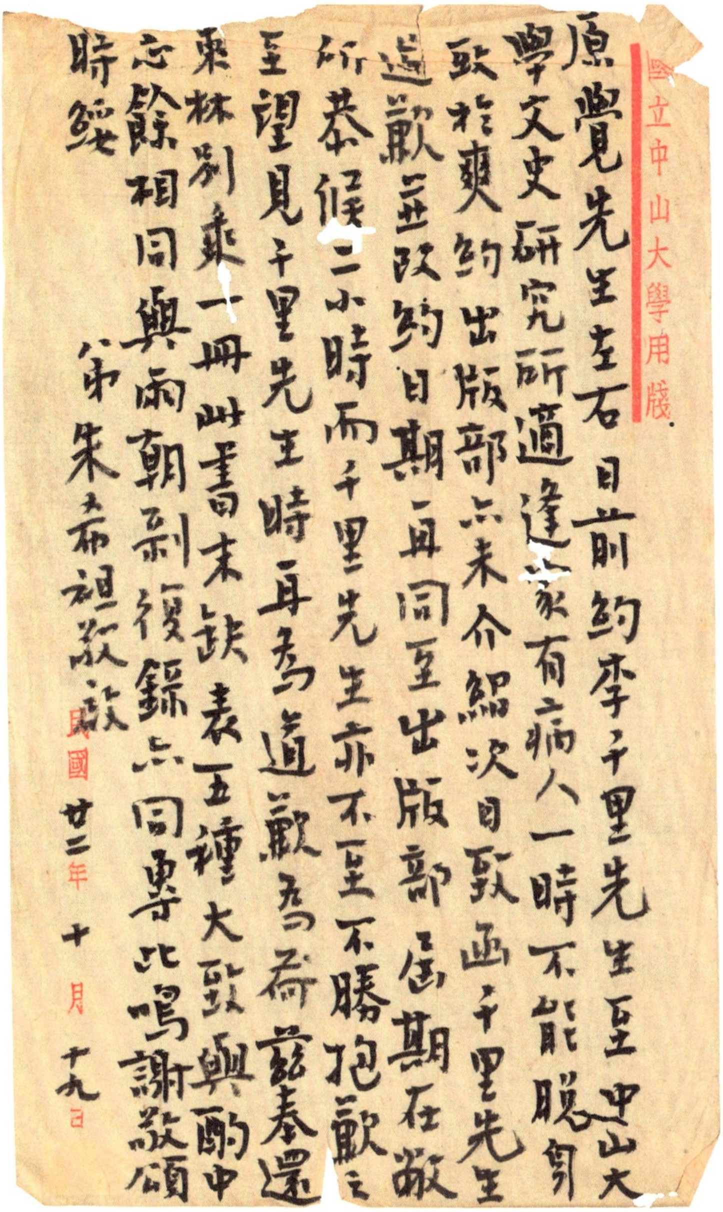

图一

原觉先生左右：日前约李千里先生至中山大/学文史研究所。适逢家有病人，一时不能脱身，/致于爽约。出版部亦未介绍。次日致函千里先生/道歉，并改约日期，再同至出版部，届期在敝/所恭候二小时，而千里先生亦不至不胜抱歉之/至。望见千里先生时，再为道歉为荷。兹奉还/《东林别乘》一册。此书末缺表五种，大致与《酌中/志余》相同，与《两朝剥复录》亦同。专此鸣谢，敬颂/时绥。弟朱希祖敬启。民国廿二年十月十九日。/

"原觉先生"即罗原觉（1891～1965），原名罗泽堂，别字韬元、斅盦、恽卢等，广东南海人，著名文物鉴藏家兼学者。该信写于1933年10月19日。信中提及"日前约李千里先生至中山大学文史研究所"一事，"文史研究所"正是朱希祖的办公场所。朱希祖1932年10月15日到达广州，直到1934年2月21日离开。此次南行，他原是就任中山大学史学系主任一职，后因学校开课已久，一切课程等规划皆需有人主持，故该职未能留到他抵达广州之日，而是由朱谦之担任。朱希祖来广州一个月后，11月19日，才受聘文学院文史研究所主任一职。

信中还提到"适逢家有病人"而致"爽约"。朱希祖来广州时只身一人，两个月后妻子和女儿才偕同来到了广州。

值得一提的是，信中还提到"兹奉还《东林别乘》一册"。据《朱希祖日记》1933年7月9日记录，《东林别乘》一册是朱希祖当日到访罗原觉家时向罗借读的书："至罗原觉家，观其所藏字画、碑帖、书籍，中有黎遂球画山水，及陈函辉行书附《陈函辉死节传》，皆南明人，将来拟借印。又借彼所藏《东林别乘》（不分卷，武进钱人麟编，旧钞本），一册。"

朱希祖在广州期间，不仅与罗原觉有书信往来，而且有过数次面对面的交往。据《朱希祖日记》记录：1933年1月25日"九时偕李沧萍至西关罗原觉寓，观其书画碑帖及金石，中有阮元旧藏唐人临晋张华书一帧，有阮氏题跋，又有元张羽、杨铁崖等墨迹一帧，又偕李、罗二君及熊闰桐君访陈述叔先生洵"；6月20日，"晚餐后李沧萍偕罗原觉来，谈至十一时始去"。李沧萍毕业于北京大学，曾受业于朱希祖，此时正任教中山大学。

关于《东林别乘》一书，朱希祖在1933年7月9日这一天的日记里有详细的介绍："人麟清初人，自称东林后裔，盖为钱春子孙。中有《东林朋党录》《东林同志录》《东林籍贯》《东林点将录》附《异同考》，又有《盗柄》《东林夥》《东林党人榜》《夥坏封疆录》《天鉴录》……人麟各有序一篇，间附考证，诚为考东林人物最善本矣。"这部书保留了大量南明史料。

在罗原觉遗存的往来信函中，还有一个信封，是朱希祖写给罗原觉的，横9.5厘米，纵19.1厘米。信封上写着："本市西关宝源东街廿七号/罗原觉先生台启/东山圭岗三马路廿号三楼朱十月九日（国立中山大学文史研究所缄）/"（图二）。信封上遗留下来的邮戳"广州/廿二年十月九日/CANTON"表明这是一个

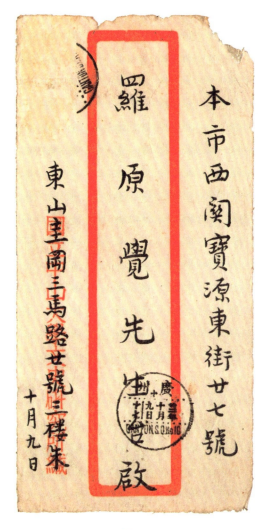

图二

1933 年 10 月 9 日从广州寄出的实寄封。遗憾的是，里面的信函不见了。从该信封可知，此时朱希祖住在广州东山圭岗三马路廿号三楼。

朱希祖在广州期间，先后住过不同的地方：1932 年 10 月 15 日刚到广州时，住长堤西豪酒店二层楼二百二十二号，17 日迁至小北路史巷十六号之一楼下罗香林寓所暂住，21 日迁居百子路中山大学第一医院校长住宅，12 月 13 日因妻子和菊女到穗，改住东山圭岗三马路二十号三楼。

朱希祖在广州教学期间，做了两件大事，一是撰写了《广东通志略例》《广东通志总目》和《广东通志总目说明书》；二是搜集了大量南明史料。朱希祖去世时，顾颉刚作《挽朱遏先先生》诗曰："入粤为寻绍武（笔者按：指绍武帝，南明政权第三任君主）来，金陵旧院拨蒿莱。平生心事南明史，历劫终教志不灰。"（《顾颉刚全集48·顾颉刚日记卷五》中华书局 2010 年 10 月第一版第 322 页）道出了朱希祖一生的志向。

（原载《中国文物报》2016 年 12 月 13 日）

近年来，我一直在努力寻找民国学人的学术踪迹，在《广州大典》与广州历史文化研究资助专项课题（2016GZY06）的资助下，我得以整理和研究广东鉴藏家、学者罗原觉先生与友人的往来信函，其中有一张看似普通却十分珍贵的便笺深深地吸引着我。便笺（见下图）横 21 厘米，纵 27.6 厘米，上面用毛笔写满了文字，由右往左竖写，分成前后两部分，前半部分字体略大，共 6 行，后半部分字体稍小，仅两行，全文如下：

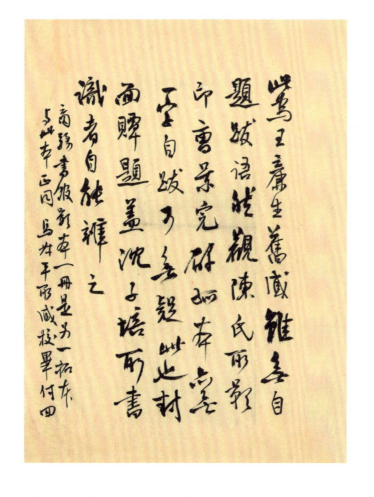

此为王廉生旧藏，虽无自 / 题跋语，然观陈氏所影 / 印曹景完碑孤本，亦无 / 一字自跋，可无疑此也。封 / 面赗题，盖沈子培所书。/ 识者自能辨之。/
商务书馆影本一册是另一拓本，/ 与此本正同。马叔平所藏校毕付回。/

这是一张古物鉴定意见的便笺。便笺虽未注明书写者，也未标明写给谁，但我们从便笺的书法风格、书写语气及流传结果，可判断这是马衡先生写给罗原觉先生的一张便笺。

马衡（1881～1955），字叔平，别署无咎，号凡将斋主人，浙江鄞县人。1901 年肄业于上海南洋公学。1917 年任北京大学附设国史编纂处征集员，1918 年任北京大学文学院金石学讲师，1923 年任考古学研究室主任兼导师，并在历史系讲授中国金石学，后又任清华国学研究院讲师。1924 年 11 月，清室善后委员会成立，参与点查故宫文物。1925 年故宫博物院成立，任古物馆副院长。1928 年 10 月，为故宫博物院理事会推为理事。1933 年担任院长，直至 1952 年。著有《中国金石学概要》《凡将斋金石丛稿》《汉石经集存》《凡将斋印存》等(《马衡日记：一九四九年前后的故宫》紫禁城出版社 2005 年版)。罗原觉(1891～1965)，原名罗泽堂，别字韬元、弢盦、恽卢等，号道在瓦斋、菜园病叟、平宁瓷佛庵等，广东南海人，广东著名文物鉴藏家兼学者，广州市市立博物院筹备委员之一。

便笺里提到的"王廉生"，即我国清代著名金石学家、甲骨文之父王懿荣(1845～1900)；"沈子培"即"中国大儒"沈曾植(1850～1922)。

我认为，便笺的内容应当是马衡受罗原觉之委托而写成的一则鉴定意见。罗原觉将收藏的一份曹全(景完)碑拓旧物送给马衡鉴定。经仔细研究，马衡认为这份曹景完碑拓是王懿荣的旧藏，其封面赙题为沈曾植所写。

《曹景完碑》即《汉郃阳令曹全碑》，东汉中平二年(185 年)十月丙辰造，"明万历初郃阳县旧城掘得"，后存"县孔子庙东角门内西向"(《金石萃编》卷 18)，1956 年移立西安碑林博物馆内。《曹全碑》是汉碑中极负盛誉者，是汉代隶书的重要代表作品。

便笺未落书写时间，便笺里所提"商务书馆影本"当指 1920 年 3 月初版的《曹景完碑(海内弟一初拓本七十七叟吴昌硕老岳题签)》，该影本是据陶斋(端方)所藏海内第一初拓曹全碑精印的。该影本到 1929 年 5 月出了第 4 版，国难后的 1933 年 10 月再出第一版，1938 年 5 月出第二版。由此可判断，马衡书写此便笺的时间不会早于 1920 年 3 月。

1917 年 8 月，马衡离开上海，前往北京大学国史编纂处就职。此后举家居住于北京。从便笺的书写方式来看，此便笺当是马衡托人交付而不是通过邮局邮寄给罗原觉的。因此，此便笺的书写时间最有可能是在马罗二人见面之际，即罗原觉去北京拜访马衡的时候。

根据遗存下来的罗原觉往来信函所示线索，我们知道罗原觉曾于 1923 年 8 月至 11 月间到北京出差，并住在北京煤市街华北旅馆和前门外打磨厂第一宾馆。因此，马罗二人会面的时间当在此时期，便笺当写于 1923 年的 8 月至 11 月间。

马衡既是"中国近代考古学的前驱"（郭沫若语），也是"中国博物馆事业的开拓者"（郑欣淼语）。他能诗，善书，工篆刻，但其作品极少外传，只是应亲友之请才着墨用刀，故今传世甚少。因此，由罗德慈女士捐赠给广州博物馆珍藏的这张马衡便笺也就显得格外珍贵，它不仅反映了马罗二人曾经有过一段学术交往，也为故宫博物院和广州博物馆南北两座古老博物馆之间的联系增添了一份新资料。更为有幸的是，1951 年 11 月 19 日，马衡因赴澳门征集《中秋》《伯远》帖"二希"事时，途经广州，到访了坐落在广州越秀山上的广州市立博物馆。（《马衡日记：一九四九年前后的故宫》）

（原载《中国文物报》2017 年 2 月 7 日第 7 版 "收藏鉴赏周刊"）

浪華齋藤君董盦穆雅好古法書名畫之富擅聞

于世而其吉金之藏尤有六古器焉乃田父辛方鼎新田父

甲卣田父甲尊田父甲彝田父甲爵蟠夔觚也錦彩

爛斑頹綠相雜一見使人奕然有千古之思羅料

言秦事鑑爲商器皆戊午年山東長清民掘土

所獲既爲齋藤君所購夫古器存世者多經賈人

手故雜同時出土者未笑輒散亂不可蹤跡注手

端忠敏得寶雞所出棲禁十一器世皆歎爲未曾有

瀾介巳佚吉海外此六器者皆出同時同地而同歸

董盦致古制作者得以資徵據焉君頃欲影照

以飼爲古學者余爲作弁言云

甲子六月書于平安僑居之寶左盦

内藤虎

采自《董盦吉金图·甲子六月内藤虎序》

罗原觉先生（1891～1965），原名罗泽棠，别字韬元、弢盦、恽卢等，号道在瓦斋、菜园病叟、平宁瓷佛庵，广东南海人，著名文物鉴藏家兼学者。他曾以广州市市立博物院原筹备委员会委员的身份出访日本，拜访了犬养毅、原田淑人、红崎鹤飞、山本内定等一大批日本著名汉学家、考古学家、收藏家等，与他们进行学术交流，还走访了东京帝国大学图书馆等机构。1995年8月，罗原觉的女儿罗德慈女士向广州博物馆捐赠了一批罗原觉往来信函。这批信函记录了罗原觉的学术经历及交往史。本文拟通过对这批信函进行考释，力图还原罗原觉访日之行程，对其日本之行所涉及的若干问题进行梳理和考证。

我在写作过程中，得到了日本国驻广州总领事馆总领事斋藤法雄先生和夫人斋藤敦子女士及中山大学研究生傅莹女士的大力帮助，这是需要特别鸣谢的！本文所使用日语书信文字为片假名，先由斋藤敦子女士译为现代日语，再由傅莹女士译成中文。

一、罗原觉赴日本起止时间考

据广州博物馆藏罗原觉赴日通行证（横17.5厘米，纵25.5厘米）（图一）记录，昭和四年一月十五日大连海关长北代真幸致函横滨税关长井上德太郎，介绍前广东市立博物院筹备委员罗原觉前往日本游历。这张赴日通行证的文字内容是用打字机打印在"大连海关用笺"上，并盖有"大连关税务司之印"篆体字朱文印一方。通行证上所写日文共8行（每行结束，以/作为标识，下同），现转译成中文：

昭和四年一月十五日大
连海关长北代真幸（大
连关税务司之印）/
横滨税关长井上德太郎
殿/
拜启前广东市立博物院
筹备委员罗原觉氏此次
因历访日本，计划在贵
地（横滨港）登陆。关
于罗氏所携带的行李七
个（内含书籍两箱、碑
帖印本五件、画十件、
写本四件）的通关事宜，
希望能拜托照顾。
此外，上列物品是历访
日本时，仅仅用来展示
给日本知名人士看的，
罗氏回国时也需要携带
的，还希望也能考虑到
这一点，尽量照顾通融。

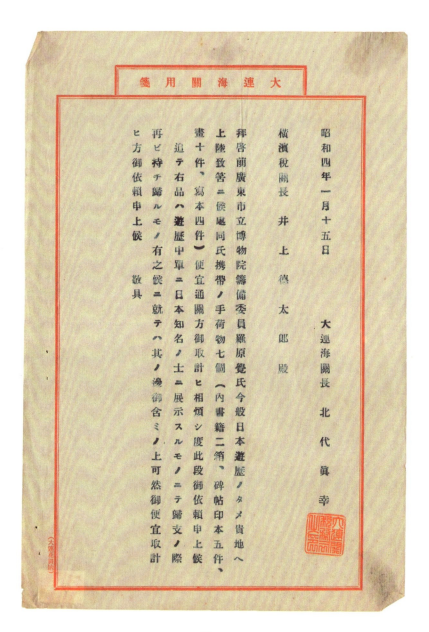

图一

按昭和四年即公元 1929 年，通行证的落款时间是 1929 年的 1 月 15 日。这就表明这张通行证写于 1929 年 1 月 15 日。该通行证还有一个封套（图二）。

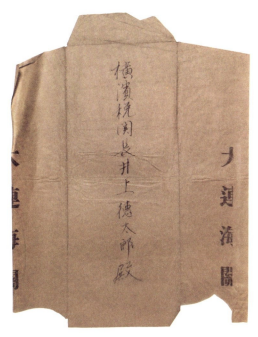

图二

另该张通行证所存信封（横 10.2 厘米，纵 16.2 厘米）（图三）上的文字是由大连海关长北代真幸亲笔书写的：

图三

广州市连源中约第三十八号 / 敦复书室 / 罗原觉先生台启 / 大连海关 / 北代缄 /

按：这里的"连"误，应为"逢"字。可知，这张通行证是由大连海关长北代真幸亲自书写邮寄给家住广州市逢源中约第三十八号敦复书室的罗原觉。从信封邮戳残存日期看，这张通行证是在昭和四年（1929）二月五日始从大连寄出。罗原觉是广州市市立博物院筹备委员之一，该院成立庆典是在1929年2月11日举行，这一天又是我国传统节日春节。因此，我们完全有理由相信，罗原觉应该是在广州过完春节并参加完庆典仪式之后才启程赴日本游历的。

从这张通行证所书内容，我们可知罗原觉是在日本横滨港登陆，且携带有书籍两箱、碑帖印本五件、画十件、写本四件等行李7个。

那么，罗原觉是在什么时候回国的？

我们在罗原觉往来信函中，读到一个实寄封（横8厘米，纵19.2厘米），上面写着"香港青年会（如罗君不在港，请代寄广州）/罗原觉先生启/上海静安寺路张家花园旧址福如里一千〇五十三号风雨楼邓缄四月三日"等字（图四），而信封上的邮戳残留有"SHANGHAI/上海/十九年四月/"字样。表明这是民国十九年（1930）

图四

4月3日从上海神州国光社寄到香港青年会转交罗原觉收的一个实寄封。可见，罗原觉最迟当于1930年4月3日前已离开日本回到了国内。

从以上种种信息推断，罗原觉是在1929年2月中旬离开广州，启程前往日本，直至次年4月3日前回到国内。

二、罗原觉在日本活动追踪

据罗雨林《"岭南碑帖第一人"——已故著名文物鉴藏家罗原觉传略》一文介绍：

他（指罗原觉）以广州市立博物院筹备委员的身份申请前往，得到东京国立博物院、东京帝国大学图书馆的帮助。在日本期间，他拜访了不少汉学名家、古物鉴藏大家、学者和教授。如当时他曾拜会过的，后来曾担任过日本首相的犬养毅，以及著名汉学家一条实存、红峤鹤飞、克瀚山本内定、矢森驿前等，随后又认真参观了各大州、市博物馆和当地大收藏家、专家、教授之收藏品和各种展览，共同探讨中国之古代美术、碑帖、书法、文物等，使之博识不少。他两次去日本均带去自己的部分珍藏，举办展览，在朋友间相互赠让、交流。他曾赠送了一批藏品给东京国立博物院和东京帝国大学图书馆，并购回一些贵重文物、古版图书回国研究。（罗雨林著：《罗雨林文博研究论集》，广州：广东省地图出版社，2001年9月第1版，第403～404页）

根据以上提示，我们按时间顺序排列，分别考察罗原觉在日行踪。

（一）罗原觉到日本后拜访的第一个日本人应是犬养毅

众所周知，犬养毅是中国民主革命先行者孙中山先生的革命知己。早在 1897 年 10 月 18 日，孙中山在写给犬养毅的信函中说道："人生得一知己可以无憾，弟于先生见之矣。"[1] 随后，又在 1901 年 2 月 16 日致函犬养毅时再次写道："弟道及先生为忘年之交。"[2]

犬养毅，号木堂，生于 1855 年 6 月 4 日，日本冈山县人，明治、大正、昭和三朝元老，著名政治活动家，1931 年 12 月 13 日就任日本第 29 任首相，1932 年 5 月 15 日死于政变。

令人惊奇的是，这样一位日本著名政治活动家，既与以孙中山为代表的中国革命党人保持着密切关系，又与以康有为、张謇、熊希龄为代表的君主立宪派保持着联系[3]，还与中国的普通学者也有交往，广东鉴藏家罗原觉就是其中的一例。

罗原觉与犬养毅的交往，见于犬养毅写给罗原觉的两封书信。

第一封书信见于上海书店出版社 1994 年 10 月出版的由广州市文史研究馆编《羊城撷采》一书图版页。《羊城撷采》一书对该信未有任何文字介绍。信件内容是从右往左竖写，共 8 行（图五）：

罗君足下：提笔滥途，丑 / 秽不可见，惭甚惭甚。仆一年 / 过半隐栖于信州山中（距京火车程 / 约八时多），境遇实如王临川诗，/ 固写此报近况也。一两日中 / 得闲，则当趋走聆 / 大教。专此颂 / 旅安。犬养毅。/

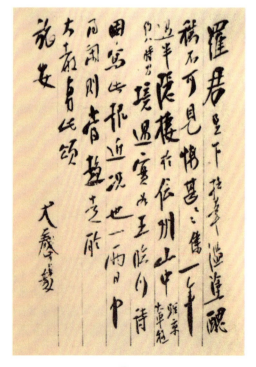

图五

另一封书信藏于广州博物馆，为 1995 年 8 月罗原觉和黄宝权先生的女公子罗德慈女士捐赠。该函是写在印有"尊体安和 / 王敬文书 / 荣宝"等字的特制信纸上。"尊体安和"四字为王慈（451～491）《尊体安和帖》上的字体。信函共两页，每页横 15.7 厘米，纵 25 厘米，共 15 行，从右往左竖写（图六）：

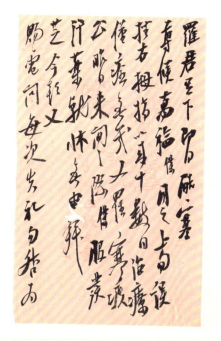

图六

罗君足下：即日酷寒，/ 尊候万福。仆月之上旬误 / 挫右拇指以来，十数日治疗，/ 仅痊。无几，又罹寒痰。/ 公昨日来问之际，仆服发 / 汗药就床，无由拜 / 芝。今朝又 / 赐电问，每次失礼，勿咎为 / 幸。贱恙本甚轻微，两三日 / 中必当愈痊，则当期日时 / 奉拜，希假以时为荷，专此 / 肃布，即颂 / 旅安。/ 犬养毅。李君同鉴。二月廿八日。/

两封信中的"罗君"均指罗原觉。上述两封信均未落年款。我们从这两封信的信尾均有"颂旅安"一词，可推知它们当写于罗原觉游历日本之际。

据前所述，罗原觉是在 1929 年 2 月中旬至 1930 年 4 月 3 日前在日本游历。因此，上述犬养毅书写的第二封书信应写于 1929 年 2 月 28 日或 1930 年 2 月 28 日。

另据 1995 年 8 月罗德慈在捐赠物品时留给博物馆的一份由罗原觉书写但未署名的书信复印件（横 18 厘米，纵 25.5 厘米）记载（图七）：

南海先生之先师，仆未闻之矣。闻先生之说，知 / 南海先生之学说主持公羊传，不知陈氏之学说 / 主持何等之根据乎。/ 南海先生曾示大同学说，犬养木堂与仆之思一二条 / 回附犬养氏，故实未见之也。不知其大成之书成何 / 几纸，故乎又南海先生必有公羊传之学说，以我 / 国之所谓汉学，属变迁之时期，一面全不得 / 读解汉文，一面颇有研究之风矣。出版之 □多属 / 后者，宁以示研究者为适当唯恐解者鲜。/

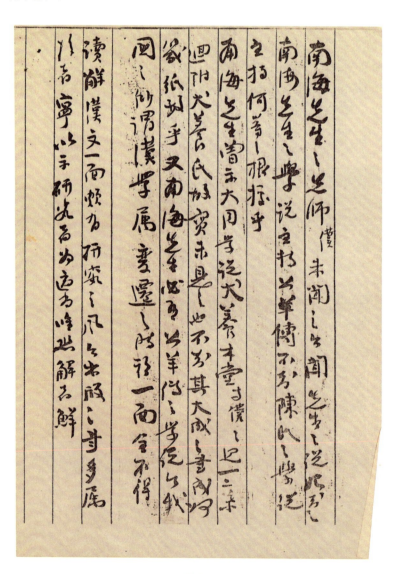

图七

同时，罗德慈还附有一份说明（横 7.3 厘米，纵 19.7 厘米）（图八）：

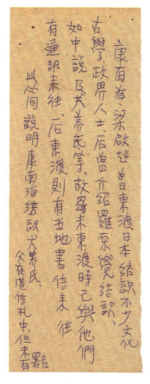

图八

康有为、梁启超曾东渡日本，结识不少文化古学、政界人士，后曾介绍罗原觉结识，如中说及犬养氏等。故罗未东渡时，已与他们有通讯来往，后东渡则有当地书信来往。此简说明康南海结识犬养氏。父在港信札中，但未有署名。

据此可知，罗原觉是在康有为、梁启超的介绍下，与犬养毅相识，并在未与犬养毅见面前，彼此已有通信往来。根据这一情况，我们推断，罗原觉到访日本后，不可能等上一年后再去拜访犬养毅，这于情于理都难以解释。因此，犬养毅写于 2 月 28 日的这封书信当写于 1929 年。与此同时，犬养毅的另一封书信也当写于罗原觉到达日本后不久，即 1929 年，因为信中犬养毅特别告诉罗原觉自己所住位置"距京火车程约八时多"，这显然是为罗原觉来访而特意告之的。

犬养氏的上述两封书信虽然没有直接谈及政治、学术等方面的内容，但却披露了犬养氏的身心和身体状况，可补史之缺。此时，犬养毅 74 岁，正在日本信州山中过半隐居的生活，一方面寄情山水、陶冶性情，"境遇实如王临川诗"，另一方面又不能完全超然物外、忘怀政治。1929 年这一年，是犬养毅政治生涯的一个转折点。他原本已从政界引退，后在家乡选民支持下被迫参选众议院并当选，10月正式出任立宪政友会第6任总裁，从此开始步入他政治生涯的顶峰。信中所提"李君"当指罗原觉的翻译李克翰。

犬养毅与罗原觉二人是否还有更多的交往，我们暂不清楚。从上述犬养毅致罗原觉两封书信中，我们还可知犬养毅的汉学修养相当深厚，其书法似颜体、结构略为扁平紧凑。

（二）罗原觉与日本"博文堂"主人原田悟朗的交往

原田悟朗（1893 ～ 1980）是日本著名书店"博文堂"的老板。清末民初"博文堂"开始买卖中国文物。"博文堂"是由原田悟朗的祖父梅逸先生开设的，原设在东京桥久松町，出版医学、法律、经济和小说方面的书籍，后因原田悟朗的叔父小川一真曾留学美国学习摄影，"博文堂"也开始出版美术类图书。原田悟朗的父亲后来将"博文堂"搬到了大阪。罗原觉到日本后，拜访原田悟朗的地点是在大阪，可以"原田悟朗致罗原觉函"为证。

《原田悟朗致罗原觉函》共两页，每页横17厘米，纵24.3厘米，共20行（图九、一〇），译文如下：

敬启：

您在日期间，我因诸事烦身，没能款待您，实属失礼，还请谅解。

已获悉您来访的消息。

赠与犬养毅先生和狩野博士的东西，我已经交付二位先生了，还请谅解。

已经反复为唐宋元明名画目录加注，只要目录

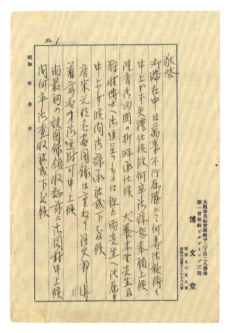

图九

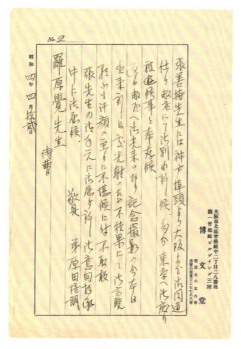

图一〇

按"昭和四年四月拾贰日"即 1929 年 4 月 12 日。该信是用"博文堂"信纸书写的。信纸显示,博文堂的地址是大阪市北区曾根崎中二丁目二八番地。

信中所提"狩野博士"当指狩野直喜(1868～1947)。狩野直喜,字子温,号君山,熊本县人,著名中国学家,1895 年东京帝国大学毕业,1900～1902 年在北京、上海留学,1906 年起任京都大学哲学史教授,著有《支那学文薮》(1927)、《中国哲学史》(1953)、《支那文学史》(1970)等。时任东方文化学院京都研究所(现京都大学人文科学研究所东方部)所长[4]。狩野博士和"博文堂"主人与我国一些著名学者有交往,如王国维。据王国维《丙辰日记》记载:1916 年丙辰正月初二日,"早起收拾行李,共十二件。与韫公话别,狩野博士直喜来送行,立谈即去。午后一时赴车站,韫公与君美、君楚、君羽兄弟三人俱送至车站揖别,独与潜儿登车。二时四十七分开车,五时抵神户,住西村旅馆。少顷博文堂主人来送,少坐即去。"[5] 从信中所述,可知罗原觉与日本的狩野直喜、"博文堂"主人有交往。

一到我这里,我会马上寄出。此外,刚开始该目录的收条也会一同放置,到时还请查收。我与张善持先生同在"神户码头——大阪"的路上,后在本店分手。听说他回东京了。前些日子,光临本店时的纪念留影,因为光线原因,效果不理想,实在不忍直视,就没有取了。打算寄给张先生,如果有意向的话,会一同寄给他。
致罗原觉先生
弟原田悟朗
昭和四年四月拾贰日

（三）罗原觉与山本由定的交往

在罗原觉往来书信中，有一封《山本由定致罗原觉函》，一页，横 16.7 厘米，纵 24.3 厘米，共 6 行（图一一）：

再伸：/ 阁下在京都时所允许影印千字 / 文，早已印刷完成。弟欲奉赠一 / 二本，不知 / 阁下滞留大森尚有日期否，务乞 / 速速回示是幸。/

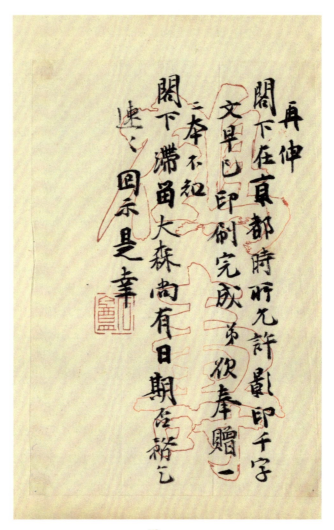

图一一

信中既没有留下书写人姓名，也没有落年款。在罗原觉往来信函中，有一个信封及一张名片，前者横 17 厘米，纵 21.6 厘米，信封正面写有"东京市外大森驿前 / 望翠楼ホラル / 罗原觉先生惠启 / 书留 六月五日 /"等字，背面有"山本由定"签名及印有"京都上京区中筋通石药师上 / 电话上三〇一六番 /"和"缄"字（图一二）；后者横 5.4 厘米，纵 9.1 厘米，名片上写有"罗原觉先生"5

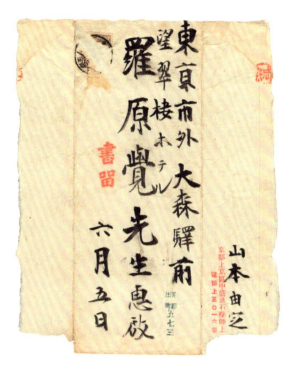

图一二

字，并印制"/ 山本由定 / 竟山 / 京都上京区中筋通石药师上 / 电话上三〇一六番 /"等字（图一三）。这些表明此时的罗原觉住在

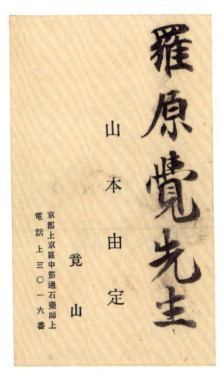

图一三

东京，山本由定住在京都上京区中筋通石药师上。信封上的笔迹与上述信函的笔迹一致，当同属山本由定所书，且二者为同一封书信的信函及信封。由此可知，该信书写时间当是1929年6月5日。

山本竟山（1863～1934），名由定、繇定，幼名卯三朗，通称卯兵卫，号竟山、聋凤。出生于美浓国和纸商山本卯兵卫家。幼时从神谷简斋学习书法，后从师日下部鸣鹤。明治三十五年（1902）四十岁那年来到中国，拜访杨守敬。前后到中国游学7次。

山本竟山在信中提到，日本京都影印的千字文是根据罗原觉带往日本的千字文本印制的。根据书信内容，可知1929年6月5日罗原觉在东京。

在罗原觉往来信函中，还有一封书信和一个信封，均为山本由定写给罗原觉的。前者共两页，每页横16.6厘米，纵24.7厘米，共11行（图一四）。从书信笔迹，可判断是山本由定写给罗原觉的。

原觉先生执事：拜复 / 曩刻赐 / 贵价，外出不在，即归庐庄，诵 / 手谕，仰蒙 / 感情，感铭之至，实今夕有 / 他约，不克趋领 / 锦港，以致上拂 / 高谊多罪，容日拜访，可 / 陈谢。顺候 / 文安。十月十五日。贱名别具。/

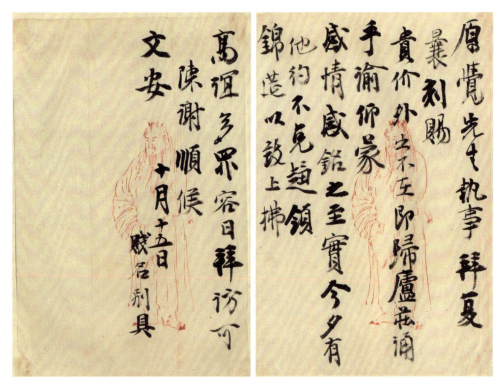

图一四

096

后者横 11.5 厘米，纵 18.3 厘米，正面写有"ホテル四百六十号室 / 罗原觉先生 /"，背面印制"京都室町通 / 下者町北 / 山本由定 /"（图一五），表明此时山本由定迁至"京都室町通下者町北"居住。该信封为专用特制，封面印制"乐天"二字，此二字是从《汉娄寿碑》中集出。由此可推断，该函写于 1929 年 10 月 15 日。

图一五

（四）罗原觉与北代真幸的交往

前文已述，北代真幸为大连海关长。在罗原觉往来信函中，有两封《北代真幸致罗原觉函》，一封是汉文书写的信札，一页，横 16.4 厘米，纵 25.7 厘米，共 7 行，内容如下（图一六）：

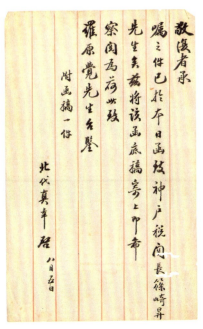

图一六

敬复者：承 / 嘱之件，已于本日函致神户税关长篠崎昇 / 先生矣。兹将该函底稿寄上，即希 / 察阅为荷。此致 / 罗原觉先生台鉴。/ 附函稿一件。/ 北代真幸启。八月五日。/

此函当写于 1929 年 8 月 5 日。北代真幸在信中告诉罗原觉，已受罗之嘱致函神户税关长篠崎昇了。由于未见附函稿，我们暂不清楚罗原觉此次与北代真幸的交往是为何事。

另一封是日文书写，共两页（图一七、一八），写于 1929 年 7 月 5 日。

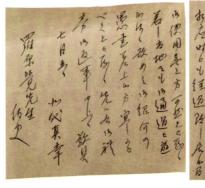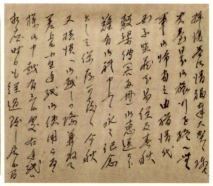

图一八　　　　　　　　　　图一七

（五）罗原觉与原田淑人的交往

原田淑人（1885 年 4 月 5 日～1974 年 12 月 23 日），东京人，考古学家。1908 年东京帝国大学史学科毕业，又入大学院专攻东洋史学，1921 年任东京帝国大学助教授，并到欧洲留学，1938 年起任教授。1925 年后多次到中国考察并作考古演讲，曾参与中日东亚考古会的建立及东北、内蒙古等地的考古挖掘[6]。担任过日本学士院会员和日本考古学会会长，曾任东京帝国博物馆鉴定官、历史课课长、文化财专门审议会第三分科会史迹部会会长等。1957 年 4 月又以日本考古学代表团团长的身份再次来中国作了为期一个半月的参观、访问、讲学。著有《东亚古文化研究》（1940）、《东亚古文化论考》《增补汉六朝服饰》（1967）、《唐代服饰》（1970）、《考古图谱》等。

罗原觉何时与原田淑人开始交往，我们暂不清楚。但可以肯定的是，罗原觉在日本期间，确与原田淑人有过交往。

在罗原觉往来信函中，有一封《原田淑人致罗原觉函》，横

46.5 厘米，纵 18 厘米，共 12 行（图一九）：

图一九

该信还附有信封一个（图二〇），横 17 厘米，纵 21.5 厘米，信封正面写有"神田區錦町芳千閣ホラル内 羅原覺先生"，另贴有一枚"大日本帝国邮票""叁钱"邮票，邮戳显示"本乡""4 10 25"。其中"4 10 25"是指昭和四年（按即 1929 年）10 月 25 日。表明该函写于此时。信封背面写有"東京帝國大学／文学部考古学研究室／原田淑人／十月二十五日／"。可知该信和信封是由原田淑人书写，并寄往东京的神田区。表明此时罗

图二〇

拜啟，時下愈々御清榮之段，／奉賀上候，扔テ、廣東出土石斧／寫真之栞、御惠贈二預リ、難有／奉存候、永ク珍藏參考之資二／可供候。先ヅハ不取敢御禮詞／述度キ如斯御座候。敬具／十月二十五日。／淑人。／罗先生／玉案。／追て 小生研究室ソ目下当大学图书馆／内へ移／

原觉住在东京神田区，原田淑人正在东京帝国大学文学部考古学研究室任职。

在罗原觉往来信函中，还有一封《李克瀚致罗原觉函》。该函写于原田淑人写上封信的次日，即26日夕，两页，每页横18.8厘米，纵21.3厘米（图二一）。在这封信中，李克瀚已将原田淑人写给罗原觉书信中的内容译成了中文，转告给罗原觉。信共13行：

原觉先生：/昨晚赐寄手书，刻接到，谨将贵友原文录下：/

"拜啟，時下愈々御清榮之段，奉賀上候，扨テ、廣/東出土石斧寫真之栞、御惠贈ニ預リ、難有奉存/候、永々珍藏參考之資ニ可供候。先ヅハ不取敢/御禮詞述度キ如斯御座候"/

（译）拜启，福躬与时俱吉，谨此奉贺，兹者，蒙/惠赠广东出产石斧之小照片，感谢无如，当/宝藏永远，可供参考材料，谨此答谢。/（再，鄙人研究室目下迁来本大学图书馆内）/

淑人先生所用语句皆日本古式尺牍文，弟只就其/大意译出而已，容续，即颂/日祺。廿六夕。克瀚谨复。/

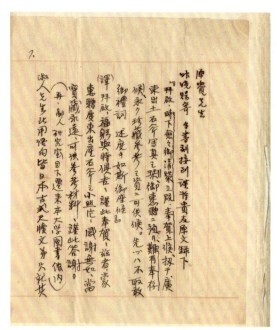

图二一

100

从信中反映的内容，可知罗原觉送给原田淑人的礼物是"广东出土石斧照片"，原田淑人工作的东京帝国大学文学部考古学研究室的办公场所已迁至东京帝国大学图书馆内。

（六）罗原觉与神原浩逸的交往

关于神原浩逸的资讯，我了解不多。从《神原浩逸致罗原觉函》，可知他们二人有交往，且神原浩逸是一位酷爱中国书法艺术的日本学者。《神原浩逸致罗原觉函》一页纸，横 20.5 厘米，纵 29.6 厘米，是用毛笔写在《三苏先生文萃标目》上，共 9 行（图二二）：

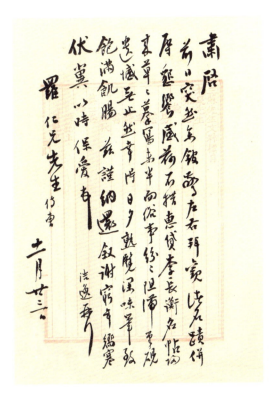

图二二

肃启：/ 前日突然来馆，惊左右，拜观诸名迹，并 / 厚恳缋，感荷不措，惠贷李长衡名帖，福 / 来草草摹写未半，而俗事纷纷，阻滞笔砚，/ 遗憾无止。然幸得日夕熟览，深味笔致，/ 饱满饥肠。兹谨纳还叙谢。穷年向寒，/ 伏冀以时保爱。顿首。浩逸再行。/ 罗仁兄先生侍曹。/ 十一月廿三日。/

该信写于 1929 年 11 月 23 日。从信中所述内容，可知神原浩逸上门拜访罗原觉，观摩由罗原觉带往日本的中国书画艺术作品，还向罗原觉借走了"李长衡名帖"进行摹写。

按李长衡即李流芳（1575 ~ 1629），明代诗人、书画家。字长蘅，一字茂宰，歙县人。明万历三十四年举孝廉。擅画山水，工书，又精篆刻。著有《檀园集》等。

该信还附有信封一个（图二三），横 17.5 厘米，纵 24 厘米。信封正面书写"罗先生侍曹/李长衡书帖添/"，背面书写"神原浩逸"，显示这是一个由神原浩逸写给罗原觉的信封。信封上没

图二三

有邮票和邮戳，表明这封信不是通过邮局邮寄的，而是由神原浩逸亲手交给罗原觉的。

（七）罗原觉与古城贞吉的交往

古城贞吉(1866 ~ 1949)，号坦堂，出生地不详。中国文学史家。曾任东洋大学教授、东方文化学院研究所评议员。明治二十八年（1895），戊戌变法期间维新派重要理论刊物《时务报》在上海创刊，总理为汪康年，梁启超任主笔，聘古城为日文翻译。明治二十四年（1891）秋天开始撰写《中国文学史》（又译《中国五千年文学史》），并于明治三十年（1897）出版，是日本学术史上第一本中国文学史。著有《中国工商业考》（与绪方南溟合著）（时

务报馆，1897年）。

罗原觉与古城贞吉有交往。在罗原觉往来信函中，有一封《古城贞吉致罗原觉函》，一页纸，横17.4厘米，纵27.3厘米，共7行（图二四）。

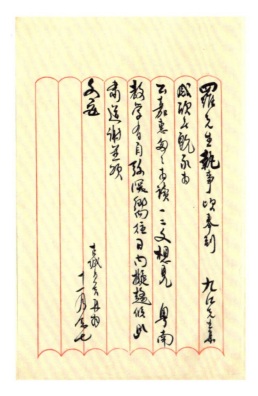

图二四

罗先生执事：顷奉到九江先生集，/感欣无既，承为/公嘉惠，匆匆为读一二文，想见粤南/教学有自，弥深向往，日内拟趋候。此/肃道谢，并颂/文安。古城贞吉再拜。/十一月念七。/

古城贞吉在信中告诉罗原觉，他已收到罗赠送的《朱九江先生集》，并评价广东（指粤南）"教学有自""弥深向往"。该信写于11月27日。另据该信信封（横18厘米，纵22厘米）（图二五），背面写有"缄"字，且印制了寄信人地址："東京市小石川區關口臺町二十六番地/古城贞吉"；正面写有"神

图二五

103

田锦町三——十九芳千阁ホラル／羅先生原覺 惠展／"，另贴有一枚"大日本帝国邮傈""叁钱"邮票，邮戳显示"4 11 27"，即指昭和四年（按即 1929 年）11 月 27 日。表明该封书信写于 1929 年 11 月 27 日。

（八）罗原觉赠书给东京帝国大学附属图书馆

在罗原觉往来信函中，有一封《东京帝国大学附属图书馆致罗原觉函》（图二六）。该函横 27 厘米，纵 19.4 厘米，共 8 行，内容如下（译文）：

罗原觉先生：
感谢您赠与下边的书籍。现已登记在册。对您的诚挚之心表示感谢！
昭和四年十一月二十八日
东京帝国大学附属图书馆
（盖有"东京帝国大学附属图书馆"印文一方）
朱九江先生集卷一～卷十，四册

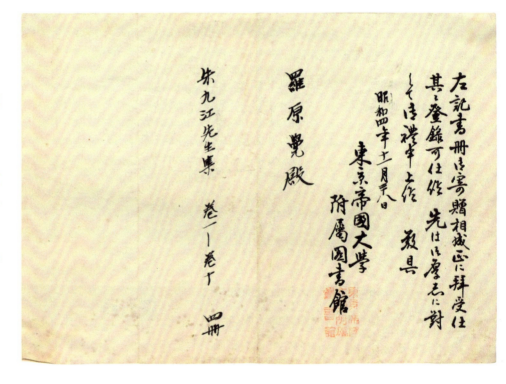

图二六

按昭和四年即 1929 年，故该函写于 1929 年 11 月 28 日。信函提到，罗原觉向东京帝国大学附属图书馆赠送《朱九江先生集》卷一～卷十共四册。

该函信封一个（图二七），正面书写内容："神田區锦町三～十九／芳千閣ホラル／羅原覺殿／"，左上角贴有一枚"大

日本帝国邮僄""叁銭"邮票，邮戳显示"4 11 29"，显示该
函从邮局寄出时间是 1929 年 11 月 29 日。信封背面印制内容：
"東京帝國大學附屬圖書館／東京市本鄉區元富市町／電話小石
川（86）（三九七〇番（事務用）、二四七三番（宿直用）／昭
和　年　月　日／"。

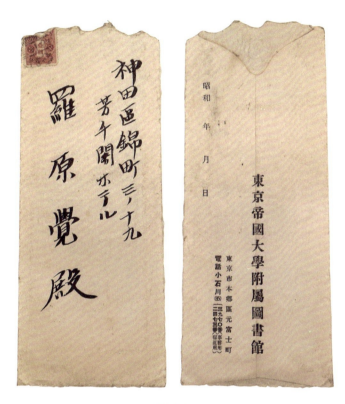

图二七

（九）罗原觉与松崎鹤雄的交往

松崎鹤雄（1867 ~ 1949），日本著名汉学家、版本目录学家，
著述颇丰。曾在大阪任报社记者，亦曾短暂滞留上海，后到长沙
师从叶德辉等名家学习汉学，深得叶氏器重。其后半生在中国度
过，期间住大连最久，曾供职于日本殖民当局的"满铁图书馆"，
直至日本投降后，方回日本。

在罗原觉往来信函中，有一封书信，是写在"断断书室"信笺上，
一页，横 16.2 厘米，纵 24 厘米，是《松崎鹤雄致罗原觉函》，共

8行（图二八）：

罗先生史席：昨趋候奉 / 大教，且饱眼福，感激无极。/ 兹奉上介绍的信数封，随 / 时用之是幸，但老学旧友 / 而已。弟于政界官界未有识面，/ 请谅焉。专兹，敬候 / 旅安。弟松崎鹤雄顿首。/ 一月十六日。/

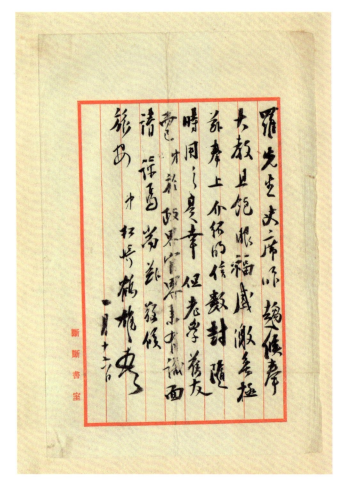

图二八

该信落款时间为 1 月 16 日。据前文所述，罗原觉是在 1929 年 2 月中旬离开广州，启程前往日本，直至次年 4 月 3 日前回到国内。据此可知，该信应写于 1930 年 1 月 16 日。

据信中所述，1930 年 1 月 15 日松崎鹤雄拜访罗原觉，二人会面，并应罗之请求，为罗写了数封介绍函。松崎鹤雄介绍之人，均为"老学旧友"，非"政界官界"之人。

（十）罗原觉与松浦嘉节的交往

罗原觉访日期间，拜访了松浦嘉节。据《松浦嘉节致罗原觉函》

（一页，横 19.2 厘米，纵 27.1 厘米，8 行）（图二九）记载：

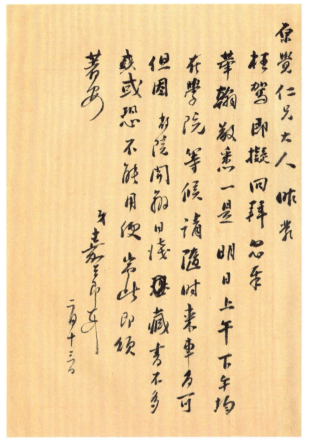

图二九

原觉仁兄大人：昨蒙 /
/ 枉驾，即拟回拜，忽奉
/ 笔翰，敬悉一是。明
日上午下午均 / 在学院
等候，请随时来车为可。
/ 但因敝院开办日浅，
藏书不多，/ 或恐不能
用便。专此，即颂 / 著
安。弟嘉节顿首。/ 二
月十三日。/

　　他们二人于 2 月 12 日有过会面，14 日罗原觉将去拜访松浦嘉
节所在学院。松浦嘉节告诉罗原觉，该学院开办时间短，藏书不多。
可见，罗原觉此行目的之一是寻访图书。

　　该信落款时间为 2 月 13 日。据前文所述，罗原觉是在 1929
年 2 月中旬离开广州，启程前往日本，直至次年 4 月 3 日前回到
国内。据此可知，该信应写于 1930 年 2 月 13 日。

另据该信信封（横 9.2 厘米，纵 19 厘米，封面上书写"罗先生台启/松浦嘉节/"）（图三〇）所示，松浦嘉节所写的这封书信是托人送给罗原觉的，而不是通过邮寄寄送。

图三〇

（十一）罗原觉与永山近彰的交往

罗原觉访日期间，与永山近彰有交往。这在罗原觉往来书信中有印证。《永山近彰致罗原觉函》，一页横 30 厘米，纵 16.1 厘米，共 11 行（图三一），译文如下：

拜读了您的信件。您是远道而来的贵客，所以要特殊招待。请看信件。下周四上午十点左右，请到市外的驹场前田邸府来。
二月十八日　永山近彰
罗先生阁下

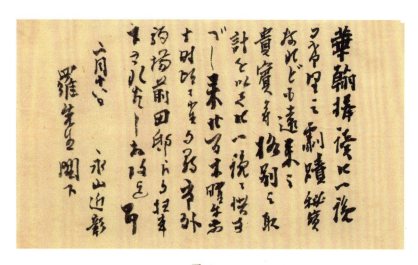

图三一

该信落款时间为 2 月 18 日。据前文所述，罗原觉是在 1929 年 2 月中旬离开广州，启程前往日本，直至次年 4 月 3 日前回到国内。据此可知，该信应写于 1930 年的 2 月 18 日。永山近彰在信中邀请罗原觉下周四即 3 月 6 日上午到市外驹场前田邸府会面。根据该信信封（横 17 厘米，纵 21 厘米）（图三二）记录，此时罗原觉住在东京"神田区锦町河岸芳千阁酒店"，永山近彰在"市外上目黑町字驹场前田邸"办公。

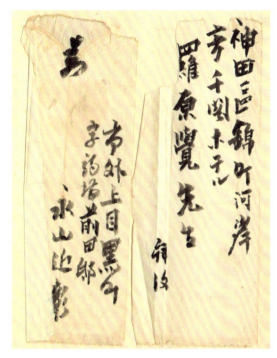

图三二

永山近彰是日本学者，历史学家，著有《古文孝经》等，是"尊经阁文库"初代编辑委员。"尊经阁文库"原在东京本乡的前田氏旧宅邸内，与东京帝国大学毗邻，后因帝国大学农学部迁至校本部，双方互换地产。1927 年后，"尊经阁文库"重建，新址位于东京"市外上目黑町驹场"。1928 年暮秋，永山近彰在东京[7]。

（十二）罗原觉与斋藤源内、高桥太华的交往

在罗原觉往来信函中，有一封《斋藤源内致罗原觉函》，一页，

横 33.5 厘米，纵 24.5 厘米，共 13 行（图三三），译文如下：

肃启：那时承蒙关照。此次，高桥太华氏向我打听阁下住址，我已告诉他了。他要给您写信。如果有事情需要我帮忙，请给我写信，我将尽我所能安排处理。恭祝身体健康、恭祝多福。
罗先生台鉴：
公历二月二十七日
东京市外代々幡笹塚
一二二四番地 斋藤源内

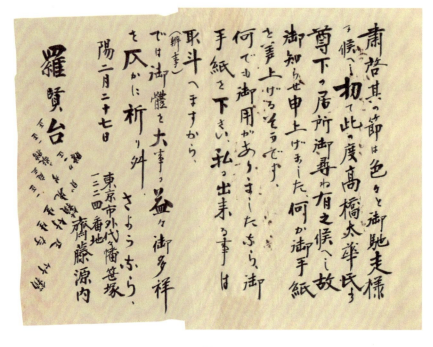

图三三

信中落款时间为"阳二月二十七日"。另据该函信封（图三四），正面书写收信人及地址："廣東省廣州市逢源中約 / 第

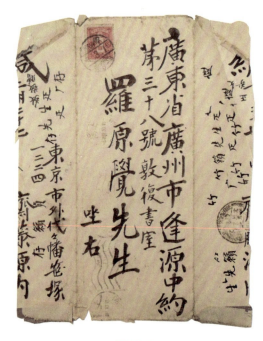

图三四

三十八號敦復書室 / 羅原覺先生 / 坐右 /"，左上角貴有一枚"大日本帝國邮儌""叁錢"邮票，邮戳显示"四□""□3.1"，在"原"字左侧又盖有三个上海邮戳印"上海 / 8 MAR 30 18 / SHANGHAI /"。按"18"应指民国十八年，即 1929 年。信封背面书写书信人及地址："东京市外代々幡笹塚 / 一二二四番地 / 缄二月二十七日斋藤源内 /"，并盖有邮戳印一方。可知这封信函写于 1929 年 2 月 27 日，3 月 1 日从东京寄出，3 月 30 日寄到上海。

信中提及的"高桥太华"在罗原觉访日期间，与罗原觉应有交往，因为在罗原觉往来信函中，有 7 封书信和 6 个信封，均寄自高桥太华。它们分别是图三五，一页，共有 9 行文字：

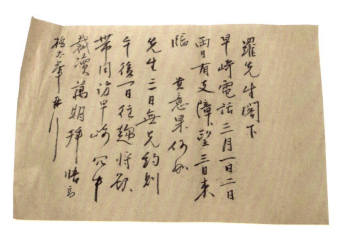

图三五

罗先生阁下：/ 早崎电话三月一日二日 / 两日有支障，望三日来 / 临。贵意果何如？ / 先生三日无先约，则 / 午后一日往趋，将欲 / 带同访。早崎冗中 / 裁渎，万期拜晤。高 / 桥太华再拜。/

图三六，一页，共有 10 行文字：

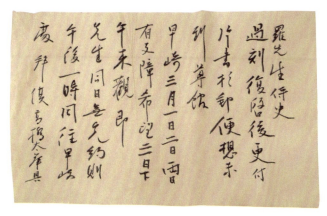

图三六

罗先生侍史：/ 过刻复启，后更付 / 片书于邮便，想 / 未 / 到尊馆。早崎三月 / 一日二日两日 / 有支障，希望三日下 / 午来观，即 / 先生同日无先约，则 / 午后一时同往早崎 / 处拜复。高桥太华具。/

图三七，一页，共有 12 行文字：

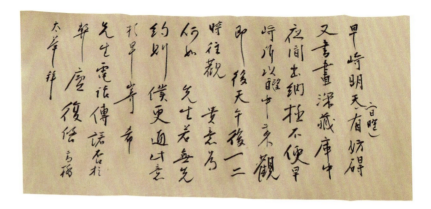

图三七

早崎明天（日曜）有妨碍，/又书画深藏库中，/夜间出纳极不便，早/崎所以望日中来观，/即后天午后一二/时往观。贵意为/何如。先生若无先/约，则仆更通此意/于早寄，希/先生电话传诺，否于/弊庐复廖。高桥/太华拜。/

图三八，一页，共有 13 行文字：

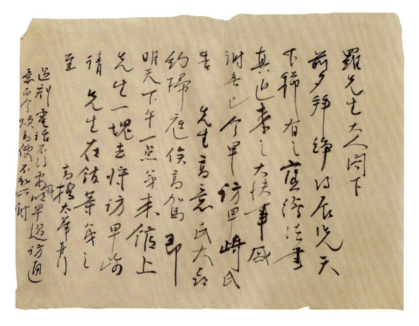

图三八

罗先生大人阁下：/前夕拜趋，得展览天/下稀有之宝，绘法书/真，近来之大快事，感/谢无已。今早访早崎氏，/告先生高意，氏大致/约扫庭俟高驾，即/明天下午一点，弟来馆上，/先生一块去，图访早崎，/请先生在馆等弟之/至。高桥太华再拜。/

过刻电话不得要，将明早过访通/意，而今烦高使不知所囿。/

112

图三九、四〇，两页，共有 20 行文字：

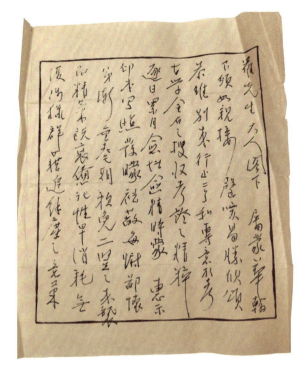

图三九

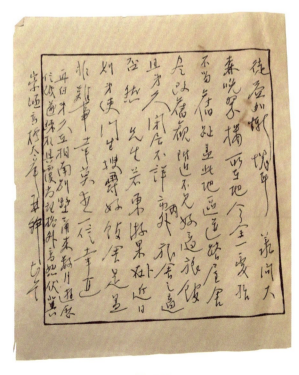

图四〇

罗先生大人阁下：屡蒙华翰，/下颁如亲接，謦咳曷胜，欣颂/恭维，别来行止，亨和专意，于考/古学金石之搜收考证之精粹，/逐日累月，愈博愈精。时蒙惠示/印本写照，发矇祛蔽，每慰鄙怀，/弟渐垂耄期，赖免二竖之来袭，/而精气既衰惫，记性早消耗，无/复何样，群借追余尘之意策，/徒益加惭愧耳。□问大/森晚翠楼所在地，今全一变，殆/不留旧址，盖此地区道路屋舍/尽改旧观，附近不见好适旅馆，/且弟久闭居，不详市内外旅舍之适/否？然先生若东游⊡卜，近日/则弟使门生搜寻好馆舍是，盖/非难事，幸莫想一信，幸进。/再白：弟久在相南别墅，尔来数月游历，/信⊡，遂疏于具覆，尚望⊡外高恕，伏冀/崇涵。高桥太华再拜顿首。/

113

图四一、四二，两页，共有 15 行文字：

罗先生阁下：昨者辱枉顾，不知所 / 谢。虽弊庭为之增光，老拙为 之启 / 蒙最多，而使阁下家里倥偬，/ 徒消千金光阴于荆巷陋室野 / 肴恶酒中，真无胜汗颜。席上 / 请教秦余汉罪之义，今早随教 / 览《佩文韵府》，即知《魏都赋》中有 / 此文字，因披久选而验之，果有" 宅 土熇暑，/ 封彊障厉。蔡莽螫刺，昆虫毒噬。汉罪流御，/ 秦余徙剡。宵貌蔓陋，禀质蓬脆"句，在极斥 / 吴人语，弟于是约略知大意，又适合 / 《伽蓝记》所载文意，兹谨谢高教 / 铭感无既。高桥太华再拜。/
再白：两三天咨阁下，少闲欲复奉访高寓请教，/ 若 得再惠观高澹《游山水卷》，为求正。/

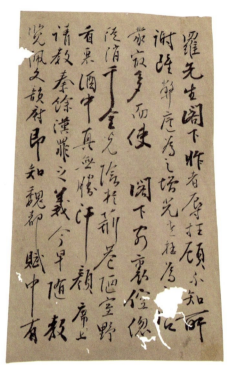

图四一

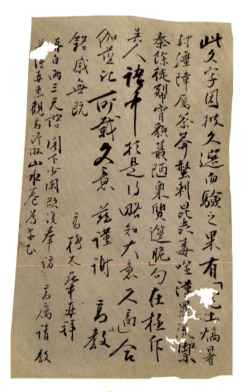

图四二

114

图四三，一页，共有 24 行文字，用日文书写。

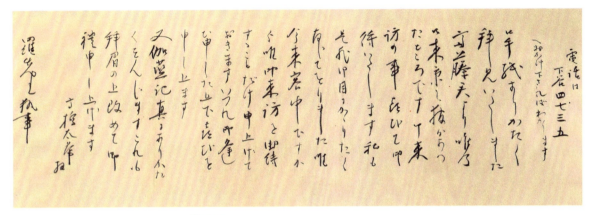

图四三

图四四，信封正面书写收信人姓名及地址："神田锦町芳千阁 / 羅原覺先生阁下 /"，左上角贴有一枚"大日本帝國郵儠""叁錢"邮票，邮戳显示"4.11.21"。按"4"指昭和四年，即 1929 年。表明该信封寄于 1929 年 11 月 21 日。信封背面印制寄信人姓名、地址及电话："東京下谷區谷 / 中天王寺町二 / 十一高橋太華 / 电话下谷二七一二 /"。

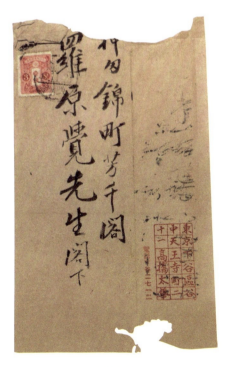

图四四

115

图四五，信封正面书写收信人姓名："羅先生阁下/拜复/"，背面印制寄信人姓名及地址："東京市下谷區谷中天王寺町二十一番地/高橋太華/"。

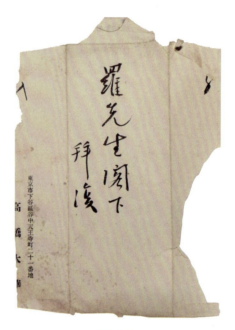

图四五

图四六，信封正面书写收信人姓名："羅先生大人阁下/拜复/"，背面书写"二拓本正拜受"并印制寄信人姓名及地址："東京市下谷區谷中天王寺町二十一番地/高橋太華/"。

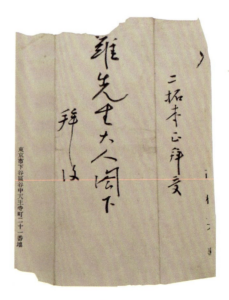

图四六

图四七，信封正面书写收信人姓名："羅原覺先生"，背面书写"缄"并印制寄信人姓名、地址及电话："東京下谷區谷 / 中天王寺町二 / 十一高橋太華 / 电话下谷二七一二 /"，还用毛笔将"二七一二"划掉，改写为"四七三五"。

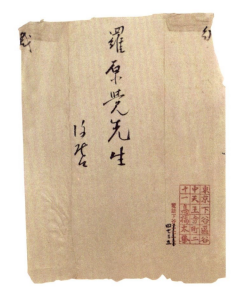

图四七

图四八，信封正面书写收信人姓名及地址："神田锦町三丁目芳千阁 / 羅原覺先生 /"，还盖有邮戳印"駒込 /6.2.□ / □ 0后 /"。按"6"是指昭和六年，即1931年。信封背面印制寄信人姓名、地址及电话："東京下谷區谷 / 中天王寺町二 / 十一高橋太華 / 电话下谷二七一二 /"，还用毛笔将"二七一二"划掉，改写为"四七三五"。可知罗原觉曾于1931年上半年再次东渡日本。这一情况也获得其他信封证实。

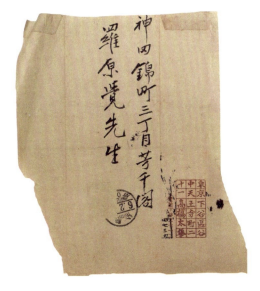

图四八

如图四九的信封，横 8.7 厘米，纵 18.5 厘米，信封正面书写收信人姓名、地址和寄信人姓名、地址："日本东京府大森／望翠楼ホラル／羅原覺先生啟／天津河北二马路康吉里十八号黎宅李緘／"，并在左上角盖有邮戳"TIENTSIN／二十年六月日／天津／"。按"二十年"是指民国二十年，即 1931 年。可知 1931 年 6 月罗原觉在日本东京。图五〇，横 14.8 厘米，纵 18.4 厘米，正面书写"芳千阁寓／羅先生侍史"等字，背面印制高桥太华的地址"東京下谷區谷／中天王寺町二／十一高橋太華／電話下谷二七一二／"，还用毛笔将"二七一二"划掉，改写为"四七三五"。从信封保存痕迹来看，该信封应由高桥太华托人带给罗原觉，而不是通过邮局邮寄。据前文所述，"芳千阁"位于东京神田区锦町。可见高、罗二人均在东京，有面对面的交流。

罗原觉回国后，仍与高桥太华保持联系。在罗原觉往来信函中，存有一封 1935 年 3 月 29 日高桥太华致罗原觉函和两首高桥太华寄给罗原觉的七言律诗。

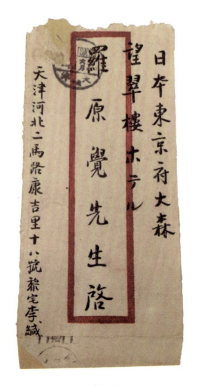

图四九

图五〇

这封信函（图五一、五二）共两页，有 22 行文字：

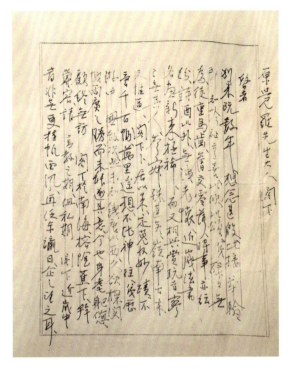

图五一

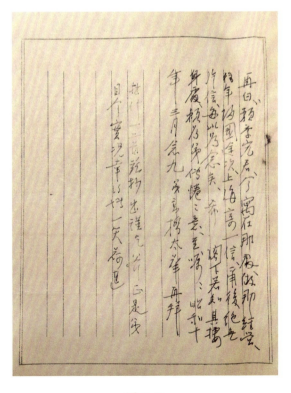

图五二

原觉罗先生大人阁下：/启者，/别来既数年，想念甚殷。比接华翰，/即知吟祉亨喜，此欣此颂。弟碌碌无/为，徒重乌齿，旧交零落，时事亦纭/纷，诗酒以外，无泄老怀。近岁法书/名画新来极稀，而又相与赏玩者寥/寥无其人，岑寂殊甚矣。岭南古来/文雅逼，阁下卜居以来，定搜收妙迹，不/啻千百幅。万里遥想，不甚神往。弟历/游中国数次，然未知钱唐以西，久欲探闽，/越两广之胜，而未能遂其意。今也身耄躯/惫，/顾终无访阁下于南海，榕荫蕉下，拜/尊容，请高教之期，但私期阁下近岁中/□非无更挂帆西风，再泛东瀛日，企之望之耳。/

再白：赖季宏君，今寓在那处，做那经营，/往年归国途次，上海寄一信，尔后绝无/片信，每以为念矣。希阁下若知其栖/身处，赖为弟传惓惓意，至嘱至嘱。昭和十/年三月念九。弟高桥太华再拜。/

拙什一二首，兹抄出，谨乞斧正，是弟/目今实况，幸得博一笑。荷甚。/

119

按："昭和十年"即 1935 年。可知该函写于 1935 年 3 月 29 日。

第一首《丙子岁首杂咏次韵五首一》（纸横 15.5 厘米，纵 25 厘米，6 行）（图五三）：

自怜诗腹转饥雷，不问岁星回不回。/
风信久违朔北雪，寒云尚锁江 / 南梅。
客稀无共谈闲兴，朋老难 / 重侑晚杯。
独拥微醺欲披卷，灯前 / 争奈睡魔催。/
丙子岁首杂咏次韵五首一 /

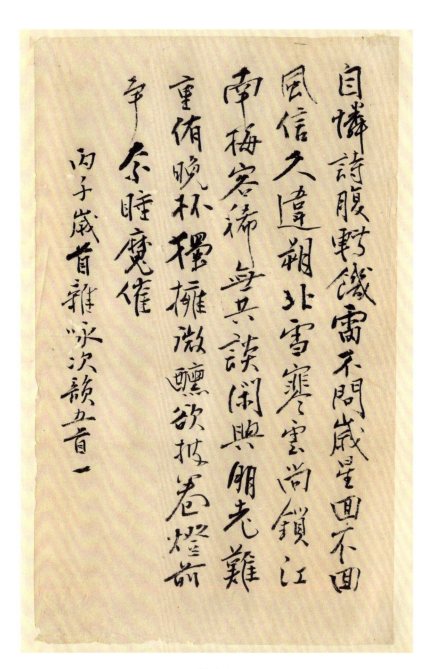

图五三

120

第二首《岁月杂感》（纸横 15.3 厘米，纵 25 厘米,7 行）（图
五四）：

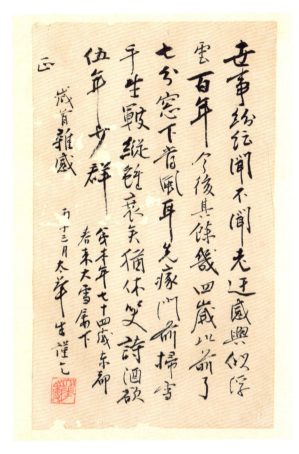

图五四

世事纷纭闻不闻，老迁
感兴似浮 / 云。
百年今后其余几，四岁
以前了 / 七分。
窗下当风耳先瘃，门前
扫雪 / 手生靸。
纵虽衰矣犹休笑，诗酒
欲 / 伍年少群。
（弟本年七十四岁，东
都春来大雪屡下）/
岁月杂感 丙子三月太
华生谨乞（盖有"太华
山处"篆体字朱文印一
方）/ 正 。/

按丙子即 1936 年，此时高桥太华 74 岁。

（十三）罗原觉与鸳渊一的交往

鸳渊一是内藤湖南的学生，历史学家，著有《清初清朝关系
与三田渡碑文》（载《史林》13-1、2、3、4，1928 年）、《满
文老档邦文译稿（太祖第一册）》（与户田茂喜译）（载《史学
研究》1937 年第 9 卷第 1 号）、《清朝前纪社会杂考》（载《东
洋的社会》）、《关于清初来归者和出身地的研究》（载《游牧
社会探究》20，1962 年）、《清太祖时代刑政考》（载《羽田颂
寿论丛》1950 年）、《清太宗时代刑政考》《人文研究》1951 年）、《关

于清初内部纷争的研究——以太宗为中心》（《东西学研究论丛》27，1958 年）等。

从罗原觉往来信函中，可知罗原觉访日期间，与鸳渊一有交往。据《鸳渊一致罗原觉函》（两页，每页横 15.6 厘米，纵 24.6 厘米，17 行）（图五五）云（译文）：

春节之际，听闻先生健康，我很高兴。

前段日子，聆听了您的许多高谈阔论，我很受教益。另外，对您的热情款待，我深表感谢。

您访问期间，您在前段时间（神港～神户港）逗留研学期间，收获颇丰，我深表喜悦。

此外，这次经由博文堂馈赠给我许多物件，对您的一番心意深表谢意！今天刚收到，请放心。我将把这当作纪念，常念您的一番心意。

请恕照顾不周，略表谢意。顺祝安好。

鸳渊一

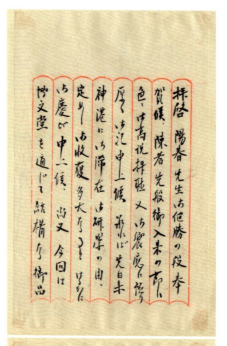

图五五

图五六

还有信封一个（横 15.2 厘米，纵 14.5 厘米）（图五六），上面既没有贴邮票，也没有盖邮戳，只写着"罗原觉先生台启／弟鸳渊一／"等字，可知该信当是鸳渊一托人带给罗原觉的。

该函未有落款时间。据信中所言"春节"及"前段日子"，可知该信当写于 1930 年春节后，因为 1929 年的春节，罗原觉是在广州度过的。从信中所述，可知两人互有拜访，并且罗原觉经由日本博文堂馈赠了许多物件给鸳渊一。

此外，我们还看到，罗原觉访日期间，还与日本的东京朝日新闻和戊辰书道会等社会机构有联系。如罗原觉往来书信信封（横 9.1 厘米，纵 19.4 厘米）（图五七）显示：

图五七

神田区锦町三丁目十九／芳千阁ホラル／罗原觉殿／

后援 东京朝日新闻／主催 戊辰书道会／

123

按戊辰书道会成立于 1928 年。该信封所盖邮戳显示的"4.11."即是指"昭和四年十一月"（按即 1929 年 11 月），此时罗原觉正住在东京神田区锦町三丁目十九芳千阁酒店。

（十四）罗原觉与伊势雨子一郎的交往

在日本期间，罗原觉与伊势雨子一郎有交往。在罗原觉往来信函中，有一封明信片，是伊势雨子一郎写给罗原觉的，横 9 厘米，纵 14 厘米，正面（图五八）书写收信人和寄信人的姓名、地址："京都驛前 / ステ│レ ョ □ ホ乙 / 羅原覺先生 / 下鴨松ノホ町七九 / 伊勢雨子一郎 /"，还盖有邮戳："聖護院，6.2.15."。按"6"是指昭和六年，即 1931 年。背面（图五九）为信函正文，用日文书写，共 7 行。可知这是 1931 年 2 月 15 日伊势雨子一郎写给正在日本京都考察的罗原觉的一封明信片。

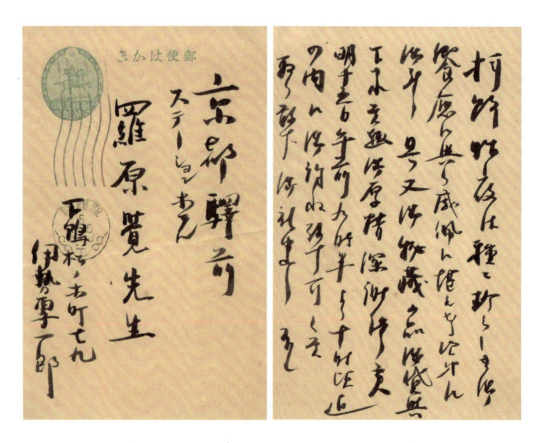

图五八　　　　　　　　　　　图五九

124

（十五）罗原觉与内藤戊申的交往

在日本期间，罗原觉与内藤戊申有交往，这一点可见于内藤戊申致罗原觉的两封明信片。

第一封明信片横9厘米，纵13.9厘米，日文，正面（图六〇）书写收信人和寄信人的姓名、地址："神户市榮町二丁目十二番/怡和洋行/羅原覺樣/京都市河源町白梅圖子/内藤戊申/"，还盖有邮戳："京都，6.2.19."。按"6"是指昭和六年，即1931年。背面（图六一）为信函正文，用日文书写，共10行，落款时间是二月十九日。可知这是1931年2月19日内藤戊申从日本京都写给正在日本神户考察的罗原觉的一封明信片。

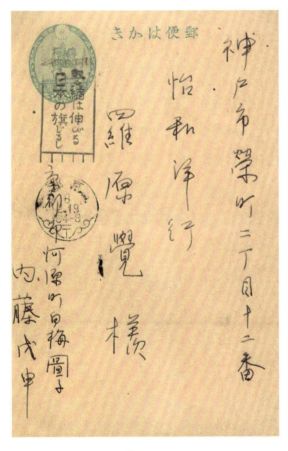

图六〇   图六一

第二封明信片横 9 厘米，纵 14 厘米，日文，正面（图六二）书写收信人和寄信人的姓名、地址："東京市神田區／錦町三，二十之／芳千閣ホテル五番室／羅原覺樣／三月一日／京都市河源町白梅圖子／内藤戊申／"，还盖有邮戳"西陣，6.3.1."。按"6"是指昭和六年，即 1931 年，"3.1."指 3 月 1 日。背面（图六三）为信函正文，用日文书写，共 9 行。可知这是 1931 年 3 月 1 日内藤戊申从日本京都寄给正在日本东京考察的罗原觉的一封明信片。

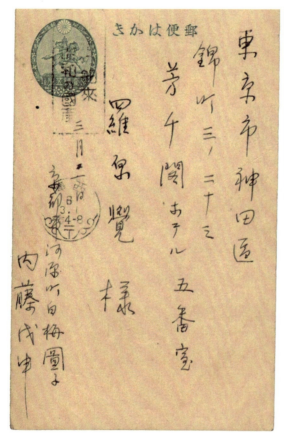

图六二　　　　　　　　　　　　图六三

书写人内藤戊申是日本近代学者、著名历史学家内藤湖南的第三个儿子。从上述两封明信片，可知罗原觉在 1931 年 2 月在日本神户考察，3 月到东京考察。

（十六）罗原觉与法相宗大本山药师寺的交往

在日本期间，罗原觉与法相宗大本山药师寺有交往，这里有信封和信函为证。信封（图六四），残破，正面书写收信人地址、姓名："東京市神田區锦町三丁目錦丁十九岸／電車□留所前／芳千阁ホラル气付／羅源觉先生台啟／"，并盖"急"字印，背面书写寄信方地址："奈良市外西ノ京／法相宗大本山药／"。按"药"字残存该字繁体的一小部分。可知这是由奈良市大本山药师寺寄给正在东京考察的罗原觉的一个实寄封。

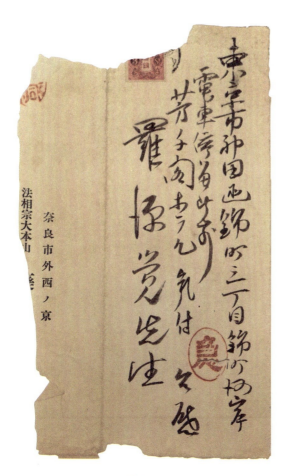

图六四

127

另有一封信函（图六五、六六），两页，用日文书写，由桥本写给罗原觉。该信笺为"大本山药师寺"专用。

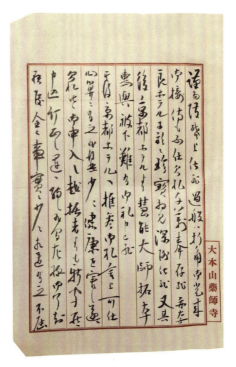

图六五

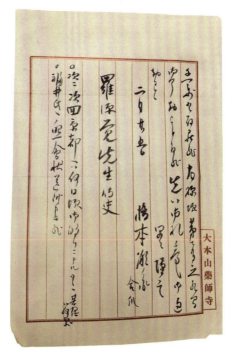

图六六

（十七）罗原觉与日本有关人士交往物证

在日本期间，罗原觉还与日本有关人士有交往。这里呈现的信封、信函即是物证。

信封一（图六七），正面书写收信人地址、姓名："市外大森驛前 / 望翠樓ホラルニテ / 羅原覺啟 / 惠展 /"，左上角贴有一枚"大日本帝國郵儊""叁錢"邮票，并盖有邮戳："□.2.4."。背面书写"二月三夕"，并盖有寄信人地址、姓名："東京麴町區富士見町一之廿九 / 河井仙郎 /"。按：河井仙郎（1871～1945），字荃庐，日本西京人，精仓史之学，工篆隶，善鉴别金石碑版，西泠印社首批入社的日本籍社员。可知这是日本印宗师河井仙郎写给正在日本考察的罗原觉的一个信封。遗憾的是暂未见到信函内容。

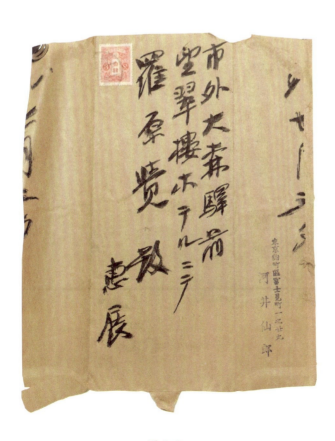

图六七

信封二（图六八、图六九），正面书写收信人和寄信人地址、姓名："民國、廣州市逢源中約 / 三十八號敦复書室 / 羅原覺先生惠展 / 日本東京市外雜司谷三三八 / 诸橋轍次 /"，背面书写"械 二月六日"，并盖有 4 个邮戳，其中有 3 个相同的邮戳："广州 /CANTON/"，但年号盖得不清楚，另有 1 个邮戳是："CANTON □□ / 二十年二月廿四 / 广州 /"。按：诸桥辙次（1883～1982），日本汉学家，日本新潟神田出生，《大汉和辞典》的编纂人。可知该信封是由诸桥辙次在日本东京书写于 1931 年 2 月 6 日，到 1931 年 2 月 24 日寄达广州。遗憾的是，我们暂未见到信函内容。

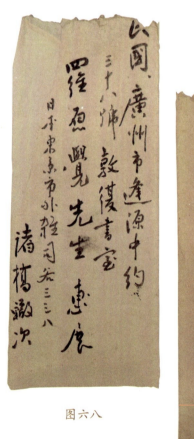

图六八

图六九

从前文分析可知该信函寄达广州时，罗原觉已在日本考察。

信封三（图七〇），上面书写 3 行字："东京四谷区爱 / 住町八 / 坂西利八郎阁下 /"，应为坂西利八郎的地址。

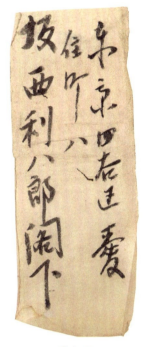

图七〇

信函《山致罗原觉函》（图七一），一页，为日本印制的格子稿纸，共 5 行：

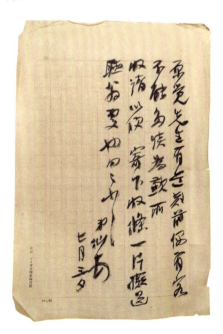

图七一

原觉先生有道：刻前偶有客 /，不能多谈为歉。所 / 收请以便寄下收条一片，拟送 / 联翁处也。匆匆不一。弟山顿首。 / 七月三夕。 /

从信函内容，可推知这封书信写于罗原觉考察日本期间。

三、余论

综上所述，我们初步了解到罗原觉此次访日行程中涉及的诸多细节。

首先，罗原觉赴日通行证是在 1929 年 1 月 15 日由大连海关长签发，并于 2 月 5 日从大连寄出，寄往广州。罗原觉是广州市市立博物院筹备委员之一，该院成立庆典是在 1929 年 2 月 11 日春节举行。因此，罗原觉是在庆典结束后启程赴日本游历，直至次年 4 月 3 日前回到国内。

其次，根据罗原觉赴日通行证记录，罗原觉在日本横滨港登陆，并携带有书籍两箱、碑帖印本 5 件、画 10 件、写本 4 件等行李 7 个。

第三，罗原觉访日期间，先后拜访了犬养毅、"博文堂"主人原田悟朗、山本由定、原田淑人、神原浩逸、古城贞吉、松崎鹤雄、松浦嘉节、永山近彰、斋藤源内、高桥太华、鸳渊一等日本学界友人，给犬养毅、狩野博士、鸳渊一等带去了礼物，送给原田淑人一张广东出土小石斧照片，还给古城贞吉和东京帝国大学附属图书馆各赠送《朱九江先生集》等，同时，带去《千字文》，允许山本由定影印出版；借"李长蘅名帖"给神原浩逸摹写。

第四，罗原觉在日期间，所到地点及住所如后：1929 年 2 月到京都，4 月到大阪市，6 月住"东京市外大森驿前望翠楼酒店"，8 月到神户，10 月至次年 2 月均住东京神田区锦町芳千阁酒店。

罗原觉在赴日本前，除向大连海关申请赴日通行证外，还联系日本友人，由他们提供方便。比如，在罗原觉往来信函中，存有《工藤铁三郎致板西大人信函》一封，横 87 厘米，纵 19.5 厘米（图七二）。这封信写于昭和四年（1929）1月16日，显然是写于罗原觉离开广州启程赴日之前。信的大意是（译文）：

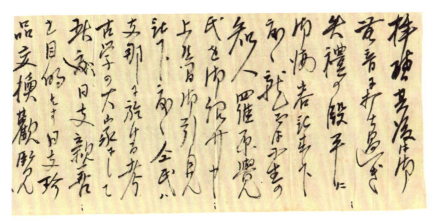

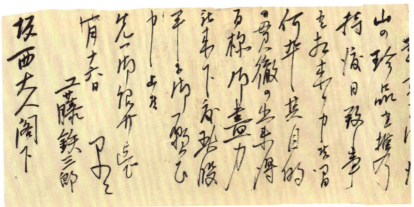

图七二

> 上次联系后，许久未见，希望能谅解我的失礼。向您介绍我的友人罗原觉先生。希望能接见他。罗先生是中国的考古大家，这次是为中日友善的目的，进行中日珍品的交换鉴赏。他从中国带来了大量的珍品。为了能贯彻实行这一目的，希望能多多协助。

　　工藤铁三郎（1882～1965），日本浪人，与黑龙会有关系，曾任伪满洲国侍卫长。他在信中向坂西介绍，说罗原觉是中国考古大家，此次赴日是进行中日珍品的交换鉴赏。信中所提"坂西"似指坂西利八郎。

　　罗原觉从日本回国后，与部分日本学人仍保持通信联系。比如日本的山本义次就与罗原觉有书信往来。据《山本义次致罗原觉信函》（2页，每页横16.9厘米，纵26.1厘米，共13行）（图七三）云：

敬启者：顷由今井女士接到 / 华牍，借悉尊处去岁兵乱，所损不多，并知 / 道履嘉胜，/ 撰述宏富，至以为颂。先严二峰于昭和 / 十二年即民国二十六年十二月偶发脑病，遽 / 归道山，痛何可言，惟因云山隔绝，未及 / 奉闻，延搁之愆，希 / 原谅为幸。此次承蒙 / 惠赐古铜大盘一具，苍润优雅，赏心悦目，/ 拜领之下，曷胜铭感。先严在世，亦必当 / 鉴赏。无已者也，特此修笺布谢，顺候 / 台祺。/ 山本义次。七月十四日。/

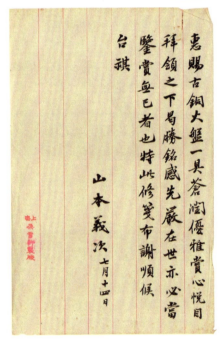

图七三

该信写在"上海朵云轩制笺"上。信中写道"尊处去岁兵乱"，似指 1938 年 10 月 21 日广州沦陷。如是，该信当写于 1939 年 7 月 14 日。信中提到罗原觉惠赠古铜大盘给山本义次鉴赏，表明即便在日本侵华期间，中日学者间仍有零星的学术交往。

注释

［1］《孙中山全集》第一卷，北京：中华书局，2006 年 11 月第 2 版，第 175 页。

［2］《孙中山全集》第一册，北京：中华书局，2006 年 11 月第 2 版，第 207 页。

［3］1912 年 11 月康有为在《题犬养毅木堂藏定武本兰亭序跋》一文称"吾与木堂先生缟纻至交，同劳国事。"见康有为撰，姜义华、张荣华编校《康有为全集》（第九集），北京：中国人民大学出版社，2007 年 9 月第 1 版，第 352 页。

［4］［日］仓石武四郎著，荣新江、朱玉麟辑注：《仓石武四郎中国留学记》，北京：中华书局，2002 年 4 月第 1 版，第 12 页。

［5］谢维扬、房鑫亮主编，房鑫亮分卷主编：《王国维全集》第十五卷，杭州：浙江大学出版社，2009 年 12 月，第 910 页。

［6］［日］仓石武四郎著，荣新江、朱玉麟辑注：《仓石武四郎中国留学记》，北京：中华书局，2002 年 4 月第 1 版，第 95 页。

［7］张元济：《东瀛访书记事诗：戊辰暮秋至日本东京观静嘉堂藏书，赠岩崎男爵，兼示冈部长景、服部宇之吉、安井小太郎、德富猪一郎、姊崎正治、宇野哲人、盐谷温、中村久四郎、久保得三、诸桥辙次、石田干之助、滑川达、内野五郎三、永山近彰、长泽规矩也，暨京都内藤虎次郎、狩野直喜、长尾槇太郎、神田喜一郎诸君子，并斯文会会员》，载《张元济全集》第 4 卷，北京：商务印书馆，2008 年 12 月第 1 版，第 24 页。

（原载《广州文博（拾）》，北京：文物出版社，2017 年 10 月第 1 版，第 292 ～ 310 页）

一、引言

20 世纪 90 年代初,笔者在武汉大学攻读博士学位期间,曾借道长沙,有幸在湖南省博物馆馆藏文物中意外地欣赏到一张寄自蔡哲夫之手的南汉国买地券拓片,并得该馆厚爱,允许使用并撰成小文一篇[1]。由此促使我在日后的学习和工作中特别留意收集有关蔡哲夫的资料。

蔡哲夫(1879～1941),广东顺德人,民国著名文人,其生平事迹,见于癸未(1943)仲秋出版《寒琼遗稿》所收 1942 年 9 月谌子才撰、谈月色敬书"蔡守碑记":

讳守,初名有守,字哲夫,一字寒琼,六十后自号寒翁。诗书画,称三绝,兼长金石学。丙子秋,偕其月色夫人来京,任职党史馆党部故宫博物院,考订金石书画古物。功未竟,会丁丑变作,避难于当涂白纻山,备尝艰苦,著蔡氏作竟诗一卷以志实,自是心境因环境而日衰。戊寅季春,重入白门,赁庞鼓楼二条巷,自旁寓曰二条一塵,又曰茶丘,自号茶丘残客,又曰茶恩、茶喜、茶四妙亭。庚辰夏秋之交,患心脏病,医治周效,阅六月而殁。山河修阻不克首邱,在京友好与月色夫人经纪其丧事,卜葬于京中山门外坟头村永安公墓一区第一四九,背北面南。元配张生子伦、女二玉燕、巧梭,偏室黄生子游戚、女小燕,均居粤,不克来。月色夫人谈氏生子名,十五早殇。君生于清光绪五年己卯六月廿四日亥时,卒于民国三十年夏历庚辰十二月十四日子时。[2]

蔡哲夫初名有守,讳守,字哲夫,一字寒琼,诗书画称三绝,兼长金石学。此篇碑记着重记录蔡哲夫 1936 年后的有关事迹。在《寒琼遗稿》中,还收录了黄宾虹写于 1942 年的"叙"文:"忆自己酉,余恫时艰,将之皖江,道经沪读。时黄晦闻、邓秋枚两君刊辑《国学丛书》，蔡君哲夫共襄其事，因缔交焉。蔡君研究古籀文字、诗学、宋人书画、篆刻，靡不涉猎，海内知名人士，文翰往还，几无虚日，又尝奔走吴越，拟游泰岱，适战事作，遂还粤中，居十余年。以余笃好三代文字，时为得古印谱寄余，后以访友重来，旋寓金陵，偕其配月色夫人，文艺自乐，倡和尤多，然坎坷无所遇，处境益贫，而诗日益进。"按己酉年即 1909 年。"叙文"回顾了蔡哲夫中年的一些事迹。蔡哲夫中年还"参加邓实主办《国粹学报》图片工作，加入南社。著有《寒琼碑目》《寒琼金石跋续》《说文古籀补》《宋锦》《宋纸考补》《缪篆分韵》《漆人传》《瓷人传》《画玺录》《印雅》等"[3]。

长期以来，无论是社科界，还是文博界，对蔡哲夫的关注和研究远远不够。多年来，我一直在注意寻找和收集蔡哲夫的有关资料。在广州博物馆的藏品中，我发现有 14 封信函及 10 个信封为蔡哲夫所写，数量之多，实属难得。这批信函，是由蔡哲夫写给罗原觉的私人信件[4]。罗原觉（1891～1965），广东南海人，原名罗泽棠，别字韬元，叕盦、恽卢等，号道在瓦斋、菜园病叟、平宁瓷佛庵，著名文物鉴藏家兼学者。

本文将围绕这批信函，通过考证它们的写作年代，进而分析和了解蔡哲夫的个人学术爱好。

二、遗函考订

经考订，在这批信函里，最早的一封写于 1920 年农历 6 月 8 日。信函共两页，每页横 9.2 厘米，纵 24.5 厘米，共 8 行（每行结束，以 / 为标识，下同）（图一）：

原觉兄鉴：麃孝禹石今归山东莒州／庄氏，兹将友人来函付看。又叔言叙一篇／付上。兄欲治金石学，弟甚愿倾助之。／兄得多字城砖，谓似流沙坠简，在望／印拓示一纸。又弟处汉代砖仅三四种，／未知每种须拓若干张，请示，以便语张，／张金照拓也。匆匆。此叩／道安。弟守顿首。六月八早。／

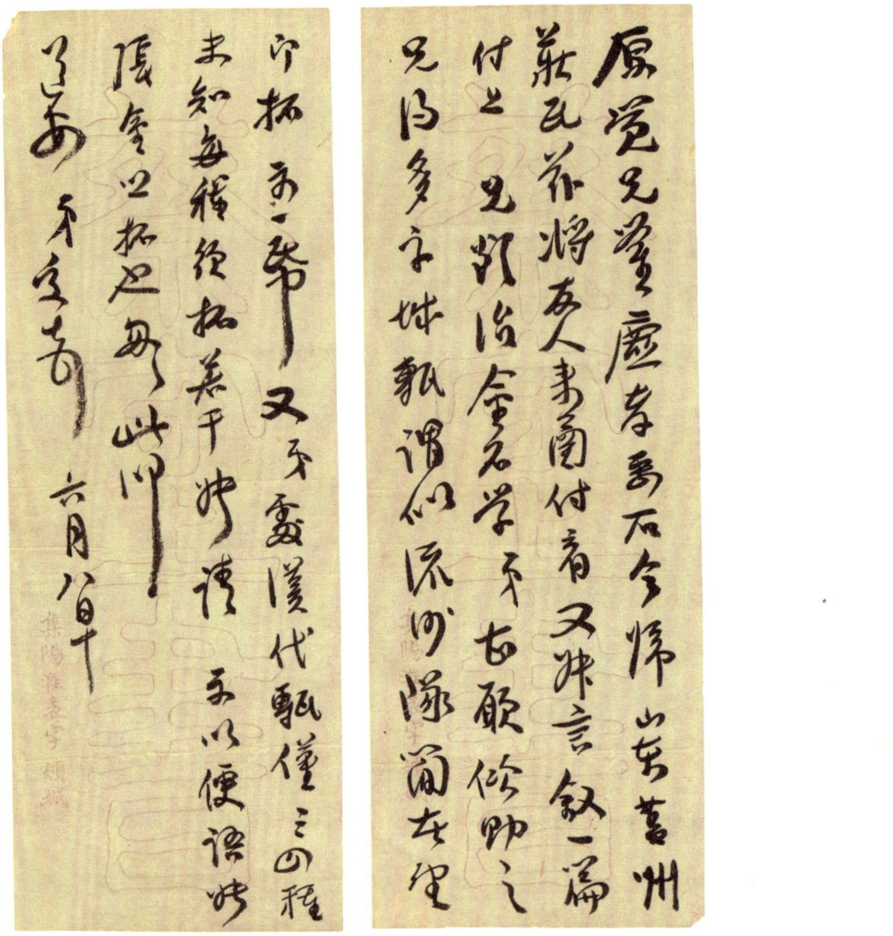

图一

信中所提"叔言"即罗振玉，"张金"即广东高要张金。现耸立在广州黄花岗七十二烈士墓纪功坊后面由邹鲁撰写的《广州辛亥三月二十九日革命记》碑文就是由张金刻石的。信中提到"兄得多字城砖"当指1918年、1919年和1920年广州拆城时所得之城砖。

信里还写道："麃孝禹石今归山东莒州庄氏，兹将友人来函付看。"据卫松涛《始刊玄石，旌勒君美——汉〈麃孝禹碑〉》一文介绍："1920年，此碑辗转为庄钰所得，旋存济南。庄钰字式如，号鞠侪，山东莒县南乡大店（今属莒南县）人，太学生，候补同知。他喜好金石收藏，汉石尤多，题其居'汉室斋'，曾收藏《麃孝禹碑》《熹平石经》残石等。"[5]是知"麃孝禹石"

在 1920 年归山东莒州庄钰所有。

信中所提"友人来函"，这封友人来函正好也珍藏在广州博物馆。该函为《文骧致哲父函》，一页纸，横 18.3 厘米，纵 23.3 厘米，共 12 行，全文内容如下（图二）：

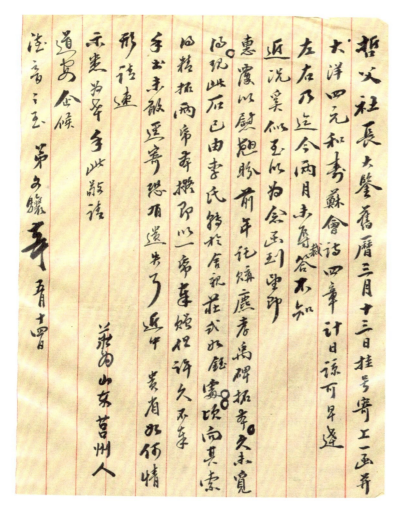

图二

哲父即蔡哲夫。文骧即刘文骧，字云浦，号隐山，山东沂水人。蔡、刘二人同是南社社员。从信里所述，可知刘文骧写此信时，麃孝禹碑石已由李氏转于刘文骧的亲戚山东莒州人庄珏处。信中落款时间当为农历，从"农历三月十三日"到"农历五月十四日"正好符合信中所写"迄今两月"。

蔡守收到刘文骧的来信后，应很快致函罗原觉。从时间先后

哲父社长大鉴：旧历三月十三日挂号寄上一函并/大洋四元、和寿苏会诗四章，计日谅可早达/左右，乃迄今两月，未辱裁答，不知/近况奚似，至以为念。函到，望即/惠覆，以慰翘盼。前年托购麃孝禹碑拓本，久未觅/得。现此石已由李氏转于舍亲庄式如钰处，顷向其索/得精拓两纸。本拟即以一纸奉赠，但许久不奉/手书，未敢迳寄，恐有遗失耳。近中贵省如何情/形，请速/示悉为幸。手此敬请/道安，企候/德音之至。弟文骧顿首。五月十四日。/（庄为山东莒州人）

139

顺序判断，上述《蔡守致罗原觉函》的落款时间也当指农历。由此换算，这封信应写于1920年7月23日。

从上述《蔡守致罗原觉函》还可知道，1920年罗原觉正"欲治金石学"，蔡守"愿倾助之"。我们从其他资料也可知罗原觉在1920年前后已开始收藏古物，如汪兆镛在《〈元张珪碑〉残字跋》一文写道："辛酉，广州毁城开路，南海罗原觉得断碑。长九寸，文字不完，仅存残字七十余，定为《元张弘范碑》，出以见视。余谛审之，非弘范碑，乃其子珪碑也。"[6]按"辛酉"即1921年。

第二封信仅一页纸，横13.5厘米，纵26厘米，共4行（图三）：

赵席珍谥号、外号及时代，乞/详示为幸。/觉兄左右。守顿首。/壬戌三月廿九日。/

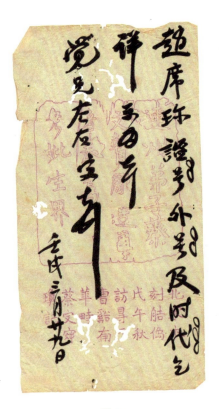

图三

按："壬戌"即1922年，农历三月二十九日即公历4月25日。表明该信写于1922年4月25日。值得注意的是，该信信纸为蔡哲夫自制，信纸上印有上下两段文字，上面一段为"连州弟子蔡/文赟雕造尊/者奉为/考妣生界"文字，共4行，为北宋木刻像铭文；

140

下面一段为蔡守（哲夫）记录自己发现此铭文的时间和地点："北宋木刻觥像。戊午秋，访得于曹溪南华畤。蔡守寒琼记。"按"戊午"即1918年，表明蔡守是在1918年秋到访广东韶关南华寺时获得的北宋铭文。

第三封信函，一页纸，横34.4厘米，纵24厘米，共15行（图四）：

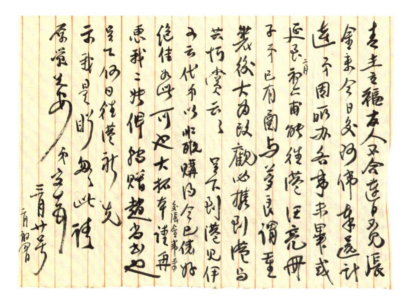

图四

信中同时留下阳历和农历两个时间。在蔡守的一生中，只有1904年和1923年这两个年份的阳历3月20日，正好是农历二月初四。按罗原觉生于1891年，1904年才13岁。因此，蔡、罗二人的交往时间不可能起于罗原觉13岁时的1904年。由此可断定该信应写于1923年3月20日。

信中所提"梦良"即指区梦良（1888～?）。区梦良原名赟，又名庞赟，号梦园、梦戒，别署麟德石佛堪主，广东南海西樵人。家富有，少时即从事搜罗彝鼎、石佛、铜镜、钵印之属。好与印人往来，李茗柯为其刻印数十。存世有《梦园藏印》《梦园印存》。

信中提及的"汪亮"，为清代女画家，安徽休宁人，好学多能，善诗，工画山水。从信中描述，可知蔡守拥有汪亮册子，将

青主立福友人不合，连日不见张/金来。今日交阿伟奉还，计/达。弟因所办各事未毕，或/延至二月初六甫能往港。汪亮册/子，弟已有函与梦良，谓重/装后大为改观，必携到港，与/共欣赏云云。足下到港见伊，/可云代弟以三百二十元购得。今已俵（裱）好，/绝佳，如此可也。大拓本（交张金带来），请再/惠我二张，俾转赠赵尚书也。/足下何日往港，祈先/示我是盼。匆匆，此请/原觉兄安。弟守顿首。/三月廿号。/二月初四日。/

于1923年3月22日带往香港。

信中还提到"赵尚书"。据《寒琼遗稿》收录"丙寅人日与室人连句为石禅尚书七十六岁寿"和"丁卯人日为赵石禅尚书寿（七十七岁）"两首祝寿诗，可知蔡守信中所提的"赵尚书"即指赵藩。赵藩（1851～1927），字樾村，一字介庵，晚年号石禅老人，白族，云南剑川县向湖村北寨人，中国近代著名政治家、学者、诗人和书法家，参加过辛亥革命、护国护法运动，历任众议员、南方军政府交通部长，1920年辞职回滇，任云南省图书馆馆长。蔡守和赵藩二人素有交情。

另据广州博物馆珍藏一份木刻印刷文书（横39.3厘米，纵24.5厘米，图五）介绍，石禅老人即是赵藩。该文书刻印了两部分的内容，第一部分为赵藩书写的《檀度庵主自悟禅师像赞有序》：

檀度庵主自悟禅师像赞有序
广州檀度庵，清初平南王尚可喜所建。王有幼女，生而明慧，及长，见诸兄所为，怙侈无礼，心知必败，请于王，愿出家修净业。王素爱女，重拂其请，为建是庵居之，拨宫娥十人为侍女，标名自悟，而以梵语分名十女，曰永见实，曰胜有慧，曰三关拔，曰恒为衡，曰茂山丛，曰勤察力，曰古贤日，曰圆融结，曰正修实，曰无我已。女圆寂后，庵中奉为祖师。阅二百余年，遗像犹在。今庵尼古溶知书习绘事，乞我题像。余谓清初四藩，皆以降将祸宗国，陨灭随之无足称者，孔有德女四贞流离以死，吴耿湛族无所闻，而尚氏独有娟娟此矛，识几逃世，如妙莲花出污不染。吁，亦贤矣。赞曰：

平南藩邸灰一炬，白石双狮早移去。吊古惟留檀度庵，当年王女修真处。优昙涌现一天人，羼提福慧双超悟。二百余年世变多，朱门梵刹较如何。香龛静夜琉璃火，犹照儿孙礼佛陀。

重光作恶之岁二月八日剑川

图五（一）

142

按"重光作噩之岁"指辛酉年，即 1921 年。表明赞文作于 1921 年农历二月初八，此时作者赵藩在昆明。赞文详细追述了广州檀度庵的兴建历史、自悟禅师生平，并介绍了赞文撰写来历。

第二部分为广州檀度庵尼古溶撰写的《口占七绝三首》：

图五（二）

该诗写于 1921 年农历三月。古溶即谈月色（1891～1976），广东顺德人，工诗、书画，篆刻、瘦金书、画梅驰誉海内外，1922 年 2 月 12 日嫁于蔡守，为副室，还俗。檀度庵位于广州大北门内清泉街第七号，现已无遗迹可寻。该诗叙述了檀度庵祖堂

赵藩石禅老人书于昆明寄庐频罗室。

祖堂倾圮，发愿以绘事写真，乞大檀越施财重修，口占七绝三首，聊为缘起。茅庵岁远祖堂倾，世乱难期再落成。昨夜祖师曾示梦，教尼著意事丹青（重修约需三千元）。

诵经礼佛无他事，稍学丹青与写真。檀越布金何以报，定酬图画或传神（大檀越捐银重修，祖堂落成，敬将大名刊勒贞珉，以垂不朽。捐一百元以上者，并以图画与写真为报）。

曾求天水尚书记，更乞始平女士书。功德林中留韵事，胜修七级玉浮图（重修祖堂落成，赵尚书藩允为碑记，冯夫人孔嘉为之书丹）。

自悟祖师遗像，古溶重摹一本，敬求尊者赐题，不拘诗古文词，均为荣幸，同装册子，永藏庵中，泂千春不朽之胜事也。

辛酉年三月，檀度庵尼古溶稽首。庵在广州大北门内清泉街第七号。

修缮情况，情真意切。这件文物为了解广州檀度庵的兴衰史提供了极为珍贵的资料。

第四封信函，一页纸，横 26.3 厘米，纵 23.3 厘米，共 11 行（图六）：

原觉道兄鉴：昨日来书，知《西厢记》/迹删尺皆取得，望交张金送/去舍下为妥，因梁保三十九生日，家/兄必来贺寿也。顷得黄滨虹/书，知交晦闻带回册页十二张，/望晤晦闻时，请其并交家兄/带来，先睹为快。连日报纸皆/谓孙氏召集名流如晦闻等商/量国事，未知晦闻果能自行/否。公何日启程，望示我。此敬/道安。弟守顿首。二月十三夕。/

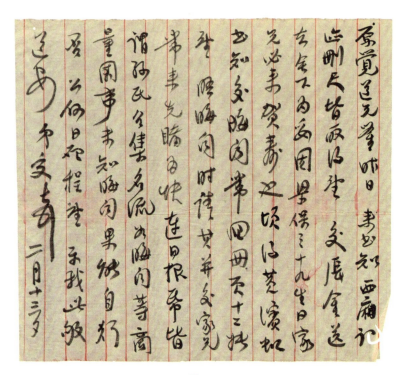

图六

信中所提的"家兄"即"蔡歔篪"[7]。信中提及"得黄滨虹书""望晤晦闻"等语，是知此时黄节南下广州正途经上海[8]，蔡哲夫与黄滨虹之间、罗原觉与黄晦闻之间的关系十分密切，且互有通信往来。

信中提及"连日报纸皆谓孙氏召集名流如晦闻等商量国事"，此处之"孙氏"当指孙中山。据 1921 年 9 月 28 日《张绍曾请孙中山同意召开国是会议通电》记载："妄拟国是会议，冀策群力，共挽沦胥。"[9] 又据刘斯奋选注《黄节诗选》附录《黄节年表简编》介绍："1923 年春，孙中山由沪返粤，被推举为大元帅，讨伐北洋军阀，在广州成立大元帅府，任命黄节为元帅府秘书长。并派陈树人专赴北京迎黄南下，黄遂于 3 月抵粤，寓文德东路 1 号楼上。

旋因目睹滇桂军云集广州，军纪废弛，人民积怨，孙中山之政令亦多扞格不行，遂决意辞职不就。即赴香港，取道回京，仍教授北京大学。"[10] 据此可知，黄晦闻南下广州共商国是的时间是在1923年初。因此，该信应写于1923年农历二月十三日，即阳历3月29日。

第五封信为一页纸，横21.6厘米，纵23.7厘米，共8行（图七）：

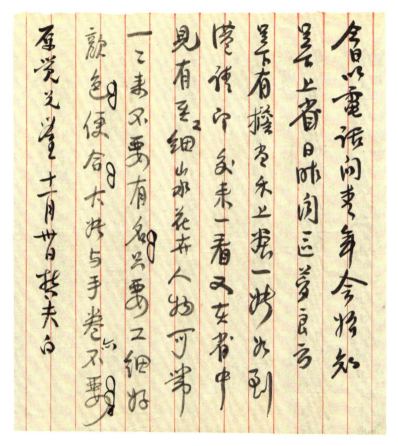

图七

今日以电话问青年会，始知／足下上省。日昨闻区梦良云／足下有担当禾上画一张，如到／港，请即交来一看。又在省中／见有至工细山水花卉人物，可带／一、二来。不要有名，只要工细、好／颜色便合，大张与手卷亦不要。／原觉兄鉴。十一月卅日哲夫白。／

信中提到的担当（1593～1673），明末清初人，名普荷，又名通荷，字担当，俗姓唐，名泰，字大来。云南晋宁人。住鸡足山石钟寺。有诗书画"三绝"之誉。著有《翛园集》《橛庵草》《罔措斋联语》《杂偈》等。

信中提到的"青年会"是指香港的青年会。蔡守在信里告诉罗原觉，他本人喜欢"至工细山水花卉人物""工细、好颜色"

的文物，不要"大张与手卷"，反映了蔡守收藏古物的基本原则。

从信中所述内容，可知该信当是蔡守写于香港。

第六封信仅一页纸，横27.2厘米，纵23.6厘米，共11行（图八）：

让之字屏六十元，已代沽去。/兄何日来，望勿迟。老潘已有信/去桐君处取书画也。工细、好颜/色之四屏，均不可长大，小中画多多带来/可也。春小夫妇茶壶，务/求设法购取。观音像与/血尊佛象，亦希即带/来。弟不返省，专候/兄来也。匆匆。此叩/原觉兄安。弟守顿首。/十二月廿一日。/

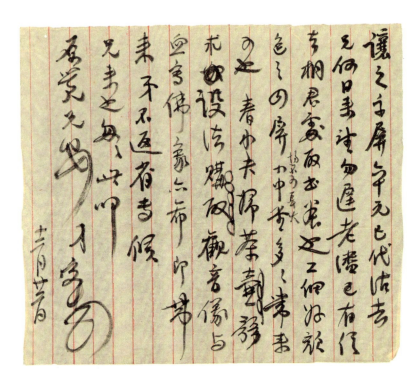

图八

信中所提"让之"即指吴熙载。吴熙载（1799～1870），江苏仪征人，原名廷飏，字熙载，后以熙载为名，字攘（让）之，晚号学居士，出包世臣之门，为清代书画名家，书法、刻印师法邓石如，善各体书法，尤工篆、隶。

蔡守在信中再次提及自己喜爱"工细、好颜色之四屏，均不可长大，小中画多多带来"，并在信里请罗原觉"务求设法购取""春小夫妇茶壶"和"观音像与血尊佛像"。从"弟不返省"句，可知此时的蔡守在香港。

146

第七封信一页纸，横24.6厘米，纵23.4厘米，共8行（图九）：

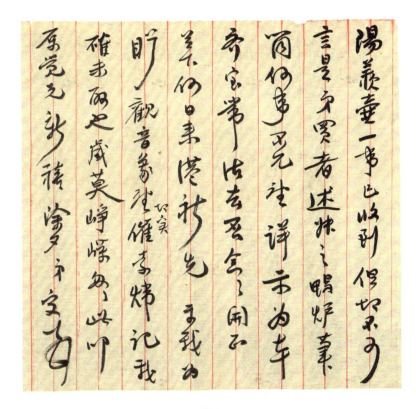

图九

阳羡壶一事已收到，但切不可／言是弟买者。述叔之鸭炉笔／筒，何事不允，望详示为幸。／齐宝带沽去否，念念。开正，／足下何日来港，祈先示我为／盼。观音象望切实催索炜记，我／确未取也。岁莫峥嵘，匆匆。此叩／原觉兄新禧。除夕。弟守顿首。／

信中提及的"述叔"即指陈洵。陈洵（1871～1942），广东江门人，1911年在广州加入南国诗社，少与顺德黄节友善，有"陈词黄诗"之誉，晚年教授广州中山大学。蔡守在信中提到已收到"阳羡壶"，并再次催要"观音像"。从信中所问"足下何日来港"，可知该信是蔡守在香港时所写，且时间是在某年的除夕。

综合上述第五、六、七这三封信所述内容，我们可推知这三封信都是蔡守在香港时所书写，且相隔时间不会太长。因此，要解决这三封信的具体书写年代，我们首先要弄清楚蔡守是哪一年在香港过除夕的。

蔡守前往香港有多次。据考，辛亥革命后至1930年前，蔡守曾于1916年[11]、1918年[12]、1925年去过香港，其中1925年的除夕是在香港度过的。

据《寒琼遗稿》记载，1925年蔡守避难香港，其《乙丑中元后一夕与今婴静存登北山楼玩月用去年韵》诗中写道：

开岛百年无此劫，坐看沧海有横流。倒悬待解冯（笔者按：误，应为"凭"）谁解，妄想真休未许休（东坡句：此景眼前都妄想，几人林下得真休）。明日今宵都俗了（今婴语），骚坛易岁可寻不（笔者按：误，应为"否"）。清尊乱世知难继，犹得三人共倚楼。

乙丑年即1925年，中元后一夕蔡守登香港北山楼。在另一首《重九南社仝人北山雅集》诗也写道：

红香炉里青年劫，绝岛何从问长房。乱世真难开笑口，深杯聊借护愁肠。陵嚚傅亮能为赋（谓屯艮），辅体佩兰空处方……猛忆去年秋禊事，清词卅阙贺新郎。

显示1925年的重阳节，蔡守依然在香港，与南社同人聚集北山雅集。《九日寄静存》一诗再次提及北山：

与君祖别近重阳，一席清风想马当。海市坐看成药市，钱囊入节化萸囊。不期乱世能高会，最忆诗人在异乡。松菊北山如有待，何时返棹共倾觞。

从上所引诗，可以确定蔡守于1925年中元节前已避难香港，重阳节又与南社同人再赴北山雅集。

从《寒琼遗稿》所录《乙丑十二月廿八日与室人连句为婴公亚兰伉俪五十双寿》诗及紧接该诗后面的《香岛北山堂》诗，我们还可知道1926年蔡守仍在香港。此外，《减字木兰花（用山谷韵，丙寅中秋夜新霁饮赤雅楼）》一诗还表明丙寅年（1926）中秋夜蔡守在香港赤雅楼：

中秋多雨（山谷元句），欲问尚仪何处去。猛揭帏开，洒洒
通身处出浴来。北山堂外，重话年前文酒会。近水层楼，得月应
先岭上头。

综上所述，我们可判断上述第五、六、七这三封信应分别写
于 1925 年农历十一月三十日、十二月二十一日和除夕。此外，还
有一个信封（横 7.6 厘米、纵 15.2 厘米），信封上的文字是"□
州十六甫北街廿七号／罗原觉先生启／蔡楢 除夕／"（图一〇），
表明该信封应是用来装上述第七封信的。

图一〇

第八封信共有两页纸，每页横13厘米，纵25.2厘米，共8行（图一一）：

原觉道兄侍右：十七日曾上一/书，计达。承/俞允假拓南越砖瓦，亮/已检出，希即/掷交来手带返，并望/借收藏小印一纽，畀钤在/尊藏瓦拓之下为盼。此叩/俪祉。弟守顿首。六月廿五日。/

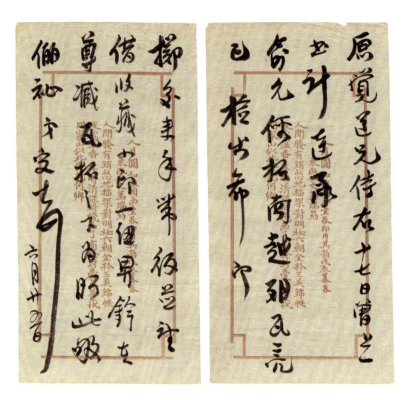

图一一

该信所用信纸印有下列文字：

《人月圆》和旅园画堂春即用其韵，戊辰暮春。/

东瓯女史万瑞莂。/人闲剩有销愁地，插架对明妆。六朝金粉，三吴锦帜，/俊赏温香。年时清课，研笺画了，商栓诗囊。思瞳试/问，家山似此，仙花何乡。/

按戊辰即1928年。

蔡守在信里表示，罗原觉同意帮他拓南越砖瓦，蔡守希望罗原觉出借收藏小印，在南越砖瓦拓片上盖印。从信中所述内容，可推断此时的蔡守和罗原觉均在广州。另据《顾颉刚全集·顾颉刚日记》卷二第45册第255页"1929年2月20日"条记录"今午同席：欧阳予倩、蔡哲夫夫妇、黄霖生"[13]，表明蔡哲夫夫妇此时在广州。据此可推断，该信应写于1928年及之后蔡守在广州期间。

第九封信，一页，横36.2厘米，纵23.2厘米，共9行（图一二）：

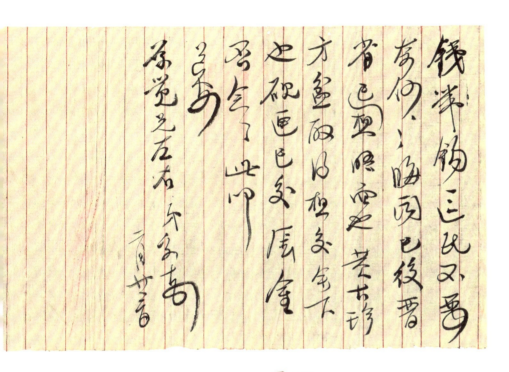

图一二

铁带钩，区氏不要，/奈何奈何。晦闻已复晋/省，想已晤面也。黄大珍/方盆取得，想交舍下/也。砚匣已交张金/否，念念。此叩/道安。原觉兄左右。弟守顿首。/二月廿三日。/

按信中所提之"区氏"即指"区梦良"，"晦闻"即指"黄节"。信中提及"晦闻已复晋省"。按"省"是指广东省城广州。据考，1915年后黄节有三次回广州：第一次是在1920年10月，他南归广州省亲，岁暮返北京；第二次是在1923年，他3月抵广州，旋赴香港；第三次是1928年，他于6月就职广东省府委员兼教育厅厅长，次年春辞去教育厅厅长一职，赴澳门暂居[14]。在这三次回广州当中，只有1929年属"巳"年，故该信当写于1929年农历二月二十三日，即阳历4月2日。

信中提示，区梦良不要铁带钩，蔡守已取得黄大珍方盆，砚匣是否已交张金。这些内容均与古物收藏有关。

第十封信，一页，横 10.7 厘米，纵 23.2 厘米，共 4 行（图
一三）：

君展处之石湾方瓦盆，务祈 / 足下未入都前能谋得，因弟 / 酷好此盆，以为茶具中之精 / 品也。幸匆忘却。哲又及。/

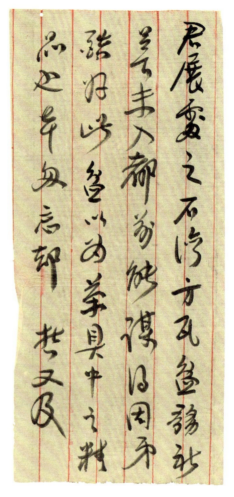

图一三

按"君展"即邓骥英，三水人，诸生，少从学于九江朱次琦，工书。性落落不羁。能竹木雕刻，喜收藏古钱。室名枥园。

该信所用信纸与第九封信所用信纸相同。从信函所述内容，可推测这两封信当写于同一时期，即蔡守在写完第九封信后又补写了第十封信。1929 年 2 月，罗原觉收到一份大连海关长寄出的赴日通行证，之后启程赴日，并在日本横滨登陆[15]。蔡守在写此信时，已知罗原觉将入都赴日，故在信里写下"务祈足下未入都前能谋得"一语。

在蔡守遗函中，还有三封信难以断代。其中一封信横 14.5 厘米，纵 24.2 厘米，共 4 行（图一四）：

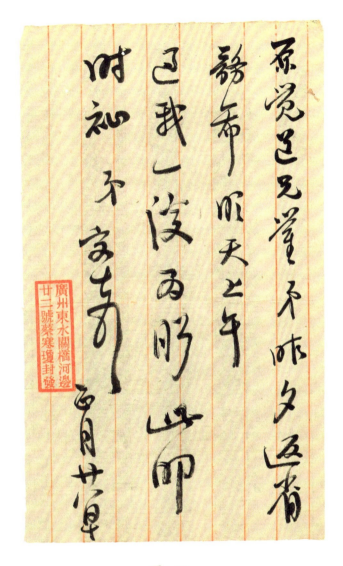

图一四

原觉道兄鉴：弟昨夕返省，/务希明天上午/过我一谈为盼。此叩/时祉。弟守顿首。正月廿八早。/

信写于某年正月二十八日早上。蔡守在信中说他昨晚即正月二十七日晚已回到省城广州，请罗原觉次日到蔡守住处一谈。该信特别不同之处是，信尾盖有红印"广州东水关桥河边／廿二号蔡寒琼封发／"。"蔡寒琼"即蔡守，表明这封信是由蔡守寄自广州东水关桥河边廿二号。还有一个信封横 7.6 厘米，纵 15 厘米，上面书写的收信人是"本城十六甫北街廿七号 罗原觉先生启"，寄信人处盖有红印"广州东水关桥河边廿二号蔡寒琼封发"（图一五）。估计该信封是用来装上述这封信的。

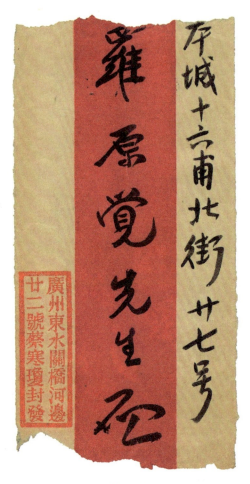

1916年农历三月十一日蔡守避兵香港[16]，12月3日返回广东，游罗峰[17]，除夕已返回广州[18]。据蔡守《夜归水榭（丁巳）》诗云："连宵宵判才归去，月脱流云弄嫩晴。春堞木棉随雨尽，夜桥灯火与波明。潮生溢岸初收网，茶熟吹瓶宛奏笙。谁识隔河中妇意，水窗顾影坐残更。"[19]丁巳即1917年。从《寒琼遗稿》收录《夜归水榭（丁巳）》一诗前后文判断，该诗写于广州，此时蔡守住在水榭旁。这一蛛丝马迹，与该信信尾所盖红色显示的地点正好吻合。另据《寒琼遗稿》中《丁巳正月廿日雨中过六榕寺看梅花重放次西航原韵（二首）》诗记录，1917年农历正月二十日蔡守已回到广州，这似乎与该信所述正月二十七日晚返回广州的记载不吻合。因此，我们初步推断该信不可能写于 1917 年，而应该写于 1918 年后。

另两封信，均使用特制信纸书写，尺寸为横 9 厘米，纵 24.5 厘米，上面印有"蔡守上书 / 集阳淮表字婤娍 /"等字。按《阳淮表记》全称《司隶校尉阳淮从事下邳湘弼表记》，刻于东汉熹平二年（173），为汉代著名摩崖刻石之一，原镌刻在陕西褒城石门西壁，后迁入汉中市博物馆。"婤娍"即张婤娍，蔡守的妻子。

这两封信均为一页纸，其中一封信共 3 行（图一六）：

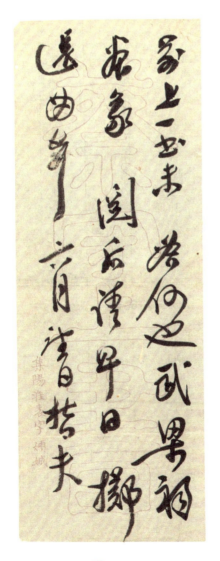

图一六

前上一书，未答，何也？武梁祠 / 画象，阅后请早日掷 / 还为幸。六月望日。哲夫。/

另一封信共 5 行（图一七）：

自港来两信，均收到。武梁祠画象亦照 / 收回。顷来信及砖拓均到。谢谢！瓦拓，望 / 早日交下。砖拓价及多少，已令张金 / 到面订也。匆匆。此复顺道 / 原觉吾兄安。守顿首。七月七夕。/

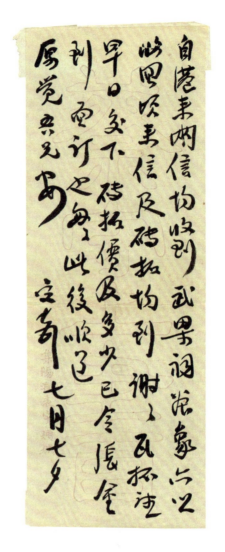

图一七

这两封信均提到"武梁祠画像"一事。罗原觉曾收藏有清代吴荣光筠清馆藏武梁祠画像拓本[20]。第一封信的落款为"六月望日"，即农历六月十五日。第二封信的落款为"七月七夕"，即农历七巧节。从两封信的书写内容，估计它们的书写时间很近。

在广州博物馆珍藏蔡守遗函中，有两个专用信封，信封上印制的寄信地址是"广州线香街腾茂南十二号"，寄信人为手写的"蔡"字，即指蔡守；收信人是家住广州"逢源西二巷东头八号敦复书室 罗原觉先生"，信封上还写上"专送 候件"等字。可见，这两个信封非邮寄品，而是蔡守派专人送到罗原觉手中的。这两个信封，一个残存横 10 厘米，纵 21.9 厘米，另一个残存横 10 厘米，纵 19.7 厘米（图一八）。

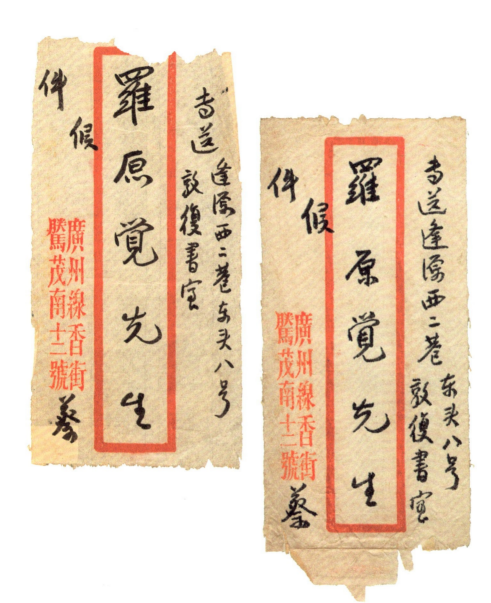

图一八

据广州博物馆藏《诸宗元致蔡哲夫函》所附信封（横 9.7 厘米，纵 19.3 厘米）显示，信封上的地址是"广东线香街腾茂南十二号 / 陈宅确交 / 蔡哲夫先生大启 / 教育部诸缄 /"，邮戳是"上海 /27

JUN 29. 24/ SHANGHAI/"（图一九），该信封寄于1929年6月27日。

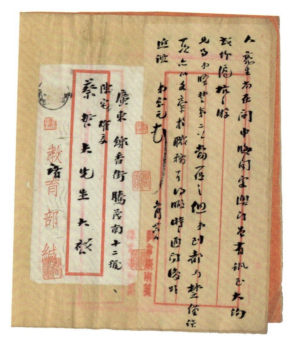

图一九

由此也可判断，1929年6月之前蔡哲夫曾住在广州线香街腾茂南十二号。另据广州博物馆藏罗德慈女士捐赠其他信函信封显示，罗原觉1928年6月18日曾住在广州逢源西二巷东头新八号敦复书室（图二〇）。可见这两个信封当写于1928、1929年蔡守在广州时期。

在这批信函中，还有6个信封是由蔡守写给罗原觉的。这6个信

图二〇

封分别是：

信封一：横 8.6 厘米，纵 15.2 厘米，上面书写"广州十六甫北街廿七号 / 敦复书室 / 罗原觉先生启 / 蔡楠 /"（图二一）。

信封二：横 7.6 厘米，纵 15.1 厘米，上面书写"本城十六甫北街廿七号 / 敦复书室 / 罗原觉先生展 / 蔡楠 /"（图二二）。

信封三：横 7.6 厘米，纵 15 厘米，上面书写"广州十六甫北街廿七号 / 罗原觉先生启 / 蔡械 /"（盖有"哲夫"二字篆体朱文红印）（图二三）。

信封四：横 7.5 厘米，纵 16.5 厘米，上面书写"本城十六甫北街廿七号 / 罗原觉先生启 / 蔡寄 /"（图二四）。

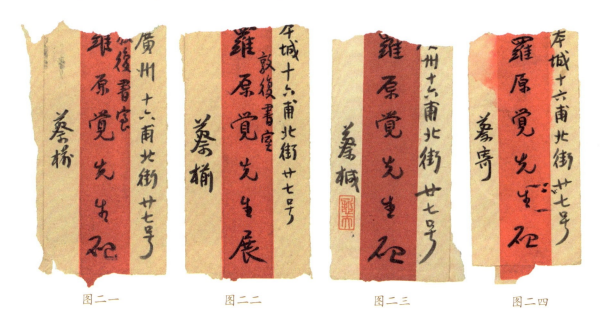

图二一　　　　　　图二二　　　　　　图二三　　　　　　图二四

信封五：横 7.6 厘米，纵 15 厘米，上面书写"本城十六甫北街 / 廿七号 / 罗原觉先生 / 蔡寄 /"（图二五）。

信封六：横 7.6 厘米，纵 15.8 厘米，上面书写"本城十六甫北街廿七号 / 敦复书室 / 罗原觉先生展 / 蔡楠 /"（图二六）。

据广州博物馆藏罗德慈先生捐赠其他信函信封显示，1921 年 6 月 29 日起罗原觉已住在广州十六甫北街廿七号（图二七），直至 1925 年 7 月 5 日均住在此地（图二八）。可见上述 6 个信封应写于 1921 年至 1925 年间。

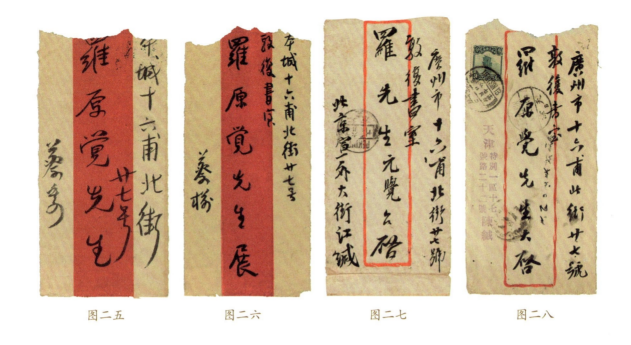

图二五　　　　　　图二六　　　　　　图二七　　　　　　图二八

三、余论

通过上述分析和考订，我们可以判断这批信函集中反映蔡守和罗原觉二人在20世纪20年代的交往情况。这十年期间是他们二人间商讨学术问题、交流收藏心得最为密切的时期。从来往信函中，我们了解到蔡守治金石学早于罗原觉，他们二人对乡土文物及国内重要金石古物均十分关注；罗原觉在20世纪20年代初介入金石学时，蔡守表示"愿倾助之"。虽然他们二人的年龄相差12岁，但丝毫没有阻碍他们之间的学术和收藏交往，他们互赠金石拓本，互相告知收藏信息，互相帮助征集古物，相互倾诉自己的收藏方向。蔡守在信中多次提到他本人喜欢"至工细山水花卉人物""工细、好颜色"的文物，强调不要"大张与手卷"，这一方面反映了蔡守收藏古物的基本准则，另一方面也反映蔡守的经济能力有限，无财力购买价值高昂的古物。

这批信函虽属个人间的密件，所谈之事也非国家大事，但透过字里行间，我们仍能感受到那个时代知识分子的家国情怀，以及那批从事传统金石学研究的文化人所付出的艰辛努力。文化的昌盛，不正是靠这些点点滴滴的乡土文化累积起来的吗？

注释

［1］程存洁：《广州出土南汉买地券考》，载广东省博物馆编《广东省博物馆集刊（1999）》，广州：广东人民出版社，1999年9月第1版，第46～48页。

［2］癸未仲秋《寒琼遗稿》。

［3］徐友春主编：《民国人物大辞典》，石家庄市：河北人民出版社，1991年5月第一版，第1366页。

［4］这批信函及信封，均为罗德慈女士于1995年8月捐赠。

［5］卫松涛：《始刊玄石，旌勒君美——汉〈麃孝禹碑〉》，载《中国博物馆》2010年第2期。

［6］邓骏捷、刘心明编校：《汪兆镛文集》，广州：广东人民出版社，2015年5月第1版，第276页。

［7］王中秀编著：《黄宾虹年谱》，上海：上海书画出版社，2005年6月第1版，第133页。

［8］王中秀编著：《黄宾虹年谱》，上海：上海书画出版社，2005年6月第1版，第159页。

［9］中国第二历史档案馆编：《中华民国史档案资料汇编》第四辑（一），南京：江苏古籍出版社，1986年，第201页。

［10］刘斯奋选注：《黄节诗选》，广州：广东人民出版社，1993年10月第1版，第319页。

［11］癸未仲秋《寒琼遗稿》记载："山窗（丙辰三月十一日避兵香港，税居旺角上海街五百三十四号二楼）""与尔疋别已经岁，六月十二夕相晤赤柱山下，诘朝尔疋挈眷入桂林，率成一章，并寄鹿笙灵飞""七夕山楼独坐望香港灯火忆篆魂""岛楼书雅集有序（七夕后一日愉园拈花馆书画雅集）""中元节梁灌晨召姚嶰雪……及余共十一人作画会于拈花馆""十六字令（丙辰八月二十九日练风甚雨，从旺角航海访邓芟郎于赤柱山下，问璛子消息）""丙辰九月十一日过石华山口占一绝有记（按石华山一作石化，又名石人山，在今台山县城东北五里）""丙辰十二月三日三游罗峰观梅，与陵孟徵、陵去愚同游""除夕访许守白于抗风轩，索摹殷虚书契字为丁巳年印""丁巳正月廿日雨

中过六榕寺看梅花重放次西航原韵（二首）"。从上所引，可知蔡守于1916年农历三月十一日避兵香港，直至当年农历九月十一日已离开香港，返回了广东，过台山石华山，12月3日又游罗峰，除夕访广州抗风轩，1917年农历正月二十日过六榕寺看梅花。1916年除夕，蔡守在广州。

［12］王中秀编著：《黄宾虹年谱》，上海：上海书画出版社，2005年6月第1版，第138页记载："是际避乱居香港""在香港创办《天荒什志》"。

［13］《顾颉刚全集》第45册"顾颉刚日记"卷二，北京：中华书局，2010年12月第1版，第255页。

［14］刘斯奋选注：《黄节诗选》，广州：广东人民出版社，1993年10月第1版，第319～320页。

［15］程存洁：《罗原觉日本之行考》，载《广州文博（拾）》，北京：文物出版社，2017年10月第1版，第292～310页。

［16］《寒琼遗稿》："山窗丙辰三月十一日避兵香港，税居旺角上海街五百三十四号二楼"。按丙辰即1916年。

［17］《寒琼遗稿》："丙辰十二月三日三游罗峰观梅与陵孟徵陵去愚同游"。

［18］《寒琼遗稿》："除夕访许守白于抗风轩，索摹殷虚书契字为丁巳年印"。此为丙辰年除夕。

［19］《寒琼遗稿》，1943年。

［20］2015年12月18日，本人获香港大学图书馆准许，在该馆善本室查阅了罗原觉藏汉武梁祠堂画像拓本。这批拓本盖有"筠清馆"印文。

（原载湖南省博物馆编：《湖南省博物馆馆刊》第十三辑，长沙：岳麓书社，2017年11月第1版，第542～555页）

20世纪90年代初，我有幸跨进文博行业，开始从事宣传教育、陈列展览和文物征集等方面的工作。在工作过程中，我们时常会碰到该征集哪些文物的问题，特别是社会闲散文物。在工作和学习过程中，一部出版于抗战时期的1941年元月的《广东文物》则成为我案头必读之作，启发我如何去挑选文物。书中所列举的那一大批文物出品人，宛若天空中一颗颗闪亮的星星，成为我关注和研究的对象，其中李仙根即为一例。

2016年11月，我受邀参加广东翠亨村孙中山故居纪念馆举办的孙中山150周年诞辰纪念活动。活动期间，我获得该馆馆长黄健敏先生惠赠大作《八叶芸香：李仙根及其家族秋波琴馆旧藏文献文物研究初集》（广东人民出版社，2014年版），该书系统地梳理了李仙根的文物藏品及其文物收藏史。展诵之后，获益良多。

李仙根（1893～1943），名奉蟠，又名蟠，字立固，广东香山县（今中山市）石岐城北紫里人。1908年入广东陆军小学，后参加中国同盟会。1914年赴日本留学，1917年回国，追随孙中山从事革命活动。1923年后，任孙中山侍从秘书、机要秘书。1924年底，孙中山在天津病笃，李仙根奉命北上随侍，直至中山病逝。历任香山县县长、中山县县长、粤汉铁路局局长、西南政务委员会委员、国民政府秘书等职。工书法，能诗，好集书画古物。

近年来，我在《广州大典》与广州历史文化研究资助专项课题（2016GZY06）资助下，得以寻找、整理和研究粤籍鉴藏家、学人罗原觉与友人的学术交往史。已有研究成果表明，粤籍文物藏家李仙根与罗原觉有过密切交往。据广东省博物馆白芳博士教示，广东省博物馆藏有八封李仙根致罗原觉信函，另有信封两个。在孙中山大元帅府纪念馆也藏有两封李仙根致罗原觉信函。这批信函所述内容主要是围绕碑帖、文物收藏或图书借阅等事。如孙中山大元帅府纪念馆所藏信函内容如下：

信函一，一页纸，纵 34 厘米，横 21.4 厘米，共 7 行（每行结束后，以 / 为标识，后同）（图一）：

原觉尊兄大鉴：昨在友处 / 见有日本〇〇社之《书道全 / 集》一册，于书道源流选择甚 / 广，嗣闻 / 尊处有一部，未审可以借弟 / 一览否？盛暑希 / 珍重。弟蟠又拜，七.卅日 /

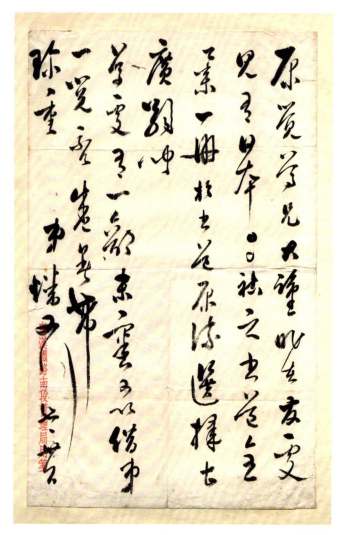

图一

"蟠"即李仙根，"原觉"即罗原觉。信中所提"《书道全集》"一书，是由日本平凡社于 1931 年 8 月发行。

该信信纸是"粤汉铁路南段管理局用笺"专用信纸。1932 年 6 月 3 日李仙根被广东省政府委任粤汉铁路广韶段管理局局长，9 月 10 日再获国民政府铁道部任命，继续担任该局局长。次年 3 月该局改名"粤汉铁路南段管理局"，李仙根担任局长，直到 1936 年 7 月 25 日止（《八叶芸香》第 164、176 页）。因此，该信书写时间当在 1933 年、1934 年或 1935 年当中某年的 7 月 30 日。

信函二，一页纸，纵 28.5 厘米，横 16 厘米，共 4 行（图二）：

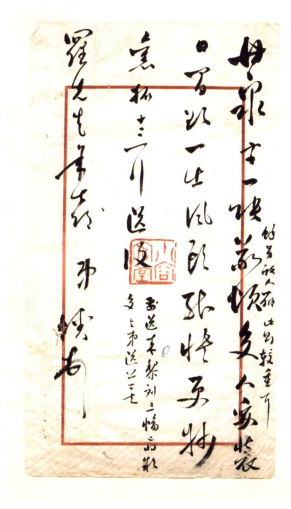

图二

甘泉字一张，敬烦交人妥装（余另托人办，此则较重耳）/ 日间欲一出风头，能快更妙，/ 旧拓十三行送复（前送来黎、刘三幅已收，拟交令弟送公已去）/ 罗先生年喜。弟蟠顿首。/

信中盖有"小容安堂"印文一方，此为李仙根的藏印。信中所提"甘泉"是指明代岭南著名理学家、教育家湛若水（1465 ~ 1560）。1940 年中国文化协进会在香港主办广东文物展览会时，曾展出过李仙根收藏的"甘泉字幅"。如果信中所提"日间欲一出风头"是指此次香港广东文物展览会，那么该信的写作时间必在 1940 年年初。

在广州博物馆的藏品里，我们还发现有两封李仙根致罗原觉函。这两封信同样是关于文物收藏等相关事宜。

165

第一封信共两页纸，每页横 21.2 厘米，纵 33.7 厘米，共 10 行（图三）：

原觉先生大鉴：日前 / 枉顾，适以家人在病中，心绪烦 / 乱，未获畅聆 / 伟论为歉。何以今有友送来明拓 / 淳化阁帖一本，略审标题，似为 / 香石前北平之物，但原本是否为 / 明拓本，有无价值，承恳 / 高明审定 / 见示，至感至祷。专此，并颂 / 潭祉。弟仙根顿首。二月廿一日。/

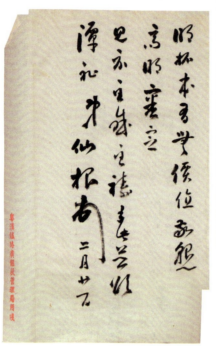

图三

信中所提"香石"是指广东香山人（今中山）黄培芳。黄培芳"嘉庆九年副贡生，以武英殿校录议叙选乳源教谕，调陵水教谕，办理夷务，奖叙得内阁中书衔。……自少以诗名，督学翁方纲目张维屏、谭敬昭与培芳为粤东三子。工画山水，宗九龙主人，片纸尺幅，人多藏弄。年八十二卒。"（汪兆镛编纂《岭南画征略》卷六）

信中所谈内容主要是请罗原觉就友人送来黄培芳北平之物淳化阁帖进行审定，看有无价值，是否为明拓本。

该信信纸是"粤汉铁路广韶段管理局用笺"专用信纸。据前所述，粤汉铁路广韶段管理局成立较早，1932年6月，李仙根担任局长；1933年3月改名"粤汉铁路南段管理局"。据此可推知该信应写于1933年2月21日。

第二封信共两页纸12行，每页横21.2厘米，纵33.7厘米（图四）：

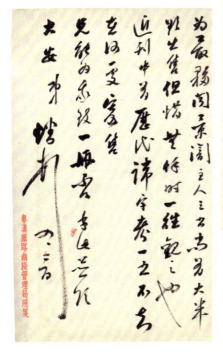

图四

原觉先生史席：久不把晤，/兴起安泰为慰。弟近少买书，第/欲专访墨本。在湘，曾见多种，惜/索值昂，未得之，均为郁松年藏本，/颇多可取，弟只得红豆斋抄本《金壶/记》弍册，似尚不恶。又古本本中以长沙/为最多。闻景闇主人之书尚有大半，/欲出售，但惜无余时一往观之也。/近刊中有《历代讳字考》一书，不知/在何处寄售。/兄能为我致一册否？专此并颂/大安。弟蟠顿首。四.二日。/

信中所提"郁松年（1821～1888）"，上海南翔人，道光二十五年恩贡生，官内阁中书，为清代著名藏书家，藏书达十万卷，刻印有《宜稼堂丛书》等；"景闇主人"应指长沙大藏书家叶德辉（1864～1927）。李仙根信中提到，在湖南时见有许多郁松年藏本，因价值昂贵，只买得红豆斋抄本《金壶记》。《金壶记》为宋僧适之撰写。据李国强研究，现存版本有北京国家图书馆藏

167

旧抄本，故宫博物院影宋写本，毛扆、顾锡麟校明抄本，吴翌凤校跋清抄本，周叔弢校跋清抄本和清惠氏红豆馆抄本等（《文物》1999 年第 8 期《故宫博物院藏秘籍二种》）。信中所提"红豆斋抄本"应指清惠氏红豆馆抄本。李仙根在信中还谈道，"古本本中以长沙为最多。闻景闇主人之书当有大半欲出售，但惜无余时一往观之也。"

该信信纸是"粤汉铁路南段管理局用笺"专用信纸。据前介绍，粤汉铁路南段管理局一名从 1933 年 3 月起使用。信中所指"近刊中有《历代讳字考》一书"是指壬申年（1932）冬月小双寂庵刊张惟骧著《历代讳字谱》。因此，该信应写于 1933 年 4 月 2 日的可能性为最大。

通过对上述四封信函进行释读和考证，我们初步了解到 20 世纪 30 年代李仙根工作之余喜爱收藏，与广州鉴赏家罗原觉交往密切，李仙根既喜欢乡邦文物，如湛若水的字幅、黄培芳的物品等，也喜欢古籍、抄本，还注意学习书法。不过，李仙根的收藏原则是，"宋元名迹不是他可以染指的，有力入藏者多是岭南乡贤的手迹与著述等，所重者在于其相关人物的历史及文物本身在文化上的价值，而不是根据古玩商场的市价。"（《八叶芸香》页 215）这一收藏原则符合李仙根本人在为中国文化协进会主办广东文物展览会所撰题词："寻常一物关兴废，我抱秋琴阅四朝。"

今天，随着我国博物馆事业的蓬勃发展，各馆都在积极收藏文物，扩充馆藏，都会面临如何收集文物的问题，而李仙根在文物收藏过程中所悟出的收藏原则值得我们借鉴，凡是能反映社会变迁及文物本身在文化上的价值，哪怕是"寻常一物"，也值得我们收藏。

（原载中国博物馆协会城市博物馆专业委员会、郑州博物馆编：《城市博物馆规划与建设：中国博物馆协会城市博物馆专业委员会第九届学术年会论文集》，郑州：中州古籍出版社，2017

年 10 月第 1 版，第 274 ~ 280 页）

附录

在整理罗原觉往来信札时，我重新辨认出两封信函、三张便笺和一个信封是为李仙根所书写，并在中山市文化广电旅游局局长黄健敏研究馆员和孙中山大元帅府纪念馆陈列研究部副主任朱志龙同志的帮助下，试作标点释文如下。

第一张便笺（图一），一页，横 10 厘米，纵 27.3 厘米，共有文字 5 行：

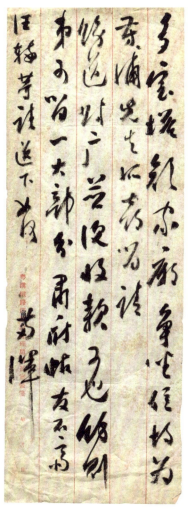

图一

《多宝塔》《颜家庙》《争坐位》均为 / 芳浦先生所喜，留请 / 饬送财厅，并便收款可也。余则 / 弟可留一大部分，《肃府帖》《友石斋》/ □□等请送下如何？两浑。/

按：该便笺为"粤汉铁路广韶段管理局局长室条笺"，"芳浦"
即区芳浦。据考，1932年6月3日至1933年3月期间，李仙根担
任粤汉铁路广韶段管理局局长。据此推断该便笺当写于1932年至
1933年期间。

第二张便笺（图二），一页，横8.3厘米，纵26.6厘米，共
有文字3行：

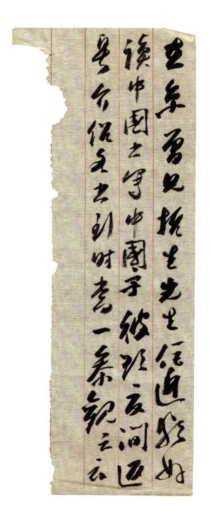

图二

该便笺使用的信纸虽不完整，仅是某款信笺中的一小片，但
从款式比较，应与上述第1张属同款。因此，该便笺写作时间大
体上也在1932年至1933年期间。按"哲生"即孙科，便笺中介
绍了孙科在南京的一些情况。

第三张便笺（图三），一页，横 12.9 厘米，纵 32.5 厘米，共
有文字 4 行：

弟已久为诸同人说及书
社，公焯亦果知／之。
日来好谈甚嚣尘上。书
值乃极有问题，／压乱
世而欲清音风雅，又何
卖椽木求鱼，／真堪大
笑。尊贱两浑。三月
十八日行。／

图三

便笺中所提"书社"似指岭南图书流通社，因此该便笺的写
作时间约在 20 世纪 30 年代。便笺中谈及当时的社会风气"好谈
甚嚣尘上""压乱世而欲清音风雅"。

第一封信函（图四），一页，横 21 厘米，纵 30.6 厘米，共 9 行：

原觉我兄鉴：昨夕畅和，/□若平生《南园集》，顷已代/送。属谢平慎，拓本请代寄/搜，唯其值微则重复，亦无妨/事，碑目《多宝塔》《争坐位》等，均/不需重置；《圭峰寺》当是佳本/者，欲连《万安桥记》等送致一观/云云。余代达，即颂/刻安。弟幡顿首。六日/（下星期不妨迟）

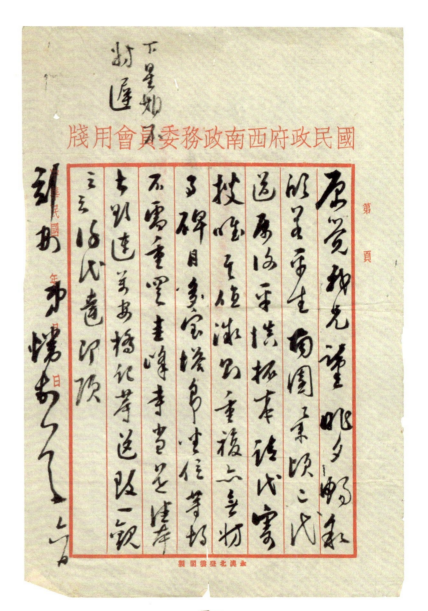

图四

信中所谈，主要是碑帖收藏问题。按该函使用"永汉北登云阁制""国民政府西南政务委员会用笺"，据此可初步推断该函写于 20 世纪 30 年代初。

172

第二封信函（图五），一页，横 21.5 厘米，纵 33.8 厘米，共
有文字 6 行：

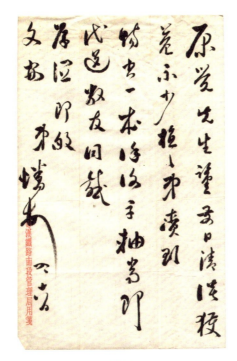

图五

原觉先生鉴：前日清谈，获 / 益不少。植之弟赍到 / 赐书一本，徐洛字轴当即 / 代送敝友，同感 / 厚谊，即敬 / 文安。弟蟠顿首。四．十八日．/

按：该函使用"粤汉铁路南段管理局用笺"。

还有一个信封（图六）：

图六

复 / 罗原翁大启 / 小容安堂缄 /

在民国教育史上，华南最高学府国立中山大学是一所特殊的大学，是由孙中山先生亲自创办。为革命需要，孙中山先生于1924年创办了一武一文两所学校，前者为黄埔陆军军官学校，用来训练革命军事人才；后者是广东大学，用来培养革命和建国人才。中山先生逝世后，为了纪念他，将他创办的广东大学更名中山大学。本文拟利用新发现的一批信函，解读民国时期国立中山大学初创时期若干人和事。

一、从戴季陶的两封信函谈他与蔡哲夫的关系

20世纪90年代初，我在曾经工作过的广州博物馆图书室读到一册信函真迹，为该馆早年工作人员从广州市古籍书店旧书门市部购得。信函内容为民国时期社会各界贤达写给蔡寒琼的私人信件。从该册信函真迹所留印鉴，我们推断该册信函真迹原为蔡寒琼谈月色的藏品。当年，我觉得这本信函真迹十分难得，于是将其调入文物藏品库房按文物类别予以登记保管。在这本信函真迹里，有两封信函，为改名国立中山大学后首任校长戴季陶书写。这两封信函均书写在"国立中山大学用笺"上。

第一封信共存两页，每页横20.8厘米，纵27厘米，行书，凡15行（每行结束以/为标识，下同）（图一、二）。

哲夫先生道鉴：两奉/惠书及直勉、康侯两先生之书篆，/感谢无已。久行归来，连日忙于公/务，尚未能亲候/高斋，至为歉仄，希为谅宥。/尊友见示名画两轴、田黄印两方，弟/旅中经济亦极困乏，且不敢夺人所/藏，原件请奉还。前途省币百/金，亦希转致，聊表同情之微意

图一

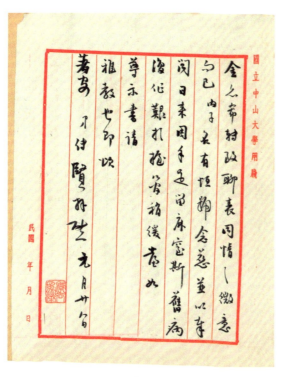

图二

第二封信存一页，横21厘米，纵27.5厘米，行书，凡7行，信尾盖有"戴季陶印"篆体字阳刻印文一方（图三）。

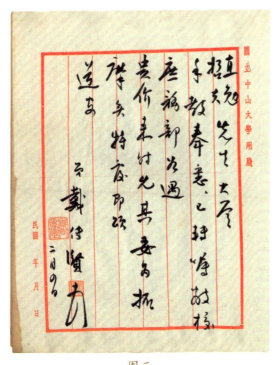

图三

/而已。内子名有恒，号念慈，并以奉/闻。日来因手足留麻室，斯旧病/复作，艰于握管，稍缓当如/尊示书请/雅教也。即颂/著安。弟传贤拜启。元月廿八日。/

直勉、哲夫先生大鉴：/手教奉悉，已转嘱敝校/庶务部，如遇/贵价来时，允其妥为拓/摩矣。特覆，即颂/道安。弟戴传贤顿首。/二月四日。/

175

按"哲夫"即蔡守（1879～1941），初名有守，讳守，字哲夫，一字寒琼，六十岁后自号寒翁，广东顺德人，诗书画称三绝，兼长金石学，著有《寒琼遗稿》等。"直勉"即林直勉（1888～1934），原名培光，字绍轩，晚号鲁直，广东东莞人，早年加入同盟会，曾任《少年中国晨报》编辑，1909年任同盟会南方支部筹饷主任；辛亥革命后，任同盟会广东支部长，非常大总统秘书，大本营秘书，国民党广东省党部党务委员；精书法，致力汉隶，为隶书之杰出书家；有《林直勉先生遗墨遗著》。

可知第一封信是由戴季陶写给蔡守的，第二封信是由戴季陶写给林直勉和蔡守两人的。

从这两封信所用信笺及第二封信中所提"已转嘱敝校庶务部"，我们可推知这两封信均写于戴季陶担任国立中山大学校长期间。第一封信写于元月28日，第二封信写于2月4日，均未落年款。从信函所述内容，我们可进一步明确这两封信应写于戴季陶担任国立中山大学校长时停留在广州期间。

国立中山大学是由孙中山先生1924年创办的广东大学改名而来。1926年7月17日国府令广东大学改名为中山大学。同年8月7日戴季陶出掌中大。据介绍，此时"戴氏方卧病湖州，乃以经亨颐暂代。十月戴氏南来，国民政府又改校长制为委员制，任命戴（季陶）、顾（孟余）、徐（谦）、丁（维汾）、朱（家骅）五人为委员，以戴季陶为委员长，顾孟余为副委员长。……（1927年）六月恢复校长制，戴季陶、朱家骅分任正副校长。……戴季陶复以主任董事名义于一九三〇年九月十二日在南京召开第一次中山大学董事会议，当场提出辞校长职，议决以朱家骅升任校长。"[1]可知，戴季陶于1926年8月7日出任中大校长，但因病迟至10月来到广州，1930年9月提出辞去校长一职。

据《国立中山大学日报》1927年6月10日第二版"校长布告"条记载："为布告事，案奉国民政府天字第十八号令开，任命戴传贤为国立广州中山大学校长，朱家骅为副校长，等因，奉此谨于六月十日遵令改就正副校长职。"此时称"国立广州中山大学"。到 1927 年 6 月 18 日，"本校呈请中央政治会议，嗣后除邮寄函件加书广州二字外，若直指本校，只称国立中山大学，不再加他字。"[2] 到 1927 年 6 月 28 日，"本校定名为国立第一中山大学"[3]。"国立第一中山大学"的称谓至迟延续到 1928 年 2 月 10 日[4]。由此可见，"国立中山大学"一名应从 1928 年初起正式使用。

依据上述考证，我们可进一步确定上述两封信的写作时间当在 1928 年至 1930 年期间某一年的元月 28 日和 2 月 4 日。

史学家顾颉刚曾受聘国立中山大学任教。他于 1927 年 4 月 17 日到达广州，1929 年 2 月 24 日离开广州北上。据《顾颉刚日记》卷二记载，1928 年 2 月 19 日顾颉刚"同到西堤大新公司，骝先先生邀宴也。今晚宴全校教授于大新公司，凡七十余人。""骝先"即朱家骅，时任副校长。《顾颉刚日记》卷二又载，1928 年 2 月 27 日"今日同席：李济深、陈济棠、徐景唐、冯祝万、陈铭枢、梁漱溟、黄绍雄、朱骝先、孟真、宗南、鹏飞、思敬、泽宣、金甫、嵩龄。"3 月 14 日，"到南园，戴朱二校长设宴也……今日同席：校长，各科系主任，事务部各部主任，凡三桌。骝先先生明日赴沪，谓两月内可来。戴先生则留粤两月"。日记中所记 1928 年 2 月 27 日的这次重要宴席，未见有校长戴季陶到场，只见有副校长朱家骅，到 3 月 14 日的这次宴席，戴朱二校长均在场。由此可判断 1928 年 1 至 2 月期间戴季陶不在广州。

那么，1929 年 1 至 2 月戴季陶是否在广州？依据《顾颉刚日记》卷二记载，1929 年 1 月 1 日顾颉刚"伴朱校长等参观"，2 月 15 日"到校，访代校长，未遇"，3 月 17 日"到南京……到毗卢寺，晤戴校长，谈二小时，留饭……到考试院访戴朱二校长，未晤"。可见 1929 年 1 至 2 月期间戴季陶也没有在广州。

另据《国立中山大学日报》1929 年 9 月 18 日第三版"戴校长定期返校"条记载："戴校长前以中央任务繁重，特赴京办理……已定期九月二十日由京启程。"此时，顾颉刚已回到北京，在燕京大学任教，但他于1930年1月27日在日记里记录："报载戴朱到粤后辞校长职而就董事，校长将属之于金曾澄及沈鹏飞。"[5]可知戴季陶在此之前已回到了广州。又据《国立中山大学日报》1930年3月5日第二版"戴朱两校长抵京电讯，三日出席三全会"条记载："（戴朱两人）经于前月（指二月）杪离校赴港趁轮晋京，二日抵沪。"由此可确知，1930年1至2月期间戴季陶在广州。

据此，我们可断定这两封信应分别写于1930年1月28日和2月4日。

那么，在这段时期，蔡守是否也在广州？据《顾颉刚日记》卷二记载，1929年2月20日"今午同席：欧阳予倩、蔡哲夫夫妇、黄霖生、瑞甫、叶夏声（竞生）、谭达仑、叔父夫妇、叶在树（迺奇）。"[6]是知1929年初蔡守在广州。又据广州博物馆藏《诸宗元致蔡哲夫函》所附信封（横9.7厘米，纵19.3厘米）显示，信封上书写的地址是"广东线香街腾茂南十二号／陈宅确交／蔡哲夫先生大启／教育部诸缄／"，邮戳显示"上海／27 JUN 29. 24/SHANGHAI/"，表明该信封寄于1929年6月27日。另据《朱希祖日记》上册记载，1933年2月7日"谢英伯字抱香，设素席于寺，延入席，同席者有陈大年字萝生、蔡守字哲夫及胡肇椿共七人……蔡哲夫寓东华西路四十号二楼，亦富于古物。"[7]2月16日"傍晚偕罗香林至东华西路蔡哲夫君家，哲夫名守，其夫人谈月色，曾画梅一幅赠予，至是至其寓谢之，得见所藏南越文王胡冢黄肠木，谈女士正在墨拓，故得谛视，蔡君并出其所制《广东古代木刻文字录存》一册示余。"[8]2月28日"蔡哲夫之夫人谈月色题南越王黄肠木刊'甫九'二字拓片送来。"[9]3月2日"三时罗香林来，转致蔡哲夫信并其夫人谈月色画梅一幅，附润笔单一纸，意欲索画资也，乃与罗君议定各赠广银六元，并嘱其以后不必再赠画。"[10]另据谌子才撰、谈月色敬书《蔡守碑记》记载，1936年蔡哲夫重回南京[11]。由上可知，1929年至1936年期间蔡哲夫在广州。

戴季陶在信中向蔡哲夫提及多件事：一是，收到蔡哲夫的两封书信及林直勉、冯康侯（1901～1983）的篆书作品；二是，自己"久行归来"，忙于各种事务，无暇登门拜访，表示歉意；三是，归还蔡哲夫出示的两轴名画、两方田黄印；四是，请蔡哲夫允许学校庶务部派人拓摩；五是，提到自己的"手足留麻窒""旧病复作，艰于握管。"

从信中所述内容，我们不仅了解到当时学者之间存在关注和注意收藏古物的一种风尚，而且可感受到戴蔡二人间关系比较融洽。根据 1928 年 4 月 2 日《国立中山大学日报》报道"三月廿八日聘蔡哲夫为本校语言历史学研究所顾问"，可知蔡哲夫与国立中山大学有着一定的关系。

二、从邹鲁的请聘电文函谈黄节南下广州任教一事

继戴季陶之后，广州国民政府任命许崇清接掌国立中山大学。1931 年 6 月 15 日许崇清举行宣誓就职典礼，次年校长一职又由邹鲁接任，邹鲁于 1932 年 2 月 1 日宣誓就职。[12]邹鲁就任校长期间，不仅着手筹建五山新校区，而且聘请国内知名学者前来中大任教。其中，黄节即为一例。

我们在罗德慈女士 1995 年 8 月捐赠罗原觉先生藏品中，读到一封《邹鲁致黄晦闻聘请电文函》（图四），这是邹鲁担任国立中山大学校长期间向北京大学黄晦闻先生发出的一封邀请函。信函一页纸，横 12.8 厘米，纵 23 厘米，7 行，内容如下：

北平东城大羊宜宾胡同二十四号黄晦闻先生道鉴：/惠电奉悉。公海内大师、儒林宗匠，且吾粤为桑梓之邦，/谊不可辞，用特再申恳款之诚，为三拜之请，伏乞公仍赐俯允，惠然命驾，将见教泽所/被，学风丕变，不特诸生有所遵式，而鲁亦拜承嘉惠，为/无穷期矣。聘书另由邮呈，并乞代为孟劬先生劝驾。弟/鲁叩佳。（八月九日发电）（尚未得复）/同日并致孟劬先生一函，函文大致相同。/

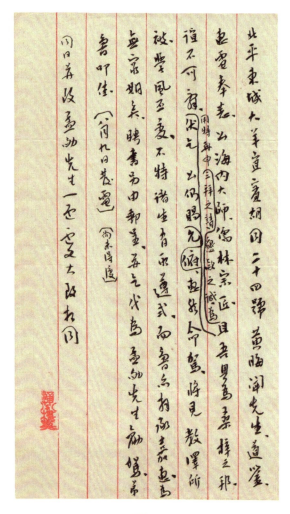

图四

该函写在"涵芬楼笺"上，且有多处修改。信函内容是向北京燕京大学教授黄节发出邀请，请他南下广州中大任教，同时请黄节代请张孟劬一同南下广州中大任教。黄节（1873 ~ 1935），初名纯熙，又名玉昆、玉筠，字佩文，后更名为节，字晦闻，别署甘竹滩洗石人、晦翁、黄史氏，广东顺德甘竹右滩人，近代诗人、学者。[13] 张尔田（1874 ~ 1945），原名采田，字孟劬，号遁堪，许村樵人，浙江钱塘（今杭州）人，著有《史微》《钱大昕学案》《蒙古源流笺证》《蛮书校补》《元朝秘史注》，《清史稿》中之《乐志》《刑法志》，《地理志》江苏部分，《李之芳列传》《后妃列传》等[14]。

该函未落年款。据考，黄节于1929年7月7日从广州回到北平，寄住北平顺邑馆胡子贤处，7月25日迁居北平东单官帽胡同十六号，很快又搬到大羊仪宾胡同二十四号居住，直至1935年1月24日下午1时半去世。[15]据前文所述，邹鲁是在1932年2月1日宣誓就职中大校长。由此判断，该函应写于1932年至1934年间。

我们在罗德慈捐赠品中还读到若干封与此事情相关的信函，如《李沧萍致罗原觉函》（一页，横12.8厘米，纵23厘米，8行）（图五）记载：

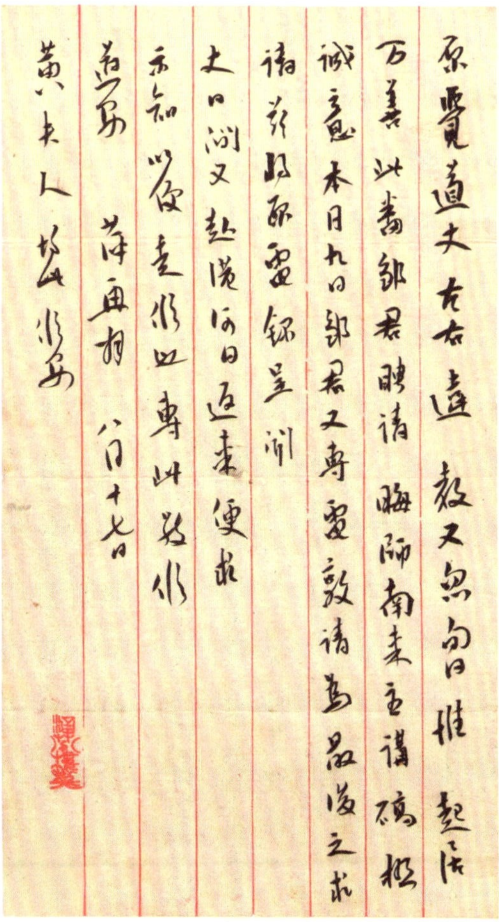

图五

原觉道丈左右：违教又忽旬日，惟起居／万善。此番邹君聘请晦师南来主讲，确极／诚意。本月九日邹君又专电敦请，为最后之求／请，兹将原电录呈。闻／丈日间又赴港，何日返来，便求／示知，以便走候也。专此敬候／道安。萍再拜。八月十七日。／黄夫人均此候安。／

该函亦写在"涵芬楼笺"上。"黄夫人"即指罗原觉的妻子黄宝权女士。该函提到，"此番邹君聘请晦师南来主讲，确极诚意。本月九日邹君又专电敦请，为最后之求请"。可知邹鲁就任校长一职后，邀请全国知名学者南下广州讲学，其中黄节即是被邀请之列，且8月9日邹鲁又专电敦请黄节。该函还提到"兹将原电录呈"，可知上述《邹鲁致黄晦闻聘请电文函》是由李沧萍按邹鲁写好的原电文录出，交由罗原觉。

我们从其他学者受聘中大南下广州的时间，如朱希祖1932年10月15日抵达广州任教中大[16]，可推知邹鲁聘请黄节的时间也应在1932年。如果此推论无误，那么上述《邹鲁致黄晦闻聘请电文函》的写作时间就应在1932年的8月9日，《李沧萍致罗原觉函》的写作时间应在1932年8月17日。

在罗德慈捐赠品中，有关李沧萍的书信中，还有两封提到黄节受聘中大一事的信函，一封是《李沧萍致罗原觉函》（图六、七），写于19日。该函使用"国立中山大学用笺"，共三页，每页横10.6厘米，纵28厘米，共11行：

原觉仁丈先生：手教奉悉，晦/师近无示到，到时当奉告/。翁唐碑目、伊联二件，拟以港/纸五十元售之，千乞/丈惠神代售（如嫌昂，可以酌减）。/因舍弟在北平，近促款急，若/无以应，而学校又欠款三月/也。何日由港返，望便/示知，以便走候。手复敬候/道安。萍再拜。十九日。/黄夫人均候。/

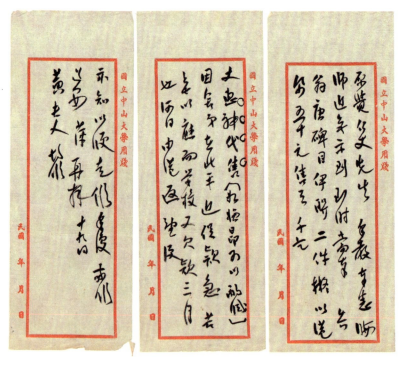

图七　　　　　　　　　　　图六

182

信函提到，"晦师近无示到，到时当奉告"，可知该函应写于上述两封信函之后不久，即8月19日。信中提出，请罗原觉代售物品，以解其弟在北平之急。据了解，李沧萍有弟二人，一是李韶清（　～1982），1932年前后已回到广州居住。《朱希祖日记》上册有记载，1933年3月19日"午餐后朱谦之来，（朱希祖）偕至李沧萍处看画，又偕至沧萍弟韶清处，韶清新迁圭冈三马路西口外三号。"[17]二是李香（季？）梅，此时正在北京读书。据《朱希祖日记》上册记载，1933年2月18日"李沧萍偕其弟季梅来。"[18]3月12日"午餐后偕李沧萍及其弟季梅并沧萍夫人与其子随吴敬轩至杨寿昌家。"[19]4月5日朱希祖"晚餐后，携倞儿至李韶清家，送其弟香梅回北平读书。"[20]

结合《顾颉刚日记》上册记载，顾颉刚在广州期间，与李韶清有多次面交，可知该函中所提之舍弟当指李香（季？）梅。

另一封是《李沧萍致罗原觉函》（图八、九），写于9月3日夜。该函使用"广州市西湖路大中印国立中山大学用笺"，共两页，每页横20厘米，纵30.5厘米，共有文字11行：

图九

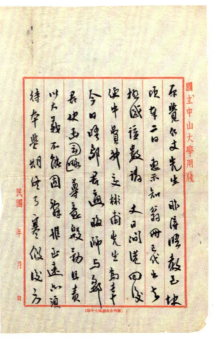

图八

原觉仁丈先生：昨得晤教，至快。/顷奉二日惠示，知翁册已代出去，/极感。该数请丈日间港回后/便中费神，交彬甫先生为幸。/今日晤邹君，适晦师与邹/君快函，略云尊意殷勤，且责/以大义，不能固辞，惟至速。亦须/待本学期终了、寒假后方/能南归云。手复并颂/道祺，不一一。萍顿首。/九月三日夜。/

按"彬甫"即指马彬甫。据《朱希祖日记》记载，1932 年 10 月 24 日，朱希祖在广州时"又至登云阁看旧书。遇马彬甫先生，马先生藏南明人诗文集颇多，拟一造其庐观焉。"[21]1933 年 7 月 9 日"十时半偕谢贞盘、李沧萍至西关访马彬甫，本约谢君与余观彼藏书，因马与李有小嫌，竟托故改明日去观。"7 月 10 日"十时半偕谢贞盘君至西关马彬甫家看书，无甚佳本，约择一二种，托谢君商购。"[22]7 月 14 日"十二时偕谢贞盘至登云阁书庄赴马彬甫之约，与李仲约文田先生之子及孙相会，马君实未切实约定，徒劳往反，屡次爽约，此人之无信用可知，此等人以后不可再与往来。"7 月 15 日"马彬甫送来《水曹清暇录》。"[23]根据前后文推断，该信应写于 1932 年 9 月 3 日夜。

信中提到，李沧萍 9 月 3 日晤邹鲁时，"适晦师与邹君快函，略云尊意殷勤，且责以大义，不能因乱惟至速，亦须待本学期终了，寒假后方能南归"。表明此时的黄节有南来广州之意。

李韶清既是李沧萍的弟弟，也是黄节的学生，又是黄节的女婿，中华人民共和国成立后为广东文史馆馆员。1933 年 5 月 23 日李沧萍曾托朱希祖"荐其弟于萧菊魂以为中山大学高中部国文教员。"[24]此时萧菊魂任国立中山大学教务长。据李韶清后来回忆，"1922 年在北京大学肄业，受业晦闻先生之门。及后与先生之女结婚。"[25]按 1927 年至 1929 年间顾颉刚受聘中山大学，其间与李韶清有往来。据《顾颉刚日记》卷二记载，1928 年 1 月 19 日"沧萍兄弟来"，1 月 20 日"遇沧萍之弟"，7 月 22 日"与莘田、毅生、韶清同到晦闻先生处"，9 月 18 日"李韶清来"，9 月 27 日"到韶清处，未遇"，9 月 28 日"韶清偕欧宗佑来"，11 月 23 日"李沧萍来，明日其弟韶清结婚"，1929 年 2 月 10 日"韶清来"，2 月 12 日到"沧萍处、韶清处、公愚处贺年"。又据《朱希祖日记》上册记载，1933 年 3 月 19 日"午餐后朱谦之来，（朱希祖）偕至李沧萍处看画，又偕至沧萍弟韶清处，韶清新迁圭冈三马路西口外三号。"[26]据上可知，1928 年至 1929 年间李韶清与黄节同在广州，1928 年 11 月 24 日李韶清与黄节之女在广州结婚，且一直生活在广州。

另据《李韶清致罗原觉函》（共三页，每页横 19 厘米，纵 27.7 厘米）（图一〇、一一、一二）记录：

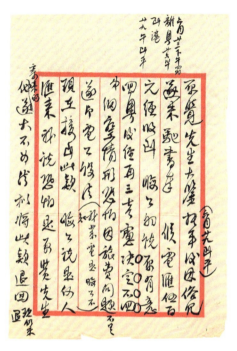

图一〇

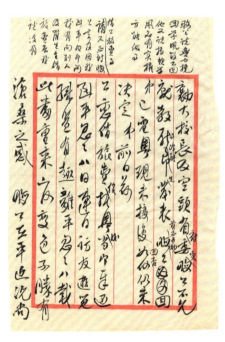

图一一

原觉先生大鉴：抵平后（六月廿九到平），因俗冗 /（六月廿三下午四时离粤，廿六早到沪，廿九午到平），遂未驰书奉候。电汇伍百 / 元，经收到。晦公初说，原有意 / 回粤，后经再三考虑，决定不回。/ 弟细察情形，恐怕因旅费问题不足，/ 遂即电公设法（我发电，是晦公不知）。/ 现在接到此款，晦公说是何人 / 汇来？我说恐怕是原觉先生 / 寄来的。他遂大不为然，拟将此款退回。现仍未退。/（晦公说无力挽回学风，故不回。他又说，振顿学风，必有实权，方能做事）勤大校长及空头省府委员，晦公不允 / 就。教厅事，如能即先发表，我必可劝晦公回。弟已电粤，现未接复。回否如何，仍未 / 决定。弟前日荷 /

185

公惠借旅费，俟抵粤后，当即奉还。/（借公旅费事，请不必对晦公言及。因我到平，他即问我有向别人及罗先生借旅费否。我说没有）到平忽忽八日，连日访友游览，/殊觉有趣。离平忽忽八载，/此番重来，山河变色，不胜有/沧桑之感。晦公在平，近况尚/安适。教厅事，如能先发表，晦/公必可回来，否则不能来，中山大/学教授他亦不允就，北大清/华，功课如前。近数月不欠薪。/现在南下之期不能决定，总要/待粤电到后方能决定。余不尽，/即候/道安。弟韶清顿首。/七月六日早。/

图一二

图一三

连同该函，还保存有信封一个（图一三）。该信封横 13.2 厘米，纵 23 厘米，上面书写的内容是"广州市西关宝源东街廿七号/罗原觉先生大启/北平李寄 七月六日/"，邮戳显示："广州 廿二年七月十五 CANTON S.O.（42）"。可知该封信函写于 1933 年 7 月 6 日，7 月 15 日从北平寄达广州。

信中写道，李韶清是在 1933 年 6 月 23 日下午离开广州，途经上海，于 6 月 29 日到达北平。关于黄节是否回粤任教一事，信中披露了诸多细节，同时道出了 1932 年至 1933 年间广州的学风问题。

据李韶清后来回忆："一九三三年陈济棠任第一集团军总司令，掌握广东军政大权，在广州成立西南政务委员会，与南京反动政府取对抗之势，陈是时提倡学校恢复读经，他觉得教育厅长一职，非饱学之士担任，实不能整顿学风，因此思及晦闻的文章学问，为世所尊，遂决意请晦闻回粤任教育厅长。陈以广东省政府秘书长陆幼刚为晦闻弟子，因此请陆专赴北京迎晦闻南下，陆后因事不果行，遂转托晦闻弟子李韶清赴北京面陈一切，晦闻对李曰：'余衰年时日无多，拟著述未完之书，决无心再从事政治，且彼辈军人，无实心办好教育，不过借我铺张门面，粉饰升平，我决不回粤。'李回粤道达黄意后，陈济棠仍再电敦促，晦闻始终辞谢。"[27] 可知前述李韶清 1933 年 6 月离粤前往北平，当是受陆幼刚之托，面陈黄节南下广州就职。

从信中所述，我们还可知李韶清是在 1925 年离开北平，直到 8 年后的 1933 年才回了一趟北平。

综上所述，我们知道 1932 年国立中山大学校长邹鲁曾向黄节发出聘函，黄节曾有过南下广州执教中山大学之意，到 1933 年，第一集团军总司令陈济棠也向黄节发出函聘，邀请黄节担任广东省教育厅长。这前后两次的邀请，黄节最终都没有接受，没有再南下广州教书做官。

三、余论

初创时期的国立中山大学虽然面临各种困难，存在各种问题，既有复杂的人事问题，也存在经费不足的困难，还涉及人才问题，但是我们从鲁迅、傅斯年、顾颉刚、朱希祖等一大批学者纷纷聚集国立中山大学这一事实，可以看出 20 世纪 20 年代末至 30 年代初期是国立中山大学值得骄傲的一个重要发展时期。这一现象的出现，既与特殊历史时期的特殊时代因素有关，也与当年国立中山大学主政者的个人努力有关。我们从戴季陶与蔡哲夫两人间的书信往来，可以感受到他们之间存在的人文情怀。我们透过邹鲁函聘黄节一事的前后经过，可以感受到当年国立中山大学是如何矢志不渝地网络人才。大时代背景与个人的治校理念，关乎学校的发展，人才始终是学校能否获得发展的根本。民国时期的广州教育史值得我们深入研究。

注释

［1］张扳：《1924年至1935年国立中山大学派系斗争概述》，《广东文史资料》第十三辑，1964年6月。

［2］《国立中山大学日报》1927年6月18日第五版。

［3］《国立中山大学日报》1927年6月28日第二版。

［4］据《国立中山大学日报》当日报纸，可知已取消"第一"二字。

［5］《顾颉刚日记》卷二，北京：中华书局，2010年12月。

［6］《顾颉刚日记》卷二，第255页。

［7］《朱希祖日记》上册，北京：中华书局，2012年8月，第209～210页。

［8］《朱希祖日记》上册，北京：中华书局，2012年8月，第215页。

［9］《朱希祖日记》上册，北京：中华书局，2012年8月，第219页。

［10］《朱希祖日记》上册，北京：中华书局，2012年8月，第221页。

［11］《寒琼遗稿》，癸未（1943年）仲秋出版。

［12］张扳：《1924年至1935年国立中山大学派系斗争概述》，《广东文史资料》第十三辑，1964年6月。

［13］程存浩：《广州市市立博物院创始人黄节与罗原觉交往简述》，《广州文博（玖）》。

［14］徐友春主编：《民国人物大辞典》，石家庄：河北人民出版社，1991 年 5 月，第 964 页。

［15］拙文《广州市市立博物院创始人黄节与罗原觉交往简述》，《广州文博（玖）》。

［16］《朱希祖日记》上册，北京：中华书局，2012 年 8 月，第 156 页。

［17］《朱希祖日记》上册，北京：中华书局，2012 年 8 月，第 234 页。

［18］《朱希祖日记》上册，北京：中华书局，2012 年 8 月，第 216 页。

［19］《朱希祖日记》上册，北京：中华书局，2012 年 8 月，第 228 页。

［20］《朱希祖日记》上册，北京：中华书局，2012 年 8 月，第 245 页。

［21］《朱希祖日记》上册，北京：中华书局，2012 年 8 月，第 163 页。

［22］《朱希祖日记》上册，北京：中华书局，2012 年 8 月，第 292～293 页。

［23］《朱希祖日记》上册，北京：中华书局，2012 年 8 月，第 295 页。

［24］《朱希祖日记》上册，北京：中华书局，2012 年 8 月，第 273 页。

［25］李韶清：《黄晦闻之生平及其政治学术思想举例》，载中国人民政治协商会议广东省广州市委员会文史资料研究委员会编《广州文史资料》第十辑，1963 年第 4 辑。

［26］《朱希祖日记》上册，北京：中华书局，2012 年 8 月，第 234 页。

［27］李韶清：《黄晦闻之生平及其政治学术思想举例》，载中国人民政治协商会议广东省广州市委员会文史资料研究委员会编《广州文史资料》第十辑，1963 年第 4 辑，第 220～221 页。

（原载涂成林主编：《当代广州学评论》2018 年第 1 期，北京：社会科学文献出版社，2018 年 7 月第 1 版，第 266～285 页）

1933 年 4 月 2 日上午，正在广州任教的朱希祖走访了家住广州豪贤路的汪兆镛，并在当天的日记里记录了这次会面的情况及对汪兆镛的印象："九时至李韶清处，十时偕韶清至汪兆镛先生家，并见其六子宗衍字孝博，现供职本省教育厅。与谈屈翁山遗书及其家谱，知翁山之墓已于去年由番禺县长修葺，家谱尚存，惟不肯轻示人。县长抄录关于翁山事迹还之孝博。又言屈士燝亦有诗集，可借阅。兆镛先生系今行政院长兆铭之兄，二人出处相反，一为遗老，一为革命，不相谋面。兆镛先生著有《粤东元遗民录》，《岭南画征录》，可以见其志趣，惟其诸子皆出仕中央。先生耳聋，然颇虚怀，藏有弘光金石拓本数纸。"[1] 汪兆镛（1861 ~ 1939），字伯序，一字憬吾，自号憬叟、清谿渔隐，晚号今吾，因牓所居曰"微尚斋"，又称微尚老人，近代著名粤籍学人，其于经史、金石、岭南文史以及诗文创作等方面皆有重要成就[2]。20 世纪 70 年代以来，学界开始关注汪兆镛研究[3]。20 世纪 90 年代初，笔者在整理罗原觉先生藏品时，曾发现四封汪兆镛写给罗原觉的信函[4]。罗原觉（1891 ~ 1965），原名罗泽堂，别字韬元、弢盦，恽卢等，号道在瓦斋、菜园病叟、平宁瓷佛庵等，广东南海人，著名文物鉴藏家兼学者。本文拟对这批新见信函进行考释，力求从一个侧面展现粤籍学人汪兆镛与罗原觉两人在 20 世纪二三十年代的学术交往情况。

一、围绕出土古物的交往

1918 ~ 1920 年间，广州市为解决城市交通问题，开始大规模拆毁城墙修筑马路工程，从而使得一批带铭文的残砖等古物出土面世。一批粤籍学人秉承清代朴学传统，开始关注并收集乡土古物。在这批粤籍学人当中，本文所论述的汪兆镛和罗原觉即是两位较为显著的学人。他们在往来书信中互相交流最新出土古物拓片，探讨出土古物的年代等。

第一封汪兆镛《致罗原觉函》（图一），存一页，横 15.8 厘米，纵 25.6 厘米，共有文字 8 行（每行结束，以 / 为标识，下同）：

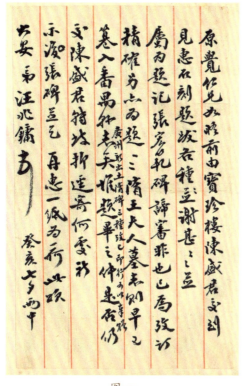

图一

原觉仁兄如晤：前由宝珍楼陈盛君交到 / 见惠石刻题跋各种种，并谢甚谢甚，并 / 属为题记张宏范碑，谛审非也，已为考订 / 精确，另亦为题一二。隋王夫人墓志则早已 / 纂入《番禺县志》矣。（《广州新出土隋碑三种考》已印行，可以奉赠）惟题毕之件，是否仍 / 交陈盛君转致，抑迳寄何处，祈 / 示复。张碑并乞再惠一纸为荷。此颂 / 大安。弟汪兆镛顿首。癸亥七夕雨中。/

按："癸亥"年即公元 1923 年，该年"七夕"即公历 8 月 18 日星期六。可知该信写于 1923 年 8 月 18 日农历七夕。

信中所提"隋王夫人墓志"，出土于清宣统三年（1911 年）六月，是在修筑广九车路时，在广州城东石牌乡山麓掘地所得。信中提到"隋王夫人墓志""提毕之件"，当指辛酉年（1921 年）六月汪兆镛撰《〈隋王夫人墓志〉跋》一文[5]。这块石碑后流往海外，被罗原觉购得。令人感动的是，罗原觉先生在香港去世前，将该碑从香港运回广州，委托李子诵先生捐赠给了广州市文物管理委员会，并交给广州博物馆永久保管展出。自此，民国时期学人一直关注的广东四大隋碑，广州就拥有了两块（另一块《钦江宁赞碑》收藏在广东省博物馆）。

信中还提到"张宏范碑，谛审非也，已为考订精确"。这篇考

191

订精确的文章是指汪兆镛撰于壬戌年（1922）九月的《〈元张珪碑〉残字跋》一文。该文后被收录进汪兆镛《微尚斋杂文》中。据《〈元张珪碑〉残字跋》记载：

　　辛酉，广州毁城开路，南海罗原觉得断碑。长九寸，文字不完，仅存残字七十余，定为"元张弘范碑"，出以见视。余谛审之，非弘范碑，乃其子珪碑也……此碑当立于珪卒后。王氏《金石萃编》未收元刻，孙氏《寰宇访碑录》、阮氏《金石略》收元刻而无此。《通志》载，明嘉靖十三年，增筑定海门月城。定海门即小南门，今石得于小南门坏垣下，知碑之毁失当在嘉靖时，故孙、阮皆未采获。元隶书无多，此笔意颇近《曹景完碑》，惜未知何人所书耳。[6]

　　可知该碑曾为罗原觉所得。此碑后来去向何处，我们不得而知。信中写道："《广州新出土隋碑三种考》已印行，可以奉赠。"据《微尚老人自订年谱》记载，癸亥年（1923）"四月，刊《广州新出土隋碑三种考》成"[7]。据另一封汪兆镛《致罗原觉函》（图二）（存两页，每页横 15.6 厘米，纵 26.7 厘米，共有文字 15 行）记载：

原觉仁兄雅鉴：昨接 / 寄书，知有新郑访古之游。此事前见报章登载，/ 未知其详。经 / 法眼多获瑰宝，至为可喜，尚希 / 示悉。奉题 / 尊藏宋绍定石笕记、元张珪碑残石两拓本跋，/ 兹交宝珍楼陈盛转寄，请 / 收到示复。张珪碑所考颇精核，想 / 高明亦

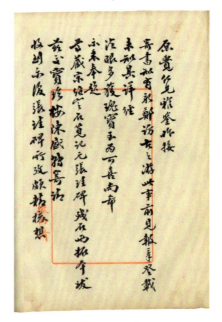

图二（一）

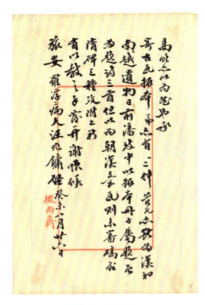

图二（二）

以为然也。承 / 寄古瓦拓本，弟亦有一二件，管见亦断为汉初 / 南越遗物。日前潘致中以拓本册子属题，曾 / 为题诗三首，但以为朝汉台瓦，则未审碻否。/《隋碑三种考》附上，祈 / 有以教之。手覆并谢，顺候 / 旅安。罗浮病夫汪兆镛启。癸未八月廿六日。/

该函写在"微尚斋"信纸上。我们在汪兆镛撰《广州城残砖录》一书的"题辞"中读到，吴道镕称汪兆镛为"微尚斋主人"，桂坫称其为"微尚先生"，张学华称其为"微尚斋"。该函落款时间为癸未八月廿六日。按"癸未"年即公元1943年，而汪兆镛卒于1939年，故此处之"癸未"，如果是指农历纪年，那么就应该是笔误了。

信中提到，"昨接寄书，知有新郑访古之游。此事前见报章登载，未知其详。"据此可知罗原觉有过新郑访古之游。那么，罗原觉的这次新郑访古之游发生在什么时候？

我曾在《中国文物报》2016年3月15日"文缘"版发表了《丁文江的人格魅力》一文。在这篇文章里，我对《丁文江致罗原觉函》作了考证，认为该函约写于1923年9月。在这封信里，丁文江提到罗原觉将从天津到北京，再到郑州，同时建议罗原觉约罗振玉之哲嗣罗君美同行。这次郑州之行，应该就是指汪兆镛信函中所提及的"新郑访古之游"。1923年这一年正是农历癸亥年。因此，汪函中所写的"癸未"二字应为"癸亥"之笔误。辛亥革命之后，汪兆镛以遗老自居。因此，信函中所落年款应是指农历纪年，即农历癸亥年八月廿六日，公历1923年10月6日星期六。

该函还提到："奉题尊藏宋绍定石笕记、元张珪碑残石两拓本跋，兹交宝珍楼陈盛转寄，请收到示复。"汪兆镛《〈宋绍定二年造石水笕题记〉跋》一文写于壬戌年（1922）八月，后亦收录汪兆镛《微尚斋杂文》中。该篇跋文写道：

右石刻"城南厢信女傅氏二娘舍钱造石水笕，祈保平安者。绍定二年七月中元题"，凡二十九字，正书。辛酉，广州毁城开路，于西南隅得之……不知何时此制始停辍。今蒲涧水渐涸，未克引之以充民食。近年以西法引江水入城，水味终不敌山泉。而广人饮水思源，得此足资考证。顾亭林尝论北魏迄唐多造像祈福，盖其时干戈扰攘，民人伤离乱而想太平，相率为之以冀佛祐。仁人君子当恻然念之。傅二娘舍钱造笕，利赖及人，不尤可重乎！[8]

这件"宋绍定二年石笕记"，后为罗原觉收藏，现由广州博物馆收藏。汪兆镛在信中再次强调"张珪碑所考颇精核，想高明亦以为然也"。对上文所提《〈元张珪碑〉残字跋》一文之考订结论给予了充分的自信。

汪兆镛在信中还提到，罗原觉给自己惠寄了"古瓦拓本"，汪自己亦有一二件，汪认为这些古瓦"断为汉初南越遗物"。汪同时提到，"日前潘致中以拓本册子属题，曾为题诗三首，但以为朝汉台瓦，则未审碻否。"按潘致中（1873～1929），名龢，字致中，号抱残，南海人，1923 年成立"癸亥合作社"，后扩展为"国会研究会"。

汪兆镛在信中提到题跋两件，《广州新出土隋碑三种考》一册，正与上书"内函外一束（题跋两件、书一册）烦妥寄／罗原觉先生察收／广州汪憬吾缄托／"等内容的信封（图三）（横 7.2 厘米，纵 15.1 厘米）吻合。

由此我们可以想象，汪和罗二人在面对 20 世纪 20 年代初期广州破土而出的一大批古物时，他们的心情一定是非常愉悦的，

图三

以致他们在书信往来中所谈话题都是与广州出土古物有关的考订问题。从中我们也可以感受到那一代的广东学人是如何致力学术探究的。

二、《开平县志》征集一事的前后经过

在这四封汪兆镛《致罗原觉函》中，有一封信函涉及《开平县志》征集一事。该信函（图四）存一页纸，横 15.7 厘米，纵 26.4 厘米，共有文字 8 行：

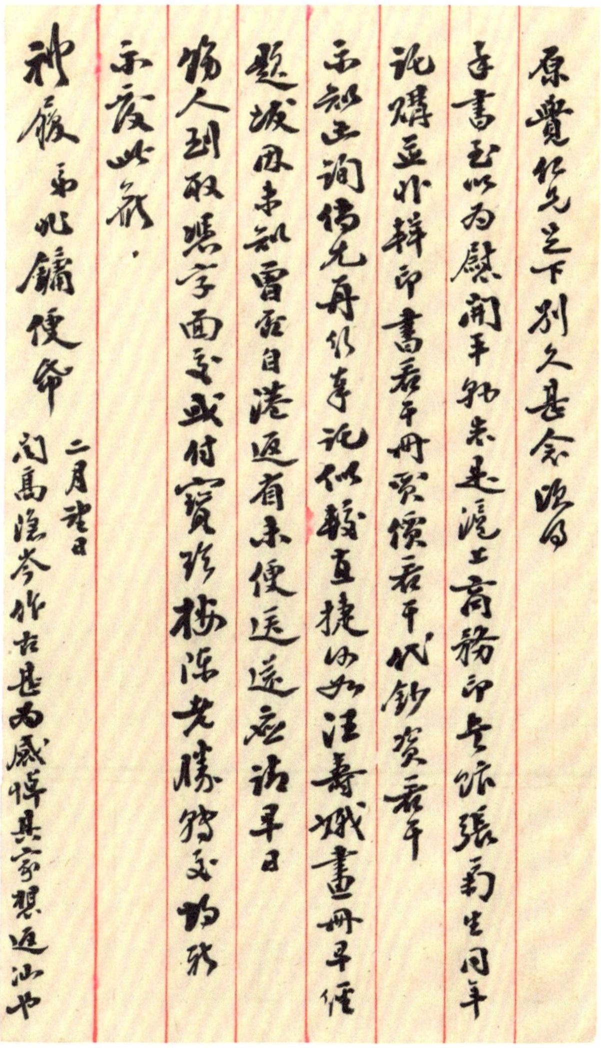
原覺仁兄足下別久甚念頃得
手書至以為慰開平縣志是滬上商務印書館張菊生同年
託購並盼輯印書若干冊買價若干代鈔資若干
示知函詢倘允再行奉託似較直捷何如汪壽娥畫冊早經
題跋因未知曾否自港返省未便送還應請早日
飭人到取憑字面交或付寶珍樓陳老勝轉交均祈
示覆此頌
禮履 弟兆鏞便紙 二月望日 聞高隱岑作古甚為感悼其家想返汕也

图四

原觉仁兄足下：别久甚念。顷得 / 手书，至以为慰。《开平县志》是沪上商务印书馆张菊生同年 / 托购，并盼辑印书若干册，买价若干，代钞资若干，/ 示知函询。倘允，再行奉托，似较直捷何如？汪寿娥画册，早经 / 题跋，因未知曾否自港返省，未便送还，应请早日 / 饬人到取，凭字面交，或付宝珍楼陈老胜转交，均祈 / 示覆。此颂 / 礼履。弟兆镛便纸（二月望日，闻高隐岑作古，甚为感悼，其家想返汕也）/

该信函未落时间。信中提到，"二月望日，闻高隐岑作古，甚为感悼，其家想返汕也"。按"高隐岑"即高蕴琴（ ？ ~ 1927）。据《听雨楼头忆八叔》一文记载，高蕴琴"名学廉，字隐岑，祖籍广东澄海，是民国时期香港富商高满华的第八子，富收藏，精鉴赏"。该文引崔百越《高隐岑哀辞》："接其人，温雅静深，不类商贾之为，则吾亡友高君隐岑也。隐岑……喜法书……书体近褚、薛，有神悟……晚而好易，遍购古今说易之书读之……丙寅冬，以妻丧还汕头。开岁遘疾，电促珠垣往，而先于元夜殁矣。""丙寅"年即1926年，"开岁"指1927年，"元夜"指正月十五日。据《顾颉刚日记》卷二记载，1927年农历正月十五日这一天是公历2月16日星期三，二月望日是公历3月18日星期五[9]。可知高隐岑是在1927年农历正月十五元夜即公历2月16日去世的。因此，该函应写于1927年3月18日后。

连同该信函，还存有信封一个。该信封（图五）横10.1厘米，纵20.7厘米，上面书写的文字是"逢源中约三十八号 / 敦复书屋 / 罗原觉先生文启 / 候 / 回拜 / 豪贤街汪缄 /"，表明此时汪兆镛住在广州豪贤街。

图五

信中告诉罗原觉，"《开平县志》是沪上商务印书馆张菊生同年托购，并作辑印。""张菊生"即张元济。此时上海商务印书馆正在收集方志，拟作辑印。我们在《张元济全集》第2卷"书信"里，读到若干封书信谈及《开平县志》征集一事。现将相关资料辑出，以还原此事的前后经过。

据民国十六年（1927）元月四日张元济《致汪兆镛》函记载：

敝公司附设东方图书馆今夏开幕，兹附去概况一册，并祈教正。二十年来搜罗之力，仅仅得此，亦可见成事之匪易矣。志乘一门为数较伙。贵省惟开平、开建、感恩三县尚未搜得，兄能为我访觅否？能借抄亦可。拜托拜托。[10]

该信写明寄至广州豪贤路54号，表明汪兆镛住在此处。信中提到请求汪兆镛帮忙搜觅广东省开平、开建、感恩三县县志。汪兆镛是在元月接信，三月致函罗原觉，请罗帮忙搜觅《开平县志》。之后，罗原觉是如何搜觅，我们没有读到相关信息。到1928年4月8日，我们在该日《汪兆镛致张元济函》里读到了如下信息：

《开平县志》业经借抄，不允让渡，当即系弟屡商之本。感恩海外蕞邑，闻尚无撰志。《开建志》俟返广州时再为物色之。[11]

信中，汪兆镛告诉张元济，《开平县志》已经借抄完毕；"感恩县"因县小，"尚无撰志"。同时，在1928年4月28日《张元济致汪兆镛函》里也披露了《开平县志》征集一事：

憬吾仁兄同年世大人阁下……《开平县志》仰承说项，得以假抄，感谢不尽，顷已寄交敝分馆转还陈君。《开建县志》蒙允物色，尤为衔感。[12]

由此可知，商务印书馆辑印的《开平县志》是在汪兆镛、罗原觉等人的努力下，借抄而成。

在上述《汪兆镛致罗原觉函》里，我们还读到"汪寿娥画册，早经题跋"。这篇题跋见于丙寅年（1926）五月完稿的汪兆镛《棕窗杂记》一书卷四"谈屑"。现辑录如下：

汪寿娥画作

汪寿娥女士本贯江都，随父浦至粤，遂为番禺人。工设色花卉，明润秀蒨，栩栩欲活。峤南名媛，写生巨擘也。顾世罕知者。余得其百花卷子，赋诗四首："百花卷子记双桐，今见吾家画笔工。露色风香千万态，都归窈窕粉奁中（潘鸿轩茂才有百花卷。双桐馆，其斋榜也）。""题画新词吴石华，伏生有女足名家。若非缥尾真珠字，几误瓯香馆里花（吴石华有《题汪浦画仕女》词）。""不关叶怨与花愁，妙得红桥画趣幽。漫笑区区饿乡记，丹青韵事自千秋（女士清贫，世人每以其字与'受饿'音同笑之）。""写生萧逸见清姿，弱腕何惭老画师。愿续无声诗史笔，抱残珍重付装池。"[13]

三、关于《岭南画征略》一书

《岭南画征略》为岭南历代画家史料总集，实于中国艺林及岭南地方文献裨益匪浅，是汪兆镛生前出版的一部力作。对这部著作，汪兆镛一直在增订搜补之中，直至去世止。汪兆镛之子汪祖泽写道："先君子尝辑次《岭南画征略》十二卷，补遗一卷，一九三〇年既墨于版，自是复更增辑为《续录》一卷，并将原本酌加校订，草稿略具，未及写定，适遭日寇之乱，仓皇避地，犹时时从事搜补，旋婴疾遂弃养矣。"[14]这种"时时搜补"的执着精神，可见于遗存《汪兆镛致罗原觉函》（图六、七）。该信函存两页，每页横 12.6 厘米，纵 24.1 厘米，共有文字 12 行：

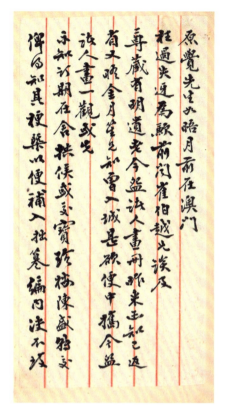

图六

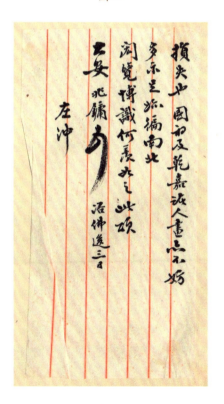

图七

原觉先生如晤：月前在澳门／枉过，失迓为歉。前闻崔伯越兄谈及／尊藏有明遗老今碗诸人画册。昨来函知已返／省。又晤金月笙兄，知曾入城，甚欲便中携今碗／诸人画一观，或先／示知，订期在舍拱候，或交宝珍楼陈盛转交，／俾得知其梗概，以便补入拙纂编内，决不致／损失也。国初及乾嘉诸人画，亦不妨／多示。足迹遍南北，／阅览博识，何羡如之。此颂／大安。兆镛顿首。浴佛后三日。／左冲。

199

该函未落年款。按农历四月八日即浴佛日。信中提到："月前在澳门"，查《微尚老人自订年谱》记载，辛未年（1931）"四月，七十一初度，避客至澳门，旋返省"。[15]可初步判断，该函应写于1931年4月11日。

信中还写道，"前闻崔伯越兄谈及尊藏有明遗老今碗诸人画册""甚欲便中携今碗诸人画一观""俾得知其梗概，以便补入拙纂编内"。从欲观"明遗老今碗诸人画册"一事，可知信中所提"拙纂"当指《岭南画征略》一书。

据《微尚老人自订年谱》记载，甲寅年（1914）"搜集群书，撰《岭南画征略》"[16]；甲子年二月（1924）"检理旧辑《岭南画征略》，另清一本"[17]；丁卯年（1927）"六月，写定《岭南画征略》十二卷"[18]；戊辰年（1928）"八月，《岭南画征略》付印"。[19]从1914年起，汪兆镛开始编撰《岭南画征略》，直到1929年8月付印，前后花费数十年时间。

该书是交付上海商务印书馆印制的，原定1929年底印完，后因种种原因，拖延至1930年7月。据民国十七年（1928）八月廿七日张元济《致汪兆镛》函披露：

憬吾仁兄同年阁下……大著《岭南画征略》委托敝馆印行，至所感幸，即经转告敝馆，复称转询钟君，据云尚未寄到，到后即当遵办。[20]

1930年4月28日，汪兆镛致函张元济，询问《岭南画征略》出版情况：

拙辑《岭南画征》由商馆排印，原订戊辰年底印完，去夏奉托转催，迄今尚未蒇工，再四敦促，据覆准于端节前交迄。现为期已近，尚望便中一催之，何如。因此间画侣亟盼也。[21]

民国十九年（1930）五月十四日，张元济函复汪兆镛：

憬吾仁兄同年大人阁下……承委印《岭南画征略》据敝馆印刷所复称，尚有最后韵目校稿于四月十九日交由令亲钟君馥荪校阅，因久未发回，续经函询，旋得五月六日复信称已寄粤复校云云，一俟寄回即可印成等语。此书延搁过久，万分抱歉。[22]

到 1930 年 7 月，《岭南画征略》印完。民国十九年（1930）七月廿九日张元济在《致汪兆镛》函中写道：

《岭南画征略》承印一年之久始得出版，闻馆中于七月十九日曾函请令坦钟君来取，尚未取去。此事延阁日久，正深愧对，既不见责，转承分惠一部，谨先致谢。应留若干部在沪馆代售，当候钟君核示也。[23]

与此同时，1930 年 7 月 10 日汪兆镛致函张元济：

拙辑《岭南画征略》尚未寄粤，兹嘱由沪先行送呈，祈赐教为荷。应留若干寄售，已嘱舍亲与馆友商酌矣。[24]

至此，《岭南画征略》印制完毕。该书出版后，深受学界广泛关注和好评。针对汪兆镛《岭南画征略》一书，罗原觉亦十分关注，且有补遗。补遗部分虽然内容不多，但因提供了一批珍贵书目，且纠正了汪著若干误解，而弥足珍贵。罗氏本人从未公开过这部分内容。现据《岭南画征略》罗原觉批注本（图八、九、一〇、一一），将书中所留批注内容按原书"叙例""卷一""卷三""卷五""卷六""卷八"次序分别辑录如下，供学界参考。

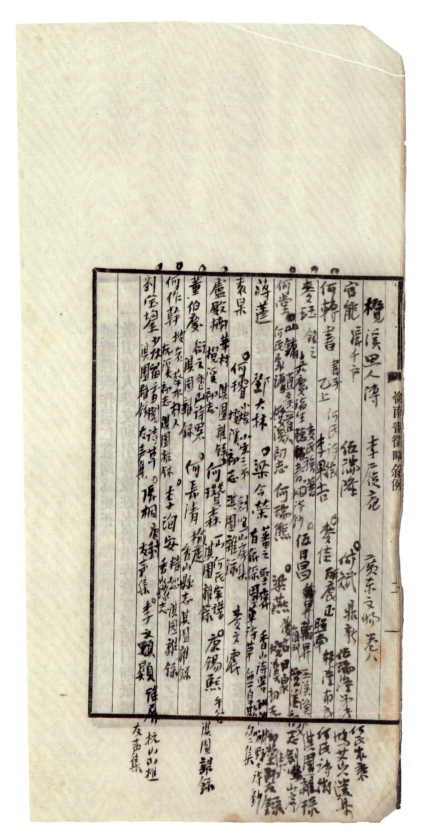

图八

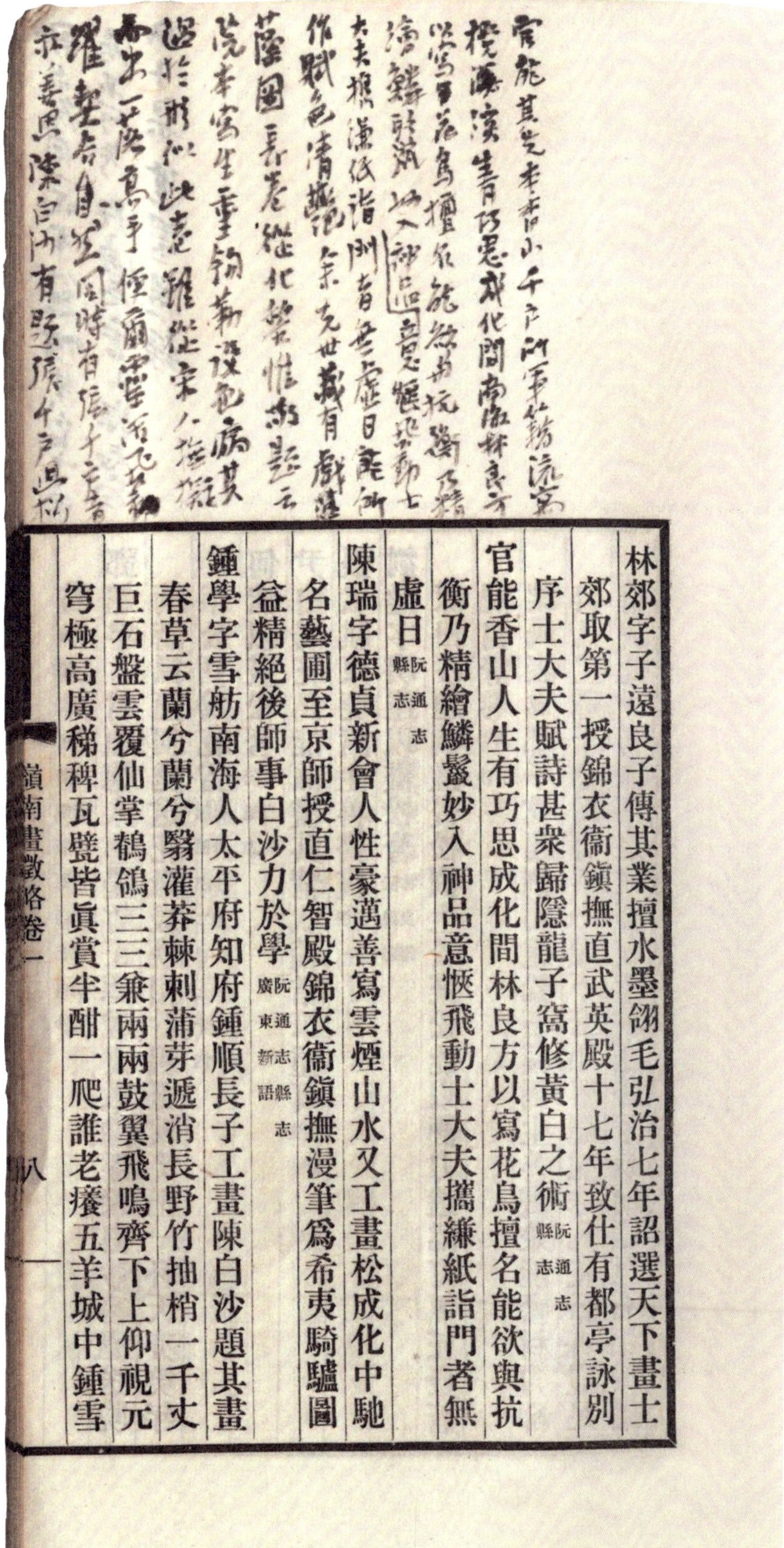

官能其先奉常小千戶西平鐸游冩
接渤海滇青珍惡成化間南海林良方
以冩鱗鬣鳥擅能縱放其精
濱鮮魷湖地入神品意愜飛動士
大夫攜縑紙詣門者無虛日冤有戲逸
作賦色清擱余柔克世藏有戲逸
薩圃蓄生重鈎勒葦設色病其
院蒼窩生重鈎勒葦設色病其題云
過於拙批此意羅從宋人指擬
画出一路高手怪扇雲煙起處松
羅輊喬身笠圃詩有跋張千戶畫松
亦善與陳白沙有跋張千戶畫松

林郊字子遠良子傳其業擅水墨翎毛弘治七年詔選天下畫士

郊取第一授錦衣衛鎮撫直武英殿十七年致仕有都亭詠別

序士大夫賦詩甚衆歸隱龍子窩修黃白之術_{阮通志 縣志}

官能香山人生有巧思成化間林良方以寫花鳥擅名能欲與抗

衡乃精繪鱗鬣妙入神品意愜飛動士大夫攜縑紙詣門者無_{縣志 阮通志}

虛日_{縣志 阮通志}

陳瑞字德貞新會人性豪邁善寫雲煙山水又工畫松成化中馳

名藝圃至京師授直仁智殿錦衣衛鎮撫漫筆爲希夷騎驢圖_{阮通志 縣志}

益精絕後師事白沙力於學_{廣東新語 縣志}

鍾學字雪舫南海人太平府知府鍾順長子工畫陳白沙題其畫

春草云蘭兮蘭兮翳灌莽棘刺蒲芽遞消長野竹抽梢一千丈

巨石盤雲覆仙掌鵜鴂三三兼兩鼓翼飛鳴齊下上仰視元

穹極高廣稊稗瓦礫皆眞賞半酣一爬誰老癢五羊城中鍾雪

嶺南畫徵略卷一

八

图九

以上見遠庵繪事餘述

九十而卒其詩見《嶺海詩鈔》

具其詩而頗誤者言詠劃里暉

擇郵獅居寄言詠劃里暉

長女定矣志事交北東年卒初

子恐廣用與有室而不再娶

銘窆道光壬寅卒年府壺查據阮通志

文焯字雅樹一字白雲又屋邊

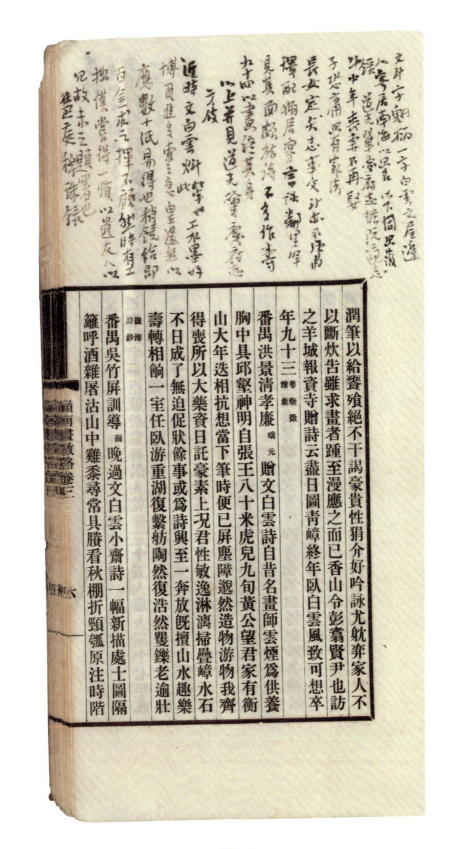

潤筆以給饔飧絕不干謁豪貴性狷介好吟詠尤躭弈家人不
以斷炊告雖求畫者踵至漫應之而已香山令彭翥賢尹也訪
之羊城報資寺贈詩云盡日圖青嶂終年臥白雲風致可想卒
年九十三（雅集徵）

番禺洪景清孝廉（瑞元）贈文白雲詩自昔名畫師雲煙爲供養
胸中具邱壑神明自張王八十米虎兒九旬黃公望君家有衡
山大年迭相抗想當下筆時便已屏塵障邈然造物游物我齊
得喪所以大藥資日託豪素上况君性敏逸淋漓掃疊嶂水石
不日成了無迫促狀餘事或爲詩興至一奔放既擅山水趣老樂
壽轉相餉一室任臥游重湖復繫舫陶然復浩然虁鑠老逾壯
番禺吳竹屏訓導（函）晚過文白雲小齋詩一幅新描處士圖隔
籬呼酒雜屠沽山中雞黍尋常具牘看秋棚折頸瓠原注時階

近時文白雲燦畢也工水墨好
博覽多畫云忘皇還無以
應數十低易得地稻鏡佁郎
百金一張亦揮不顧然時有王
拙僕嘗得一幀以遺友人以
兒故末云顛以墨自也柱巴庭稷祿錄

图一〇

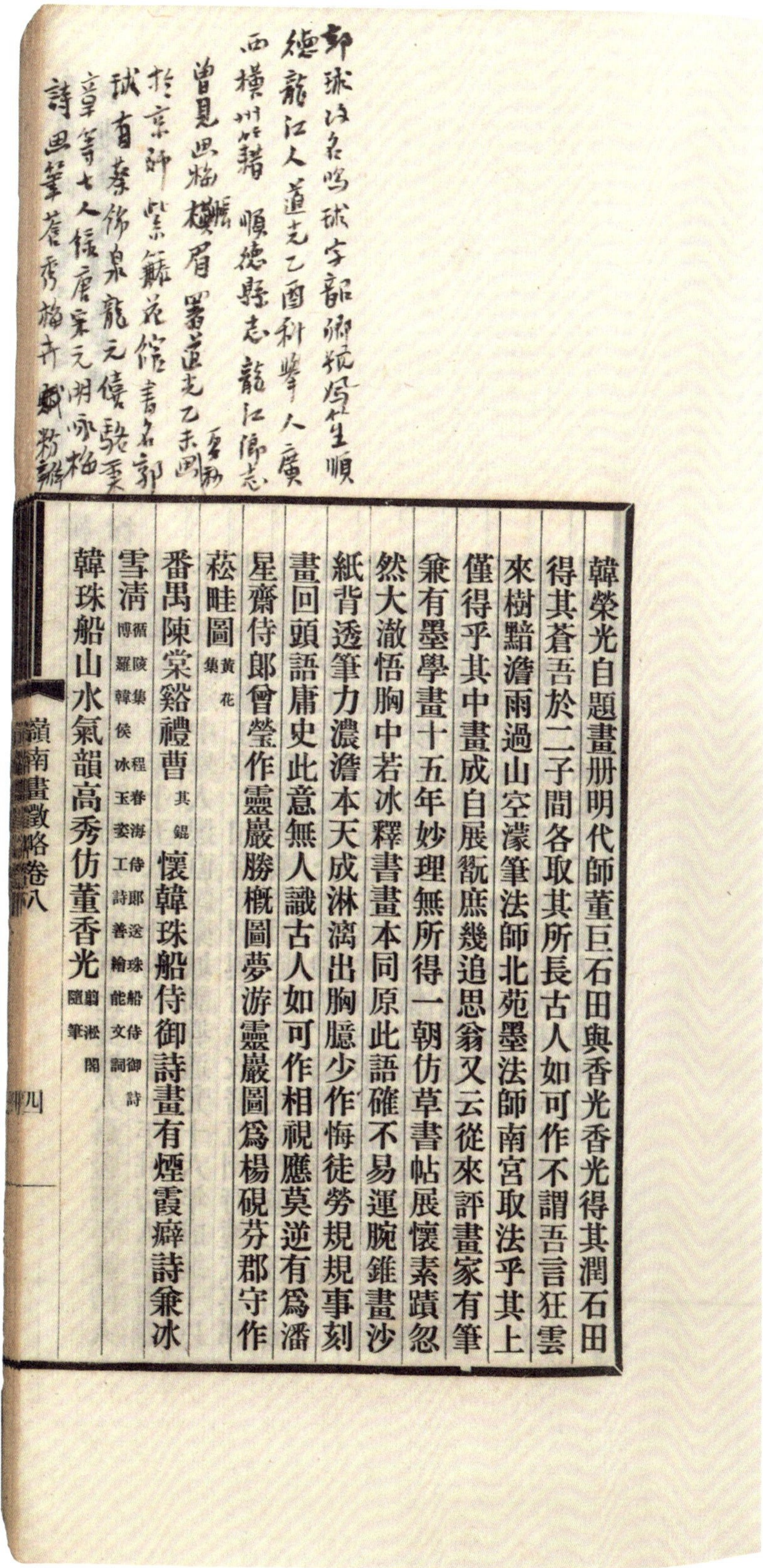
郭球改名鳴球字韶卿號寫生順
德龍江人道光乙酉科舉人廣
西橫州籍 順德縣志 龍江鄉志
曾見畫梅橫幅眉署道光乙未畫
於京師紫蘇花館書名郭
球有蔡錦泉龍元僖駱秉
章等七人錄唐宋元明詠梅
詩畫筆蒼秀梅卉

韓榮光自題畫册明代師董巨石田與香光香光得其潤石田得其蒼吾於二子間各取其所長古人如可作不謂吾言狂雲來樹黯澹雨過山空濛筆法師北苑墨法師南宮取法乎其上僅得乎其中畫成自展翫庶幾追思翁又云從來評畫家有筆兼有墨學畫十五年妙理無所得一朝仿草書帖展懷素蹟忽然大澈悟胸中若冰釋書畫本同原此語確不易運腕錐畫沙紙背透筆力濃澹本天成淋漓出胸臆少作悔徒勞規規事刻畫回頭語庸史此意無人識古人如可作相視應莫逆有爲潘星齋侍郎曾瑩作靈巖勝概圖夢游靈巖圖爲楊硯芬郡守作菘畦圖黃花集

番禺陳棠谿禮曹其錕懷韓珠船侍御詩畫有煙霞癖詩兼冰雪清循陵集程春海侍郎送珠船侍御詩博羅韓侯冰玉姿工詩善繪能文詞

韓珠船山水氣韻高秀仿董香光翦淞閣隨筆

嶺南畫徵略卷八 四

图一一

"叙例"：

榄溪画人传。

李履庵（《广东文物》卷八）。

官能（张千户）。

伍瑞隆。

何斌（鼎新，伍瑞隆弟子。《何氏家乘》《鸠艾山人遗集》）。

何转书（书子，乙上。《何氏诗征》）。

李果吉。

麦佳（丽正，照南，乾隆布衣。《何氏诗征》）。

麦珏（铭之，嘉庆诸生。《麦氏族谱》《听春楼诗钞》）。

伍日昌（翰昇，雁门，玉溪渔父。《淇园杂录》《榄溪初志》《剑鸣山房集》）。

何堂（品镛，逍遥道人。《何氏家乘》《榄溪初志》）。

何瑞熊。

梁燕（俊石，日泉。《榄溪初志》《柳堂师友录》）。

蒋莲。

邓大林。

梁今荣（蕃之，圣褒。《香山诗略》《别野士诗钞》。有《依绿园诗草》《无自欺垒集》）。

袁杲。

何璿（小楼，小宋之弟。《剑鸣山房集》《榄溪初志》《淇园杂录》）。

麦文震。

卢殿楠（华村。《淇园杂录》《榄溪初志》）。

何瓒森（一山。《何氏家谱》《淇园杂录》）。

康锡熙（午谷。《淇园杂录》）。

董伯庆（衍之。《香山诗略》《淇园杂录》）。

何长清（榆庭。《香山县志》《淇园杂录》）。

何作幹（搜岩，葵水村人。《榄溪初志》《淇园杂录》）。

李洵安（精恕。《淇园杂录》《香山县志》）。

刘宝鋆（少林。《留香阁诗草》《淇园杂录》《友声集》）。

张桐（唐封。《友声集》）。

李文显（瑶屏，杭山山樵。《友声集》）。

卷一："孔伯明"条

明张萱西园存稿题跋四题谢楞仙雅绘卷。

戴文进待诏武英殿，宣皇帝试诸画院，以万绿丛中一点红。惟文进称旨。此待再考。

"颜宗"条

道光《南海志》："景泰辛未九年，满考无过，升兵部车驾司主事，三载转署员外郎，奔母丧归，卒于途。"

按此当卒于景泰五年甲戌，上距永乐二十一年凡三十一年，约生于洪武年间。

"官能"条

官能，其先本香山千户所军籍，流寓榄溪，生有巧思。成化间，南海林良方以写花鸟擅名。能欲与抗衡，乃精绘鳞鬣，妙入神品，意惬心动，士大夫携缣纸诣门者无虚日。能所作赋色清艳。余先世藏有《戏藻图长卷》，从化黎惟敬题云：院本写生重勾勒设色，病其过于形似，此卷虽从宋人，抚拟而出，一落高手，便尔灵活飞跃，契合自然。同时有张千户者亦善画，陈白沙有《题张千户画松歌》，与能同属军籍，惜其名字里居不可考。（阮《通志》《香山县志》

207

《白沙子集》《淇园杂录》)

卷三："刘清"条

刘清，新兴人，善写山水，以双（此字待考）笔名家，自号泼墨山人。耿介绝俗，非其人不与言。尝与陈两式远游，遍历三江。两浙江西分巡某，慕其名，延请入署，出示未完小照，拂袖而去。

两式名金玉，质直好学，不务名利，工诗文，博识秦汉古器及唐宋字画。康熙壬申，中书舍人李彦琂（此字待考）典试肇郡，或强之应考，大书东坡和陶靖节归去，采辞，始试卷，亦奇士也。（道光《肇庆府志》据《新兴志》）

"文斗"条

文斗，字魁柄，一字白云，文屋边人，寄居南海，以画名。以下同出《征录》。道光《肇庆府志》据阮《通志》。

斗中年丧妻，不再娶。

子恐庸，画有家法。

长女定矢志事父，斗亦不强与择配，独居寡言，该邻里罕见其面，颇能诗，不多作，寿九十四，以画终其身。

以上并见道光《肇庆府志·方伎》。

近时文白云炓（此字如此）工水墨，好博负进多索之急皇遽无以应数十纸易得也。稍饶给即百金求之，挥不顾然。时有工拙，仆尝得一帧以遗友人，以冗故未之题署也。（《楚庭稗珠录》）

"唐材"条

唐材：《广州文献·序》署嘉庆廿二年丁丑，时年九十有七。当生于康熙六十年辛未。

卷五："尹右"条

曾见画石，署甲午，年七十九（当道光十四年）。字青乔，有石工司马印、勒竹书屋印。

卷六："谢兰生"条

《南海县志》：年四十三，成嘉庆壬戌进士；卒年七十二，为道光十二年辛卯。

卷八："韩荣光"条

郭球改名鸣球，字韶卿，号凤笙，顺德龙江人，道光乙酉科举人，广西横州籍。（《顺德县志》《龙江乡志》）

曾见画梅，帐眉署：道光乙未夏秒，画于京师紫藤花馆，书名郭球，有蔡锦泉、龙元僖、骆秉章等七人，录唐宋元明咏梅诗，画笔苍秀，梅卉粉瓣。

三、余论

以上的论述虽然很片面，但从中我们初步看到，汪兆镛与罗原觉两位学人同属粤籍，长在广州，都对乡土古物和乡土历史有兴趣，他们在围绕古物、古籍版本，以及岭南乡土人物等，展开过学术交流。当然，他们的学术交流一定不仅局限于上述新见信函所披露的那些，因为我们在已知二人交往信函中，还见到其他没有留下信件内容的信封，如广州博物馆藏有一个信封（图一二），横7.6厘米，纵15.4厘米，上面写有"百子路菜园北五号／敦复书室／罗泽堂先生台启／豪贤路汪缄／"等文字，就是由汪兆镛写给罗原觉的。

图一二

　　他们积极搜集乡土古物，互通学术信息，交流学术心得，挖掘乡土历史。他们的学术探究精神，至今仍值得我们学习，他们在 20 世纪二三十年代所取得的学术成果，对我们今天进一步推动岭南地方史研究仍有启迪作用。

注释

［1］《朱希祖日记》上册，北京：中华书局，第242页。

［2］邓骏捷、刘心明编校：《汪兆镛文集》，广州：广东人民出版社，2015年5月，第1页。

［3］彭海铃著：《汪兆镛与近代粤澳文化》，广州：广东人民出版社，2004年7月，第1版。

［4］1995年8月罗德慈女士捐赠，广州博物馆藏品。

［5］邓骏捷、刘心明编校：《汪兆镛文集》，广州：广东人民出版社，2015年5月第1版，第268～269页。

［6］邓骏捷、刘心明编校：《汪兆镛文集》，广州：广东人民出版社，2015年5月第1版，第276～277页。

［7］邓骏捷、陈业东编校：《汪兆镛诗词集》，广州：广东人民出版社，2013年12月第2版，第281页。

［8］邓骏捷、刘心明编校：《汪兆镛文集》，广州：广东人民出版社，2015年5月第1版，第273～274页。

［9］《顾颉刚日记》卷二，北京：中华书局，第17页、27页。

［10］《张元济全集》第2卷，北京：商务印书馆，2007年9月第1版，第137页。

［11］《张元济全集》第2卷，北京：商务印书馆，2007年9月第1版，第138页。

［12］《张元济全集》第2卷，北京：商务印书馆，2007年9月第1版，第138页。

［13］邓骏捷、刘心明编校：《汪兆镛文集》，广州：广东人民出版社，2015年5月第1版，第467页。

［14］汪兆镛编纂，汪宗衍增补：《岭南画征略》，广州：广东人民出版社，2011年3月，第261页。

［15］邓骏捷、陈业东编校：《汪兆镛诗词集》，广州：广东人民出版社，2013年12月第2版，第289页。

［16］邓骏捷、陈业东编校:《汪兆镛诗词集》,广州:广东人民出版社,2013 年 12 月第 2 版,第 275 页。

［17］邓骏捷、陈业东编校:《汪兆镛诗词集》,广州:广东人民出版社,2013 年 12 月第 2 版,第 282 页。

［18］邓骏捷、陈业东编校:《汪兆镛诗词集》,广州:广东人民出版社,2013 年 12 月第 2 版,第 285 页。

［19］邓骏捷、陈业东编校:《汪兆镛诗词集》,广州:广东人民出版社,2013 年 12 月第 2 版,第 286 页。

［20］《张元济全集》第 2 卷,北京:商务印书馆,2007 年 9 月第 1 版,第 139 页。

［21］《张元济全集》第 2 卷,北京:商务印书馆,2007 年 9 月第 1 版,第 143 页。

［22］《张元济全集》第 2 卷,北京:商务印书馆,2007 年 9 月第 1 版,第 144 页。

［23］《张元济全集》第 2 卷,北京:商务印书馆,2007 年 9 月第 1 版,第 145 页。

［24］《张元济全集》第 2 卷,北京:商务印书馆,2007 年 9 月第 1 版,第 145 页。

（原载记德君、曾大兴主编:《广府文化》第 5 辑,北京:中国社会科学出版社,2018 年 10 月第 1 版,第 170 ～ 191 页）

20 世纪 30 年代初，在广州曾发生过一场轰动一时的"读经风波"。这场风波从中山大学国文系开始，后波及全社会，各大中小学均要求读经。这场"读经风波"的发起人就是时任中山大学国文系主任的古直先生。

层冰师四十三岁肖像

古直（1885～1959），字公愚，号孤生，别号层冰，广东梅县人，是著名的教育家和学者。早年反对清朝专制，倡导民主，与侯过、钟动、李季子、曾蹇等有志之士结"冷圃"社于梅州，敦学力行，历任国立广东大学教授、国立中山大学教授、梅南中学校长、私立象宿中学董事长、梅县修志馆馆长兼总编纂、私立南华大学教授、广东省政府参事室参事、广东省文物保管委员会委员、广东省政协委员、广东省文史研究馆馆员。著有《层冰堂五种》等诗文甚丰。

广州博物馆收藏有古直书信 4 封及信封 1 个，均是他任教中山大学时所写，所用信笺均为"国立中山大学信笺"。这些物品为罗德慈女士捐赠。通过对这些书信的解读，我们可以了解到古直先生的一些情况。

第一封信函（图一）横 17.7 厘米，纵 30.1 厘米，共有文字 4 行（每行结束，以 / 为标识，下同），内容如下：

沧萍我兄阁下：今早奉访不遇，/ 绣子先生墨迹，乞 / 兄负责借出一影，至感至盼，手颂 / 著安。直顿首。十月廿六日。/

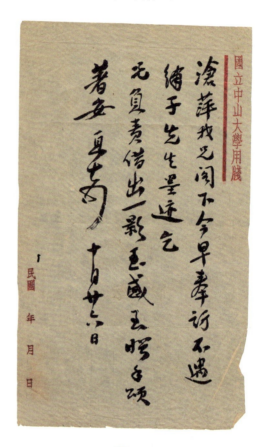

图一

按"沧萍"即李沧萍，"直"指"古直"，这是古直写给李沧萍的书信。当年，李沧萍和古直均在中山大学国文系任教，李沧萍是黄节的弟子。从信中所提"绣子先生墨迹，乞兄负责借出一影"及该信一直保存在民国广州著名收藏家罗原觉手中，可知该信应是古直写给李沧萍，托他向罗原觉借"绣子先生墨迹"一影。"绣子"即李黼平（1770～1833），广东嘉应州人，年十四精通乐谱，及长，治汉学，工考证，嘉庆三年举人，十年进士，改翰林院庶吉士散馆，与宋湘、黄香铁、黄遵宪、丘逢甲合称嘉应五大诗人。据考，1932 年古直开始校勘 20 卷《绣子先生集》，该书于 1934 年 11 月由中华书局聚珍仿宋版铅精印线装出版。由此可初步推断，该信应写于 1932 年或 1933 年的 10 月 26 日。

　　另外三封书信均是古直写给岭南图书社的。岭南图书社全名岭南图书流通社，"专售粤中刊本，流通各处图书"（见《李沧萍致王秋斋函》），由罗原觉负责，最初开设在当年中山大学校园附近的广州市文明路 145 号。第一封书信（图二）写在"广州西湖路大中印"制的"国立中山大学用笺"上，信笺横 20.1 厘米，纵 32.7 厘米，内容如下：

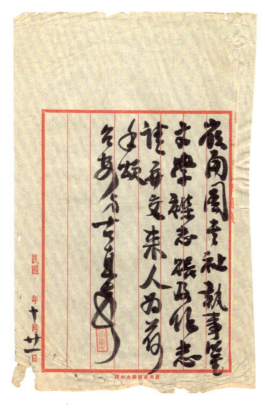

图二

岭南图书社执事鉴：/《文学杂志》账及余志，/请并交来人为荷。/手颂/台安。弟古直顿首。/民国 年十月廿一日。/

　　信尾盖有"公愚"二字篆体朱文红印一方。"执事"即指罗原觉。信中提及的《文学杂志》创刊于 1933 年 2 月，由文学杂志社编辑，国立中山大学出版部发行，共出版了 14 期，各期出版时间分别是：第 2 期，1933 年 3 月出版；第 3 期，1933 年 4 月出版；第 4 期，1933 年 5 月出版；第 5 期，1933 年 9 月出版；第 6 期，1933 年 10 月出版；第 7 期，1934 年 1 月出版；第 8 期，1934 年 3 月出版；第 9 期，1934 年 4 月出版；第 10 期，1934 年 5 月出版；

第 11 期，1934 年 11 月出版；第 13 期，1935 年 4 月出版；第 14 期，1937 年 3 月出版。其中，第 14 期由平远黄纯仁编辑、古直鉴定；1934 年 11 月第 11 期刊登了年仅 16 岁的饶宗颐撰写的诗作《优昙花诗》。另据《朱希祖日记》1932 年 12 月 20 日的日记所载："八时半李沧萍来，为古公愚索诗文以充入《文学杂志》，乃抄录七律诗二首付之。"1932 年 12 月 24 日的日记又载："李沧萍来，为古公愚索文一篇，乃抄录旧作《旧钞本恻余杂记跋》一篇付彼。"这些文稿后来均刊登在《文学杂志》创刊号。由此可知古直是《文学杂志》的一名重要编辑，这封信应写于 1933 年或 1934 年的 10 月 21 日。

第二封和第三封书信使用同样的信笺，横 10.3 厘米，纵 26.6 厘米。第二封书信（图三）共有 4 行，内容如下：

晦闻注鲍明远诗，如尚存有，请 / 交一部带下，价即在杂志款 / 内扣除也。 / 岭南图书社鉴。公愚启。 /

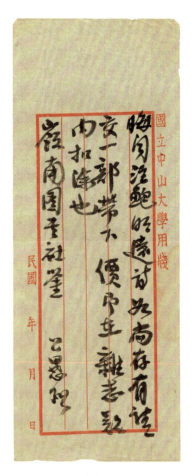

图三

216

按"晦闻注鲍明远诗"是指黄节《鲍参军诗注》一书，该书四卷二册，张尔田写序，1923 年出版，载《学衡杂志》41 期。古直在信中询问罗原觉是否存有黄节《鲍参军诗注》一书，如有，欲购买一部，钱款从寄存岭南图书流通社代销的《文学杂志》款中扣除。

第三封书信（图四）写道：

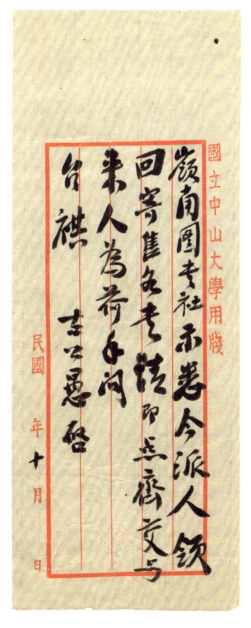

图四

岭南图书社：示悉，今派人领 / 回寄售各书，请即点齐，交与 / 来人为荷。手问 / 台祺。古公愚启。/ 民国 年十月 日。/

信中，古直向岭南图书流通社表示要结清寄售各书。根据该信信封（横 9.2 厘米，纵 20 厘米）所书"送交菜园北五号敦复书室 / 岭南图书社台启 / 国立中山大学缄古缄 /"（图五），可知此

图五

时罗原觉不仅住进了菜园北五号，而且岭南图书流通社也已改设在菜园北五号敦复书室。据《朱希祖日记》1933 年 7 月 9 日的日记所载："又至罗原觉家，观其所藏字画、碑帖、书籍。"此时罗仍住在广州西关。又据明德社编纂馆姜忠奎 1935 年 12 月 13 日写给罗原觉信函的收信地址也是"广州市百子路菜园北五号"，可知最迟于此时罗原觉的家及岭南图书流通社已搬到此地。因此，上述两封书信的书写时间应在 1933 年至 1935 年期间。

通过对上述 4 封书信进行解读，我们看到，古直是一位勤奋的学者，20 世纪 30 年代初负责校勘《绣子先生集》，编辑《文学

杂志》等。古直国学底蕴深厚，著作丰富，著有《陶靖节述酒诗笺》
（1922年）、《陶集校勘记》（1923年）、《汪容甫文笺》（1923
年）、《黄公度诗笺》（1925年）、《中国文学杂啐》（1925年）、
《陶靖节年岁考证》（1926年）、《汪容甫文续笺》（1928年）、
《钟记室诗品笺》（1928年）、《汉诗研究》（1928年）、《曹
子建年谱》（1928年）、《曹子建诗笺》（1928年）、《汉诗辨证》
（1929年）、《诸葛武侯年谱》（1929年）、《阮嗣宗诗笺》（1930
年）、《陶诗卷第考》（1932年）、《层冰堂五种》（1935年）、《韩
集笺正》（1936年）、《文心雕龙笺》（1937年）、《清诗独赏集》
（1944年）、《黄谷山诗注补正》《元遗山诗选》《王渔洋诗选》
《诗词专刊》《阮籍咏怀诗笺》《曹子建诗注》《钟季子文录》《取
刍集》《层冰草堂丛书》《赋选》《明张乔百花冢资料辑略》《重
定陶渊明诗笺》等古典文学研究论著，整理了《客人对二卷》《客
人三先生诗选》《客人骈文选》《客人丛书》（1930年）等客家
文献，还出版了《转蓬草》《新妙集》（1922年）、《层冰诗存》《隅
楼集》《东林游草》（1928年）、《层冰堂诗集》（1934年）等
个人诗集。他的诗作"导源风骚，接武汉魏，风骨遒健，参乎曹
王陶阮之间，其论诗也，重在发于性情，吐自心胸，意真而词不滥，
音正而典不乖……故其诗温厚醇粹，耐人寻味。"（见《东林游草·闵
孝吉序》）

正是这样一位有着深厚学术造诣的学者，在1932年8月至
1935年6月期间，因推行读经，引发了一场声势浩大的读经与反
读经浪潮。在他的极力推行下，从1933年起中山大学国文系设置
了读经课程，"欲以经为文"（见《朱希祖日记》1932年10月
22日的日记）。古直慨叹"五四"以来，白话流行使"文学堕落"，"期
挽狂流"，倡行读经："《孝经》为六艺之总汇，六经为文章之
奥府，故刘氏《文心》，特标宗经。今依此旨，以经为基本国文，
而子史辅之。"（莞城图书馆编《一件反抗读经的旧事》，载《容
肇祖全集》（八），齐鲁书社，2013年12月第1版，第4418页）

后来"读经"被推广到广州的大中小学。古直还说"作文作白话文的，至高的分数是五十分"，（莞城图书馆编《一件反抗读经的旧事》，载《容肇祖全集》（八），齐鲁书社，2013 年 12 月第 1 版，第 4418 页）颇为时人所驳诘，后亦遭学生反抗。当时有学生撰文认为"这是文化界的不幸"。这种"盲目地读古书"，诚如 1935 年国立中山大学中国语言文学研究会编印的《文学生活》创刊号"编后"所云："始终不能使头脑清纯的青年敬爱，任他怎样大吹大擂，我们只当作一种无聊的举动。"（莞城图书馆编《广州青年的呻吟》，载《容肇祖全集》（八），齐鲁书社，2013 年 12 月第 1 版，第 4426-4427 页）

这场"读经风波"已经过去半个多世纪了，然而直到今天，新旧文化该如何继承与创新，仍然是我们无法回避，要认真面对和处理的问题。

（原载《中国文物报》2018 年 12 月 11 日第 7 版"收藏鉴赏周刊"）

影撮人同院本

黄埠考古孥奥

謝英伯　　楊成志　　朱庭祜
　曾傳輅　胡肇椿　蔡哲夫

采自《考古学杂志·创刊号》

15

一位英年早逝的考古学者
——曾传辂遗函读后

广州的现代田野考古工作出现较早，其主要标志是 1929 年 1 月国立中山大学语言历史学研究所设立的考古学会和 1931 年成立的黄花考古学院，而零星的田野考古工作则开展得更早些，其中轰动一时的考古事件即是 1916 年广州东山龟岗发现西汉初年木椁墓。

在广州早期的考古学者中，曾传轺是一位突出人物。他不仅是黄花考古学院五位筹备成员之一，而且是最年轻的一位，学院成立时，年仅 21 岁。

曾传轺遗像及"传轺诗词"印文

（采自《曾传轺遗稿》，天南社出版，1936 年 3 月）

曾传轺（1910～1936），字云馗，新会人，著有《广州龟岗汉冢之研究》（载 1933 年 5 月 25 日出版《国立中山大学文史学研究所月刊》第一卷第五期）《南越朝台残瓦考》《铺首》《高绵瓦考》（以上载《考古学杂志》创刊号）等学术论著。1936 年 1 月 18 日曾因肺疾去世，不久，其同学黄文宽将其手书诗词二卷交付广州天南社，以《曾传轺遗稿》一名于同年 3 月影印出版。这样一位考古学界的"后起骏才"，却因英年早逝（年仅 25 岁），而被后人遗忘。

今日重读曾传辂的考古论著，我依然被他那严密的考证、广征博引的治学风格所深深吸引，促使我努力去寻找他的学术足迹。

20世纪90年代，我在整理广州博物馆藏品时，曾意外发现一封曾传辂《致罗原觉信函》及信封。这些物品由罗德慈女士捐赠。该信笺横15.8厘米，纵25.6厘米。信中内容是用毛笔竖写，共有6行（每行结束，以／为标识，下同）（图一）：

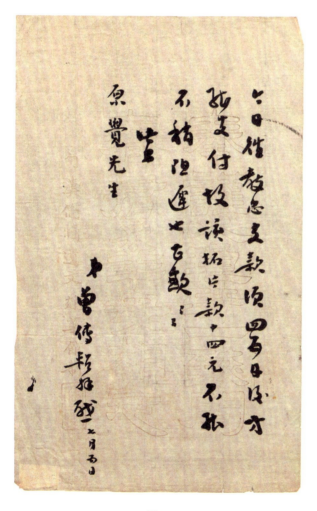

今日往教忠支款，须四五日后才／能支付，故该拓片款十四元，不能／不稍阻迟也。至歉至歉。此上／原觉先生。／弟曾传辂拜启。七月五日／

图一

按"原觉"即指"罗原觉"。罗原觉（1891～1965），南海人，广东著名文物鉴藏家兼学者。表明这是曾传辂写给罗原觉的一封信函。

据《朱希祖日记》（中华书局2012年版）1933年5月18日记载："在（黄）慈博处又遇其弟子曾传辂，颇擅考古学。"（第270页）此外，曾传辂在《南越朝台残瓦考》一文多次提起"黄慈博师"（《考古学杂志》创刊号）。可知曾传辂"颇擅考古学"，是黄慈博的弟子。

黄佛颐字慈博，生于光绪十一年（1885），广东香山县（今中山市）人，世居广州，宣统元年（1909）拔贡。历任广东通志分纂、香山县修志分纂、广州时中学校校长等，1946年病逝。著有《广州城坊志》《先三乡贤年谱》等。

按信中所提"今日往教忠支款"之"教忠"，应指"私立教忠中学"。该校创办于1902年，由吴道镕、丁仁长等人集资筹办，以广府学宫的孝悌祠及翰园旧址为校舍，1906年改为教忠师范学堂，辛亥革命后改称为私立教忠师范学校，1923年8月复改为私立教忠中学。（见《广州近百年教育史料》，广州：广东人民出版社，1983年，第182～183页）

信中大意是，往教忠学校支付拓片款14元，因须四五日后才能支付成功，故曾特向罗写信致歉。该信显示，曾传辂如传统金石学家一样在收集拓片，收集史料。

信中没有落年款，只写了7月5日。按该信是写在"越华馆制"信笺上，该信笺印有"'奉谨以琅轩一，致问／春君；幸毋相忘'句，汉简牍遗文。越华馆制／"等字样，其中"奉……忘"句简牍遗文为隶书，采自1919年居延出土汉简。该信笺应是曾传辂特制，因为他在《南越朝台残瓦考》一文中写道："广州郊外之东山，有地名寺贝底者。二十年（引者按：指民国二十年）来出土绳纹瓦片无数，与易州之出土钵印，实足南北媲美……余因其形势之壮阔，因亦疑为越之故宫遗址，乃归而考之，始知不然，是地即南越朝台，亦即赵佗馆陆贾地之越华馆也。"另据谢英伯《曾传辂遗稿·跋》写道："已而有黄花考古学院之组织，曾子欲得一清净地为读书处。予时正悼亡枯寂，无生人趣，亦与曾子共移榻于院中，晨夕得与曾子共研究考古之学，搜拾丛残，获南越大瓦。曾子定为大瓦之浮露地，其下越华故宫废址在焉，因而自颜其斋为越华馆（其说见考古学刊第一号）。方拟从事发掘，讵人事偏阻，而曾子体气又素弱，旋病深矣，中幸得医治愈，而曾子不能复居此荒凉岑寂之境。予二人亦由此稍疏阔。"可知赵佗馆陆贾的越华馆所在地是由曾传辑依据地下出土物而确定的；曾传辑制此信笺是为了纪念这一重要发现，且自颜其斋为越华馆。据此推知，该信笺应制作于黄花考古学院成立时的民国二十一年即 1932 年之后。

该封信函还有信封一个（图二）。此信封亦为"越华馆"制，因信封上印有"越华馆用事"字样。该信封横 12.7 厘米，纵 23.6 厘米，正面毛笔竖写："函送 文明路 / 岭南图书流通社 / 罗原觉先生大启

图二

/ 曾 /"，背面毛笔竖写"莲花井八十一号二楼"，同时盖有红色印文两行："广州莲塘路双槐洞三十四号曾宅"。按"曾"即指

"曾传辂"，他写此信时应住在"莲花井八十一号二楼"。从信封上未有邮戳，可知该信是由专人而非邮局送达，是从"莲花井八十一号二楼"送达广州"文明路岭南图书流通社"。另据拙文《古直先生与"读经风波"》考证，岭南图书流通社最迟在1935年底已从广州文明路搬迁至百子路菜园北五号（见2018年12月11日《中国文物报》）。

综上所述，可知该信当写于1932年至1935年间某一年的7月5日。

曾传辂不仅是一位出色的考古学者，也是一位优秀的词作者。我在1933年5月出版的《文学杂志》第四期和1933年10月出版的《文学杂志》第六期，找到他撰写的《瑞龙吟·重游百花冢》和《解连环·和玉片》两首词。这两首词未见《曾传辂遗稿》，为佚词。现全文辑录如下，供学界研究：

《瑞龙吟·重游百花冢》：

紫箫远。生怕备影平芜，恨纵歌扇。南朝空忆飞花，闲情几许，岁华侵管。

露犹泫。回首暮春清暇，俊游莺劝。单衣更怯残寒，养愁天气，丝萦絮乱。

肠断重来依旧，泪绡无那，青衫愁溅。因念那时莲香，妆镜分艳。黄蜂粉蝶，歌舞空葱□。桃根渡，春江短棹，东风悭便。好梦随云散。情伤灞水，筝弦涩雁。还又年涯晚。吟望久，萧萧凄风生怨。马滕凝碧，芳馨谁荐。

《解连环·和玉片》：

寸心难讬。嗟连环顿缺，锦书绵邈。奈旧眼、罗带频移，怅莺悄燕沈，粉残脂薄。鹰柱凝尘，玉琴冷、涩弦离索。想姮娥怨绝，定悔那时，错偷灵药。

翩鸿乍惊宛若。正回腰素束，欹鬓屏角。但暗忆、当日情怀，把闲闷闲愁，准拟抛却。小阁春来，又叵耐、才红桃花。任飞棉、向风逐影，断肠落院。

关于曾的词作，黄佛颐在《曾云巉墓碣铭》中写道："云巉年十三，从余游课，以诗古文辞，往往冠侪辈；稍长，词益斐然……近岁所为诗词，多郁伊噍杀之音。"李洸在《曾传辂遗稿·叙言》里，也对曾传辂的词作等，作了客观评价："云巉之学，大凑以考据为主；兼工小楷，书法出入曹娥碑、宣示帖，以稍参以汉隶；能诗，初宗晚唐，后酷好陈无己、元遗山；词学饮水，既而效法美成。""饮水"即清朝第一词人纳兰容若性德，"美成"即北宋词人周邦彦。曾传辂曾辑成《容若年谱》，但至今下落不明。

（原载《中国文物报》2019 年 1 月 25 日第 4 版"文缘"）

16

民国经学研究第一人
——姜忠奎遗函读后

姜忠奎（1897～1945），字叔明，山东荣成石岛镇姜家疃人，著名经学、语言文字学家，与许维橘、汤炳正、张政烺、马学良，号称"荣成文史五杰"（见汤序波《汤炳正：朴学的经世致用》一文，载 2017 年 9 月 25 日《光明日报》）。

姜忠奎师从著名学者、《新元史》作者柯劭忞（1848～1933），1918 年北平大学中国文学系毕业，1926 年任教于河南中州大学，1932 年任教于北平大学，同年任教于山东大学。1945 年 2 月 18 日为日军所捕，随即遭杀害。

姜忠奎家学渊源，外祖父孙葆田为清末大学者，两度出任《山东通志》总纂，父姜瑞甫考取清鸿胪寺序班，未奉旨出仕，终身为教。其本人国学底蕴深厚，尤其在经学、语言文字学等领域有深厚造诣，在古音学和汉字构造原理阐释方面亦有独到见解，早年著有《说文声转表》7 卷、《荀子性善证》《诗古义》14 卷、《大戴礼训纂》38 卷、《今韵述》4 卷、《说文转注考》4 卷等。

这样一位经学语言文字学大家，却一直未得到广州学界的重视。数年前，我在整理馆藏文物时，有幸读到姜忠奎的两封遗函。这两封信函虽属民国学人间普通往来信件，却有助了解姜忠奎 20 世纪 30 年代与广州的一段学术因缘。兹考释如下：

第一封信为《姜忠奎致李沧萍函》（图一、二、三），三页，每页横 19.1 厘米，纵 27.2 厘米，共有文字 24 行（每行结束以 / 为标识，下同）：

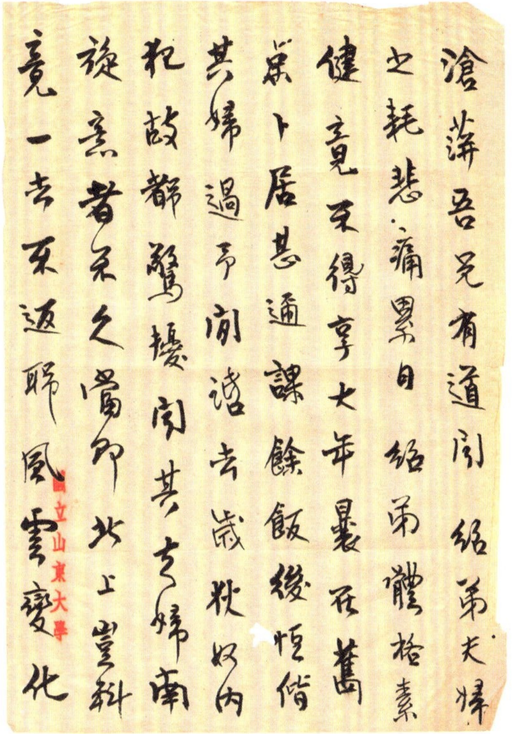
滄萍吾兄有道：聞紹弟夫婦之耗，悲痛累日。紹弟體格素健，竟不得享大年。曩在舊京，卜居甚邇，課餘飯後，恒偕其婦過予閒談。去歲狄奴內犯，故都驚擾，聞其夫婦南旋，意者不久當即北上，豈料竟一去不返耶。風雲變化

图一

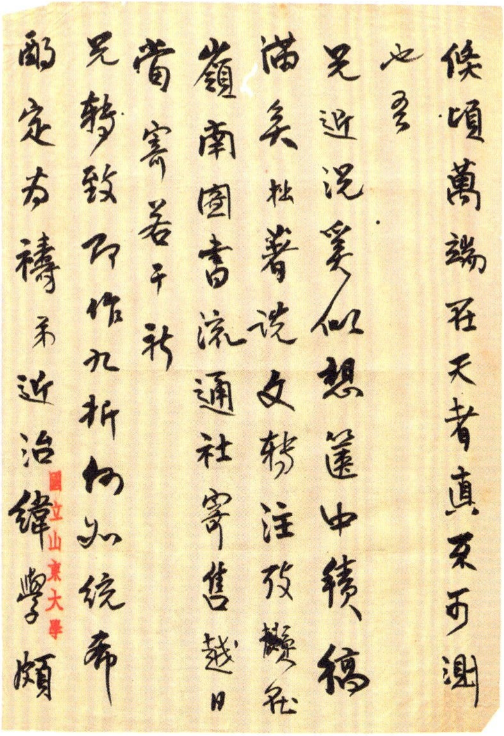
倏頃萬端，在天者真不可測也。吾兄近況奚似，想篋中積稿滿矣。拙著說文轉注考，擬在嶺南圖書流通社寄售，越日當寄若干，祈兄轉致，即作九折，何如？統希酌定為禱。弟近治緯學，頗

图二

沧萍吾兄有道：闻绍弟夫妇/书耗，悲痛累日。绍弟体格素/健，竟不得享大年。曩在旧/京，卜居甚迩，课余饭后，恒偕/其妇过予闲谈。去岁狄奴内/犯，故都惊扰，闻其夫妇南/旋，意者不久当即北上，岂料/竟一去不返耶。风云变化，/倏顷万端，在天者真不可测/也。吾/兄近况奚似，想箧中积稿/满矣。拙著《说文转注考》，拟在/岭南图书流通社寄售，越日/当寄若干，祈/兄转致，即作九折，何如？统希/酌定为祷。弟近治纬学，颇/能溯其源委，暑中或可卒业，/惜道远就/正不易也。弟离旧都将两周岁，/闻晦老精神犹旺，暑假极/思北上一省。迢迢山海，何时得与/兄相见？盼临池神往，惟/珍重，千万。弟奎顿首。三月十八日。/真如嫂问好。令瑜附笔。/

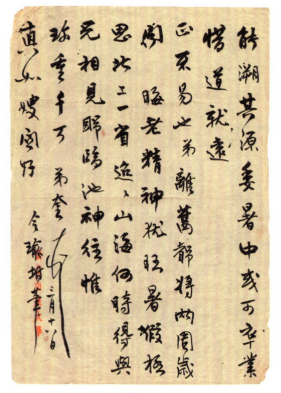

图三

信是写在"国立山东大学"信笺上的。信中所写"沧萍"即指李沧萍，北京大学国文系毕业生，黄遵宪之孙婿，时任教于国立中山大学中国语言文学系；"真如"即黄真如，李沧萍之妻；"绍弟"应指李沧萍的三弟李绍梅（即季梅、香梅）。按《朱希祖日记》1933 年 1 月 12 日记："午餐后李沧萍来，介绍其弟绍梅于惊，以便由北平赴广州得一指导。"3 月 12 日又记："午餐后偕李沧萍及其弟季梅并沧萍夫人与其子随吴敬轩至杨寿昌家。"4 月 5 日再记："晚餐后，携惊儿至李韶清家，送其弟香梅回北平读书。"李韶清是李沧萍的二弟，黄节的女婿。可见，绍梅、季梅、香梅应皆指李沧萍的三弟。

信尾未落年款，只写了"三月十八日"。按信中所提"去岁狄奴内犯，故都惊扰"一事，当指 1933 年 3 月至 5 月发生的长城抗战。据《朱希祖日记》记录，1933 年 3 月 12 日"是日阅报，惊悉喜峰口、古北口均为日本占领。"4 月 16 日"阅报知滦东危急，喜峰口似亦不守,北平频不能保,心甚忧之。"4月17日"阅报知秦皇岛不守,滦东将全失,心甚忧惶。"4月18日"是日报载喜峰口、滦河以东均失,敌飞机轰炸通县,离北平四五十里。"4月30日"阅报,知古北口之南天门又失,离北平仅二百里,无外交铁路之牵涉,无崇山峻岭之险要,故日寇舍山海关以西之地而集全力以攻古北口也,此口若全失,则北平不能保。"5月12日"阅报,知十一日晨日本飞机二架至北平盘旋,……居民甚恐,迁居者又甚多。"5月13日"因报载十二日晨飞机始以机关枪击北平,居民纷纷迁徙。"5月14日"阅报知日本航空母舰驶进大沽口,有飞机三四十架,将轰炸平津。"6月1日"《中日停战协定》签字"。信中还写道"晦老精神犹旺"。按"晦老"即黄节,病逝于1935年1月24日下午1时半。故此信应写于1934年3月18日。

信中写道"弟近治纬学,颇能溯其源委,暑中或可卒业。"姜忠奎著《纬论》一文,刊于1935年广州明德社出版的《新民》1卷6期;1934年撰成《纬史论微》12卷,次年石印成书,装订六册。这是一部研究谶纬学的书籍,也是研究中国古代宗教神学的重要参考资料。

信中还提到"拙著《说文转注考》,拟在岭南图书流通社寄售。"按岭南图书流通社由罗原觉负责,设在中山大学校园所在地的广州市文明路145号,"专售粤中刊本,流通各处图书"。此时姜忠奎已出版《说文转注考》。黄际遇《万年山中日记》第十册载1933年5月20日《复黄际刚书》也提到:"此间日相往来者有姜君叔明,笃实奋发,学如其人,信能承北方学者之风者,十年以前亦足下执经弟子,著有《说文转注考》四卷。"

另据该信信封(横9厘米,纵23.7厘米)所书"广州东山龟岗四马路八十六号/二楼/李沧萍先生/国立山东大学缄/校址:青岛大学路/姜缄"(图四),可知1934年3月18日姜忠奎正任教于坐落青岛的国立山东大学,李沧萍住广州东山龟岗四马路八十六号二楼(按《朱希祖日记》1932年11月8日记录李沧萍住

图四

圭（笔者按：即龟）冈四马路十二号三楼，1933 年 5 月 4 日迁住圭冈四马路三号三楼）。

第二封信为《姜忠奎致罗原觉函》（图五），一页，横 11.9 厘米，纵 26.8 厘米，共有文字 5 行：

原觉先生大鉴：承／示书目，当相机绍介，此时图书馆／尚未大定也。乡土教科书暂留敝／处，何如？专此，顺颂／文祺。不一一。弟姜忠奎再拜。十二月十二日。／

图五

信是写在"明德社编纂馆"专用信笺上的，而所用信封亦是"明德社编纂馆"专用信封（横7.8厘米，纵22.5厘米，图六）。据信封上所写"本市百子路菜园北/五号/罗原觉先生启/明德社编纂馆姜缄/"等字，及邮戳显示"广州 廿四年十二月十三 CANTON S.O. NO9"，表明该信写于1935年12月12日，此时姜忠奎已在广州明德社工作。

图六

据姜忠奎《儒学》一书所刊《儒学自叙》一文介绍："民国二十三年甲戌，陈总司令伯南暨当路群公倡建明德社于广州，而以学海书院编纂馆隶焉，意在率循古训，而发为新猷，存养本性，而畅为美德，斯诚兴邦御侮之急务。忠奎忝尸馆职，兼列讲席，因以儒学与诸生相砥砺。课堂仓率，未能详尽，仅略述流变之迹而已。退取礼记儒行荀子儒效及王伯富国诸篇论涉儒术者，辑成斯编。……乙亥冬月荣成姜忠奎述。"按："率"，误，应为"卒"。民国23年即1934年，陈总司令伯南即陈济棠，乙亥年即1935年。另据《儒学》所刊揭阳姚秋叟丙子（1936年）夏写《儒学题词》，称"叔明馆长"。

按明德社，据温翀远回忆，成立于1934年4月12日（《陈维周与明德社》，载《广州文史资料》第15辑）。另据杨绍权回忆，明德社还办有《明德月刊》（笔者按：误，应为《明德周刊》），1934年"陈济棠处在这种读经高潮中，大办学海书院，……到北方去延揽的教师……这些教师是……教授姜忠奎：字叔明，山东荣成人，他本人是北京女子师范学院教授，著有《礼记新义》等书。"（《广州的卫道读经与学海书院二三事》一文，载《广州文史资料存稿选编》七，中国文史出版社 2008 年版）章董朋、陈世、温翀远还回忆，学海书院办于 1934 年秋（《明德社与学海书院》，载《广州文史资料》第 15 辑）。另据吴宓《空轩诗话》记载，"叔明任青岛山东大学教授。闻耗（笔者按：指黄节去世），偕萧涤非君急来北平祭吊，且同送殡入寺。"

由此可知，姜忠奎是在学海书院兴办后的 1935 年受邀来广州，"忝尸馆职，兼列讲席"，并在同年冬完成《儒学》一书，最迟又在 1936 年夏担任明德社编纂馆馆长一职，随后因学海书院解散而离开了广州。

综上所述，可知姜忠奎 1935～1936 年在广州工作，期间完成并出版了一系列重要论著。如《六书述义》12 卷于 1935 年出版，《纬史论微》12 卷于 1935 年出版，《中庸郑朱会笺》4 卷刊登在 1935 年广州明德社出版《新民》1 卷 1、2、3 期，《人论》刊登在 1935 年《新民》1 卷 4～6 期，《董子性情考释》刊登在 1936 年《新民》2 卷 4 期，《儒学》4 卷于 1936 年出版等。其学术贡献，诚如吴宓《空轩诗话》所言："黄师（笔者按：指黄节）殁后，挽诗甚多，而以荣成姜忠奎君（叔明）之作高古精纯，辞旨正大，为最可称。叔明……深研经学，朋辈中咸推第一。"著名历史学家、文学家、教育家缪钺称赞姜忠奎是"南合祭酒，五经无双；北海司农，大典囊括"（《〈儒学〉序》）认为姜忠奎堪比许慎、郑玄等大家。

（原载《中国文物报》2019 年 3 月 1 日第 4 版"文缘"）

　　清末民初，我国戏曲艺术进入一个新发展阶段。著名剧作家罗瘿公与著名京剧表演艺术家程砚秋二人互爱互敬的一段梨园佳话，曾传诵一时。《蒋碧薇回忆录》中写道："罗瘿公和易实甫两位先生都很热衷于捧戏子。他们先捧梅兰芳，尚小云等男角，后来易先生捧仙灵芝，罗先生捧刘喜奎，这两位就都是坤旦了。一次罗先生偶听到程砚秋演唱，大为激赏，认为他将来必定是可造之才，前途无量。可是当时的程砚秋还没出师，他师傅也在想把他培养成一株摇钱树。于是罗先生半用金钱半用压力，为程砚秋'赎身'，替他租房子成家，全力捧场，程砚秋就此一帆风顺，走红氍毹。"（江苏文艺出版社，1995 年，第 39 ~ 40 页）罗瘿公病逝后，全赖程砚秋营葬。康有为曾作《闻伶人程砚秋为其师罗瘿公营葬感赋》："罗井至交甘下石，反颜同室倒操戈。近人翻覆闻犹畏，如汝怀恩见岂多。惊梦前尘思玉茗，抚琴感旧听云和。万全报德持丧服，将相如惭菊部何？"

　　关于罗瘿公，如今知者恐怕不多，但在清末民初时的北京，却是一位无人不晓，无人不知的大名人。他"是康有为的大弟子，和樊樊山先生，易实甫先生，同为当时北平的三大名士，在政教两界，说话都很有力量。"（《蒋碧薇回忆录》第 39 页）他那"宽温敦笃，而有特操""笃于友生""结客遍湖海，逢人只肺肝"（《花随人圣庵摭忆》"记罗瘿庵"条）的豪侠尚义，更是令人敬佩！

　　数年前，我在整理馆藏文物时，意外地读到罗瘿公写给罗原觉的一通信札，心中甚喜。信札内容虽然简单明了，仅二十余字，却也能从中窥见罗先生的侠义之心。

该信札现藏于广州博物馆，为罗德慈女士捐赠，一页，横 13.2 厘米，纵 23.2 厘米，共 3 行（图一）：

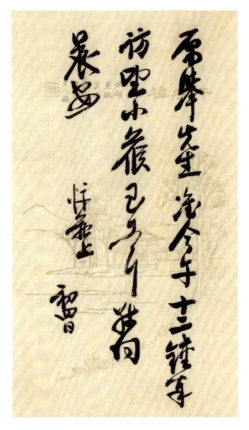

图一

信札是写在九华堂印制的信笺上的。这种信笺是当时流行的信笺，上面印有"平湖秋月 西湖景致其六 九华堂宝记主人镌"等字及"宝记"二字篆体印文一方和西湖平湖秋月图。

信中所书"原举先生"是指罗原觉先生，"举"当是"觉"字粤语发音与之相似误致。罗原觉（1891～1965），原名罗泽棠，别字韬元，殳盦、恽卢等，号道在瓦斋、菜园病叟、平宁瓷佛庵，广东南海人，著名文物鉴藏家兼学者。写信人为"惇曧"，我们结合该信信封上所写"罗缄"，可知是罗惇曧。按罗惇曧（1872～1924），字孝遹，号以行，又号瘿庵，晚号瘿公。广东顺德大良人。近现代京剧剧作家、诗人、书法家、学者。幼攻诗文，与梁启超并为"万木草堂弟子，而稍毗于梁"（《花随人圣庵摭忆》

"二七一"条）。罗惇曧 23 岁中副贡，官至邮传部郎中。晚清名士，以诗名世，与梁鼎芬、曾习经、黄节并称"岭南近代四家"。民国后，先后任袁世凯总统府秘书、国务院参议、礼制馆编纂等职。1912 年梁启超在天津创办《庸言》，12 月 1 日出版创刊号，第一卷为半月刊，1914 年改为月刊，同年 6 月停刊，共出版两卷 30 期。罗惇曧为主要撰述人之一，在《庸言》上发表有《拳变余闻》《中日兵事本末》《割台记》《宾退随笔》《中法兵事本末》《藏事记略》《京师大学堂成立记》《威海卫熸师记》《德宗继统私纪》《曲阜谒圣记》《中俄伊犁交涉始末》《太平天国战记》《中英滇案交涉本末》《教匪林清变纪》等。著有《鞠部丛谈》《瘿庵诗钞》等。1924 年 9 月 23 日因肝病不治去世，年仅 52 岁。

该信未落年款，只写"初四日"。根据该信信封（横 9.7 厘米，纵 19.7 厘米）上的文字"第一宾馆 / 罗原举先生台启 / 罗缄 初四日 /"（图二），及第一宾馆位于北京前门外打磨厂，可推知此时

图二

罗原觉正在北京出差。从该信信封既无邮戳，也未粘贴邮票，又可断定信函是由罗惇曧托人送达而不是从邮局寄给罗原觉的。根据罗原觉遗存信札，我们得知罗原觉1923年9月至11月20日这一段时间住在北京第一宾馆，最迟在同年11月28日已回到广州。据此可判断，罗瘿公写给罗原觉的这封信札当写于1923年9月至11月间的农历初4日。

该信函是罗瘿公晚作笔札，信中文字书写舒畅流丽，朴拙险峻，充分显示了他的书法特点。罗瘿公"书学六朝，旁摩魏碑，晚学南海。予所见，以中年之径寸楷书及晚作笔札为最佳，不及乃弟專庵（笔者按指罗惇曧）之工力，而疏朗之韵味则独擅。"（《花随人圣庵摭忆》"罗瘿庵论初学书法"条）。他说："初学笔画宜平直，宜选唐碑中之结构端丽、不尚奇态者数种，定为常习，或一年半年一易，最易进步。平原之不甚露角者可习，诚悬太瘦露骨，非少年所宜也。若误习恶俗体，先入为主，贻误终身，无药可治也。少年书宁放，不必求太敛，疏野处可取，局促最病，或不合法度而神气开展者最佳，引之法度则成矣。如体格已成，俗不可医，为最下矣。"（《花随人圣庵摭忆》"罗瘿庵论初学书法"条）其论初学书法的一些心得，至今仍值得学习。

信文显示，罗瘿公致函罗原觉，是为了告知当日12点钟要上门拜访罗原觉，让他稍候自己。此时的罗瘿公已年过半百，又是北京的大名士，而罗原觉时年仅32岁，尚属初入古物行业的新秀。从罗瘿公上门拜访年轻学人这桩小事，我们可窥知罗瘿公有着乐于助人、提携年轻人的古道热肠，有着"结客遍湖海"的胸襟。罗先生的这一胸襟也曾给徐悲鸿蒋碧薇伉俪留下过极深的印象。蒋碧薇回忆，徐悲鸿先生"去拜见康有为，康先生说现在欧战正酣，你们既不能启程赴法，最好还是先去一趟北平，看看能否弄到一个官费，将来出国，两个人的生活可以过得宽裕些。他又说，如果我们愿去，他将给我们介绍几位朋友，请他们帮忙……徐先生拿了康有为先生的介绍信，去看罗瘿公先生……罗先生夫妇对我们非常好，一口答应帮忙，随即写信介绍徐先生去看教育总长傅增湘，请他给徐先生一个公费名额。傅先生看了罗先生的信，立刻答允照办。"（《蒋碧薇回忆录》第38～39页）

（原载《中国文物报》2019年4月2日第4版"文缘"）

民国年间，广东曾先后两次开展广东通志的编修工作。第一次是在 1916 年，由广东省省长朱庆澜与著名学者梁鼎芬（1859～1919）主持开展的，后因时局动荡而中辍；另一次是自 1929 年起，由负责编修的，广东修志馆也由此改名为中山大学广东通志馆，又称"广东通志馆"。这两次修志工作虽都未能圆满收官，但取得的学术成果，特别是收集整理的民国资料，具有十分重要的学术价值。

在修志人员当中，温廷敬是一位特别值得一提的人物，他不仅在 1930 年担任编修总纂，被聘为广东通志馆的主任，而且参与修志的时间最长。虽然他与史学家朱希祖（1879～1944）曾在修志体例和内容编排上存在较大分歧（见《朱希祖日记》1932 年 10 月 15 日、11 月 4 日、12 月 20 日、12 月 22 日的记录），但其用力之勤，贡献之大，常人难以望其项背。

温廷敬（1869～1953），字丹铭，广东大埔县百侯镇白罗村人。著名诗人、学者。曾受聘于丘逢甲在汕头创办的岭东同文学堂，为教习，主讲中国历史。1902 年受聘为汕头《岭东日报》主笔，后倡议组织客家源流调查会。1928～1943 年间，总纂审辑 39 卷《民国新修大埔县志》。1946 年又任《潮州志》编纂顾问。在《文史学研究所月刊》先后发表有《后汉南海郡无揭阳说》《殷卜辞婚嫁考》《文侯之命释疑》《元刊续资治通鉴残本跋》《补读书庐题跋》《广州城砖考释》《福建平和县城砖考释》《补读书庐题跋》《读龚定庵诗书后》《张荫麟〈龚自珍汉朝儒生行本事考〉辨正》《廿余年前古史说之鳞爪》《读温飞卿诗集书后》《汤盘孔鼎之重榷》《者灭钟释》《经史金文证补》《金文正郭订释》《续编金文疑年表》《石鼓文证史订释》《洛诰新解》《尚书丰刑补逸》《元和姓纂证补》等论文，编校辑佚《明季潮州忠逸传》《旧五代史校补》《广东通志列传》《广东宋元人物传》《广东明人物传》《广东清人物传》《潮州人物传》《潮州诗萃》《潮州文萃》《弘觉禅师诗文钞》《昌黎文录》《丁中丞政书》和《茶阳三家文钞》（宣统庚戌年冬月版）等，著有诗作《补读书楼文集》《补读书楼诗集》《补读书楼骈文》《三十须臾吟馆诗集》《羊城集》《乱离集》《乱离续集》等。中华人民共和国成立后，任职于广东省文史馆。

在广州博物馆藏品里，我们发现有温廷敬写给罗原觉（1891～1965）的三封信函。这批信函均写在"永汉北路艺昌承印广东通志馆用笺"上，描述有关编修广东通志方面的内容。

第一封信，两页，每页横 21.1 厘米，纵 33 厘米，共有文字16 行（每行结束，以 / 为标识，下同）（图一、二）：

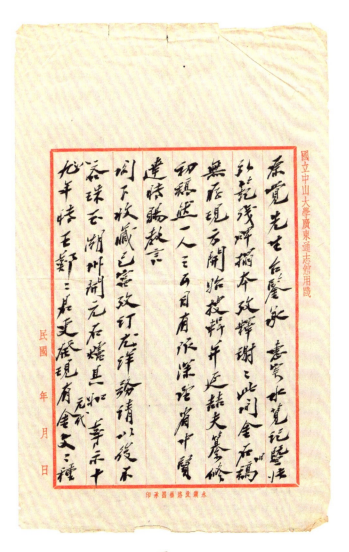

图一

原觉先生台鉴：承惠寄《水笕记》暨《张 / 弘范残碑拓本考释》，谢谢！此间金石册稿 / 无存，现方开始搜辑，并延哲夫纂修 / 初稿。然一人之耳目有限，深望省中贤 / 达时赐教言。/ 阁下收藏已富，考订尤详，务请以后不 / 吝珠玉。潮州开元石炉具如尊示，十 / 八九年时王郑二君更发现有元代金文二种，/ 惜此间访稿亦失去。通志为一省文献所 / 系，惜无米之炊，仅为中大之赘瘤枝指，/ 不知能有成就否？

深可慨叹。前沧萍/约访尊寓未果，现已悉尊址，恳订/一时间，即当拜访，借拓耳目。此候/著祺，不一。/弟温丹铭复。/民国廿五年五月十九日。/

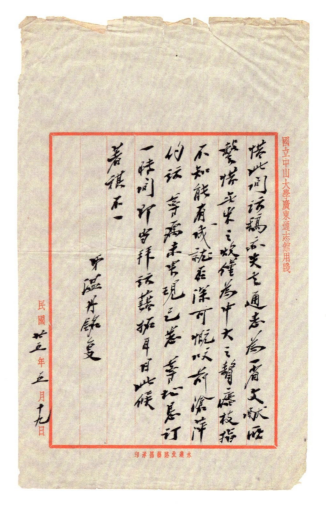

图二

此信写于 1936 年 5 月 19 日（民国二十五年五月十九日）。信中所提《水笕记》《张弘范残碑拓本考释》，当指罗原觉撰写，后发表在北平燕京大学考古学社 1936 年 12 月编辑出版的《考古学社社刊》第 5 期上的《宋傅二娘造水笕记石刻》和《元张弘范碑残石》两文。"哲夫"即蔡哲夫。我们在岭南美术出版社 2006 年影印出版的邹鲁修、温廷敬等纂《广东通志馆稿抄本》里读到蔡哲夫初稿《集古略（集南越瓦文）》和《集古略（集古木刻三品）》，"蔡哲夫初稿"即是信中所提"延哲夫纂修"的这份金石初稿。信中还提出请罗原觉"不吝珠玉""恳订一时间，即当拜访"，并发出"通志为一省文献所系，惜无米之炊，仅为中大之赘瘤枝指，不知能有成就否"的"慨叹"。

第二封信，一页，横 21.1 厘米，纵 33 厘米，共有文字 9 行（图三）：

图三

该信写于 1936 年 5 月 29 日，距离上封书信仅十天。信中提到"前日晤谈甚快"，是指温罗在 5 月 27 日有一次会晤。信中透露温本人一直在努力寻找新材料，如提到罗向温惠赠拓本数种一事，温恳请罗再提供"潮磁佛识"拓本。按 1922 年潮州城外西南郊羊皮岗出土数尊刻有宋代年号、窑地、造像者姓名、作器原因和制作工匠名字的潮州笔架山窑瓷佛像，这批瓷佛像后为罗原觉收藏。信中所提"潮磁佛识"拓本，即指这批瓷佛像上的铭文拓本。信中所提"海公"即邹鲁。温感慨因邹鲁去了别的地方，修志之事恐怕要暂时耽搁了。

原觉先生文几：前日晤谈，甚快，复承 / 惠拓本数种，谢谢！潮磁佛识，未审存有 / 拓本否？如有，亦恳惠一份，否则请照原 / 款录一纸寄惠，多求幸恕。回汕后当检潮 / 拓，为尊处所缺者略酬盛意。海公暂 / 避他往，志事恐暂搁进行，可叹。此候 / 清祉，不一。/ 弟廷敬顿。/ 民国廿五年五月廿九日。/

243

第三封信，一页，横 21.1 厘米，纵 33 厘米，共有文字 9 行（图四）：

原觉先生撰席：惠书并王夫人墓铭，谢 / 谢。承示《金石志例》，极为精细，与鄙意多 / 合。定名"集古"较"考古"之名为雅切，即当 / 遵用。尊藏琳琅满目，云欲让出，改购 / 书籍，具见盛意，恳开列价目，以□ / 便分别作介。前惠转运使题名，出土 / 时地，便暇乞示知为荷。此候 / 台祉。弟丹铭手复。 / 民国廿五年六月十一日。 /

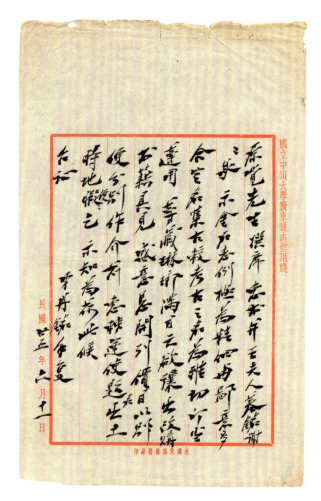

图四

该信写于 1936 年 6 月 11 日。信中透露，罗原觉提供了"王夫人墓铭"及《金石志例》给温廷敬，前者为罗收藏的 1911 年广州出土"隋王夫人墓志"的铭文，后者为罗撰写的关于金石志编写体例。温认为这份《金石志例》"极为精细"，"定名'集古'较'考古'之名为雅，切即当遵用。"信中还透露此时罗收藏丰富，有"让出，改购书籍"的想法，恳求罗"开列价目"。

此外还有一个信封（图五），横 9.4 厘米，纵 18.2 厘米，是广东通志馆专用信封。从信封上书写的文字"东山柏子路菜园地北五号 / 罗原觉先生升 / 最速件 /"及笔迹，可知这是温廷敬写给罗原觉的一个信封，是用来装上述三封信函中的一封。

图五

温廷敬写给罗原觉的上述三封书信，均写于1936年5月和6月。信中内容主要是围绕广东金石文字的收集，反映了温廷敬在编修广东通志这一工作上孜孜不倦。虽然民国《广东通志》后因日本侵华，政局动荡，而未能成型，仅有120册，但此学术成果足以嘉惠学林，名垂千秋。温廷敬的学术成就，诚如陈梅湖评价："是煎石宗山之流亚，允为末世之楷模。"

（原载《中国文物报》2019年4月30日第4版"鉴赏"）

19 千古亦才难——著名词人陈洵新见遗函释读

晚清近代词坛有两位杰出的岭南词人，陈洵（1870 ~ 1942）即属其中一位。陈洵，字述叔，号海绡，晚年自号海绡翁，广东新会人。少年补南海县学生员，后为童子师，授徒自给。1911年在广州加入南园诗社。1929年秋，以朱祖谋之荐，任广州中山大学文学院词学教授。1938年秋，广州沦陷前夕，举家迁澳门。1940年春，重返广州，任广东大学词学教授。1942年6月19日病逝于广州，终年72岁。著有《海绡词》《海绡说词》《词学》等。（引自《民国人物大辞典》第998页）

在广州博物馆，藏有两封陈洵信函，为罗德慈女士捐赠。这两封信函原为罗德慈的父亲罗原觉先生（1891 ~ 1965）珍藏，一封为陈洵致罗原觉函，另一封是陈洵致韩树园函。前者仅一页，横8.7厘米，纵24.3厘米，共有文字4行（图一）：

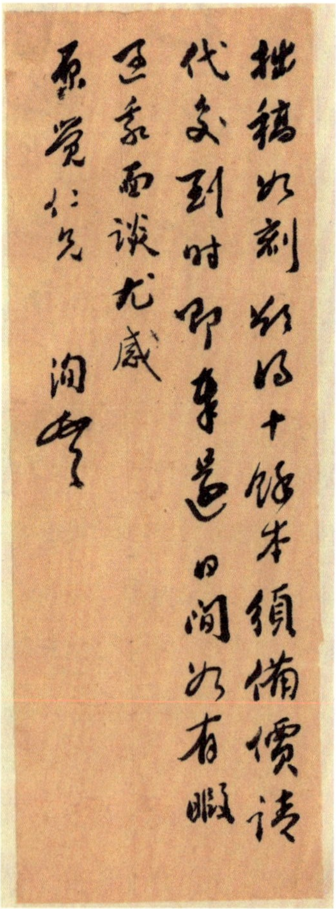
拙稿如刻欲得十余本须备价请
代交到时即奉还日间如有暇
过我面谈尤感
原觉仁兄 洵顿首

图一

拙稿如刻，欲得十余本，须备价，请/代交，到时即奉还。日间如有暇，/过我面谈尤感。/原觉仁兄。洵顿首。/

"洵"即"陈洵"，"原觉"即罗原觉。信中提及的"拙稿"应指陈洵《海绡词》。这是陈洵公开出版的第一部词稿，1923年出版。据该书收录癸亥（1923）年七月五日黄节撰《海绡词序》介绍：陈洵"补南海生员。少有才思，游江右十余年，归粤。辛亥秋七月，番禺梁文忠重开南园，述叔与余始相识。文忠与人，每称'陈词黄诗'，此实勉励后进。余诗未成，甚愧。述叔蚤为词，悦稼轩、梦窗、碧山，其时年未五十，今又十余年。归安朱彊邨先生见其词，糜金刊之。以余知述叔平生，命余属序。述叔数赠余词，余未学词，虽心知其能，以彊邨词宗当世，而称述叔词，且为刊而传焉，则知其词之有可传也。述叔穷老，授徒郡居，微彊村，世无由知述叔者也。"序文中的"梁文忠"即梁鼎芬（1859～1919），"朱彊邨"即朱祖谋（1857～1931）。《朱希祖日记》"1933年1月25日（农历除夕）"记录："九时偕李沧萍至西关罗原觉寓……又

图二

偕李、罗二君及熊闰桐君访陈述叔先生洵，观其新刊词稿，陈先生年已七十余，亦为中山大学国文教授，词为朱古微先生所赏识，为之刊集云。"（第204页）朱古微即朱祖谋。此时陈洵才60多岁，非《朱希祖日记》所记"七十余"，应为笔误。据此可知陈洵《海绡词》是在朱祖谋的赏识和出资下印行的。

庆幸的是，这封书信的信封得到完好保留。该信封横8厘米，纵16.7厘米，封面上印"思蛤梨室书题"篆体红色字，并有毛笔书写"送

罗原觉先生启 候 此 陈缄"等字（图二）。据张采庵《词人陈洵》
一文介绍："1921 至 1930 年间，（陈洵）在多宝南横街第 2 号设
馆教学，室名是'思蛤蜊室'。……笔者曾到'思蛤蜊室'去请
教过他几次，他教人填词要学'周清真''吴梦窗'，理论很精
辟，主观也很强。"（《荔湾文史》第 2 辑）邓又同在《西关旧话》
一文里也有回忆："述叔家在西关多宝路横巷昌华街，榜其门首，
曰'思蛤蜊室'。""蛤梨"即"蛤蜊"，海蚌也。可知信封上
印制的"思蛤梨室"是指词人陈洵在广州西关多宝路横巷昌华街
设馆教学的室名。据上述《海绡词》出版时间及"思蛤梨室"开
设时间，推断该封书信应写于 1923 年《海绡词》出版之前。

　　另一封书信是陈洵致韩树园函，亦仅一页，横 12.8 厘米，纵
24.5 厘米，共有文字 4 行（图三）：

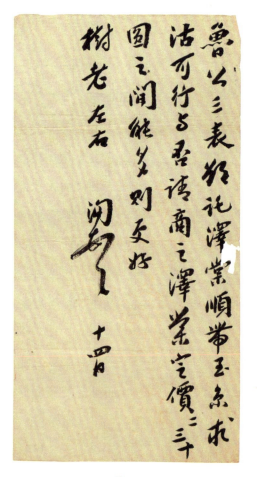

图三

《鲁公三表》，欲托泽
棠顺带至京求 / 沽，可
行与否，请商之泽棠。
定价二三十 / 圆之间，
能多则更好。/ 树老左
右。洵顿首。十四日。/

信中所提"泽棠"即罗原觉，"树老"即韩树园（1864～1944）。韩树园即韩文举，号孔庵，番禺人，广东省高师学堂教授，著《韩树园遗诗》。陈洵在《海绡词》一书收录多首与韩树园有关的词作，如《三姝媚（七月廿五日，与树园、橘公饮半帆酒榭，追话旧游，黯然题壁）》《月下笛（八月八日与树园、橘公过半帆酒榭，重题）》《解连环（韩树园久馆城西，与余比邻，乐数晨夕。今秋忽因事移去。岁晚萧然，离索之感益深）》《风入松（甲戌寒食，陈剑秋、叶霜南、张庶平、叶茗孙、韩树园先后来过，皆数十年故人也）》等，可见二人交往密切。罗原觉后人回忆，韩树园是罗原觉和陈洵的老师。由此可知韩树园与陈洵二人亦师亦友，又曾是邻居。

信中所提《鲁公三表》应指《颜鲁公三表》，即颜真卿的书法作品。该信的主要内容是陈洵告诉韩树园，欲托罗原觉将《鲁公三表》带去北京出售。拙稿《丁文江的人格魅力》考定"罗原觉先生1923年7月初已旅行到天津，10月初到了北京。"（载《中国文物报》2016年3月15日）罗原觉是次进京，在京停留时间较长，有充足时间处理《鲁公三表》。据此可初步推断，该信应是通过韩树园转交给罗原觉的，亦写于1923年。

上述两封书信涉及的内容虽属日常琐碎之事，但从中仍能探得陈洵《海绡词》出版及其师生友朋间的学术交往等情况，实属难得。关于陈洵及其词作词学理论，20世纪末起，已引起学界关注。20世纪40年代，词学大师、江西龙榆生在编选《近三百年名家词选》时，曾提及朱祖谋在诵读陈洵词作后，"甚加推许，尝称新会陈述叔、临桂况夔笙为'并世两雄，无与抗手'。又为校印所著《海绡词》，并题句曰：'雕虫手，千古亦才难。新拜海南为上将，试要临桂角中原，来者孰登坛？'亦见其推许之至矣。"龙榆生高度评价陈洵的词学成就，认为他在词学领域为"上将""千古亦才难"。

（原载《中国文物报》2021年5月11日第5版"视点"，又见"博物馆中国"2021年5月24日）

此音學辨微一冊為余去歲所購得凡二十七頁行書

白綿紙蓋慎修先生手自寫定以備付刊者慎修卒

年八十有二此為其七十九歲時所書去卒年僅三

歲而行楷至精書法不苟足見大儒精力至老毛不衰

先生之學好深長思于聲韻尤精其所著韻書三

種均詳于審音而不偏于考古足救顧氏亭林之失

此辨微一卷尤明析易曉誠初審音者之良導師也

況其為先儒手自寫定之真蹟邪宣統己酉二月印

成後學順德鄧實謹識

采自《江慎修音学辨微自写本·邓实序》

一、引言

邓实（1877～1951）是20世纪初我国颇有影响力的报人、政论家、出版家。数年前，我在整理馆藏文物时，在广东著名文物鉴藏家兼学者罗原觉（1892～1965）往来信函中，发现14封邓实书信和11个实寄封。这批信函均写在"神州国光社用笺"上，信封均是神州国光社专用信封。在这批信函里，除有一封书信是由邓实写给邓衮侯之外，其余的书信均是由邓实写给罗原觉的。

据初步考证，这批书信均写于20世纪20年代，信中主要内容是邓实与罗原觉二人间关于购买和代销古物及订购图书等有关事宜，真实呈现了邓实为筹办营运神州国光社而积极筹措资金的情形。这批信函是一批反映神州国光社营运及邓实与罗原觉二人间学术交往等不可多得的文化史料。

二、新见信函所见邓实筹措资金之情形及其与罗原觉的学术交往

神州国光社创办于1901年，以搜集笔墨纸砚、雕刻摹印、瓷铜玉石、词曲传奇、书画字帖、金石印谱等一切珍玩及古今大美术家之著述，并出版珂罗版书画碑版等。神州国光社编辑出版有《神州国光集》《神州大观》《美术丛书》等，在文化界产生过重大影响。

神州国光社的创办和营运与邓实有着非常密切的关系。邓实，字秋枚，笔名枚子、野残、鸡鸣、风雨楼主等，广东顺德人，1877年出生在上海，1895年受业于岭南大学者简朝亮之门，与南海任元熙（1873～1943）、顺德黄节（1873～1935）、开平张启煌（1861～1943）等是同学。

邓实一生致力文化典籍建设。在上海，他于1901年创办神州

国光社，次年创办《政艺通报》，1905 年 1 月又成立国学保存会，设藏书楼，月出《国粹学报》一册。邓实在《国学保存会小集叙》一文中介绍："同人设国学保存会于黄浦江上，绸缪宗国，商量旧学，据怀旧之蓄念，发潜德之幽光。……爱日以学，读书保国，匹夫之贱有责焉矣。"[1]《国学保存会简章》介绍："本会以研求国学、保存国粹为宗旨……本会月出《国粹学报》一册，为本会机关。其有外间投赠之文字著述，当择优先刊报内……本会设藏书楼一所，凡海内君子有以古今载籍捐助者，当题名册端，以志盛谊。"[2]此时的国学保存会设在上海四马路东惠福里国粹学报馆，其目的是"研求国学、保存国粹""读书保国"。

1908 年，邓实参与发起南社，主编《神州国光集》，后改名《神州大观》。1911 年《国粹学报》《神州大观》停刊，创刊《民国报》，任主编，出版《美术丛书》。1912 年与缪荃孙合编《古学汇刊》。1928 年继续主编《神州大观》续集。

"邓实具有经营的才能，黄宾虹晚年对人还幽默地说，邓祇用五十元钱办神州国光社（《夏承焘·天风阁学词日记》）。由《政艺通报》而《国粹学报》，而国光印刷所，而神州国光社，由一个仅具编辑职能的《政艺通报》社发展而为集编、印、发功能齐全的神州国光社，邓实的商业运作之功不可或缺。"[3]后来随着社会环境的变化，至 1928 年，邓实又因"体弱多病，无力支撑神州国光社营运，有出让之意，遂情商之黄居素，黄居素复商之陈铭枢、李济深，决定由广东省政府出资盘下作言论机关。"[4]至 1932 年"一·二八"淞沪抗战前夕，邓实又将国学保存会藏书悉数捐给复旦大学图书馆，此后隐姓埋名，赋闲在上海静安寺愚园路，门口悬挂"风雨楼"木牌。

长期以来，我们对邓实的经营才能和商业运作能力缺乏了解，而新见的这批信函恰好弥补了这方面的不足，活灵活现地提供了一个又一个生动事例。现将新见这批信函分成六组分别考释如下。

第一组，邓实致罗原觉函一封（图一），一页，横 18.6 厘米，纵 26.6 厘米，共有文字 4 行（每行结束以 / 为标识，下同）：

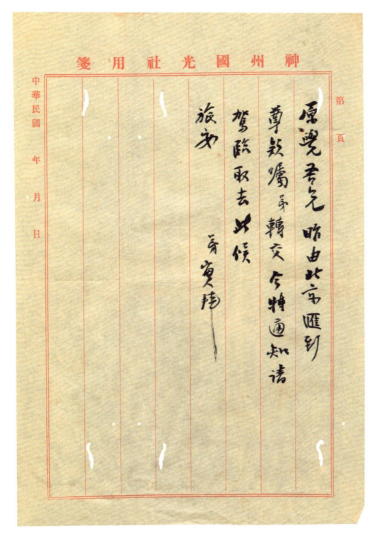

图一

原觉吾兄：昨由北京汇到 / 尊款，嘱弟转交。今特通知，请 / 驾临取去。此候 / 旅安。弟实拜。/

信中内容简单明了，是邓实通知罗原觉去领取来自北京的汇款。这里值得注意的是"北京"二字。"北京"到 1928 年（民国十七年）6 月北伐战争胜利和首都迁回南京后，改名为北平。故可判断该信书写时间应在 1928 年 6 月之前。信中又提到"此候旅安"，显示邓实书写此信的时候，罗原觉正在上海出差，故邓实通知罗本人前去领取来自北京的汇款。据王中秀编著《黄宾虹年谱》考订，罗原觉曾于 1921 年 3 月自北京来沪[5]。据此我们初步推断，该信应写于 1921 年 3 月。

第二组，书信两封：邓实致邓袞侯函和邓实致罗原觉函。前者一页（图二），横 18.6 厘米，纵 26.6 厘米，共有文字 7 行：

子贤我兄足下：奉 / 复示，谨悉。朱氏札，弟分二次购来。兹承 / 尊嘱，欲拆购一通，屡在旧好，无不可者，即请拆出二月间 / 李新家一札，余则交原觉兄带返可也，其价交原觉兄亦可。 / 若余札，京中有友人可分购者，则售之为佳。弟拟价共二百番， / 实则八折收到耳。此复，即颂 / 鉴安。弟实拜。八月十六。 /

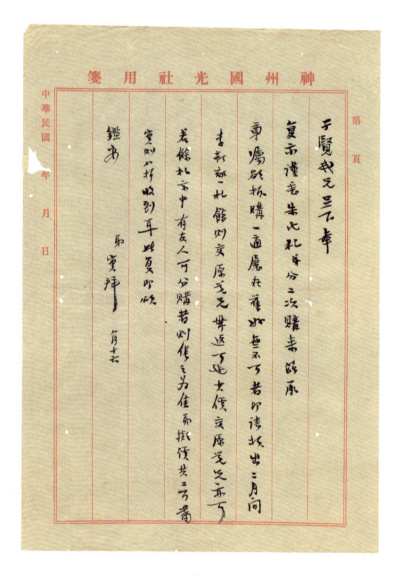

图二

该信落款是 8 月 16 日。据该信信封（横 8.4 厘米，纵 16 厘米）封面所留地址 "北京西单牌楼兴隆街北口廿一号 / 邓袞侯先生转 / 罗原觉先生大启 / 上海静安寺路张家花园旧址福如里后弄第三家神州国光社缄 八月十六日 /"（图三），可知该信是从上海寄往北京。信中提到 "交原觉兄带返" 及 "京中有友人可分购"，表明此时罗原觉正在北京出差。拙文《广州市市立博物院创始人黄节

254

图三

与罗原觉交往简述》考订，1923 年 8 月 16 日罗原觉住北京煤市街
华北旅社，1923 年下半年往来北京天津两地。[6] 另据 1923 年 11
月 10 日（农历十月初三）《申报》报道："神州国光社自迁移静
安寺路张家花园后，适值每年十月廉价一月之期，兹将出版明清
名人画册六十余种，又立轴屏联等类五十余种，各种丛书及单行
本百余种，均廉价出售，有减至二折三折者，另印简章目录送人，
故连日购者纷如云。"显示 1923 年神州国光社已迁移至静安寺路
张家花园。据此可推断该信应写于 1923 年的农历或公历 8 月 16 日。

与该函一同寄往北京的还有一封邓实致罗原觉函，这封书信是由邓实寄给邓衮侯收并由其转交给罗原觉的。信函一页（图四），横 18.6 厘米，纵 26.6 厘米，共有文字 8 行：

原觉先生大察：奉 / 手示具悉。兹将各书画价单，另纸列呈，即希 / 收存。朱氏家札，接子贤兄来函，云欲拆一通，计 / 许价二十番，屡在旧友，不便辞却，只得应 / 命；余札若有他处可销，则售之，否则 / 阁下南返时带回。此复。顺颂 / 鉴安。弟实拜。/ 雪堂翁处，前借之《阁古古诗文集》，顺请提及。/

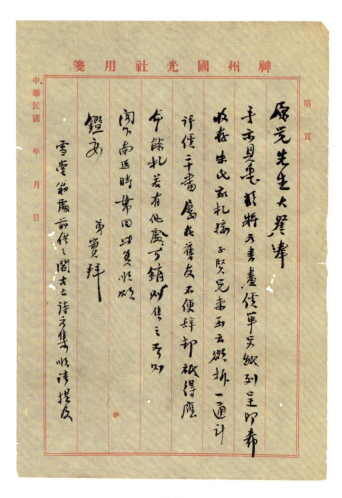

图四

信中所言"子贤"即指上文提到的邓衮侯，广东东莞人。"朱氏家札"即上文"邓实致邓衮侯函"中提到的"朱氏札"。朱氏指谁，待考。信中所提"《阁古古诗文集》"是指阎尔梅的著作。阎尔梅（1603～1679），字用卿，号古古，徐州沛县人，明崇祯三年（1630）举人，为复社巨子，明末清初著名诗人，著有《白耷山人集》《蹈东集》。信中还提到"雪堂翁"，即我国近代著名学者罗振玉（1866～1940）。由此亦知邓实和罗原觉均与罗振玉有学术交往。

第三组，邓实致罗原觉函一封（图五），一页，横 18.6 厘米，纵 26.6 厘米，共有文字 8 行。

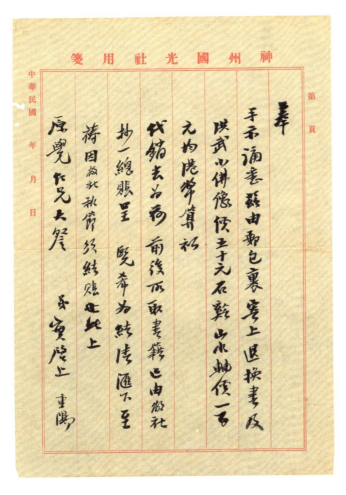

图五

奉／手示诵悉，兹由邮包裹寄上退换书，及／洪武小佛像价五十元，石谿山水轴价一百／元，均港币算，祈／代销去为荷。前后所取书籍，已由敝社／抄一总账呈览，希为结清汇下，至／祷，因敝社秋节须结账也。此上／原觉仁兄大察。弟实启上。重阳。／

信中提及罗原觉从邓实处购买图书，以及邓实请罗原觉代销洪武小佛像和石谿山水轴等事，还透露了神州国光社社务之"秋节须结账"一事。石谿（1612 ～ 1673），明末清初画家，清初四僧之一，擅画人物、花卉。该信存有信封（图六），横 8.2 厘米，纵 18.4 厘米，封面上写着：

图六

广州市十五甫和厚里八号／敦复书室／罗原觉先生启／上海静安寺路张家花园旧址福如里后弄第三家神州国光社缄九月九日／

原觉吾兄大鉴：奉明片及大示，均收悉。王綮及集册六／页，共港币一百二十元，即遵（现在港币比上海币价高，每百元约一元之谱。如汇款，或由邮局，或由银行，均便）／台命。又沈纪、方士庶、张庚三轴，共港币一百四十元，亦统遵／命便是。方、张二轴，即日由邮包裹直寄广州省城，到请／察入。其余钱李二页，最好一并售去。（石谷轴如不能销去，则寄回沪上。）计价多少，任凭／阁下代为作主可也。山水八页，弟临行统交

从信封所写日期及信中落款"重阳"二字，可知该信写于某年农历重阳节。信封邮戳显示"□年十月□八 上海"字样，可知某年农历重阳节这一天正是阳历的十月□八日。按20世纪二三十年代，农历九月九日与公历十月□八日相吻合的年份只有1922年和1923年，前者为10月28日，后者为10月18日。结合这批新见信函中的其他信函内容，可初步判断该信应写于1923年10月18日。

第四组，有书信六封。经考证，这六封书信均写于1925年。

书信一，邓实致罗原觉函（图七、八），两页，每页横18.6厘米，纵26.1厘米，共有文字17行：

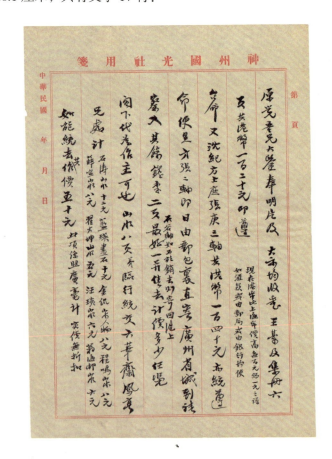

图七

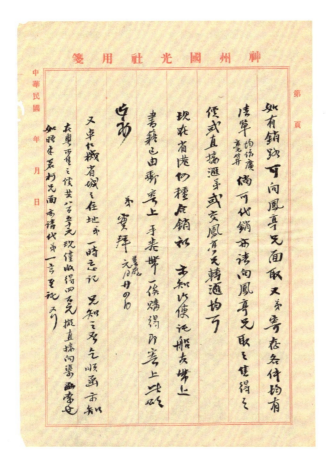

图八

信中所提"方士庶"（1692～1751），字循远，一作洵远，号环山，又号小狮道人，一作小师道人，新安（今安徽歙县）籍，家维扬（今扬州），能诗善画，有《环山诗钞》，清代娄东派卓有成就的名家，《清史稿》有传。张庚，字浦山，号瓜田逸史、白苎村桑者、弥伽居士，秀水（今浙江嘉兴市）人，著《国朝画征略》。蓝瑛为明代画家，程鸣、薛宣为明代学者，金侃为明末清初藏书家，翁海邨为清代学者，石涛、翟大坤为清代画家。卓仁机（1890～1972），字西斋，金鼎官塘（今珠海市香洲区）人，曾追随孙中山从事革命斗争，后在沪穗做古董生意，新中国成立后被聘为广东省文史馆馆员，以善鉴赏古陶瓷见称。李茗柯（1882～1945），原籍江苏吴县，寄居广州，精研篆刻碑拓，是黄宾虹的挚友。

六华斋凤亭 / 兄处，计（石涛山水十二元，蓝瑛画石十元，金侃山水人物八元，程鸣山水八元，薛宣山水八元，翟大坤山水五元，汪琰山水六元，翁海邨山水六元）。/ 如能统去，共作价五十元（此项系照广毫计，实价无折扣）。/ 如有销路，可向凤亭兄面取。又弟寄存各件，均有 / 清单（均作广毫算）。倘可代销，亦请向凤亭兄取之。售得之 / 价，或直接汇弟，或交凤亭兄转汇，均可。/ 现在省港何种合销，祈示知，以便托船友带上。/ 书籍，已由邮寄上。手卷带，一俟购得，即寄上。此颂 / 近安。弟实拜。农历元月廿四日。/ 又卓仁机省城之住址，弟一时忘记。兄知之否，乞顺函示知。/ 在粤可售之价，共八百五十元，现仅收得四百元，拟直接向渠函索也。/ 如晤李茗柯兄面，亦请代弟一言。至托。又行。/

信中所写"方、张二轴,即日由邮包裹直寄广州省城,到请察入"
一句,与接下来的书信二所写"方、张二轴,想已收到"一语前
后呼应,表明这两封书信的书写时间较为靠近,因此本封书信应
写于某年农历元月二十四日。

书信二,邓实致罗原觉函(图九、图一〇),两页,每页横
18.6 厘米,纵 26.1 厘米,共有文字 16 行:

奉二月初三日 / 大示并
保险信内港币一百廿
元,均收。承 / 购敝社
各书,已由邮包裹寄上,
到请照单 / 察入。其《戴
褐夫集》"了遗录"
一种,各本均无,想印
时 / 原缺。张铁桥马卷
原系伐字,尚有乏头可
见,因 / 印时执事人误
作聪明,将小纸片黏成
代,今始 / 察见。微兄
问弟,亦不曾发觉也。/
前日由邮包裹付上古玉
一包,共八件,想已收,
祈 / 代销之。又前存之
石章,亦请极力销之。
至祷。/ 元人画真迹,
极罕见。唐子华轴再好,
选到 / 五百之数,否则
至少亦要收到港币四百
元。/ 此复。/ 原觉先生。
实上。二月十二日。/

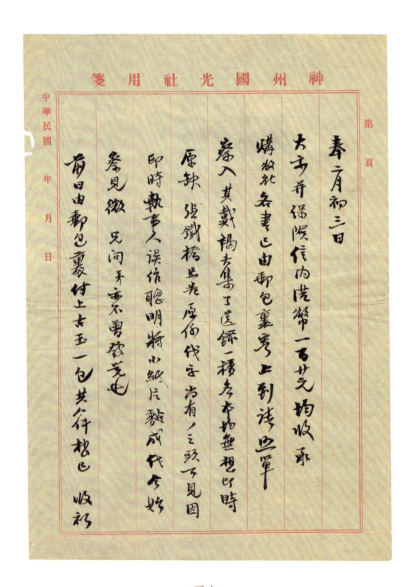

图九

260

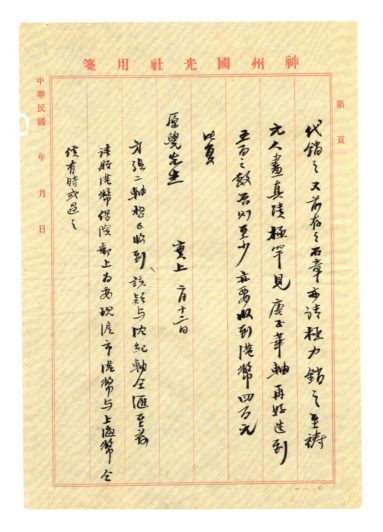

方、张二轴，想已收到。该款与沈纪轴全汇，至荷。/请将港币保险邮上为妥。现沪市港币与上海币全/价，有时或过之。/

图一〇

信中所提的《戴褐夫集》一书是由位于上海四马路老巡捕房东惠福里口的国粹丛编社于农历己酉年（1909）三月十五日印成。故该信必定写于该书出版之年1909年之后。信中提及的"张铁桥"即张穆（1607～1683），广东东莞人，岭南明朝遗民画家的杰出代表，其绘画题材涉及人物、山水、花鸟、走兽，尤善画马，其诗作后人辑为《铁桥山人遗诗》《铁桥集》《补遗》等。信中所提"唐子华轴"应指唐子华画的画轴，唐子华即唐棣（1296～1364），元末明初人，幼年聪颖好学，能诗善画，有"奇童"之称，其祖籍钱塘（即今浙江杭州），后因先世在吴兴做官，迁至归安（今浙江湖州），其父唐清，元初赠承务郎，任归安县令。信中所提

"方、张二轴"是指方士庶和张庚的绘画作品。黄宾虹、邓实编《美术丛书》三集第二辑收录有张庚撰《图书精意识》一卷和《画论》一卷。信中所提的"古玉""石章""唐子华"与接下来的书信三所提的"古玉""石印""唐子华"同属一件事，因此书信二和书信三这两封书信的写作时间大体相差不远。

书信三，邓实致罗原觉函（图一一、一二），两页，每页横18.6厘米，纵26.1厘米，共有文字14行：

原觉先生左右：奉十九日 / 复示，祗悉。《美术丛书》等数件，照恒例开七折，请 / 兄照五折付款可也。款可直汇弟收。正集全数已售 / 罄，零集亦一集不存，续集后集零种，每种亦只存十数 / 函。此书本欲再版，但原定价太廉，近纸料人工俱昂，售 / 价不敷成本，无法再版。此等书为流通计，加价又不可耳。/ 古玉各件，已由弟与前途购进，故留粤稍久不妨，如万 / 不能销去，并石印一并交六华斋刘耀廷收（并请将售价告知，渠或有销路更佳），取得 / 收条寄来可也，因常有便人到渠处，可带沪，免邮 / 寄之烦。/

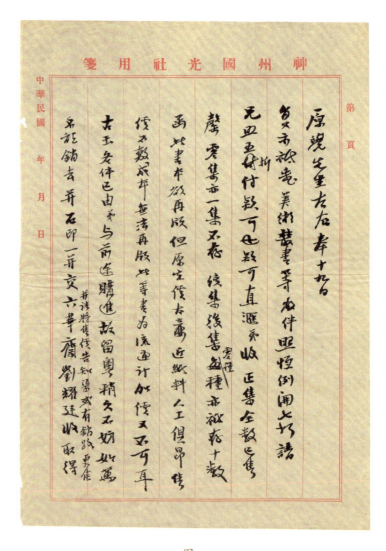

图一一

262

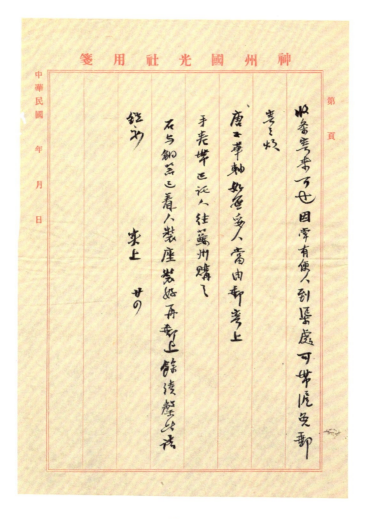

唐子华轴如无妥人，当由邮寄上。/手卷带，正托人往苏州购之。/石与铜器，已着人装座，装好再邮上。余续罄。此请 / 鉴安。实上。廿四。/

图一二

信中提到"照恒例开七折"，"七折"是神州国光社的常规做法。1923年11月21日《申报》以"国光社寄售古物廉价"为题报道："静安寺路张园神州国光社自举行大廉价一月，所有出版书籍画册，购者纷如，兹复将寄售之名人书画真迹、金石拓本、铜器、陶器、文玩、旧书各种均减收七折云。"信中所提《美术丛书·后集》出版于农历乙卯年（1915）五月，故此信当写于1915年之后。信中还提道"此书本欲再版，但原定价太廉，近纸料人工俱昂，售价不敷成本，无法再版"，而神州国光社到农历戊辰年（1928）八月，却付印了《美术丛书》，故可知此信函应写于1915年至1928年之间。结合上引书信二及接下来的书信四，可推知该信应写于某年农历或公历 2 月 24 日。

书信四，邓实致罗原觉函（图一三），一页，横 18.6 厘米，纵 26.1 厘米，共有文字 8 行：

今将唐子华轴由邮包裹寄上，到请 / 察入 / 赐复为荷。该轴望仗 / 大力销之。至祷。余续磬。此上 / 原觉先生。实上。二月廿九。/

石章不易销，请减低价，无不可，一听大裁，多少不 / 计也。如万不能销，即交六华斋耀岐兄，可也。/ 古玉如价格不合，亦可减低。又行。/

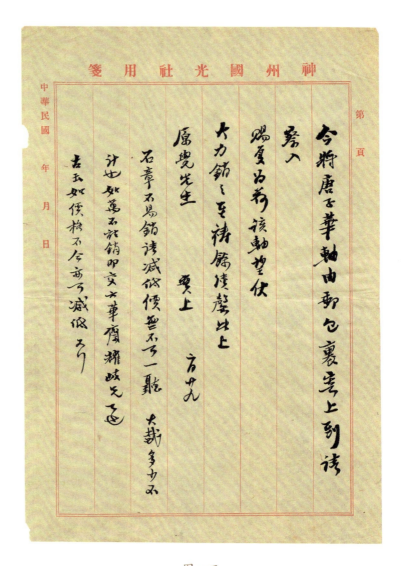

图一三

信中所言"今将唐子华轴由邮包裹寄上"之"唐子华轴"及"石章""古玉"，与书信二、书信三两封书信所提"唐子华轴""石章""古玉"，均指同一批物品。因此，前述三封书信的书写时间应分别是某年的农历或公历 2 月 12 日、2 月 24 日、2 月 29 日。

书信五，邓实致罗原觉函（图一四），一页，横 18.6 厘米，纵 26.6 厘米，共有文字 7 行：

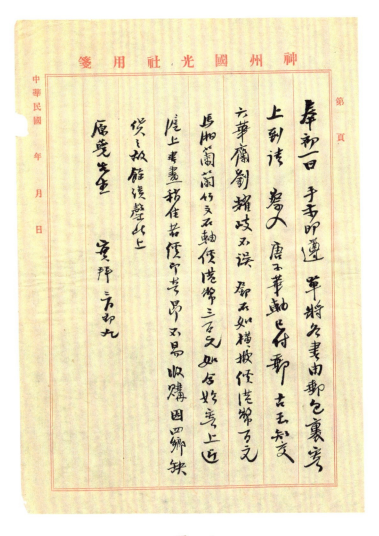

图一四

奉初一日手示，即遵单将各书由邮包裹寄 / 上，到请察入。唐子华轴，已付邮。古玉，知交 / 六华斋刘耀岐不误。邓石如横披，价港币百元；/ 马湘兰兰竹文石轴，价港币三百元。如合，始寄上。近 / 沪上书画稍佳者，价即奇昂，不易收购，因四乡缺 / 货之故。余续馨，此上。/ 原觉先生。实拜。三月初九。/

信中提及的"邓石如横披"，是指邓石如的书法作品。邓石如（1743～1805），安徽怀宁人，初名琰，字石如，因避嘉庆帝颙琰讳，以字为名，改字为顽伯，以其号"完白山人"著称于世。[7] 清代篆刻家、书法家，工四体书，尤长篆书，有《完白山人篆刻偶存》存世。信中还提到"马湘兰兰竹文石轴"，应指马湘兰的绘画作品"兰竹文石画"。马湘兰是明末清初金陵名妓，与陈圆圆、李香君、董小宛、寇白门、顾横波等人并称秦淮八艳，能诗善画，尤擅画兰竹，有"湘兰"著称。信中也提到"唐子华轴""古玉"等物品。结合前述书信二、书信三和书信四的内容，可判断，该信书写时间与前述三封书信一样，写于同一年，即某年的农历或公历 3 月 9 日。

书信六，邓实致罗原觉函（图一五、一六、一七），三页，每页横 18.6 厘米，纵 26.1 厘米，共有文字 19 行：

奉三月十一日复示，均谨悉。今托广大船友带上书画 / 一包、书籍铜爵石座一包，共二件，到请察入，并付收条 / 为荷。此次寄上各件，另单呈览，乞代销之，至盼。/ 前寄古玉共八件，今据刘耀岐来收条，共六件，尚余小 / 璲一件、玉蝉一件在尊处，不知销出否。（又前次所余之花卉册页二张，能销去否？）/ 近沪上古物日少，价格日昂，办货回港，难以图利，以是踌躇。/ 石如横披，乃黄花吟馆四隶字，至少八十元（沪上已有人还此价）；马湘兰兰竹文石轴，/ 实价二百八十元；吴让之联，他人物，未晓已售去否，待询之。/ 前数次寄上之书价，请汇下，以便

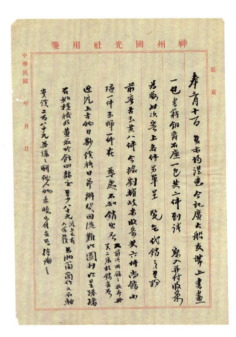

图一五

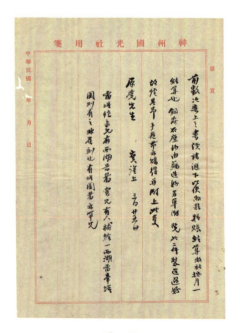

图一六

266

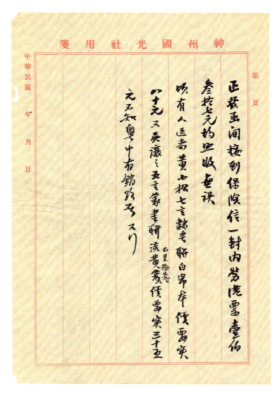

图一七

信中所提"吴让之",即吴熙载(1799～1870),江苏仪征人,清代篆刻家、书法家,善书画;"黄小松"即黄易(1744～1802),浙江钱塘人,篆刻"西泠八家"之一。

该信如上述书信二至书信五等四封书信一样均提到"古玉""邓石如横披""马湘兰兰竹文石轴"及购书事宜,并对这几项物品的售价及相关问题作了补充说明。信中还提及托广大船友带给罗原觉"书画一包""书籍、铜爵、石座一包"等新物品。可见,该信与上述四封书信的书写时间大体相差不远,应写于同一年份,即某年的农历或公历3月25日。

信中还提到"雷峰经"一事。按"雷峰经"是指1924年农历八月二十七日雷峰塔倒塌时出土的经卷。据此可初步推断,上述六封书信均写于雷峰经出土后的1925年至1928年间。

敝伙将账结算,敝社按月一/结算也。铜爵石座均由苏造好,另单附览。此二件装造过好,/故价略昂。手卷带,亦购得并附上。此复,/原觉先生。实谨上。三月廿五日。/

雷塔经未见有西湖图者,尝见有人补绘一西湖雷峰塔/图。则有之,非旧刻也。有塔图者亦罕见。/

正发函间,接到保险信一封,内装港票壹百/叁拾七元,均照收无误。/顷有人送来黄小松七言隶书联白纸本,价要实/八十元;又吴让之五言篆书联,淡黄笺(不是粉笺),价要实三十五/元,不知粤中有销路否?又行。/

第五组，书信两封，一是邓实致罗原觉函（图一八、一九），两页，第一页横 18.6 厘米，纵 26.1 厘米，第二页横 13.3 厘米，纵 26.1 厘米，共有文字 14 行：

原觉吾兄足下：奉六月四号手示及汇款五十元/收悉，又退回之李钱二页及书籍等，均照收。今将/各书换上，内有《留真谱》及《国粹报》，乃刻书时页数/刻错，内容则不错也。遍查各本均如此。今寄上"雷/峰塔藏经"四卷，此乃友人所得者。合数十段，乃接成完/好者四卷。该价每卷十元上下，请分销之。其他楷书者及/有塔图者，未觅得，只见单有塔图而无经文者。洪武/用府造像，亦一并附在包裹内寄上，请代销去。该/价港币五十元上下，以速为妙，因系他人之物也。粤中战/事如何？昨晤慕韩兄，知其不日回粤。近得石谿画一/轴，着色纸本老年笔，长约二尺五，宽一尺，题字数十，内/有数字

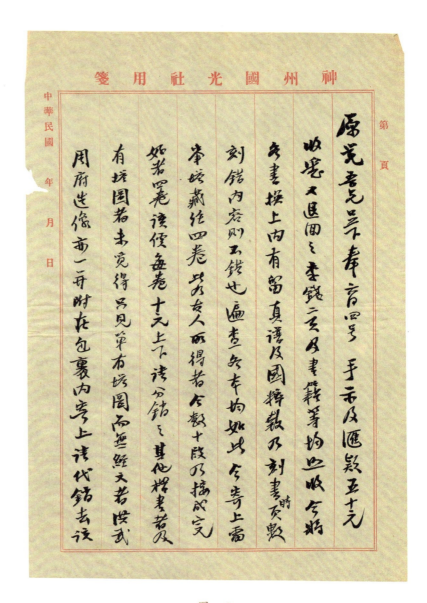

图一八

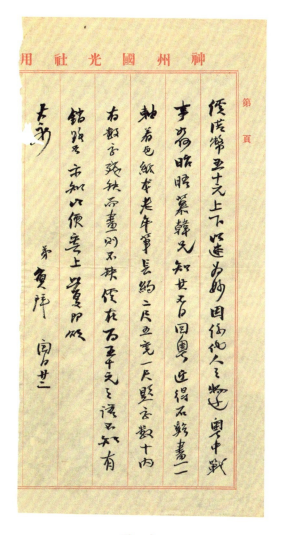

图一九

信中所提"慕韩"是指黄慕韩，还是邓慕韩，待考。前者即广东著名收藏家，曾以黄氏勉学斋一名向1940年香港"广东文物展览会"提供数件文物展出。后者即邓慕韩（1881～1953），广东三水人，同盟会会员，曾任孙中山大元帅府参议，后长期担任中国国民党中央党史编纂委员。信中提到"奉六月四号手示"，表明该信写于某年6月4日后。信中提到"粤中战事"一事。据考，20世纪20年代，粤中发生两件大事，一是1922年6月16日陈炯明部在广州发动兵变，炮轰总统府，孙陈两部在广州珠江一带互战，此战直至8月15日孙中山发表《护法总统宣言》而宣告结束；而这一年的公历6至7月间，正值农历闰五月，是孙陈交战最激烈的时候。二是指 1925 年东征。这一年的公历 6 月正是农历闰四月。信中还提到"今寄上'雷峰塔藏经'四卷，此乃友人所得者"。按"雷峰塔经卷"即第四组书信六提到的"雷峰经"，即 1924 年农历八月二十七日雷峰塔倒塌时出土的经卷。据此可推知，该信所提"粤中战事"应指雷峰塔经出土后的 1925 年东征。故该信应写于 1925 年东征期间，即 1925 年农历闰四月二十二日（公历 6 月 12 日）的可能性最大。

与该信同一天寄出的还有下面这封书信（图二〇），一页，横 18.6 厘米，纵 26.6 厘米，共有文字 6 行：

原觉先生足下：顷寄上一函，内云有包裹寄上。兹 / 因广州有战事，邮局不收广州包裹，故只得 / 暂停，一俟恢复原状，再为寄上，特再陈明，/ 以免盼望。此颂 / 大安。弟实拜。闰月廿二。/ 汇来之港币五十元及退书，均收到。又行。/

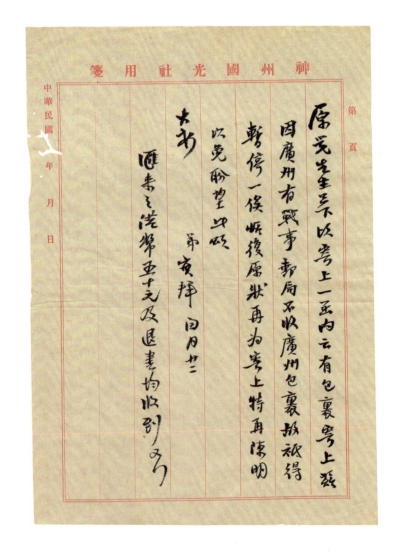

图二〇

270

很显然，该信是对前一封书信的补充说明，因为前一封书信里写明寄上包裹，而事实是并未寄出，故邓实于当日又补写了这封书信，以补充说明"因广州有战事，邮局不收广州包裹，故只得暂停，一俟恢复原状，再为寄上，特再陈明，以免盼望。"

据此我们也可判断第四组中的六封书信的书写时间分别是1925年农历元月二十四日、1925年农历或公历2月12日、1925年农历或公历2月24日、1925年农历或公历2月29日、1925年农历或公历3月初9日、1925年农历或公历3月25日。

第六组，书信两封，一封是邓实致罗原觉函（图二一），一页，横18.6厘米，纵26.6厘米，共有文字8行：

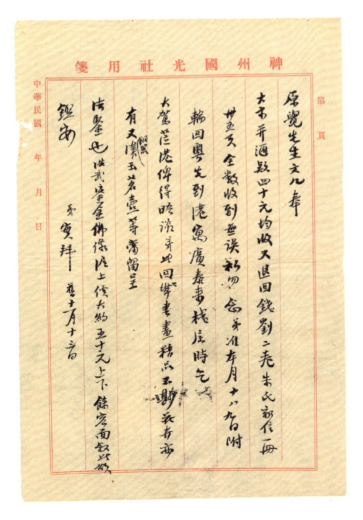

图二一

原觉先生文几：奉 / 大示并汇款四十元，均收。又退回钱刘二卷、朱氏家信一册 / 卅五页，全数收到无误，祈勿念。弟准本月十八、九日附 / 轮回粤，先到港，寓广泰来栈，届时乞 / 大驾莅港，俾得晤谈。弟此回带书画精品不少，花卉亦 / 有，又铜器、汉玉、茗壶等当留呈 / 法鉴也；洪武鎏金佛像，沪上价大约五十元上下。余容面叙。此颂 / 鉴安。弟实拜。旧十一月十三日。 /

271

另一封也是邓实致罗原觉函（图二二），一页，横 18.6 厘米，纵 26.6 厘米，共有文字 8 行：

原觉吾兄足下：兹由邮汇到大洋叁拾伍元，已收。又由 / 尊友带来之洪武佛像、雷峰塔经卷，均收到，勿念。徐 / 君砖砚新装匣刻铭，拟暂留玩。钱牧斋四种已由 / 邮寄上，到请 / 察入。今年所得佳画，颇有数种，惟皆价昂，在二三百元之上，/ 不合粤中销路。汉玉亦只有重价者。明年如得相当 / 之件，再奉寄。此颂 / 鉴佳。弟实拜。十二月十五。/

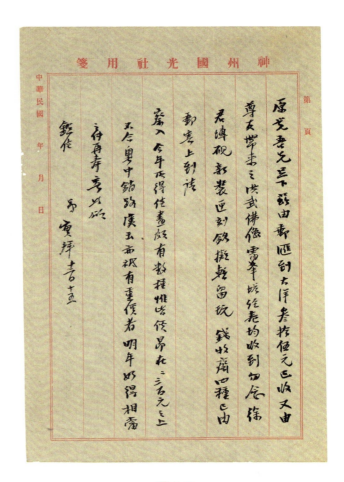

图二二

信中所提"钱牧斋"即钱谦益（1582～1664），明末清初人，明朝东林党领袖之一，后降清。信中提到的"洪武佛像"与上一封书信提到的"洪武鎏金佛像"，以及上述第五组"书信一"记录的 1925 年 6 月 12 日由包裹寄出的"洪武用府造像"，应是同一件物品，由此可初步判断，上一封书信应写于 1925 年农历十一月十三日即公历 12 月 28 日，本书信应写于 1925 年农历或公历 12 月 15 日。

罗原觉往来信函中，还保存有若干个邓实写给罗原觉的实寄封。从中我们亦可感受到邓实与罗原觉二人之间交往之深。

这批实寄封，如从神州国光社地址变迁来划分，可分成三类。

第一类是由上海抛球场北宁波路国粹学报馆神州国光社寄出。这类实寄封，仅存一件。该信封横 8.6 厘米，纵 16 厘米，信封上的文字是"泰安栈 / 罗原觉先生 / 上海抛球场北宁波路国粹学报馆神州国光社缄 月 日 /"（图二三）。按"泰安栈"即客栈名，上海、

图二三

广州均有。朱希祖在 1933 年 3 月 16 日日记中记录："九时至广州省立银行支取薪金，又至泰安栈问上海轮船来广州时刻。"[8] 朱希祖所记的泰安栈位于广州。罗原觉是广东南海人，今广州西关人。从该信封上未见有收信人详细地址，我们可初步推测该信封所写的"泰安栈"是指坐落在上海的"泰安栈"，此时罗原觉应正在上海出差。按神州国光社多次变更地址。据王中秀编著《黄宾虹年谱》考订，1912 年神州国光社的地址是在上海四马路老巡捕房隔壁惠福里[9]，1928 年迁居"福熙路（今延安中路）近同孚路（今石门一路）口之汾阳四百十八号"[10]。据宣统辛亥年二月（1911）印成的《美术丛书》版权页显示神州国光社位于上海四马路惠福里，癸丑年二月（1913）印成的《美术丛书·续集》版权页显示

神州国光社仍位于上海四马路惠福里；而乙卯年五月（1915）印成的《美术丛书·后集》版权页显示神州国光社位于上海抛球场北宁波路四百二十三号。前文已述，1923 年神州国光社已迁移至静安寺路张家花园。由此可知 1911 年至 1914 年神州国光社位于上海四马路惠福里，1915 年至 1922 年迁至上海抛球场北宁波路423 号，1923 年以后迁至上海静安寺路张家花园旧址福如里后弄第三家。

第二类是从上海静安寺路张家花园旧址福如里后弄第三家神州国光社寄出。这类实寄封，若从收信人地址变化，又可分成两种。一种是寄至广州市十五甫和厚里敦复书室。这类实寄封有 4 个，分别是：

信封一，横 8.2 厘米，纵 16.1 厘米，信封上写着："广州市十五甫和厚里八号 / 敦复书屋 / 罗原觉先生启 / 上海静安寺路张家花园旧址福如里后弄第三家神州国光社缄 月 日 /"（图二四），邮戳显示"CANTON 十四年二月四日 广州"，表明该信封寄出时间是 1925 年 2 月 4 日即农历正月十二日。

图二四

信封二，横 8.2 厘米，纵 18.1 厘米，信封上写着："广州市十五甫和厚里八号 / 敦复书室 / 罗原觉先生启 / 上海静安寺路张家花园旧址福如里后弄第三家神州国光社缄 月 日 /"（图二五）。

图二五

信封三，横 8.2 厘米，纵 18.7 厘米，信封上写着："广州市十五甫和厚里八号 / 敦复书屋 / 罗原觉先生启 / 上海静安寺路张家花园旧址福如里后弄第三家神州国光社缄十月十三日 /"（图二六）。邮戳显示"CANTON 十四年十二月四日 广州"，表明该

图二六

信寄达广州的时间是 1925 年 12 月 4 日即农历十月十九日，寄出时间是 1925 年农历十月十三日。

信封四，横 8.2 厘米，纵 18.7 厘米，信封上写着："广州市十五甫和厚里 / 敦复书室 / 罗原觉先生启 / 上海静安寺路张家花园旧址福如里后弄第三家神州国光社缄 月 日 /"（图二七）。

图二七

另一种是寄达广州市逢源西二巷东头新八号敦复书室。这类实寄封有两个，分别是：

信封一，横 8.1 厘米，纵 16.6 厘米，信封上写着："广州市逢源西二巷东头新八号 / 敦复书室 / 罗原觉先生启 / 上海静安寺路张家花园旧址福如里后弄第三家神州国光社缄 十二月三日 /"（图二八）。

图二八

信封二，横 8.1 厘米，纵 15.5 厘米，信封上写着："广州市逢源西二巷东 / 头新编八号 / 敦复书屋 / 罗原觉先生启 / 上海静安寺路张家花园旧址福如里后弄第三家神州国光社缄 月 日 /"（图二九）。

图二九

第三类是从上海静安寺路张家花园旧址福如里一千〇五十三号风雨楼寄出。这类实寄封有两个，一个横 9.6 厘米，纵 15.3 厘米，是寄往日本东京，信封上写着："日本东京市神田区锦町三丁目十九番 / 芳千阁旅馆 ホニル / 罗原觉先生启 / 上海静安寺路张家花园旧址福如里一千〇五十三号风雨楼邓缄十一月七日 /"（图三〇），此时罗原觉正在日本访学。据拙文《罗原觉日本之行考略》考证，1929 年 10 月 25 日罗原觉住在东京神田区锦町芳千阁，次年 4 月已回国[11]。表明该信封寄出时间是在 1929 年农历或公历 11 月 7 日。另一个是寄往香港，横 8 厘米，纵 19.2 厘米，信封上写着："香港青年会（如罗君不在港，请代寄广州） / 罗原觉先生启 / 上海静安寺路张家花园旧址福如里一千零五十三号风雨楼邓缄 四月三日 /"，另邮戳显示"SHANGHAI 十九年四月 上海"（图三一），表明该信封寄出时间是 1930 年 4 月 3 日。

图三〇

图三一

三、结论

邓实和罗原觉二人间的交往始自何时，我们尚不清楚。但从上述遗存往来信函及信封，我们看到二人间的交往主要是集中在20世纪20年代，他们交往的内容主要是有关古物的收购代销以及由此涉及的沪穗两地古物市场价位和市场行情等问题。信中还涉及沪穗两地古物爱好者，如广州的六华斋花县人刘耀岐。信中谈及的古物类别较多，既有古玉、印章、铜器，又有明清名人书札和书法绘画作品等。透过这批信函，我们看到，邓实在积极筹措资金的同时，又在努力为保存中华古物而广泛搜集编辑雕刻摹印、笔墨纸砚、瓷铜玉石、词曲传奇、书画字帖、金石印谱等一切珍玩和古今大美术家著述，从而为保存中华文化做出了积极贡献。他收集古物，既是为了筹措资金，也是看到了中华古物所散发出来的精神感召力。他早在1908年撰写的《神州国光集叙》一文中就写道：

雄邦胜族……必广开博物之院，凡奇碑怪石，古物之至不适用者，莫不罗而致之，然后其趣始博。……故文明之国，其新得既多，则其宝爱旧物亦愈挚，此西方考古之学立会著书、远游掘地之所由日盛也。吾国开化最早，久以优秀之民族，见称环宇，其美术凤工，专门名家，代有传人。故欧美考古名家，莫不竞相搜罗东方美术品，庋藏宝贵，视同环宝，著书摹印，称颂不衰。吾国自汉唐迄今，金石书画，名迹宝光，亦多为收藏家所珍秘。然真迹流传，世愈久则愈少，物愈少则愈珍，非大有力者不能。有寒家白丁且欲求一饱眼福而不可得，故虽有珍品在世，亦仅供一二达官贵人所把玩，缄之玉笥，锢之深斋，兵火偶经，便尔烟灭，其随瓦砾以俱烬者，不知凡几矣。……国学保存会既立三年，藏书之外，复收罗古代美术品，购借搜讨，日积而多，时于《国粹学报》，镂铜公世。兹复有《神州国光集》之刊，……此诚欲假精工以传钜迹，庶海内尤物，人人得而共识之。[12]

由此，我们有理由相信，邓实收罗出版我国古代美术品，实出于一种使命感和责任感，且"欲假精工以传巨迹，庶海内尤物，人人得而共识之"，以达到"发潜德之幽光""读书保国"之目的。

注释

［1］《国粹学报》第一期。

［2］《国粹学报》第一期。

［3］王中秀编著：《黄宾虹年谱》，上海：上海书画出版社，2005年6月第1版，第63页。

［4］王中秀编著：《黄宾虹年谱》，上海：上海书画出版社，2005年6月第1版，第186页。

［5］王中秀编著：《黄宾虹年谱》，上海：上海书画出版社，2005年6月第1版，第153页。

［6］《广州文博（玖）》，北京：文物出版社，2016年10月第1版，第312页。

［7］史哲文《"计白当黑"：邓石如的书、印、诗》，载2019年10月11日《光明日报》第16版。

［8］《朱希祖日记》上册，北京：中华书局，2012年8月第1版，第233页。

［9］王中秀编著：《黄宾虹年谱》，上海：上海书画出版社，2005年6月第1版，第101页。

［10］王中秀编著：《黄宾虹年谱》，上海：上海书画出版社，2005年6月第1版，第187页。

［11］《广州文博（拾）》，北京：文物出版社，2017年10月第1版。

［12］《国粹学报·文篇》第四十二期。

（原载湖南省博物馆编：《湖南省博物馆馆刊》第十五辑，长沙：岳麓书社，2019年12月第1版，第516~530页。）

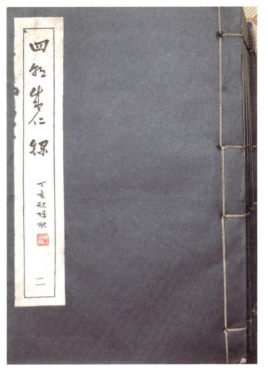

陈融题《四朝成仁录》

采自陈融《黄梅花屋诗稿》

1995 年 8 月，罗德慈女士向广州博物馆捐赠近代学人手札一批，其中就有陈融致罗原觉先生信函一封，两页，每页横 17 厘米，纵 26 厘米，共 16 行（每行结束时，以 / 为标识，见下图）：

泽棠仁兄大鉴：奉 / 覆函，领悉种切。前闻闰同兄谓《国 / 粹学报》载有屈翁山论大汕两书，为 / 《文外》所无，并闻 / 尊处藏有该报全帙。思补阙遗，故妄请 / 假阅。现既已忘其卷页，而册数又复繁 / 多，岂可重劳 / 翻检，当作罢论。至雲虚为椒坪刻 / 青田石印一对，系年前履庵持来舍下，意 / 其举以相赠，实不悉其何来，更无嘱向 / 台端问取之事，且更未闻履庵屡索不 / 还之事。乍读 / 大函，深为骇怪。经原物还诸履庵，因 / 自彼持来，未便迳交 / 足下也。耑覆，即颂 / 时祺。陈融敬启。五.十. /

收信人"泽棠"，即是广东著名文物鉴藏家兼学者罗原觉（1891～1965）。写信人陈融（1876～1955），岭南著名诗人，"字协之，号颙庵，别署松斋、颙园、秋山，原籍江苏，寄籍广东番禺。1876 年（清光绪二年）生。早年肄业于菊波精舍。19 岁入邑庠。1904 年与朱执信等组织群智社于广州西庵书院。翼年加入中国同盟会。1911 年 4 月，参与广州黄花岗之役；武昌起义，广东独立，都督胡汉民任为军政府枢密处处员。1913 年 1 月，任广东省司法筹备处处长……1928 年 10 月，任国民政府行政院政务处处长。1931 年 5 月，任广州国民政府秘书长。1932 年 1 月，任西南政务委员会政务委员兼秘书长，其间并在广州越秀山麓筑颙园，以为论文谈艺之所。1938 年 10 月，广州沦陷，颙园藏书尽失，避地越南，续写《读岭南人诗绝句》……1946 年任广东文献馆理事。行宪后，受聘为总统府国策顾问。1949 年由穗去澳门，晚年居香港。1955 年 11 月在澳门逝世，终年 79 岁。著有《读岭南人诗绝句》《陈颙庵先生读岭南人诗绝句拾遗》《黄梅花屋诗稿》"（《民国人物大辞典》第 1004～1005 页）《颙园诗话》《秋梦庐诗话》《竹长春馆诗》等，编选《越秀集》。

信中所提"闰同"即熊闰同（1899～1974），又名润桐，字鲁柯，又字濯柯，号则庵，广东东莞人，广东高等师范学校毕业，终身从事教育工作。"履庵"即李洸（1903-1945），号吹万，以字行，斋号荆园、吹万楼，广东香山小榄人，曾任中山县第三区中学校长，好古物，富收藏，著有《吹万楼诗》《明遗民伍瑞隆评传》等，编有《鸠艾山人遗集》《李文介公年谱》等。他们二人均是颙园门下客，工诗词，与余心一、曾希颖、佟绍弼等人号称"颙园诗五子"，享有"南园今五子"之美誉。陈融《黄梅花屋诗稿》收录了《怀心一、希颖、履庵、绍弼、闰同偶用斋壁所悬惺默斋诗韵，并呈疢翁》一诗。

关于李洸，著名史学家朱希祖在日记里多次提起。如《朱希祖日记》"1932 年 11 月 16 日"条记载："晚餐时中山大学国文系四年级生李履惶名洸来访，李君香山县人，颇研究明季史事，藏有何吾驹四代诗文集，何吾驹文二十篇。"同年 12 月 28 日又载："三时半李履堪来谈《广东通志略例》，并言其友香山黄佛颐慈博撰有《绍武小纪》，黄君为明黄佐之后，今寓广州永汉北路黄文裕公祠。李君寓东山猫儿冈十九号，颇有藏书。"1933 年 1 月 5 日记载："梁嘉彬来谈一小时，偕至猫儿冈十九号李洸履堪家，借其家藏诗集三种：《元气堂诗集》三卷（南明香山何吾驹撰，嘉庆刊本）《越巢诗集》二卷（何巩道［吾驹子］撰，嘉庆刊本）《南塘诗抄存》上卷（原二卷，何栻［吾驹孙］撰，嘉庆刊本）"5 月 10 日记载："李履堪来，借钮琇《临野草堂全集》十六册去。"5 月 11 日记载："九时至中山大学文史研究所，李履堪携来《朵云山房遗稿》十二卷，明韩上桂撰。"6 月 27 日记录："六时率倞儿至模范村貌儿冈李洸家，还其何吾驹《元气堂集》六册、何巩道《越巢诗集》四册、何栻《南塘诗抄》一册、韩上桂《朵云山房遗稿》四册，因昨晚李君来还钮琇《临野堂集》十六册，故尔答访。"看来，朱希祖在广州教学期间，与李洸的来往较为密切。

该信虽没有留下书写年份，但信中所述之事均发生在广州，我们根据信的内容推断该信当写于20世纪30年代，主要理由有二：一是信中所提李履庵卒于1945年，二是自1937年抗日战争全面爆发后，陈融举家避居越南，直到1945年抗战胜利后才返抵广州。

陈融在信里谈了两件事：一是向罗原觉借阅《国粹学报》，以查找该报曾刊登过的屈翁山论大汕两书；二是向罗原觉解释李履庵青田石印一事。这两件事足可反映陈融的学术志向。

第一件事说明陈融在关注南明史，收藏南明历史典籍及研究岭南人的诗作。信中所提《文外》指《翁山文外》，是屈大均的著作。"屈翁山论大汕两书"见于1911年《国粹学报》第7卷第4期第129至138页。《朱希祖日记》1933年7月13日记录："九时至中山大学，偕萧冠英教务长乘汽车至邹海滨校长家，商定文史研究所招研究生四名，并托问陈融所藏《皇明四朝成仁录》刻本，预备将来一观。"后来朱希祖在《皇明四朝成仁录跋》一文中又谈及："或言广州陈融藏有刻本《皇明四朝成仁录》，余托友人多方询问，杳无消息，盖未经目睹，不敢信其有无也。"（《明季史料题跋（外二种）》，北京中华书局，2012年8月第1版，第72页）20世纪30年代，朱希祖正在四处收集屈大均的著作，并为撰写屈大均传作准备。而《皇明四朝成仁录》是屈大均"最精心之作，盖其中年已创始为之，至晚年则为之尤力"（《明季史料题跋（外二种）》第72页）。

第二件事反映了陈融喜欢收藏古印玺。信中所提"云虚"是指广东南海人柯有榛（1814- ？），字云虚，号里木山人，又号有辛、云虚散人，别署迁道人。画山水、花卉、人物，各体皆工，尤擅摹古，精刻印，著成《里木山房印存》二卷及《里木山房印谱》四卷，后者已佚。今广东省立中山图书馆珍藏有陈融编著《颙园藏石》（36册）、《黄梅花屋集印》（7册钤印本）和《黄梅花屋印存》（8册钤印本）等印谱汇编。

有关陈融的诗文贡献，叶恭绰在1948年刊印的《黄梅花屋诗稿》"序文"中给予了高度评价，认为"颙园之诗，清刚深切，与后山简斋（笔者按即北宋诗人陈与义）为近，可谓能传其绪""颙园以诗名海内久矣……且岭南风雅之销（消）沉久矣。今得颙园，起而振之，一章一句，若与山川运会，争其光显，矧流风所被，蔚为时宗。"该诗稿"跋"文有记："陈协之先生，国桢乡望，余事为诗，谢政以还，纂述日富，尤以《读岭南人诗绝句》四千余首，自唐张曲江以迄民国能诗诸先辈，搜罗宏备，评骘精详，可称粤中唯一巨著。其他存稿，独摅渊抱，刊尽浮辞，空谷孤芳自成馨，逸于岭海诗坛，独树一帜，实握转移风会之枢，宜与海内人士以共见。"

（原载《中国文物报》2022年6月7日第6版"鉴赏专刊"）

1949 年 1 月 19 日，受聘岭南大学的陈寅恪教授，乘船至广州珠江南岸康乐园岭南大学北门码头，受到校长陈序经及文学院师生的热烈欢迎。在场的欢迎人员当中，就有李沧萍教授。可是，意想不到的是，数月后的 3 月 3 日，李沧萍去世，年仅 54 岁。为此，陈寅恪作《挽李沧萍教授》："短梦兴亡，珠海魂归迷故国。高楼风雨，玉谿春尽感斯文。"表达了对李沧萍教授的无限思念及对其诗学成就的赞誉和个人独特的伤世忧时之感。

李沧萍，名李汉声，1897 年出生，广东丰顺人，民国著名学者黄节、朱希祖的学生，毕业于北京大学国文系[1]，后留居北京继续读书问学。1927 年返回广州，先后任教国立中山大学中国语言文学系[2]、岭南大学文学院，教授诗学，同时担任教育部、广东省教厅、广东通志馆的秘书，著有《诗学大纲》《诗学通论》《楚辞通论》等。

笔者在整理黄宝权及女罗德慈女士捐赠物品时，新见李沧萍信函 14 封及相关信封 10 个。本文通过考证，明确了这批信函的书写时间主要集中在 20 世纪 30 年代初期。这批信函、信封不仅记录了国立中山大学初创时期的若干资讯，而且反映了李沧萍的个人学术志向和情趣，丰富了中山大学校史资料，并为了解李沧萍的个人生平资料，具有一定的学术价值。

一、关于校长邹鲁聘请黄节任教中山大学的部分细节

邹鲁担任中山大学校长期间，曾积极向有关学者发出邀请，聘请他们到广州任教。广东顺德籍学者黄节就是被邀请的一名学者。

在这批新见李沧萍信函中，有 3 封信函披露了邹鲁聘请在北京任教的黄节南下中山大学任教的一些信息。

李沧萍是黄节最满意的学生之一。吴宓在《最近逝世之中国

诗学宗师：黄节先生学述》一文中写道："黄先生在北京大学等处，授诗学十余年，著籍弟子极众。以宓所知，门弟子中，最切实用功，可望传先生之学，而为先生所喜者，凡二人（皆北京大学国文系毕业）。一曰李汉声，字沧萍，广东丰顺人。"[3]李沧萍"今为广州中山大学国文系教授，授诗学各门。黄先生有《岁暮示李沧萍》五古诗一首，载《学衡杂志》五十五期。沧萍之弟韶清，为黄先生婿。沧萍娶黄公度先生（遵宪）孙女"[4]。可知黄节和李沧萍不仅是师生，而且李沧萍的弟弟李韶清又是黄节的女婿。

第一封《李沧萍致罗原觉函》（图一）仅一页，横 12.8 厘米，纵 23 厘米，共有文字 8 行（每行结束，以 / 为标识，下同）：

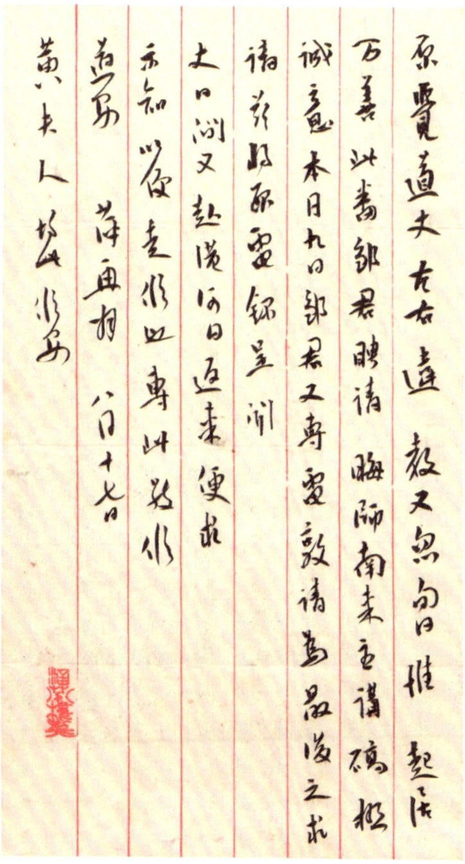
原觉道丈左右：违教又忽旬日，惟起居
万善。此番邹君聘请晦师南来主讲，确极
诚意。本月九日邹君又专电敦请，为最后之求
请，兹将原电录呈。闻
丈日间又赴港，何日返来，便求
示知，以便走候也。专此敬候
道安。 萍再拜 八月十七日
黄夫人均此候安

图一

原觉道丈左右：违教又忽旬日，惟起居 / 万善。此番邹君聘请晦师南来主讲，确极 / 诚意。本月九日邹君又专电敦请，为最后之求 / 请，兹将原电录呈。闻 / 丈日间又赴港，何日返来，便求 / 示知，以便走候也。专此敬候 / 道安。萍再拜。八月十七日。/ 黄夫人均此候安。/

该函使用"涵芬楼笺"。信中未署年款，只写了"八月十七日"。信中提到"本月九日邹君又专电敦请，为最后之求请"及"此番邹君聘请晦师南来主讲，确极诚意"，说明邹鲁聘请黄节是真心实意的。信中所言"邹君"即邹鲁，"晦师"即黄节，"黄夫人"即罗原觉的妻子"黄宝权"。可知该信写于邹鲁作"最后之求请"后不久。

庆幸的是，《邹鲁致黄晦闻函》（一页，横12.8厘米，纵23厘米，图二）中的内容被李沧萍抄录了下来，为进一步了解邹鲁聘请黄节一些细节，提供了珍贵的资料。信函共有文字7行：

北平东城大羊宜宾胡同二十四号黄晦闻先生道鉴：/惠电奉悉。公海内大师、儒林宗匠，且吾粤为桑梓之邦/，谊不可辞，用特再申恳款之诚，为三拜之请，伏乞公仍赐俯允，惠然命驾；将见教泽所/被，学风丕变，不特诸生有所遵式，而鲁亦拜承嘉惠，为/无穷期矣。聘书另由邮呈，并乞代为孟劬先生劝驾。弟/鲁叩佳。（八月九日发电）（尚未得复）/同日并致孟劬先生一函，函文大致相同。/

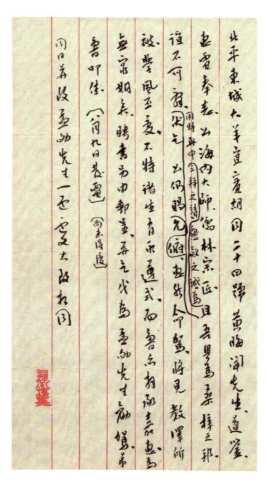

图二

该函也是写在"涵芬楼笺"上。笔者推测，此时中山大学公用信笺可能是"涵芬楼笺"。信中透露，此时黄节正住在北平东城大羊宜宾胡同二十四号。邹鲁在信中高度称赞黄节是"海内大师、儒林宗匠"，表示已行"三拜之请"，邀请黄节回乡任教。信中写道，黄节如"俯允，惠然命驾，将见教泽所被，学风丕变，不特诸生有所遵式，而鲁亦拜承嘉惠"。

信中还提到"孟劬"，即张尔田（1874～1945），浙江钱塘（今杭州）人，"清举人。先后任刑部主事、知县。辛亥革命后闲居。1913年参加孔教会。1914年清史馆成立，任纂修。1915年曾应沈曾植邀请，参加编修《浙江通志》。1921年起，先后在北京大学、北京师范大学、中国公学、光华大学、燕京大学等校任中国史和文学教授。后在燕京大学哈佛学社研究部任职。1945年2月15日在北平病逝。终年71岁。著有《史微》《钱大昕学案》，《清史稿》中之《乐志》《刑法志》，《地理志》江苏部分，《李之芳列传》《后妃列传》等。并有《蒙古源流笺证》《蛮书校补》《元朝秘史注》出版。"[5]

黄节和张尔田均是民国时期知名学者。邹鲁在信中还提到8月9日给黄节和张孟劬二人发出电文聘请任教中山大学一事。

第二封《李沧萍致罗原觉函》（图三、四），有3页，每页横10.6厘米，纵28厘米，共有文字11行：

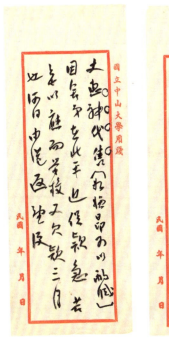

图三

原觉仁丈先生：手教奉悉，晦 / 师近无示到，到时当奉告。/《翁唐碑目》、伊联二件，拟以港 / 纸五十元售去，千乞 / 丈惠神代售（如嫌昂，可以酌减）。/ 因舍弟在北平，近促款急，若 / 无以应，而学校又欠款三月 / 也。何日由港返，望便 / 示知，以便走候。手复，肃候 / 道安。萍再拜。十九日。/ 黄夫人均候。/

289

图四

　　该函使用"国立中山大学用笺"。李沧萍在信中告诉罗原觉，他弟弟正在北平读书，已欠三个月的学费，急需补交，故请求罗帮忙卖掉《翁唐碑目》和伊联。笔者按《翁唐碑目》指《清翁覃谿唐碑选目》，"伊联"或指清代著名书法家伊秉绶（1754～1815）的书法作品。信中还透露，"晦师近无示到，到时当奉告"，表明此时黄节尚未表示同意接受聘请，罗也很关心此事。该函与上述两函的书写时间相近。

拙稿《从新见信函谈国立中山大学初创时期的两件事》曾考订上述《邹鲁致黄晦闻函》的书写时间是 1932 年 8 月 9 日[6]，笔者据此推断，上述《李沧萍致罗原觉》两函书写时间分别是1932 年 8 月 17 日和 8 月 19 日。同时，用毛笔竖写"西关宝源东街二十七号 / 敦复书室 / 罗原觉先生台启 / 东山李上"及刻印"校址广州市越秀山麓 / 广州市市立第一中学校缄 / 自动电话：壹 00 三壹 /"的信封（横 10.6 厘米，纵 22.6 厘米，图五），因其邮戳上文字显示"东山 / 廿一年八月二十"即 1932 年 8 月 20 日，可知该信封是用来装上述第二封《李沧萍致罗原觉函》的。

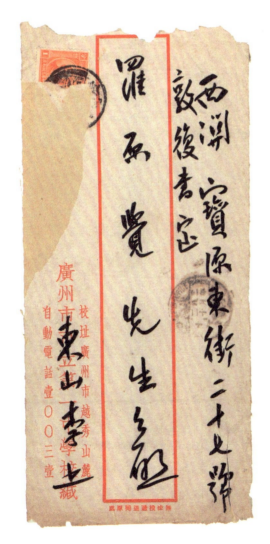

图五

第三封《李沧萍致罗原觉函》（图六、七），两页，每页
横 20 厘米，纵 30.5 厘米，共有文字 11 行：

原觉仁丈先生：昨得晤
教，至快。/顷奉二日
惠示，知翁册已代出去，
/极感。该数请丈日间
港回后，/便中费神交
彬甫先生为幸。/今日
晤邹君，适晦师与邹
/君快函，略云尊意殷勤，
且责/以大义，不能固
辞，惟至速亦须/待本
学期终了、寒假后，方
/能南归云。手复并颂/
道祺，不一一。萍顿首。
/九月三日夜。/

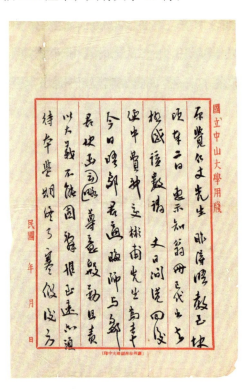

图六

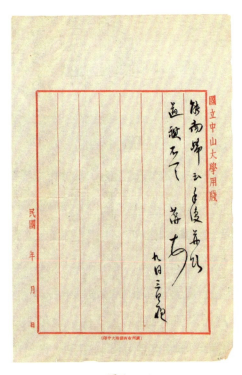

图七

该函使用"广州市西湖路大中印国立中山大学用笺"。民国时期，广州西湖路一带聚集了许多印刷厂。信中谈及罗原觉已帮忙在香港将"翁册"（按指《清翁覃谿唐碑选目》）代售出去了，并请罗将钱交给"彬甫"。按"彬甫"即马彬甫，广州一藏家，《朱希祖日记》多次提及，如朱希祖 1932 年 10 月 24 日记录："至登云阁（笔者按：位于财政厅前）看旧书。遇马彬甫先生，马先生藏南明人诗文集颇多，拟一造其观焉"；1933 年 7 月 9 日记录："十时半偕谢贞盤、李沧萍至西关马彬甫，本约谢君与余观彼藏书，因马与李有小嫌，竟托故改明日去观"，7 月 10 日"十时半偕谢贞盤君至西关马彬甫家看书，无甚佳本，约择一二种，托谢君商购"，7 月 14 日"十二时偕谢贞盤至登云阁书庄赴马彬甫之约，与李仲约文田先生之子及孙相会，马君实未切实约定，徒劳往返，屡次爽约，此人之无信用可知，此等人以后不可再与往来。"

信中透露，黄节受邹鲁"殷勤""责以大义"之影响，已有意南归，但须"待本学期终了，寒假后方能南归"。据此亦可判断该函当写于 1932 年 9 月 3 日夜。

虽然邹鲁三番五次盛情邀请，但黄节最终没有南下广州任教。黄节与中山大学失之交臂。

二、关于民国广州及李沧萍个人资讯问题

李沧萍在信中除披露民国广州市的相关资讯外，还谈到自己与相关学者的交往情况，以及中山大学部分任教老师近况，丰富了中山大学校史内容。

1. 岭南图书流通社

岭南图书流通社是由罗原觉创办，起初设在中山大学校园附近的广州市文明路 145 号，专售粤中刊本[7]。

《李沧萍致王秋斋函》（一页，横 20 厘米，纵 30.5 厘米，图八）有文字 8 行：

秋斋丈左右：秋来惟 / 起居万福，造述日弘。此间原觉先 / 生近开设一岭南图籍流通社，专售 / 粤中刊本，流通各处图书，亦行善也。 / 吴门各书坊，拟请 / 吾丈为一介绍，使其以后可直接接洽， / 则感激高厚无已时矣。手肃致候 / 道安。晚萍顿首。七日。 /

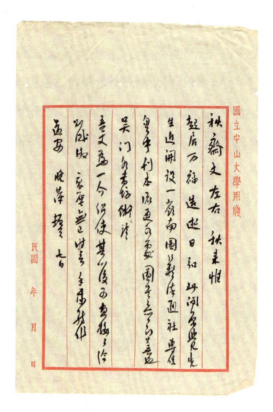

图八

该函使用"国立中山大学用笺"。信中所云"秋斋"即王秋湄（1884～1944），广东番禺人，著名书法家，20世纪20年代初定居苏州。该函的信封（横 10.6 厘米，纵 22.1 厘米，图九）被保存了下来，上面书写"苏州阊门外大马路四摆渡 / 六七二号半 / 王秋斋先生 / 李上 / 国立中山大学缄 / "，可知此时王秋湄正住在"苏州阊门外大马路四摆渡六七二号半"。

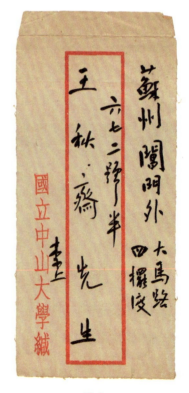

图九

李沧萍在信中极力向王秋湄推介岭南图书流通社，请他介绍"吴门各书坊"与罗原觉相识，以便两地图书能够流通起来。

信中写道"秋来惟起居万福"，显示该函应写于秋季，且在岭南图书流通社开办后不久，即 20 世纪 30 年代初。

2. 黄节《诗旨变雅》与李沧萍的个人处境

《李沧萍致罗原觉函》（图一〇）一页，横 20 厘米，纵 30.5 厘米，共有 9 行文字：

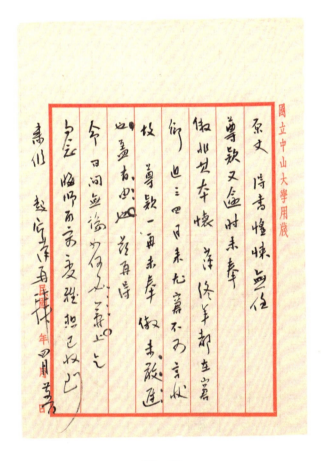

图一〇

该函是写在"国立中山大学用笺"上的。信中所云"《变雅》"，是指黄节 1929 年出版的《诗旨变雅》[8]。李沧萍在信中不仅告诉罗原觉，黄节已向他寄来了《诗旨变雅》一书，而且说明自己终年都在窘乡，"近三四月来尤窘，不可言状"。笔者推测，有可能是因为罗原觉开办了岭南图书流通社，所以黄给罗寄来了《诗

295

旨变雅》一书,以方便代售。这也表明该函应写于岭南图书流通社运行期间,即 1933 年或 1934 年的 4 月 25 日,此时正是李沧萍遭遇窘境的时期。

与此同时,我们还看到"广东通志馆缄"专用信封(横 9.7 厘米,纵 19.4 厘米,图一一)正面用毛笔书写"本市西关逢源中约 / 三十八号敦复书室 / 罗原觉先生台启 / 东山萍上 /"等文字,其邮戳虽残缺,但显示有"五"字。按邮戳格式,"五"字所处位置是指日期。从残存位置看,缺字部分有可能是"十"或"廿"字。

图一一

据此可推测该信封是用来装这封书信的。

3. 熊闰同的大作"意境深邃"

《李沧萍致罗原觉函》（图一二），一页，横 12.9 厘米，纵 23 厘米，共有 8 行文字：

图一二

原觉仁丈先生：手教奉悉，承代交彬甫／先生款，至感。校议中有妄者轻言，诚如尊论云云。／详情容日面告。昨日诣述丈，原欲顺诣左右，／因雨阻天晚不果，更于述丈许，得读闰兄大作，／意境深邃，全从六一、半山之手。读竟，为之钦折／神王者。再，异日当与丈同造闰兄求教，并一快论也。明／日赴澳，约二三日还省。顺奉上中文各课程表一份，希／赐察为幸。手颂起居。萍再拜。十八夜。／

该函内容是写在"涵芬楼笺"上。信中所言"述丈"是指陈洵（1870～1942）；"闰同"即熊闰同（1899～1974），又名熊润桐，广东东莞人，工诗善文，兼擅书法，有"南园五子"之名，终生从事教育，著有《劝影斋诗》；"六一"即欧阳修，"半山"即王安石。李沧萍在信中不仅提及中山大学"校议中有妄者轻言"

297

一事，而且认为熊闰同的大作"意境深邃"，有欧阳修、王安石之遗风，评价甚高。遗憾的是，信中未指明是熊闰同哪一篇大作。信中还提及"奉上中文各课程表一份"。

该函落款时间是 18 日夜。而在这批信封中，有一个信封（图一三），横 10.4 厘米，纵 22.3 厘米，上面书写"西关宝源东廿七号 / 罗原觉先生台启 / 国立中山大学李缄 /"等文字，其邮戳日期是"九月十九"。很显然，这个信封是用来装这封信的。

据此可推断，该函应写于 9 月 18 日夜。

图一三

4. 朱希祖借阅《东林别乘》一书的情况

《李沧萍致罗原觉函》（图一四），一页，横 21.2 厘米，纵 30.3 厘米，共有 8 行文字：

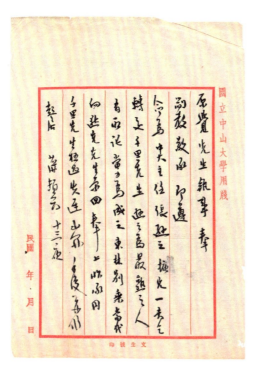

图一四

原觉先生执事：奉／札教，敬承即遵／命为中大主任张逊之掖兄一书，乞／转交千里先生。逊之为最熟之人，／有所托，当力为成之。《东林别乘》当代／向逊先先生索回奉上。昨承同／千里先生枉过。失迓，至罪，手复，并候／起居。萍顿首。十三夜。／

该函写毕后，李沧萍觉得还有话要说，又补写了一页（横21.2厘米，纵30.3厘米，图一五）。该页有6行文字：

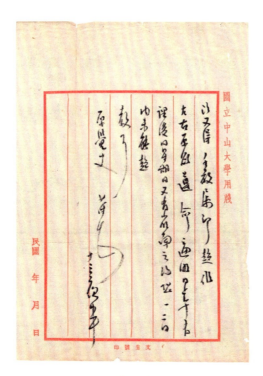

图一五

顷又得手教，属即趋候／左右。原欲遵命，适明日上午有／课，后日星期日又有岭南之约，恐一二日／内未能趋／教耳。／原觉丈。萍顿首。十三夜半。／

299

这两页纸都是"文生号印国立中山大学用笺"。信中所提"张逊之"，此时正担任中山大学中国语言文学系主任，"逖先"即朱希祖。据《朱希祖日记》记载，1933 年 7 月 9 日朱希祖曾向罗原觉借阅《东林别乘》一书。另据 1933 年 10 月 19 日《朱希祖致罗原觉函》记载，当日朱已向罗归还了《东林别乘》一书。故可知这封《李沧萍致罗原觉函》写于 1933 年 7 月 9 日至 10 月 19 日间的某日。

该函提到"后日星期日"又有岭南之约。在 1933 年 7 月至 10 月期间，从 13 日算起，后天是星期日的，只有 10 月 15 日这一天符合条件。由此判断该函写于 1933 年 10 月 13 日。

5. 李沧萍重播文史

《李沧萍致罗原觉函》（图一六），两页，每页横 10.3 厘米，纵 26.4 厘米，共有文字 8 行：

原觉先生：违 / 教经年，思慕无已。前闻 / 台从去国，无从通 / 候，顷承 / 枉过失迓尤罪。萍已谢民政事，/ 日间重播文史，颇不辍业。晦师 / 想时有通讯，舍弟清已于昨日同韶 / 石赴江宁，或两月再行返粤。/

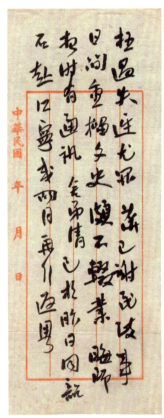

图一六

该函未署年款。信中所提"清"即指李韶清，是李沧萍的三弟；"韶石"指黄韶石，黄节之女，李韶清的妻子。信中云"台从去国"，指罗原觉赴日本一事。据考，罗原觉是在1929年2月中旬离开广州，启程前往日本，次年4月3日前回到国内。[9]据此推断该函应写于1930年罗回国后不久。

信中还提到，李沧萍已辞去民政厅一职，重操文史，继续教书育人。

6. 李沧萍讲授元好问诗

《李沧萍致罗原觉函》（图一七），一页，横8.4厘米，纵25.8厘米，共有6行文字：

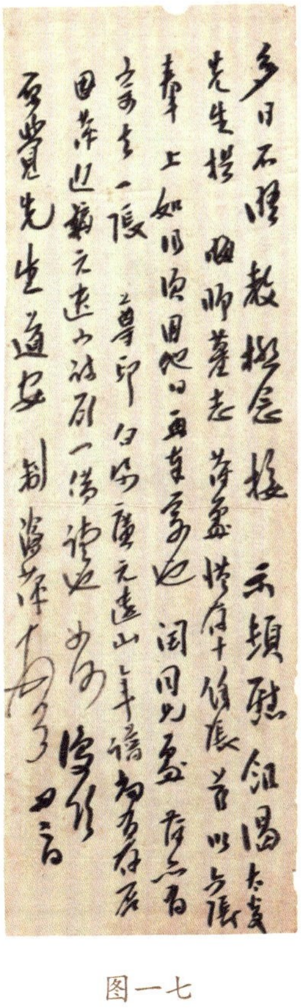

图一七

多日不晤教，极念。接示，顿慰饥渴。太炎/先生撰晦师墓志，萍处仅存十余张，兹以六张/奉上。如仍须用，他日再奉寄也。闰同兄处，萍亦有/寄去一张。尊印白纸《广元遗山年谱》尚有存否？/因萍近讲元遗山诗，欲一借读也，如何？/原觉先生道安。制沧萍顿首。/（复信，四、一日）。

信中所云"太炎"即章太炎，"闰同"即熊闰同，"《广元遗山年谱》"为李光廷著作。李光廷（1812～1880），字著道，号恢垣，番禺人。清咸丰元年（1851）举人，次年进士，曾主讲禺山书院。同治二年（1863）补学海堂学长，嗣执掌端溪书院以终。

工诗及骈散文，尤精研史学地理。晚年以抄书自娱，凡63种，各系以跋，成《守约篇丛书》160卷。另著有《汉西域图考》《北程考实》《宛湄书屋文钞》等。信中所见"复信，四月一日"应为罗原觉所批内容。

另据吴宓《最近逝世之中国诗学宗师：黄节先生学述（续）》记载，黄节于1935年1月24日下午1时半在北平寓宅逝世。[10]罗氏复函应是写于黄节去世后的1935年4月1日。

信中还透露，李沧萍为讲授元好问诗，特向罗原觉借阅《广元遗山年谱》一书。

三、李沧萍心系地方学者字画

李沧萍教书之余，喜欢收藏名人字画。下面几封信函充分反映李沧萍有爱好古物的情趣。

第一封《李沧萍致罗原觉函》（图一八），一页，横8.4厘米，纵25.8厘米，共有6行文字：

原觉先生：孝臧来一书，今奉竹简斋廿四史，/何如便示及俾转孝臧。昨晤丹铭先生，云已将/翁卷转告其后人。前所见九江先生卷，可割/让否？龚章字，可略减否？匡粲兄今日已入/中大第一医院，并及。手候/起居。制沧萍顿首。二月二。/

图一八

信中所提"孝臧"即朱祖谋（1857～1931），字古微，号沤尹，又号彊村，浙江归安人。光绪九年(1883)进士，历官编修、侍讲学士、礼部侍郎。出为广东学政，因与总督龃龉，辞官，游览名山大川，吟咏自遣。后卒于上海。朱孝臧始以能诗名，为京官时，与王鹏运交，弃诗而专攻词。著有词集《彊村语业》二卷，身后其门人龙榆生为补刻一卷，收入《彊村遗书》。又校刻唐宋金元人词为《彊村丛书》，并辑有《湖州词征》《国朝湖州词》等。

信中还提及"丹铭"，即温丹铭（1869～1953），"匡粲"即陆匡粲，龚章（1637～？），清代归善县（今惠州）人，康熙十二年（1673）进士，工书法，尤善草书。信中向罗原觉提出，欲收藏朱九江先生卷和龚章字。

该函未署日期。罗氏批注为"二月二（日）"。据《朱希祖日记》记载，陆匡粲入中山大学第一医院是在1933年。故可推测，该函写于1933年2月2日。

第二封《李沧萍致罗原觉函》（图一九），一页，横13.2厘米，纵23厘米，共有8行文字：

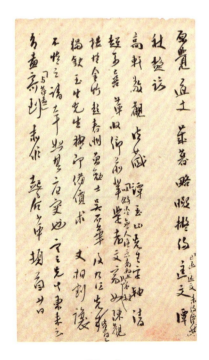

图一九

原觉道丈：岁暮略暇，拟约匡文（已函匡文，未约谭秋）、谭 / 秋趋访 / 高轩，敬观法藏。谭玉止先生字轴，清 / 超可嘉。萍收乡前辈学者文家（以僻冷无人注意者为上）字轴，如陈观 / 楼、胡金竹、彭春洲、曾勉士、吴石华，及九江先生皆得之，/ 独缺玉址先生。拟即备价，求丈相割让。/ 不情之请，幸恕其唐突也。言之先生东来，云 / 有画寄到（与萍书）。肃候起居。萍顿首。廿日。/

信中所提"匡文"即陆匡文（1891～1964），广东信宜人，中国同盟会会员；"玉止"即谭莹（1800～1871），字兆仁，号玉生，广东南海人，道光二十四年举人，历官化州训导，升琼州府学教授，加内阁中书衔，著有《乐志堂诗集》《乐志堂文集》，辑《岭南遗书》《粤东十三家诗集》《楚庭音旧遗诗》等。陈澧在《致郑小谷函》中评价"朋旧中谭玉生之浩博"[11]。"陈观楼"即陈昌齐（1743～1820），字宾臣，号观楼，广东雷州人，清乾隆三十六年进士，精通天文、历算、地理、医学等。"胡金竹"，据陈垣1963年12月《跋胡金竹草书千字文》云："名方，字大灵，号信天翁，新会金竹冈人，学者称金竹先生。陈东塾序先生《鸿桷堂集》，有曰：'粤之先儒，自白沙先生后，越百余年而有金竹先生，粤人皆以金竹比白沙。'则金竹之时望可知也。"[12]该文又据李文藻《南涧集·金竹先生传》，考订胡金竹生于顺治十一年甲午，雍正五年丁未卒，享年74岁。陈垣约于1929年作《题胡金竹先生草书千字文》："棠下墟期三六九，先生故里幼常过。当年未读乡贤传，天地玄黄总咏歌。江村画跋年前见，朱草诗林今又闻。翰墨因缘真不浅，早从鸿桷诵遗文。（自注：余十七岁得读《鸿桷堂集》）"[13]"彭春洲"，讳泰来，字子大，号春洲，广东高要人，乾隆五十五年秋生，同治五年卒，享年77岁，幼有颖悟，15岁补邑庠生，24岁选拔萃科，入京会考，不录，遂绝意科举，家居以文籍自娱，著述颇多，有《彭泰来集》16册，收录有《昨梦斋文集》《诗义堂集》《诗义堂后集》《天问阁外集》《高要金石略》《南雪草堂诗钞》等。"曾勉士"即南海曾钊，"吴石华"即嘉应吴兰修，九江即朱九江。

信中所提人物，均属粤籍学人。李沧萍在信中还提示罗原觉，其个人收藏标准是"以僻冷无人注意"的"乡前辈学者文家"为上。

四、余论

从上述考释中，可知这批信函的写作时间主要集中在 20 世纪 30 年代初期，其内容主要涉及中山大学和李沧萍个人生活情趣、治学方向等。我们从中感受到李沧萍不仅交游较广，而且人缘好。从《容庚北平日记》《顾颉刚日记》《朱希祖日记》，我们均能读到相关记录。

如《容庚北平日记》记录，1925 年"五月二十四日与陈宗圻、祖弟到李沧萍处"（第 28 页），"十二月二十四日星期四，四时李沧萍与闵孙奭来"（第 56 页）。1927 年至 1928 年间，顾颉刚受聘广州中山大学任教期间，与李沧萍交往密切。《顾颉刚日记》卷二记录，1927 年 11 月 12 日顾颉刚在广州晤李沧萍（第 103 页），11 月 16 日李沧萍来（第 104 页），12 月 17 日到沧萍家（第 113 页），12 月 18 日到沧萍处（第 113 页），12 月 20 日沧萍来（第 114 页）；1928 年 1 月 1 日晤沧萍（第 121 页），1 月 2 日沧萍来（第 121 页），1 月 8 日到沧萍处，未遇（第 123 页），1 月 19 日沧萍兄弟来（第 125 页），1 月 20 日遇沧萍之弟（第 126 页），1 月 27 日"予在粤固无甚意味，但为骝先、孟真友谊所困，无法决绝，非至万不得已不便易地耳"，2 月 6 日沧萍来（第 131 页）。1932 年 10 月至 1934 年 2 月，朱希祖受聘任教广州中山大学期间，也与李沧萍交往密切。朱希祖离开广州到南京任教后，与李沧萍仍保持着联系。《朱希祖书信集》中有两封书信提及李沧萍，一封是 1936 年 12 月 14 日致朱偰信函。信中谈道：

李沧萍托汝寄来《辽史拾遗补》五卷二本，今日始收到。此书为杨复吉撰，江苏书局已有刻本，与厉鹗《辽史拾遗》刻在一处，余皆有之，今仍由邮局将原书寄还。《陶诗汇注》李君如必欲得，可以南明人集择余所未有者交换。梁朝《钟喻园文集》余已得一

钞本，四册，诗文皆全，李君处南明人集可开一目录来，如价值较陶集高者不妨找钱也。（第 169 页）

另一封是 1937 年 2 月 3 日致朱偰函：

李沧萍屡次要我《陶集汇注》，欲以原价二十四元让他，余曾去信拒绝，实为不情。今愿让与他，以慰他积想。盖此书，余数十年仅见此本。（第 172 页）

黄、罗捐献物品中，还有两封《李沧萍致罗原觉函》。笔者目前暂无法判断其书写时间。这两封书信各为一页纸，其中一封横 21.4 厘米，纵 27.4 厘米，有文字 7 行（图二〇）：

白水《山水轴》，拟乞 / 假我一读，数日即奉还，必 / 不怀升庵之想也，但此事 / 亦求便中可耳。如不便，则 / 置之，无关紧要也。此上。 / 原觉先生。萍顿首。 / 十二日。 /

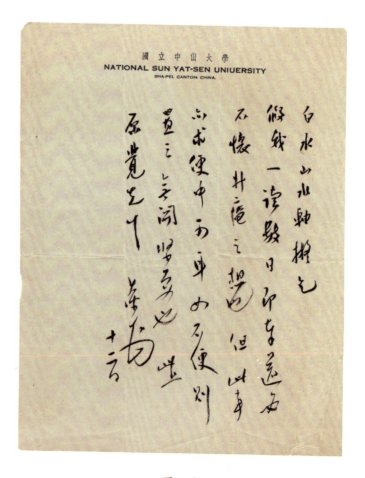

图二〇

306

该信使用"国立中山大学/NATIONAL SUN YAT-SEN UNIVERSITY/ SHA-PEI. CANTON. CHINA/"信笺。信中提到向罗原觉借读"白水《山水轴》"。"白水"有可能是指林白水,中国报界先驱。在这批信封中,有一个信封(图二一)横10.7厘米,纵17厘米,上面用毛笔书写"敬上/原觉先生/萍简□/",信封左下角印制"国立中山大学/SUN YAT-SEN UNIVERSITY/ CANTON. CHINA."从其形制判断,笔者怀疑该信封是用来套装这封书信的。

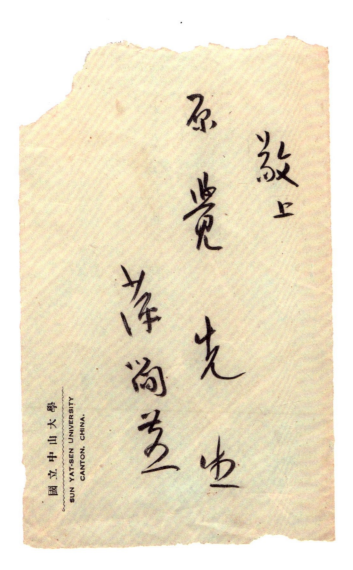

图二一

另一封书信横 12.3 厘米，纵 29.7 厘米，上有文字 5 行（图二二）：

原丈左右：手教，敬承 / 惠假之项，经年未奉璧，非其本怀，/ 日间当筹上，祈为 / 原恕为幸。手候 / 起居，□□。萍再行。廿三。/

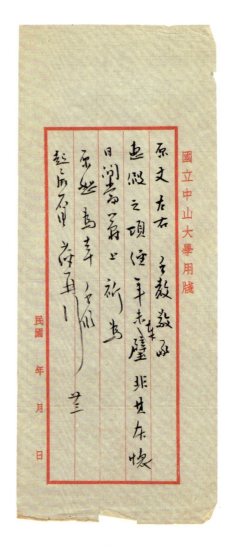

图二二

该函使用"国立中山大学用笺"。信中提及"惠假之项"，似与上文提及借阅《山水轴》有关。如是，则这两封书信的书写时间较为接近。

在这批信封里，还有 5 个信封，未能判断是用于哪封书信。如：

信封一（图二三），横 12.2 厘米，纵 23.8 厘米，正面毛笔书写"□致 / 罗原觉先生 / 国立中山大学缄 萍上 /"等文字。

308

图二三

    信封二（图二四），横10.7厘米，纵22.2厘米，正面毛笔书写"西关宝源东街廿七号／罗原觉先生／国立中山大学缄李简／"等文字，有邮戳，残存"十月"二字。

图二四

信封三（图二五），横 10.4 厘米，纵 22.6 厘米，正面毛笔书写"西关宝源东二十七号／罗原觉先生台启／国立中山大学缄／"等文字，有邮戳，残存"番禺（广州）二□．十一月廿九 PANYU(CANTON)"等文字。

图二五

信封四（图二六），横 9.9 厘米，纵 20 厘米，正面刻印"校址广州市越秀山麓／广州市市立第一中学校缄／自动电话：壹〇〇三壹／"等字，并有毛笔书写"西关宝源东街／二十七号敦复书室／罗原觉先生／东山龟岗／"等字。

图二六

信封五（图二七），横 7.6 厘米，纵 18.5 厘米，正面毛笔书写"百子路菜园北五号敦复书室 / 罗原觉先生 / 萍上 /"等字。

我们虽然无法判断这些信封使用的具体时间，但可肯定它们都是李沧萍在中山大学任教期间使用的，这也表明李沧萍与罗原觉交往较多，二人因收藏名人书画而结缘。

图二七

注释

［1］《朱希祖日记》上册，第 161 页。

［2］《朱希祖日记》上册，第 265 页。

［3］载《大公报》1935 年 1 月 29 日星期二第四版。

［4］载《大公报》1935 年 1 月 29 日星期二第四版。

［5］徐友春主编：《民国人物大辞典》，石家庄：河北人民出版社，1991 年 5 月第 1 版，第 964 页。

［6］载涂成林主编：《当代广州学评论》2018年第1期，北京：社会科学文献出版社，2018年7月第1版，第274页。

［7］程存浩：《古直与"读经风波"》，载《中国文物报》2018年12月11日第7版"收藏鉴赏周刊"。

［8］刘斯奋选注：《黄节诗选》，广州：广东人民出版社，1993年10月第1版，第321页。

［9］程存浩：《罗原觉日本之行考略》，载《广州文博（拾）》，北京：文物出版社，2017年10月第1版，第292～310页。

［10］见《大公报》1935年1月28日第一张。

［11］《陈垣全集·跋陈东塾与郑小谷书墨迹》第7册，北京师范大学出版集团、安徽大学出版社，2009年12月第1版，第741页。

［12］《陈垣全集》第7册，北京师范大学出版集团、安徽大学出版社，2009年12月第1版，第574页。

［13］《陈垣全集》第22册，北京师范大学出版集团、安徽大学出版社，2009年12月第1版，第544页。

　　粤籍学人罗原觉先生（1891～1965）私人信件中，存有一封信函，后由其女罗德慈捐赠给广州博物馆。该函一页，横 10.6 厘米，纵 20.1 厘米，从右往左毛笔竖写，共 3 行文字，因内容过于简单，其学术价值长期被湮没。笔者在广东省社会科学院历史研究所二级研究员王杰先生的帮助下，试释信函内容如下

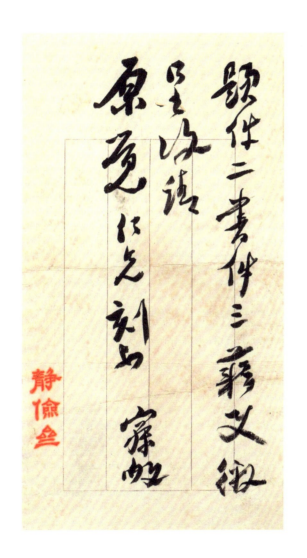

题件二、书件三，藉使徽／呈，复请／原觉仁兄刻安。寐叟。／

　　信中所提"原觉仁兄"是指广东著名文物鉴藏家兼学者罗原觉，"寐叟"即沈曾植（1850～1922）。可知这是沈曾植写给罗原觉的一封信函。

　　沈曾植，据徐友春主编《民国人物大辞典》介绍："字子培，号乙盦，晚号寐叟，浙江嘉兴人。1850 年（清道光三十年）生。

1880 年庚辰科进士。历任清政府刑部主事、员外郎、郎中，居刑部十八年，专研古今律令书。寻充总理衙门章京。1898 年两湖总督张之洞，聘为两湖书院讲席。旋入京，调外交部，授江西广信知府。历署督粮道、盐法道，擢安徽提学使，赴日本考察学务。1908 年2 月，署理安徽布政使，寻代理巡抚。在皖 5 年，又兴实业，办选纸厂等。1910 年病归，在上海与郑孝胥、姚文藻等组织宗社党。1911 年武昌起义后，定居上海。1917 年 7 月，参与张勋复辟，被任为'学部尚书'。失败后，闲居上海。1922 年 11 月病逝。著有《汉律辑补》《晋书刑法志补》《海日楼文集》等。"（石家庄：河北人民出版社，1991 年，第 433 ~ 434 页）

沈曾植博古通今，学贯中西，以"硕学通儒"之名蜚声海内外，辞世后，康有为于 1923 年著《哭寐叟四兄尚书哀词》，高度颂扬沈曾植具有"百学穷其源，九流揽其别"的学术精神（马洪林、卢正言编注《康有为集·诗赋卷（下册）》珠海出版社 2006 年版第 796 页），认为"论全浙人才，道德学问文章志节，亦莫如沈培老（笔者按：指沈曾植）及黄先生（笔者按：指黄仲弢）也。此诚中国人之楷模，非只游士之特达也"（《康有为集·书信卷·致夏定侯书（一九二二年）》，珠海出版社，2006 年，第 598 页）。这位"博闻而强记，钟扣必应节"（上引文第 796 页）的学术大儒，其言行，备受学人关注。

上述这封信函既无年款，又未对信函中所提"题件二、书件三"等做出任何说明。根据相关材料，我们推测，信函中所提"题件二"是指沈曾植对罗原觉藏古物题写鉴赏题跋一事。

据王中秀编著《黄宾虹年谱》介绍，1921 年 3 月罗原觉从北平到沪，造访当地学人，黄宾虹为罗藏《李思训碑》拓本题跋："北海李思训碑，近今流传海内者，神采飞动，毡蜡精古，宋拓佳本似无逾此。原觉罗君，劬学嗜古，复能较其存字之多，一一为之详考，可称物得其主，筠清诸馆不获专美于前矣，志之以夸眼福。辛酉三月，宾虹。"（上海：上海书画出版社，2005 年，第 153 页）

该年谱进一步提及："碑帖尚有王国维、朱祖谋、沈曾植等题跋，显为黄宾虹所介绍。碑帖由有正书局出版。"可知，罗原觉此次访沪，不仅携带李思训碑拓，通过黄宾虹，结识了王国维、朱祖谋、沈曾植等学人，还请他们为该碑拓题跋。沈曾植所写题跋，即是上述信函中所提"题件二"中的一件。

《黄宾虹年谱》又引《黄节致黄宾虹书》云："宾碕先生：奉手书并赐画，甚感。前次子晋交来画一联五，均收领，已代送一幅与敫庵矣……原觉已回粤否？兹草呈拙诗一纸乞教正，不尽，并问起居。弟节顿首。三月廿七日。"（同上第153页）按农历辛酉年三月二十七日即公历1921年5月4日。年谱中引用的另一封《黄节致黄宾虹书》："宾碕先生：日前写寄拙诗，想经察览，就维起居万福至慰。闻罗君原觉尚未回粤，想有过从……弟节顿首。四月十三日。"（同上第156页）按农历四月十三日即公历1921年5月20日。据此可知罗原觉是次访沪，时间长达数月。

另据北京保利国际拍卖有限公司2007春季拍卖会公布"黄庭坚书苏东坡马券后赠李方叔真迹卷"绢本手卷，手卷上有张大千、汪迟云、梁启超、罗惇曧、罗振玉、黄节、罗惇曼、汪大燮、陈衡恪、徐乃昌、狄葆贤、姚华、黄宾虹、王国维、沈曾植、朱祖谋、郑孝胥、王秉恩、马寿华、王世杰、丁治盘、王闻善、王己千、林近平等人书写的题跋。其中，辛酉年（1921）正月顺德罗惇曧题跋内容是："吾宗原觉藏此有年，携至京师，展芬怡悦，忻赏竟日。"黄宾虹的题跋内容是："原觉罗君筐中宝此，宜善藏之。"是知该绢本手卷原为罗原觉藏品，罗于1921年携此宝物北上天津、北京、上海等地，供名家鉴赏。

在这批名家题跋中，沈曾植的题跋内容是"宋人言德寿学黄书。黄书石墨满人间，德寿书流传亦不鲜，何曾有少分交涉？此语大是。书家淆讹公案。今观此卷，居然见德寿抽锋所自来，体变而笔固未变也。吾甚病明世以来告以战掣横放学山谷，遂使山谷与二王隔绝。山谷集有自评元佑间书一则。善鉴者味之。辛酉上巳后三日寐叟观记。"按"上巳"即我国传统民间节日农历三月三日。此时罗原觉正携此宝物在上海。据此可知沈曾植的这则题跋当写于上海。在这件题跋上，沈曾植还盖有"海日楼"和"俭斋"两方篆体印文。可知沈曾植题写的这份题跋，也应是上述信函所提"题件二"中的另一件。

综上所述，可以肯定，沈曾植书写的这封信函当写于1921年农历三月。此时，沈曾植71岁，罗原觉30岁。该信函是写在"静俭斋"信笺上，"静俭斋"是沈曾植嗣子沈慈护（1898～1963）的斋号。

沈曾植与广东的因缘较早。1877至1878年，他住在广东有近一年时间。据《海日楼题跋·王禹卿秋日登文游台诗卷跋》记录："延恩堂中藏书五万卷，而书画金石特稀。兵燹后，坟屋所存，收拾入粤者，亦仅书籍百一耳。丁丑游粤，省觐叔父，偶见败篚庋室隅，因与六弟发之，乃得此卷，乃金辅之手书长卷。"沈曾植在《家传稿》中也曾提及此事："光绪丁丑，曾植在粤，于旧篚中得抄本金项合稿一册、竹垞五言律诗一册，持呈叔父连州公。"按叔父即沈宗济。《海日楼题跋·文选各家诗集跋》记载："蜀中近日刻书甚伙，然颇少持择，犹不逮粤，江、浙无论也。薄游羊城，偶思读《文选》诗，适见此书，遂购之，聊取轻便，利行箧而已，其书固不足存。"

沈曾植致罗原觉函的发现，为人们进一步了解沈曾植与广东的关系及与粤籍学人间的学术交往，添加了一份崭新而生动的资料。

（原载《中国文物报》2023年6月20日第6版"鉴赏专刊"）

附录

沈颍文书一函（图一、二），两页，共有文字 16 行：

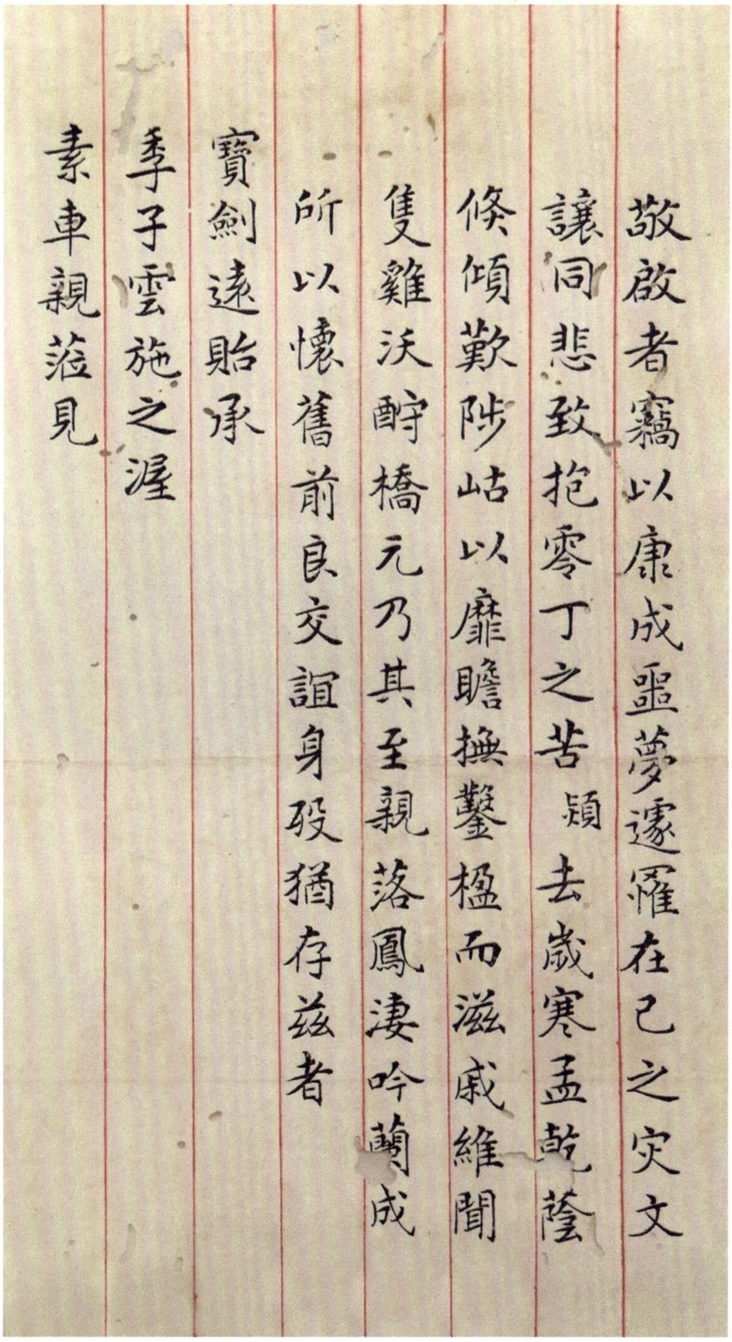

图一

敬启者：窃以康成噩梦，遽罹在己之灾，文／让同悲，致抱零丁之苦。颍去岁寒孟，乾荫／倏倾，叹陟岵以靡瞻，抚凿楹而滋戚，维闻／只鸡沃酬，桥元乃其至亲，落风凄吟，兰成／所以怀旧，前良交谊，身殁犹存；兹者／宝剑远贻，承／季子云施之渥，／素车亲莅，见／巨卿风义之高，仰荷／宠光，实深哀感。颍自闭门读礼，垩室居忧，愿／效趋庭，空思鲤对，将谋负土，尚待乌衔，虽／复崔邠奉欢，得遂捧舆之侍，庶几元晖酬／德，应输结佩之诚，雯修侧理，驰答／隆施，敬请／崇安，伏希／矜鉴。棘人沈颍稽颡。／

317

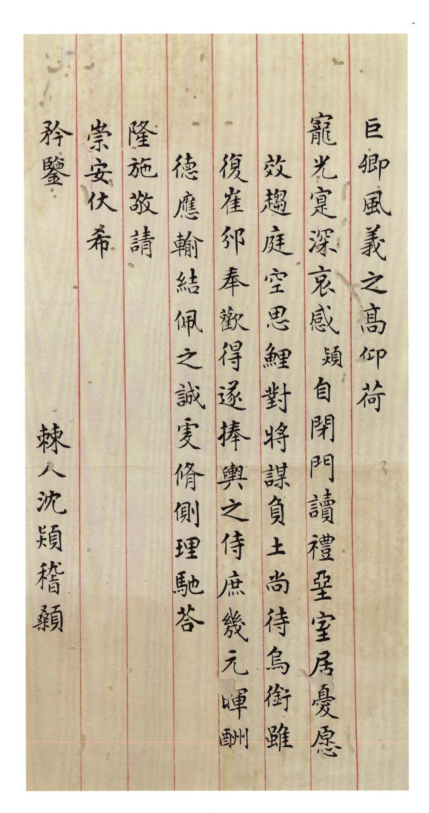

巨卿風義之高仰荷

寵光寔深哀感穎自閉門讀禮堊室居憂願

效趨庭空思鯉對將謀負土尚待烏銜雖

復崔邠奉歡得遂捧輿之侍庶幾元暉酬

德應翰結佩之誠寔脩側理馳荅

隆施敬請

崇安伏希

矜鑒　　　　　　棘人沈穎稽顙

图二

按：沈颎（1898～1963）即沈慈护，沈曾植嗣子。

一、"谭家菜"及其主人

李一氓在《书谭瑑青〈聊园词〉清稿本后并记谭家菜》一文中写道："在北洋军阀后期一直到解放初的几年，大家知道的是'谭家菜'。谭名祖任。广东南海县人，其夫人擅于制广东菜。这是正宗的、旧式的广府菜，与现在香港和广州的广东菜，恐怕差别很大。但菜品却可能更有传统的味道。谭瑑青本人曾在北洋军阀时期当过国会议员。后来北洋政府没有了，他仍然留在北京。他的家在宣武门头发胡同，住宅比普通的北京四合院大，有一个很好的客厅，陈设也不错，墙上居然挂有石涛的山水条幅，一色红木家具。这样的客厅作为宴会的地方，是很雅致的。可能因为他本人和他的夫人都擅于烹调，同时他又好客，他家里的厨房就出了名。有时他的朋友想请客，就同他商量，借用他的住宅，请他代办一切，当然要付他一笔宴会的代价。"[1]

这里所说的"谭家菜"，相当于今天的私房菜，其主人是1876 年在北京出生的广东南海人谭祖任。谭祖任，字瑑青，是谭莹（1800～1871）之孙、谭宗浚之子，优贡生，曾任邮传部员外郎。《容庚北平日记》常常提及谭瑑青[2]。《容庚北平日记》第一次提到谭瑑青，是在 1935 年 7 月 11 日。这一天的下午 3 时，容庚"与李劲厂访谭瑑青"。李劲厂即李棪，广东顺德李文田（1834～1895）的孙子[3]。1935 年的日记里还有两次提及谭瑑青，一次是 10 月 13 日，"六时请博山东兴楼晚餐，约谭瑑青、徐中舒、李棪、顾廷龙等作陪"，另一次是 10 月 16 日，"六时半谭瑑青、李棪请食饭"。之后，容庚在日记里提及谭的次数越来越多。据统计，1936 年有两次，1937 年 9 次，1938 年 34 次，1939 年 21 次，1940 年 9 次，1941 年 16 次，1943 年 7 次，1944 年 1 次。容庚去谭家，主要是聚餐，如 1937 年 6 月 6 日"十二时至谭宅，史地社聚餐"[4]，6月 17 日中午"国文系在谭瑑青家聚餐"。日记里还提到谭家菜的鱼翅席，如 1940 年 11 月 3 日"十二时至谭宅聚餐，鱼翅席，每人科洋柒元"；1940 年 11 月 24 日"十二时至谭宅聚餐，全是燕大同人，每人科份金七元"。

《容庚北平日记》记载，谭瑑青于 1943 年 6 月 4 日去世。

在《容庚北平日记》里，我们还读到"谭家菜"的主人有着别样的人生情趣，如容庚 1937 年 2 月 25 日"至谭瑑青处，取熊景星手卷，价三十元"；1938 年 2 月 4 日"五时至谭宅，参观书画展览会并聚餐"，2 月 12 日"五时半至谭宅聚餐，拟以五十元购其刘石庵手卷"；1941 年 4 月 1 日"六时至谭宅饯行，赠谭瑑青以冯敏昌对"。按熊景星（1791～1856），字伯晴，号笛江、涤庵，广东南海人，工诗文古辞，善画山水、花卉；刘石庵（1719～1805）即刘墉，清朝重臣，书法家，帖学派代表人物；冯敏昌（1747～1807）字伯求，号鱼山，广东钦州（今属广西）人，清代教育家、书画家、诗人。这几位的书画作品，广州艺术博物院有收藏，均由容庚先生捐赠。

谭瑑青喜欢收藏明清名人书画手卷，有着浓厚的古书画情怀。这种情怀可见于下文所述谭瑑青致罗原觉函。

二、谭瑑青致罗原觉函考释

笔者在整理罗原觉往来信函时，新发现谭瑑青致罗原觉函 7 封及相关信封 11 个。罗原觉（1891～1965），原名罗泽堂，别字韬元、弢盦、恽卢等，号道在瓦斋、菜园病叟、平宁瓷佛庵等，广东南海人，著名文物鉴藏家兼学者。这批信函信封不仅说明他们二人曾有过较为密切的交往，而且生动呈现了"谭家菜"主人的古书画情怀。

下面将对这批信函信封试作考释。

第一封信函（图一、二、三）有 3 页，每页横 17.7 厘米，纵 29.6 厘米，共有 18 行文字（每行结束时，以 / 为标识，下同）：

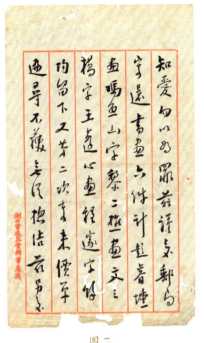

图二

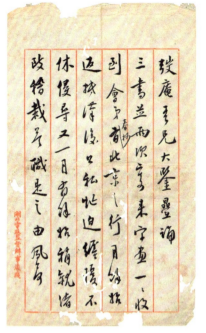

图一

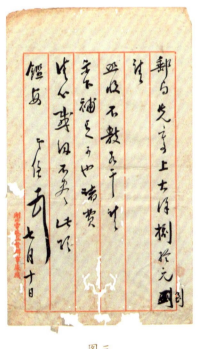

图三

弢庵吾兄大鉴：叠诵 / 三书，并两次寄来字画， / 一一收 / 到。会弟春杪 / 有北京之行，月余始 / 返。抵汉后，公私忙迫， / 缠扰不 / 休，侵寻又一 / 月有余，始稍就绪， / 致稽裁答，职是之由， / 夙荷 / 知爱，勿以为罪。 / 兹谨交邮局 / 寄还书画 / 六件，计彭睿㙫 / 画、 / 冯鱼山字、黎二樵画、 / 文三 / 桥字、王蓬心画、 / 程邃字，余 / 均留下。 / 又第二次寄来价单， / 遍寻不获，无从总结。 / 兹另交 / 邮局先寄上大 / 洋捌拾元，到 / 请 / 照收， / 不敷若干，请 / 示下补 / 足可也。诸费 / 清心， / 感纫不尽。此颂 / 鉴安。 / 弟任顿首。七月十日。 /

　　信中所云"弢庵"即指罗原觉，"任"即指谭祖任。这是一封由谭瑑青写给罗原觉的信。信函内容显示，该信写于湖北武汉。信中提到罗原觉"两次寄来字画，一一收到"，现要"寄还书画六件"等。这六件字画的作者分别是彭睿㙫，广东顺德人，明末清初岭弢庵吾兄大鉴：前日寄上快/信一缄，计已达/览。今日又奉/惠电（似系十日所发），备悉。港粤电报向来迟/滞，故迄未电复，即就令发电，/想亦必较前日快信迟到也。/尊处第二次寄来书画单，/业已觅得。前函所开退回之件，/兹又留下二樵、鱼山两件，计退还/者仅四件耳。所购各件，另开清/单呈/阅，并即日交交通银行汇上毫/洋壹百余十元，系属其交至省/城/尊寓，到时请/照收示复为幸。此次种种稽/延，实缘弟有北京之行所致，/久劳/翘盼，心实不安，务希/鉴谅。所余四件，亦交邮局寄/上矣。专此即颂/近祉。弟任顿首。/七月十五日。/

南著名书画家；冯鱼山即冯敏昌；黎二樵即黎简（1747～1799），广东顺德人，岭南著名书画家；文三桥即文彭（1498～1573），文徵明长子，工书画，善诗文，尤精篆刻；王蓬心，官至永州太守，工诗善画；程邃（1607～1692），安徽歙县人，明末清初篆刻家、书画家。该信是写在"湖北电政监督办事处笺"上。这封信函的书写时间是7月10日，虽未留下具体年份，但从信中所述内容，可推知该信与下述第二封书信的书写时间相近，为同一年书写。

第二封信函也是使用"湖北电政监督办事处笺"书写（图四、五、六、七），共有4页，每页横17.6厘米，纵29.5厘米，有23行文字：

图五　　　　　　　图四

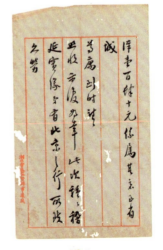

图七　　　　　　　图六

该函写于 7 月 15 日。信中写道"前日寄上快信一缄""似系十日所发"，在时间上正与上述第一封信的书写时间相吻合，表明第二封信函是在上述第一封信函发出后的第 5 天书写的。信中写道，原拟退回 6 位作者的字画，现又想留下黎简画和冯鱼山字两件。

　　上述两封书信均有提及"北京之行"一事。按"北京"一名，1928 年 6 月后改用"北平"。据此可知这两封书信应写于 1928 年北京改名之前，此时谭瑑青正在湖北武汉工作。

　　在这批信封中，有一个信封（图八）横 9.5 厘米，纵 19.3 厘米，正面写有"外字画四轴／贵上／罗先生大启／谭缄／"等文字，与第二封书信中所述"计退还者仅四件耳"相一致。据此判断，该信封应是用来套装第二封信函的。

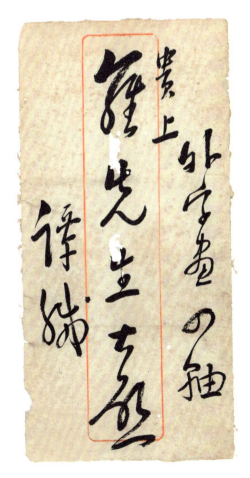

图八

323

弢庵吾兄大鉴：两奉 / 手书，备承一一。知又 / 寄来字画多件，殊为 欣慰。/ 刻下邮局尚未 交到也。前 / 届字画承 / 让价至百五十元，深 感 / 雅谊，即日交交通 银行汇上 / 毫洋壹百元， 到请 / 照收。鄙意拟退 还酉室一轴，/ 未知可 否。如酉室、椒畦不能 分 / 购，弟当续寄五十 元也。承 / 询各节，谨 另纸逐条奉答。/ 王梦 楼写步虚词扇面、吴荷 屋 / 纵扇面，均请寄来。 / 桂未谷以联为佳，如 价不昂，亦可 / 惠寄。/ 黎二樵画如系纸本精新 者，虽 / 价昂，亦请留 意。/ 黄石豀子高篆联， 多多益善。/ 蒋莲配景 仕女，亟欲先睹为快， 即请 / 惠寄 / 信札，以 长篇论文论事者为佳。 朱 / 九江、陈云伯皆所 凤嗜，九江尤难得 / 也。 / 湛甘泉联，请设法寄 来。能单购 / 最好，否 则连同顾南雅、伊少沂 亦可。/ 统祈 / 鉴及为幸。

第三封信函（图九、一〇、一一、一二、一三），有 5 页，每页横 15 厘米，纵 26.7 厘米，共有 33 行文字：

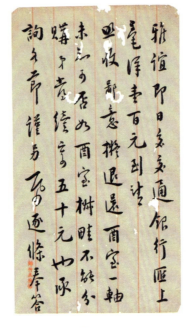

图一〇　　　　图九

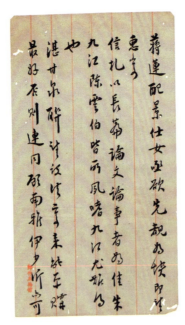

图一二　　　　图一一

图一三

此颂／时祺。弟祖任顿首。／八月二十九日。／扇面并望速寄，盖弟近日所嗜收／者专在折扇面也。／粤中有吴清卿篆联，亦望搜罗。／

该函使用的是"师竹友梅馆"印制的笺纸。这是民国时期由安徽绩溪曹耆瑞在武昌开设的"师竹友梅馆"印制的信笺。该馆从事装裱业务，经营茶庄。

信中所云"西室"即王穀祥（1501～1568），江苏长洲（今苏州）人，明代画家；"椒畦"即王学浩（1754～1832），江苏昆山人，工诗；王梦楼即王文治（1730～1802），江苏丹徒人，清朝官员、诗人、书法家，乾隆二十五年进士，著有《梦楼诗集》《快雨堂题跋》等；吴荷屋即吴荣光（1773～1843），广东佛山人，清朝官员、诗人、书法家、藏书家、书画金石鉴藏家；桂未谷即桂馥（1736～1805），山东曲阜人，清朝书法家、训诂学家、篆刻家；黄子高（1794～1839），字石谿，广东番禺人，清朝书法家、藏书家，学海堂山长；蒋莲，约生于清乾隆六十年（1795），广东香山人，善画人物、山水、花卉、草虫；朱九江（次琦，1807～1881），广东南海人，清代广东名儒、教育家、诗人；陈云伯即陈文述（1771～1843），浙江钱塘人，嘉庆时举人，清朝诗人；湛甘泉即湛若水（1466～1560），广东增城人，明朝大儒，著名思想家、哲学家、政治家、教育家、书法家；顾南雅即顾莼（1765～1832），江苏吴县人，清朝学者；伊少沂（1790～1861），伊秉绶之子，工书善画；吴清卿即吴大澂（1835～1902），江苏吴县人，清代官员、学者、金石学家、书画家。

这些明清时期的名人书画作品，都是谭瑑青喜欢的。信的大意是，谭瑑青想请罗原觉帮忙物色上述作者的书画作品及扇面。可见谭瑑青的收藏面较为宽泛。

在这批信封里，有一个信封（图一四）横8.3厘米，纵20.5厘米，正面书写"打磨厂第一宾馆 / 罗原觉先生大启 / 机织街谭缄 /"等文字，邮戳显示"PEKING/ 十四年八月卅日 / 北京"等文字。按"十四年"指民国十四年，即1925年。这个时间与第三封书信的书写时间吻合，即信函写于8月29日，次日邮寄。据此可判断，第三封信函应写于1925年8月29日，此时谭瑑青住在北京机织街，该函是谭瑑青从北京机织街住所邮寄给到北京出差的罗原觉，该信封是用来套装第三封信函的。

图一四

从信中所述内容分析，该函与上述第一、二封书信的书写时间相隔不会太长，即第一封信函写于 1925 年 7 月 10 日，第二封信函写于 1925 年 7 月 15 日。

第四封书信（图一五、一六、一七），3 页，每页横 15 厘米，纵 26.6 厘米，共有 17 行文字：

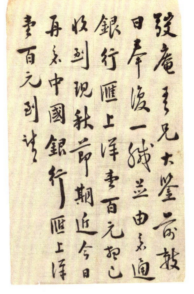

图一六　　　　　　　　　图一五

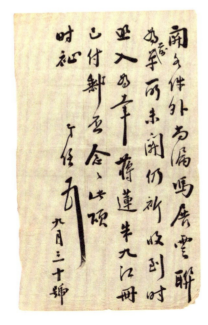

图一七

弢庵吾兄大鉴：前数 / 日奉复一缄，并由交通 / 银行汇上洋壹百元，想已 / 收到。现秋节期近，今日 / 再交中国银行汇上洋 / 壹百元，到请 / 照收。近日毫洋行市飞 / 涨，从前每大洋九十元即 / 可汇毫洋壹百元，近日连 / 汇两次，皆系平兑，实为向 / 来所未有也。又前日寄还 / 书画包裹一件，除前函单 / 开各件外，尚漏冯展云联，/ 为前单所未开，仍祈收到时 / 照入为幸。蒋莲、朱九江册 / 已付邮否，念念。此颂 / 时祉。弟任顿首。九月三十号。/

信中所言"现秋节期近"，显示该函的书写时间"九月三十号"是指公历。在 20 世纪 20 年代，公历为 9 月 30 日，又临近中秋节，只有 1922 年和 1925 年两个年份。1922 年 9 月 30 日，是农历八月十日，再过 5 天就是中秋节。1925 年 9 月 30 日，是农历八月十三日，再过 2 天就是中秋节。

据信函所述内容判断，该函应写于 1925 年 9 月 30 日。信中所提"冯展云"即冯誉骥（1822 ~ 1884），字仲良，号展云，广东高要人，道光甲辰翰林，授编修，官至吏部左侍郎，陕西巡抚，著有《缘伽楠馆诗稿》。

第五封信函（图一八、一九），两页，每页横 17.5 厘米，纵 25.6 厘米，共有 11 行文字：

奉/示及银币七十五元、支票捌十元，一一/照收。诸费/盛心，容再诣谢。猥以小儿完姻，又拜/瓷瓶之赐，/隆情厚谊，愧不敢当。谬托/下交，不敢不受。谨对/使拜察，余俟面罄，不尽。专此/并谢，祇颂/旅安。祖任顿首。中秋。/原觉吾兄足下。/

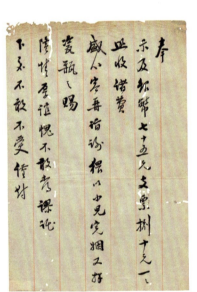

图一八

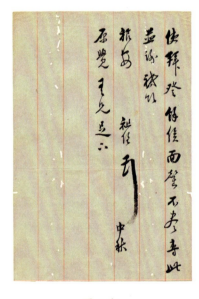

图一九

该函书写时间为"中秋"。从内容判断，应指 1925 年 10 月 2 日。信中提到谭瑑青的小儿完姻时，罗原觉赠送了一件"瓷瓶"作为贺礼。这表明二人的关系较为密切。

328

第六封信函（图二〇），一页，横 15.9 厘米，纵 26.6 厘米，共有 8 行文字：

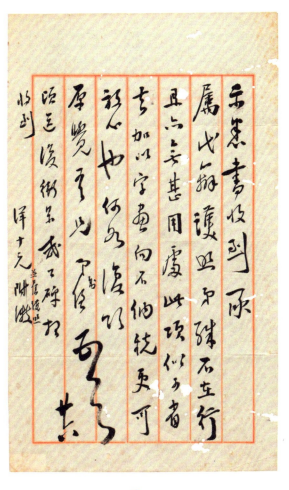

图二〇

示悉，书收到。承 / 属（嘱）代办护照，弟殊不在行，/ 且亦无甚用处，此项似可省 / 去。加以字画向不纳税，更可 / 放心也。何如？复颂 / 原觉吾兄。弟祖任顿首。廿六。/ 顷送复《卫景武公碑》，想 / 收到。洋十元并旧护照附缴。/

拙稿《罗原觉日本之行考略》考订，罗原觉赴日通行证的批准时间是 1929 年 1 月 15 日[5]。据此可推测该函当写于 1929 年之前。

信中披露，罗原觉请谭瑑青代办护照，但谭瑑青表示办理此事"殊不在行"。信中还提到"字画向不纳税"及向罗原觉赠送《卫景武公碑》拓本等事。

再汇票一纸，照收。弟当另 / 作函致原觉也。专此，再承 / 起居。祖任又顿首。 /

第七封信函（图二一），一页，横 17.3 厘米，纵 29 厘米，共有 3 行文字：

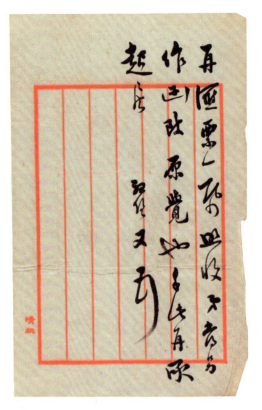

图二一

该函是使用"清秘"信笺。信中只谈及"再汇票一纸"一事，估计这是谭罗二人买卖古书画的价钱。

三、余论

上述信函所述内容，主要是围绕明清名人书画、手卷、册页、扇面、拓本等收藏买卖事宜而展开的，显示北京"谭家菜"主人谭瑑青有着浓厚的古书画情怀。据李一氓回忆，他第一次去谭瑑青家时，见其客厅墙上悬挂一幅石涛山水画，第二次去时，未见该画，经询问，得知该画已转让给朋友；当时李一氓正热心收藏石涛画，为此失悔不已[6]。由此看来，谭瑑青在家里一边经营私房菜，一边从事古旧书画的鉴赏、收藏和买卖。

谭瑑青喜欢收藏，文学素养好，会写词，但"知道的人恐怕不多"[7]。从谭瑑青《聊园词》清稿本一册词稿来看，"他在北京的交游，大体上是叶恭绰、邵章、黄侃、夏孙桐（枝巢）、周肇祥、杨铁夫、溥心畬、赵叔雍、汤尔和，还有涂子厚。"[8]可见谭瑑青与诗词界的文人及收藏界的朋友有交往。这一点，我们还可从容庚捐献广东省立中山图书馆藏《谭瑑青致沈宗畸函》得到印证。谭瑑青在信中写道：

久不相见，起居如何，念念。兹送上《明京僚送南京礼部尚书倪公回任诗并序》手卷一件，系友人属题者。久阁敝处，尚未著笔。日来敝友催题甚急，弟实无暇构思，不得已，唯有奉求大笔代撰，或绝句二首，或小跋数语，均无不可。如承俯允，请撰就时，连同此卷一并掷下，俾得照由弟照录入卷，不胜感祷。又去岁经手之晨风阁丛书，除销去外，尚余一部，乘便缴上，乞照收。至郭啸麓之款，久不交来，殊为愧对，容再切实催问，以明责任。手此只承起居。祖任顿首。太俦道兄世大人。廿三。[9]

信中所提"太俦道兄"即沈宗畸（1857～1926），字太俦、南野，号南雄、孝耕、繁霜阁主，广东番禺人。举人，先后供职光禄寺和礼部，曾主编《国学粹编》，为南社成员。长于诗词，著有《南雅楼诗斑》《繁霜词》等[10]。谭瑑青在信中提及"系友人属题"，因"实无暇构思"而请沈宗畸代撰，这也说明谭瑑青有此文学功力。

在这批新见信封中，还有9个信封是由谭瑑青写给罗原觉的：

信封一（图二二），横 9.7 厘米，纵 22.5 厘米，正面书写"贵上／罗先生台启／谭缄／"等文字。

信封二（图二三），横 9.6 厘米，纵 20 厘米，正面书写"贵上／罗先生原觉惠启／瑑青手缄／"等文字。

信封三（图二四），横 7.5 厘米，纵 16.5 厘米，正面书写"打磨厂第一宾馆／罗原觉先生台启／谭缄／"等文字。

信封四（图二五），横 9.8 厘米，纵 23 厘米，正面书写"外册页一本同送 / 第一宾馆 / 罗原觉先生大启 / 谭缄 /"等文字。

信封五（图二六），横 9.8 厘米，纵 22.8 厘米，正面书写"煤市街 / 华北旅舍 / 罗原觉先生 / 谭缄 /"等文字。

信封六（图二七），横 11.1 厘米，纵 24 厘米，正面书写"煤市街 / 华北旅舍 / 罗原觉先生台启 / 谭缄 /"等文字。

信封七（图二八），横 8.9 厘米，纵 21 厘米，正面书写"外件同送 / 长安饭店五号房 / 罗原觉先生台启 / 谭上 /"等文字。

信封八（图二九），横 8.2 厘米，纵 21.5 厘米，正面书写"天津法界 / 中国旅馆 / 罗原觉先生大启 / 北京机织街谭缄 /"等文字。

信封九（图三〇），正面书写"广州西关十五甫三巷第六号 / 敦复书室 / 罗弢庵先生大启 / 汉口谭缄 /"，邮戳："CANTON/ 九年三月十一 / 广州府 /"。可知这封书信寄达广州的时间是 1920 年 3 月 11 日。

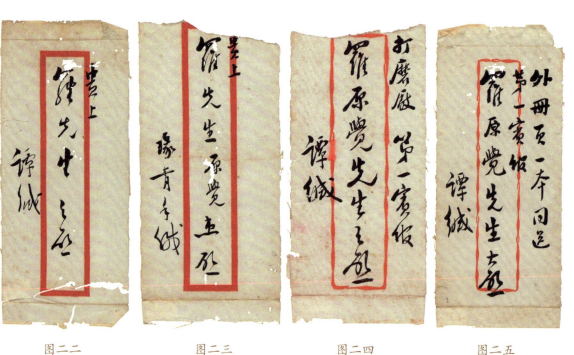

图二二　　　　　图二三　　　　　图二四　　　　　图二五

图二六

图二七

图二八

图二九

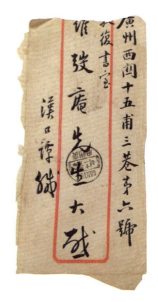
图三〇

除信封八是谭瑑青从北京机织街寄往天津法界中国旅馆、信封九是谭瑑青从汉口寄往广州、信封一至二是谭瑑青派人送给罗原觉外，信封三至七都是谭瑑青从北京谭家送至罗原觉出差至北京的住处，如打磨厂第一宾馆、煤市街华北旅舍、长安饭店五号房等地。这九个信封，目前我们无法判别是用来装哪九封信的。从信封所留寄信地址，并结合其他文献记载，我们知道谭瑑青在北京的住址有过变动，住过机织街、太平街和宣武门头发胡同。

这些信函显示谭瑑青和罗原觉二人的交往主要集中在20世纪20年代。值得关注的是，这批信函还记录了当时的社会经济资料，如第四封信函写道："近日毫洋行市飞涨，从前每大洋九十元即可汇毫洋壹百元，近日连汇两次，皆系平兑，实为向来所未有也。"即为一例。

333

注释

［1］载广州日报、广州诗社编：《艺苑掇菁》，广州：广东高等教育出版社，1993年6月第1版，第396页。

［2］容庚著，夏和顺整理：《容庚北平日记》，北京：中华书局，2019年5月第1版。

［3］《顾颉刚全集》第46册《顾颉刚日记》卷三："李棪，号劲庵，李文田之孙也。藏其祖父手批书数箱，有极密者。如果录出，便有许多名著。惜抗战后劲庵不知何往，椠书亦未知能终守否？"北京：中华书局，第521页。

［4］又见《顾颉刚全集》第46册《顾颉刚日记》卷三："六月六日星期日：与履安同赴《史地周刊》宴于太平街谭宅。……今午同席：谭篆青 希白夫妇 煨莲夫妇 元胎 八爰 思齐夫妇 致中夫妇 荫麟夫妇 予夫妇。"北京：中华书局，第651页。

［5］《广州文博（拾）》，北京：文物出版社，2017年10月第1版，第292～310页。

［6］李一氓：《书谭瑑青〈聊园词〉清稿本后并记谭家菜》，载广州日报、广州诗社编《艺苑掇菁》，广州：广东高等教育出版社，1993年6月第1版，第397～398页。

［7］李一氓：《书谭瑑青〈聊园词〉清稿本后并记谭家菜》，载广州日报、广州诗社编《艺苑掇菁》，广州：广东高等教育出版社，1993年6月第1版，第396页。

［8］李一氓：《书谭瑑青〈聊园词〉清稿本后并记谭家菜》，载广州日报、广州诗社编《艺苑掇菁》，广州：广东高等教育出版社，1993年6月第1版，第399页。

［9］广东省立中山图书馆编：《容庚藏名人尺牍》，广州：广东人民出版社，2015年11月第1版，第131～135页。

［10］广东省立中山图书馆编：《容庚藏名人尺牍》，广州：广东人民出版社，2015年11月第1版，第496页。

（原载湖南省博物院编：《湖南省博物院院刊》第19辑，长沙：岳麓书社，2023年）

1935年1月24日下午1时半，粤籍著名诗人、岭南近代四家之一的黄节在北平病逝，后归葬广州白云山御书阁畔。章太炎撰写《黄晦闻先生墓志铭》《黄晦闻先生事略》。在安葬过程中，任元熙参与了黄节墓地的选定等工作。

任元熙（1873～1943），字子征（贞），广东南海人，清朝己酉（1909）拔贡，早岁与黄节、邓实、张启煌、崔劭南等同在顺德简涌，师事简朝亮，著有《重修陈独漉先生墓记》《简朝亮事略》等。工书法。今越秀山麓南秀湖畔绍武君臣冢前所立重修碑（1927年立），即为顺德卢乃潼撰文，任元熙书，端州（今肇庆）梁俊生刻。任元熙一生从事教育工作，1905年在广州创办广才中学校，长期担任校长一职，兼论广州中学学监教员、广东法政学校文学教员，提出了一些教育理念。

本文将对新发现的任元熙信函进行考释，并结合新发现的《广才学校十周同学录》及任元熙未刊手稿《任斋集》，初步梳理广才中学校发展史及任元熙的教育理念。

一、任元熙信函考释

新见广州博物馆珍藏任元熙致罗原觉信函三封，未刊。罗原觉（1891～1965），原名罗泽堂，别字韬元，敚盒、恽卢等，号道在瓦斋、菜园病叟、平宁瓷佛庵等，广东南海人，著名文物鉴藏家兼学者。这批信函披露了安葬黄节的一些细节，对丰富广州地方历史，弥足珍贵。

黄节（1873～1935），广东顺德人，著名近代诗人、学者，1928年广州《重修镇海楼碑记》由黄节撰写。

第一封信函（图一），一页，横14厘米，纵25厘米，共有10行文字（每行结束，以 / 为标识，下同）。

原觉仁兄足下：即奉 /
手书，拜悉。《追悼晦
公纪念录》，谨以二部
送上。/《论语补篇》，
当函佛山照补，至 / 足
下欲觅山地一节，即日
晦公墓开冢，带 / 堪舆
师上山，顺带其在左手
边吉穴一座，他 / 说左
方穿肩，左山又压，不
能作吉地。观现吴 / 山
中荐在双燕岗有一穴，
价百二十元，地方亦不
少，/ 俟葬晦公之日，下
午三点左右即可带他往
看。/ 足下岂有意乎。手
复，即问 / 夕安。弟元
熙顿首。三月廿二夕。/

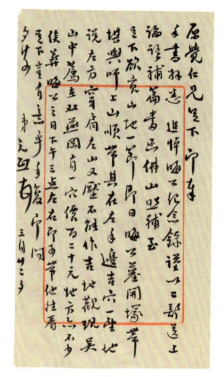

图一

图二

信中所言"原觉"即罗原觉，"晦公"指黄节，"堪舆"即
梁堪舆。书信人"元熙"即任元熙。据信中所提《追悼晦公纪念

录》二部送上，可推断信封上写有"外书二册"字样的信封（图二）当是套装本信函的信封。信中谈及"觅山地""带堪舆师上山"一事，结合黄节归葬广州的时间是在1935年这一事实，可推知本函应写于1935年农历三月二十二日，即公历4月22日。

第二封信函（图三），一页，横14厘米，纵25厘米，共有8行文字：

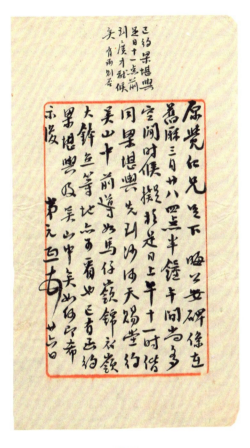

图三

原觉仁兄足下：晦公安碑，系在旧（阴）历三月廿八四点半钟，午间尚多空闲时候，拟于是日上午十一时偕同梁堪舆先到沙河天赐堂（已约梁堪舆是日十一点前到广才听候矣，有雨则否），约吴山中前导如马仔岭、锦衣岭、大钵丘等地，亦可看也。已有函约梁堪舆及吴山中矣，如何？即希示复。弟元熙顿首。廿六日。

信中提及广州白云山的一些建筑和地名，如沙河天赐堂、马仔岭、锦衣岭、大钵丘等。任元熙在信函中告诉罗原觉，黄节墓碑安置时间定在农历三月二十八日，即公历4月30日，且函约了梁堪舆及吴山中。由此我们推知该函写于1935年农历三月二十六日，即公历4月28日，距离上述第一封信的书写时间仅6天。信中所提"广才"是广才中学校之简称。

第三封信（图四），一页，横15.4厘米，纵26.5厘米，使用"广才中学校用笺"，共有7行文字：

原觉先生：顷大星世台、/ 鼎彝兄均到，现虽 / 有雨，但有石路上山，/ 亦不甚苦，请 / 台驾到敝校同行，何 / 如？手问 / 即好。弟元熙顿首。十三号。/

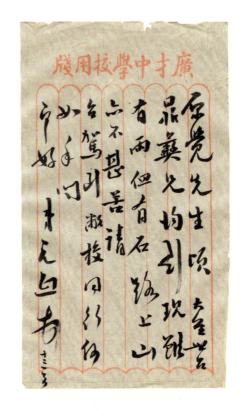

图四

按信函中所言"大星"即黄大星，为黄节长子，毕业于广东省立第一中学。信尾仅留日期"十三号"。结合前文，我们初步推断该函写于1935年农历三月十三日。

上述三封信函均是使用"广才中学校缄"专用信封套装的（图五、六）。该款信封横8.4厘米，纵18.2厘米。这三封信函均是由广才中学校任元熙写给岭南图书流通社（图七）的罗原觉。从信

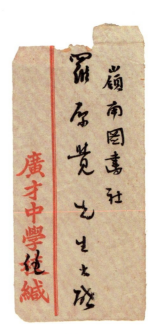

图五

338

图六

图七

封上未见有邮戳，可知是托人转送而不是从邮局寄达的。

据新发现的任元熙未刊稿《任斋集》卷六《撰联赠书崔劭南孝廉并序》记载："劭南学长，先在省会六榕得闻简岸先生之教。其后先生以谢学子乡居。庚寅辛卯间，乃与元熙共砚于李辅廷先生之门。壬辰，复与晦闻共砚于潘乾初先生之门。劭兄每见元熙等，辄称简岸先生之学，谓非亲闻教诲，难窥学术大原。元熙心识之。晦闻始疑而终信之。劭兄见元熙，则道晦闻为人；见晦闻，道元熙亦如之，且曰两君已神交。壬辰冬，迺介而相见。乙未，元熙进邑学，请命先考，乃得游简岸先生之门，亦适与晦闻同爨。今忽忽将四十年矣，迺缀为联语云：得闻大义资前导，合证神交有夙因。盖志实也。戊辰六月。""戊辰"即1928年。可知，任元熙与黄节既是同学，又是挚友。

二、广才中学校及任元熙的教育理念

作为简朝亮的学生，任元熙长期在广州从事教书育人工作，其中在广才中学校任职时间最长，且担任过该校校长兼修身教员，其教育理念散见于新发现的广州旧藩司前民爱公司承印乙卯年（1915）冬月编于育贤坊本校《广才学校十周同学录》及任元熙未刊手稿《任斋集》（图八）中。

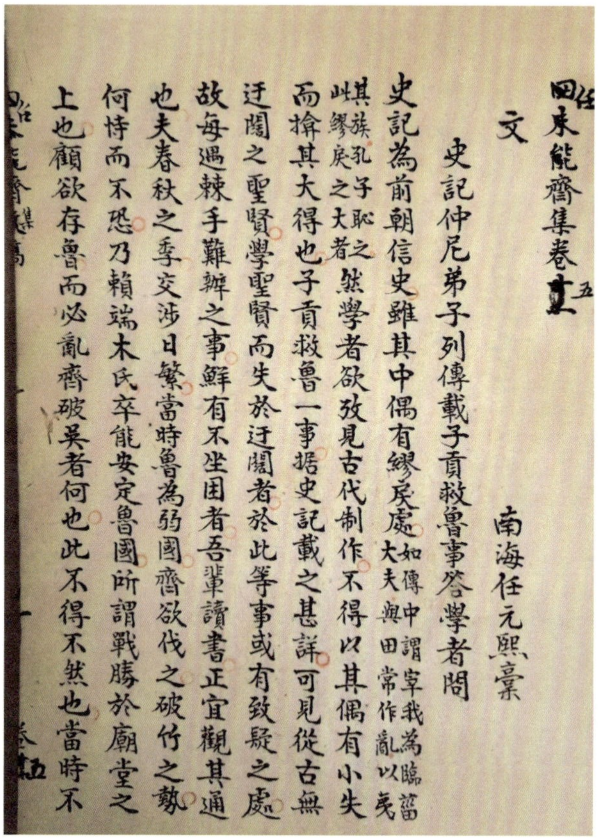

耒能齋集卷五

文

史記仲尼弟子列傳載子貢救魯事答學者問

南海任元熙稾

史記為前朝信史雖其中偶有繆戾處如傳中謂宰我為臨菑大夫與田常作亂以夷
其族孔子恥之此繆戾之大者然學者欲攷見古代制作不得以其偶有小失
而捨其大得也子貢救魯一事據史記載之甚詳可見從古無
迂闊之聖賢學聖賢而失於迂闊者於此等事或有致疑之處
故每遇棘手難辦之事鮮有不坐困者吾輩讀書正宜觀其通
也夫春秋之季交涉日繁當時魯為弱國齊欲伐之破竹之勢
何恃而不恐乃賴端木氏卒能安定魯國所謂戰勝於廟堂之
上也顧欲存魯而必亂齊破吳者何也此不得不然也當時不

图八

（一）广才中学校发展概况

广才中学校位于广州市今北京路（原永汉北路禺山市场旁）育贤坊，创建于 1905 年，初名广才学校，“初中，原为广大学堂，1928 年改设为中学，抗战后停办。”[1] 该校创建伊始，即注重国学。据《广才学校十周同学录》记载，本校“注重国学，厚其根本，而以诸科学辅之，本校素持之主旨也……今岁增辟校舍，扩充学额，就现有之八十余人，完全编列三级教授，乃毫无窒碍，循兹以往，振刮精神，砥砺学行，其进境当未有艾也。夫小学之于国家关系，非不重也。普之胜法，毛奇将军乃归公小学，其故可思。欲人人有爱国思想，则不可不注重修身，而历史地理勿容忽也，更扩诸实学，以通其用，则有理科、算术、商业、英文等佐之，而要以国文为归宿……又复有体操以助体育焉，备图画、手工、唱歌诸科，以游于艺焉。由此毕业而中学而大学，或专门学，固可循级以升，即转入商工实业之途，亦不患无国民普通生活上必需之知识。则此三年间修业之重要。"道出了1915年之前广才学校的办学宗旨、学科设置及三年学业的成效等。

另据该校毕业生杨绍权1966年回忆，到20世纪20年代末30年代初，该校课程"以《六经》作为主体，每一年度学习一两种，此外尚有古文、历史、书法、英文和数学……每一个同学只要从入学之年度起计，学满四年，算是毕业，广州市教育局同样发给普通'四二制'初中毕业的证书。但读满四年后，如继续在校听课，哪怕是重复的，仍听自便，倘再经过两年，又算是高中毕业。既然这样，每年入学的新生可以和上年度的旧生同时学习，不分班次，同聚一室听课。这是旧式大馆私塾的办法，所以不同于私塾者，只是私塾的程度比较浅，而且只是'读而不讲'或者偶然开讲，广才中学则是讲授经史的。"[2]

目前所知从该校毕业的知名人士有湛公谱、郑广权（1963～1966，担任广州博物馆馆长）、徐耀宗、黄文宽（1910～1989，曾任广州市文物管理委员会委员）、黎畅九（1905～1969）、谢颂雅、谭大洽、朱汉藻等。

（二）任元熙的教育理念

1. 主张"学为人""治身心""随以应天下国家之用"

该理念详见《广才学校十周同学录》刊登的任元熙撰"序"文中：

夫学，所以学为人也。先以自治其身心，随以应天下国家之

341

用，古今之通义也。今试执时髦而责以为人之道，不曰乏世界眼识，则曰但老生常谈；或轻于抨击儒先，而自诩予智；或骇于侈陈海国，而自昧从来甚而职司教育，举吾国所谓四术四教，为数千年来植才之基者，概以禁书束之，而别求枝叶之说以蛊惑后进。有识之士，相戒裹足，至比为无形之坑焚。语虽过激，要亦不为无见也。余主斯校十年迄今，愧乏增进，顾屡经波折。此度不改，恒仗同事诸君之心力，使学子尚知自端祈向而不昧本源，则斯校之设，为不虚耳。苟惟是逐靡随流，以学为市，而罔恤学子之成就奚若，则毋宁少设一校，免负误人子弟之咎，想同事诸君，应亦共此心理也。乙卯冬，十周同学录编成，同事以序速余，因揭明斯校之设宗旨如此。

在这里，任元熙提出，通过学习，达到"学为人""治身心"，最终到达"随以应天下国家之用"；通过学校系统教育，"使学子尚知自端祈向而不昧本源"。这一教育理念又见于《任斋集》卷六《广才学校十周志念宣言》，还在《任斋集》卷五《学记口说》一文中得到了进一步阐述，认为"大学"之目的，"教以修齐治平之道"。

2. 提倡"尊师"

任元熙在未刊稿《任斋集》卷五《学记口说》一文中明确提出"尊师"理念："盖孔子许仲弓可使南面之义，此大师也。文王世子云云。分教也，待大师与待分教不同。大学之礼，虽诏于天子无北面，所以尊师也。盖待大师然也。后世乃与曲艺之士平行，且蒙盖之矣，故求循吏于学校，在今日尤难。"这一"尊师"理念，还见于《任斋集》卷五《直隶省教育会请规复提学官制附议》一文：

夫教育不务提挈，虽日言普及，徒托空言耳，抑鄙人更有欲附陈者。教育一道，最讲尊师。窃谓今日学生不知尊师，非学生之过，而政府之责也；政府不知尊师，但责学生尊师，决不可也。何谓政府不知尊师，教育是何等事，今竟概以舆台施之学校矣……《学记》曰：凡学之道，严师为难，师严然后道尊，道尊然后民知敬学……今日科学时代，有总教，有分教，然以观吾国学校最盛时，亦有大师分教之别也……窃谓今日科学时代，亟宜规复向日大师之礼，盖政府能尊敬大师以树之风声，则民将晓然于敬师之义，而道德之高尚，由此基之；风俗之纯美，由此酿之矣。今人动云普及教育，乃不先从根本上解决，其尤谬者，以为学塾有碍学校，不问良否，概从而干涉之，以求形式上学务发达，直令此几希士气，亦欲铲去之而后已。

文中所提"教育一道，最讲尊师"。这一理念，更见于《任斋集》卷五《教育管见》一文："师道宜崇重……倘不先搜访贤良，崇重师道，以树作人之基，立得民之本，徒斤斤为学科时间上之取缔，不已末耶。"

3. 提倡学经读经、通经致用

在学习内容方面，任元熙提倡学经读经，但不能盲目读经，要通经致用。他在《任斋集》卷五《文学科选经议案审查布告》一文中提出："鄙人以为经部至大，为教授计，不得不任教员之有心得者自为选择。然有可虑者，若该教员于经部无选择之眼光，人将又以经为无用，而不足引起学生信仰之心。窃谓宜于本会中特设文学选经研究部，俾得通经致用，援古证今，庶无买椟还珠之患；又今日学校衰息，不能不借改良私塾以图扩充，而调查私塾各员，似宜择学有根柢者为之逐一指导，诚私塾不得使学生盲目读经，必先心解，而后笃令口诵；又另日亲临考察，其有不晓解之塾师，应令停闭，庶几顺而易行，不至有新旧学不相容之叹矣。"

他在《任斋集》卷五《文学院改善私议》一文里进一步阐明"通经致用"，行"文行忠信"四教理念，提出："吾人既知中国文学重要，不可自我而绝，当思为后辈设想，将来若何做人，若何处世，不能但作门面语，而缺却诚字。《论语》称子以四教：

文行忠信。是千古不可易者。教人入手，首先在文。文者，诗书六艺之文也……今人讳言经。文学院分系，既以史学系列第二，何不直以经学系列第一乎？宋可以经义分斋，今不以经学分系，殊可怪者。或以为后之治经，破碎无用，胡不以通经致用为倡乎。大学生未曾读四书，自宜补读，不必讳言。若徒言文学，而不知行忠信之为本，但培养数百有文无行之人，不更为后世之罪人乎……教者将以倡导学者由乎道也，文以求知，行以求行，古人集部，浩如渊海，必文行兼修，然后能分别是非淑慝，而不为古人所欺。"

到 1928 年，他又在《广东省教育大会提议四则》一文中建议："宜以明伦奠民国不拔之基；读孔孟之书，是救亡止乱之本；游学外国，宜先令通中国书，或归国后补习之；欲谋教育发达，不宜歧视塾师，检定塾师之职，宜选经术士充任之。"（见《任斋集》卷五）

1931 年，任元熙在《任斋集》卷六《广才学校中学部第一届毕业赠言》一文中进一步指出："吾校经始于民国纪元前六年，未尝一日废弃圣人之经。经者常也。不敢一日废经，即不敢一日弃常也……吾校增设中学，始于癸亥（笔者按：1923 年），当局初以其常也，而非难之。越五年戊辰（笔者按：1928 年），则又增设，其不敢弃常犹昔也。"1933 年，任元熙在《任斋集》卷六《广才学校二十八周年中学部第三届毕业赠言》一文中再次强调："在昔中小学校均注重读经，以为学所以为人，不可以不修身也。古者年十五而入大学，又五年而冠，冠义云：凡人之所以为人者，礼义也。礼义之始，在于正容体，齐颜色，顺辞令。容体正，颜色齐，辞令顺，而后礼义立，夫而后可以为人，可以治人也。今制中学毕业，乃入大学，其中学毕业之年，大率年及弱冠，而有德成而上艺成而下之分，则教之异也。容体正，颜色齐，辞令顺，身修也，德之所由成也……今诸生虽未大学毕业，而已及冠年者多，在校三年以来，亦兼稔闻读经修身之义矣，使能觉悟乎此，而感及当道读经之明训，将汲汲思所以为人，庶不见摈于有道君子也。"1935年，任元熙在《任斋集》卷六《广才学校中学部第五届毕业赠言》一文中仍然指出："是故日言兴学，日陷于废学而不自知。年来当道既悟其非，乃有经训之添设。然而科学杂之，角技纷之，经训之大义，多薶没而不见，且非普及于一国，而但施于一部，其信可以强国与否。明眼人当能辨之也。今诸生肄业斯校三年矣，所闻经训之说，固不限于功令之论语，且比他校多习两年，然则将以勉成一国之士，而无囿为一部之民者。"

此外，就如何改善文学院课程设置一事，任元熙也提出了自己的想法，认为："今文学院之教育系，与中国语言文学系、史学系平列，而多袭外国教程，绝少中国学问，岂古人治教合一之道乎，岂不明中国经史之学，而可谬然为人师乎。文学院功课宜改善如下：经学系，当求通经致用而不泥于考据丛碎者。史学系，历史地理等科属之。掌故学系，中国典籍、外国语言及数理化等科附属之。性理学系，修身之大本大原属之。辞章学系，经史为辞章之本，能通经史，服性理则辞章可贵矣。案吾粤前之学海堂、广雅书院，均以经史理文分部，而未设掌故之学，故后来复设广雅西学堂，以补所未备。若照礼山五学之说酌行之，何患不备乎。五学之功课，分配如左：经学系，经学四，史学二，辞章二，掌故一，性理一。史学系，史学四，经学二，辞章二，掌故一，性理一。掌故学系，掌故四，经学二，史学二，辞章一，性理一。性理学系，性理四，经学二，史学二，辞章一，掌故一。辞章学系，辞章四，经学二，史学二，掌故一，性理一。五学俱以十分之，时间照此扩充，经史可随处考见掌故辞章性理，故宜特重。文学院教程能改善固佳，否则仿前时既有书院别设学海堂之例，成就通才，当不少也。"（见《任斋集》卷五《文学院改善私议》）可见，任元熙在课程设置上亦强调经史之重要。

三、小结

任元熙作为一名长期从事广州地方教育的工作者，虽然曾受业于清朝著名学者简朝亮，又与著名学者黄节是同学，但在广州地方史上没有留下太多印迹，也没有黄节的影响大。本文通过寻访任元熙信函、手稿及其为同学录书写的序言，不仅丰富了近代广州地方历史掌故，而且初步梳理了一名广州地方教育工作者的教育理念，试图为人们了解广州地方教育史提供更多的历史资讯。

通过前文考察和论述，我们看到任元熙不仅在筹备广才中学校立下过汗马功劳，而且在如何教书育人方面所提倡的一些教育理念，随着时间的推移和社会的进步，虽然有些已过时或有不妥之处，但他提倡的"教育一道，最讲尊师""教以修齐治平之道"等理念，至今仍有学习参考价值。

在结束本文之前，移录任元熙为广才中学校撰写的三副对联，可让人进一步感受到他的"尊孔崇贤"的教育理念。第一副是《先圣联》：

据周正夏时，庚辰朔以推庚子生，实八月廿一。
由郊天社地，飨先王而为飨至圣，乃万世无双。

据任元熙介绍，"广才学校，一向遵照简岸先生考定孔圣生日，为祝圣之期，欲使学者永久不忘也。"第二副为《校联》：

讲学每怀崇正院，教忠前是硕肤堂。

任元熙介绍，"本校第三课堂为前明陈文忠公子壮硕肤堂。忠愍公邦彦曾宾馆于此。忠愍公子独漉先生恭尹十二岁时，随侍读书，距今二百八十年矣。居近西湖，旧有崇正书院，亦湮没已久。后世讲学，有知经正民兴之义者乎。余既图硕肤堂三贤遗像而赞之，复撰斯联，以念来哲。"第三副也是《校联》：

自古圣贤事功致天地中和正民物性命，

我国师儒责任拯当时陷溺开后世太平。

任元熙介绍，"某月日大学开校务会议，终席无可记录者，返寓思之，遂成此联。林校长见之，以为足以箴砭学者，属录为大堂楹联，俾端学者祈向焉。"（以上三副对联及相关材料均见《任斋集》卷六）该校联为教师提出了"拯当时陷溺，开后世太平"的责任。

注释

［1］中国人民政治协商会议广东省广州市委员会文史资料研究委员会编：《广州近百年教育史料》，广州：广东人民出版社，1983 年，第 193 页。

［2］杨绍权《广州的卫道读经与学海书院二三事》，载广州市政协学习和文史资料委员会主编《广州文史资料存稿选编（七）》，北京：中国文史出版社，2008 年 5 月，第 225 ~ 227 页。

（原载《广州市社会主义学院学报》2023 年第 3 期）

26

剧怜身世似祢衡
——新见林万里信函笺释

昨谈甚快，兹送上现洋伍拾元，请先/收入，余俟/台从来京时再行面交。本拟多筹，因日/内各机关薪水均未发，致难如愿，歉歉。此上/原觉先生大鉴。万里顿首。/廿七日。/
到沪后，请示住址。回粤后，亦祈即示住址，并祈物/重好研石。切托，切托。/

十余年来，笔者一直在细心整理罗原觉及其家属捐献文物，这批文物均为民国时期罗原觉与其同时代人交往过程中遗留下来的物品。整理过程中，笔者新见报界先驱林万里（1874～1926）书写的两封信函，未见公开报道。一封是《林万里致罗原觉函》，另一封是《林万里致陈叔通函》。这两封书信的内容均是书写在印有一对"契刀"图样的特制信笺上。这款信笺，左侧契刀图样有"第九、五百"等铭文，并印有"契刀范/归安吴/氏藏器/待秋栎/酒芬楼制/"文字和"待秋"篆体字印文。吴待秋即吴徵（1878～1949），浙江归安人，擅画密梅，喜收藏。鲁迅就曾使用过吴待秋画笺写信。

《林万里致罗原觉函》（图一）一页，横15.3厘米，纵25.1厘米，共有文字8行（每行结束，以/为标识，下同）：

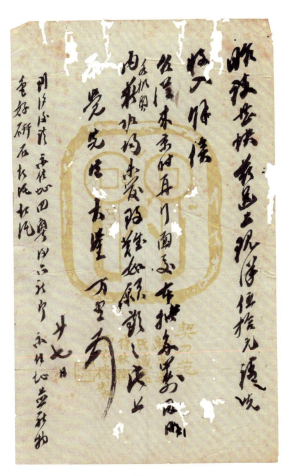

图一

该信未署年月，但庆幸的是，该信信封（横11.1厘米、纵25.3厘米，图二）保存了下来。信封上写着"前门外/打磨厂弟一宾馆一百〇四号/广东人/罗先生原觉台启/请/回条：沙锅胡同九号林缄 廿七日/"等文字。按"前门外打磨厂第一宾馆"位于北京，"廿七日"与书信书写时间吻合。据此表明，该信是林万里写于罗原觉出差北京期间。

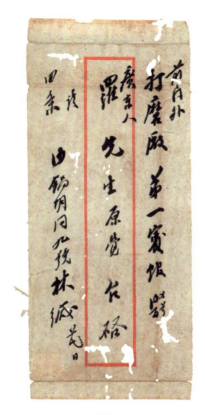

图二

根据王中秀编著《黄宾虹年谱》考订，1921年3月罗原觉自北平来沪造访，为跋《李思训碑》，（上海书画出版社，2005年，第153页）是知罗原觉1920年至1921年间出差到北京。由此推断，《林万里致罗原觉函》写于1920年至1921年间。

信中主要内容是反映林向罗送上了现洋50元，并说明余款需待罗下次来京时再面交。信中还透露，当时北京各机关尚未发薪水。

书信人林万里即林白水，福建闽侯人，早年留学日本早稻田大学，1905年加入中国同盟会。《民国人物大辞典》对他生平履历有详细介绍。林于1916年9月在北京创立《公言报》，1919年2月在上海创《平和日报》，1921年春在北京创办《新社会报》，"1926年8月6日，以所刊《官僚之运气》一文讽刺潘复为张宗昌的'肾囊'被杀害。年52岁。著有《生春红室金石述记》《华盛顿》《哥伦布》等传记，并有《林白水先生遗集》行世。"（见《民国人物大辞典》第463～464页）

林万里多才多艺，曾与黄展云、王永炘等共同编纂《国语教科书》一套四册，并于1907年8月在商务印书馆出版。这是我国第一套"国语"教科书。因此，林万里与商务印书馆有着密切联系，如1918年张元济到访北京时，于7月2日拜访了林万里。（《张元济全集》第6卷"日记"，商务印书馆2008年版第377页）

《林万里致陈叔通函》（图三）一页，横15.3厘米，纵25.1厘米，有文字8行：

叔通吾兄大鉴：琅琊旧拓已否代购，该款四十/元当交□□兄，便中请寄下为盼。粤友罗/君原觉为瘿公族人，精鉴别书画，所/蓄极丰（多筠清馆、嶽雪楼故物）。兹有宋拓绛帖及/宋拓云麾（较声伯本为精），欲在贵馆影印珂版，特为介/绍，希与接洽。云麾印后，弟当购买，已得/罗君允许矣。此上即颂/道安。万里顿首。十二月廿二日。/

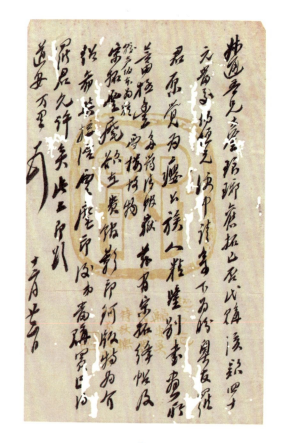

图三

信中所云"叔通"即陈叔通（1876 ~ 1966），浙江杭州人，民主人士，1903 年癸卯科进士，授翰林院编修，翌年赴日本习政治法律，1915 年冬赴上海任商务印书馆机要科科长，任董事。信中提及的"琅琊旧拓"是指秦刻琅琊台残石拓本，残石现藏中国国家博物馆；"宋拓绛帖"是指宋人潘师旦摹刻的丛帖，"宋拓云麾"是指宋拓云麾将军李思训碑，"声伯本"是指赵声伯藏本。这封书信的主要内容是林通过陈向商务印书馆推介罗收藏的这两份宋拓本，希望能以珂罗版影印出版发行，同时介绍罗原觉是罗瘿公（1872 ~ 1924）的族人，"精鉴别书画，所蓄极丰，多筠清馆、嶽雪楼故物"。"筠清馆"为清朝佛山吴荣光的藏书楼。"嶽雪楼"为清朝佛山翰林孔继勋私人藏书楼，与粤雅堂、海山仙馆、万木草堂并称粤四大藏书楼。

该函未署年份，只落款"十二月廿二日"。与该函一同保留下来的信封（图四），横 19 厘米，纵 21.7 厘米，正面书写"上海

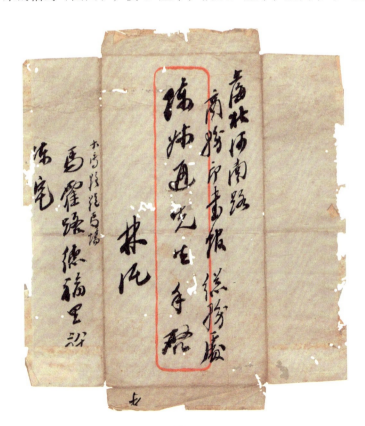

图四

北河南路 / 商务印书馆总务处 / 陈叔通先生手启 / 林讬 / ",背面书写"大马路跑马场 / 马霍路德福里八十三 / 陈宅 / "等文字,显示这是一封由林万里委托罗原觉带往上海交给陈叔通的信函。此时陈叔通正在商务印书馆总务处工作,住在大马路跑马场马霍路德福里八十三号。据前文,已知1921年3月罗原觉自北京来沪造访。由此可推断,该函应写于1920年12月22日。

上述两封书信表明,林万里与粤籍学人罗原觉有过交往。此外,林万里生前还与粤籍其他学人交好,如容庚。《容庚北平日记》多次提及林,如1925年3月28日"饭后往林宅授课,万里赠余大笔及纸",3月30日"托冯楚璧带《金薤琳琅》一册与林白水",4月4日"饭后往林宅授课,万里再赠余大笔两管",5月11日"为清室失窃事与林白水信",5月29日"林宅交冯炳奎带来'交通部派容庚为本部咨议令'一件",10月14日"临散盘赠林白水";1926年2月12日"林白水送饼干二合、葡萄酒四瓶、食物四罐、酱鸭一只来",6月4日"作《金石书录》序毕,寄林白水",6月19日"往林宅授课"。

当林万里于1926年8月6日凌晨4时被宪兵司令部枪杀后,容庚愤怒地写下"中国宁有法律耶?"(《容庚北平日记》第104页)后于8月18日写下挽林白水联:"通敌有证,果何在耶?豺狼当涂,冤哉四字狱。局赌无凭,竟成真矣!猪狗有运,死也一时评。"(《容庚北平日记》第107页)1926年9月4日,陈恭甫代挽林白水联:"直笔众交推,胜有文章媲谷;多才天所忌,剧怜身世似祢衡。"(《容庚北平日记》第110页)道出了林万里的才气及命运。

近日我在阅读《胡适全集》时，读到胡适与丁文江、徐新六关系特别友好的相关记载，令人感动。胡适在写给妻子的信中坦言，"我失去了一个最好的朋友，这人世去了一个最可爱的人！"此人就是徐新六（1890～1938）。

多年来，我一直在精心整理粤籍学人罗原觉的往来信函，意外地发现《徐新六致罗原觉函》一封（图一、二），令人欣喜若狂。该函共有两页信纸，款式尺寸一致，每页横15.3厘米，纵23.4厘米，有文字14行。为保持信函原貌，每行结束时，以/为标识，现释文如下。

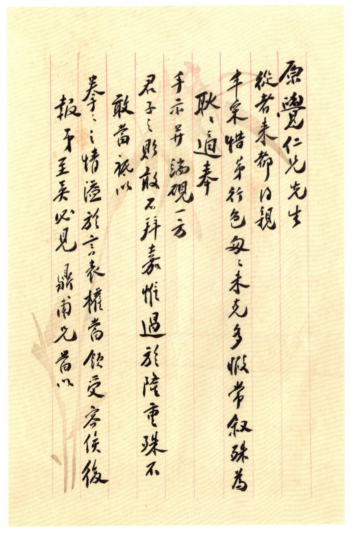

图一

原觉仁兄先生：/从者来都，得亲/丰采，惜弟行色匆匆，未克多暇常叙，殊为/耿耿，适奉/手示并端砚一方。/君子之赐，敢不拜嘉，惟过于隆重，殊不/敢当，祗以/拳拳之情，溢于言表，权当领受，容俟后/报。弟至英，必见鼎甫兄，当以/近状语之。我/公何日出都，以后通讯可寄何处，还乞/示知。倚装草复，幸/恕其率，敬请/台安。弟徐新六顿首。一月二十三日。/

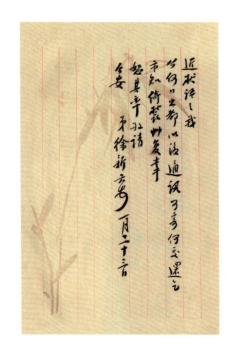

图二

该函未署年份，只留下"一月二十三日"。信中明确写明写信人是徐新六，收信人是"原觉"即罗原觉。徐新六，字振飞，祖籍浙江余杭，1890 年出生在杭州，曾留学英法等国，学习冶金、经济、国家财政等专业；1917 年夏任财政总长梁启超秘书；1918 年 12 月随梁启超赴欧洲考察，并被委任为巴黎和会赔款委员会中国代表和中国代表团专门委员。

信中提及的"从者来都""我公何日出都"之"都"，应指北京。表明此时徐新六正在北京工作。据《民国人物大辞典》"徐新六"条目介绍，"1914 年回国，经高等文官考试录取，以第一名授上士，分发北京政府财政部任金事，并兼任北京大学教授。1917 年夏，任财政总长梁启超秘书；同年 11 月，入中国银行，初任金库金事，后任北京分行协理；同年代表上海公共租界华人纳税市民参加工部局分组委员会担任卫生、警备、防务委员"（第 721 页）。表明该函写于徐新六在北京工作期间。1918 年商务印馆张元济到访北京时，于 6 月 29 日专程拜访了徐新六（《张元济全集》第 6 卷"日记"，商务印书馆，2008 年，第 376 页）。

信中还承诺，"弟至英，必见鼎甫兄，当以近状语之"。"鼎甫"当指 1926 年 7 月进入北京图书馆工作的杨鼎甫。"至英"一事是指 1918 年 12 月梁启超与蒋百里、丁文江、张君劢、刘崇杰、徐新六、杨鼎甫等 7 人赴欧洲考察一事。此行徐新六、杨鼎甫均有参加考察。由此表明该函应写于 1918 年 1 月 23 日。

信中主要内容是书信人想表达谢意，因为罗向徐赠送了一方端砚。信中写道："君子之赐，敢不拜嘉，惟过于隆重，殊不敢当，只以拳拳之情，溢于言表，权当领受，容俟后报。"这寥寥数语，尽显徐是一位热情好客、感情丰富的人。胡适即认为"新六的性情最忠厚，心思最细密，天资最聪明，在朋友之中，最不可多得"。（《胡适全集》第 24 卷第 386 ~ 387 页）1924 年胡适在《我的年谱（民国十二年 1923）》中提到一件事："自去年底以来，上海的朋友与在君们极力劝我到南方休息一些时，徐新六并且为我借得西湖金沙港吴姓的庄子。我不愿南下，后来只好把庄子退了。"（《胡适全集》）

1938 年夏，国民政府计划派一代表团赴美国争取美援，内定徐新六为首席代表；8 月 24 日，徐新六由香港应电召乘飞机赴渝，途中为日机截击遇难。当胡适从伦敦前往瑞士参加国际史学会途中获悉徐新六遇难时，异常悲痛。他在 1938 年 8 月 27 日致妻子江冬秀函中写道："我这三天（廿五，廿六，廿七）真不好过。自从志摩死后，在君、新六相继而去，真使人感觉孤凄寂寞……我最敬爱的朋友之中，在君、新六为最相投，不料这两个最可爱的朋友偏偏最先死了！"（《胡适全集》第 24 卷第 386 ~ 387 页）1938 年 9 月 24 日，胡适再次致函妻子："'有一日力，尽一日力'，'一切一切为国家'我们不要忘了他的遗训！"（《胡适全集》第 24 卷第 391 页）

徐新六在中国近代金融史上举足轻重，与诸多名人交往颇深，见证参与了许多重大历史事件，其"一切一切为国家"的爱国情怀令人感动钦佩。此次新发现的《徐新六致罗原觉函》，是难得的手稿遗物，对加深徐新六研究、丰富徐新六人格提供了新材料。

（原载《中国文物报》2022 年 11 月 29 日第 6 版"鉴赏专刊"）

28

行走在穗港澳三地的学者

——新见崔师贯信函考释

崔师贯（1871 ~ 1941），原名景元，又名其荫，字百越，又字今婴，广东南海人，清末庠生，梁鼎芬的妹夫，冼玉清的老师[1]，曾担任汕头商业学校校长、香港大学文科教师，工诗词，著有《丹霞游草》《罗浮游草》《北邨类稿》（包括《砚田集》《白月词》）等。癸酉（1934）小寒节，汪兆镛在为《北邨类稿》所书序文中写道："南海崔子百越，嵚奇磊落人也，善诗词……百越久客香岛，于词精擘深造，不肯一语落窠臼，锲而不舍，自跻于古作者之林。"

笔者在整理馆藏文物时，新见崔师贯在穗港澳三地书写的一批信函共有43通，其中致罗原觉函41通，致罗蓬舫函和萧蕙裳函各1通。这批信函内容丰富，但长期以来未受重视。这批信函因多数没有留下具体的书写时间，因而给研究利用工作带来一定的难度。广东地处沿海，自古以来即拥有海陆优势，加上毗邻港澳，因而近代以来天然地成为不同文化的交汇地，特别是在晚清民国时期社会巨变时期，粤籍文人的大量入住港澳，给当地文化注入新鲜血液。这批信函的发现，对研究清末民国时期粤港澳三地文化人迁徙交往及崔师贯在穗港澳三地学术活动具有较高的史料价值。

本文写作思路，首先对这批信函进行释文标点，确认书写时间，其次对信函中呈现的历史问题分类考察，从中整理出崔师贯在穗港澳三地的学术轨迹，并为进一步了解民国时期香港文化发展提供新资料。

一、围绕高蕴琴的一批信函

在这批信函中，有13封提及高蕴琴。高蕴琴（？ ~ 1927）名学濂，字隐岑，祖籍广东澄海，民国香港藏书家，以收藏兰亭著称，所藏兰亭有224种，1927年元宵节因病去世。

第一封书信（图一），一页，横12.9厘米，纵23厘米，有文字7行：

图二　　　　　　　　　　　图一

原觉道兄：顷接隐岑弟函，/尊事虽可如议，又有裴之帖碑寄/返，现存弟处。久不得/足下消息，何也？如未暇即/来，先示覆，急盼。/弟出下月初须返澳数日。棘人崔师贯稽颡。/十月廿四日。/

　　按该函使用"玉笥山楼诗笺"。"玉笥山楼"建于1917年。信中称"接隐岑弟函"，"隐岑"即高蕴琴。书信人自称"棘人"，表明此时崔师贯在居父母丧。据1934年刊行《砚田集》收录"先妣忌日用亭林先生诗均（先生六十一岁作，予今齿与之同时，辛未八月二十日）"，"辛未"即1931年，诗中还写道"先妣弃养，贯方六龄"。另据手写"广州西关十六甫北街廿七号 / 敦复书室 / 罗原觉先生启 / 港巴丙顿八号高宅讬 /"等字信封（横8厘米，纵17.3厘米）邮戳显示"HONG KONG 23 NOV /21"（图二），指1921年11月23日，即辛酉年十月廿四日。据此可推知，崔师贯书写的这封信落款时间是农历，由高蕴琴代寄。可知该函写于1921年11月23日。

　　信中介绍"有裴之帖碑""下月初须返澳数日"。

第二封书信（图三），红纸墨书，一页，横 12.6 厘米，纵 23.2 厘米，有文字 7 行：

原觉道兄：省中唱大戏，幸／府上看不着也。颇念我树园耳，便／代慰问。顷欲得菊坡旧刊之马先生贞榆著／禹贡图，急于讲授，望为／觅一二纸寄来（有裱成挂幅者更佳，否则代裱一纸，图是方幅，不甚大也）／蕴到汕，仍未定何时回。即问／祓戬，无既。贯白。／

图三

该函未署年款。信中所云"树园"即韩文举（1864～1944），字树园，号孔庵，广东番禺人，清末民初维新派革命家、政治家、教育家、报人，康有为长兴里十大弟子之一，与梁启超同窗。"蕴"即高蕴琴。因此，该函应写于 1927 年前。

信函中提到"欲得菊坡旧刊之马先生贞榆著禹贡图"，"马贞榆，字觉渠，号季生。顺德县人。廪生。同治八年（1869），选学海堂专课肄业生，番禺陈澧为学长，治经兼采汉宋。贞榆受尚书、禹贡、春秋左氏传，精旧地理之学，文笔质雅曲畅。与同学梁鼎芬相善。光绪十六年（1890）两广总督张之洞聘为广雅书院理学分校。……马氏讲授尚书、春秋，所编讲义，于今古文之说，辨析至精。"[2] 崔师贯欲得禹贡图，是因"急于讲授"，可知他此时正在香港为讲课作准备。

第三封书信（图四），红纸墨书，一页，横 12.5 厘米，纵 23.1 厘米，有文字 6 行：

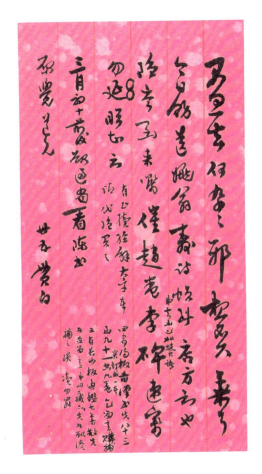

图四

可思去，何杂之邪。想不久来耳，/ 今日饬送姚翁寿诗帧到店，方知也。/ 隐岑函来，嘱催赵卷李碑（弟去函已加赞语），速寄 / 勿延。盼甚云。（有《正续经解》）大字本，请代隐买之。四省局板《前汉书》先八十三至九十一，共九卷（实钉成一本），乞留意购补。又有长沙板《通鉴》七集散先者，并留意。弟旧藏亦先者，欲凑补之。琐渎勿罪） / 三月初十前后欲过省看《陈书》。/ 原觉道兄。廿五。贯白。/

信中提及"隐岑函来，嘱催赵卷李碑"，"隐岑"即高蕴琴，可知崔师贯受高蕴琴之嘱正在补购"赵卷李碑"。信中还说"三月初十前后欲过省"，可知此时崔师贯在香港，该函写于 1926 年之前。

信中主要内容是请家住广州的罗原觉帮忙留意收集大字本《正续经解》（即阮元著《正续清经解类编》）、四省局版《前汉书》、长沙版《通鉴》七集等图书，还提出"今日饬送姚翁寿诗帧到店"，此事又见下述这封信函。

359

第四封书信（图五），红纸墨书，一页，横 12.5 厘米，纵 23.1 厘米，有文字 7 行：

覆函悉。此书如在尊处，则弟来看，方有济；/ 否则丛残满筐，如何检读邪。弟十四放假，拟返澳 / 一行，或便到省。然计及行踪，初十前当到港也，/ 然否。兰亭，盛氏处有眉目未（因此间所有拟价后欲速去函也）。此致 / 原觉道兄。弟贯顿首。三月初五日。/

补书照板本验，不错，如必须样本，俟返澳，方可携得。/ 姚宅寿诗帧，乃裱就者，欲托致之耳，不便寄，亦不必亟之。/

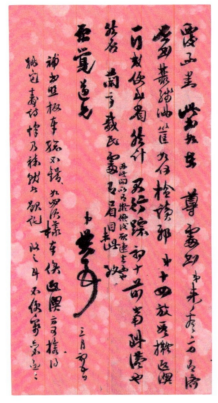

图五

图六

该函虽未提及高蕴琴，但"兰亭"是高蕴琴致力收集的物品。信中提及"姚宅寿诗帧，乃裱就者"，与前函"姚翁寿诗帧"是指同一件事，可知二者书写时间相差不远，该函应写于 1926 年前。另据手写"广州十六甫北街廿七号 / 敦复书室 / 罗原觉先生启 / 巴丙顿道崔缄 /"等字信封（横 8 厘米，纵 15.7 厘米）邮戳显示"HONG KONG 2 APL/22"（图六），指 1922 年 4 月 2 日，即壬戌年三月初六日。可知该函写于 1922 年 4 月 1 日。

信中谈道何日放假，计划从香港到澳门，或再到省城，还提及补书一事。

第五封书信（图七），红纸墨书，一页，横 12.5 厘米，纵 23.1 厘米，有文字 7 行：

图八

图七

来示悉。经学书如无，缓购；如《续解》有旧者，希 / 留意也。《汉书》补本适合，然此几是全部 / 价，则又何须求此一本邪。如在两元以下，不妨，否 / 则且听之。费神，谢谢。何时来？此复 / 原觉道兄。贯白。四月十三夕。/《宋元明儒两学案》如有旧书，可代高购。/ 树园兄题卷，便促之。奉奉。/

该函主要内容是谈收购图书一事，具体谈及哪些图书可以缓购，哪些图书需留意等等内容。信中提及的《续解》即《正续清经解类编》，还提到"《宋元明儒两学案》如有旧书，可代高购"，"高"即指"高隐岑"，可知该函写于 1926 年前。另据手写"广州十六甫北街廿七号 / 敦复书室 / 罗原觉先生启 / 港崔缄 /"等字信封（横8 厘米，纵 17.5 厘米）邮戳显示"HONG KONG 11 MAY/22"（图八），指 1922 年 5 月 11 日，即壬戌年四月十五日。因此该函写于 1922 年 5 月 9 夕。

第六封书信（图九），一页，横 13.4 厘米，纵 24.5 厘米，有文字 6 行：

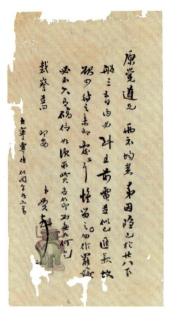

图九

原觉道兄：两示均悉。弟因隐已于廿八下／船，三五日内必到，且前电并似已汇款，故／欲少待之，未即覆上耳。惟留之，勿作罢论，／必不久有确信，如须取赀应节，则无如何，乞／裁察并问即安。弟贯顿首。初□□。／大宁专传，似阅字者亦尊。／

信中所提"隐"即高蕴琴。根据信中言"隐已于廿八下船，三五日内必到"，可知该函写于 1927 年前。

第七封书信（图一○），一页，横 13.4 厘米，纵 24.5 厘米，有文字 8 行：

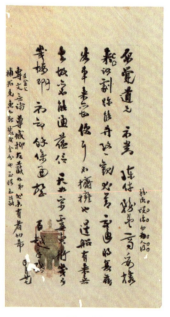

图一○

原觉道兄：示悉，陈件务望商妥（务须设法勿为人得）携／来，诸剧迹能并致一观，尤善。交通将复旧，／然车来，亦甚便耳，不挤拥也。遄船有来无／去，故亦不能通蕴信。天如寓壬妥东街几号／几楼，即示知，余俟面絮。百越手启。／正月廿七。／专文并金父，无论尊藏抑友藏，如弟处未有者，切希／补拓见惠，甚欲装成全分也，至盼至感。／

362

信中所提"天如"指唐天如（恩溥）医生，香港收藏家、香港红十字会会长。信中还提及"暹船有来无去，故亦不能通蕴信"。"蕴"即高蕴琴。可知该函写于1927年前。

信中提到"专文并金父，无论尊藏抑友藏，如弟处未有者，切希补拓见惠，甚欲装成全分也"，可知崔师贯正在积极收集专文及金父。

第八封书信（图一一），红纸墨书，一页，横12.5厘米，纵23.1厘米，有文字6行：

图一一

前日函，未得覆，甚盼（船已开港，为恒安，请）驾来，《陈书》不／可先也。陶器及专文字（新出铜器亦要，不论是否尊藏也），务广收，至／要。夕佳瘵字成未，不一一，余面呈，此问／近履。／原觉兄。弟贯叩。二月十五。／晤树，先烦一仏题图，至奉。／

信中所云"树"即韩文举。该函虽未提及高蕴琴，然信中所言"陶器及专文字，新出铜器亦要，不论是否尊藏也，务广收，至要"，与上述第六封书信所述内容遥相呼应，可知该函应写于1927年前。

信中所提"夕佳瘵"，崔师贯著《砚田集》有收录《夏晓夕佳瘵病起书事》一诗。

363

第九封书信（图一二），一页，横 13.4 厘米，纵 24.5 厘米，有文字 7 行：

凤文楼书，已覆函（两函广雅丛三种），嘱直接寄下，并派人来收款，惟／数日未得伊报，请为一催问之。又正、续《经解》《十三经／注疏》（广州局版稿），来函未及，此数书现亟需，烦并讬凤文购来，／切切勿延悮为盼。驾何日来？此致／原兄。贯顿首。附上，初五。／如彼惮于派人，则一面陆续寄书来，此间即可迳汇款至／伊号，祈与高兄妥办，因伊地不在，无人派往省收书也。／

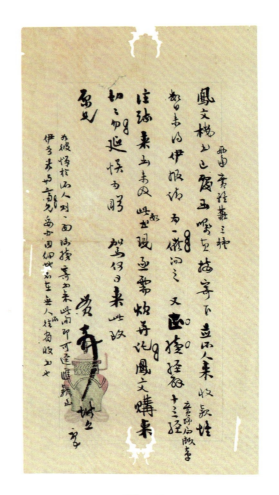

图一二

信中所述内容主要是请凤文楼速将托购图书，如《广雅丛书》《正续经解》《十三经注疏》等寄来。信中提到"祈与高兄妥办"，"高兄"指高蕴琴，可知该函写于 1927 年前，该批图书是高蕴琴需要购买的。高蕴琴酷爱收集旧书，读此函可见其情况。

第十封书信（图一三），一页，横 13.4 厘米，纵 24.5 厘米，有文字 10 行：

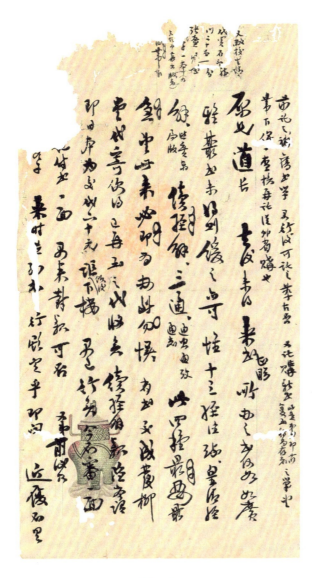

图一三

该函主要内容同样是谈购书一事，其中提出"惟《十三经注疏》《皇清经解》（皆广东局版）、《续经解》《三通》（《通典》《通考》《通志》），此四种最要最急"。这批图书是为"隐岑"（即高蕴琴）购买的。信中还提到"隐岑请即日本为交代二十元"，与上述第八封书信中所谈图书基本一致。因此，该函写于 1927 年前。

原觉道长：去后未得来书，甚盼。所办之书何如？如《广/雅丛书》未得，则缓之亦可。惟《十三经注疏》《皇清经/解》（皆广东局版）、《续经解》《三通》（《通典》《通考》《通志》），此四种最要最/急，望此来必即为办到，勿悮。省书交成发柳/堂代寄便得，已再函之代收矣。《续经解》款，隐岑谓/即日本为交代二十元。讵饭后下楼，君已行矣。今不审一面，/□□托付书一面，君来对款可否？又弟前后欠/□□□奉。来时并□□□行期定乎？即问近履，不尽。/前托之补旧书单，君行后，可托之萃古否？又托购新书（此是弟书，即前复函称尚存者）之单，望/带下，俾查核，再托从外省购也。/又敝校生请代买石印《龙门二十品》一分，张童卯书□□字一本（如文明中华出版者）□带下。

365

第十一封书信（图一四），红纸墨书，一页，横 12.5 厘米，纵 23.1 厘米，有文字 7 行：

弢庵道兄：瓦儿来函，具悉。《饮冰集》白以驳 / 接为是（不必裱），其余三续共六十五本，与旧有者略有长短，只 / 可听之，不必驳矣（照此号字便了）。三刻内欠《群书治要》第四一卷，能补 / 否。至黄州图应如何标法，请代主持。稍留后来题字 / 地步为好，务雅观可也。玉笥托购之书，有开阮氏之 /《经籍纂诂》否？此亦要者，并代觅之。即问 / 近祺，不尽。（又《小方壶斋舆地丛钞》，上海翻小字本亦好）廿六。弟贯白。/

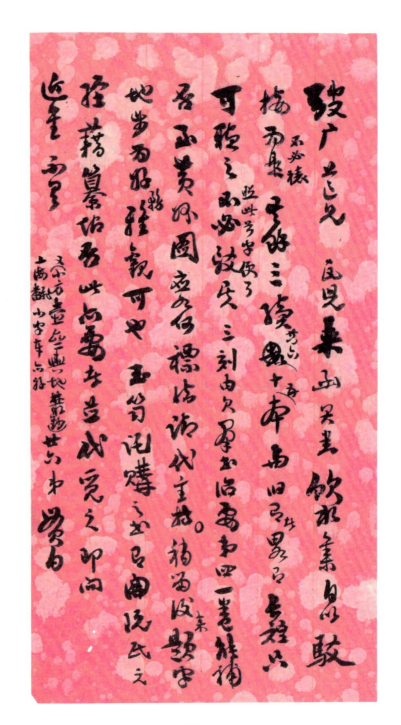

图一四

366

信中所提"玉笥"即指高蕴琴，因玉笥山楼为高蕴岑于1917年在香港巴丙顿道修建的一所带花园的大洋房。据信中所述"玉笥托购之书"，可知信中所提图书是为高蕴琴购买，因此该函写于1927年前。

第十二封书信（图一五），一页，横21.3厘米，纵17.4厘米，有15行文字：

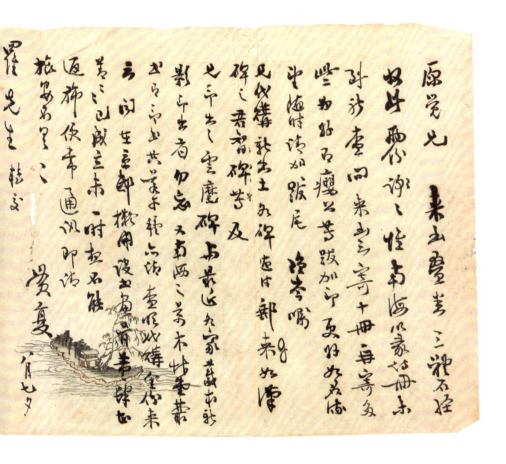

图一五

原觉兄：来函叠悉，三体石经／收此两份，谢谢。惟南海篆诗册未／到，祈查问。来函云寄十册，再寄多／些为好，有瘿公等跋，加印更好。如名流，／望随时请加跋尾。隐岑嘱／兄代购新出土各碑，随时邮来，如汉／碑之君智碑等，及／兄印出之云麾碑，与最近各家藏本，新／影印出者勿忘。又南海之《万木草堂丛／书》，有印书，共若干种，亦请查明代购全份来／云。闻在京邸拟开设书画骨董肆，甚／善甚善，已成立未？一时想不能／返旃，便常通讯，即请／旅安，不尽不尽。贯复。八月七夕。／罗先生转交。／

该函既提起"三体石经"，又提及南海篆诗册、《万木草堂丛书》等，还问及"在京邸拟开设书画骨董肆"一事。信中特别提及"隐岑嘱兄代购新出土各碑，随时邮来"，可知高蕴琴既购买旧书，又收藏新出土各碑等。该函写于1926年前。

第十三封书（图一六），一页，横 26.9 厘米，纵 19.8 厘米，
有文字 14 行：

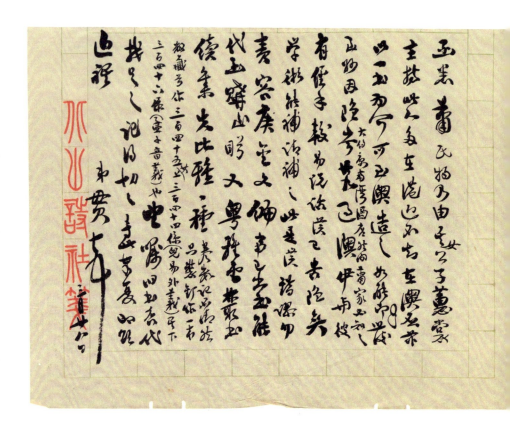

图一六

函悉，萧氏物乃由其女公子蕙裳 / 主持。此人多在港，近不知在澳否。兹 / 以一书为介，可至澳造之。如能即发 / 函妙，因隐岑廿九过澳（大约寓南湾酒店，然 / 问萧家必知之），伊与彼 / 有经手，较易说话，仆已告隐矣。/ 学术能补，请补之。此是仆错谬，勿 / 责。容庚《金文编》当已出书，能 / 代函购，至盼。又《粤雅堂丛书 / 续集》失《比雅》一种（卷数记不清，然只装订作一本，/ 敝藏号作三百四十五，其上三百四十四系《儿易外义》，其下 / 三百四十六系《孟子音义》也）望嘱旧书店代 / 找，足下记得，切切。专此奉复，即颂 / 近祺。弟贯顿首。/ 三月廿八日。/

该函使用的信笺为"北山诗社笺"。按"北山诗社"成立于 1924 年，1925 年解散，创立不足一年。[3] 该函未署年款。据信中所述"容庚《金文编》当已出书"及"隐岑廿九过澳"，前者《金文编》于 1925 年底贻安堂印行，后者"隐岑"即高蕴琴，1927 年元宵节去世，可推知该函写于 1926 年农历三月二十八日。

按《比雅》为清代洪亮吉搜寻古书训诂并依照《尔雅》体例编辑而成的一部类书，《儿易外义》为明代倪元璐著，《孟子音义》为北宋孙奭撰。信中提及"萧氏物由其女公子萧蕙裳主持"，且高蕴琴与萧家有交往，还提出"以一书为介，可至澳造之"。此"一书"即《崔师贯致萧蕙裳函》（图一七），一页，横 13.7 厘米，纵 24.3 厘米，有 6 行文字：

图一七

蕙裳贤世妹侍史：兹有 / 罗君原觉过澳，欲观 / 府上所藏书画、名磁、紫檀 / 等物，如可出让，即面订价可 / 也，特以一书为介。此请 / 礼安。崔百越手启。/

该函显示，萧氏物收藏在澳门，有书画、名瓷、紫檀等物品。该函信封（横 8.5 厘米，纵 20.8 厘米）有保留，上面写有"携呈 / 萧蕙赏姑娘 / 崔纸 /"等字。

二、围绕瓦注读书一事的相关信函

在这批书信中，还有 5 封书信提及崔师贯的女儿瓦注读书缴费一事。

第一封书信（图一八），一页，横 17.2 厘米，纵 28 厘米，共有文字 6 行：

原觉兄：昨即覆函，计达。不情之请（五十一元纸要汇缴），再渎惟 / 宥。隐岑嘱代觅龟卜书三二种，要易通晓者，/ 因近甚欲学此道也。附此拜贺 / 年禧，不尽。弟贯顿首。/
树生客何时可了事还定居？

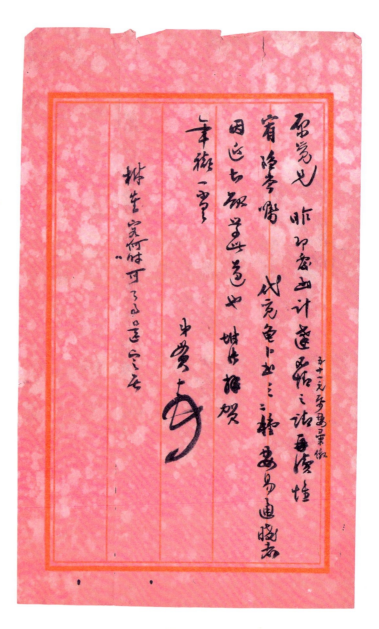

图一八

信中写道"隐岑嘱代觅龟卜书三二种"，按"龟卜书"是指以龟占卜之书。因此该函写于1927年前。信中提到要汇缴"五十一元纸"，与下述第三封信函所述内容相吻合，表明二者书写时间相近。

第二封书信（图一九、二〇），两页，每页横17.2厘米，纵28厘米，有文字20行：

图一九

发兄：开岁百福侍祺，师贯叩颂，坿启如后。正月六日。/

小女瓦注于初十仍返省入学（校初十开课，瓦初十前后必到），要交学费并膳宿费五十元（学费不低，/宿膳不知，俟伊到面说），此款请兄处汇交之（务请兄面付瓦手）。如驾来港，望嘱留/府二人料理，勿悞。又河南家用，仍请照去年案（按）月代支，/费神至感。各数俟驾来港，统算奉还。已函嘱恺儿由/杭州汇款来也。/

瓦女每日下午二点后可离校，至四点返校，欲以此时间往树园先生/处就学，学科拟专学三礼、说文，余由树先择授。说文不授亦可，三/礼则以《礼记》为主，其与经发明者兼讲家礼，《仪礼》不必另讲也。《周礼》/续授，请将此意向树董商定，并应送回年修若干。赐

371

覆是幸，仆／不直接函
树矣。／

去年所托买书，俟此间
搬定屋即取，千万勿转
让别人（甚等用也）。
又广／雅丛书（亦等
用）毛纸，全部闻铖克
说，并钉装号字，约费
百六七十金，请／即为
购之，先代付价若干（须
由兄另订实价），俟书
做好，乃全付。又有两
书（目列后），请托书
坊／找寻，两目求得其
一便得／（《礼书纲目》
《仪礼经传通解》），
如此两书皆无，则寻黄
以周著《礼书通故》亦
善。／萃古数尾是抚轩
经手，当函问之。前两
年见单，似系四元零，
不知其／何以延阁下也，
望转告之。／

前托寻补之《读史方舆
纪要》《资治通鉴》七
集，此纸有失否，望／
属留心访之。／

图二〇　　　　　　　　图二一

崔师贯在信中谈了几件事：一、关于女儿瓦注在省城广州上
学学费及学习内容一事。请罗原觉代交学费及膳宿费 50 元，并有
意愿请韩文举教授女儿学习《礼记》《周礼》等；二、请罗原觉
代买《广雅丛书》《礼书纲目》《仪礼经传通解》《读史方舆纪要》
《资治通鉴七集》及黄以周著《礼书通故》等图书。该函未署年
款。信中所见"恺儿"即崔师贯的儿子，亦见《砚田集》收录"携
儿恺女瓦松山踏月放歌"一诗中，该诗提到："恺三十外未娶，
瓦不愿嫁。"

该函未署年款，只留下"正月六日"。据手写"广州十六甫
北街廿七号／敦复书室／罗原觉先生启／港玉笥八居缄／"等字信
封（横 8 厘米，纵 16 厘米）邮戳显示"HONG KONG 21 FEB/23"
（图二一），指 1923 年 2 月 21 日，即癸亥年正月初六日。可知
该函写于 1923 年 2 月 21 日。

第三封书信（图二二），一页，横 21.3 厘米，纵 17.4 厘米，共有 16 行文字：

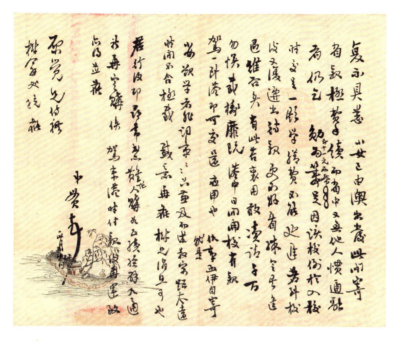

图二二

信中除谈及小女瓦注学膳费及学习内容外，还提及订购《正续经解》《九通》等图书。信中还谈道"小女已由澳出发"，表明此时崔师贯正在澳门。《砚田集》收录"开岁三日憬吾携酒见过因率儿女稚孙偕游普济禅院（院为大汕开山）"一诗，当中提到"万寿节日梁小山侍读年丈庆桂招同举礼于蚝镜墺卢"。

该函未署年款，只留下"正月九日"。据手写"广州市十六甫北街廿七号 / 敦复书室 / 罗原觉先生启 / 寓港玉笥八居缄"等字信封邮戳显示"HONG KONG 24 FEB/23"（图二三），指

图二三

复示具悉。小女已由澳出发。此间寄 / 省款极费手续，而省中又无他人惯通融 / 者，仍乞勉为筹足（五十一元西纸），因该校系于入校 / 时交足一期学膳费，不能延迟。若到校 / 后，又复迁出待款，更不好看，殊令其进 / 退维谷矣。有此苦衷，用敢渎请千万 / 勿悮，感祷靡既。港中日间开校，有款，/ 驾一到港，即可交还应用也。（执事函伊自寄就是。）/ 小女欲学者非词章，词章只兼及，而述叔寓距太远，/ 时间不合，极感盛意，再候树兄消息可也。/ 君行后，即寻常书，亦难托人购，如正、续《经解》《九通》，/ 祈再定购。俟驾来港时，付款后再运致 / 亦得，并候。/ 弟贯顿首。/ 正月九日。/（原觉兄侍礼，树翁处统候）/

373

1923 年 2 月 24 日，即农历癸亥年正月初九日。因此该函写于 1923 年 2 月 24 日。

第四封书信（图二四），一页，横 12.5 厘米，纵 23.1 厘米，有文字 7 行：

原觉兄：两来函均悉，当照办，然树园未来 / 也。粤雅书如是仆所讬者，可暂存 / 尊处，俟有便人，到取带澳，不须交成发也。北 / 海帖装帖册式，然不必镶铁支，款已付之。 / 又瓦女已入圣希利达校宿，如有需款一二十金，到 / 问乞随时付之。兄来港照缴，各帐后计。此问 / 近安。（隐之书，可先代买三通（典、考、志）及《读史方舆纪要》数种，《续经解》亦要）弟贯顿首。廿四日。 /

图二四

信中所提"隐"即高隐岑，因此该函的书写时间在 1927 年前。信中所言"圣希利达"学校，是英国圣公会于 1912 年在广州东山建设的一所学校。据信中所述内容，可知高隐岑喜欢收藏图书，如《通典》《通考》《通志》《读史方舆纪要》《续经解》等，崔师贯的女儿瓦注已进入圣希利达学校读书。

第五封书信（图二五），红纸墨书，一页，横 12.5 厘米，纵 23.1 厘米，有文字 6 行：

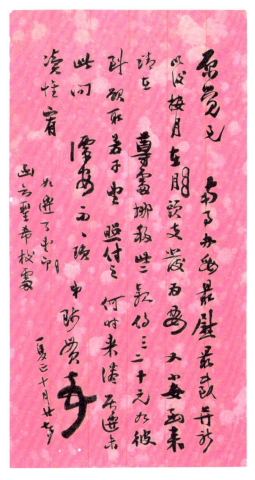

图二五

原觉兄：南事办妥，最慰最感，并祈 / 以后按月在月头支发为要。又小女函来，/ 请在尊处挪移些款约三二十元。如彼 / 到，欲取若干，望照付之。何时来港，居迁未？ / 此问潭安，不一，琐渎惟宥。弟师贯顿首。/ 夏正十月廿七夕。/（如迁了，望即函知圣希校处）

信中提及小女来函需款约三二十元及圣希利达学校，表明此时瓦注正在该校学习。另据崔师贯介绍："女瓦注喜为目录之学"[4]。

三、围绕岭南图书流通社与先翰林集相关内容的信函

据罗雨林介绍，"1933 年经中山大学教授熊润桐发起，会合该校中文系、历史系的一些教授，共举罗原觉出来筹办'岭南图

书流通社'，选址在文明路 145 号，当时各合股者拿出自己收藏中的重复部分，或用以研究完可拿出社会上流通的书籍，并凑集资金，推熊以其名字注册，由罗原觉主持，康有为的侄康植处理日常店务。流通社开张后，发挥了为各高校教授、研究古物学者服务的作用，既出售了他们的著述刊物和代售他们的收藏，又为他们及时找寻和购买到他们所急需的参考书籍；也使全国各地分店的古籍、拓片等在广东得到流通。还为文人教授聚会交流提供一个场所。可惜文人不善经商，它只维持一年多，终于在 1934 年底或 1935 年初就关闭了。最后只剩下建社之初由黄节教授题写的'岭南图书流通社'这块招牌。"[5]

在这批信函中，有 6 封书信谈及岭南图书流通社与先翰林集。

第一封书信（图二六、二七、二八），三页，每页横 14 厘米，纵 21.7 厘米，共有文字 24 行：

连得三书，以事稽答，至歉。尊办书 / 店意甚善，能自刻，先出数种，更妥 / （或作杂志式分期）如曩印何易一遗藁是矣。港 / 大实无可出版物，如有他著，彼等随时 / 介绍也。先集板补成者，尚无大差，/ 惟鄙意欲垳录加两板（可以两面刻），请即 / 为写就字样，只须楷书，不必完如原 / 板欧体也，以速为妙，因急配印。书依 / 萃古列价，连史四角一册（封面属

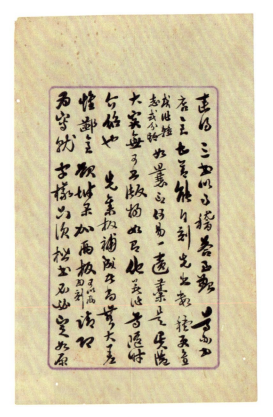

图二六

376

图二七

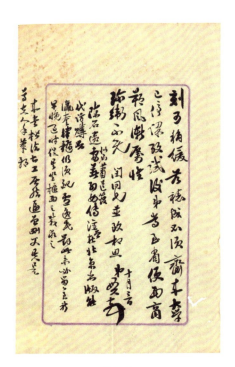

图二八

杂色，印山贝者亦然），装三十本；费／二角八分一册，装六十本，先付七成，亦拟由／尊处交手。如驾旬后到港，款面交，否／则寄上也。此事殊费清神，辱／□□宥。向日梁兄作传，康兄书表公迁／误，故即以是代之耳。夕佳瘘为／刻，可稍缓，若裱成，不须赍来。大学／已停课，考试后，弟当至省，便面商。／朔风渐属，惟／珍卫无既。闿同兄并致相思。弟贯顿首。十月三日。／陈石遗妻（似名萧道管）著《列女传注》，曾在北京出版，能／代访购否？／《瀛奎律髓》仍须配画，逸民对此未必留意，祈／早晚过时促其坐柜面之□□之。／来书楷法甚工，居然逼曾刚父矣，是／尊先人手笔邪。／

信中所提"陈石遗"即"陈衍，字叔伊，号石遗，福州人。光绪举人。曾入台湾巡抚刘铭传、湖广总督张之洞幕，学部主事，京师大学堂教习。入民国，先后任厦门大学、无锡国学专修学校教授。著《石遗室诗集》《石遗室文集》《陈衍诗论合集》等著作刊行。"[6] "先生学穷天人，生平治《说文》，治古文辞，皆至精。"[7] "萧道管"（1859～1907），字君佩，一字道安，侯官人，同县光绪壬午举人、学部主事陈衍室，善诗文，工小楷，好考据之学，著有《列女传集注》。"曾刚父"即曾习经(1867～1926)，光绪举人，著有《蛰庵诗存》等。该函还提供了"港大实无可出版物""大学已停课考试"等其他一些资讯。

该函未署年款，只落款"十月三日"。信中提及罗原觉拟"办书店"一事，该书店应指"岭南图书流通社"，能自刻印书。表明该函写于 1932 年前。

信中还谈及"先集"出版印制的一些具体事宜，如"欲附录加两板（可以两面刻），请即为写就字样，只须楷书，不必完如原板欧体也，以速为妙，因急配印"。

第二封书信（图二九），一页，横 15.3 厘米，纵 28.9 厘米，有文字 8 行：

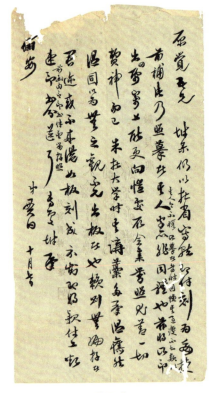

图二九

原觉吾兄：附录仍以在省写就即付刻为妥，拣 / 前补片，乃照摹者，其人字亦非同体也（其人今亦暇，乃摹者当时因便，其过瘦，亦甚类似）。兹将此印 / 出四纸寄上，能更向恺处取全集对照，尤善，一切 / 费神而已。朱在大学时，其讲稿多承温旧，然 / 温固以为无之观，不允出板者也，赖则无编存者。/ 君迩或不来港，如板刻成不封，即将款付上，欲 / 速印书分送耳（前函内有印书件，望留存照）。专复，/ 坿承 / 俪安。弟贯白。十月七日。/

378

该函使用"故宫博物院制"印有"锡贝鼎"铭文的信笺。故宫博物院成立于 1925 年 10 月 10 日。故该函书写时间的上限为 1925 年 10 月 10 日。

信中所提"朱""温""赖""恺"似指朱汝珍、温肃、赖际熙、崔师贯之子恺。信中谈道"先翰林集"之"附录仍以在省写就即付刻为妥""欲速印书分送"。

第三封书信（图三〇、三一），两页，每页横 13.4 厘米，纵 19.6 厘米，共有文字 16 行：

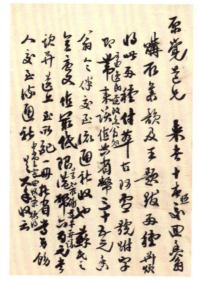

图三〇

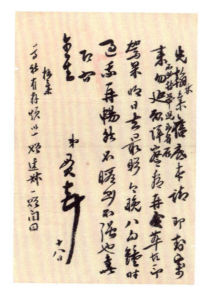

图三一

原觉道兄：来书十本，照交回香翁/购存。《集韵》及王题跋多种，并烦/将此多种付萃古阿雪号，跗字/即带来，该值（可由逸民迳致香翁处）共省币三十五元。香/翁令伴交至流通社收也。苏氏之/《全唐文》值最低，限港币六百元书/款（尊处在补若干，再议），并送上，至所，配一册，在省当另饬/人交至流通社足下手收云（由堂写回收条便得）。/先翰林集旧底本，请即封寄/来（不必待举儿至省存），勿延。欲详察看，再令萃古即/驾，果明日去，最盼。今晚八句钟时/过我再畅，然不暇则不强也。专此，/即闻/尔其。弟贯顿首。十八日。/拙稿，/尊社有存，烦以一赠述叔，一赠闰同。/

379

该函未署年款。据信中所述购买图书送至流通社一事，可知该函写于岭南图书流通社运行期间，即 1933 年至 1934 年间某年的 10 月 8 日。

信中所言"举儿"，为崔师贯之子，他"尝为江村师范农科教授"[8]。

信中所提《集韵》为宋朝丁度等修，是一部音韵学著作。"述叔"即陈洵，"闰同"即熊闰同。信中特别提醒"先翰林集旧底本，请即封寄来"。

第四封书信（图三二），一页，横 12.5 厘米，纵 23.1 厘米，共有文字 5 行：

来函悉。驾不知何日来。兹由介涵／交此纸式，请足下代办，以快为妙。／该银若干（并印石刻工计）先覆，面时奉／缴云。此致／原觉道兄。贯顿首。闰五月二日。／

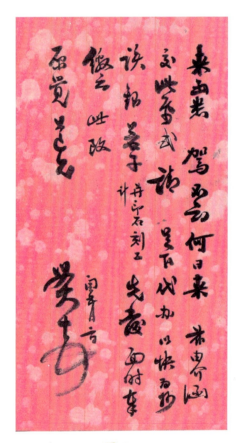

图三二

该函未署年款，只留"闰五月二日"。按《新编万年历》，1922 年 6 月 26 日和 1933 年 6 月 24 日均是闰五月二日。从信中所述"交此纸式，请足下代办，以快为妙。该银若干并印石刻工计"，当指"先翰林集"印制出版一事。由此可推断，该函写于1933年6月24日。

第五封书信（图三三），一页，横15.3厘米，纵28.9厘米，有文字9行：

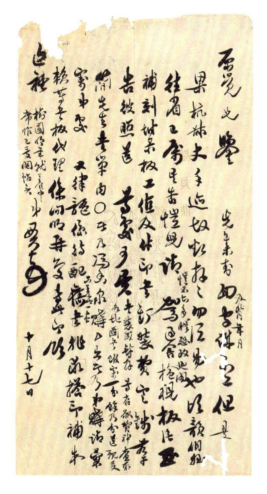

图三三

该函使用"故宫博物院制"印制"锡贝鼎"铭文的信笺。信中所言"梁杭叔"即番禺梁于渭（1848～1917），光绪十五年进士，精研金石书画，喜作花卉，1895年辞官归乡，任教于南海县学堂，为晚清岭南山水画界重要人物。"冯香泉"为旅港南海殷商，香港学海书楼董事，"癸亥建设学海书楼，藏书十五万余卷。商旅闻风兴起者，先后如李君仲鸾、冯君香泉、李君瑞琴，皆筑楼列架，满庋遗编。"[9]"树园"即韩文举。

原觉兄鉴："先集"封面及背年月字□□，但是/梁杭叔丈手迹，故欲存之，勿须易也。顷韵伯归/往省，已属其告恺儿，请驾过舍检视板片（恺不甚多暇，恐致延阁）。□/补刻附录，板工值及付印书钉装费，定钱若干，/告彼照送尊处可矣（书装成，暂存尊店，欲费神查取，各地图书馆寄一分，余乃分送亲友）。/简先生书单内，○者乃冯香泉购，△出者乃弟购，请汇/寄弟处。又《律髓》系待配旧书（只差此一本），只求搭印补，朱/赖等书板代理，俟问明再复，专此，即颂/台礼。（树园明年就养中席，昨已受关帖矣）弟贯顿首。十月十七日。/

381

信中谈道"先集"相关问题，如"先集封面及背年月字是梁杭叔丈手迹"，请罗原觉"过舍检视板片"，"补刻附录，板工值及付印书钉装费"及待"（先集）书装成，暂存尊店""各地图书馆寄一分，余乃分送亲友"等。此处所言"尊店"是指岭南图书流通社。此外，信中还提到"赖等书板代理，系问明再复"。"赖"是指赖际熙，同治四年（1865）生，广东增城人，香港大学教师，后联合绅商，于1923年创设学海书楼，香港学海书楼创始人，1931年倡组正声吟社，1937年2月15日去世，遗著有《荔垞文存》《增城县志》《赤溪县志》等。另据下函所言"前讬分送省友先翰林集，想已办妥"，可知该函应写于1933年12月4日。

第六封书信（图三四），一页，横13.4厘米，纵19.6厘米，有文字7行：

原觉道兄：前讬分送省友 / "先翰林集"，想已办妥。弟于昨夜 / 抵省，寓宝源南路一百一十三号二楼儿恺处，/ 初五早拟出发往清远，并为丹霞 / 之遊。台从如有兴参加，请于明日下 / 午（或晚间）来寓一面订□为幸。此问 / 文祉。弟师贯顿首。七月三日。/

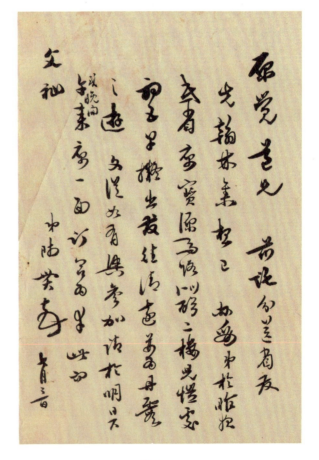

图三四

该函未署年款。但信中提及七月初五日拟往清远作丹霞之游。据1934年刊行崔师贯著《丹霞游草》一书收录汪兆镛序文中所言："伯越督之序，因并识之。甲戌立冬后五日"。"甲戌"即1934年。另据《丹霞游草》收录女载瓦作《游丹霞日记》介绍："七月五日早八时，随侍家大人，与长兄长姊韵伯从兄及女生巢诗言何季丝同行，自广州出发，趁粤汉车，一路陂塘弥望，高荷大芋，风景殊佳。"7月13日回到广州。可知该函写于1934年农历七月三日。

该函提到"前托分送省友先翰林集"一事，表明"先翰林集"一书已刊印。

四、围绕《绛帖题跋》和邓承修联的信函

《绛帖题跋》是罗原觉的著作，1923年有排印本。

第一封书信（图三五），一页，横28.5厘米，纵19.9厘米，共有文字15行：

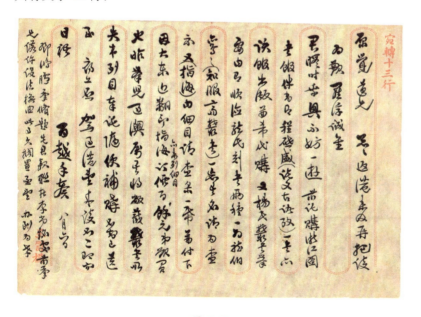

图三五

该函使用"宛转十三行""玉笏楷"信笺。该信笺为玉笏山楼专用。信中所提"程启盛"即程际盛（程炎），江苏长洲人，

原觉道兄：忽忽、返港、未及再把谈／为歉。罗浮诚金／君暇时乘兴，不妨一游。前讬购浙江图／书馆件，尚有程启盛《说文古语考》一书，亦／该馆出版，并希代购。又杨氏《丛书举／要》，内有顺德龙氏刻书两种，一为龙伯／鸾之《知服斋丛书》，一忘其名，请为查／示。又《指海》内细目，请查录一纸并付下。／因大东近翻印《指海》（亦未列细目），订价百余元，弟欲买／也。昨举儿过澳，属其将敝藏丛书所／失书列目，奉讬随便补购，不知已送／至府上否。驾过港，望来谈，不一一。即颂／日祺。百越手奏。八月六日。／

邓鸿胪承修题先君款联在李尚铭处，前承／兄诺许设法换回。此事久搁置，亟望办到为幸。／

383

著有《说文古语考》;"杨氏"即杨守敬,撰《丛书举要》60卷,有1918年南城宜秋馆南昌铅印本;"龙伯鸾"即龙凤镳,辑《知服斋丛书》,有光绪年间刻本。

该函未署年款。据信中所云"大东近翻印《指海》","大东"即上海大东书局,《指海》为钱熙祚(? ~ 1844)父子所辑一部大型综合性丛书,有20集,收书140种,有1935年大东书局出版的影印本。可知该函应写于1935年9月3日。

信中还提及"邓鸿胪承修题先君款联在李尚铭处"一事。李尚铭字新之,采石人,清代庠生,医生,香港学海堂董事。该联后经罗原觉努力,收集到手,交给了崔师贯。下述这封书信谈及此事。

第二封书信(图三六),两页,每页横9.5厘米,纵25.4厘米,有文字11行:

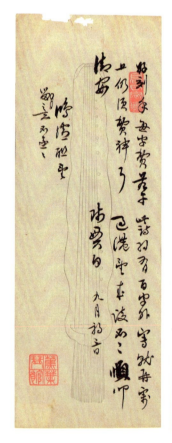

图三六

信中所提《指海》一事，是对前函做出补充说明，即请罗原觉代购《指海》。信中还提到"鸿胪联，望留意"一事，也是对前函做出补充说明，提醒罗原觉帮忙收集。信中与罗原觉沟通，如何将"长歌""书镌于石背"上。因此，该函的书写时间当在1935年9月30日（农历九月初三）。

第三封书信（图三七），一页，横13.4厘米，纵19.6厘米，有文字8行：

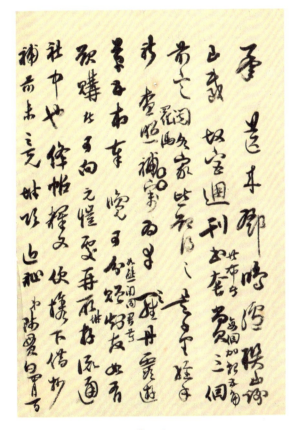

图三七

承送来邓鸿胪联，至谢/至感。《故宫周刊》书套尚欠三个（蓝布者，每个加银五角）。/前定阅各家，皆欲得之，是千里经手，/祈查照（罗、冯）补寄为幸。罗之《丹霞遊/草》五本奉览，可分赠知友（如熊闰同君等）。如有/欲购者，可向元恺处再取，坿存流通/社中也。绛帖释文，便携下借抄，/补前未竟。坿颂近祉。弟师贯白。四月一日。/

信中提及的《故宫周刊》，创刊于1929年10月，至1936年停刊；"绛帖释文"即指罗原觉著《绛帖题跋》；"流通社"即岭南图书流通社；《丹霞遊草》为崔师贯所著，1934年底出版。信中所提"承送来邓鸿胪联，至谢至感"，与前封书信所提"邓鸿胪承修题先君款联在李尚铭处，前承兄偌许设法换回"属同一件事，据此推断该函写于1936年5月23日。

该函还提到"绛帖释文，便携下借抄，补前未竟"一事，与下述这封书信所述"绛帖考文能再借我一钞乎"前后相呼应。

第四封书信（图三八），一页，横 14 厘米，纵 21.6 厘米，有文字 9 行：

原觉道兄：手羔，想已痊，念念。先君集补 / 板，务望催促进行，以便印送亲故，不可再延 / 矣。《瀛奎律髓》白纸广州板本，前讬补弟 / 十本一本（共钉十本，弟九本系至侠少类，以下照接上便合）恐已忘记。兹因讲 / 授需此，祈费心一觅也。是诗人授图，已交述 / 叔未？黄慕韩庄美而待画卷，请便向其 / 收款尾。跋语全抄出，寄下为盼。缘有所考订，/ 故绛帖考文能再借我一钞乎。然不亟亟坼问 / 日祉。不尽，仵复。中秋日后二日。弟贯顿首。/

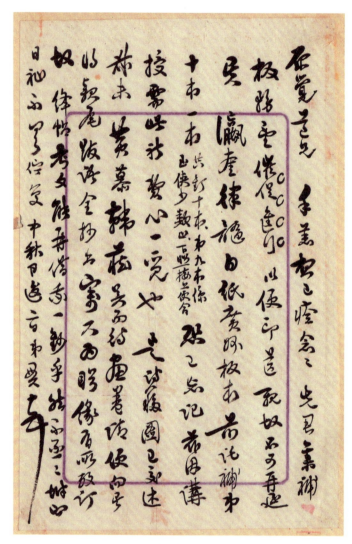

图三八

该函未署年款，仅有"中秋日后二日"。据信中所言"绛帖考文能再借我一钞乎"，可推断该函写于 1936 年 9 月 30 日。

信中所提"述叔"即陈洵（1870～1942），号海绡，广东新会人，曾任国立中山大学和省立广东大学教授，著有《海绡词》三卷、《海绡说词》一卷；"黄慕韩"，号劬学斋，广东南海人，民国时期西关富商、文物鉴藏家。《陈君葆日记全集》卷一"1937 年 11 月23 日"条记载："为画展事黄绳曾于晚上九点多来访，说如果艺展性质不限于铜瓷书画等品，则他甚愿意把他的敦煌写经，多塔碑拓，中兴名臣手翰等供陈列。……绳曾为慕韩之子，甚能继乃父风，又甚好爱文学艺术。"[10]

信中所提《瀛奎律髓》为元代方回撰写的诗集，还谈道"因讲授需此"，表明此时崔师贯在讲授中国古诗词。

第五封书信（图三九），一页，横 27 厘米，纵 19.5 厘米，有文字 15 行：

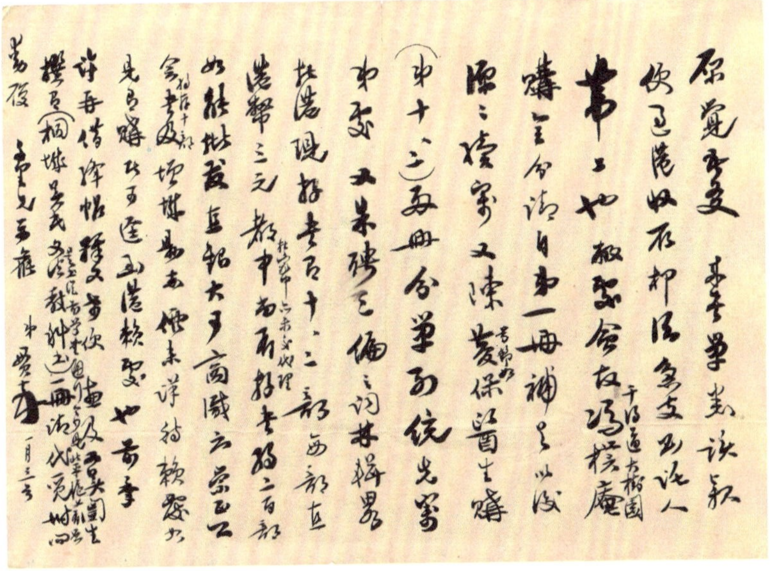

图三九

信中所提"吴闿生（1877～1950）撰有《桐城吴氏文法教科书》"，该书于 1909 年在上海文明书局出版；"赖"即赖际熙，香港学海书楼创始人；"冯朴庵"即冯璞庵，香港学海楼董事。信中提及"朱聘三编之《词林辑略》，在港现存书有十一二部"，按朱聘三即朱汝珍（1870～1943），清远人，光绪三十年甲辰科进士，编著《词林辑略》，该著于 1936 年北平中央刻经院刊印。据此可知，该函写于 1937 年 2 月 13 日。

原觉吾友：来书单悉，该款／便过港收存，抑须急支，则讬人／带上也。敝处会友冯朴庵（千得、通大、树园）／购全分，请自弟一册补足，以后／源源续寄。又陈发保（号节如）医生购／第十一二多册，分单列，统先寄／弟处。又朱聘三编之《词林辑略》，／在港现存书有十一二部，每部直／港币三元，都中（在家中，亦未交代理）尚有存书约二百部，／如能批发直销大可商识云，崇正公／会书（约存十部）及《增城县志》，价未详，待赖覆，如／见有购者，可迳函港赖处也。前年／许再借绛帖释文，苟便想及。又吴闿生／撰有《桐城吴氏文法教科书》一册，请代觅（是书从前学堂通行，今少见，北平沪上有否）。附问／动复罗兄并候。弟贯顿首。一月三号。／

信中所提"前年许再借绛帖释文"，与前述"绛帖考文"是指同一件事。

五、围绕古物征集和图书采购的相关信函

罗原觉是粤籍鉴藏家。崔师贯《致罗莲舫函》（横 12.5 厘米，纵 23.1 厘米，共 4 行，图四〇）介绍："莲舫姻兄：顷别，计安抵寓，顺能来否。/友人弢庵（贵宗也）颇有书画，因介绍来谒，/引见寓公张君一谈为奉，余不一一。/弟贯手启。即日。/""弢庵"即罗原觉，"颇有书画"。

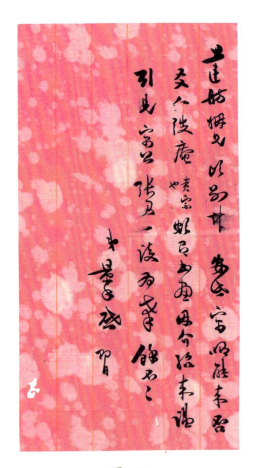

图四〇

在崔师贯致罗原觉信函中，还有一些是围绕古物征集和图书采购的书信。

第一封书信（图四一），一页，横 12.5 厘米，纵 23.1 厘米，共有 6 行文字：

图四一

原觉兄足下：许转看之《章氏丛书》（不止为齐物释，闻内有原名明见等篇，均其）及/《人表考》，仍未来，甚盼甚盼。《人表考》不必购，但求/借检而已。弟十五、六过澳南回港度岁也。/府上安稳否？至念至念，即问/寒佳，不尽。贯白。腊十日行。/乘此时有物收买否？/

信中所提"许"即许绳子孝廉，高蕴岑之侄；《人表考》为清人梁玉绳的著作。崔师贯在信中告诉罗原觉："《人表考》不必购，但求借检而已"，还询问"乘此时有物收买否？"

从信函所述内容，当是崔师贯在 1941 年农历十二月从省城到澳门，再回香港过年。

第二封书信（图四二），一页，横 13.4 厘米，纵 24.5 厘米，
有文字 5 行：

原觉道兄：兹因旧馆仇
南伴欲寄十六元（港纸）
往 / 省，作家（寓瓦荷
塘达庆里二号）费，甚
急。熟思尊处或可为力，
务请 / 费神，一为设法
代致，无任感祷之极。
龙眠画，/ 后午可看，
最盼二三日夜来助检校
陈藁也。/（尊驾未归，
最好为折实省毫，先托
人妥交也）弟贯顿首，
即刻。/

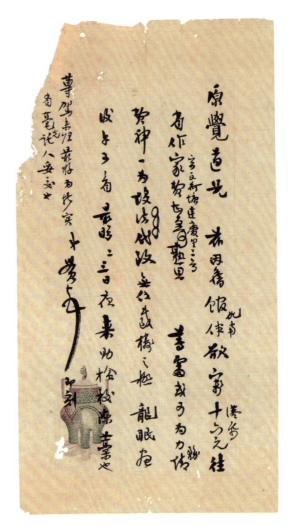

图四二

信中所提"龙眠画"即北宋画家李公麟（1049～1106）的作品，
"陈藁"似指陈澧手稿。此时罗原觉应在香港，"龙眠画""陈藁"
均在香港。

第三封书信（图四三），一页，横 9.5 厘米，纵 25.4 厘米，有文字 5 行：

图四三

原觉兄：昨过失迓，歉甚。改□，/ 初以为邺架所储，信手加碌，恐无以 / 复于前途。弟愿备价受存，或由 / 尊处另购新纸录之。兹先送复，祈 / 酌示，并值数为幸。贯顿首。/

该信信笺印制有"古琴"图及"高氏家藏""蕉叶琴馆"篆刻印文。

第四封书信（图四四），一页，横 9.5 厘米，纵 25.4 厘米，共有文字 7 行：

原觉道兄：昨湛弟称驾到，而未见，想已／返省矣。有三书，请便函沪托代购来（价若干，到时示缴），至／感。余不一一。敬问／日佳。弟贯顿首。／

郑叔问《大鹤山房丛书》，／陈石遗《元诗纪事》，／《曝书亭词注》（似是李良年或潘耒注，记不清）／

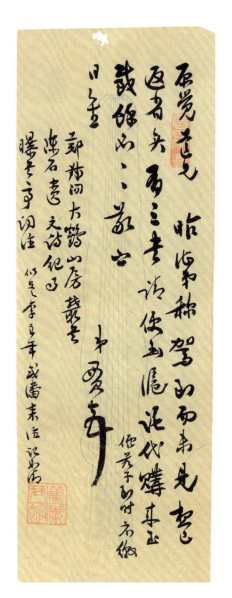

图四四

信笺上印制有"古琴"图及"高氏家藏""蕉叶琴馆"篆刻印文。该函主要内容是请罗原觉去函上海，代购郑叔问《大鹤山房丛书》、陈石遗《元诗纪事》和《曝书亭词注》三种图书。高密郑文焯叔问卒于 1918 年 4 月 7 日，"博文学，妙才章，好训诂考据，尤长金石、书画、医学，旁沉酣声色、饮馔、古器以自娱。"[11]

第五封书信（图四五），一页，横 9.5 厘米，纵 25.4 厘米，有文字 5 行：

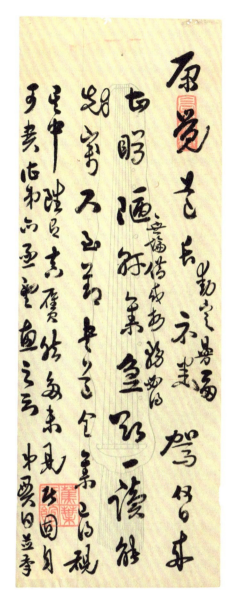

图四五

原觉道长：示悉（动定曼福），驾何日来，/甚盼。《陋轩集》（无论借或抄，务必得），急欲一读，能/先寄下，至善。《书道全集》已得视，/其中虽有真赝，然多未见者，固自/可贵。湛弟亦亟望画之云。弟贯白并年。/

信笺上印制有"古琴"图及"高氏家藏""蕉叶琴馆"篆刻印文。按《书道全集》初版于 1930 年，因此该函写于 1930 年后。

第六封书信（图四六），一页，横 12.9 厘米，纵 23 厘米，有文字 5 行：

前函称一号来，今已三号 / 矣，甚盼甚盼。究何日来（望于初十内），即 / 示。树先生能同来一畅最好。/ 原觉道兄。在苦贯白。/ 十二月初六日。/

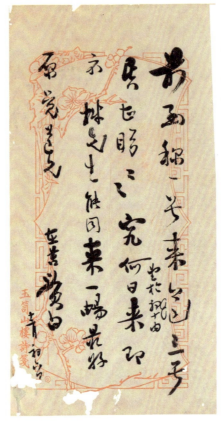

图四六　　　　　　图四七

该函使用"玉笥山楼诗笺"，未署年款，只留下"十二月初六日"。据手写"广州西关十六甫北街廿七号 / 敦复书室 / 罗原觉先生启 / 港巴丙顿道八号崔缄 /"等字信封（横 8 厘米，纵 15.7 厘米）邮戳显示"HONG KONG 3 JAN/22"（图四七），指 1922 年 1 月 3 日，为农历辛酉年十二月初六日。因此该信写于 1922 年 1 月 3 日。

第七封书信（图四八），一页，横 12.9 厘米，纵 23 厘米，有
文字 6 行：

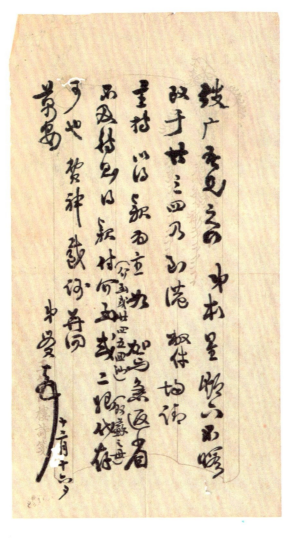

图四八

敩庵吾兄足下：弟本
星期六不暇，/改于廿
三四乃到港，敝件均请
/主持，以得款为主。
如驾急返省，/不及待，
则得款付介函（介函或
廿四五回汕）或二娘（阿
苏之母）代存/可也。
费神，感谢，并问/万安。
弟贯顿首。十二月十六
夕。/

该函使用"玉笥山楼诗笺"。

第八封书信（图四九），一页，横 17.2 厘米，纵 28 厘米，有文字 8 行：

原觉兄：前后借款除抵还外，折合大洋，/ 尚欠伍拾捌元。氏考后，即向举儿取 / 足，已先函之矣。另托携代点石南 / 海篆诗一册，费若干，复示，敬颂 / 行安。弟贯顿首白。二月十七。/ 此纸并与举看。黄以周《礼书通考》一百卷，询璧生，如未买得，切祈代购。/ 王静安著《鬼方昆夷猃狁考》《不娶敦盖铭考》《殷周制度论》有全 / 文刻出否？可问录生，稿并他新著易录者，均乞寄。《艺术丛编》似刻不全。/

图四九

按《鬼方昆夷猃狁考》《殷周制度论》刊行于 1923 年二十卷本《观堂集林》，《不娶敦盖铭考》作于 1915 年，初刊于《雪堂丛刻》。《艺术丛编》由上海圣仓明智大学主办发行，1916 年 5 月创刊，双月刊，邹安主编，1920 年 6 月停刊。信中所谈内容是采购图书。

第九封书信（图五〇），一页，横 13 厘米，纵 25.6 厘米，有文字 7 行：

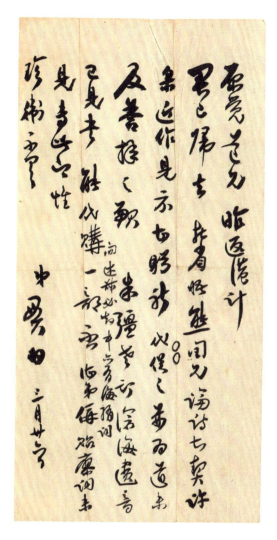

图五〇

原觉道兄：昨返港，计 / 君已归去。在省晤熊闻兄，论诗甚契，许 / 录近作见示，甚盼，祈代促之，并为道未 / 及答拜之歉。朱彊老订《沧海遗音》 / 已见书。能代购一部否？（问述叔，必知中亦有《海绡词》）湛弟购贴，廖词未 / 见。专此，即惟 / 珍卫，不尽。弟贯白。三月廿六日。 /

按 "朱彊老" 即朱孝臧，辑著《沧海遗音集》，共十三卷，有 1922 年刻本。"述叔" 即陈洵，著《海绡词》，有 1923 年排印本。信中所谈为购买朱孝臧辑著《沧海遗音集》一事。

第十封书信（图五一），一页，横 13 厘米，纵 25.6 厘米，有 7 行文字：

原觉道兄：返港即致函，想经 / 览悉。廖词已由湛弟交来矣。温毅老 / 顷从乡到，属弟介 / 尊处，一为料理藏品出售，作北行之资。/ 务望于旬内 / 拨冗来港面商，千万勿却，是所盼祷，惟 / 珍重无既。弟师贯白。/

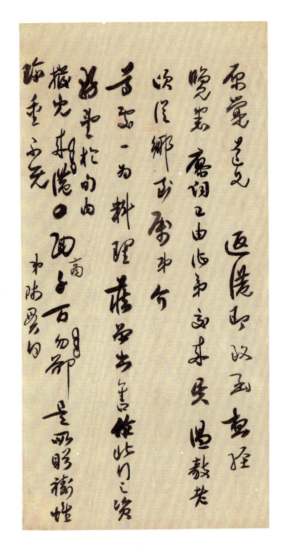

图五一

按"温毅老"即指温肃，顺德人，曾在"南书房（皇帝书房）行走""懋勤殿（管皇帝读书文具的地方）行走"（溥仪《我的前半生》第 155 页），1929 年受聘香港大学教授哲学、文词两科，1939 年病逝。信中所言"温毅老顷从乡到，属弟介尊处，一为料理藏品出售，作北行之资"，指出售温肃藏品，其目的似指赴天津之行。

第十一封书信（图五二），一页，横8厘米，纵22.7厘米，
有文字5行：

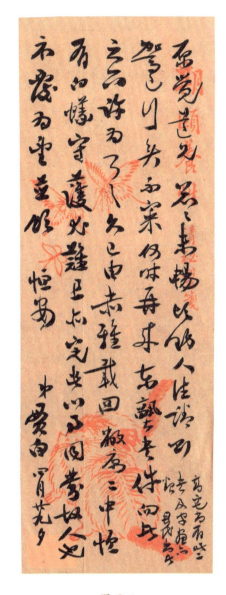

图五二

原觉道兄：匆匆未畅，顷饬人往请，则（高宅尚有些书及字画，亦欲君代出者）/驾已行矣，不审何时再来。东塾书件，向者/足下许为了之，久已由赤雅载回敝寓。寓中恒/有白蚁，守护尤难。且亦完此以事，同对故人也。/示覆为望，并颂恒安。弟贯白。四月廿九夕。/

　　该函使用印制有"猫蝶"图及"期颐养性 精秘制笺"等字的信笺。"高宅"是指高蕴琴家。信中所谈是指请罗原觉代售高家藏书画物品。

第十二封书信（图五三），一页，横 15.5 厘米，纵 26.1 厘米，共有文字 7 行：

原觉道兄：盼睐，顷得湛弟函，深感 / 尊谊词意绸缪，兹将摘出数纸呈 / 阅，请便由（于写李文忠尺牍连箱出售，希留意）/ 尊处迳覆之，勿过迟也。湛弟现 / 寓址（北平西城兴化寺街静怡园卅三号）/ 不多及，即问 / 日祉。七月十七日。贯白。/

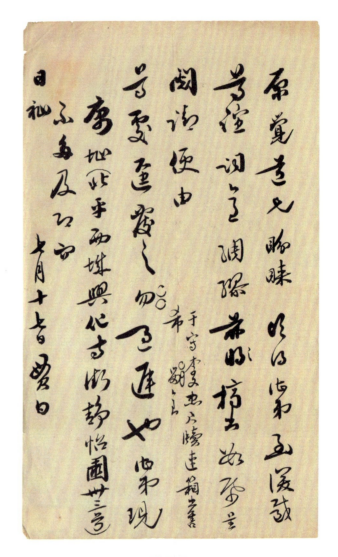

图五三

该函主要内容是请罗原觉代售李文忠尺牍等物品。

400

六、余论

与这批信函一同被保存下来的还有一批信封，这批信封是由崔师贯写给罗原觉的。据统计，有17个信封为高蕴琴特制，其中有1个信封（横7.6厘米，纵20.6厘米），上面印制"高斋""集临淮王北海王两造象，隐岑属，尔定双勾"等红色字体，封面上写有"广州逢源中卅八号／敦复书室／罗原觉先生启／港亚士提反里崔发／"字样（图五四）；另16个信封印制"高氏家藏"篆体字红色印文及"秦诏版文"篆体"大安立号为皇帝乃诏"等字，除前文已述6个信封外，还有10个信封分别是：

信封一，横8厘米，纵19厘米，信封上手写"南京旅店四楼五十九号／罗原觉先生启／外港银拾陆元并交／百手上／"等字。（图五五）

信封二，横8厘米，纵15.2厘米，信封上手写"广州西关十六甫北街／廿七号敦复书室／罗原觉先生启／港玉笥缄／"等字。邮戳显示"HONG KONG □ JUN/22"，即1922年6月□日。

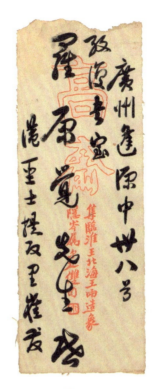

图五四

图五五

信封三，横 8 厘米，纵 17.5 厘米，信封上手写"广州市十六甫北街廿七号 / 敦复书室 / 罗原觉先生启 / 港崔托 /"等字。邮戳显示"HONG KONG 30 MAY/22"，即 1922 年 5 月 30 日。

信封四，横 8 厘米，纵 18.5 厘米，信封上手写"广州十六甫北街廿七号 / 敦复书室 / 罗原觉先生手启 / 港玉笥缄 /"等字。（以上见图五六）

信封五，横 8 厘米，纵 19.1 厘米，信封上手写"广州十六甫北街廿七号 / 敦复书室 / 罗原觉先生手启 / 从港巴丙顿玉笥缄 /"等字。邮戳显示"HONG KONG 3 MAY/22"，即 1922 年 5 月 3 日。（图五七）

信封六，横 8 厘米，纵 19.2 厘米，信封上手写"广州十六甫北街廿七号 / 敦复书室 / 罗原觉先生启 / 港巴丙顿玉笥缄 /"等字。

信封七，横 8 厘米，纵 16.6 厘米，信封上手写"广州十六甫北街廿七号 / 敦复书室 / 罗原觉君启 / 港崔缄托 /"等字。邮戳显示"HONG KONG 15 SEP/22"，即 1922 年 9 月 15 日。（以上见图五八）

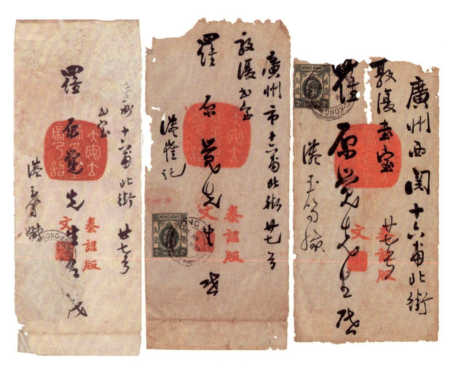

图五六

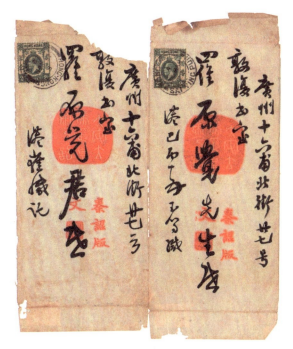

图五七　　　　　　　　　　　　　　　　　图五八

信封八，横 8 厘米，纵 17.5 厘米，信封上手写"广州十六甫北街廿七号敦复书室 / 罗原觉先生大开 / 港巴丙顿首玉筍崔缄 /"等字。邮戳显示"HONG KONG 3 FEB/22"，即 1922 年 2 月 3 日。（图五九）

图五九

信封九，横 8 厘米，纵 15.7 厘米，信封上手写"广州十六甫北街廿七号 / 敦复书室 / 罗圆觉先生启 / 港巴丙顿玉笥缄 /"等字。

信封十，横 8.5 厘米，纵 15.7 厘米，信封上手写"广州十六甫北街廿七号 / 敦复书室 / 罗原觉先生启 / 港玉笥缄托 /"等字。邮戳显示"HONG KONG 25 JAN/23"，即 1923 年 1 月 25 日。（以上见图六〇）

图六〇

上述 16 个信封中，除 1 个是寄到南京旅店外，其余 15 个均是从香港寄到广州十六甫北街廿七号敦复书室。

此外，寄往广州十五甫和厚里八号的有 1 个、逢源西二巷东头新八号的 1 个、逢源东街的 1 个、西关宝源东街廿七号的 4 个、百子路菜园北五号的 3 个、文明路一百四十九号之二的 1 个、文明路一百四十五号 1 个、青年会宿舍的 1 个、外书一包并交的 1 个，它们分别是：

信封，横 9.5 厘米，纵 20.6 厘米，信封上手写"广州十五
甫和厚里八号 / 敦复书室 / 罗原觉君启 / 港百缄 /"等字。（图
六一）

图六一

信封，横 9.7 厘米，纵 21 厘米，信封上手写"广州逢源西二
巷东头 / 新八号敦复书室 / 罗原觉先生手启 / 港亚士提反里子褒女
校缄 /"等字。邮戳显示"HONG KONG 18 JUN/28"，即指 1928
年 6 月月 18 日。（图六二）

图六二

信封，横 7.6 厘米，纵 17.7 厘米，信封上手写"令阿容妈送逢源东街／敦复书室／罗原觉先生启／百越由港付／"等字。（图六三）

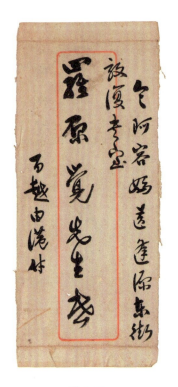

图六三

信封，横 7 厘米，纵 14.5 厘米，信封上手写"广州市宝源东街廿七号／敦复书室／罗原觉先生启／港亚士提反里二号崔／"等字。邮戳显示"HONG KONG 7 SEP/30"，即 1930 年 9 月 7 日，广州邮戳"9 月 8 日"。

信封，横 7 厘米，纵 14.5 厘米，信封上手写"广州西关宝源东街廿七号／敦复书室（看背有字）／罗原觉先生收启／港崔缄寄／"等字。邮戳显示"HONG KONG 3 OC/32"，即 1932 年 10 月 3 日。

信封，横 6.7 厘米，纵 13.5 厘米，信封上手写"广州宝源东街廿七号／敦复书室／罗原觉先生启／港百月托／"等字。邮戳显示"HONG KONG 20 APL/ 33 "，即 1933 年 4 月 20 日。

信封，横 9.6 厘米，纵 18.5 厘米，信封上手写"广州市宝源东街廿七号／敦复书室／罗原觉先生启／港亚士提反里二号崔／"

等字。邮戳显示"HONG KONG 23 APL / 33"，即1933年4月23日。
（以上见图六四）

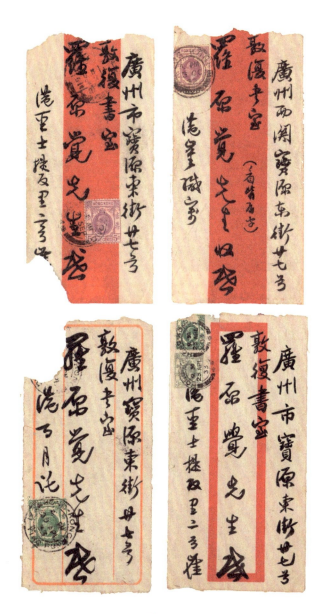

图六四

信封，横9.4厘米，纵17.8厘米，信封上手写"广州百子路
菜园北五号 / 敦复书室 / 罗原觉先生启 / 香港亚士提反里崔 /"等字。

信封，横8.4厘米，纵17厘米，信封上手写"本市百子路菜
园北五号 / 敦复书室 / 罗原觉先生启 / 西关崔纸 /"等字。

信封，横8.6厘米，纵16厘米，信封上手写"广州百子路菜

园北五号 / 敦复书室 / 罗原觉先生手启 / 港亚士提反里二号崔发 /"
等字。（图六五）

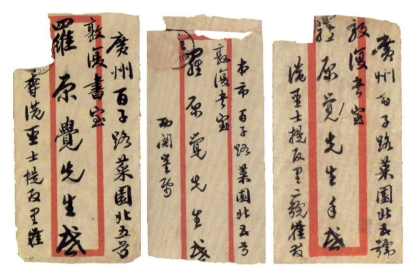

图六五

　　信封，横 9.5 厘米，纵 18.5 厘米，信封上手写"广州市文明
路壹百四十九号之二 / 岭南图书流通社 / 罗原觉先生大启 / 香港亚
士提反里是诗篯 /"等字。（图六六）

图六六

408

信封，横 9.5 厘米，纵 18.8
厘米，信封上手写"广州文明路
一百四十五号／岭南图书流通社
／罗原觉先生启／港亚士提反里二
号崔／"等字。邮戳显示"广州／
廿三年／CANTON S.O.NO.8/"），
即 1934 年。（图六七）

图六七

信封，横 8.5 厘米，纵 16.5
厘米，信封上手写"青年会宿舍
／罗原觉先生收／亚士提反里崔发
／（如罗先生已回省，即请加住址
代寄）／"等字。（图六八）

图六八

信封，横 9.2 厘米，纵 18.4
厘米，信封上手写"外书一包并
交／罗原觉先生／请收片 崔托／"
等字。（图六九）

图六九

以上我们虽然对这批信函进行了释文标点，但由于手写字体
繁杂，个性化强，个别字的辨认难度大，一些字的释读可能有误。

作为移居澳门香港的清末民国时期的粤籍文人，崔师贯在写信时习惯只写某月某日，使得判断这批书信的书写年代成为一个难题。

透过这批书信内容，我们看到，崔师贯在香港期间，或依靠有经济实力的儒商，或在香港大学任教，获取一定的经济收入，从而能在香港立足，继续从事自己喜爱的文化工作。他在香港期间，通过自己的关系，积极从内地选书购书，购买书画及新出碑拓等古物，从而在客观上为香港文化的发展和繁荣贡献了力量。

注释

［1］崔师贯：《中元前一夕偕区金陈三子门人高湛过岭南大学饮于女弟子冼玉清碧琅馆泛月而归》，见崔师贯著《北邨类稿·砚田集》，大良中和园制版，1934年版。

［2］周汉光著：《张之洞与广雅书院》，广州：广东人民出版社，2012年9月第1版，第417页。

［3］程中山：《开岛百年无此会：二十年代香港北山诗社研究》，载《中国文化研究所学报》No.53-July 2011。

［4］见《北邨类稿·砚田集》"岁朝检书"。

［5］罗雨林著：《罗雨林文博研究论集》，广州：广东省地图出版社，2001年9月底1版，第404页。

［6］黄濬著，李吉奎整理：《花随人圣庵摭忆》，北京：中华书局，2013年8月第1版，第8页。

［7］《花随人圣庵摭忆》第935页。

［8］见崔师贯著《丹霞游草》"经江村至新街口号示儿举"及《砚田集》收录"中元夜同儿举踏月过普济禅院"诗。

［9］广东省政协文化和文史资料委员会编：《香港传薪录：香港学海书楼纪实》，北京：中国文史出版社，2008年4月第1版，第30页。

［10］《陈君葆日记全集》卷一，香港：香港商务印书馆，2004年7月第1版，第348页。

［11］《清词人郑大鹤先生墓表》，载马洪林、卢正言编注《康有为全集》（三）散文卷，珠海：珠海出版社，2006年8月第1版，第419页。

十余年来，笔者一直在关注粤籍学人罗原觉的学术交游及其学术贡献，在整理罗原觉及其家属捐献物品中，新见袁励准书写的一封书信（图一、二、三），三页纸，每页横12.6厘米，纵23厘米，共有15行文字（每行结束，以/为标识）：

图二　　　　　　　　图一

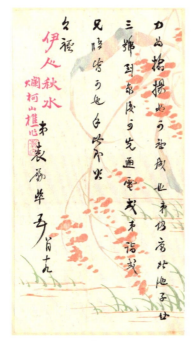

图三

原觉仁兄大人阁下：津门一晤，获窥/清秘，至为快慰。嗣弟屡趋中国旅馆，均云/台驾入都。十三日，弟回都，致电第一宾［馆］，又云吾/兄返津。晌午，弟又亲至第一宾馆，云吾/兄仍未至京。屡屡相左，何缘之悭耶。弟奉/津约，观北宋武待诏画卷于罗叔言处，/至为欣赏。据悉，叔言并云欲买诚意，刻下/京中友人闻弟绳其美，极动欲得之念，/并前观之兰亭，另一友亦欲得之，祈吾/兄接信携卷及兰亭，惠然肯来，弟当／力为揄扬也，可望成也。弟仍寓北池子廿／三号。到京后，可先通电，或弟诣，或／兄临，皆可也。手此，即颂／台祺。／弟袁励準顿首。八月十九。／

该函使用的信笺印有精美图案，其中的第一页信笺印制了梅花图案及"筵影、烂柯山樵作"等文字，后两页信笺印制秋水树枝图案及"伊人秋水、烂柯山樵作"等文字。该信函的书写人是书写中南海"新华门"匾额的袁励准（1876～1935）。据《民国人物大辞典》介绍：袁励准"字珏生，河北宛平（今属北京）人，1875年（清光绪元年）生。1898年戊戌科进士。历任翰林院编修，京师大学堂提调，工业学堂监督，甲辰会考同考官，南书房行走，翰林院侍讲，清史馆纂编。"（第655页）著有《中舟藏墨录》（1929年刊印）、《青岛纪游诗》等，是《王国维墓志铭》的书丹者及篆盖人，也是《哈同先生碑文》的书丹者。1918年6月27日，商务印书馆的张元济到访北京时，专程拜访了袁励准及陈独秀等人。（《张元济全集》第6卷"日记"，商务印书馆2008年版第375页）

该信函是写给"原觉"的，即指广东著名文物鉴藏家兼学者罗原觉（1891～1965）。可知这是袁励准写给罗原觉的一封信函。

信函中提到"罗叔言""叔言"，即指近代国学大师罗振玉（1866～1940）。袁励准与罗振玉、著名学术大师王国维同属南书房行走，是为同事，关系较为密切。袁励准五十岁生日时，王国维不仅"拟寿公一联，取旧有定邸制纸，属厂中画朱丝装褙，拟自书之。乃装成寄来，并未画格，遂不敢下笔。兹送上，请饬送沈庵宫保处，并附致沈一函。请其代书，用二人下款，否则污此佳纸，亦可惜也。联语云'世乱春秋文愈治，岁寒松柏意常青'，尚不坠寿联俗套也。"（《王国维全集》第十五卷第898页"1926年1月下旬《致袁励准》"）而且"往祝之。解后芷邨，偕至其家久谈。渠为维书扇，录昌黎五古数首，字字若为今日作，诚可异也。"（《王国维全集》第十五卷第577页"1926年1月下旬《致罗振玉》"）

该函未署年份，仅署8月19日。据王中秀编著《黄宾虹年谱》考订，1921年3月罗原觉自北平来沪造访，为跋《李思训碑》。（上海书画出版社2005年版第153页）又据何碧琪《香港中文大学文物馆藏宋拓本李思训碑与岭南学术群体》一文介绍，该馆所藏《李思训碑》南宋拓本内，有罗原觉 1920 至 1922 年的题跋及碑式图，系其民国八年（1919）在香江某肆购得该本后所作，考校颇精。信中所云"中国旅馆""第一宾馆"均为 20 世纪 20 年代北京知名的旅馆，罗原觉到访北京时的居住场所。据此推测，该信函应写于 1920 年 8 月 19 日。

信中还谈到，袁励准应约到天津，从罗振玉处观赏了"北宋武待诏画卷"，又多次前往"中国旅馆"和"第一宾馆"拜见罗原觉，求观赏其携至北京的兰亭画等古物。袁励准在信中透露，罗振玉"欲买"兰亭画，京中友人也"极动欲得之念"，并表示如罗原觉能"接信携卷及兰亭画"来，"弟当力为揄扬""可望成也"。此外，我们了解到，袁励准收藏有唐代早期写本敦煌写经《妙法莲华经卷第四》水墨纸本手卷。这件藏品艺术水准高。很显然，袁励准是喜爱古物的。

溥仪在《我的前半生》一书里两次提及袁励准，一次是在溥仪 1927 年住进天津张园后，"八月初六日，早八时余起。十时召见袁励准"（群众出版社 1964 年版第 209 页）；另一次是溥仪听到东陵守护大臣报告孙殿英盗掘东陵消息时，"当时所受到的刺激，比我自己被驱逐出宫时还严重。宗室和遗老们全激动起来了。陈宝琛、朱益藩、郑孝胥、罗振玉、胡嗣瑗、万绳栻、景方昶、袁励准、杨锺羲、铁良、袁大化、升允……不论是哪一派的，不论已经消沉的和没有消沉的，纷纷赶到我这里，表示了对蒋介石军队的愤慨。各地遗老也纷纷寄来重修祖陵的费用"（同前第 230 页）。

袁励准具有较高的艺术鉴赏力。甲戌（1934）四月八日，吴郁生在为袁励准著《青岛纪游诗》所写"序"言中谈道："珏生仁兄来游青岛，屡得叙谈……岛居僻陋，寂无谭艺之人。得君，已为空谷之音，开豁愚蒙不少矣。"

广州博物馆珍藏《罗君美致罗原觉函》4 通和信封 13 个，原为罗原觉私人信件，后由其女罗德慈捐赠。

罗君美（1884～1960），我国近代著名考古学家、金石学家罗振玉之长子。"君美"是中国古文字学家、西夏学专家罗福成的字，他早年毕业于江苏师范学校和日本早稻田大学兽医科，辛亥革命后随父旅居日本，1919 年回国，寄居天津"英租界墙子外张莊东金家花园内"（《王国维全集》第十五卷第 607 页《致刘承幹（1919 年 12 月 18 日）》），1920 年主持其父开设的贻安堂经籍舖，1928 年迁至辽宁旅顺口定居，新中国成立后任职旅顺博物馆。

罗君美潜心学术研究，特别对契丹文字、西夏文字和女真文字的研究，造诣很深，曾于 1914 年在日本京都出版《西夏译莲花经考释》《西夏国书类编》等学术论著，1932 年 1 月又在《国立北平图书馆馆刊·西夏文专号》第四卷第三号发表《韵通举例》《文海杂类》《杂字》《居庸关石刻》《重修护国寺感应塔碑铭》《大宝集契经卷第二十七释文》《大般若波罗蜜多经第一释文》《佛说宝雨经卷第十释文》《佛说佛母出生三法藏般若波罗蜜多经卷第十七释文》《佛说地藏菩萨本愿经卷下残本释文》《不空绢索神变真言经卷第十八释文》《圣大明王随求皆得经卷下释文》《六祖大师法宝坛经残本释文》《西夏文残经释文》等论文。

本文拟对这批新见信函及信封作初步考释，以此揭示 20 世纪 20 年代罗振玉父子与罗原觉等广东学者间一段鲜为人知的学术交往史。

一、第一封信函

第一封《罗君美致罗原觉函》（图一），一页，横 24 厘米，纵 24.6 厘米，共有文字 13 行（每行结束，以 / 为标识，下同），从右往左竖写：

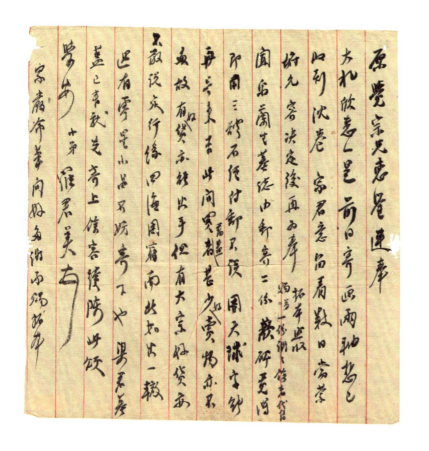

图一

原觉宗兄惠鉴：连奉/大札，欣悉一是。前日寄画两轴，想已/收到。沈卷，家君意留看数日。当蒙/俯允，容决定后再为奉/闻。泉兰生墓志，由邮寄二份（拓本照收，赐弟一份，谢谢，余者代售）。颜碑觅得，/即同三体石经付邮不误。周天球字，能/再寄来否？此间买书画者甚少，好卖物亦不/多，故有好货亦能出手，但有大宗好货，亦/不敢说定行。缘四海周穷，南北如出一辙。/遇有零星小品，不妨寄下也。梁君墓/盖已书就，先寄上。余容续陈。此颂/学安。小弟罗君美顿首。/

家严命笔问好，多谢承赐拓本。/

该函未署年款。信中所言"家君""家严"是指罗君美的父亲罗振玉，此时父子二人当住在一起。信中提及的"泉兰生墓志"出土于1921年，"颜碑"指颜勤礼碑，"周天球"为明代书画家，"沈卷"似指沈周作品。其中，"三体石经"及"颜勤礼碑"出土于1923年前后，1923年3月7日王国维在《致罗振玉函》中提到："新出三体石经及《颜勤礼碑》昨已闻马叔平言之，（叔平至沪，一日即行。）叔平谓周季木尚藏有魏石经《尚书·益稷篇》二字，（见过拓本。）不知新出之石六七百字者已抵京否。"（谢维扬，房鑫亮主编；房鑫亮分卷主编《王国维全集》第十五卷，浙江教育出版社，2009年12月版，第541页）"马叔平"即马衡，"周季木"即周进。因此，第一封《罗君美致罗原觉函》的书写时间应是在1923年后。

原觉宗兄大人惠鉴：前奉九号／手书，欣悉一切。种种／费神，谢谢。弟因近日偶患感冒，未克即复，罪甚罪甚。／开来之笔，容设法当有以报命也（应答覆者，条陈如下）此复即请／近安。弟罗君美顿首。／

一、《新疆通志》一部，此书尚未出版（截止当在出板以后也）。随时均能购，不／必预约。届时照单遵寄高蕴琴先生不误。／

一、《殷墟文字类篇》一部，《化度寺碑》一部，／以上二种已付邮，实价九元正。／

一、《书谱》真迹玻璃板一部，今日已寄香港崔伯／月先生，价六元。／

一、前日寄上"三体石经"二份，价四元（但拓本太劣）；／"颜勤礼碑"一份（拓不精，且缺碑侧半截），价二元；／"叶字残石"一份（此必留），价二元。颜碑如有不合，不妨退换。／以上三种，前日付邮外，

信中透露了一些历史信息，如：一、罗君美与罗原觉有联系，信中所言"连奉大札"即是明证；二、二人间交流欣赏古书画，互赠古物拓本，互通古玩市场买卖行情；三、信中所提"颜碑觅得，即同三体石经付邮"一句，与下述第二封信函中涉及的内容相吻合，这为我们确定第一封书信的书写时间提供了更重要的线索。

二、第二封信函

第二封《罗君美致罗原觉函》（图二、三），一页，横50厘米，纵24.6厘米，从右往左竖写，共有28行文字：

图二

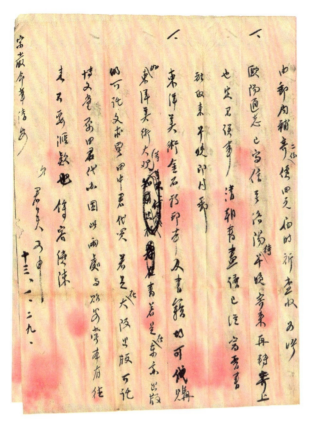

图三

该封信函的书写时间明确，为民国十三年（1924）一月二十九日。信函中提及"前日寄上三体石经""颜勤礼碑"一事，与前述第一封书信提及的"颜碑觅得，即同三体石经付邮"一事对应。可见，前述第一封书信的书写时间是1924年1月。

信中提到的"欧阳通志"是指欧阳通书写的泉兰生墓志；《殷墟文字类篇》是我国最早的一部甲骨文字典，为罗振玉、商承祚撰，共六册十四卷，1923年决定不移轩刻本。1923年3月21日王国维在《致罗振玉函》中写道："昨商锡永有书来，属撰《殷虚文字类篇序》。此文于刻成前必当报命，请先告知为荷。"（谢维扬，房鑫亮主编；房鑫亮分卷主编《王国维全集》第十五卷，浙江教育出版社，2009年12月版，第543页）信中还提及《新疆通志》《化度寺碑》《书谱》《清朝书画谱》《东洋美术大观》等书籍和部分碑拓及其价格。

尚有封面一张，另用挂/号信寄出，想必已先后递到矣。/

一、今日"颜勤礼碑"始由陕西寄来二份，碑侧完全，精拓，特/由邮局补寄二份，价四元，届时祈查收为盼。/

一、"欧阳通志"，已写信至洛阳，待早晚寄来再转寄上/也，定不误事。《清朝书画谱》已从富晋书/社取来，早晚即付邮。/

一、东洋美术金石影印本及书籍，均可代购。/如《东洋美术大观》等书，若是在东京出版/的，可讬文求堂田中君代买；若是在大阪出版，可讬/博文堂原田君代办。因此两处与贻安堂本有往/来，不要汇款也。余容续陈。/弟君美又申。/家严命笔请安。十三.一.二九./

信中还提及一些人物，如"崔伯月""高蕴琴"。他们此时均居住在香港，前者即崔师贯（1871～1941），原名景无，字伯越、今婴，广东南海人，工诗词，曾任汕头商业学校校长及香港大学文科讲师；后者（　～1927）名学濂，字隐岑，祖籍广东澄海，民国香港藏书家。可见，罗君美与移居香港的崔伯月、高蕴琴也有联系。

信中所提"原田君"即原田悟朗（1893～1980），日本著名书店"博文堂"老板。可见罗振玉开办的贻安堂与日本的博文堂、文求堂有业务往来。

三、第三封信函

第三封《罗君美致罗原觉函》（图四、五），共三页，每页横19.2厘米，纵25厘米，从右往左竖写，有文字36行：

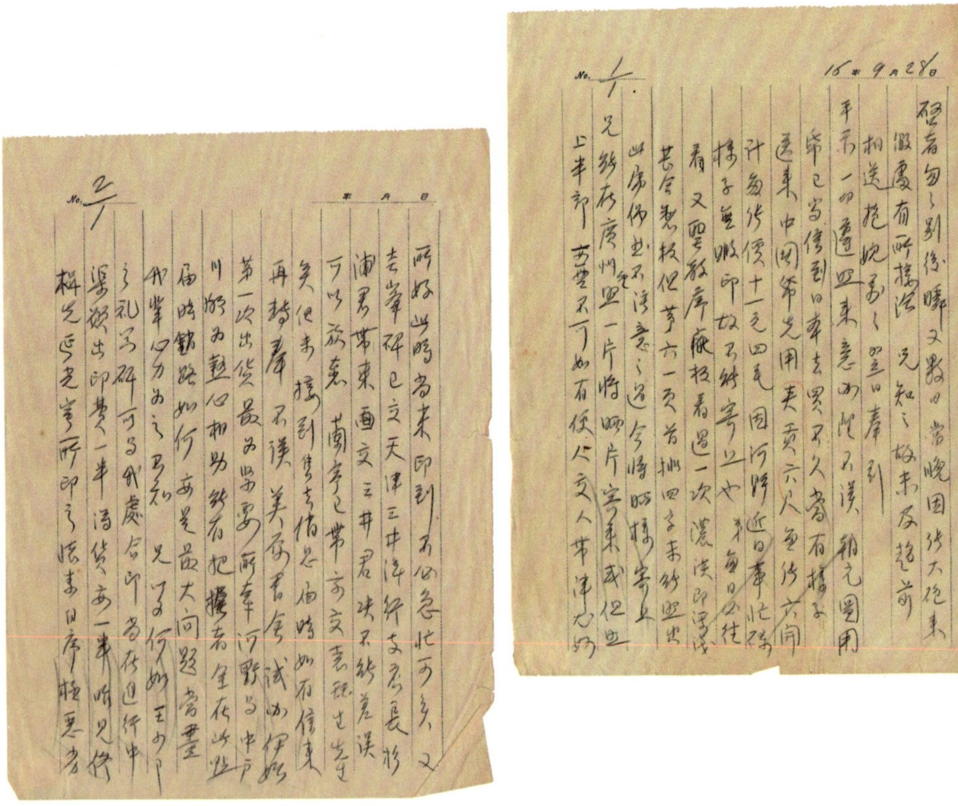

图四

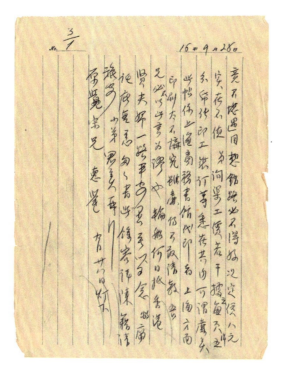

图五

信函第一页和第三页的书眉处均写有"16 年 9 月 28 日"字样。"16 年"指民国十六年即 1927 年。表明该函写于 1927 年 9 月 28 日。

信中所提"袁珏生"即袁励准（1876～1935），字珏生，号中舟，江苏武进（今常州）人，光绪进士，历官编修、京师大学堂提调等，溥仪师傅。戊戌政变后，曾暗助康有为出走。民国后曾执教辅仁大学。工书画，精鉴赏，富收藏，尤以藏墨为特色。（谢维扬，房鑫亮主编；房鑫亮分卷主编《王国维全集》第十五卷，浙江教育出版社，2009 年 12 月版，第 569 页）"延光室"是民国初年佟楫先在北京创立，从事拍摄及影印出版清宫内府藏历代名人书画等业务，曾影印过《怀素自序》《孙过庭书谱》等。罗君美在信中批评该室印制的《怀素自序》"极恶劣，竟不堪过目，想销路必不得好，况定价八元，实在不值"。

信中还披露了《圣教序》"圭峰碑""礼器碑"等在印制过程中碰到的一些细节。从信中，我们还知道，1927 年 9 月罗原觉夫妇在天津出差，到该月底乘坐轮船，返回香港。

他未接到售去消息，届时如有信来，/ 再转奉不误。"美存书舍"试办伊始，/ 第一次出货最为紧要，所幸河野与中户 / 川颇为热心相助。能有把握者，全在此点。/ 届时销路如何，亦是最大问题。当尽 / 我辈心力为之，不知兄以为何如。王少部 / 之"礼器碑"，可与我处合印，尚在进行中。/ 渠愿出印费一半，得货亦一半。昨见佟 / 楫先延光室所印之《怀素自序》，极恶劣，/ 竟不堪过目。想销路必不得好，况定价八元，/ 实在不值。弟询渠工价若干，据云每页洋五 / 分，纸张、印工、装订等悉在其内，可谓廉矣。/ 此帖系上海商务书馆代印者。上海方面 / 印刷太不讲究，虽廉仍不敢请教。吾 / 兄必不以此言为谬也。轮船何日抵香港，/ 贤夫妇一路平安否，至以为念。敝寓 / 讬庇无恙，匆匆书此，余容详陈，借请 / 旅安。小弟君美再拜。/ 原觉宗兄惠鉴。九月廿八日灯下。/

419

四、第四封信函

第四封《罗君美致罗原觉函》（图六），两页，每页横 19.2
厘米，纵 25 厘米，从右往左竖写，共有文字 27 行：

原觉宗兄惠鉴：前日奉
到《题跋》一卷外，有
/《辛丑消夏记》（前借
之书，早已退回矣）并
写经一张，谨收到。后
又汇到 / 现大洋式百伍
拾元整。昨日又收《圣
教序》一 / 册并照片二
枚，以上均收到无误，
特此奉 / 闻。但未见来
书，事已接头，亦无容
详陈矣。/ 唯河野处制
版人与照像之中国人捣
乱，仍不休。/ 我处印
刷事徒往来催促，至今
不见样张，可恶 / 之极。
现中户川日人又将制版
所迁出，但与河野 / 关
系未断绝，我处印书事
因而又为之迟延 / 许久。
昨见中户川，允一二日
内定有样本做出，弟 /
姑妄听之而矣。弟虽不
能辞其责，然而日人之
/ 可恶，不重信义，亦
可略知一二矣。/ 中华

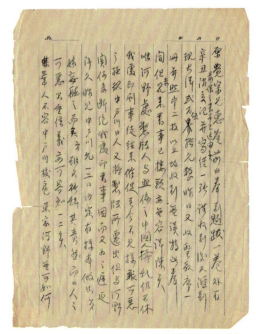

图六

420

该函未署年款，只记下了书写日期"11月13日"。从信中所提"圭峰碑"带去日本，及"兄之东游，何日启行"，可知该函写于罗原觉东游日本前。笔者曾在《罗原觉日本之行考略》一文考定，罗原觉是在广州过完春节并参加1929年2月11日广州市市立博物院开馆庆典仪式之后才启程东游日本的。（原载《广州文博（拾）》，北京：文物出版社，2017年10月第1版，第292–310页）另据该函信封（横8.3厘米，纵17.6厘米，图七）上所盖邮戳"TIENTSIN/ 14. 11. □ / 天津 /"，可知该函写于1928年

图七

11月13日。根据信封上所留地址，可知此时罗原觉住"广州市逢源西二巷东头 / 新编八号 / 敦复书室"，罗君美住"天津法界嘉乐里口贻安堂经籍铺"。

信中所提《辛丑消夏记》五卷，清吴荣光著；《题跋》一卷为罗原觉著《绛帖题跋》一卷，1923年南海罗氏排印本；"袁处之手卷"似指交袁珏生之"兰亭"；"锡宝臣"为民国古琴名家。信中谈及多件事情：一、收到汇款现大洋250元整；二、日本人负责《圣教序》印制事，日本人在天津设有制版所，"日人之可恶，不重信义"；三、带去日本东京的"圭峰碑"，有信言属购留，

人不容中户川跋扈，东家河野无可如何。／袁处之手卷，就竟如何交涉。如袁不售，是否／收回，并示知（兄当直接去信问之），否则不便写信去催促，弟即不能／负其责矣。日本东京带去之"圭峰碑"，许／久未有回信，弟颇为不安，终日悬之。所幸／昨日有信来，言此件已属购留，价值即照／前言一千二百元，早晚汇津云云。此款收到之后，／即按前日所开之地址，悉数汇去不误。／兄存在弟处之汉印二方（三十元）亦卖去矣。又／兄欠周季木处是否三十元，便乞／示知，以便代还。又寄来之"写经"，价若干，亦便中／告知。弟前见之"玉鸳鸯佩"，务必为兄留之，勿卖为要。／兄之东游，何日启行？韩君与锡宝臣已同赴日，结果／待返津始能知之。即请俪安。弟君美顿首。／十一月十三日。／

421

价值为 1200 元；四、留在罗君美处的"汉印二方"，已卖掉，得钱 30 元，是否需由罗君美代还周季木 30 元欠款；五、罗原觉寄给罗君美"写经"。

五、余论

上述四封信函的相关内容都是围绕碑帖、石经等古物收藏买卖和相关书籍制版印刷过程中所遇事情而展开的，且集中在 20 世纪 20 年代，因而具有较高的史料价值。

在罗原觉所藏信件中，还有 11 个由罗君美写给罗原觉的信封，亦包含不少史料价值，如：

信封一（图八），横 7.9 厘米，纵 19 厘米，正面写有："广州市十六甫北街廿七□ / 敦复书室 / 罗原觉先生台启 / 天津法租界嘉乐里 / 罗君美 /"，邮戳显示："TIENTSIN/ 十弍年□月 / 天津 /"，可知该信封是在 1923 年从天津寄往广州，此时罗君美住在"天津法租界嘉乐里"，罗原觉住"广州市十六甫北街廿七号敦复书室"。

信封二（图九），横 7.5 厘米，纵 16 厘米，正面写有："广州市十五甫和厚里八 / □敦复书室 / 罗原觉先生台启 / 天津法租界嘉乐里一号 / 罗君美 /"，邮戳显示："TIENTSIN 3. 1. 25 天津 /"，可知该信封是在 1925 年 1 月 3 日从天津寄往广州，此时罗君美住在"天津法租界嘉乐里一号"，罗原觉住"广州市十五甫和厚里八号敦复书室"。

信封三（图一〇），横 7.9 厘米，纵 19 厘米，正面写有："□东广州市十五甫和厚里八号 / □复书室 / 罗原觉先生台启 / 天津法界嘉乐里一号 / 罗君美 /"，邮戳显示："CANTON/ 十四年五月三十 / 广州 /"，可知该信封是在 1925 年 5 月 30 日从天津寄往广州，此时罗君美住在"天津法租界嘉乐里一号"，罗原觉住"广州市十五甫和厚里八号敦复书室"。

信封四，横 8.6 厘米，纵 21.6 厘米，正面写有："东京神田

锦町三ノ十九 / 芳千阁ホラ儿 / 罗原觉殿 /"（图一一），背面写有：
"旅顺扶桑三 / 九号处 / 罗君美"（图一二），邮戳显示："旅顺
□.10.29"，按"□"可能是"4"，即昭和4年（1929）。可知
该信封是在1929年10月29日从旅顺寄往日本东京，此时罗原觉
住在"东京神田锦町三ノ十九 / 芳千阁ホラ儿"，罗君美住在"旅
顺扶桑三九号"。

信封五，横8.6厘米，纵23.2厘米，正面写有："神户荣町
怡和洋行转交 / 罗原觉先生收启 / 大平急 /"（图一三），背面书写：
"新旅顺扶桑町 / 三番地 / 罗君美 /"（图一四），邮戳显示："旅
顺 / 4.3.16/"，"4"即昭和4年（1929）。可知该信封是在1929
年3月16日从旅顺寄往日本神户，此时罗原觉住在日本"神户"，
罗君美住在"新旅顺扶桑町三番地"。

此外，另有6个信封，因没有留下邮戳，因而无法判断具体
邮寄时间，但相关地址亦有不少史料价值。如：

信封六（图一五），横8厘米，纵19.7厘米，正面写有：
"北京打磨厂 / 第一宾馆一百十号 / 罗原觉先生台启 / 天津法租界
三十一号路嘉乐里口一号罗缄 /"，可知此时罗原觉在北京出差，
住在"打磨厂第一宾馆一百十号"，罗君美住在"天津法租界
三十一号路嘉乐里口一号"。

信封七（图一六），横11厘米，纵22.3厘米，正面写有："北
京前门外打磨厂 / 第一宾馆一百十号 / 罗原觉先生台启 / 天津法租界
三十一号路嘉乐里口一号罗缄 /"，可知此时罗原觉在北京出差，
住在"前门打磨厂第一宾馆一百十号"，罗君美住在"天津法租界
三十一号路嘉乐里口一号"。

信封八（图一七），横9.5厘米，纵20.2厘米，正面写有："送
中国旅馆三号 / 罗原觉先生台启 / 罗缄 /"，按"中国旅馆"位于天津，
表明此时罗原觉在天津出差。

信封九，横8.2厘米，纵17.2厘米，正面写有："天津日租
界四面钟后 / 韩宅转交 / 罗原觉先生台启 / 贻安堂经籍铺缄 /"（图

一八），背面写有："旅顺扶桑町三番/罗君美/"（图一九），表明此时罗原觉在天津出差，罗君美住在天津。

信封一〇（图二〇），横8.3厘米，纵17.6厘米，正面写有："广州市西关逢源里西/二巷东头新八号/敦复书室/罗原觉先生台启/天津法界嘉乐里口贻安堂经籍铺缄/罗君美/"，表明此时罗原觉住在"广州市西关逢源里西二巷东头新八号敦复书室"，罗君美住在"天津法界嘉乐里口贻安堂经籍铺"。

信封一一（图二一），横11.5厘米，纵14.7厘米，正面写有："大连市/大和馆二三八/罗原觉先生台启/旅顺罗寄 初二夕/"，表明此时罗原觉在大连出差，罗君美住旅顺。

信封一二（图二二），正面写有："神户榮町二丁目/怡和洋行/羅原覺先生台啟/書留"，并盖"書留 新旅顺七七三"等字印，还盖邮戳一枚，上面的数字显示"6.5.15"。按"6"指昭和六年，即1931年。表明这封书信寄达日本的时间是1931年5月15日。信封背面写有："旅顺市扶桑町三番 罗君美"。"罗君美"三字，隐约可见小半边。从书写笔迹判断，作者是罗君美。这是罗君美在1931年5月从旅顺写给在日本考察的罗原觉的一封书信。

图八　　　　　　　　图九

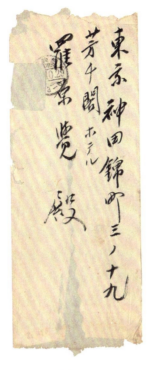

图一〇　　　　　　图一一　　　　　　图一二

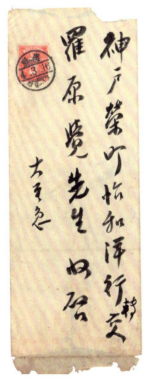

图一三　　　　　　图一四

425

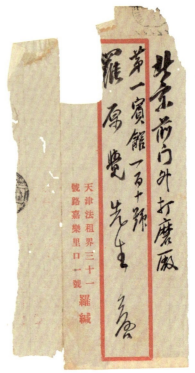

图一五　　　　　　　　　　　　　图一六

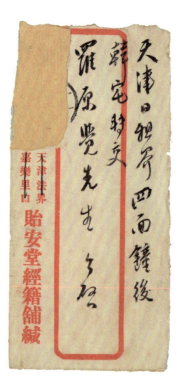

图一七　　　　　　　　　　　　　图一八

426

图一九 　　　　　　　図二〇

图二一 　　　　　　　图二二

　　以上所述信封，虽未见相关信函，但表明罗君美与罗原觉二人的交往频繁，交流甚多。这批信封所留地址，为我们进一步了解罗原觉的活动轨迹及罗君美的情况提供了难得的素材。

一

手书敬悉，顷询得林参议长国佩已／回乡，各画能稍留否？附东坡石刻单，／情形如何，／便中乞代访问。此复／原觉先生。弟钟介民顿首。二.廿五.／

1995 年 8 月，罗德慈女士向广州博物馆捐赠其父罗原觉藏近代学人信札一批，其中就有一封钟介民致罗原觉函及信封。该函一页，横 12.1 厘米，纵 26.4 厘米，从右往左竖写，共有文字 5 行（每行结束时，以／为标识，下同）：

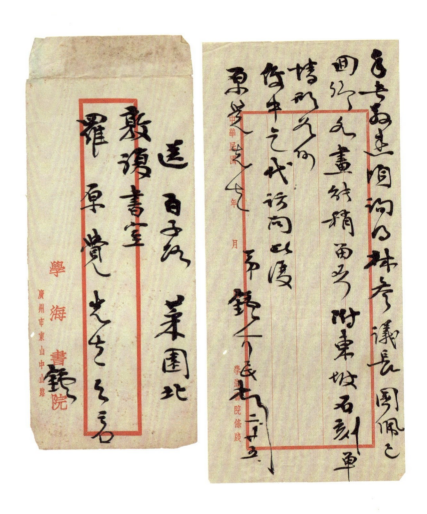

该函落款日期为 2 月 25 日，但未见年款。这封信函用纸及其信封是学海书院专用信笺信封。据章董朋、陈世、温翀远等人回忆，1934 年间陈济棠之兄陈维周倡办明德社，设《明德周刊》，正副社长分别由陈维周、陈玉崑兼任，秘书是钟介民，设理事若干人，有林国佩、翁半玄等；1934 年秋，陈维周又办学海书院，设有董事会，钟介民为董事之一，任教务长（《明德社与学海书院》，载《广州文史资料》第 15 辑）。可知学海书院创办于 1934 年秋，

钟介民为董事之一，任教务长。

另据郑大华著《张君劢传》记载："据哲学家谢幼伟介绍，张君劢与陈济棠的认识，是他作的中介。那是在张君劢应邹鲁邀请到中山大学讲学期间，当时谢幼伟任陈济棠的第四集团军总部秘书。一次偶然的机会，谢将张君劢介绍给予谢同在第四集团军总部任秘书的钟介民。钟入幕的时间比谢早，地位也比谢高得多。钟认识张君劢后，再介绍张认识了第四集团军总部秘书长陈玉昆。后经陈的介绍，张君劢与陈济棠正式发生关系。学海书院就是张与陈正式发生关系后，由张向陈提出，得陈的同意，经张君劢、钟介民和陈玉昆三人共同策划而创办起来的。"（中华书局1997年版第244页）

据《朱希祖日记》1936年4月30日记录："傍晚广东学海书院副院长钟介民来，拟请余为导师，余未允。"5月1日记录："罗香林来，请撰其尊人《希山丛著》序，并述钟介民请为学海书院导师之意。傍晚介民亦来，申述前意，余言俟斟酌奉复。"5月22日记录："晨接钟介民信，约下午去一谈……午后罗香林来商量钟介民来延聘至广东学海书院为导师应允与否，决定不至广东，仅允任通信导师。五时至中央饭店访钟介民，畅谈研究史学研究生应用分工合作方法，约二小时始回寓。"6月1日记录："写广东钟介民信，并代拟《学海书院招生研究史学计划书》，午后誊写二份，一寄钟君，一备自留。"7月19日记录："接广东钟介民信。"7月20日记录："中午邀罗婿香林来商量复钟介民信，因留午餐……退还钟介民聘书。"另据陈予欢编著《民国广东将领志》介绍，钟介民"1935年受陈济棠委托创办学海书院，任副院长兼教务长，兼任中山大学教授。1936年去职赴新加坡，任《星中日报》和《星槟日报》总编辑"。可知1935至1936年间钟介民担任学海书院副院长兼教务长。

信中还提到"林参议长国佩"。据钟卓安先生考证，林国佩是在1934年8月15日广东省第一届参议会成立时当选参议长。（《陈

济棠》，广东省地图出版社 1999 年版，第 146 页）

与该信一同保留下来的信封，横 10.4 厘米，纵 24.8 厘米，封面上书写"送百子路菜园北 / 敦复书室 / 罗原觉先生台启 / 学海书院（广州市东山中山路）钟 /"等文字。"百子路菜园北"是罗原觉在广州居住过的一个住址。拙文《民国经学研究第一人——姜忠奎遗函读后》考订，至晚在 1935 年 12 月 13 日罗原觉已改住"百子路菜园北"。

综上所述，该信应写于 1935 年或 1936 年的 2 月 25 日，是钟介民在学海书院工作时所写。信中所提"各画"及"东坡石刻单"一事，表明钟介民喜爱书画收藏。

钟介民（1893～1964），据陈予欢编著《民国广东将领志》介绍："原名建宏，字纯颖。蕉岭新埔人。上海复旦大学及美国拉萨尔大学法律系毕业。历任北平交通大学讲师，北平大学和东北大学教授。1929 年受聘任广东省政府主席办公室主任秘书，第八路军总指挥部秘书处少将副处长。1935 年受陈济棠委托创办学海书院，任副院长兼教务长，兼任中山大学教授。1936 年去职赴新加坡，任《星中日报》和《星槟日报》总编辑。1942 年秋返回粤北，任南华书院教育长。1945 年任广州市政府参事，广东法商学院院长。1947 年当选国民大会代表，立法院立法委员。1949 年到印尼，任《天声日报》主编。1952 年任新加坡南洋大学教授、中文系主任。著有《欧洲近代文化史》《世界政治概论》《国际关系论》"（广州出版社 1994 年版）《近代人物与近代思想》《国际公法要备》《首领论》等。1951 年在香港出版《挑战与回应》。1964 年在南洋大学去世。钟介民的母亲为黄遵宪的女儿。

《甲寅周刊》介绍，钟介民于 1925 年 7 月 18 日至 1925 年 11 月 28 日在北京宣外大街 200 号编辑《甲寅周刊》，共出版 20 号；从第 21 号起，编辑者改为甲寅周刊编辑部。东莞市政协编《李章达》附录《李章达生平年表》介绍："1945 年春节期间，在梅县成立民盟东南干部会议，宣布成立南干会议常设机构，李章达被推选为常设机关主任。"参加此次会议的人员有李伯球、张文、胡一声、郭翘然、杨逸棠、钟介民、陈启昌、陈伯麟、陈慰慈等 10 余人（广东人民出版社 2016 年版）。

1950 年 11 月 14 日张君劢著《钟介民译陶尹皮氏〈历史之研究〉节本序》云："我于陶氏书辗转反侧以求之者，亦几有年。始也偶得之于沪上书店，当讲学学海书院，为诸生讲授东西文化比较之日，始引其说而著之于《明日之中国文化》讲稿中。此时陶氏书方成三册。嗣抗日战起，由宁而汉而渝，西方新书来源断绝，乃托友人求之海外，则以战时邮寄不易为辞。一九四四年抵纽约之日，搜求年来所未读之书，首及于陶氏，美书贾答以此书在美无存者，惟有去函英国询之，隔一年之后，我已由美返国，方由伦敦寄到。一九四五年由美返国之际，因陈通伯之介，晤平日所心仪之陶氏，陶氏告以此书之作，始于一九二〇年之后，其受斯宾格勒氏《西方之衰落》一书之影响，而自另一机轴以研究以成此书者，殆无疑义……去岁游印之日，将美人桑马威尔氏摘要而成之陶氏书节本，属钟介民先生译之。介民先生译述之富，为国人之冠，近得来书，知译事已竣，于是我十余年来所以为国人介绍陶氏书之心愿，可谓庶几达矣。"（原发表于 1950 年 12 月《再生》香港出版二卷二期，后收入张君劢著，程文熙编《中西印哲学文集》（下），台北：台北学生书局，1981 年，第 1412 ~ 1413 页）陶尹皮即今日我们熟知的汤因比。

32

李尹桑的书法作品

扬州罗两峰聘，自号"花之寺僧"，为钱唐金寿门高足。寿门工古诗及/铭赞杂文，晚益肆力于书画，四方争购之。两峰从学有年，尽得秘/奥，画工人物，杂卉尤精，貌鬼，时称兽绝。寿门之游汉上也，曾致数千金，/随手辄尽。旋病卒，旅殡萧然，竹素散佚。两峰既为招魂归浙，复编索/素，常所往来，以及酒炉货担，媵稿残篇，搜罗不遗余力，出资汇刻，/为集有十。于是寿门之撰述得以不朽，而两峰之高谊，尤藉藉大江南/北

在罗原觉的藏品中，有一幅李尹桑的书法作品（见图），一页，横 15 厘米，纵 25.5 厘米，共有文字 8 行：

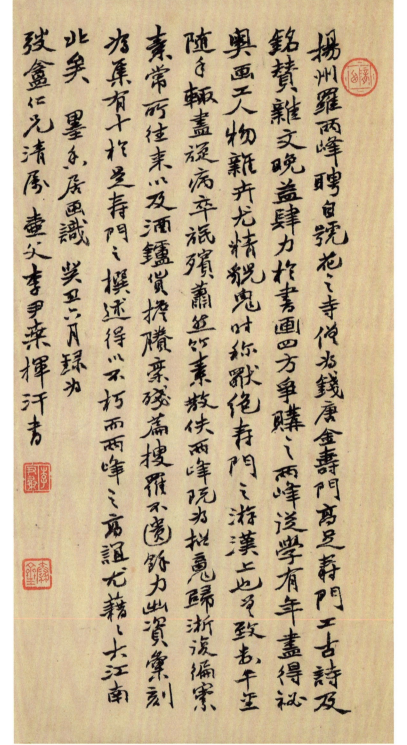

432

该件作品的右上角盖有一方闲章印文，左下角盖有两方印文，一方为"李尹桑"篆体字白文印文，另一方为"秦斋"篆体字朱文印文。

书写者李尹桑（？～1945），字茗柯，号秦斋，壶父，书法金石有名，治印名家，"原籍江苏吴县，生于番禺，是黄士陵的嫡传弟子，秉承黄氏风格，利刃浅埋，刻来光洁清爽，于平直方正之中求变化，品味醇雅"（苏庚春《漫说印章》，载广州市文史研究馆编《羊石春秋》，广州：花城出版社，2008年9月第1版，第298页）。其师傅"黄士陵（字牧甫，别署黟山人）。幼承家学，后入北京国子监肄业，致力金石学，又得盛昱、王懿荣、吴大澄等指点，初学浙派丁敬、陈鸿绶，又学邓石如、吴熙载，最后转益多师，汲取周秦两汉金石文字引入印中，成一己黟山派的古雅、平正、明洁、骏爽的面目……黄士陵南来广东工作、生活有年，对广东印坛影响至为深远，一时俊彦无不受其沾溉。特别是'濠上印社'的易孺、李尹桑、冯康侯等。"（苏庚春《漫说印章》，载广州市文史研究馆编《羊石春秋》，广州：花城出版社，2008年9月第1版，第296～298页）

该作品的落款时间是"癸丑六月"，即1913年，表明这件作品是李尹桑书写于1913年农历六月。此时罗原觉的称号是彀盒。该作品主要内容是介绍扬州八怪之一罗两峰的艺术生涯及人品。罗两峰是金农的高足，从学多年，"尽得秘奥，画工人物杂卉尤精，貌鬼，时称兽绝"。当然，这段记录出自清代冯金伯编著的画家传略《墨香居画识》一书中。1992年9月6日香港《文汇报》刊登毕克宫《罗两峰的〈鬼趣图〉》，文中盛赞罗两峰的《鬼趣图》："提起扬州八怪罗两峰的名作《鬼趣图》，人们总把它与漫画联系起来。鲁迅在《漫谈"漫画"》一文中说，漫画在中国过去的绘画里很少见，认为《鬼趣图》也可'算进去'，漫画界前辈作家丰子恺、黄苗子和黄蒙田诸位先生，在他们的漫画史论著述中也都评述过《鬼趣图》。"

矣。墨香居画识。癸丑六月录，为/彀盒仁兄清属，壶父李尹桑挥汗书。/

33

陈宗孟信函读后

弢菴仁弟足下：开春 /
万福，至为慰颂。去岁
曾寄上《论筹治广 / 东
三江水患》书，计已达
/ 览。兹有请者，家叔
默菴在省黄氏教读 / 数
年，本年因黄氏子弟已
大多成立，经已辞 / 去，
本年行止仍未有定，仍
拟在省或港澳 / 谋一馆
地。/ 足下交游素广，
如有欲聘，请专席者希
/ 为家叔 / 留意，如何？
敝校明日开课，但学生
回乡 / 度岁者尚未完全
返校。此则各校一般现
象也。/ 专此顺候 / 禧安，
并颂 / 潭吉。陈宗孟拜
启。/ 中华民国十四年
二月四日。/

馆藏陈宗孟致罗原觉函一通（图一、二），存两页，每页横
18 厘米，纵 32 厘米，从右往左竖写，共有文字 15 行：

图一

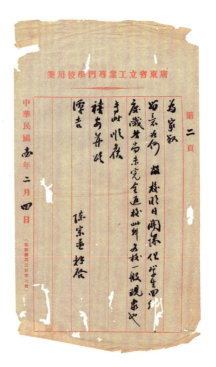

图二

该函写于 1925 年 2 月 4 日，书写在"广东省立工业专门学校用笺"上。另有信封一个（图三），横 9.1 厘米，纵 18.3 厘米，上面书写"本市十六甫北街三十七号 / 敦复书室 / 罗弢菴先生启 / 广州市增步广东省立工业专门学校陈缄二月四日 /"等文字，表明

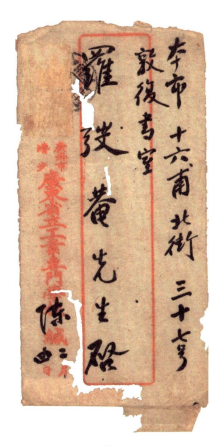

图三

　　当时广东省立工业专门学校校址在广州增步。按罗弢菴即罗原觉。中国人民政治协商会议广东省广州市委员会和文史资料研究委员会编《广州近百年教育史料》记载："广东省立工业专门学校的前身，是广东工艺局创办的工艺学校，成立于 1917 年 10 月，校址在增埗。学制二年毕业，旨在培养技术员。1920 年 8 月，将学制延长为四年毕业，更改校名为广东省立第一甲种工业学校，黄巽为校长。1923 年，改为省立工业专门学校，招旧制中学毕业生入学。学制为预科一年，专科三年。校长为邹卓然。同年 7 月，再改校名为

省立工业专门科学校，校长为肖冠英。1926年8月，合并于中山大学，设为工业部。不久，中山大学改组，撤销工业部，交回广东省教育厅办理，重新设校，恢复原有校名。"（广东人民出版社，1983年版）

书信人陈宗孟，据孙中山大元帅府纪念馆藏1922年3月印《广东省立第一甲种工业学校同学录》记载：1921年冬广东连县籍龙裔禧，别字融笙，35岁，日本东京高工机械科毕业、前江苏省立第一工业学校教员，接任校长；之前的校长先后是广东龙川籍黄强（别字莫京，33岁）和广东顺德籍黄纪秩及番禺籍高剑父；美术科主任番禺籍高嵝，别字奇峰，32岁，日本东京美术学院毕业，前优级师范及广府中学、南海中学、第一中学教员；"陈宗孟，别字立夫，广东顺德籍，日本东京高工毕业，历充广东公学、岭南中学教员，通讯地址：顺德龙山镇沙浐埠祥和号，学监兼教员。"另据广东留日同学会《中华民国广东留日学生调查录（民国十八年一月）》记载，陈宗孟"1913年毕业于日本东京高等工业学校。1922年在广东省立第一甲种工业学校任学监兼教员。"可知陈宗孟为广东顺德人，留学日本，东京高等工业学校毕业，1922年起在广东省立工业专门学校任学监兼教员。他在书写该信时，正在该校任教。

陈宗孟，生卒年不详，今广东佛山顺德区乐从镇沙滘东村人。1928年《顺德县事月刊》第二期介绍，陈宗孟任顺德县县事委员会委员兼第一股主任及顺德县青云文社清理委员会委员，同年12月3日顺德县青云文社财产管理委员会第一次代表大会在青云文社大堂召开，主席团成员中有县教育局代表陈宗孟。可知1928年陈宗孟在顺德县教育局工作。此外，据南海任元熙撰《重修陈独漉先生墓记》（1931年5月立）记载，陈宗孟是该墓倡修人之一。广东省立中山图书馆特藏部珍藏陈宗孟1934年著《不费财不费时的增加米量并改良米质法：长期总动员救国之第一法》，文中写道："余曾于去年五月印送亲友暨各团体，当蒙广州报界转录，嗣复向广州米糠公会，商请自动改良磨法，多留米皮。……我……贤达诸公，倘采及刍言，则登高一呼，群山响应，以今日……自治团体组织之密，何难扩大宣传，以军队学校人口之多，更可大购糙米以为民先导，如是，则旬月之间，糙米救国之思想，可令普及，不患米商不贩糙米，米厂浪去米皮，从而国民经济上，自有莫大之利益。"

信中所提"家叔默菴"即陈默菴，此时正在省城广州黄氏家教书，正面临失业。陈宗孟在信中请求罗原觉留意帮忙推荐省城或港澳一馆地继续教书。

陈默菴是晚清民国初年风云人物，在我国最早提倡戒缠足，是晚清顺德戒缠足会的积极创建人，维新派的一名代表人物。梁启超在《戒缠足会叙》一文中写道："顺德赖君弼彤、陈君默庵，今之人杰也，鉴此魔习，誓救众生，广集群才，力辟宏会，义取易简，例必谨严，婚姻相通，故相攸可无他虞，妇学继开，则风流将以益广，振臂一呼，而同志谷应者已数百户。"（见光绪二十二年（1896）十二月初一《时务报》）《皇朝经世文新编》记载，光绪二十三年（1897）陈默庵和赖弼彤在顺德龙山设立戒缠足会，会员达数百人。据《行刺慈禧太后的"近世列侠"》一文介绍，1904年康有为派梁铁君北上入京行刺慈禧，此次行刺由梁铁君主持，并携陈默庵、梁子刚入京准备。（见《珠江商报》2012年9月24日）陈默菴是康有为的门人，康在写给门人书信里多次提及陈默庵，如1900年6月5日《致徐勤等书》言："少闲、默庵竟善刀耶，可查其踪迹。"陈默庵受康有为指派，曾赴日本横滨大同学校任教员。"1898年2月初旬，横滨大同学校开学。校董邝汝磐等人携带陈少白的介绍信到上海拜访康梁，康以梁报务繁忙为由，改荐徐勤任总教习，派南海陈荫农、顺德陈默庵、番禺汤觉顿等人赴日充当教员。"（转引柴创新《辛亥革命前期的冯自由》）

陈宗孟的这封书信透露，陈默菴晚年主要以教书育人谋生。

事实上，更早一些时日，陈默庵已在从事与教育有关的事情。

笔者在罗原觉藏信函中，读到《陈默致罗原觉函》一通（图四）。该函横 12.8 厘米，纵 22.6 厘米，使用"大昌元三白笺"，有文字 8 行。

两函俱悉。学堂章程已送之各友，惟 / 尚未有应，在俟迟日再为一问便是。余 / 因俗冗纷纷，来省之期，现未能定。前函云 / 以瓷碗见惠，前时蒙惠多品，不敢再 / 领也。此问 / 近佳。/ 弢玄贤弟鉴。陈默。/ 十五日。/

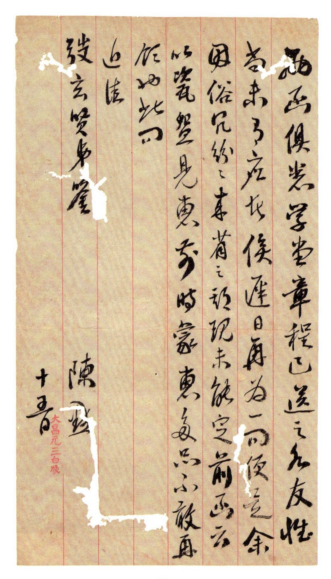

图四

这封书信未署年款。据信封（横 7.4 厘米，纵 13.8 厘米，图五）上的文字"省城大马站 / □奎律师事务所转 / 罗泽棠先生升 / 邮完：龙山陈缄 /"显示，陈默为顺德龙山人，与前文所述龙山陈默庵为同一人。另据信封邮戳"LUNGKONG/ 八年二月十六 / 龙江 /"文字，表明该函写于 1919 年 2 月 16 日。

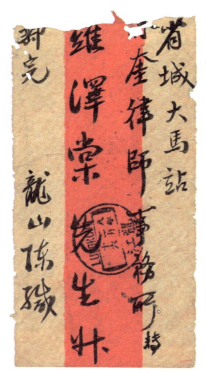

图五

信中谈道"余因俗冗纷纷，来省之愿，现未能定""学堂章程已送之各友"，显示 1919 年陈默庵尚在顺德，从事与教育有关的事情。

值得注意的是，在陈宗孟任教广东省立工业专门学校期间，在该校就读的数名学生，后来均成为中国共产党的早期优秀党员。如机械本科三年级学生刘尔崧，别字季岳，24 岁，紫金籍，通讯处紫金城南门街大昌店；机械本科三年级学生阮熙朝，别字啸仙，24 岁，河源籍，通讯处河源义合富源谦；染织本科三年级学生周其鉴，别字镜台，25 岁，广宁籍，通讯处广宁南街十三行兆昌店；应用化学本科三年级学生张善铭，22 岁，大埔籍，通讯处大埔县漳溪墟下黄沙梧冈学校、省城迎珠街卓广利转。上述个人简介，均见 1922 年 3 月印《广东省立第一甲种工业学校同学录》。

陈宗孟在上述信中还谈道两件事，一是写成《论筹治广东三江水患》一书，二是透露 1925 年学校开学日期是 2 月 5 日。

原觉先生左右：别来又匝月矣，远维/起居佳胜，收藏日新为颂。弟两周前/曾寄拙画册集，由中山大学呈交陈述/叔先生，恳其题句。嗣阅报，悉该校因/风潮停课，未谂照收到否。素知/阁下与陈翁交厚，便时请代为一询，并乞/代为吹嘘，以期早日掷下为祷。即颂/潭祉。弟王显诏顿首。四．三十．/通信处：潮州西门路缵槐堂王寓/

在罗原觉藏信函中，新见王显诏早年写给罗原觉信函一通（图一）。该信函仅一页，横 18.5 厘米，纵 30 厘米，上有文字 10 行：

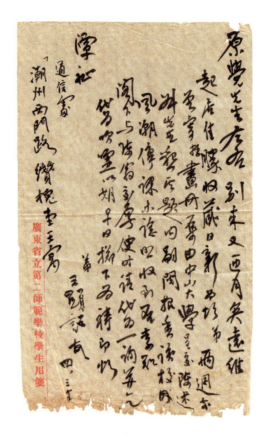

图一

书信人王显诏（1902～1973），广东潮州城人，1923 年 8 月上海大学美术专科毕业，同年回潮州任广东省立第二师范学校美术音乐和文史教师，兼广东省立金山中学教员，新中国成立后当选潮汕文联筹备委员、潮安县、潮州市人民代表和政协委员、广东省第三届人民代表，对美术、诗词、篆刻、书法、音乐、文物均有研究，国画成就尤为突出，著有《缵槐堂题画诗钞》《王显诏山水册第一集》等，后人编有《王显诏书画选集》（西泠印社出版社 2015 版）。

1930 年 7 月，西泠印社、神州国光社、有正书局和文明书局联合出版《王显诏山水册第一集》，次年 2 月再版。该书获于右任、刘海粟等百余名流题咏，影响较大。

该函是使用"广东省立第二师范学校学生用笺"。该校前身是1903年创建的惠潮嘉师范学堂，1921年更名为广东省立第二师范学校，1935年更名为广东省立韩山师范学校。王显诏使用该信笺，显示他正在该校任教。

该函未署年款，只留有"4月30日"写信日期。据该函信封（横10.2厘米，纵16.5厘米，图二）上的邮戳文字"广东 / 22.5.1. / 潮安 /"，"22"

图二

指民国二十二年，即1933年，可知该函写于1933年4月30日。从信封上所留地址，我们亦可知此时罗原觉正住在"广州宝源东街廿七号敦复书室"，王显诏住在"潮州西门路王缵槐堂"。

信函中提到的"画册集"是指前文所提《王显诏山水册第一集》，"陈述叔""陈翁"是指陈洵（1871～1942年5月6日），字述叔，别号海绡，广东江门市潮连芝山人，光绪间补南海县学生员，后加入南国诗社，晚年教授广州中山大学。信中提及罗原觉与陈洵"交厚"，"请代为一询，并乞代为吹嘘"。

信中所提，"阅报，悉该校因风潮停课"，应指1933年4月8日中山大学发生的林场风潮，学生停课，前后长达一个多月。侯过在《中山大学林场风潮始末》一文中详细叙述了这次风潮的来龙去脉（中国人民政治协商会议广东省委员会文史资料研究委员会编：《广东文史资料》第十三辑，1964年4月）。

该函书法值得称赞，其行笔圆润，舒展自如，收笔稳重，粗细分明，显示笔法娴熟。

广东省博物馆事业发展基金会
Guangdong Museum Development Foundation

本书由广东省博物馆事业发展基金会捐赠出版，

并获广州市宣传思想文化领军人才培养项目资助。

空谷足音

敦复书室信札整理与研究

第二卷

程存洁　著

文物出版社

目录

附录

35 陈熙橡致罗原觉函 1 通

罗原觉藏信札中，有陈熙橡致罗原觉函 1 通（图一、二），两页，每页横 13 厘米，纵 22.9 厘米，共有文字 12 行：

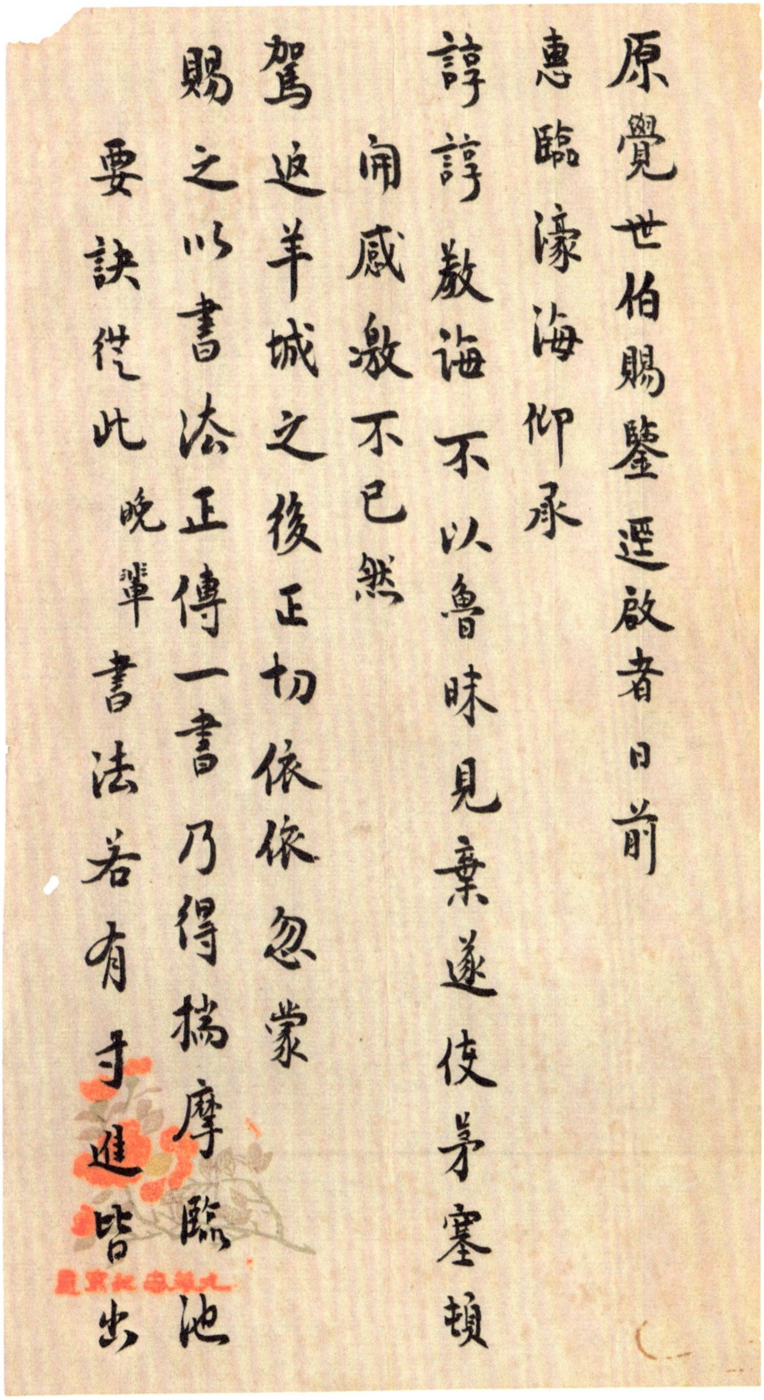
原覺世伯賜鑒逕啟者日前
惠臨濠海仰承
諄諄教誨不以魯昧見棄遂使茅塞頓
開感激不已然
駕返羊城之後正切依依忽蒙
賜之以書法正傳一書乃得揣摩臨池
要訣從此晚輩書法若有寸進皆出

图一

原觉世伯赐鉴：径启者，日前 / 惠临濠海，仰承 / 谆谆教诲，不以鲁昧见弃，遂使茅塞顿 / 开，感激不已。然 / 驾返羊城之后，正切依依，忽蒙 / 赐之以《书法正传》一书，乃得揣摩临池 / 要诀，从此晚辈书法若有寸进，皆出 / 世伯之赐也。如蒙尊暇，尚乞 / 时锡教言，以匡不逮为幸。专此奉谢，并候 / 崇安。/ 晚辈陈熙橡谨启。/ 九月廿四日。/

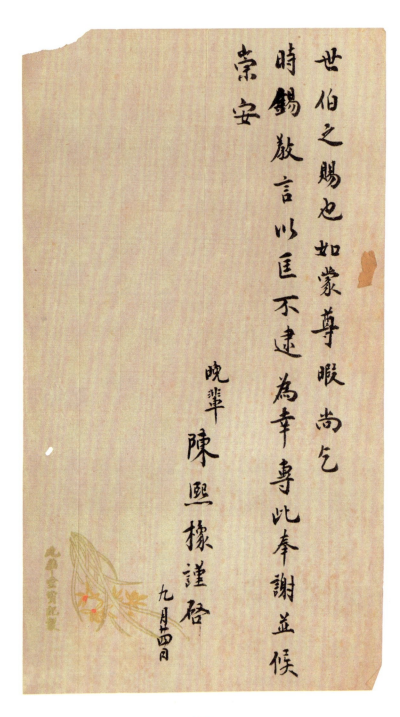

世伯之賜也 如蒙尊眼 尚乞

時錫嚴言 以匡不逮 為幸 專此奉謝 並候

崇安

晚輩 陳熙橡謹啟

九月廿四日

图二

该函使用"九华宝记写画""九华堂宝记制"信笺。该函未署年款，仅写下"九月廿四日"这个日期。而该函信封（横9.4厘米，纵18厘米，图三）上的两个邮戳显示的文字是"广州 三五年九月廿五 CANTON S.ONO.S"和"轮船信□□件 /FR M MER BOX/ 卅五年九月廿五"，可知该函写于1946年9月24日。

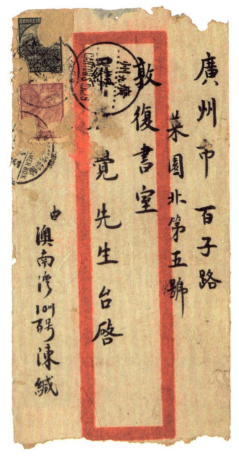

图三

从该信封上的文字内容"广州市百子路 / 菜园北第五号 / 敦复书室 / 罗原觉先生台启 / 由澳南湾1百03号陈缄 /"，可知这是从澳门南湾寄往广州百子路菜园北第五号的一封信函。此时陈熙橡居住在澳门。信中所提"《书法正传》"为虞山冯简缘编辑，是专门论述楷书之法的汇编。该函的主要内容是写信人感谢罗原觉赠送《书法正传》，从此后书信人"书法若有寸进，皆出世伯之赐也"。

据介绍，陈熙橡为燕京大学1945年哲学系学生，著有《忆燕园诸老》。另据邓之诚遗作，邓瑞整理《五石斋文史札记（二十六）》记载，1948年4月6日"晚，陈熙橡以其家藏汝窑八卦小瓶见示，诚佳物"（载《中国典籍与文化》2007年第4期第121页）。可知陈熙橡爱好古物。

据《民国人物大辞典》介绍："韩文举（1855~1937），字孔庵，号树园，笔名扪虱谈虎客，广东番禺人，1855 年（清咸丰五年）生。弱冠，谒康有为于万木草堂，始著籍为弟子。1896 年始为上海《时务报》撰稿。1897 年澳门《知升报》创刊，为主要撰述人之一。1898 年任上海《东亚报》主编。戊戌政变后，逃往日本，协助梁启超在横滨办《清议报》。1901 年梁启超在横滨创办《升民丛报》，为主要助手之一；同年曾和梁启超等，与孙中山、陈少白等会商兴中会与保皇会合作问题，并曾一度附署于梁启超起草之《上南海先生书》，建议'庶政公开''改造共和'以'挽救危局'，遭康有为斥责。回国后寓居闾巷。辛亥革命后，隐居乡里。1918 年至 1922 年，居广州，设馆于城西，授徒自给。1937 年在香港逝世。终年 82 岁。"（第 1545 页）

韩文举为康有为的门人，"长兴里十大弟子"之一。1891 年康有为有诗《门人陈千秋、曹泰、梁启超、韩文举、徐勤、梁朝杰、陈和泽、林奎、王觉任、麦孟华初来草堂问学，示诸子》（马洪林、卢正言编注：《康有为集·诗赋卷（上册）》，珠海：珠海出版社，2006 年 8 月第 1 版，第 98 页），明示韩文举是其门人。康有为在给门人徐勤及其他人的书信里也多次提及韩文举，如 1900 年 6 月 5 日《致徐勤等书》云："树园病愈不？念念。若愿管学则整顿之，否则散之，可截此示之，愿办事则商之。"1900 年 6 月 20 日前《致徐勤等书》提到："树园病如何？至念。今日以得长沙为要。树若病愈，彼宜从羽异军，因其通长沙人士，又解言语，又识黄熊二将，与叶偕行固善。否则湘不行，树必须行，必以有一人通楚为佳。此条可示树。"1900 年 6 月 27 日《致叶湘南书》云："树园、季雨必能办事，但辞让较多，须以吾意强命之，此纸即交览。"1915 年《致万木草堂诸弟子书》云："其旧抄没之书，在广雅书局者，应及时领出，藏于正堂，永为纪念，容推广之。其以任公、树园、公裕、君勉、簧溪总持，同门弟子咸与焉。"（以上均见马洪林、卢正言编注：《康有为集·书信卷》，珠海：珠海出版社，2006

年8月第1版。）梁启超《饮冰室诗话》第三十："吾少年同学中，相与共夕最久矣，惟番禺韩孔厂布衣，即其著述自署'扪虱谈虎客'者是也。""番禺韩孔厂布衣"指韩文举。韩文举著有《近世中国秘史》第二编（广智书局印，光绪三十年初版）。

在罗原觉往来信函中，存有两通《韩树园致罗原觉函》，第一通《韩树园致罗原觉函》（图一），一页，横19.1厘米，纵20.4厘米，有文字8行：

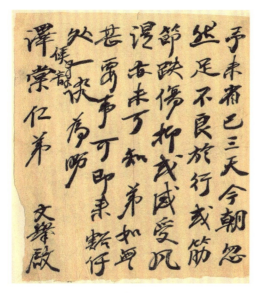

图一

第二通《韩树园致罗原觉函》（图二），一页，横27.3厘米，纵22厘米，有文字10行：

图二

予来省已三天，今朝忽 / 然足不良于行，或筋 / 节跌伤，抑或感受风 / 湿，亦未可知。弟如无 / 甚要事，可即来豁仔 / 处一谈为盼。候音。 / 泽棠仁弟。文举启。 /

若廿四葬，廿弍或廿三必 / 到，不能延迟。现目所 / 需，只有运费，况所 / 用多寡，下乡后乃 / 能确定。弟现所携 去， / 随意可也。诚心如此， / 予亦无言。大水横流， / 行非易易，望勿妄 / 言行也。韬庵仁弟。文举启。 /

还有信封一个。该信封（图三），横 7 厘米，纵 15.7 厘米，写有文字如下：

城外西关十六甫北街廿七号 / 罗原觉先生启 / 由港付 /

图三

从信封上所写罗原觉住址，可初步判断上述两封书信当写于 20 世纪 20 年代初期。

邓骧英，"字君展，三水人。诸生。少从学于九江朱次琦先生。性落落不羁，工书能为竹木雕刻，喜收藏古钱。骧英藏品之精者，有汉成帝时铜尺"（冼玉清：《广东之鉴藏家》，载《广东文物》卷十，广州：广东人民出版社，2013年7月第1版，第995页）。室名枥园。

在罗原觉往来信函中，存有14通《邓骧英致罗原觉函》。

第一通《邓骧英致罗原觉函》（图一），两页，每页横12.5厘米，纵23.3厘米，共有10行文字：

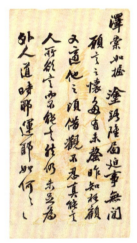

图一

按：该函使用特制信笺，上面印制"双燕图"及"写元人词/意子彝为/广文主人论笺"等文字。信中所提"更生"即康有为。

第二通《邓骧英致罗原觉函》（图二），一页，横12.6厘米，纵24.3厘米，共有5行文字。

该函使用印制"兰花图"的信笺。

图二

泽棠如握：途路虽局，/迫事无闲，/愿言之怀，多有未罄。昨知枉顾，/又适他之。顷借观不忍真能言，/人所欲言而不能言，然仍未足为/外人道。时耶运耶，如何如何？/返省之便，请为我购更生所撰/《中庸（注）》《礼运注》各一册带回，/以示后生小子。想雪庵处尽/有是书也。雪庵回函，已收读，惟/大好不备。/

泽棠世长：迩来朝夕之需颇/急，画殖请便附赵，以供刍米/为盼。此达，顺问/时佳。枥园拜上。/四月廿九早。/

第三通《邓骥英致罗原
觉函》（图三），一页，横
12.6 厘米，纵 24.3 厘米，共
有 5 行文字：

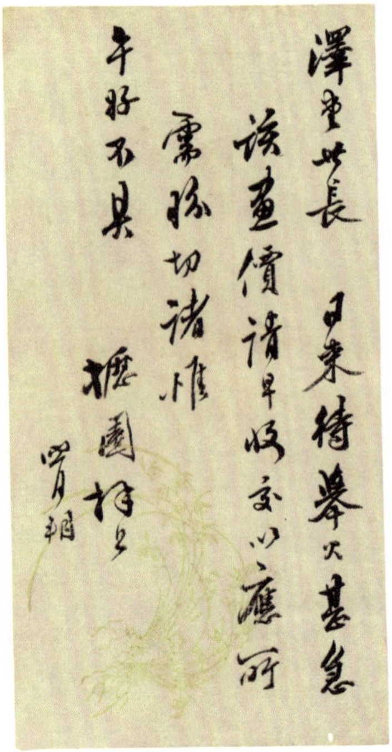

泽棠世长：日来待举火
甚急，/该画价请早收
交，以应所/需，盼切，
诸惟/午好不具。栀园
拜上。/四月朔。/

图三

该函使用的信笺与第二通信函一样，均为印制有"兰花图"
的信笺。

第四通《邓骥英致罗原
觉函》（图四），一页，横
12.6 厘米，纵 24.3 厘米，共
有 5 行文字：

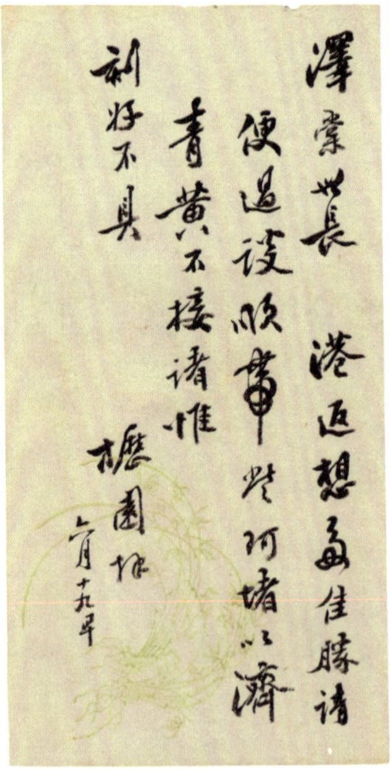

泽棠世长：港返，想
多佳胜，请/便过谈，
顺带些阿堵，以济/青
黄不接，诸惟/刻好
不具。栀园拜。/六月
十九早。/

图四

该函使用的信笺与第二通、第三通信函使用的为同一个款式。

第五通《邓骥英致罗原
觉函》（图五），一页，横
12.2 厘米，纵 23.4 厘米，
共有 5 行文字：

图五

泽棠世长：顷得 / 手书，
已面覆函 / 令弟转寄，
然未知 / 足下亦忘记敝
庐号数，今特片背注明。
/ 骥拜。五月初三晚。/

按该函使用的信笺印制"梅花图"及"记得江南春正好，一
枝先持 / 龙头人。兰道人题 /"等文字。

第六通《邓骥英致罗原
觉函》（图六），一页，横
12.2 厘米，纵 23.4 厘米，共
有 5 行文字：

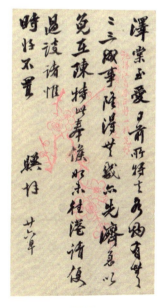

图六

泽棠至爱：日前所将去
各物有无 / 二三成事，
虽得无几，亦先济急，
以 / 免在陈。特此奉候。
如未往港，请便 / 过谈，
诸惟 / 时好不置。骥拜。
廿六早。/

按该函使用的信笺同于第五通，上面印制"梅花图"及"记
得江南春正好，一枝先持 / 龙头人。兰道人题 /"等文字。

第七通《邓骥英致罗原觉函》（图七），一页，横12.6厘米，纵24.4厘米，共有5行文字：

图七

泽棠世长足下：画幅前途，致书动问，再/敝处前次数尚应续交95元，刻在困/难，请力为援手。/足下长才，谅有以为我也。余面罄，惟/刻好不宣。骥拜。七月五日。/

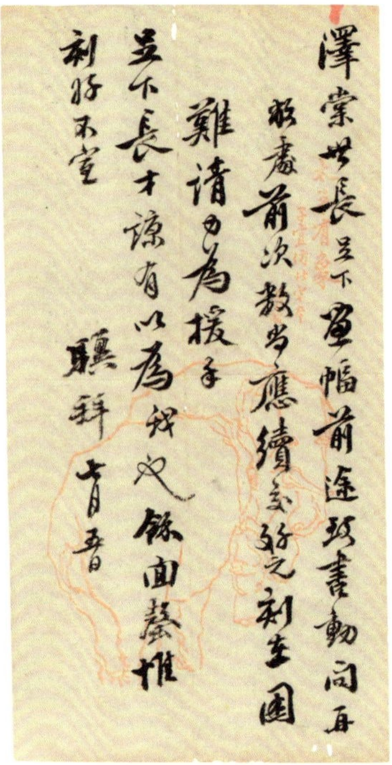

按：该函使用的信笺印制"大象图"及"太平有象。/子宜仿北宋本"等文字。

第八通《邓骥英致罗原觉函》（图八），一页，横13.1厘米，纵25厘米，共有5行文字：

图八

泽棠世长：月之二日接到惠书，知叨/锦注，恨未获畅谭近事耳。前者默公亲到/永顺成领去孟臣小壶，其欢慰，且问殖，余答以殖/三数元之谱，他犹以为廉。仆近状则有家书，请一/观之，余惟珍重。骥英拜复。初六夜漏三鼓。/

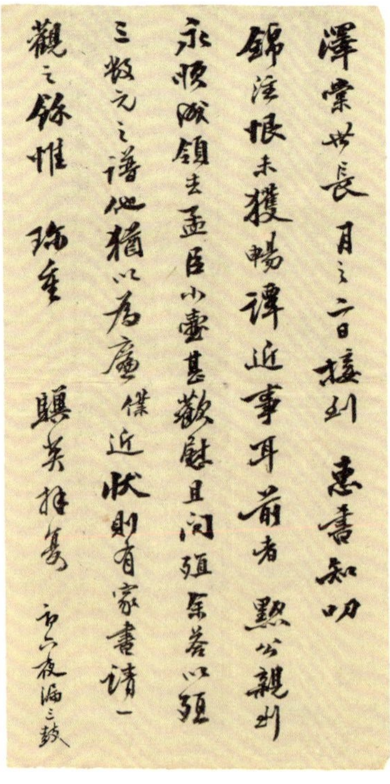

010

第九通《邓骥英致罗原
觉函》（图九），一页，横
13.1 厘米，纵 25 厘米，共
有 6 行文字：

图九

原觉再世伫：青顷／所
留砚印画等件，有无成
议，／恳为注意，甚仗
大德。顷／过候不遇，
怅怅有便，望／到谭也，
惟／兴居康善不备。骥
英拜。十七日。／

第十通《邓骥英致罗原
觉函》（图一〇），一页，
横 12.2 厘米，纵 23.5 厘米，
共有 3 行文字：

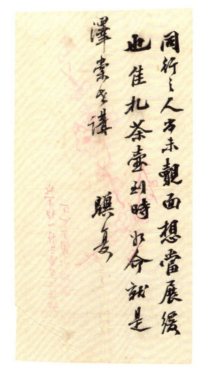

图一〇

同行之人尚未觏面，想
当展缓／也。佳扎茶壶，
到时如命就是。／泽棠
世讲。骥复。／

按：该函使用的信笺同于前述第五通和第六通信函，上面印
制"梅花图"及"记得江南春正好，一枝先持／龙头人。兰道人题／"
等文字。

书帖如数交纪纲，希/察。港沪两地并无覆函，想欲如/邝海雪之行踪，亦未可得也。/执甚有暇，请过一谭。/珍重。骥拜复。/

图一一

第十一通《邓骥英致罗原觉函》（图一一），一页，横 12.2 厘米，纵 23.5 厘米，共有 5 行文字：

按：该函信笺同于第十通，上面印制"梅花图"及"记得江南春正好，一枝先持/龙头人。兰道人题/"等文字。信中所言"邝海雪"即邝露。

泽棠足下：碑帖书画各物，有无/就绪，倘有所成，请周涸辙是/要。君勉至今未见回函，未知去/函有遗失否。余容面罄，惟/晚好。名在忆。/

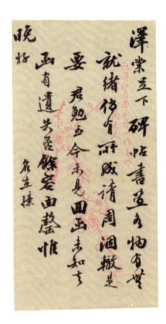

图一二

第十二通《邓骥英致罗原觉函》（图一二），一页，横 12.2 厘米，纵 23.5 厘米，共有 5 行文字：

按：该函信笺同于第十通和第十一通，上面印制"梅花图"及"记得江南春正好，一枝先持/龙头人。兰道人题"等文字。

第十三通《邓骥英致罗原觉函》（图一三），两页，每页横 12.2 厘米，纵 23.5 厘米，共有 10 行文字：

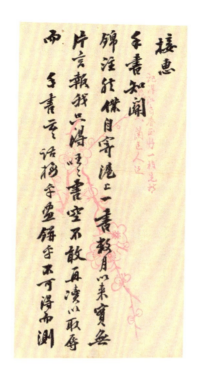

图一三

接惠 / 手书，知关 / 锦注，然仆自寄沪上一书，数月以来，实无 / 片言报我，只得咄咄书空，不敢再渎以取辱，/ 而手书云云话梅乎、画饼乎，不可得而测 / 矣。至弟之穷庐，前函已附记于后矣。/ 何不知也。请为我函致之，何如？而所谓 / 友人之处，亦未知何人究在何处。/ 余俟面谈，诸惟 / 近好。骥拜。/（舍下潦水，最深之日亦五七寸，今已渐退矣）

按：该函信笺同于上述第十通、第十一通和第十二通信函信笺，上面印制"梅花图"及"记得江南春正好，一枝先持 / 龙头人。兰道人题 /"等文字。

第十四通《邓骥英致罗原觉函》（图一四），两页，每页横 12.2 厘米，纵 23.5 厘米，共有 10 行文字：

泽棠世长：知已港去，而仆之穷况渐 / 逼，读邝湛若《负刍卖书乞食》之作，/ 为之慨然。顾彼尚有丸糠下噎之哽人。/ 仆之妻孥，则骄养已成惯习，如何如何。/ 书帖各件，果有就手者，望即见寄。/ 今亦惟知我者是赖，仆向未有称贷 / 于人，常以此励世，摩钝诸物，亦素不入 / 质库，是以莫展一筹。康君音耗，想亦 / 望梅画饼，恳为我探听之。诸惟 / 近好不备。骥拜。六月十八晚。/

图一四

按：该函信笺也是印制"梅花图"及"记得江南春正好，一枝先持 / 龙头人。兰道人题 /"等文字。

梁启勋，字仲策，新会人，著名词学家，梁启超的大弟。1893 年入广州万木草堂，从学于康有为。后赴美留学，入哥伦比亚大学学习经济学。毕业后回国，先后任交通大学及北平铁道管理学院训育主任、中国银行驻京监理官、青岛大学教授。1937 年12 月出任中华民国临时政府外汇局调查室主任。著有《词学》《词学铨衡》《中国韵文概论》《稼轩词疏证》六卷及《曼殊室随笔》五卷等，译著有《社会心理之分析》《世界近世史》等。梁启勋一生爱梅，善填词，著《海波词》，为咏梅专著。

在罗原觉往来信函中，存有 20 通《梁启勋致罗原觉函》及 1 通《梁启勋致赵霁吟函》。

第一通《梁启勋致罗原觉函》（图一），一页，横 13 厘米，纵 24.6 厘米，共有 8 行文字：

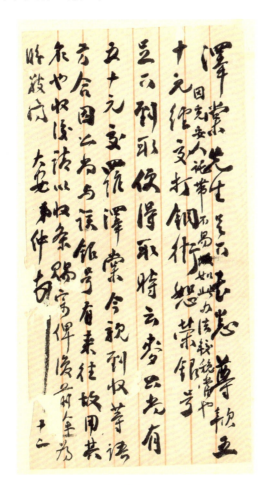

图一

泽棠先生足下：书悉，尊款五 / 十元，经交打铜街恕荣银号 /（因觅妥人托带不易，故如此办法较稳当也）。/ 足下到取便得，取时云"麦公尚有 / 五十元交罗泽棠，今亲到收"等语 / 方合。因公尚与该银号有来往，故用其 / 名也。收后，请以收条赐寄，俾复前途为 / 盼。敬问大安。弟仲顿首。十二。/

弢盦先生：承贺敬谢。篆翁有／款七十元，嘱代致足下。久候未见／惠临，正拟修函奉告。顷奉／手示，敬悉台从二十来港，到时当／呈上。弟尚需数日，乃能交代，行期／尚未决也。手此敬复，并叩／大安。仲顿首。十八。／

弢盦先生鉴：昨得任公复书，／云前寄之书画单，当时因事／搁置，未及作答；顷得书再检，／已不知去向；兹再索寄，恐又费／时日，更累足下，且目下人事／繁冗，实无此闲情暇暑享此／清福，嘱将此意奉告，并为道／歉，将来稍有暇日，乃再奉烦／等语。弟以渠来书既如此云云，前／日交来之单，拟亦不复邮去，留以／示孝觉，彼日间便当来港也。／尊意云何，便望赐示。敬问／大安。弟仲顿首。二十。／

第二通《梁启勋致罗原觉函》（图二），一页，横14.4厘米，纵25.7厘米，共有7行文字：

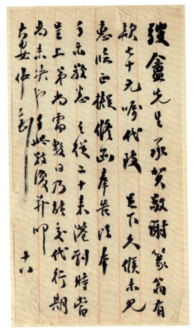

图二

按：函中所言"篆翁"指谭篆青。

第三通《梁启勋致罗原觉函》（图三），两页，每页横13厘米，纵23.4厘米，共有13行文字：

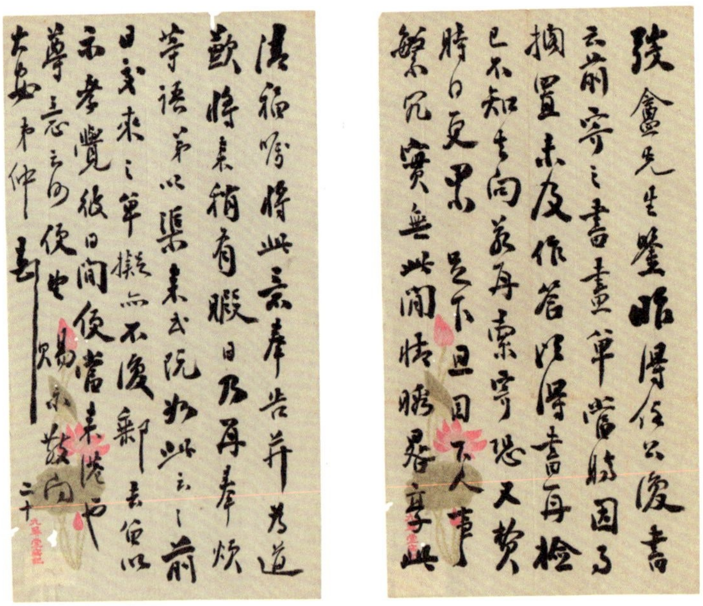

图三

按：该函使用"九华堂宝记"信笺。信中所言"任公"即梁启超，"孝觉"即黄文开。

第四通《梁启勋致罗原觉函》（图四），两页，每页横13厘米，纵23.4厘米，共有13行文字：

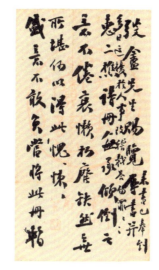

图四

按：该函使用两种不同款式的信笺。第一页信函写在印制红色"九华宝记"篆体字圆形图记及"九华宝记主人属心写"等文字的信笺上，第二页信函写在印制灰色"九华宝记"篆体字圆形图记及"□盦为九华宝记篆"等文字的信笺上。

第五通《梁启勋致罗原觉函》（图五），一页，横13厘米，纵23.4厘米，共有5行文字：

图五

按：该函信笺印制"云彩"图及"云行两施 / 七十六老人写朵云轩博制"等文字和"吉生"印文一方。

弢盦先生赐览：辱书并（来书已奉到 / 多日，远扰于人事，致稽裁答，勿罪勿罪）/ 惠二樵诗册，每承倾倒之 / 意，不倦衰懒朽废，缺然无 / 所堪，何以得此，愧悚，愧悚！/ 盛意不敢负，当将此册暂 / 留赏玩，俟有欲得之者，仍当 / 奉还也。敝友叶君次周近欲 / 搜集二樵画，嘱恳足下为物色，/ 以新净为主，册轴想非所论耳。/ 北中尚未得消息，政潮正汹涌，/ 一般政客方寝食不遑，安得有闲情及 / 此事耶。敬复并叩起居。仲顿首。廿一号。/

承惠蚝油，珍荷珍荷。/ 外二罐当即转呈家 / 伯。手此鸣谢，敬叩 / 弢盦先生大安。仲顿首。/ 贵上老爷。/

弢盫先生鉴：手示，奉悉前 / 途，至今仍未有书来。大约此时 / 恐难望其即有回答，时事纷然，/ 政争正剧，断未必有如许闲 / 情及此等事也。手此敬复，并问 / 大安。弟仲顿首。廿四日。/

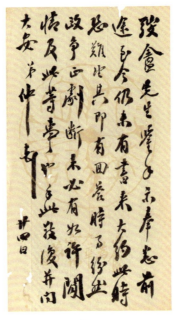

图六

第六通《梁启勋致罗原觉函》（图六），一页，横13厘米，纵23.4厘米，共有6行文字：

按：该函信笺同于上述第四通第二页信函信笺，为印制灰色"九华宝记"篆体字圆形图记及"□盫为九华宝记篆"等文字。

第七通《梁启勋致罗原觉函》（图七），一页，横13厘米，纵23.4厘米，共有4行文字：

弢盫先生：书悉，任公来 / 港期尚未定。俟有闻，/ 当奉告。手此敬复，并叩 / 大安。仲顿首。冬至日。/

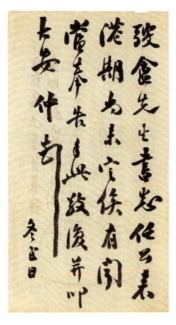

图七

按：该函使用印制"东坡石钝尤水部，久供 / 天府矣。九华背摹 /"等文字及"宝记"印文信笺。

第八通《梁启勋致罗原觉函》（图八），一页，横 13 厘米，纵 23.4 厘米，共有 5 行文字：

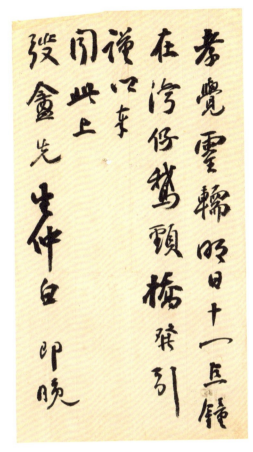

图八

孝觉灵輴明日十一点钟/在湾仔鹅颈桥发引，/谨以奉/闻。此上/敳盫先生。仲白。即晚。/

按：信中所提"孝觉"即黄文开。《花随人圣庵摭忆》上册第 521 页"二六五记罗瘿庵"条记载："时瘿寓广州馆，敩庵、孝觉皆同学，亦居此，辟一院杂莳花木。""1918 年夏天，他在广东财政厅厅长任上奉召晋京，却在道经上海时突发急病去世……黄孝觉去世时间应该是 1918 年 7 月 8 日至 8 月初。"（刘雨薇《梁启超 1918 年暑期的家庭讲学》，《收藏》2020 年第 7 期）丁文江、赵丰田编《梁启超年谱长编》第九册"一九一八年"收录梁启超《与仲弟书》记载："黄孝觉凶问，昨晨罗瘿公书来已报。"（世纪出版集团、上海人民出版社，2009 年 4 月第 1 版，第 556 页）因此，该函书写时间是 1918 年。

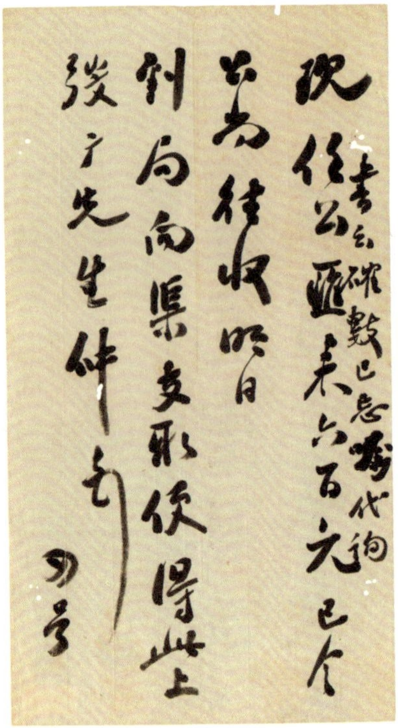

图九

现任公汇来六百元，已令 /（书云确数已忘，嘱代询）/ 公尚往收。明日 / 到局，向渠支取便得。此上 / 弢庵先生。仲顿首。四号。/

第九通《梁启勋致罗原觉函》（图九），一页，横13厘米，纵23.4厘米，共有5行文字：

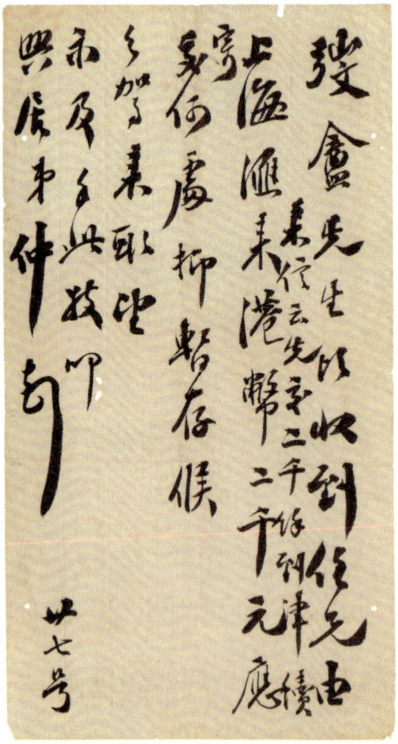

图一〇

弢盦先生：顷收到任兄由 / 上海汇来港币二千元，应 /（来信云先交二千，余到津续 / 寄），交何处，抑暂存，候 / 台驾来取，望 / 示及。手此，敬叩 / 兴居。弟仲顿首。廿七号。/

第十通《梁启勋致罗原觉函》（图一〇），一页，横13厘米，纵23.4厘米，共有7行文字：

第十一通《梁启勋致罗原觉函》（图一一），一页，横 13 厘米，纵 23.4 厘米，共有 5 行文字：

图一一

弢庵先生：手示奉悉。徐鲍 / 两宅喜事，均为做公份致 / 贺矣，望并告树先。手此敬复，/ 并叩 / 大安。仲顿首。廿七日。/

按：该函使用"九华堂宝记制"信笺。信中所云"树先"即韩文举。

第十二通《梁启勋致罗原觉函》（图一二），一页，横 13 厘米，纵 23.4 厘米，共有 5 行文字：

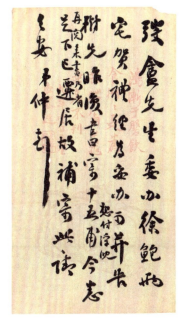

图一二

弢盦先生：委办徐鲍两 / 宅贺礼，经为妥办，可并告 / 树先。昨复书，寄十五甫（想付浮沈），今悉 / 足下已迁居（再阅来书，乃省），故补寄。此请 / 台安。弟仲顿首。/

按：该函信笺上印制"鸿渐于膳，饮食桁桁，是为桑苎翁之器，垂名不刊。九华堂得曼生壶摹造""九华宝记"等文字。

第十三通《梁启勋致罗原觉函》（图一三），一页，横 13 厘米，纵 23.4 厘米，共有 5 行文字：

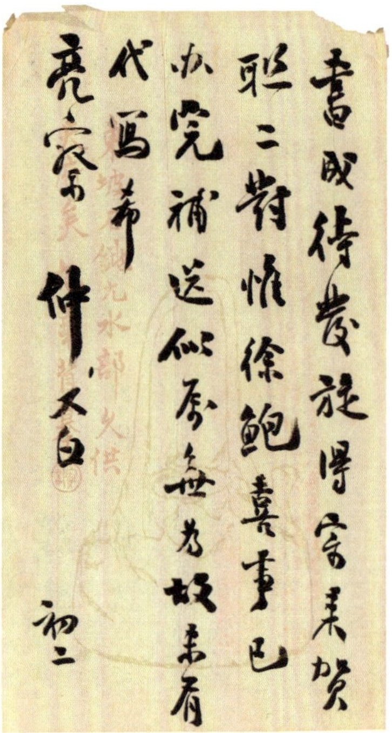

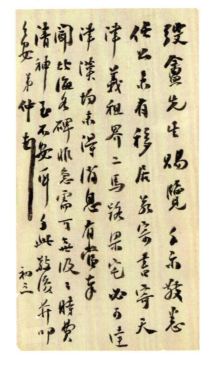

图一三

书成待发，旋得寄来贺 / 联二对，惟徐鲍喜事已 / 办完，补送似属无为，故未有 / 代写，希 / 亮察。仲又白。初二。/

按：该函信笺上印制"东坡石钝尤水部，久供天府矣。九华背摹"文字及"宝记"印文。

第十四通《梁启勋致罗原觉函》（图一四），一页，横 13 厘米，纵 23.4 厘米，共有 7 行文字：

图一四

弢盦先生赐览：手示敬悉，/ 任公未有移居，若寄书寄天 / 津义租界二马路梁宅，必可达。/ 津汉均未得消息，有，当奉 / 闻。北海各碑非急需，可无汲汲，时费 / 清神，至不安耳。手此敬复，并叩 / 台安。弟仲顿首。初三。/

第十五通《梁启勋致罗原觉函》（图一五），一页，横13厘米，纵23.4厘米，共有6行文字：

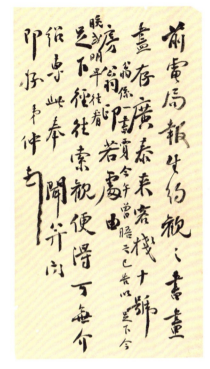

图一五

前电局报生约观之书画/尽存广泰来客栈十号/房翁印若处（翁系一书贾，今午曾晤，言已告以足下今晚或明早往看），由/足下径往索观便得，可无介/绍。专此奉闻，并问/即好。弟仲顿首。/

第十六通《梁启勋致罗原觉函》（图一六），一页，横13厘米，纵23.4厘米，共有6行文字：

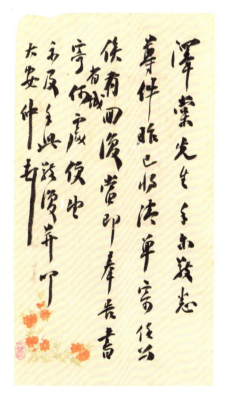

图一六

泽棠先生：手示敬悉。/尊件昨已将清单寄任公。/俟有回复，当即奉告。书/寄省城何处，便望/示及。手此敬复，并叩/大安。仲顿首。/

示悉。该款经即函沪汇寄，/ 数日内当可到，到便奉上，仓卒 / 无以应 / 命，深为愧悚，惟希 / 鉴原，此上 / 原觉先生。仲顿首。即日。/

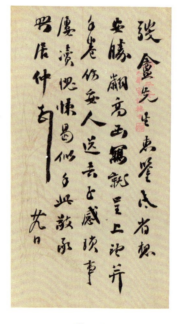

图一七

第十七通梁启勋致罗原觉函（图一七），一页，横13厘米，纵23.4厘米，共有6行文字：

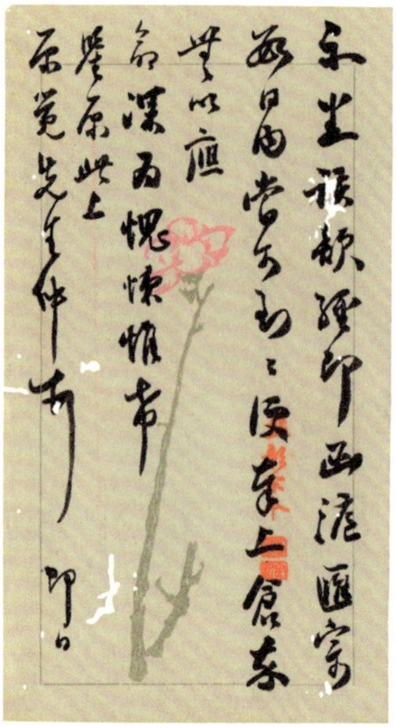

弢盒先生惠鉴：抵省想 / 安胜，翔高函写就呈上，望并 / 手卷饬妥人送去，至感。琐事 / 屡渎，愧悚曷似，手此，敬承 / 兴居。仲顿首。廿九日。/

图一八

第十八通《梁启勋致罗原觉函》（图一八），一页，横13厘米，纵23.4厘米，共有5行文字：

按：该函使用印制"兰草图"和"雁□平安 / 九华宝记抚古 /"等文字及"宝记"印文一方的信笺。信中所提"翔高"即何藻翔（1865～1930），顺德杏坛马宁乡人。光绪十八年进士，授兵部主事，为官刚正。工诗学，著有《邹雅集》。所编《岭南诗存》以精审见称于世。

第十九通《梁启勋致罗原觉函》（图一九），一页，横13厘米，纵23.4厘米，共有6行文字：

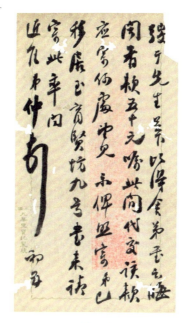

图一九

按：该函使用"上海九华堂宝记制笺"。信中所提"晦闻"即黄节。

第二十通《梁启勋致罗原觉函》（图二〇），横13厘米，纵23.4厘米，共有6行文字：

图二〇

按：该函信笺上印制"落华人独立，微两葬双飞。/三妙制清溪樵子写/"等文字及仕女图。

弢庵先生足下：顷得舍弟书，云晦/闻有款五十元，嘱此间代交。该款/应寄何处，望见示，俾照寄。弟已/移居至育贤坊九号，书来请/寄此。率问近佳。弟仲顿首。初五。/

弢盦先生：昨上一书，计达览。/顷检四百九十四元之单，拟托人/带去天津，惟中缺谢兰生/两联，是否前次已交去，望一/即示复为盼。此问/兴居。弟仲顿首。初六。/

《梁启勋致赵霁吟函》（图二一），一页，横 13 厘米，纵 23.4 厘米，共有 7 行文字：

霁吟四舅大人鉴：久阙禀候，/ 想起居万福。敝友罗君泽棠 / 闻梁君少穆所藏书画有尽地 / 弃捐之说，亟欲往一观，恳为 / 介绍，藉饱眼福，至感。敬叩 / 大安。甥仲顿首。/ 二婆乞代叱名请安。/

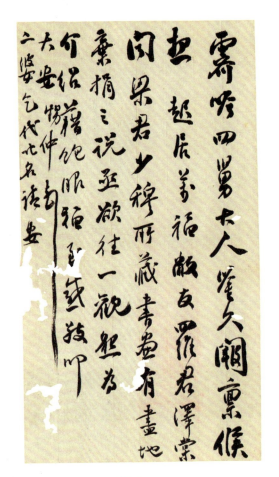

图二一

陈承修，字淮生，号猗文阁主，福建闽县人。早年留学日本，清光绪三十四年（1908）恩赏工科举人，曾任北洋政府农商部司长，后兴办实业。精鉴赏，收藏金石碑版书帖甚富，著有《猗文阁集金》。

在罗原觉往来信函中，存有13通《陈承修致罗原觉函》。

第一通《陈承修致罗原觉函》（图一），一页，横10.8厘米，纵27.3厘米，有文字5行：

图一　　　　　　图二

原觉吾兄足下：得手书，所言水牛 / 山原系罗雪翁之物，弟曾得一册（甚廉），与 / 此无二，惟无赵跋与题名耳。价贵，/ 拟不收。敬以奉复，此请 / 旅安。弟承修顿首。十五日。/

（怀仁圣教已□□金得之）

按：该函使用"辛酉仲秋裕大制'日人□金'"信笺。辛酉年即1921年。信中所言"罗雪翁"即罗振玉。该函未署年款，只留下"十五日"日期。据信封（横11.4厘米，纵24.7厘米，图二）邮戳文字内容"TIENTSIN 13/ 十二年八月十六 / 天津 /"，可知该函写于1923年8月15日。该信封正面书写"北京煤市街 / 华北旅馆 / 罗原觉先生台启 / 日界新津里二十四号（秋山街）厂地大直沽下老盐坨地 / 天津裕大纺织股分有限公司缄 / 电报挂号三二三二上海四四零四 陈缄 /"，可知这封信是从天津寄往北京。

第二通《陈承修致罗原觉函》（图三），两页，每页横17厘米，纵25.6厘米，有文字14行：

图三

原觉仁兄侍史：岁暮怀人，正深驰 / 仰。弟昨由上海返津，获读廿二日 / 赐书并另包郭兰石对联一副，/ 精美之至。屡蒙 / 厚贶，感何可言。汉鼎理应留 / 存，备价奉上。惟以今年营新居 / 后，百孔千疮，年下尤难应付。/ 兄既以此见属，断无推诿之意。/ 开春稍裕，即以归赵。承 / 兄不弃，许为知交，曷敢以 / 搜罗之盛心，久久无以归垫乎。/ 先此奉复，敬候 / 春祺。弟承修拜手。/ 除夕。/

该函未署年款，只记下"除夕"二字。按：1924年2月4日为农历癸亥年（1923）除夕，根据该函下述信封（横11.5厘米，纵23厘米，图四）上的邮戳文字"TIENTSIN 年二月四日 天津"，可知该函写于1924年2月4日。该信封正面书写的文字内容是"广州十六甫北街廿七号 / 敦复书室 / 罗原觉先生大启 / 日界秋山街 厂地大直沽下老盐坨地 / 天津裕大纺织股分有限公司缄 / 电报挂号三二三二上海四四零四 /"，表明这封信是从天津寄往广州。

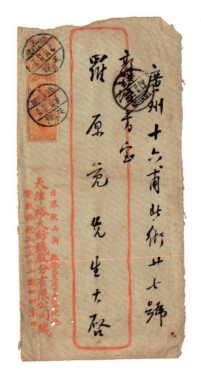

图四

028

第三通《陈承修致罗原觉函》（图五），一页，横16.6厘米，纵27.4厘米，有文字8行：

图五

原觉吾兄：连接寄片，知幼苹 / 处《圣教》，业经获观，古缘不浅。/ / 前晤任公先生，知兄新得之 / 本，亦入饮冰室。承允假观，尚未往 / 取。在京有新得之品否？宿雨初 / 晴，暑气未解，惟 / 旅中珍卫不宣。/ 弟承修顿首。七月初五。/

据该函信封（横8.6厘米，纵17.6厘米，图六）正面文字"广州市十六甫北街廿七号 / 敦复书室 / 罗原觉先生大启 / 天津特别一区十七号路二十二号陈缄 /"及邮戳文字"TIENTSIN13/ 十四年七月五日 / 天津 /""TIENTSIN/ 5.7.25/ 天津 /"，可知该函写于1925年7月5日。

图六

第四通《陈承修致罗原觉函》（图七、八），三页，每页横17厘米，纵25.6厘米，有文字21行：

原觉吾兄足下：前方向粤友询 / 兄近状，忽奉抵沪之书并拓片 / 大著一束，知 / 在远不遗，良可感慰。以 / 足下为学之勤，又复于乡邦古 / 刻加意搜剔，诚今之有心人也。 / 远道相思，回肠日结。近津浦发 / 生劫案，迤戒备甚严，行旅安宁， / 容可无虑。弟一时尚不能南来，深 / 盼 / 大驾之莅止，共商古学。雪堂先生 / 过从甚密，近正拓其藏器。此间举 / 目皆伧，幸有此稍慰旅寂耳。 / 石拓之价若干，便希 / 示知，或即就沪拨奉。云麾自 / 有正石印出后，已得一本，虽虎贲 / 中郎，要亦聊胜于无。闻此本 / 已脱手，得善价否？绛帖如何？ / 足下于绛学辨析微茫，诚哉前 / 无古人矣。拉杂奉复，敬候 / 兴居。弟陈承修再行。 / 五月十四日。 /

图七

图八

按：信中所言"雪堂"即罗振玉，"津浦劫案"指1923年5月6日发生在从江苏浦口开往天津的特快列车上的一场民国大劫案，"云麾自有正石印出"指1923年有正书局发行《可罗版印宋拓云麾碑》。据此可知，该函写于1923年5月14日。信中透露，作者陈承修与罗振玉"过从甚密，近正拓其藏器"。

第五通《陈承修致罗原觉函》（图九、一〇），三页，每页横 16.2 厘米，纵 26.4 厘米，有文字 19 行：

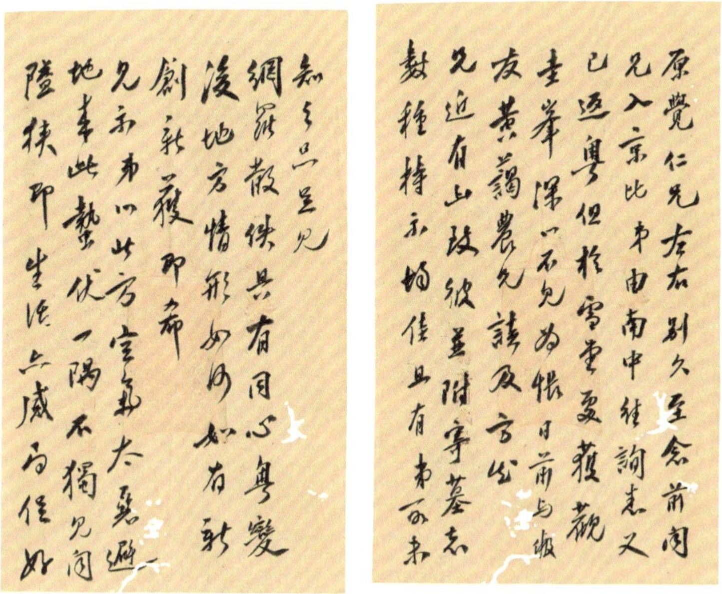

图九

图一〇

原觉仁兄左右：别久，至念。前闻 / 兄入京，比弟由南中往询，悉又 / 已返粤，但于雪堂处获观 / 圭峰，深以不见为怅。日前与敝 / 友黄蔼农兄谈及，方知 / 兄近有函致彼，并附寄墓志 / 数种，持示均佳，且有弟所未 / 知之品，足见 / 网罗散佚，具有同心。粤变 / 后，地方情形如何？如有新 / 创新获，即希 / 见示。弟以北方空气太恶，避 / 地来此，蛰伏一隅，不独见闻 / 隘狭，即生活亦感局促，好 / 古之心不因稍戢，便中望 / 示近状，有无来游之意，/ 并所盼念。敬候 / 著祺。弟陈承修顿首。/ 戊辰元旦。/

按：该函使用印制"猗文阁藏器""鱼銮"文字及有金文"鱼銮"二字铭文的钟形图信笺。信尾署"戊辰元旦"，表明该函写于 1928 年 1 月 1 日。

第六通《陈承修致罗原觉函》（图一一、一二），两页，每页横 19.4 厘米，纵 29.8 厘米，有文字 15 行：

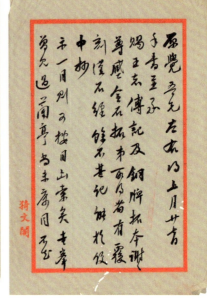
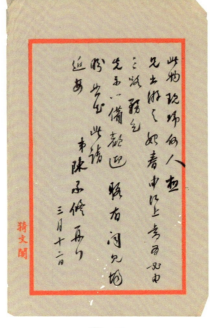

图一二　　　　　　　　图一一

原觉吾兄左右：得上月廿七日／手书，并承／赐王志傅记及铜牌拓本，谢谢！／尊藏金石拓，弟所得者，有覆／刻汉石经，余不甚记。能于便／中抄／示一目，则可按目函索矣。圭峰／曾见过，兰亭尚未寓目，不知／此物现归何人。想／兄出游之始，春申江上，当为必由／之路，务乞／先示，以备欢迎。聊有闻见，均／盼告知。此请／近安。弟陈承修再行。／三月十二日。／

按：该函使用"猗文阁"信笺。

第七通《陈承修致罗原觉函》（图一三），一页，横 16.4 厘米，纵 25.6 厘米，有文字 6 行：

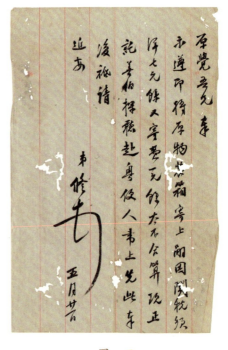

图一三

原觉吾兄：奉／示遵即将原物装箱寄上。嗣因关税须／洋七元余，又寄费一元余，太不合算。现正／托善伯探听赴粤便人带上。先此奉／复，祗请／近安。弟修顿首。五月廿一日。／

032

第八通《陈承修致罗原觉函》（图一四），一页，横 16.4 厘米，纵 25.6 厘米，有文字 6 行：

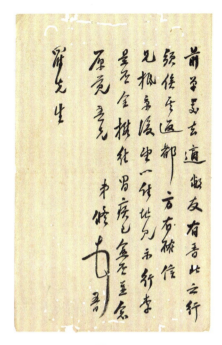

图一四

前单交去，适敝友有晋北之行，/须俟其返都，方有确信。兄抵京后，望以住址见示，行李/是否全携往，胃疾已愈否，并念。/原觉吾兄。弟修顿首。五日。/罗先生。/

第九通《陈承修致罗原觉函》（图一五），一页，横 15.6 厘米，纵 20.9 厘米，有文字 9 行：

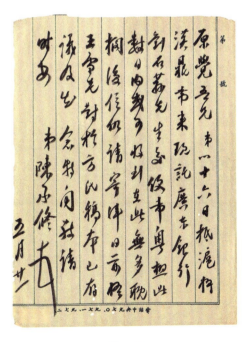

图一五

原觉吾兄：弟以十六日抵沪，将/汉鼎带来。现托广东银行/刘石荪先生交便带粤，想此/数日内或可收到，在此无多耽/搁。复信，仍请寄津。日前晤/王雪老，对于方氏稿本，已有/议及，知念特闻，敬请/时安。弟陈承修顿首。/五月廿一。/

原觉道兄惠鉴：在沪寄函并托粤舟/将汉鼎带上。因有南通之行，旋即/北返，至今未得/赐复，良用系念。请便中先/示数行，以便向经手人查询。此请/近安。弟陈承修顿首。/七月五日。/

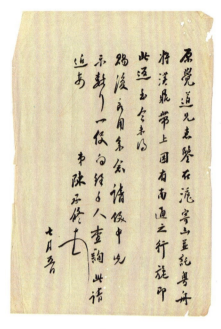

图一六

第十通《陈承修致罗原觉函》（图一六），一页，横 20.3 厘米，纵 29.9 厘米，有文字 7 行：

按：该函使用印制"侑書"二字的信笺。

叠奉两片，铜器系面交/上海广东银行协理刘石/荪先生代寄。存翁昨有函来，/赴北戴河，日内或可到津。/当即面询奉告，/原觉兄。弟修启。七月十九。/

图一七

第十一通《陈承修致罗原觉函》（图一七），一页，横 12.8 厘米，纵 23.1 厘米，有文字 6 行：

按：该函使用"美人丑奴之室"信笺。

第十二通《陈承修致罗原觉函》（图一八），一页，横 16.4 厘米，纵 25.6 厘米，有文字 4 行：

图一八

顷来访，不值。/ 惠临，又不遇，怅 / 甚。/ 原觉兄。弟承修。/

按：该函使用"开设天津法界三号路电话南局一百三十二号""中国旅馆通用笺"。

第十三通《陈承修致罗原觉函》（图一九），一页，横 15.8 厘米，纵 25.7 厘米，有文字 4 行：

图一九

闻兄到，在此相候，不能一晤，/ 怅甚。今日午后入京，后日回 / 津，再图畅谈。/ 原觉兄。弟承修启。/

信封（图二〇），横 9.8
厘米，纵 19.7 厘米：

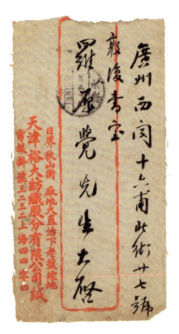

图二〇

北京打磨厂／第一宾馆／罗原觉先生台启／日界秋山街 厂地大直沽下老盐坨地／天津裕大纺织股分有限公司缄／电报挂号三二三二上海四四零四／

按：该信封上的邮戳显示十二年十月天津。"十二年"指民国十二年。据此可知，该信封寄于 1923 年 10 月。

信封（图二一），横 9
厘米，纵 17.5 厘米：

图二一

广州西关十六甫北街廿七号／敦复书室／罗原觉先生大启／日界秋山街 厂地大直沽下老盐坨地／天津裕大纺织股分有限公司缄／电报挂号三二三二上海四四零四／

按：该信封上的邮戳显示 TIENSIN/21.4.24（16）／天津／，表明该信封寄于 1924 年 4 月 21 日。

信封（图二二），横 8.8
厘米，纵 19.4 厘米：

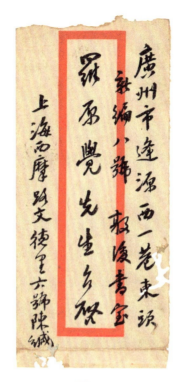

图二二

广州市逢源西一巷东头 / 新编八号敦复书室 / 罗原觉先生台启 / 上海西摩路文德里六号陈绒 /

信封（图二三），横 9.5
厘米，纵 20 厘米：

图二三

广州市逢源西二巷东 / 头新编八号敦复书室 / 罗原觉先生台启 / 上海西摩路文德里六号陈绒 /

按：该信封上的邮戳显示 CANTON/ 年三月二十 / 广州 / （甲）
/，表明该信封寄于某年 3 月 20 日。

"熊润桐（1903～1974），字鲁柯，号则庵，广东东莞人。抗战时，购得东莞莫天意藏书，全为古籍善本，故藏书甚丰，为版本目录专家。治学甚勤，于诗外，尤专心致力于古文辞，甚得桐城法乳。为人傲岸，于人少许可。其诗功力甚深，为近代广东诗派之杰出人物。50年代初，移居香港，入赤柱圣士提反书院任教，后执教于联合书院中文系，主讲诗学，其后任珠海、经纬、华侨等校教授，逸仙书院中文系主任，并讲学于学海书楼。著有《东莞熊鲁柯先生诗文集》。"（广东省政协文化和文史资料委员会编：《香港传薪录：香港学海书楼纪实》，北京：中国文史出版社，2008年4月第1版。）追随陈洵左右，工诗善文，兼擅书法，精鉴版本，与余心一、曾希颖、佟绍弼、李履庵被称为"南园今五子"。著有《劝影斋诗》12卷、《入海集》1卷等。

1922年11月4日广东高等师范毕业班学生熊润桐等12人，发起组织知用学社。熊润桐与苏曼殊有交往，与陈洵交情深厚，与卢子枢有莫逆之交。《分春馆词》："洞仙歌甲寅初春，得静庵，墨斋来书，为报熊闰同病逝青山湾，泫然赋悼青山一卧，瞑看花愁眼。劝影孤杯更谁款。叹投荒送老，空耐繁霜，吟望里，几见故园春转。归期终负了，梦醒鲛宫，肯为斜阳暂时恋。幽恨海难平，待叩天阍，潮讯阻，暮云飘断。纵招引，吟魂返蓬蒿，怕寒彻东风，未成新暖。"

陈永正在《南园诗歌的传承》一文中写道："熊氏之诗，深为国中诗坛名宿所赏。李宣龚赞其诗语'意境阔大，声调沉雄'，夏敬观谓其'诗笔精悍'，章士钊称其五律'求之近人，不可得矣'！杨树达更谓'自王湘绮老人殁后，数十年来未尝见此笔矣'。熊十力读其诗后，覆书云：'大诗颇有意趣，知吾子可入理矣。'黄节更是熊氏的良师益友，曾亲书己诗以赠，且谓其'文章卓跞，他日必当大成'。"（《学术研究》2007年第12期）

在罗原觉往来信函中，存有10通《熊闰同致罗原觉函》。

第一通《熊闰同致罗原觉函》（图一），一页，横13.2厘米，纵24.4厘米，共有8行文字：

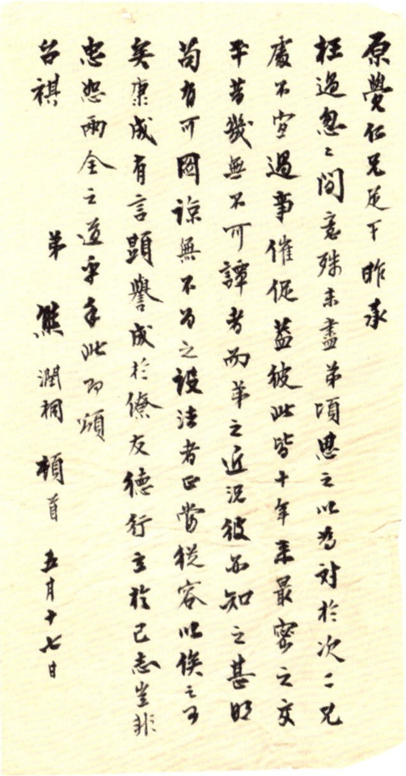

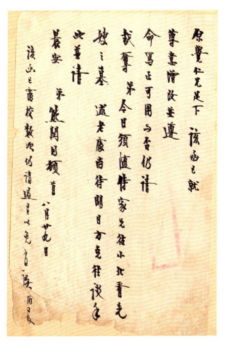

图一

原觉仁兄足下：昨承 / 枉过，忽忽间意殊未尽。弟顷思之，以为对于次二兄 / 处，不宜过事催促，盖彼此皆十年来最密之交。/ 平昔几无不可谭者。而弟之近况，彼亦知之甚明。/ 苟有可图，谅无不为之设法者，正当从容以俟之，可 / 矣。康成有言，显誉成于僚友，德行立于己志。岂非 / 忠恕两全之道乎。手此，即颂 / 台祺。弟熊润桐顿首。五月十七日。/

第二通《熊闰同致罗原觉函》（图二），一页，横17厘米，纵26厘米，共有8行文字：

原觉仁兄足下：该函已就 / 尊意增改，并遵 / 命写正，可用与否，仍请 / 裁夺。弟今日须随侍家兄往小北看先 / 嫂之墓。述老处尚待明日方克往谈。手 / 此，并请 / 晨安。弟熊闰同顿首。八月廿九日。/ 该函已覆校数次，仍请过目，以免有误。同又及。/

图二

按：信中所言"述老"即陈洵。

第三通《熊闰同致罗原觉函》（图三），一页，横15.9 厘米，纵25.5 厘米，共有6 行文字：

原覺仁兄足下連日病酒
前書目尚未細點請於今
天晚飯後送呈
足下何如即頌
晨佳 弟熊閏同頓首
九月十五日

图三

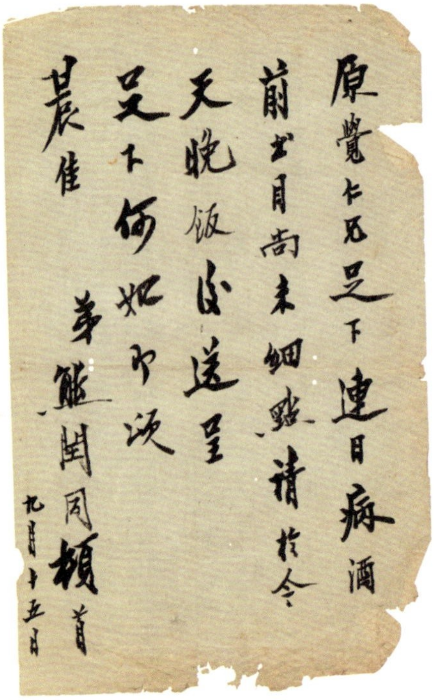

原觉仁兄足下：连日病酒，/ 前书目尚未细点，请于今 / 天晚饭后送呈 / 足下，何如。即颂 / 晨佳。弟熊闰同顿首。/ 九月十五日。/

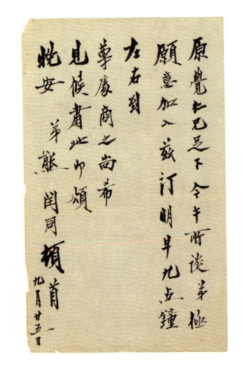

第四通《熊闰同致罗原觉函》（图四），一页，横16 厘米，纵25.6 厘米，共有7 行文字：

原覺仁兄足下今午所談弟極
願意加入茲訂明早九點鐘
左右到
尊處商之尚希
見候肅此即頌
晚安 弟熊閏同頓首
九月廿五日

图四

原觉仁兄足下：今午所谈，弟极 / 愿意加入。兹订明早九点钟 / 左右到 / 尊处商之，尚希 / 见候。肃此，即颂 / 晚安。弟熊闰同顿首。/ 九月廿五日。/

第五通《熊闰同致罗原觉函》（图五），一页，横 16 厘米，纵 25.6 厘米，共有 5 行文字：

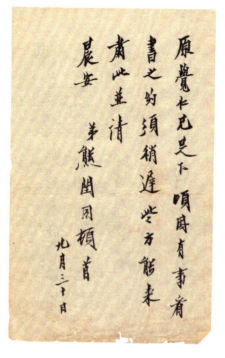

图五

原觉仁兄足下：顷因有事，看/书之约，须稍迟些方能来。/肃此，并请/晨安。弟熊闰同顿首。/九月三十日。/

第六通《熊闰同致罗原觉函》（图六），一页，横 16 厘米，纵 25.6 厘米，共有 7 行文字：

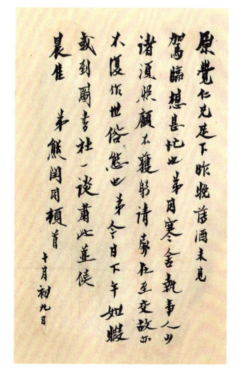

图六

原觉仁兄足下：昨晚薄酒，未见/驾临，想甚忙也。弟因寒舍执事人少，/诸须照顾，不获躬请，辱在至交，故亦/不复作世俗态也。弟今日下午如暇，/或到图书社一谈。肃此，并候/晨佳。弟熊闰同顿首。/十月初九日。/

按：信中所提"图书社"即岭南图书流通社。

第七通《熊闰同致罗原觉函》（图七），一页，横17.4厘米，纵26.7厘米，共4行文字：

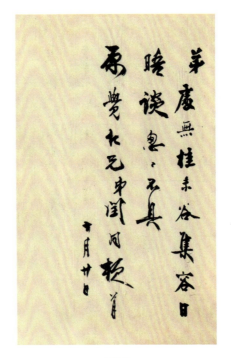

图七

弟处无桂未谷集，容日/晤谈，忽忽不具。/原觉仁兄。弟闰同顿首。/十月廿日。/

按：信中所提"桂未谷"即桂馥（1736～1805），山东曲阜人，清代书法家、训诂学家、篆刻家。

第八通《熊闰同致罗原觉函》（图八），一页，横16厘米，纵25.3厘米，共有5行文字：

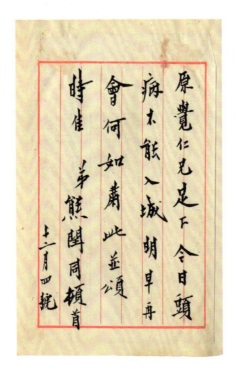

图八

原觉仁兄足下：今日头/病，不能入城，明早再/会，何如。肃此，并颂/时佳。弟熊闰同顿首。/十二月四号。/

第九通《熊闰同致罗原觉函》（图九），一页，横13.4厘米，纵22.8厘米，共有3行文字：

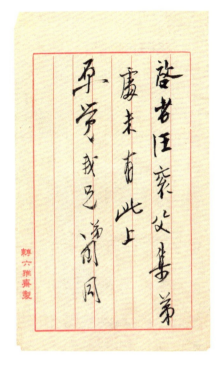

图九

启者：汪衮父集，弟 / 处未有。此上 / 原觉我兄。弟闰同。 /

按：本函使用"粤东六雅斋制"信笺。汪衮父（1878～1933）即汪荣宝。

第十通《熊闰同信函》（图一〇），一页，横15.9厘米，纵25.3厘米，共6行文字：

图一〇

酒醉： / 今晚之妙，不 / 可言喻，然犹 / 能检书，亦一奇 / 也。正续编一俱付。 / 弟润桐。 /

信封（图一一），横 7.8 厘米，纵 24.6 厘米：

送呈 / 罗原觉先生启 /
闰同柬 /

图一一

信封 3 个（图一二）：

罗原觉先生启 / 候片 闰
同柬 /
送呈 / 罗原觉先生 / 闰
同 /
送呈 / 罗原觉先生台启
/ 闰同柬 /

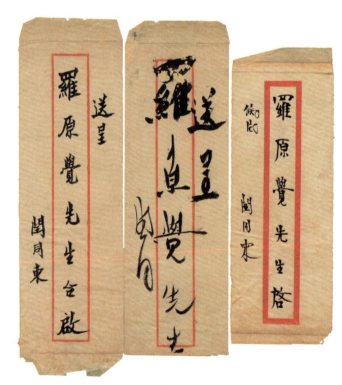

图一二

信封 4 个（图一三）：

图一三

送呈／罗原觉先生启／
闰同柬／

送呈／罗原觉先生台启
／闰同柬／

面呈／罗原觉先生启／
闰同柬／

烦交／罗原觉先生启／
闰同柬／

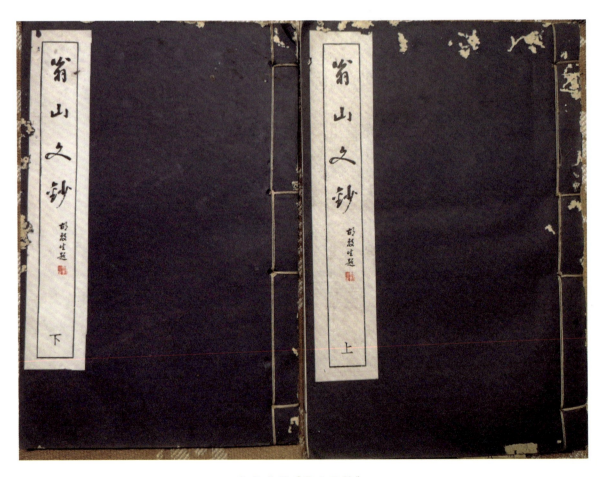

胡毅生题《翁山文钞》

胡毅生（1883 ~ 1957），名毅，字毅生，号隋斋，广东番禺人，胡汉民堂弟，1903 年东渡日本留学，后加入兴中会，是中国同盟会最早的会员之一。1907 年参加钦廉起义、镇南关起义。1911 年 10 月广东光复，任军务处处长，管辖巡防港水师及民军。1914 年加入中华革命党。1915 年助朱执信在粤讨袁。1917 年任广东士敏土厂总办。1921 年任大本营参军。1922 年任大本营粮食处处长。1925 年与赵公璧等在广州创《国民新闻》日报。后因廖仲恺被刺案被通缉，乃避香港。1939 年 9 月任国民政府委员。1940 年 2 月，任国民政府国史馆筹备委员会委员。1943 年 10 月，复任国民政府委员。1946 年 11 月，当选为制宪国民大会代表。1947 年 4 月，任国民政府顾问。1948 年任总统府顾问。1951 年去台湾。1957 年病逝。终年 74 岁。著有《绝尘想室诗集》《集易集》等。（参见《民国人物大辞典》第 581 页）

在罗原觉往来信函中，存有 4 通《胡毅生致罗原觉函》。

第一通《胡毅生致罗原觉函》（图一），一页，横 16.6 厘米，纵 25.7 厘米，共有 6 行文字：

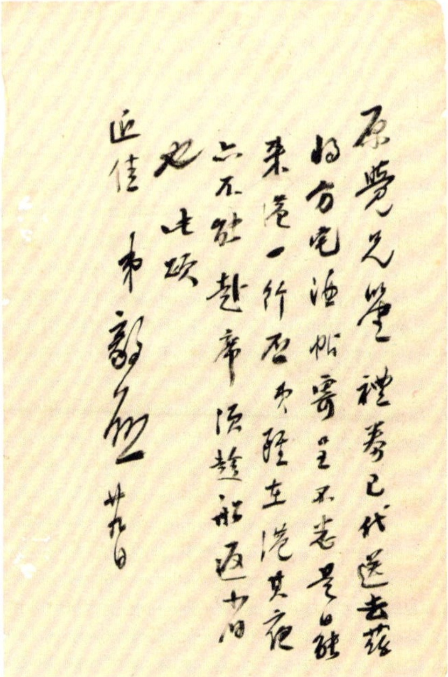
原觉兄鉴　礼券已代送去兹
将方宅酒帖寄呈不悉是日能
来港一行否弟虽在港其夜
亦不能赴席须趁船返省
也　此颂
近佳　弟毅启　廿九日

图一

原觉兄鉴：礼券已代送去，兹 / 将方宅酒帖寄呈，不悉是日能 / 来港一行否？弟虽在港，其夜 / 亦不能赴席，须趁船返省 / 也。此颂 / 近佳。弟毅启。廿九日。/

第二通《胡毅致罗原觉函》（图二），一页，横16.8厘米，纵25.4厘米，共有5行文字：

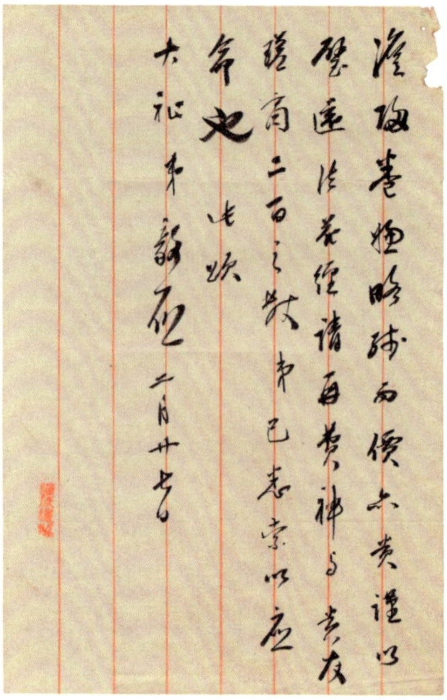

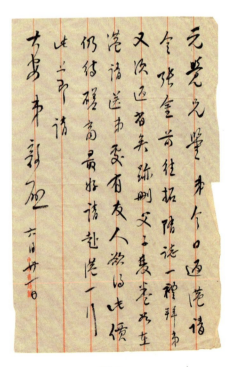

图二

澹归卷嫌略残，而价亦贵，谨以 / 璧还。法花经，请再费神与贵友 / 磋商。二百之数，弟已悉索以应 / 命也。此颂 / 大祉。弟毅启。二月廿七日。/

按：该函使用"涵芬楼制"信笺。

第三通《胡毅致罗原觉函》（图三），一页，横16.5厘米，纵25.9厘米，共有7行文字：

图三

元觉兄鉴: 弟今日返港，请 / 令张金前往拓隋志。一礼拜，弟 / 又须返省矣。迹删父子双卷，如在 / 港，请送弟处。有友人欲得此，价 / 仍待磋商。最好请赴港一行。/ 此上，即请 / 大安。弟毅启。六月廿一日。/

按：该函使用"中华书局制"信笺。

048

第四通《胡毅致罗原觉函》（图四），一页，横16.1厘米，纵26.5厘米，共有4行文字：

图四

原觉先生鉴：双卷事可成，惟 / 款须迟数日始能付。一俟收得，即 / 当函告也。此颂 / 时祉。弟毅启。十月十四日。 /

信封（图五），横9.2厘米，纵20.6厘米：

图五

罗原觉先生 / 侨安锡矿公司缄 /

信封（图六），横9.8厘米，纵22厘米：

图六

本市逢源中约三十八号 / 罗原觉先生台启 / 广州市南堤联成泰胡缄 /

按：该信封邮戳上的文字显示"十七年十月 / 广州 /"，"十七年"指民国十七年，表明该信封寄于1928年10月。

信封（图七），横 10.6
厘米，纵 22.2 厘米：

即覆 / 罗先生台启 / 民
办沙和车路公司胡缄 /

图七

信封（图八右），横 8.9 厘米，纵 17.8 厘米：

信封（图八中），横 8.9 厘米，纵 18.2 厘米：

信封（图八左），横 8.9 厘米，纵 17.5 厘米：

劳交 / 罗泽堂先生 / 胡
缄 /
罗先生台启
罗先生台启

图八

江天铎（1878～1940），字竟庵，又作嵝盦，广东花县人，民国政要，藏书家。"1907年毕业于日本早稻田大学。回国后，任民政部则例局纂修。1910年任京师高等警察学堂教习。1912年执业律师，被推为律师公会会长。1913年为众议院议员，并任徐世昌法律顾问。1916年第一次恢复国会时，仍为众议院议员，并为宪政讨论会成员。1917年7月，任北京政府农商部次长。1920年2月，暂代部长；8月去职。1922年第二次恢复国会时，再任众议院议员；8月起，任水利局总裁，扬子江水道讨论委员会副委员长，北京民国大学校长。1924年3月去职。1926年6月，任内务部次长，1927年1月免职。后在上海执律师业。"（《民国人物大辞典》第226页）业余研习书法。1940年曾出任华北学院院长，同年逝世。工书法和诗文，收藏古籍和书画颇知名，收藏书籍以集部为多。其书法劲绝，自成一派。

在罗原觉往来信札中，《江天铎致罗原觉函》共有11通。第一通（图一），一页，横16.4厘米，纵21.9厘米，有7行文字：

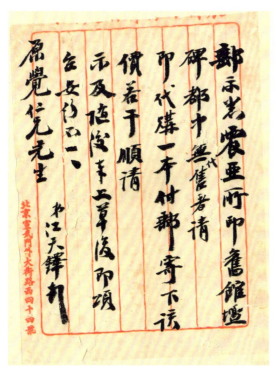

图一

邮示悉，震亚所印旧馆坛/碑，都中无代售者，请/即代购一本，付邮寄下。该/价若干，顺请/示及，随后奉上。草复即颂/台安，余不一一。/原觉仁兄先生。弟江天铎顿首。/

图二

按：该函使用"北京宣武门外大街路西四十四号"信笺，并有信封（横9.4厘米，纵20.6厘米，图二）一个。信封上书写的文字是"上海白克路新康里口裕康楼上／彭德征先生收下转交／罗原觉先生台启／快 北京宣外顺治门大街四十四号江（北京宣武门外大街路西四十四号农商银行筹备处缄）"，邮戳内容是"PEKING／十年四月／北京／"，"上海／APR／SHANGHAI／"，据此可知该函写于1921年4月。此时罗原觉出差在上海。

与此时间相近的另一个信封（图三），横9.6厘米，纵19.4厘米，上面书写的文字是：

上海英租界／一品香旅社／罗先生元觉台启／快 北京顺治门大街江缄／

图三

邮戳上的文字是"PEKING 十年四月廿二 北京"。据此可知该信封寄于1921年4月22日，是从北京寄往上海。"一品香旅社"是20世纪二三十年代上海知名旅社。

第二通《江天铎致罗原觉函》（图四），一页，横 18.2 厘米，纵 28 厘米，共有文字 3 行：

图四

劣书送上，乞 / 将前日更劣之一条赐还。即颂 / 原觉兄早安。弟心叩。廿七。/

按：该函未署年款，只写了"廿七日"这个日期。而信封（横 10.5 厘米，纵 24 厘米，图五）上的邮戳文字是"PEKING/ 十年六月廿九 / 北京 /"，与书信书写时间较为接近。据此可推断该信封是用来装这封书信的，该函写于 1921 年 6 月 27 日。从该函信封上的地址显示，此时罗原觉住在"广州市十六甫北街廿七号敦复书室"，江天铎住在"北京宣外大街"。

图五

原觉先生：二王帖及贾刻十三行 / 奉还。秦君谓贾刻不（新）甚足重，二王 / 帖极佳，惟残缺太甚，甚亏也。又弟前 / 夕 / 领回三二帖，拟求见让。（第一册书涉题不佳，后数页可爱。第二册锺 / 书"戎路"，内缺字，避武圣讳。据人言，清以前不如此，故 / 疑非明拓云云。）容更面罄，即颂 / 台祺。心叩。八月三日。/ 以上质陈，极 / 大讶责。/

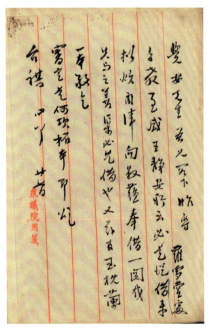

图六

第三通《江天铎致罗原觉函》（图六），一页，横17.4厘米，纵28.1厘米，有9行文字：

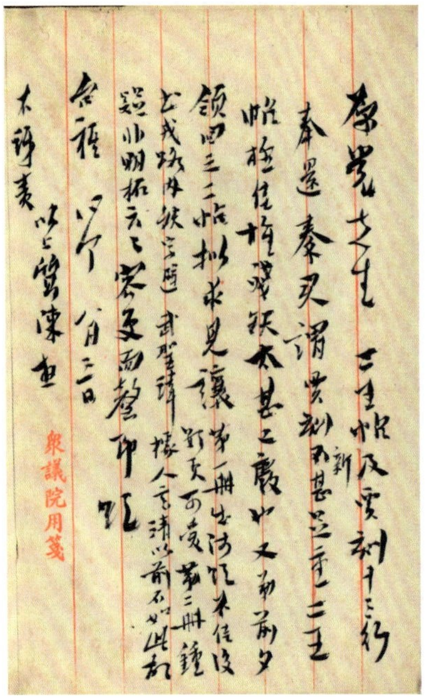

按：该函使用"众议院用笺"。前文已述，江天铎于1922年再任众议院议员。据此推测，该函写于1922年8月3日。

信中主要谈及《二王帖》、贾似道刻本《洛神赋十三行》、锺繇书《戎路表》帖本等，显示江罗二人在讨论名帖版本问题。

觉安先生吾兄阁下：昨辱 / 手教，至感！王静安所云必是从罗雪堂处借来，/ 拟烦函津，向叔蕴奉借一阅。我 / 兄与之善，渠必允借也。又兹有玉枕兰 / 一本，敬乞 / 审定是何项拓本。即颂 / 台祺。心叩。廿七日。/

第四通《江天铎致罗原觉函》（图七），一页，横17.4厘米，纵27.1厘米，有7行文字。

按：该函使用"众议院用笺"，与前函一样，当写于1922年。信中所言"王静安"即王国维，"罗雪堂""叔蕴"即罗振玉。信中还提道罗原觉与罗振玉"善，渠必允借"。

图七

第五通《江天铎致罗原觉函》（图八），一页，横 17.3 厘米，纵 28.2 厘米，有 5 行文字。

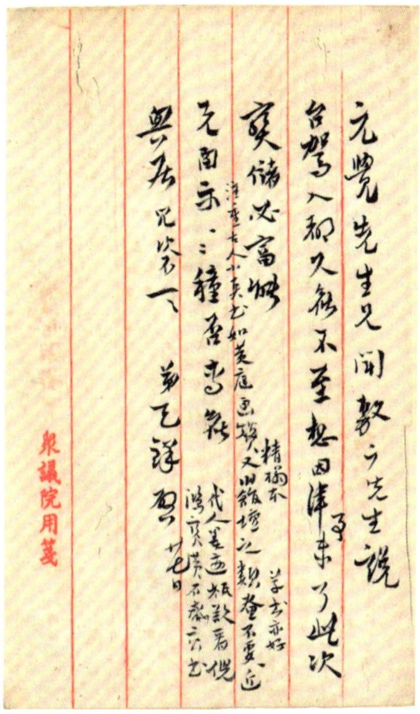

图八

按：该函使用"众议院用笺"。前文已述，江天铎于 1922 年再任众议院议员。据此可推知该函写于 1922 年。

信中所言"敷庵"即罗惇曧（1874～1954），新中国成立后为中央文史研究馆馆员。从信中所述内容，可知罗原觉与罗惇曧二人很熟，罗惇曧了解罗原觉的行程。

信中谈道《黄庭画赞》和旧馆坛、倪鸿宝黄石斋二公书，及罗原觉"宝储必富"等，可知江罗二人在信中谈古物一事。

与此相关联的信封有：信封一（图九），横 8.5 厘米，纵 18.6 厘米：

图九

元觉先生兄：闻敷庵先生说 / 台驾入都，久候不至，想因津事未了。此次 / 宝储必富，能 / 先函示一二种否。专候 / 兴居。冗次，不一一。弟天铎启。廿七日。/（注重古人小真书如《黄庭画赞》精拓本，又旧馆坛之类，草书亦好，画不要。近代人墨迹，祇欲看倪鸿宝、黄石斋二公书。）

罗先生元觉台启 / 众议院江缄 /

055

信封二（图一〇），横 9.5 厘米，纵 20.4 厘米：

图一〇

信封三（图一一），横 7.4 厘米，纵 19.4 厘米：

图一一

信封四（图一二），横 9.5 厘米，纵 21.8 厘米：

图一二

第六通《江天铎致罗原觉函》（图一三、一四），一页，横 56 厘米，纵 18.1 厘米，共有文字 28 行：

图一三

打磨厂 / 第一宾馆 / 罗先生元觉台启 / 万家花园江缄 /

违阔频年，企咏增剂。曩闻 / 从者远游，屡拟致书，虑不达。/ 顷晤晦闻先生，知已倦游，归 / 幽斋永书，坐对法书名画，其 / 为乐大可羡美。弟春间回平 /，港留三月，近始来沪，亦闲居年 / 平。沪人近时颇悦章草，又 / 有 / 友欲觅杨廉夫、杨克宏一类人 / 笔迹。/ 尊藏有此否？或倪黄字帖，不 / 论新旧刊本，若价廉，皆 / 要得，不限须书迹也。此间有《淳 / 化阁帖》，肃府初刻，经伍、孔、吴 / 荷屋诸家藏过。十册中，半数 / 有荷屋手跋，长短不等，深 / 推重之，贮入一极精致之硬木箱。/ 如此一帖，照粤中时价，应值 / 几何？又有《朱九江遗迹》二册：一 / 书札、一杂缀，纸白板新（中 / 有序记，略成体系）。

此二/册，每册大致可值若干？现时/有人要否（如有人要，拟让出之）？盼/便中指示一二。上海大热，挥/翰执笔，不及配缕，敬祈/原觉先生心祺，并祝/眷属如万福。弟名另具。/八月六日。/赐覆名片，所开住址写寄，若/作沪游，下贲尤欢迓也。/

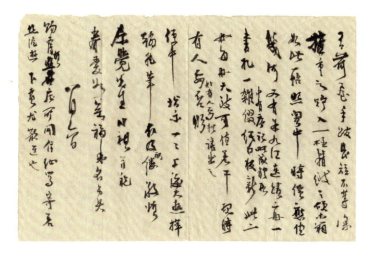

图一四

该函当写于江天铎迁居上海期间。信中所谈内容依然是旧物所藏及价格等问题，并提及沪人收藏动态。江在信中专门询问罗原觉藏品中是否有"杨廉夫、杨克宏一数人笔迹"及"倪黄字帖"，还谈及《淳化阁帖》及《朱九江遗迹》，特别提到《淳化阁帖》"经伍、孔、吴荷屋诸家藏过"，"半数有荷屋手跋，长短不等"等重要历史信息。

第七通《江天铎致罗原觉函》（图一五），一页，横13.6厘米，纵24.7厘米，共有文字5行：

元觉先生：多日未晤，为念。/尊储中有无九江先生信札（即曾寄与篆卿先生看过者，如肯让，必受，请即示价），弟/欲一观，或/遇便携到敝寓，尤感。颙启，不一，顺颂/日祉。弟名正具。一月十五日。/

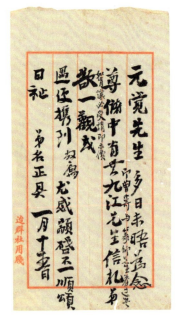

图一五 　　　　　　　　　图一六

按：该函使用"迨群社用笺"。据该函信封（横 8.7 厘米，纵 16.7 厘米，图一六）上的书写地址"第一宾馆／罗先生元觉启／候复 迨群社（东城金鱼胡同十号 电话：东局一零七七）江缄／"，可知此时罗原觉在北京出差，住在打磨厂第一宾馆，江天铎在迨群社工作。信中所提"篆卿"即谭篆青，"谭家菜"的主人。

信中所谈内容主要是江天铎询问罗原觉藏品中是否有朱九江信札，表示只要经过谭篆卿"看过者"，均要购买。

第八通《江天铎致罗原觉函》（图一七），横 17.1 厘米，纵 27.3 厘米，共有文字 6 行：

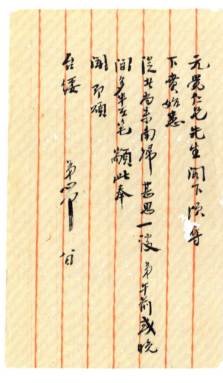

图一七

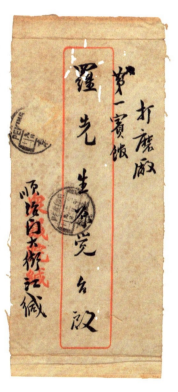

图一八

元觉仁兄先生阁下：顷辱／下贲，始悉／从者尚未南归，甚思一谈。弟午前或晚／间多半在宅。颛此奉／闻，即颂／台绥。弟心叩。八日。／

据该函信封（横 7.5 厘米，纵 16.5 厘米，图一八）上的邮戳显示"PEKING/ 十一年十一月九日／北京／"，可知该函写于 1922 年 11 月 8 日。从信封所书地址"打磨厂／第一宾馆／罗先生原觉台启／顺治门大街江缄（众议院缄）"。可知此时罗原觉正在北京出差，江住在北京顺治门大街。

第九通《江天铎致罗原觉函》（图一九），一页，横 17.4 厘米，纵 27.8 厘米，共有文字 7 行：

手示祇悉，并盼／入都承／示各种，如《出师颂》。弟极欲得善本，不审／尊藏是否宋拓？又宋刻杂帖、《二王帖》，亦以先／睹为快，乞／赐阅后再他售，尤感。祇请／觉庵先生道安。弟心叩。七月二日。／

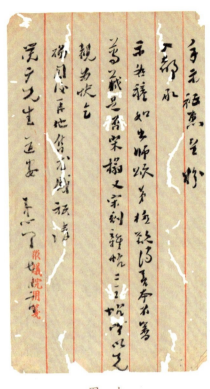 

图一九　　　　　　　　图二〇

按：该函使用"众议院用笺"。该函未署年款，只记下"7 月2 日"。据该函信封（横 9.6 厘米，纵 20.4 厘米，图二〇）上的邮戳"PEKING/ 十二年七月三日 / 北京 /""火车邮局 / 十二年七月三日 / PEKING–PUKOW KU/ 京浦 /"显示，该函写于 1923 年 7 月2 日。该信封上的地址是"天津法界 / 中国旅馆 / 罗先生即原觉启 /宣外大街江寄（众议院缄）"，可知此时罗原觉在天津，入住"天津法界中国旅馆"。

该函内容亦是谈《出师颂》、宋刻杂帖、二王帖等古物，显示写信人极想收藏这些古物。

第十通《江天铎致罗原觉函》（图二一），两页，每页横18.1厘米，纵26.8厘米，有17行文字：

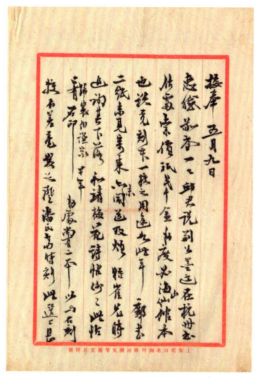

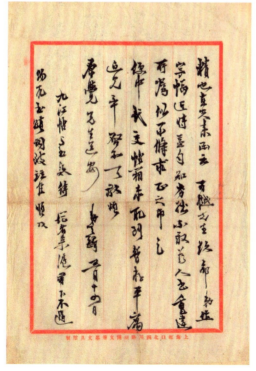

图二一

接奉五月九日 / 惠缄，敬悉一二。邱君说荆公墨迹在杭州书 / 估处，索价只弍千金。弟度必海山仙馆本 / 也，欲觅刻本一校之，用途如此耳。邝书 / 二纸未见寄来，亦未闻道及，烦晤崔兄时，/ 追询其下落。和靖《梅花诗帖》。谢谢。此帖 / 归裴伯谦家，早年 / 已有石印。弟处尚有二本，以与石刻 / 校，不差毫发之厘。潘氏当时刻此，选上甚 / 精也。直兄来函云，百越先生题命弟作 / 字幅。近时益自知劣拙，不敢为人书，重违 / 所嘱，似不条求正之，即乞 / 便中代交。帖箱未取到，暂存平寓，/ 迫兄□启，冈□一，敬颂 / 原觉先生道安。弟天铎。五月十四日。/ 九江帖与书款，待从者来沪带下不迟。/ 赐札书迹词致并佳顺及。/

061

按：该函使用"上海虹口北四川路胡开文笔墨文具馆制"用笺。从信中所述客套语，可知该函写于上海。信中所谈内容主要是古物，如王安石墨迹、邝露作品、林和靖《梅花诗帖》等等，尤其是谈及王安石墨迹可能出自广州的海山仙馆，是一条有价值的线索。信中提及的"百越"即崔师贯，"直"似指古直，显示江天铎与粤籍众多学人有交往。

此外，下述这个信封似用于装上述第十通信函。该信封（图二二），横 8.6 厘米，纵 17.6 厘米，上面书写的文字有：

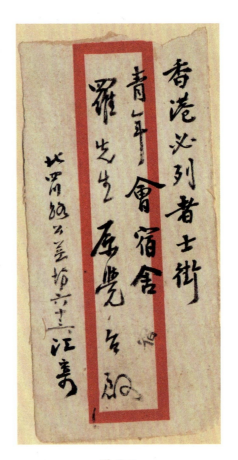

图二二

表明江天铎写第十通信函时，罗原觉在香港，住在青年会宿舍。

这里还保存一个信封，是江天铎从上海寄往日本神户，由怡和洋行转交给罗原觉。该信封（图二三），横 15.6 厘米，纵 9 厘米，上面书写的文字有：

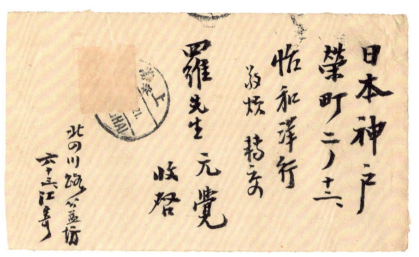

图二三

日本神户／荣町二ノ十二、／怡和洋行／敬烦转交／罗先生元觉／收启／北四川路公益坊／六十三、江寄／（邮戳残存文字：上海／□□ 21/SHANGHAI/）

　　通过以上的叙述，我们看到，20世纪二三十年代，江天铎与罗原觉有密切交往，主要是围绕书帖等古物。这批信函内容为人们了解民国时期古物流传和收藏情况提供了重要线索。

　　遗憾的是，该信封里的信函遗失。江天铎从上海寄往日本神户，由怡和洋行转交给罗原觉接收的，还有一张明信片。该明信片横13.9厘米，纵8.8厘米，正面（图二四）书写收信人和寄信人的地址、姓名：

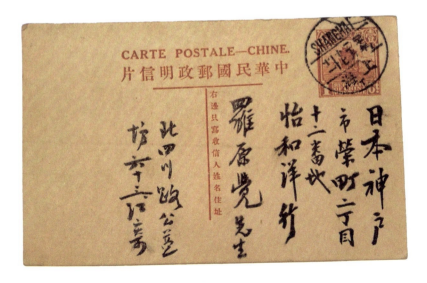

图二四

日本神户／市荣町二丁目／十二番地／怡和洋行／罗原觉先生／北四川路公益／坊六十三江寄／

右上角盖有邮戳："SHANGHAI/ 二十年二月十七 / 十一 / 上海 /"，表明该明信片是在 1931 年 2 月 17 日从上海被寄出。该明信片的背面为书信内容（图二五），共有文字 14 行：

二月十二日 / 翰示祇悉。往在日本读 / 书时，有世界年鉴，各 / 年各国自有治地理物产 / 以至一切记载，翻阅甚便，/ 故欲购一册。又字迹不能 / 说定，兄遇有奇僻者，/ 代觅一二小本。弟所真 / 欲购者，乃最新出板之 / 政治法律书。然日本太钜，/ 亦不便奉烦垫购也。/ 何时返沪。即颂 / 春祺。知上。旧除 / 夕。/

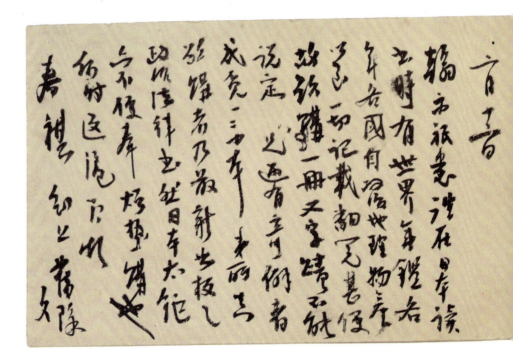

图二五

按：该函落款时间是除夕，即 1931 年 2 月 16 日。

在罗原觉个人往来信函中，有 27 通《罗惇曧致罗原觉函》、1 通《罗惇曧致李宣俑函》和《罗惇曧致关伯蘅函信封》1 个。

罗惇曧（1872～1955），字照岩、季儒，号敷庵、复闇、复堪，又号悉檀居士，别署羯蒙老人、凤岭诗人。以复堪号行。广东顺德人。早年与堂兄罗瘿公从康有为受业，后肄业于京师译学堂。清末曾任邮传部郎中、礼制馆第一类编纂。民国后历任教育部、财政部、司法部参事，国民政府内政部秘书。后长期在北京艺专和北京大学文学院讲授书法。新中国成立后，被聘为中央文史馆馆员，至逝世。著有《三山簃诗存》《三山簃学诗浅说》《书法论略》《羯蒙老人随笔》等。好诗文，擅书法，能画，尤精章草。

黄濬在《花随人圣庵摭忆》下册"三一四 罗瘿公论初学书法"条写道："按瘿公书学六朝，旁摩魏碑，晚学南海。予所见，以中年之径寸楷书及晚作笔札为最佳，不及乃弟冔庵之工力，而疏朗之韵味则独擅。"[1]高度称赞罗惇曧（冔庵）在楷书及笔札方面的工力超过罗瘿公。

本文将按收信人罗原觉在北京出差期间和在上海出差及居住广州期间两大时间段，对这批信函进行标点、释文，并略作考释。

一、罗原觉在北京出差期间

根据王中秀编著《黄宾虹年谱》考证介绍，1921 年"3 月，罗原觉自北平来沪造访，为跋《李思训碑》"[2]。另据拙稿《广州市市立博物院创始人黄节与罗原觉交往简述》考订，1923 年 8 月 16 日罗原觉住北京煤市街华北旅社，1923 年下半年往来北京天津两地[3]。可知罗原觉曾于 1920 年下半年至 1921 年 3 月前和 1923 年下半年到北京天津出差。在此期间，罗原觉与罗惇曧有着密切交往，有下列信函为证。

第一通《罗惇曧致罗原觉函》（图一），一页，横 15.8 厘米，纵 25.6 厘米，有文字 5 行：

《昭陵碑录》一本奉赠，/ 又致关钧笙兄函一件。/ 星期二之约，务乞如期 / 到谈。此致 / 原觉吾兄。惇曼顿首。/

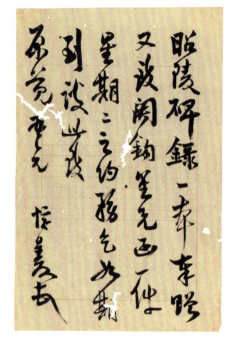

图一

按：该函使用"明顾汝龢石鼓砚格"信笺。信中提及的《昭陵碑录》，为罗振玉于清光绪三十四年（1908）出版的作品。信中还提及"致关钧笙兄函一件"，该函虽未见到，但其信封（横 7.5 厘米，纵 23 厘米）有幸保存了下来。信封上书写的文字有"什锦花园 / 罗原觉兄面致 / 关伯蘅先生台启 /"（图二），但未见有邮戳。"什锦花园"位于北京东城区。可见，这两封书信应是罗惇曼托人交给罗原觉，此时罗原觉正在北京出差。因此该函当写于 20 世纪 20 年代初期。

图二

与上述第一通信函相关联的另一通《罗惇曧致罗原觉函》（图三），一页，横 14.3 厘米，纵 24.1 厘米，有文字 5 行，内容如下：

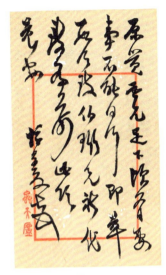

图三

原觉吾兄足下：顷有要 / 事，不能同行，即草 / 数行致伯珩兄，祈代 / 致为荷。此颂 / 晨安。 / 惇曧顿首。 /

按：该函使用"虫天庐"信笺。信函中所提"伯珩兄"即关伯珩，民国初年鉴藏书画名家。从信中所述，可知罗惇曧原计划与罗原觉一同去拜访关伯珩，后因"有要事"不能同行。另据信函中"此颂晨安"一句问候语，可知该函写于罗原觉在北京出差的某日凌晨。

第三通《罗惇曧致罗原觉函》（图四、五、六），三页，每页横 17.2 厘米，纵 26 厘米，有文字 23 行：

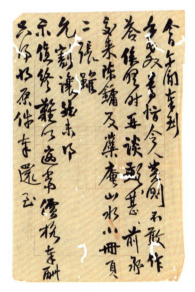

图四

今日午间，奉到 / 手教，专旨令人摹测，不敢作 / 答，俟晤时再谈，歉甚。 / 前承 / 交来陈铺及檗庵山水小册页 / 二张，虽 / 允割让，然未得 / 示值，终难以适当价格奉酬， / 只得将原件奉还。至 / 雅意勤拳，未尝忘也。 / 山谷卷 / 由家兄瘿公经手，今晨已交/来。兹特珍复，乞/察收。何日南旋？能畅谈否？鄙/人拟雪晴过访，一申前意，手/泐即颂/原觉吾兄午安。惇曼顿首。/（嘱书之件并呈上。）/里甫画，如必借影，请/约以一个月内寄还，因仆近/有画兴故也。山谷卷，今/早已交回，惟不愿交来手，恐/有遗失。大雪能来此一谈否？/顷作画。/罗先生/

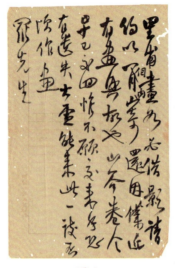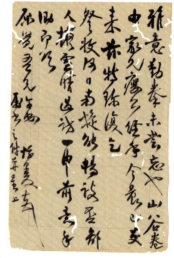

图六　　　　　　图五

按：该函使用"明顾汝酥石鼓砚格"信笺。信中所言"瘿公"即罗瘿公，为罗惇曼家兄。信中所谈内容主要是关于陈镛及檗庵山水小册页、山谷卷、谢兰生（里甫）画等出让、借阅等事。从信中所言"何日南旋？能畅谈否？""大雪能来此一谈否"，可知该函写于罗原觉在北京出差期间，且在冬天大雪天，即20世纪20年代初期。

信中还谈道"仆近有画兴""顷作画"，表明早在20世纪20年代初期起罗惇曼即对作画产生了兴趣。

在罗原觉藏信札中，还有一个信封（图七），横8.8厘米，纵20.3厘米，上面书写的文字有"山谷真迹一卷、/山水小册页二张，统送/第一宾馆/罗原觉先生启/候收条 广州馆罗缄/"，"罗"即罗惇曼。可见此时的罗原觉正在北京出差，住在第一宾馆，罗惇曼住在北京广州馆。信封上书写的"山谷真迹一卷、山水小册页二张"与上述第三通信函所述内容吻合。据此可断定这个就是用来装第二通信函的信

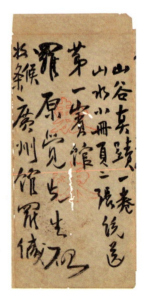

图七

封。该信封为印制"敷陈"
二字的专用信封。

第四通《罗惇曧致
罗原觉函》（图八），
横 16.9 厘米，纵 25.5 厘
米，有文字 5 行：

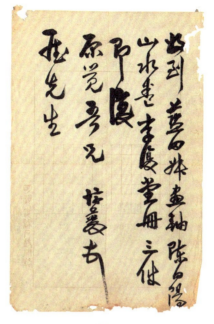

图八

收到蓝田叔画轴、陈白
阳 / 山水卷、李复堂册
三件，/ 即复 / 原觉吾兄
罗先生。/ 惇曧顿首。/

按：该函使用"明顾汝龢石鼓砚格"信笺。信中所提"蓝田叔"
即明朝画家蓝瑛，"陈白阳"即明朝花卉画家陈道复，"李复堂"
即清代"扬州八怪"之一。信函内容主要是告诉罗原觉已收到三
件作品。从该函所用信笺，推测该函与前述两封信函的书写时间
相差不远。

第五通《罗惇曧致罗原
觉函》（图九），残存一页，
横 17.2 厘米，纵 26 厘米，
有文字 6 行：

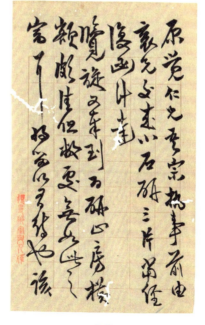

图九

原觉仁兄吾宗执事：前
由 / 衮兄交来小石研三
片，当经 / 复函，计达 /
览。旋又奉到百研山房
横 / 额，颇佳。但敝处
无如此之 / 富耳，将留
以有待也。该 /

按：该函使用"须曼郴室与人笺"信笺，但残缺不完整，仅存一页。按信中所提"衮兄"即邓衮侯，广东东莞人，住"北京西单牌楼兴隆街北口廿一号"[4]。"研"即"砚"。作者在信中告诉罗原觉已收到邓衮侯交来的小石砚和石砚止房横额。

第六通《罗惇曧致罗原觉函》（图一〇、一一），3页，每页横16厘米，纵25.6厘米，共有文字15行：

陈文忠诗卷，匆匆题签。/写祝辕拂席卷，似不/甚通，拟再书一张。/如尊处无纸，弟有/高丽纸及蓝绫等。/
属书屏幅已写就，惟失/去上款，请即/开示，小顷奉访，并可带/上也/罗先生。/
今晨因有风，故未奉访，/歉甚。此致/原觉我兄，并颂/日祉。惇曧顿首。/六日。/

图一〇

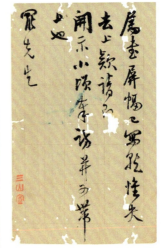

图一一

按：该函使用"三山壶"信笺。信中提及"陈文忠诗卷""祝辕拂席卷"，并"属书屏幅"，又提及"今晨因有风，故未奉访"，显示此时的罗原觉在北京。

该函与下述第七通信函的书写时间应在同一天。第七通《罗惇曧致罗原觉函》（图一二），一页，横 16 厘米，纵 25.6 厘米，有文字 6 行：

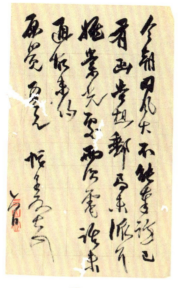

图一二

今朝因风大，不能奉访，已／有函。当想邮局未派耳。／侄棠兄处，两次电话未／通，故未约。／原觉吾兄。惇曧顿首。／六日。／

按：该函使用"三山壶"信笺，书写时间为"六日"，所述内容与前函基本相同，都是解释因"今朝风大"而"不能奉访"。据此可知，前函书写时间与本信函一样，为"六日"。

第八通《罗惇曧致罗原觉函》（图一三），一页，横 16 厘米，纵 25.5 厘米，有文字 6 行：

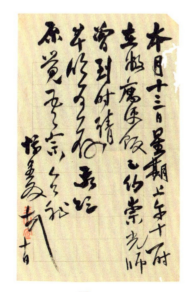

图一三

本月十三日星期上午十一时／在敝寓便饭。已约崇光、师／曾。到时请／早临为荷。敬颂／原觉吾宗台祉。／惇曧顿首。十日。／

按：该函亦使用"三山壶"信笺。信中邀请罗原觉"本月十三日星期上午十一时在敝寓便饭"，表明此时罗原觉正在北京出差。

信中提及的"师曾"即陈师曾（1876～1923），名衡恪，江西修水人，早年赴日留学，归国后，在南通、长沙等地任教，继任国家教育部编审，北京高师、北京美专教授，北京画学研究会导师，著述颇多，工书画篆刻，书法擅诸体，山水、花鸟、人物无一不精；"崇光"即姚华（1876～1930），贵州贵阳人，原字重光，一作崇光，后作一萼，号茫父，早年留学日本，于诗文辞赋、碑版古器及考据、音韵、戏曲等无不精通，因久居北京莲花寺，别署莲花庵主，著有《弗堂类稿》。从本函所述内容，可知是次家庭聚餐中，至少有姚华、陈师曾、罗原觉、罗惇㬊等人参与。陈师曾于1923年9月17日去世，由此可知本函应写于1923年前，即罗原觉在北京出差期间。

在罗原觉藏私人信札中，有一个信封（图一四）横8.4厘米，纵18.6厘米，上面书写"打磨厂／第一宾馆／罗原觉先生／广州馆罗缄 十日／"等文字，其中落款时间"十日"与第八通信函落款时间吻合。据此可断定这是用来装第八通信函的信封。

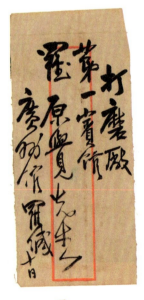

图一四

第九通《罗惇㬊致罗原觉函》（图一五），一页，横 16 厘米，纵 25.6 厘米，有文字 7 行：

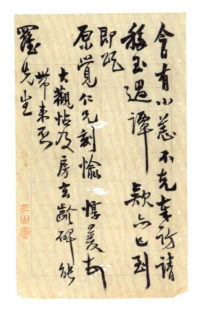

图一五

今日有小恙，不克奉访，请 / 移玉过谭。款亦已到。/ 即颂 / 原觉仁兄刻愉。惇㬊顿首。/《大观帖》及房玄龄碑，能 / 带来否？ / 罗先生。/

按：该函使用"三山壶"信笺。信中提到"今日有小恙，不克奉访，请移玉过谈"，显示此时罗原觉在北京出差。信中还提及"大观帖及房玄龄碑，能带来否？"显示二人间交往主题是碑帖等。

第十通《罗惇㬊致罗原觉函》（图一六），一页，横 16 厘米，纵 25.6 厘米，有文字 7 行：

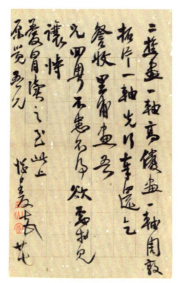

图一六

二樵画一轴、高俨画一轴、周敦 / 拓片一轴，先行奉还，乞 / 察收。里甫画，吾 / 兄回粤，不患不得，欲要求见 / 让，悱 / 忧冒渎之至。此上。/ 原觉吾兄。惇㬊顿首。廿七。/

073

按：该函使用"三山壶"信笺。信中回复"先行奉还"黎二樵画、高俨画、周敦拓片各一轴，并提及"吾兄回粤"，表明该函写于罗原觉在北京出差期间。

信中还提出"里甫画，吾兄回粤，不患不得，欲要求见让"，显示罗惇曧喜爱谢兰生（里甫）画。

在罗原觉所藏信札中，有一个信封（图一七）横7.8厘米，纵17厘米，上面书写的文字有"外字画三件即送／第一宾馆／罗原觉先生／条候 勇缄廿七／"，表明此时罗原觉住在北京第一宾馆。信封上书写"字画三件"及落款时间与第十通信函所提"二樵画一轴、高俨画一轴、周敦拓片一轴"及落款时间完全吻合。据此可断定这个是用来装第十通信函的信封。

第十一通《罗惇曧致罗原觉函》（图一八），一页，横16厘米，纵25.6厘米，有文字5行：

图一七

今日有事，未克同访崇／光。至戴画，尚可望成议。／晚上或过谈耳。／原觉仁兄。／惇曧顿首。／

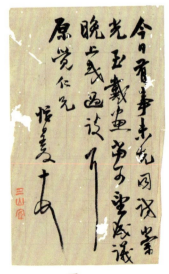

图一八

按：该函使用"三山壶"信笺。信中提及的"崇光"即上述第八通信函中所提姚华（1876～1930）。信中谈道"今日有事，未克同访崇光"及"晚上或过谈"，表明此函当写于罗原觉在北京出差期间。信中还谈及"戴画，尚可望成议"，"戴画"似指戴进画，显示罗惇曧正在关注并有意收藏戴进画。

与此信函内容相关的有一通《罗惇曧致李宣倜函》（图一九）一页，横14.2厘米，纵24.1厘米，共有文字5行：

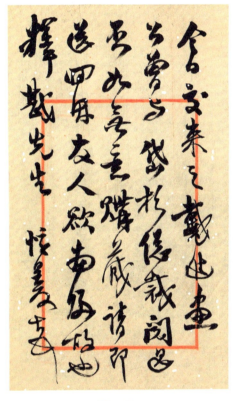

图一九

今日交来之戴进画，/
公曾与岱杉总裁阅过/
否？如无意购藏，请即/
送回，因友人欲南归/
故也。释戡先生。惇/
曧顿首。/

该函收信人是"释戡先生"，即李宣倜（1888～1961年6月8日），原名汰书，"字释堪、散释，号苏堂，福建闽侯人。曾留学日本。工诗，精研戏曲。有《苏堂诗拾》《评京剧诗稿》"[5]。信函中既提"戴进画"，又提醒收信人"如无意购藏，请即送回，因友人欲南归故也"。可知该函应写于罗原觉在北京出差期间。

与《罗惇曧致李宣倜函》一同被保存下来的，还有该函信封（横

8.6厘米，纵17.4厘米，图二〇）。信封上的文字内容是"老爷庙/李释戡先生/罗缄/"，可知此时李释戡住在北京老爷庙。

图二〇

第十二通《罗惇曧致罗原觉函》（图二一），一页，横16厘米，纵25.6厘米，有文字6行：

憨山和尚诗轴一张，谨先奉/还。兄前与璪青所易之里/甫画，能见让否？并乞/开示所值。赵焞夫花卉轴，亦/请列明，至要。此上/原觉吾兄。惇曧顿首。廿七。/

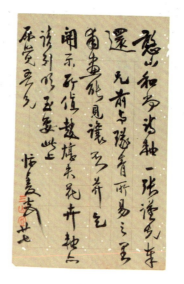

图二一

按：该函使用"三山壶"信笺。信中所提"憨山和尚"即憨山德清，明末四大高僧之一；"璪青"即谭璪青，"谭家菜"主人；"里甫"即谢兰生；"赵焞夫"即明末清初画家，番禺人。据此可知此时罗惇曧喜欢收藏粤籍画家谢兰生、赵煐夫的作品。

与该函有关的信封（图二二）横 7.8 厘米，纵 17.6 厘米，上面书写的文字有"外字一轴即送／第一宾馆／罗原觉先生启／广州馆罗缄 廿七／"，其中"字一轴"、落款"廿七"，与第十二通信函落款时间及"憨山和尚诗轴一张，谨先奉还"之记载完全吻合。表明这个是第十二通信函使用的信封。

图二二

在罗原觉出差北京这一时期，还见有两通《罗惇曧致罗原觉函》，一为第十三通（图二三），一页，横 14.2 厘米，纵 24.1 厘米，有文字 6 行：

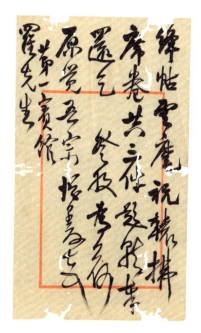

图二三

绛帖、云麾、祝辕拂／席卷共三件，题就奉／还，乞察收为荷。／原觉吾宗。惇曧顿首。／第一宾馆／罗先生。／

该函提及"绛帖、云麾、祝辕拂席卷"三件，已"题赋奉还"，表明罗原觉收藏的这三件物品均有罗惇曧的题赋。信函中又提道"第一宾馆"，显示这封信是罗惇曧写于罗原觉在北京出差期间，此时罗原觉住在第一宾馆。

另一函为第十四通（图二四），一页，横 14.3 厘米，纵 24.1 厘米，有文字 5 行：

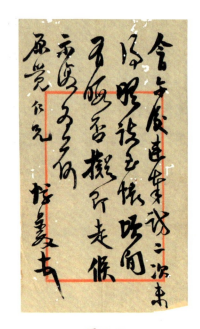

图二四

今日午后，连奉访二次，未 / 得晤谈，至怅。顷间 / 有暇否，拟即走候，/ 示复为荷。/ 原觉仁兄。悖曼顿首。/

该函表示，罗悖曼"今日午后，连奉访二次"，均未得与罗原觉"晤谈"，并致函询问罗原觉"顷间有暇否，拟即走候"。这些描述一再显示，此时罗原觉正在北京出差。

在罗原觉藏信函中，保留了一批信封，均是罗悖曼写给罗原觉的。根据信封上所写地址，可知这批信函送往的地址均是北京第一宾馆。这批信封有 9 个：

一、横 7.8 厘米，纵 18.7 厘米，"第一宾馆 / 罗原觉先生 / 请罗缄 十二 /"（图二五）。

二、横 7.9 厘米，纵 17.4 厘米，"第一宾馆 / 罗原觉先生 / 勇缄 /"。

三、横 7.9 厘米，纵 18.6 厘米，"即呈 / 第一宾馆 / 罗原觉先生启 / 勇澂 十七 /"。

四、横 8.4 厘米，纵 18.7 厘米，"第一宾馆 / 罗原觉先生 / 候复 罗缄 /"。（以上见图二六）

五、横 8.5 厘米，纵 23 厘米，"打磨厂 / 第一宾馆 / 罗原觉

先生台启 / 请片 罗缄 /"（图二七）。

　　六、横 8.2 厘米，纵 18.6 厘米，"打磨厂 / 第一宾馆 / 罗原觉 先生启 / 广州馆罗 /"。

　　七、横 8.4 厘米，纵 20.2 厘米，"即复呈 / 罗原觉先生 / 罗缄 /"。

　　八、横 8 厘米，纵 18.6 厘米，"第一宾馆 / 罗原觉先生 / 勇缄 十九 /"。（以上见图二八）

　　九、横 9.6 厘米，纵 23 厘米，"外书一册送 / 第一宾馆 / 罗 原觉先生 / 请片 罗缄 /"（图二九）。

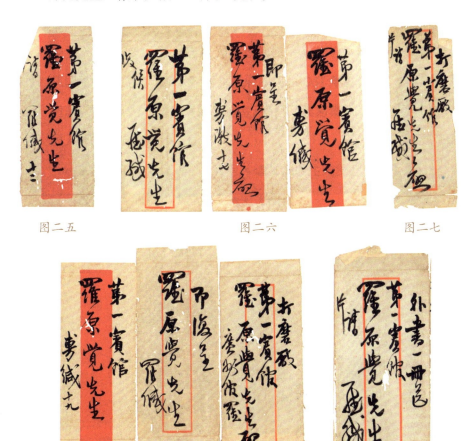

图二五　　　　　　　　图二六　　　　　　　　图二七

图二八　　　　　　　　图二九

二、罗原觉在上海出差及居住广州期间

　　罗原觉在上海出差及居住广州期间，罗惇曧与他一直有书信 联系。这段时期，见有《罗惇曧致罗原觉函》12 通。

第一通（图三〇），一页，横 17.3 厘米，纵 27.4 厘米，有文字 6 行：

原觉吾兄足下：黄穆甫屏 / 四张，寄上，乞 / 察入。连日事冗，故尔稽迟 / 至歉。何时来都，至念。/ 即颂 / 旅安。惇曼顿首。/

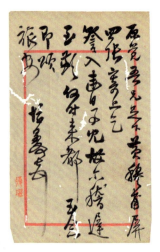

图三〇

按：该函使用印制"复堪"二字的私人信笺。"复堪"即罗惇曼。信中所提"黄穆甫"即黄士陵，篆刻家、书法家和金石学家，安徽黟县人。从信中所言"何时来都""即颂旅安"，可知此时罗原觉应在出差途中，但非北京出差。

第二通（图三一），一页，横 15.8 厘米，纵 25.5 厘米，有文字 8 行：

泽棠吾 / 兄：来书云春初再到北京，弟以 / 为暂不宜动，经夏秋再定行 / 止，似为稳健。晦公亦然之。顷查 / 南纸店与古玩店均与政局有 / 关系。衮侯亦能言之，惟意尚 / 不能取消耳。即颂 / 台祉。惇曼顿首。/

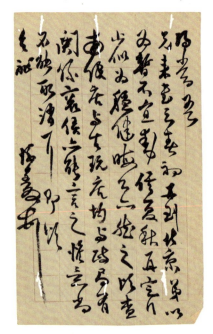

图三一

信中所言"晦公"即黄节，"袞侯"即邓袞侯，他们二人均住在北京。罗惇曧在信中劝说罗原觉暂不要来北京，因政局不稳，"经夏秋再定行止，似为稳健"，显示此时罗原觉在广州，原拟"春初再到北京"。

信中还提及"南纸店""古玩店"与政局有关系。

第三通（图三二），两页，每页横 16.2 厘米，纵 18.6 厘米，共有文字 12 行：

图三二

原觉仁兄吾宗足下：奉 / 书并冯龙官字条，至佳，价多 / 少，乞 / 示知，以便奉还。前 / 属题之白沙象，已忘记，请 / 公将纸度及题在何处 / 示复，以便即行撰成寄上。此 / 间购藏书画者颇不多人，时局 / 不定故也。若欲北来，恐无甚 / 把握耳。晦公处之墨水牡丹，/ 任公先生处亦有一张，能代致否。敬颂 / 日祉。惇曧再拜。/

按：该函使用"执政府秘书厅"信笺。"执政府"指段祺瑞临时执政府。信中所言"冯龙官"即清代金石学家、藏书家、书法家，广东顺德人。"深于帖学。而知者殊鲜。……盖其纯用笔尖作字，故在清挺之中，有沉雄之态。虽属帖派，实淹有碑派之长。论其造诣，颇能直接晋传也。"[6]"白沙"即陈白沙，"晦公"即黄晦闻，"任公"即梁启超。信中提及了几件事，一是为陈白沙像题字；二是因政局不稳，北京储藏书画者不多；三是黄节、梁启超手中均有墨水牡丹。信中提道"若欲北来"，表明此时罗原觉应在广州。另考，梁启超是在 1929 年 1 月去世的，故该函应写于 20 世纪 20 年代，是从北京寄往广州的。

第四通（图三三、三四），两页，每页横 18.4 厘米，纵 29.5 厘米，有文字 16 行：

原觉吾宗从者：前上书，计达/览。兹寄还字画六张。又晦闻交来/二樵字八页、九江字七开、《大观帖》影/本二册：一定十二圆、一定八圆，现售洋十六圆。除/谢兰生画廿五圆，尚余数元，容/便中汇上，或俟他款同汇耳。/收到乞示复为荷。即颂/台祉。惇曼顿首。/

此物因奉直战事，久未能/寄。旋又有粤争，迟迟/至今。可笑此稳健之/累也。弟现与同人组织一/银行，资本二千万元，/尚未能成功，奈何。然实/业胜于政界，不得不以毅力/行之耳。又及。/

图三三

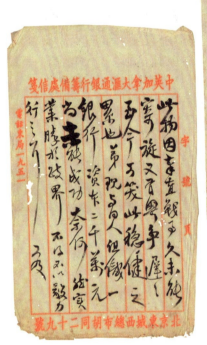

图三四

按：该函两页信纸均为"北京东城西总布胡同二十九号""中英加拿大汇通银行筹备处信笺"。这个应是罗惇曼在信中所提"资本二千万元""与同人组织"的这家银行专用信笺。信中所言"晦闻"即黄节，"奉直战事"是指 1922 年 4 月至 6 月直系吴佩孚部与奉系张作霖部发生的战争，"粤争"应指 1922 年 6 月 6 日陈炯明发动的兵变。由此可推测，该函当写于 1922 年下半年。

信中还提到一些书画的价格，如黄节"交来（黎）二樵字八页、（朱）九江字七开、《大观帖》影本二册：一定十二圆、一定八圆，现售洋十六圆"及"谢兰生画廿五圆"。

第五通（图三五），两页，每页横 15.9 厘米，纵 25.4 厘米，共有 13 行文字：

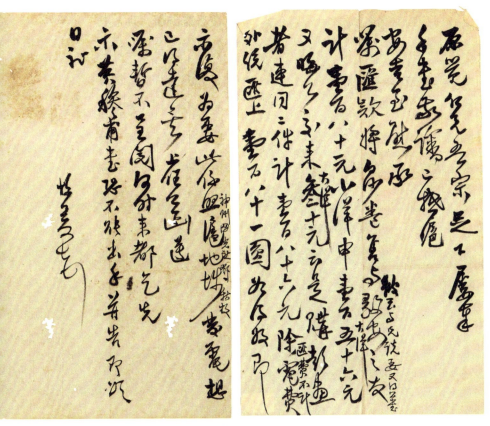

该函写道"已抵沪，安吉，至慰"，表明此时罗原觉正在上海出差。信中所言"白沙卷"即陈白沙卷，"毅安"即卢毅安，"彭画"似指彭泰来画。信中既提供了一些书画买卖价格，如"白沙卷"售价"计壹百八十元小洋、申壹百五十六元大洋"等，也提出"黄穆甫书，恐不能出手"的担忧。信中还特别提起梁"任公函，遵嘱暂不呈阅"。据此可推知该函应写于 20 世纪 20 年代，从北京寄往上海。

原觉仁兄吾宗足下：屡奉 / 手书，敬诵。已抵沪，/ 安吉，至慰。承 / 嘱汇款，将白沙卷售与毅安之友（彼云与兄说要又得公书），/ 计壹百八十元小洋、申壹百五十六元大洋。/ 又晦公交来大洋叁十元，云是购彭画 / 者，连同二件，计壹百八十六元，除电费（汇费不计）/ 外，统汇上壹百八十一圆。如得收，即 / 示复为要。此系照沪地址（神州国光社邓秋枚）发电，想 / 已得达。三月上任公函，遵 / 嘱暂不呈阅。何时来都？乞先 / 示。黄穆甫书，恐不能出手。并告，即颂 / 日祉。惇曼顿首。/

083

第六通（图三六），一页，横 12.7 厘米，纵 26.9 厘米，有文字 6 行：

刻有人欲购真《绛帖》。如能割，/ 吾弟则以定价见 / 示。前乞觅黄穆甫篆书（联屏条皆可，惟要干净），请 / 留意。惇曩再启。/
近得梁药亭字一轴，自写诗绢本二百 / 余字，系王雪澄旧物。/

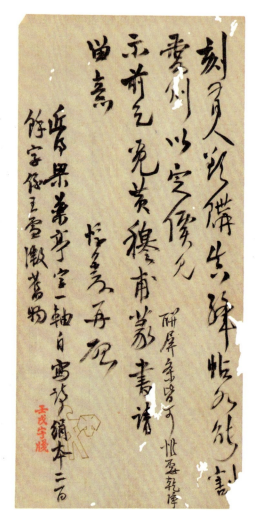

图三六

按：该函使用"壬戌字笺"信笺。"壬戌"即 1922 年。可知该函应写于 1922 年及后不久。

信中所言"梁药亭"即梁佩兰，清初著名诗人，广东南海人。罗惇曩在信中告诉罗原觉"有人欲购真《绛帖》""近得梁药亭字一轴，自写诗绢本二百余字，系王雪澄旧物"。罗原觉对《绛帖》做过深入研究，著有《绛帖题跋》。他们二人交谈的主要是碑帖书画买卖收藏等内容。

第七通（图三七），两页，每页横 12.8 厘米，纵 26.7 厘米，
共有文字 11 行：

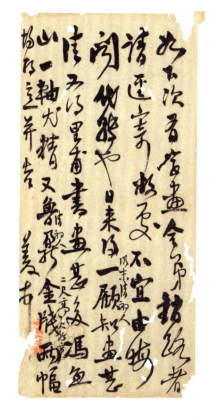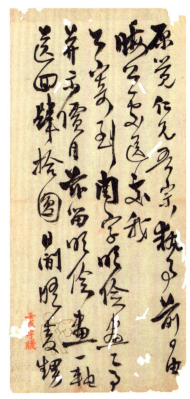

图三七

原觉仁兄吾宗执事：
前日由 / 晦公处送交我 / 公寄到内字明俭画之事，/ 并示价目。兹留明俭画一轴，/ 送回肆拾圆。日间晤麦甥，/ 如下次有字画，合弟销路者，/ 请径寄敝处，不宜由晦 / 闻代转也。日来得一顾知（明末清初人）画，甚 / 佳；又得里甫书画甚多，冯鱼 / 山一轴尤精，又鲁駦（清初人）金笺两幅（二尺高、尺余宽），/ 均得意，并告。曼顿首。/

按：该函亦使用"壬戌字笺"信笺。可知与前函一样，该函
亦应写于 1922 年及后不久。

信中所提"晦公""晦闻"即黄节，"里甫"即谢兰生。冯
敏昌（1747 ~ 1806），字伯求，号鱼山，壮族，清代广东廉州府
钦县长墩司南雅乡人，乾隆四十三年进士，"首唱古学，为吾粤名儒。
其书法，恂恂有儒者之风。……其字势似奇反正，内刚外柔，故
能温文尔雅，有书卷气也"[7]。罗惇曧在信中告诉罗原觉日来收
得顾知画、谢兰生书画、冯鱼山轴、鲁駦金笺两幅，并对这些人
物创作的书画作品做出评价，且表示收获"得意"。信中还提出"如
下次有字画，合弟销路者，请径寄敝处，不宜由晦闻代转"。可见，
信中所述内容均与书画收藏有关。

图三八

第八通（图三八），一页，横 12.6 厘米，纵 26.9 厘米，有文字 6 行：

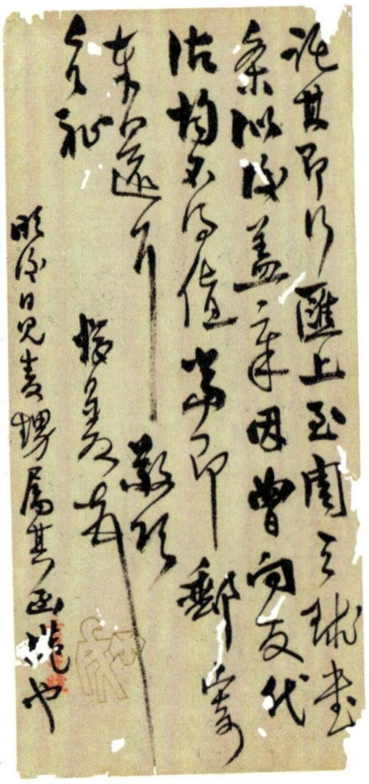

托其即行汇上。至周天球书 / 条，似后盖章，因曾向友代 / 沽，均不得值，当即邮寄 / 奉还耳。敬颂 / 台祉。惇曧顿首。 /

明后日见麦甥，嘱其函港也。 /

按：该函仍使用"壬戌字笺"信笺。这表明该函亦应写于1922年及后不久。该函所谈内容主要是退还"周天球书条"一事，因为罗惇曧认为周天球书条中的印章为后来加盖，"不得值"。

第九通至第十一通，不仅使用的信笺属同一款式，而且字体大小及其展现的笔力强弱、笔墨浓淡粗细均十分相近，显示这三封书信的书写时间应当接近。

第九通（图三九），一页，横 15.8 厘米，纵 27.1 厘米，共有文字 7 行：

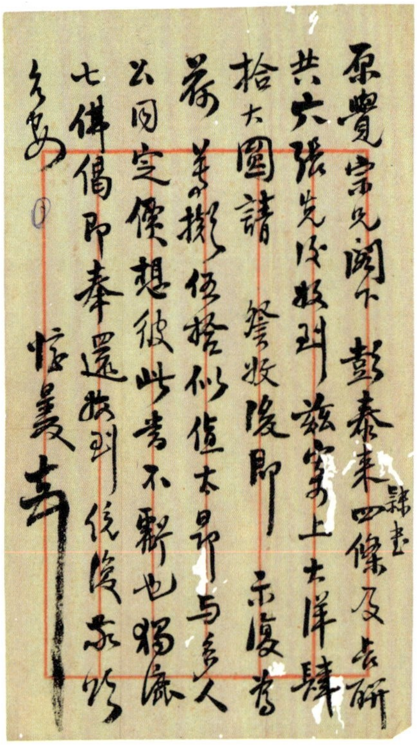

图三九

原觉宗兄阁下：彭泰来隶书四条及长联， / 共六张；先后收到。兹寄上大洋肆 / 拾大圆，请察收后即示复为 / 荷。尊拟伍拾，似值太昂，与多人 / 公同定价，想彼此当不亏也。独漉 / 七佛偈即奉还，收到统复。敬颂 / 台安。惇曧顿首。 /

086

按：彭泰来，广东高要人，晚清文学家、书法家和诗人，"以隶书擅名。尝见其花冢铭，书仿褒斜道，瘦硬独出，如伊墨卿"[8]。"独漉"即顺德陈恭尹。在信中，罗惇曧告诉罗原觉已收到6张彭泰来隶书及长联，并寄上大洋40大圆。信中还介绍少寄10大圆的理由，有理有趣。

第十通（图四〇），一页，横15.8厘米，纵27.1厘米，有文字7行：

图四〇

奉 / 示，知寄件已收到，即维 / 动定怡胜，至慰。拓片二张、伊 / 墨卿条，奉还，祈 / 察收为幸。雅宜卷、白沙字，均 / 为士人所仰，或可出售也。敬颂 / 台祉。惇曧顿首。/

信中所提"伊墨卿"即伊秉绶（1754～1815），字祖似，晚号默庵，清代书法家；"雅宜"即明代王宠，字履吉，自号雅宜山人，长洲人；"白沙"即陈白沙。罗惇曧在信中明确告诉罗原觉已退还"拓片二张、伊墨卿条"，还向罗原觉提供北京方面的收藏信息，如"雅宜卷、白沙字，均为士人所仰，或可出售"。

第十一通（图四一），一页，横15.8厘米，纵27.1厘米，有文字4行：

图四一

再者：所开各画，都中无有 / 好之者。至各书轴，或有人承 / 受也。如篆隶联幅，均盼代 / 觅。/

罗惇曧在信中告诉罗原觉有关北京方面的收藏动态。

第十二通（图四二），两页，每页横 16 厘米，纵 25.7 厘米，共有文字 13 行：

里甫、铁香，如联及条，可□十余圆（仆亦新得里甫联，惜太旧）。/牧甫大篆至佳，小篆亦得，写鼎彝次之。/节庵联，其门人亦多欲觅之者。/曹全碑，都中近日少人收藏。/赵次闲隶胜于篆，/铁桥画花卉亦好，/梅生画价昂，而收者亦少。/仲约字，近人多轻之（敝处新得隶书七言联）。/敝处新得谢退谷画扇面，精密异常；/又收得冯鱼山条七十余字（精极，无上款，惜粉笺耳）；/鲁䶑金笺小幅二尺高，画梅兰芝，设色尚精；/莫友芝立轴，隶书甚精，无款，有两印章，纸亦新。/以上皆近得者。/

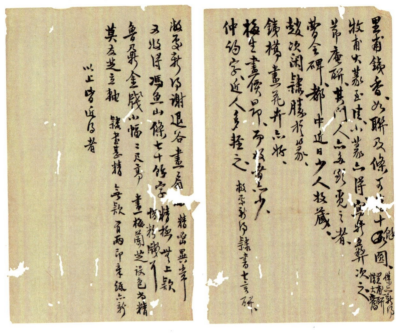

图四二

这两页信纸使用的是属同一款式的信笺。信中所言"里甫"即谢兰生，"牧甫"即黄士陵，"节庵"即梁鼎芬，"赵次闲"即赵之深，"铁桥"即东莞张穆，"梅生"即居巢，"仲约"即李文田。罗惇曧在信中逐一介绍新入藏物品，并对这批藏品的优缺点做出点评。值得关注的是，信中提道，"曹全碑，都中近日少人收藏；赵次闲隶胜于篆，铁桥画花卉亦好，梅生画价昂，而收者亦少；仲约字，近人多轻之"，透露了当时北京方面的收藏信息。

三、余论

以上我们按罗原觉在北京出差期间和在上海出差及广州居住期间两个时间段，对罗原觉珍藏 20 余封罗惇曧信函进行释文考证，

088

初步弄清这批信函的写作时间。依据初步研究成果，我们了解到，这批信札主要撰写于 20 世纪 20 年代，信中所谈内容主要是关于书画碑帖等古物收藏情况及北京收藏市场行情等，罗惇曧喜欢收藏，且偏重明清粤籍名人书画作品的收藏。

在整理和研究《罗惇曧致罗原觉函》中，我们遇到 1 通《罗惇曧致罗原觉函》难以归类，18 个信封难以判断归属哪封信，因此有必要对这批信封和信函再作进一步的解答。

这通信函（图四三），一页，横 14.3 厘米，纵 24 厘米，有文字 5 行：

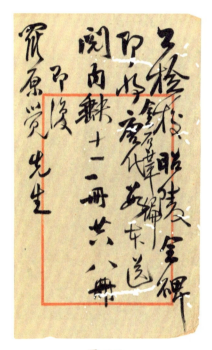

图四三

公检校昭陵全碑，/ 即将《金石萃编》唐代数本送 / 阅，内缺十一、一册共八册。/ 即复 / 罗原觉先生。/

该函主要内容是书写人回复收信人"即将《金石萃编》唐代数本送阅"一事，但未署时间。研究中，我们发现该函使用的信笺与前述图二三第十三通信函所用信笺为同一款式，且第十三通信函写于罗原觉出差北京并住在第一宾馆期间。据此我们可初步判断该函有可能也是写于罗原觉出差北京这一期间。

这批信封虽然难以判定各属哪封信的信封，但是其所写地址为进一步了解罗惇曧和罗原觉的居住情况有帮助。

如图四四收录的信封一个，横 7.2 厘米，纵 22 厘米，封面上写有"广州市十五甫和厚里八号 / 敦复书室 / 罗原觉先生台启 / 北京草厂头条罗寄 /"。据信封邮戳上的文字"PEKING/ 十年三月十二日 / 北京 /"，可知 1921 年 3 月寄信人罗惇曧住在北京草厂头条，收信人罗原觉住在广州市十五甫和厚里八号敦复书室。

图四四

图四五收录的信封 4 个。信封一，横 7.6 厘米，纵 21 厘米，封面上写有"广州十六甫北街廿七号 / 敦复书室 / 罗原觉先生台启 / 北京草厂罗缄 廿五日 /"。据信封邮戳上的文字"CANTON 十一年 广州"，可知 1922 年收信人罗原觉已改住广州十六甫北街廿七号敦复书室。

信封二，横 7.6 厘米，纵 22 厘米，封面上写有"广州市十六甫北街廿七号 / 敦复书室 / 罗原觉先生台启 / 北京草厂头条罗 七月廿四 /"。

信封三，横 10.4 厘米，纵 15.4 厘米，封面上写有"广州十六甫北街廿七号 / 敦复书室 / 罗原觉先生 / 北京草厂头条 / 广州馆罗 /"。

信封四，横 15.7 厘米，纵 20 厘米，封面上写有"广州市十六甫北街廿七号 / 敦复书室 / 罗原觉先生台启 / 草厂头条罗 十三

／"。据该信封邮戳上的文字"PEKING/ 十二年一月十日／北京／""CANTON/ 十二年一月廿四／广州／"，可知 1923 年 1 月收信人罗原觉继续住在广州十六甫北街廿七号敦复书室。

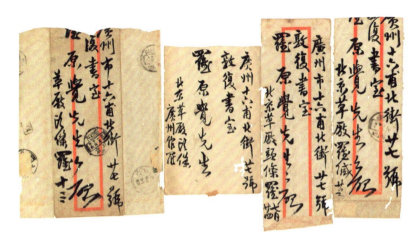

图四五

图四六、四七收录的信封 3 个。信封一，横 8.7 厘米，纵 23.6 厘米，封面上写有"广州市十六甫北街廿七号／敦复书室／罗原觉先生台启／北京草厂罗缄／"，信封背面书写"三月二日、正月十五寄"。据该信封邮戳上的文字"PEKING／十二年三月二日／北京／""CANTON/ 三月九日／广州"，可知这是 1923 年 3 月 2 日从北京寄出的信件，此时收信人罗原觉继续住在广州十六甫北街廿七号敦复书室。

信封二，横 8.7 厘米，纵 23.6 厘米，封面上写有"广州十六甫北街廿七号／敦复书室／罗原觉先生台启／北京广州馆罗缄／"，信封背面书写"二月廿八、正月十三"。据该信封邮戳上的文字"PEKING/ 十二年二月廿八／北京／""CANTON/ 三月七日／广州府／"，可知这是 1923 年 2 月 28 日从北京寄出的信件。

信封三，横 7.1 厘米，纵 21 厘米，封面上写有"广州市十六甫北街／廿七号敦复书室／罗原觉先生台启／北京草厂头条罗／"，信封背面书写"十一月廿八、十一月初二"。据该信封邮戳上的

文字"PEKING/ 十三年十一月廿八 / 北京 /""CANTON / 十三年
十二月七日 / 广州 /"，可知这是 1924 年 11 月 28 日从北京寄出
的信件，此时收信人罗原觉继续住在广州十六甫北街廿七号敦复
书室。

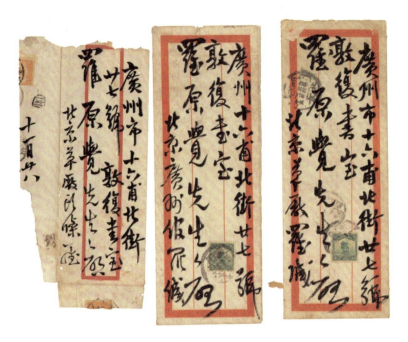

图四六

图四七

图四八收录的信封 4 个。信封一，横 8.5 厘米，纵 21 厘米，封面上写有"广州十六甫北街廿七号 / 敦复书室 / 罗原觉先生台启 / 北京草厂头条罗廿七 /"，该信封邮戳上有文字"PEKING / 十二年 月廿九日 / 北京 /"。

信封二，横 7.2 厘米，纵 22.4 厘米，封面上写有"广州市十六甫北街廿七号 / 敦复书室 / 罗原觉先生台启 / 北京草厂头条罗 /"。

信封三，横 7.5 厘米，纵 23.9 厘米，封面上写有"广州十六甫北街 / 敦复书室 / 罗原觉先生台启 / 北京草厂广州馆罗 /"。

信封四，横 9.8 厘米，纵 21.7 厘米，封面上写有"广州十六甫北街 / 敦复书室 / 罗原觉先生启 / 北京广州馆罗 / 三月廿二 /"。

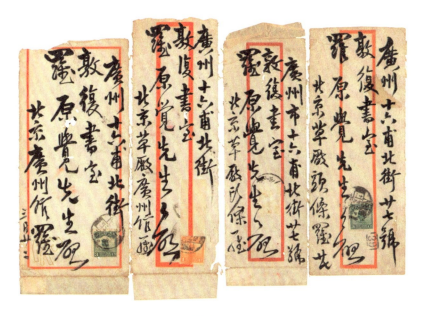

图四八

图四九、五〇收录的信封一个，横 7.5 厘米，纵 21.6 厘米，封面上写有"广州市十六甫北街廿七号 / 敦复书室 / 罗原觉先生台启 / 北京草厂头条广州馆罗 /"，信封背面写有"六月二十一日寄"。据信封邮戳上的文字"PEKING/ 十一年六月廿一 / 北京 /""CANTON/ 十一年六月廿八 / 广州府 /""CANTON/ 六月廿八 / 广州 /"，可

知这是 1922 年 6 月 21 日从北京寄出的信件，此时收信人罗原觉继续住在广州十六甫北街廿七号敦复书室，寄信人罗惇曧住北京草厂头条广州馆。

图四九   图五〇

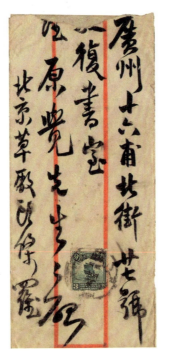

图五一

图五一收录的信封 1 个，横 8.5 厘米，纵 21 厘米，封面上写有"广州十六甫北街廿七号 / □复书室 / □原觉先生台启 / 北京草厂头条罗 /"，该信封邮戳上隐约可见的文字有："月廿五"。

依据上述 13 个信封相关文字内容显示，1921 年 3 月收信人罗原觉住在广州市十五甫和厚里八号敦复书室，至迟到 1922 年 6 月已改住广州十六甫北街廿七号敦复书室，直至 1924 年仍住此地；寄信人罗惇曧从 1921 年起至 1924

年一直住在北京广州馆，而且广州馆位于北京草厂头条。

此外，据图五二、五三收录的 3 个信封显示，罗原觉曾到天津和上海出差。

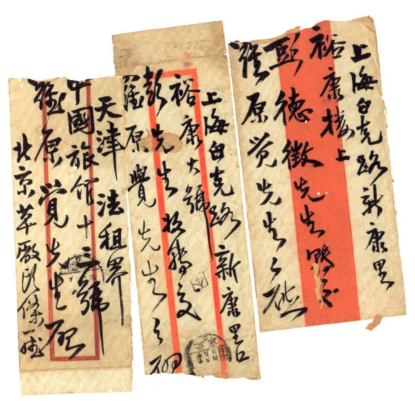

图五二

图五三

信封一，横 9.5 厘米，纵 18.7 厘米，封面上写有"上海白克路新康里 / 裕康楼上 / 彭德征先生转交 / 罗原觉先生台启 /"，信封背面写有"北京草厂头条 / 广州馆罗缄 /"。

信封二，横 7.3 厘米，纵 22.5 厘米，封面上写有"上海白克路新康里口 / 裕康大号 / 彭先生收转交 / 罗原觉先生台启 /"，信封背面写有文字"六月四日 / 北京草厂头条广州□ / 罗寄 /"。据该信封邮戳上的文字"PEKING/ 十年六月四日 / 北京 /"，可知 1921 年 6 月罗原觉在上海出差。

信封三，横 7.2 厘米，纵 19.7 厘米，封面上写有"天津法租界 / 中国旅馆十三号 / 罗原觉先生启 / 北京草厂头条罗 /"，信封背面写有文字"六月十日寄 /"。据该信封邮戳上的文字"PEKING/ □□□ 23/"，可知该信封是 1923 年 6 月 10 日从北京寄往天津的。

图五四收录的信封 1 个，横 8.6 厘米，纵 24.3 厘米，封面上写有"上海一品香旅社四十号 / 罗原觉先生台启 / 北京草厂头条罗

图五四

二十一日 /"。"一品香"为上海一家知名旅社。可知收信人在上海出差。

据上可知，1921 年 6 月罗原觉在上海出差，1923 年 6 月 10 日在天津出差，在这一段时间内，罗惇曧一直住在北京草厂头条广州馆。

综上所述，我们看到，从 1921 年至 1924 这一阶段，收信人罗原觉的住址发生过变动，但寄信人罗惇曧的住址未曾变动。

据黄濬著《花随人圣庵摭忆》上册"二六五 记罗瘿庵"记载："予识瘿在宣统末年，同官邮部。……得交陈简持、梁任公、麦孺博、潘弱海，率瘿之介。时瘿寓广州馆，敷庵、孝觉皆同学，亦居此，辟一院杂莳花木。予不常诣前门东，独为瘿庵兄弟往，如是六七年。"[9] 可知，罗惇曧住在北京草厂头条广州馆的时间较长。

这里需补充说明的是，罗惇曧的绘画作品亦值得赞赏。据参观了 1941 年 7 月在北京北海镜清斋与静心斋举办的"消夏画会"展品的一名观者在《参观随笔》中写道："书画俱工，与瞿君（笔者按：瞿兑之）仲伯者，有罗复堪先生。罗书久已驰誉于时，画则不多见。出品有临明人兰蕙水仙长卷，笔致墨法，骤观之不似明以下人之作，真珍品也。"《一士漫笔·艺术的消夏》："罗氏画近陈道复。……罗、瞿工花卉，余皆山水，以写意为多，类有新境界，颇不拘拘于前人成法云。"半解《谈文人画与消夏画社》："顺德罗复堪先生，本以诗名，善章草，以章草之法写花卉，酷似明之陈道复。"[10]

注释

[1] 李吉奎整理，黄濬著：《花随人圣庵摭忆》，北京：中华书局，2013 年 8 月第 1 版，第 686 ~ 687 页。

[2] 王中秀编著：《黄宾虹年谱》，上海：上海书画出版社，2005 年 6 月第 1 版，第 153 页。

［3］见《广州文博（玖）》，北京：文物出版社，2016 年 10 月第 1 版，第 306 ～ 335 页。

［4］见本书《新发现邓实信函考释》。

［5］李吉奎整理，黄濬著：《花随人圣庵摭忆》上册，北京：中华书局，2013 年 8 月第 1 版，第 58 页。

［6］麦华三：《岭南书法丛谭》，载《广东文物》，广州：广东人民出版社，2013 年 7 月第 1 版，第 725 页。

［7］麦华三：《岭南书法丛谭》，载《广东文物》，广州：广东人民出版社，2013 年 7 月第 1 版，第 723 页。

［8］麦华三：《岭南书法丛谭》，载《广东文物》，广州：广东人民出版社，2013 年 7 月第 1 版，第 724 页。

［9］李吉奎整理，黄濬著：《花随人圣庵摭忆》上册，北京：中华书局，2013 年 8 月第 1 版，第 521 页。

［10］转引自王中秀编著：《黄宾虹年谱》，上海：上海书画出版社，2005 年 6 月第 1 版，第 433 ～ 435 页。

44 李次武致罗原觉函12通（附：李次武致杨歗谷函1通）

李次武（1894 ~？），乳名揭生，派名新潮，官名涛，俗称八大人。四川矿务商务大臣、南洋考察商务大臣李征庸之子，广东水师提督李准胞弟、周一良的姑丈，懂四国文字。

李次武致罗原觉函（图一、二、三），三页，每页横 17.3 厘米，纵 26 厘米，共有 13 行文字：

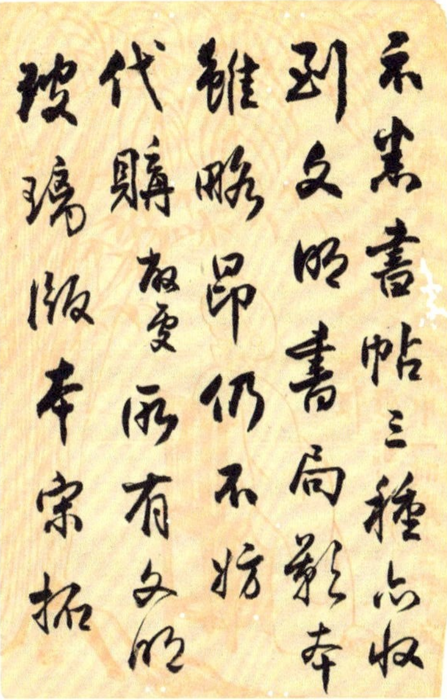

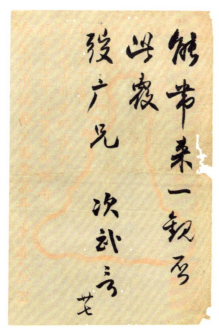

示悉書帖三種亦收
到文明書局影本
雖略昂仍不妨
代購敝處所有文明
玻璃版本宋拓

图一

雲麾將軍李思
訓碑已轉贈他人
希即另購一本
帶來隋徐使君
碑尚未見過不知

图二

能帶來一觀否
此覆
弢庵兄 次武言
廿七

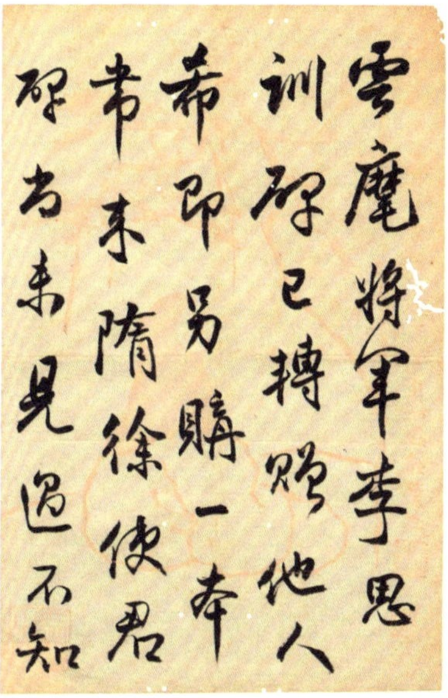

图三

示悉，书帖三种，亦收/到。文明书局影本/虽略昂，仍不妨/代购。敝处所有文明/玻璃版本、宋拓/云麾将军李思/训碑已转赠他人，/希即另购一本/带来。隋徐使君/碑尚未见过，不知/能带来一观否。/此覆/弢庵兄。次武言。廿七。/

李次武致罗原觉函
（图四），一页，横 16.8
厘米，纵 26.6 厘米，共有
6 行文字：

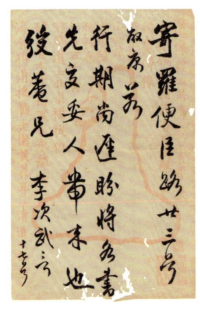

示悉，今欲购《磁雅》，
希／即／代购。何日来港，
所寄"大／观帖"各种，
何时可到，希／示知。／
泽堂兄。次武言。十三
日。／

图四

按：使用"上海九华堂宝记制笺"。

李次武致罗原觉函（图五、六），残存两页，第一页横 16.8
厘米，纵 26.7 厘米，第二页横 17.2 厘米，纵 26 厘米，共有 11
行文字：

矣，此外，尚有何种旧
／板书籍、专考究钟／
鼎者，尚希／开示，备
选购也。／来缄或书籍，
可径／寄罗便臣路廿三
号／敝寓。若／行期尚迟，
盼将各书／先交妥人带
来也。／殁菴兄。李次
武言／十七号。／

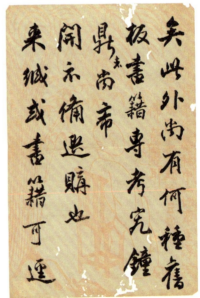

图六　　　　　图五

李次武致罗原觉函（图七），一页，横 15.3 厘米，纵 25 厘米，共有 6 行文字：

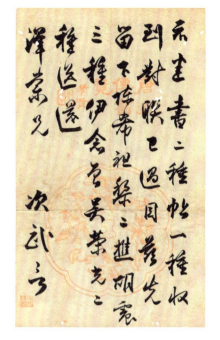

图七

示悉。书二种、帖一种收 / 到，对联已过目。兹先 / 留下陈希祖、黎二樵、胡震 / 三种，伊念曾、吴荣光二种送还。 / 泽棠兄。次武言。 /

按：该函使用特制信笺。该信笺印制"唐葵花形铜镜"图样及"郑孝胥'唐□传书竟'"文字。

李次武致罗原觉函（图八），一页，横 17.2 厘米，纵 26.2 厘米，共有 5 行文字：

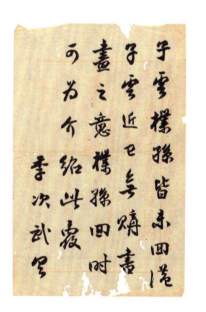

图八

子云、朴孙皆未回港。 / 子云近已无购书 / 画之意，朴孙回时 / 可为介绍。此覆。 / 李次武呈。 /

按：该函使用特别信笺。该信笺印制上海"涵芬楼藏宋刻本""吴郡唐寅子畏桃花坞学圃堂藏书《新雕注疏珞琭子三命消息赋》目录"页图案。

李次武致罗原觉函（图九），一页，横 19.6 厘米，纵 30.5 厘米，共有 7 行文字：

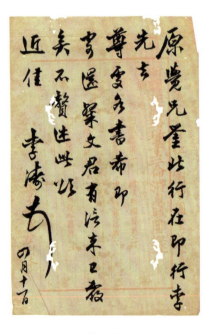

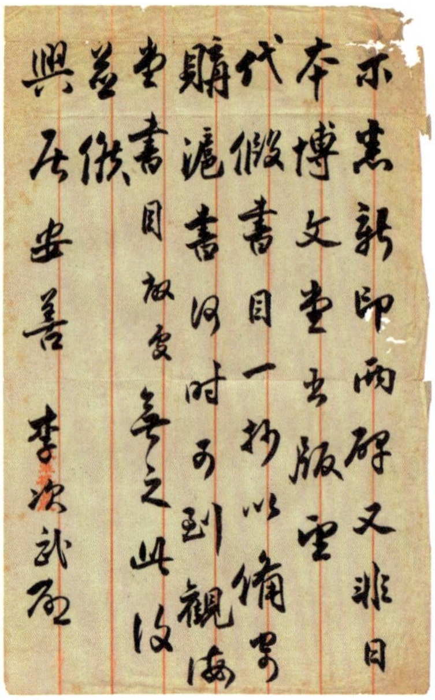

示悉新印兩碑又非日
本博文堂出版望
代假書目一抄以備寄
購滬書何時可到觀海
堂書目敝處無之此復
並候
興居安善 李次武啓

图九

示悉，新印两碑，又非日 / 本博文堂出版，望 / 代假书目一抄，以备寄 / 购。沪书何时可到？《观海 / 堂书目》，敝处无之。此复，/ 并候 / 兴居安善。李次武启。/

按：使用“椽笔楼书版”信笺。

李涛致罗原觉函（图一〇），一页，横 17 厘米，纵 26 厘米，共有文字 6 行：

原覺兄鑒北行在即行李
先去
尊處各書希即
寄還粲文君有信來已覆
矣不贅述此頌
近佳 李濤頓首
四月十一日

图一〇

原觉兄鉴：北行在即，行李 / 先去，/ 尊处各书希即 / 寄还。粲文君有信来，已覆 / 矣，不赘述。此颂 / 近佳。李涛顿首。四月十一日。/

按：该函使用的信笺同于前图八。

李涛致罗原觉函（图
一一），一页，横 17 厘米，
纵 26 厘米，共有文字 6 行：

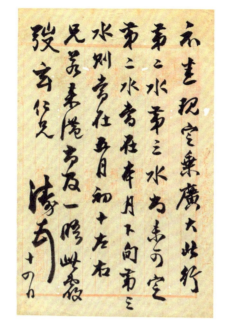

图一一

示悉，现定乘广大北行，
/ 第二水第三水尚未可
定，/ 第二水当在本月
下旬，第三 / 水则当在
五月初十左右。/ 兄若
来港，尚及一晤。此覆
/ 弢玄仁兄。涛顿首。
十四日。/

按：该函使用特制信笺。该信笺印制"涵芳楼藏宋崔尚书宅
刊本""杭州盐官县开福寺圆满阁记""《北碉文集》卷之一"
页图案。

李涛致罗原觉函（图
一二），一页，横 15.9 厘
米，纵 24.6 厘米，共有文
字 5 行：

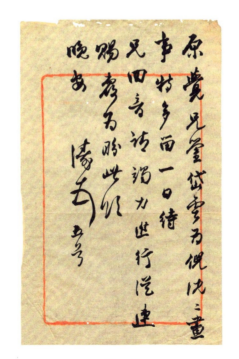

图一二

原觉兄鉴：岱云为倪沈
二画 / 事，特多留一日，
待 / 兄回音，请竭力进
行，从速 / 赐覆为盼。
此颂 / 晚安。涛顿首。
五号。/

103

久别乍晤，喜慰不可言，/所询山东航路中街有/通济隆，若往询之，必可/详悉，相聚无多日，/有暇希随时过谈为幸。/原觉仁兄。涛顿首。十一早。/

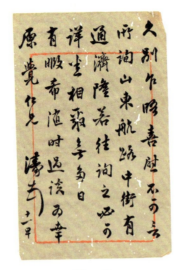

图一三

李涛致罗原觉函（图一三），横 15.9 厘米，纵 24.6 厘米，共有文字 6 行：

弟今早回津，约一星期复来。/足下南行未卜，已定何时？《绎/史》阅毕，即请寄天津敝寓，/余晤馨。此颂/原觉兄。涛顿首。十月八号。/

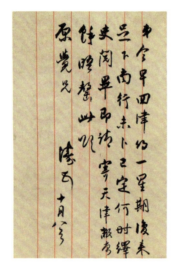

图一四

李涛致罗原觉函（图一四），横 15.9 厘米，纵 24.6 厘米，共有文字 5 行：

图一五

据该函信封（横 17.2 厘米，纵 17.6 厘米，图一五）上的邮戳文字"PEKING/ 十二年十月九日 /"，表明该函写于 1923 年 10 月 8 日。该信封正面书写的地址是"第一宾馆 1 百－0 号 / 罗原觉先生 / 李缄 /"，可知此时罗原觉正在北京出差。

李涛致罗原觉函（图一六、一七、一八），五页，每页横16.9厘米，纵26厘米，共有文字27行：

图一六

图一七

图一八

原觉仁兄足下：久隔 / 芝晖，时切葭溯，遥想 / 起居康胜，新祉增绥，为颂为慰。前 / 次由申寄来《王心斋全集》，已经收 / 到，久未答覆，该价亦未奉缴，/ 至为歉仄。闻不久 / 将复北来。/ 前言伊迩，俟晤时面邀［缴］，何如？ / 弟今岁罹心疾，缠绵半载 / 有余，今虽痊愈，然未可遽 / 言充实也。病中不能阅书，/ 时以浏览碑帖自遣，因念 / 尊藏《绛帖》，久经玻璃板印 / 出，前承 / 尔诺，许以一部见惠，是以 / 未即购买，以免重复，惟久 / 未得 / 来书，致望甚殷。/ 足下为主权付印之人，所 / 得回者必多，/ 能践前言，寄我一部否？敝址 / 如旧，/ 径寄必达也。专此，即颂 / 文安，并贺 / 年禧。李涛顿首。廿四日。/

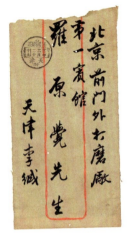

图一九

北京前门外打磨厂 / 第一宾馆 / 罗原觉先生 / 天津李缄 /

信封（图一九），横 10 厘米，纵 19.6 厘米：

邮戳里的文字：乙 /14TIENTSIN 十二年十一月二十五 / 天津十四 /。表明该信封是在 1923 年 11 月 20 日从天津寄往北京。

图二○

送中国旅馆 / 罗原觉先生 / 李缄 /

信封（图二○），横 9.7 厘米，纵 19.5 厘米：

信封（图二一），横 17.5 厘米，纵 15.8 厘米：

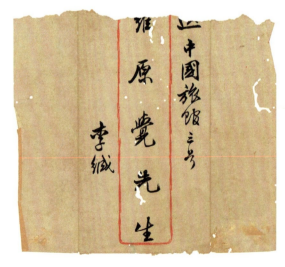

图二一

送中国旅馆三号 / 罗原觉先生 / 李缄 /

信封（图二二），横 10 厘米，
纵 21.6 厘米：

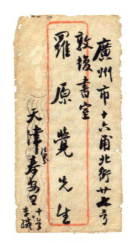

图二二

邮戳里的文字：天津 19 Jan.25
13 TIENTSIN。表明该信封是在
1925 年 1 月 19 日从天津寄往广州。

信封（图二三），横 10 厘米，
纵 20 厘米：

图二三

信封（图二四），横 10.1 厘米，
纵 21.9 厘米：

图二四

广州市十六甫北街廿七
号 / 敦复书室 / 罗原觉
先生 / 天津法界寿安里
十号李缄 /

广州市十六甫北街廿七
号 / 敦复书室 / 罗原觉
先生 / 香港李缄 /

广州市十六甫北街廿七
号 / 敦复书室 / 罗原觉
先生 / 香港李缄 /

107

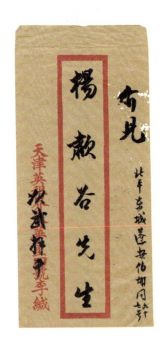

李次武致杨歗谷函（图二五），一页，横16.9厘米，纵25.6厘米，共有6行文字：

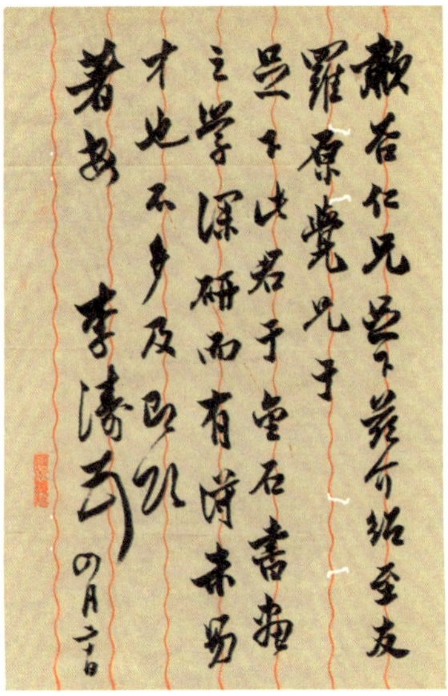

歗谷仁兄足下：兹介绍至友 / 罗原觉兄于 / 足下。此君于金石书画 / 之学，深研而有得，未易 / 才也，不多及，即颂 / 著安。李涛顿首。四月二十日。/

图二五

按：该函使用"涵芬楼制"信笺。杨歗谷（1885～1969），四川大邑人，著名古瓷鉴定家、文物学家，著有《古月轩瓷考》。"毕业于四川武备学堂。曾任北京国立艺专、华西大学教授，四川省文史馆馆员。"（《容庚北平日记》第465页）1936年7月5日，"叶公超请春华楼午餐。黄宾虹、寿石工、杨啸谷、吴其昌兄弟同席"。（同上）

信封（图二六），横9.7厘米，纵21.2厘米：

介见 北平东城遂安伯胡同六十七号 / 杨歗谷先生 / 天津英租界中华里四号李缄 次武拜 /

图二六

在罗原觉往来信函中，存有7通《徐良致罗原觉函》和1通《徐勤致罗原觉函》。

徐良（1893～1951），字善伯，广东三水白坭庙岗村人，康有为的大弟子徐勤之子。早岁赴日本入横滨大同学校，后就读于美国哥伦比亚大学、华盛顿大学。毕业后回国，历任北京政府司法部、外交部、内务部秘书，中华民国驻美国公使馆秘书，广东省长公署秘书，直鲁豫巡阅使署参赞，琼州交涉员，两广巡阅使署高等顾问，北京总统府顾问，山东督军公署顾问，长江巡阅使署秘书，国民政府驻美公使馆随员，外交部秘书厅办事员等职。20世纪30年代到天津任中原公司董事、中原银行经理。1940年3月，任汪伪政权外交部政务次长。同月任汪伪中央政治委员会外交专门委员会主任委员。7月派为出席与日本调整国交谈判代表。1941年2月，任汪伪东亚联盟中国总会常务理事，3月任汪伪文物保管委员会委员长，4月任汪伪中央政治委员会第二届委员会列席委员，10月任汪伪外交部驻日本大使。1942年3月，任汪伪中央政治委员会第三届委员会列席委员，后任伪华北政务委员会委员、汪伪国民政府委员（参见《民国人物大词典》第699页）。

另据《容庚北平日记》"1931年2月25日"记载"为式古斋徐良等书堂幅"，"1944年6月18日"记载"访徐良"。容庚所提徐良是否即徐勤之子。溥仪《我的前半生》记载："康有为和他的徒弟徐勤、徐良两父子，打着'中华帝国宪政党'的招牌，在国内国外活动。他们的活动情况，继续地通过庄士敦传到宫中。徐勤写来奏折吹牛说，这个党在海外拥有十万党员和五家报纸。在我出宫前两年，徐良曾到广西找军阀林俊廷去活动复辟。"（第162页）"一九二七年，康有为去世，他的弟子徐良求我赐以谥法。按我起初的想法，是要给他的。康在去世前一年，常到张园来看我……据说后来徐良为此还声言要和陈、郑等人'以老拳相见'哩。"（第259页）

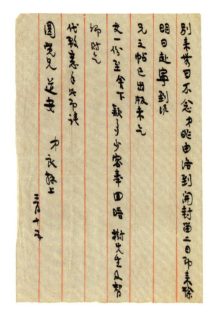

图一

第一通《徐良致罗原觉函》（图一），一页，横17.4厘米，纵25.9厘米，共有8行文字：

别来无日不念。弟昨由洛到开封，留二日，即来徐，／明日赴宁到沪。／兄之帖已出版未，乞／交一份至舍下。款多少，容奉回。晤树先生及智／卿时，乞／代致意。手此，即请／圆觉兄道安。弟良拜上。／三月十五。／

按："树先生"即韩文举。

第二通《徐良致罗原觉函》（图二），一页，横17.2厘米，纵24.3厘米，共有8行文字：

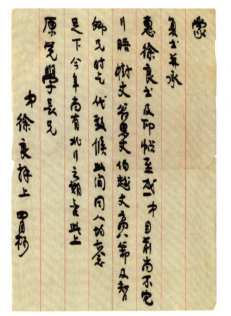

图二

蒙／复书并承／惠徐良书及印帖，至感。弟目前尚不它／行。晤树丈、翁思丈、伯越丈、高八爷及智／卿兄时，乞代致候。此间同人均甚念。／足下今年尚有北行之期否？此上／原觉学长兄。／弟徐良拜上。四月杪。／

按："树丈"即韩文举，"伯越丈"即崔百越，"高八爷"即高蕴琴。

110

第三通《徐良致罗原觉函》（图三），一页，横12.7厘米，纵24.9厘米，共有6行文字：

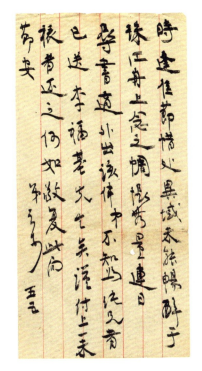

图三

时逢佳节，惜处异域，未能畅醉于/珠江舟上，念之惘怅无量。连日/辱书，适外出。该件弟不知为纯兄者，/已送李福基先生矣，谨付上一未/裱者还之，何如？敬复，此问/节安。弟良顿首。五.五./

第四通《徐良致罗原觉函》（图四），一页，横16.3厘米，纵26.5厘米，共有8行文字：

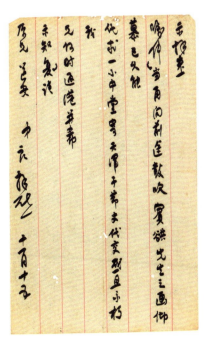

图四

示拜悉，/嘱件当再问前途鼓吹，宾谷先生之画，仰/慕已久，能/代求一小中堂寄天津子节丈代交，感且不朽。/我/兄何时返港，并希/示知，复请/原兄道安。弟良拜启。十一月十五。/

按：“宾谷”即曾燠，江西南城人，乾隆四十六年进士，官贵州巡抚，善骈体文，工诗善画，为清代骈文八大家。

第五通《徐良致罗原觉函》（图五），一页，横12.5厘米，纵24.2厘米，共有7行文字：

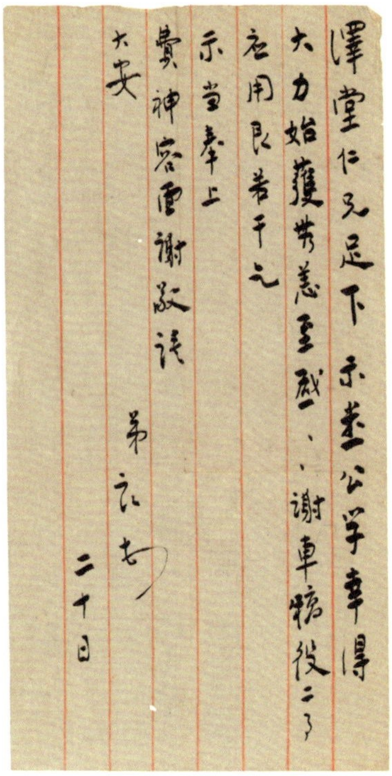

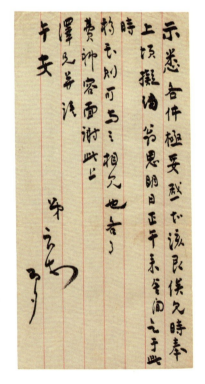

图五

泽堂仁兄足下：示悉，公学幸得 / 大力始获无恙，至感至感。谢车犒役二事，/ 应用银若干，乞 / 示当奉上。/ 费神，容面谢，敬请 / 大安。弟良顿首。/ 二十日。/

第六通《徐良致罗原觉函》（图六），一页，横12.7厘米，纵24.9厘米，共有8行文字：

图六

示悉，各件极妥，感甚。该银俟见时奉 / 上，顷拟约翁思明日正午来舍间，乞于此 / 时 / 移玉，则可与之相见也。各事 / 费神，容面谢。此上 / 泽兄并请 / 午安。弟良顿首。/ 即夕。/

112

第七通《徐良致罗泽堂函》（图七），一页，横 12.5 厘米，

纵 24.2 厘米，共有 5 行文字：

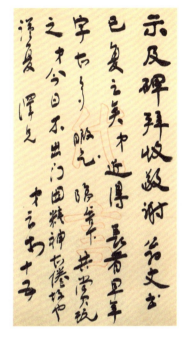

图七

示及碑，拜收，敬谢。翁丈书 / 已复之矣。弟近得长者早年 / 字甚多，暇乞临舍下共赏玩 / 之。弟今日不出门，因精神甚倦故也。/ 谨复泽兄。弟良顿首。十五。/

按：该函使用印制"代言"二字的信笺。

另有其父徐勤致罗原觉函一通（图八），一页，横 12.6 厘米，

纵 24.5 厘米，共有 5 行文字：

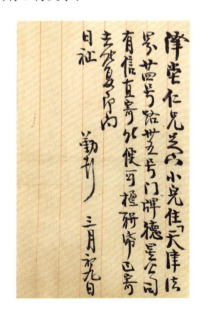

图八

泽堂仁兄足下：小儿住"天津法 / 界廿四号路卅五号门牌德星公司 / "，有信直寄此便可。楹联纸已寄 / 去。此复即问 / 日祉。勤顿首。三月初九日。/

罗原觉往来信函中，存有3通《李耀汉致罗原觉函》及信封3个。

李耀汉（1878～1942），原名北泉，"字子云，广东新兴人。1914年3月，任广东肇阳罗镇守使。后任粤军第一师师长。1917年8月，冯国璋任命为署广东省省长；9月广州非常国会选为筹饷总办；10月兼署广东督军。1918年9月，广州军政府免其省长、督军职"（《民国人物大辞典》第325页）。

第一通《李耀汉致罗原觉函》（图一），一页，横17厘米，纵26厘米，共有7行文字：

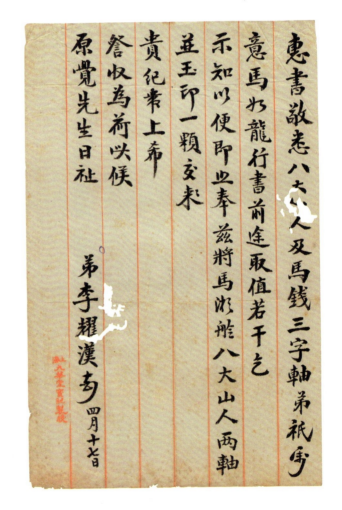

图一

按：该函使用"上海九华堂宝记制笺"。

惠书敬悉，八大山人及马钱三字轴，弟祇属 / 意马如龙行书，前途取值若干，乞 / 示知，以便即照奉。兹将马湘舲、八大山人两轴 / 并玉印一颗交来 / 贵纪带上，希 / 察收为荷。此候 / 原觉先生日祉。弟李耀汉顿首。四月十七日。/

第二通《李耀汉致罗原觉函》（图二），一页，横 16.9 厘米，纵 26 厘米，共有 7 行文字：

图二

原觉先生有道：顷承 / 惠临，畅谈快甚。弟定明日午后五时请 / 台端约同谷雏先生往南园便饭，全席者仅 / 约唐天如、梁日东二君耳。届时弟当赴 / 尊寓邀全前往，乞转告谷雏先生为盼。此候 / 晚安。弟李耀汉顿首。四月十九酉刻。/ 谷雏先生均此致候。/

按：该函使用"上海九华堂宝记制笺"。"谷雏"即张谷雏。唐天如，名恩溥，广东新会人，古文家，曾任清史馆纂修，后为吴佩孚秘书长。精医术，擅书法。著有《文章学》。

第三通《李耀汉致罗原觉函》（图三），一页，横 17.7 厘米，纵 26.6 厘米，共有 9 行文字：

图三

泽棠先生有道：日前 / 台从到港，适弟往省，及旋港，则 / 执事又赴沪耳，彼此缘悭一面怅甚。/ 前存弟处之扇面，经如 / 属送交青年会内 / 尊纪收领，给回收据。倘各扇面未沽 / 去，俟弟于明正上元后回港可筹款 / 受之。此候近佳。弟李耀汉启。/ 中华民国十七年十一月廿二日。/

按：该函使用"启事用笺"。另有信封 3 个。

115

信封一，横 8.6 厘米，纵 21.1 厘米：

外件送青年会 / 罗原觉先生大启 / 李缄 /

信封二，横 9 厘米，纵 17 厘米：

送青年会 / 罗原觉先生启 / 李缄 /

信封三，横 7.6 厘米，纵 15.3 厘米：

送青年会内 / 罗原觉先生 / 李缄 /（图四）

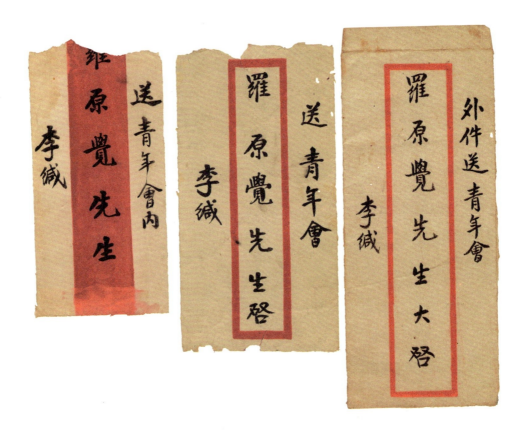

图四

罗原觉往来信函中，有3通《潘霄汉致罗原觉函》。

潘霄汉，民国著名学者、收藏家。

第一通《潘霄汉致罗原觉函》（图一），一页，横13.3厘米，纵23.1厘米，共有5行文字：

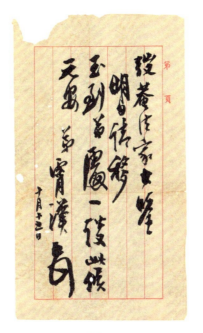

图一

第二通《潘霄汉致罗原觉函》（图二），一页，横13厘米，纵23.2厘米，共有8行文字：

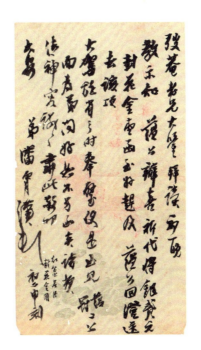

图二

按：该函信笺上印制"金鱼"图及"濠江乐趣，九华主人制，梦庵写"等文字和"九华写"印文一方。"蕴公"即高蕴琴。

■

戣菴法家大鉴：/明日请移/玉到弟处一谈。此候/文安。弟霄汉顿首。/十月十三日。/

■

戣菴老兄大鉴：拜读初一晚/教示，知蕴公办喜，祈代将银贰元、/封花金壹函，至好赶及蕴公回澄送/去。该项/大驾旋省之时奉璧便是。至见蕴、冠二公/面，为弟问好，恕不另函矣。请费/清神，容谢谢。肃此敬叩/大安。弟潘霄汉顿首。初二申刻。/（红签名片，封花金用）

117

弢盦老兄大鉴：/ 惠来十五金得领，感感。大幅中 / 堂长条，皆以旧金榜纸为最 / 好写，未遇蜡，清水密冷，金线 / 亦好。近日难得佳者。此复。即颂 / 文安。弟霄汉顿首。十二月念四。/

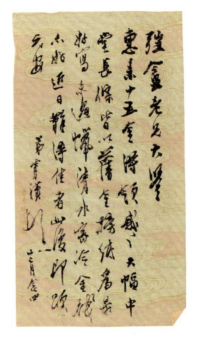

图三

第三通《潘霄汉致罗原觉函》（图三），一页，横 13 厘米，纵 23.1 厘米，共有 6 行文字：

按：该函使用"粤东瑞云楼制"信笺。另有信封两个。

信封一（图四），横 7.6 厘米，纵 16.9 厘米：

函呈 / 罗弢盦先生启 / 大塘街潘缄 /

图四

信封二（图五），横 8.1 厘米，纵 15.3 厘米：

图五

香港士丹顿街十二号三楼 / 邓寓 / 罗泽棠先生启 / 由省锦活伦潘缄 /

48

苏宝盉致罗原觉函 4通

——

原觉仁兄足下：到申一年，屡访 / 行踪不得，时以为念。忽承 / 惠柬，知已返羊石。比惟 / 眼福益增，搜集弥富。去年析津 / 之行，想大有所获，何时再整 / 文装？如过沪上，切祈 / 枉过也。另片，敬叩 / 春禧。弟宝盉顿首。祀灶日。/

在罗原觉往来信函中，保留有4通《苏宝盉致罗原觉函》。苏宝盉（1861～1938），字幼宰，号冬心，广东顺德人，光绪丙午优贡，官至礼部主事、典礼院佥事。著《冬心骈文》。

第一通《苏宝盉致罗原觉函》（图一），一页，横16.9厘米，纵26.4厘米，有文字8行：

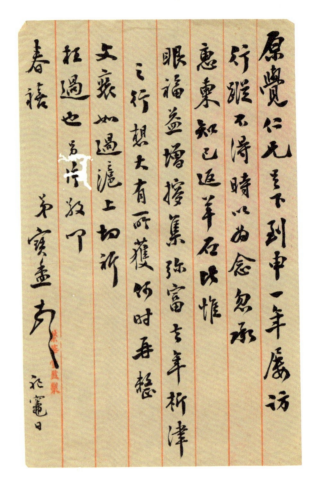

图一

该函使用的信笺为"荣华堂监制"。信中所言"申"即上海，"羊石"即广州，"析津"指北京。信中提起"到申一年，屡访行踪不得"，表示作者已到上海一年了。信中还提及"去年析津之行，想大有所获"一事。据考，罗原觉曾于1920年下半年至1921年3月前和1923年下半年到北京天津出差。然此处所言"去年"当指哪个时间段？

该函的落款时间是"祀灶日",即指农历十二月二十三日或二十四日。该函信封(横8.4厘米,纵17.2厘米,图二)有文字"广州十五甫正街和厚里 / 敦复书室 / 罗原觉先生启 / 上海苏缄 /",可知罗原觉此时住在广州十五甫正街和厚里。该信封上的邮戳隐约可见文字"CANTON 十□年十二月 日 广州府",虽然有部分字迹不清,不易辨识,但据《罗惇曧致罗原觉函考释》一文所录图四九、五〇信封,可见其邮戳上有文字"CANTON/ 十一年六月廿八 / 广州府 /",即1922年6月广州邮政所盖邮戳显示的是"广州府"。与此同时,《罗惇曧致罗原觉函考释》一文还进一步考定,1921年3月罗原觉住在广州市十五甫和厚里八号敦复书室,至迟到1922年6月已改住广州十六甫北街廿七号敦复书室。据此可初步判断,第一通《苏宝盉致罗原觉函》写于辛酉年十二月二十三日或二十四日,即1922年1月20日或21日,"去年"是指"1920年下半年至1921年3月前"这一时间段。

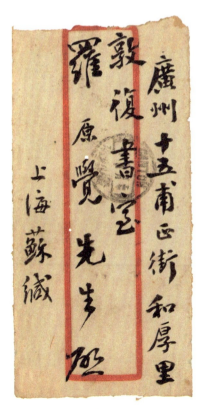

图二

第二通《苏宝盉致罗原觉函》（图三），一页，横 16.9 厘米，纵 26.3 厘米，有文字 8 行：

去年北行，究以何时返粤，迩来仍 / 不肉食否？ / 尊寓乔迁，想 / 读碑室中已有佳人作伴矣。羊石 / 经年兵祸，无人有余暇讲究碑 / 版者。此道几成为朴学。想 / 足下亦必北行，乃有兴趣也。贵宗亦 / 璋仍有晤谈否。 /

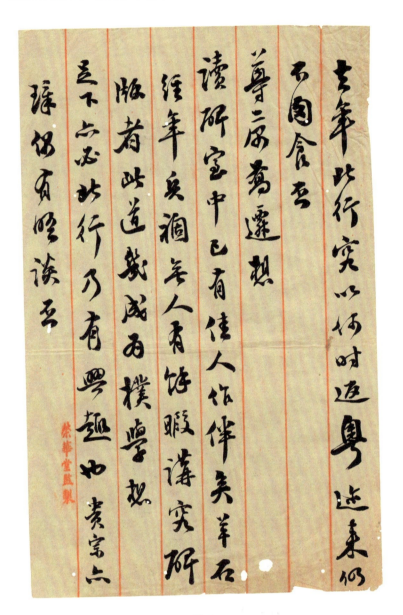

图三

该函使用的信笺与第一通使用的信笺相同，均为"荣华堂监制"。信中所言"去年北行"一事，与上述第一通信函所言"去年析津之行"一事，当指同一件事。信中还提及"尊寓乔迁"，是指罗原觉乔迁新址。罗原觉在 1922 年 6 月前已从"广州十五甫正街和厚里敦复书室"迁居"广州十六甫北街廿七号敦复书室"。

据此可知该函亦写于 1922 年 6 月前，与上述第一通信函所写时间相差较近。

信中谈道"羊石经年兵祸，无人有余暇讲究碑版者"，显示 1922 年之前广州政局不稳，社会动荡，治碑版者不多，几成朴学。

与此函似有关联的一个信封（图四），横 8.1 厘米，纵 17 厘米，上面书写的文字是"广州十五甫和厚里／八号敦复书室／罗原觉先生启／上海苏缄／"，邮戳文字是"CANTON／十□年一月十二日／广州／"。

图四

第三通《苏宝盉致罗原觉函》（图五），一页，横 19.6 厘米，纵 28.4 厘米，有文字 9 行：

原觉仁兄足下：阔别半载，想 / 鉴藏益富。近有出门否？嘱代陈述老求 / 朱古师书楗帖，早已送去。惟朱师自五 / 月以后日在病中（前两月已移居），近更增剧。屡见不敢 / 催促，笔金未肯受，暂存敝处，晤陈述 / 公，希将前情奉复为感，否则久无消 / 息，反讦弟之为谋不忠矣。原款仅支去纸 / 价一元二角，人便当珍复也。此请 / 近安。弟盉顿首。 /

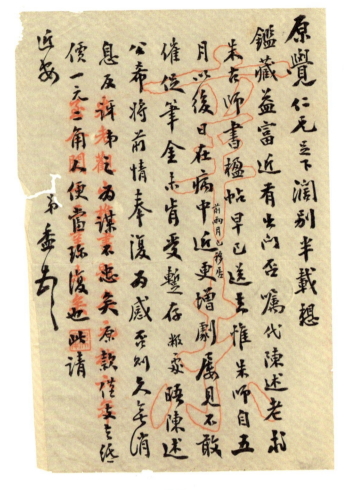

图五

该函使用的为书信人自制信笺，信笺上红色印制"'辛未'：米老《观山樵书》题名，元祐六年至今阅十三辛未矣"等文字及"幼宰"篆刻印文一方。"幼宰"为苏宝盉的字。

信函中所提"陈述老"即陈洵（1870～1942），"朱古师"即朱祖谋（号古微）（1857～1931）。信中主要内容是谈罗原觉代陈洵请苏宝盉求朱祖谋书写楗帖，但因朱祖谋自5月起一直在病中，故苏宝盉"不敢催促"。信中还提及"笔金"，"仅支去纸价一元二角"。陈洵是罗原觉的老师，朱祖谋是苏宝盉的老师。

该函未署年月，与下述第四通信函的书写时间较近。

第四通《苏宝盉致罗原觉函》（图六），一页，横 12.5 厘米，纵 24.3 厘米，有文字 7 行：

124

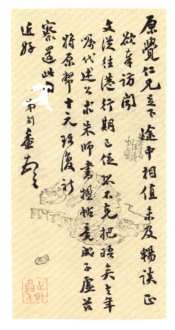

图六

原觉仁兄足下：途中相值，未及畅谈。正／欲奉访，闻／文从往港，行期已促，恐不克把晤矣。去年／嘱代述公求朱师书楹帖，竟成子虚。兹／将原币十元珍复，祈／察还。此颂／近好。弟制盉顿首。／

该函未署年月。信中提道"去年嘱代述公求朱师书楹帖，竟成子虚"，"述公"即陈洵。考朱祖谋于1931年11月22日在上海去世。可知该函应写于1932年，与此相关的上述第三通信函当写于1931年下半年。

信中提及"兹将原币十元珍复，祈察还"，与下述信封（图七，横15.6厘米，纵21厘米）封面所言"内沪币十元，祈饬送罗原觉先生"相吻合。"幼宰"即苏宝盉，此时"寓智剑庼"。

图七

与上述两通信函有关联的，还有一个信封（图八），横 8.5 厘米，纵 17.5 厘米。信封上写有如下文字：

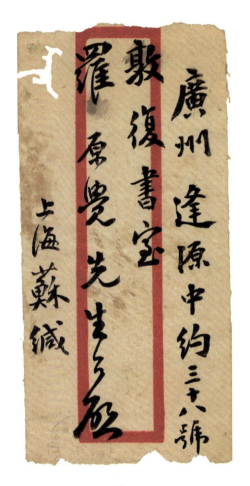

图八

由于该信封上的邮戳不清晰，上面的文字无法辨识，因此很难判断这是哪封信的信封。但依收信人的地址，可初步判断这是第三、四通信函所用信封。

王蘧（1884～1944年3月16日），号秋斋，"名军演。改名世仁，字军演、秋湄，以字行，晚号摄堂，室名北濠草堂，广东番禺人。精章草。晚年寄居苏州，逝于上海。集藏北周造像极富，编有《北周造像》《章草例》"（王中秀编著：《黄宾虹年谱》，上海：上海书画出版社，2005年6月第1版，第101页）。兴中会、同盟会会员，后远离政治。曾任北京南洋兄弟烟草公司经理。抗战后杜门参佛。毕生研究金石、文字、音韵等，工诗，著有《摄堂诗选》。黄宾虹至交。

在罗原觉往来信函中，有王秋湄信函3通，均是写给罗原觉的。第一通《王秋湄致罗原觉函》（图一），一页，横35.5厘米，纵28.1厘米，共有12行文字：

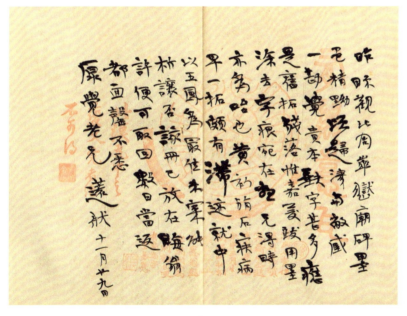

图一

该函使用印制信笺，上面印制有汉代"有万熹"瓦当拓本图案及后人题字："有万熹瓦"篆体字，"此汉瓦中之变文，完者绝不可得"，"冯氏《石索》作'万有熹'读。愙斋中丞题'有万熹'，是也。庚申三月生朝得此拓刻，制大笺并承愙翁题字。冯氏以为吉利语，因更'有万'为字。鹤山易熹"。按"冯氏"指冯云鹏和冯云鹓，"愙斋""愙翁"即吴大澂，"易熹"即易大厂，"庚

昨际观《北周华岳庙碑》，墨／印精勘。顷归津，与敝藏／一勘，觉贵本缺字甚多，应／是旧拓残落，惟嘉庆跋，用墨／涂去，字痕宛在。想兄得时，／亦为哈也。黄初旃石疾病，／早一拓，颇有滞迹。就中／以五凤为最佳，未审能／析让否？该册已放在晦翁／许，便可取回。数日当返／都。面罄不悉。／原觉老兄。蘧状。十一月廿九日。／

127

申"即1920年，据此可知该函写作时间不会早于1920年3月。

信中所言"五凤"应指华岳庙中的五凤楼，"晦翁"即黄晦闻。按黄节病逝于1935年1月24日下午1时半。据此可知该函写作时间不会晚于1935年。

从信函中所述内容推断，此时王秋湄尚在广州，"数日当返都"，而此时黄节亦在广州。据黄节1923年作《北园》《三月十九日发广州，海上作》《园坐寄树人广州，秋湄苏州》等诗，可知王秋湄1923年上半年已在苏州。据此可初步推测该函应写于1921年或1922年的11月29日。

第二通《王秋斋致罗原觉函》（图二），一页，横17厘米，纵26厘米，有文字8行：

北归，奉书具悉。二樵轴及查/卷，港币百番，即代脱此二物，/与来价不相上下，大多知之。该/款请即交大乔转天官里舍下/便可，不必汇寄。（尚有郑文焯画，不知沽之否。如嫌昂，可酌减。）弟近以别务未/能南行，惟决秋间必返粤，当/带各物托售，容将物目附察。/原觉我兄。秋斋白。清明。/

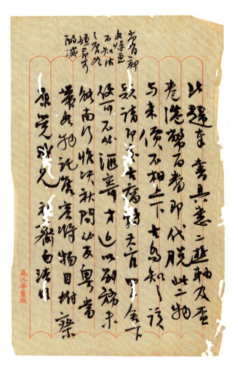

图二

按：该函使用"苏九华制笺"。"苏九华"是民国初年上海九华堂在苏州开设的一家分店，因而得此名，经营篆刻印章、八宝印泥、扇页扇骨及洒金珊瑚笺、泥金对联、水印木刻等业务。

信中提及"二樵轴"即指黎二樵轴，"郑文焯"即指旅居苏州擅书画的铁岭人郑叔问。

信中所言"天官里舍下"，应指王秋湄在广州的住所。"天官里"即"会城内东北里许，有旷地数十亩，乃前明湛文简退休之所，今呼为湛家园，里曰天官。虽荒废，而树木依然，石桥仍在"（黄佛颐撰，钟文点校：《广州城防志》，广州：暨南大学出版社，1994年12月第1版，第39页）。据1918年5月18日李尹桑致黄宾虹函言："缘日内王秋湄将来沪一行。"此时李尹桑与蔡守在香港创办《天荒什志》（王中秀编著：《黄宾虹年谱》，上海：上海书画出版社，2005年6月第1版，第138页），王秋湄尚在广州。到1923年1月，黄节"南旋，过苏州访章太炎、王秋湄，到杭州访诸贞壮，诸贞壮在黄节下榻处为王秋湄题扇"（王中秀编著：《黄宾虹年谱》，上海：上海书画出版社，2005年6月第1版，第159页）。可知，王秋湄应在1923年1月前已迁居苏州。该函落款时间为"清明"。据此可知该函应写于王秋湄尚在广州时的1920年至1922年的某年清明节。

第三通《王秋斋致罗原觉函》（图三），横17厘米，纵26厘米，共有文字10行：

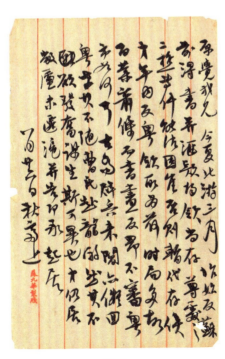

图三

原觉我兄：今夏北游三月，昨始返苏。/ 前得书并汇款，均领。尚存尊处之 / 二樵等件，能沽固佳，否则暂代存，俟 / 弟年内返粤领取为荷。时局多故，/ 百业萧条，而书画反昂，不审粤 / 市如何耳。大多辟兵来闾，亦拟回 / 粤，幸其不随曹氏赴龙□，然其不 / 欲发奋谋生，斯可异也。弟仍居 / 敝庐，未迁沪，并告即承起居。/ 八月廿六日。秋斋上。/

129

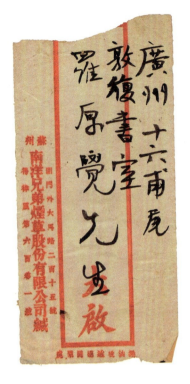

图四

广州十六甫尾／敦复
书室／罗原觉先生大
启／苏州阊门外大马路
二百十五号、得律风第
六百零一号南洋兄弟烟
草股份有限公司缄。／

图五

请交／罗原觉兄大启／
秋托／苏州阊门外大马
路二百十五号、得律风
第六百零一号南洋兄
弟烟草股份有限公司
缄。／

按该函亦使用"苏九华制笺"。该函提道"时局多故，百业萧条，而书画反昂"的现象。信中还提及"尚存尊处之二樵等件"一事，与前函所提"二樵轴及查卷"，应属同一件事。据此可推知该函的写作时间应晚于前函，二者的间隔时间不会太长，约在1920年至1922年的某年8月26日。

在罗原觉往来信函中，还存有3个信封，是王秋湄写给罗原觉的。一个见图四，横8.6厘米，纵18.2厘米：

另一个见图五，横8.6厘米，纵20.4厘米：

这两个均是苏州南洋兄弟烟草股份有限公司的专用信封。前者显示罗原觉住在广州十六甫。据《罗惇曧致罗原觉函考释》一文考证，1921年3月罗原觉住在广州市十五甫和厚里八号敦复书室，至迟到1922年6月已改住广州十六甫北街廿七号敦复书室。因此上述第一个信封的使用时间应在罗原觉住在广州十六甫期间。

第三个见图六，横 7.6 厘米，纵 14.5 厘米，正面书写收信人和寄信人的地址、姓名："广州西关十六甫 / 敦复书室 / 罗原觉先生 / 苏州铁香□王缄 /"，还盖有两方邮戳，其中有一方邮戳文字显示"CANTON/ 十三年二月十日 / 广州 /"。表明王秋湄写给罗原觉的书信于 1924 年 2 月 10 日寄达广州。

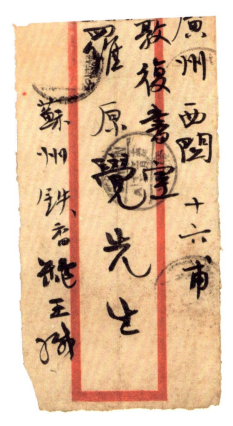

图六

上述三通信函让我们看到，王秋湄与罗原觉的交往时间集中在 20 世纪 20 年代，交往的内容主要为古书画的收藏鉴赏与买卖。秋斋"论诗，独与晦闻契，所作亦相似，独秋斋深佛法，晦闻好诠诗，经为小异耳……与晦闻诗并行，比之郊岛之于韩未……秋斋复工章草，世殆无与匹"（《摄堂诗选》"叶恭绰序"）。

50 函2通 李韶清致罗原觉

李韶清（？～1982），广东丰顺人，黄节的学生、女婿，广州市文史研究馆馆员。罗原觉往来信函中，存有2通《李韶清致罗原觉函》。

第一通《李韶清致罗原觉函》（图一、二、三），3页，每页横19厘米，纵27.7厘米，共有27行文字：

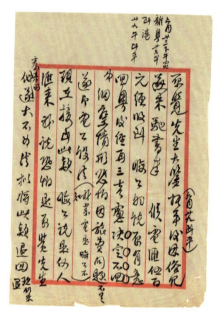

图一

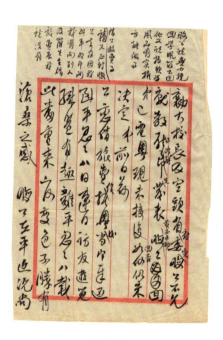

图二

原觉先生大鉴：抵平后（六月廿九到平），因俗冗/（六月廿三下午四时离粤，廿六早到沪，廿九午到平），遂未驰书奉候。电汇伍百/元，经收到。晦公初说，原有意/回粤，后经再三考虑，决定不回。/弟细察情形，恐怕因旅费问题不足，/遂即电公设法（我发电，是晦公不知）。现在接到此款。晦公说是何人/汇来？我说恐怕是原觉先生/寄来的。他遂大不为然，拟将此款退回。现仍未退。/（晦公说无力挽回学风，故不回。他又说，振顿学风，必有实权，方能做事）勷大校长及空头省府委员，晦公不

图三

该函信封（图四），横 13.2 厘米，纵 23 厘米，邮戳上的文字是"广州 / 廿二年七月十五 / CANTON S.O.NO10 /"，即 1933 年 7 月 15 日。信封上书写的文字是：

图四

允 / 就教厅事，如能即先发表，我必可劝晦公回。/ 弟已电粤，现未接复。回否，如何，仍未 / 决定。弟前日荷 / 公惠借旅费，俟抵粤后，当即奉还。/（借公旅费事，请不必对晦公言及。因我到平，他即问我有向别人及罗先生借旅费否。我说没有）到平忽忽八日，连日访友游览，/ 殊觉有趣。离平忽忽八载，/ 此番重来，山河变色，不胜有 / 沧桑之感。晦公在平，近况尚 / 安。适教厅事，如能先发表，晦 / 公必可回来，否则不能来中山大 / 学教授，他亦不允就。北大清 / 华，功课如前。近数月不欠薪。/ 现在南下之期不能决定，总要 / 待粤电到后方能决定。余不尽，/ 即候 / 道安。弟韶清顿首。/ 七月六日早。/

———

广州市西关宝源东街廿七号 / 罗原觉先生大启 / 北平李寄 七月六日 /

133

可知，该函写于 1933 年 7 月 6 日早，同日从北平寄出，15 日寄达广州。

第二通《李韶清致罗原觉函》（图五），两页，每页横 12.5 厘米，纵 24 厘米，共有 8 行文字：

顷接秋湄寄来南园墨痕/数篇，谨以一篇奉贻/左右。闻叶誉虎拟将此卷付/影印。原卷虽不得见，如得影/本，亦聊慰饥渴。/尊斋近日有何新得？肃此，奉候/原觉先生道席。/晚韶清拜启。正月十一夜。/

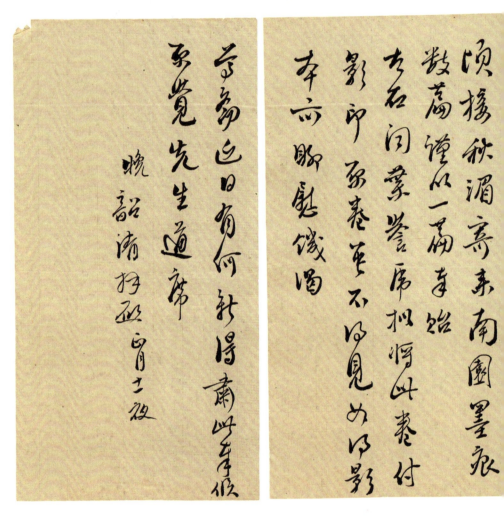

图五

按："秋湄"即王秋湄，"叶誉虎"即叶恭绰。

134

谈起张伯驹抢救《平复帖》的爱国故事，人人皆知。而与此形成鲜明对比，致使国宝流失海外的灰色人物白坚，知之者则甚少。

在罗原觉往来信札中，有两通《白坚致罗原觉函》。第一通（图一），一页，横 15.4 厘米，纵 25.4 厘米，有文字 8 行：

图一　　　　　　　　　　　　图二

该函未署年款，只留下"四日"这一日期。该函存有信封（横9.7 厘米，纵 22.3 厘米，图二）一个，信封上写有"复呈 / 罗原觉先生台启 / 白缄 /"等字样，但未见有邮戳，这表明这是一封由写信人托人送呈给罗原觉的信函。

信中所言"陈垣安有考"，当指陈垣《云冈第七窟造象记识语》一文。该文后被收进安徽大学出版社 2009 年 12 月出版陈智超主编《陈垣全集》第七册。文中写道："《观音势至文殊三菩萨造象记》，在云冈石窟寺第七窟高三丈余之东壁间，颜曰'佛光普照'。戊午秋余游大同尚未发现，翌年九月始有人用远镜搜得之。石质松泐，不易拓。同院梁君善济觅京工往拓之。太和七年为太

今夕之约，专为 / 足下设也。不图竟有先约，为怅无已。其 / 时，倘仍能分片刻之闲，/ 惠临一晤，则同坐诸子所幸甚。云冈 / 游记，以懒尚未著手。其写真，王府井大街山本照相 / 馆有之。闻陈垣安有考，尚未及见之也。一 / 切容晤罄，不一一。/ 原觉先生旅席。坚顿首。四日。/

135

武毁佛之三十七年，复兴佛法之三十年，迁洛之前十一年也。甲子一月二十日新会陈垣识。"（第 925 页）文中提及的"戊午秋"是指 1919 年秋，"甲子一月二十日"即是 1924 年 2 月 24 日。而罗原觉在 1923 年下半年正在北京出差，此时陈垣上述这篇论文尚未写成，与信中所言"尚未及见之"相吻合。由此可初步判断，这封信函当写于 1923 年某月 4 日。

第二通（图三），一页，横 15.4 厘米，纵 25.4 厘米，有文字 7 行：

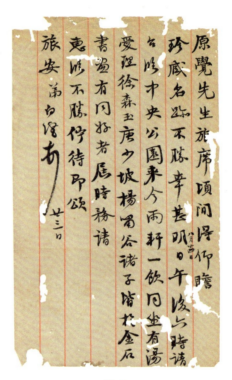

图三

原觉先生旅席：顷间得仰瞻 / 珍藏名迹，不胜幸甚。明日（八月廿四日）午后六时，请 / 台临中央公园来今雨轩一饮，同坐有汤 / 爱理、徐森玉、唐少坡、杨啸谷诸子，皆于金石 / 书画有同好者。届时务请 / 惠临，不胜伫待。即颂 / 旅安。弟白坚顿首。廿三日。/

该函提及"得仰瞻珍藏名迹"，显示罗原觉此次赴北京出差，带去了不少的珍藏名迹。信中邀请罗原觉到中央公园来今雨轩，与汤爱理、徐森玉、唐少坡、杨啸谷诸子相聚。据信中所言，这些人"皆于金石书画有同好"。如唐少坡，成都富人，喜欢收藏古籍书画、金石文物，为近世蜀中大收藏家、鉴赏家；杨啸谷（1885～1969），四川大邑人，四川武备学堂毕业，曾游历日本，著有《东瀛考古记》《古月轩瓷考》《东方陶瓷史》《大同云冈石佛考》《碑帖刻人姓名考》等，曾收藏怀素自叙帖及铜玉陶瓷珍品多件，新中国成立后任职四川省博物馆和四川省文史馆。

该函亦存有信封（横 7.3 厘米，纵 24.2 厘米，图四）一个，信封上写有文字"打磨厂西口 / 第一宾馆 110/ 罗原觉先生台启 / 白缄 十月三日 /"，信封上的邮戳有文字"BEIJING 十二年十月三日 北京"。按"十二年"指民国十二年。可知该信封是在 1923 年 10 月 3 日从邮局寄出的。

图四

该函未署年款，只留下"廿三日"这一日期。结合书信中所写相关内容，可知"八月廿三日"是指农历八月廿三日。查《新编万年历》，农历癸亥年八月廿三日正是公元 1923 年 10 月 3 日。由此可知，这封书信的写作时间是 1923 年 10 月 3 日。此时的罗原觉正在北京出差，入住北京打磨厂西口第一宾馆。

写信人白坚是一位书画家、鉴藏家。容庚在《容庚北平日记》里多次提及他，如 1931 年 3 月 8 日"白坚寄赠《汉石经残石集》"。次日，容庚"赠《金石书录目》与白坚"。（第 231 页）1931 年和 1932 年，容庚记下了白坚的通讯地址：上海法界辣斐德路桃源村十八号。1939 年 6 月 27 日容庚记录："八时进城。访白坚。"（《容庚北平日记》第 579 页）同年 7 月 2 日记录："八时白坚夫妇来。"

（第 580 页）表明 1939 年白坚已移居北京。

1929 年白坚住在上海。这一年的 4 月，教育部第一届全国美术展览会在上海国货路新普育堂隆重揭幕，11 日和 12 日展出了白坚的书画作品（王中秀编著《黄宾虹年谱》第 221 页）。1930 年 6 月 22 日，中国艺术专科学校举行第一届毕业典礼，白坚到场演说（同前第 253 页）。1930 年 11 月中旬，俞剑华在杏花楼举办个展预展会，白坚题词"有严峰气象"（同前第 258 页）。

长期以来，学界没有披露白坚的个人生平，直到 2013 年 12 月 4 日《中华读书报》刊发钱婉约《白坚其人其事》一文，人们才得知"最早的记录，见于日本桥川时雄 1940 年编印的《中国文化界人物总鉴》。原书日文版，有'白坚'一条，汉译如下：白坚，1883～？，字坚甫，四川西充人，留学日本，毕业于早稻田大学政治科。曾任国务院任职存记、段执政府秘书厅编译主任，民国二十七年临时政府内政部秘书，兼任师范学院国文教习。热衷金石书画的鉴赏与收藏，藏有古石经残石。近有《读正气歌图史集》一卷印行问世，是师范学院授课之讲稿。与同好者结有'余园诗社'。著有《读汉魏石经记》《石居获古录》（民国二十六年上海图书馆学校出版）等"。

2018 年 6 月 17 日，《南方都市报》刊发宋希於《关于白坚晚年情况的补充》一文。该文引用 1987 年 8 月出版四川省南充地区文化局编印《南充地区书画名人录》的介绍："白隆平〔中华人民共和国〕（1882～1968）原名敦庞，号坚甫，又号白山、白坚，西充县凤和乡人。光绪时廪生，曾参与维新变法和四川保路运动。1949 年前多居北京，从事于考古、文物鉴别、收集工作。中华人民共和国成立后，居重庆，为市政协委员、文史研究会会员。工书法，善行书，尤精章草，笔势雄健，章法奔放无拘，于不经意中见气势。"

至此，人们对白坚的生平略有所知。如今新见两封信函，为学界进一步了解白坚的书法艺术、生平履历及鉴藏轨迹提供了一份新材料。

椿季致罗原觉函（图
一），一页，横 12.6 厘米，
纵 22.4 厘米，共有文字 6
行：

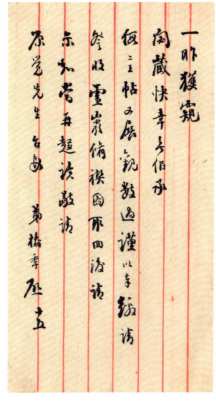

图一

椿季致罗原觉函（图
二），一页，横 12.6 厘米，
纵 22.4 厘米，共有文字 6
行：

图二

一昨获窥 / 闳藏，快幸
无侣，承 / 假"二王帖"，
又展观数过，谨以奉缴，
请 / 察收。《灵岳修禊
图》取回后，请 / 示知，
当再趋读。敬请 / 原觉
先生台安。弟椿季启。
十五。/

昨奉 / 手示并书画三件，
祇悉。兹已阅竟，仍以
奉缴，乞 / 察及。得暇
当再趋前展览，请不必
劳纪纲 / 送致也。复请 /
原觉先生台安。弟椿顿
首，三日。/
附白阳卷一、秋如牧山
册各一。/

139

53

方朝安致罗原觉函 1 通

—

原觉仁棣台鉴：今日由邮寄到寿星图一幅。/ 此种古画为世所珍，而 / 弟台更以我初度之辰为念，将以为寿，其有心记 / 念，殊可感也。此次因李师长云复先行送礼，以致各 / 师旅团纷纷送礼，加以张总办送京班女剧一枱，在 / 光华楼开演，比去年更为热闹。惜 / 弟台不在此同庆也。他日 / 弟若来汕，应请为我补请一杯，以伸微诚。因今年 / 两次晤面，均匆匆未及留饭，心中殊耿耿也。

方朝安（1869 ~ 1941），字靖山，号学稼子。惠来人。光绪贡生。历任广州述善学校校长，新丰、从化两县县长。

方朝安致罗原觉函（图一），两页，每页横 12.3 厘米，纵 23.8 厘米，共有 14 行文字：

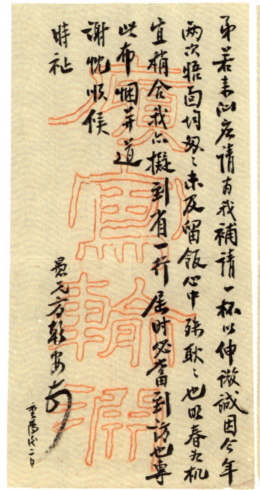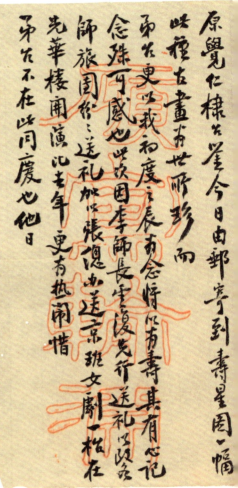

图一

明春如机 / 宜稍合，我亦拟到省一行，届时必当到访也。专 / 此布悃，并道 / 谢忱，顺候 / 时祉。愚兄方朝安顿首。 / 重阳后二日。 /

信封（图二），横 7.1 厘米，纵 15.1 厘米：

十五甫和厚里八号 / 敦复书室 / 罗原觉先生启 / 方缄 /

原觉仁兄阁下：昨承/枉顾，邑谭甚快。顷家兄翰臣嘱约/台从明午四句半钟/惠临公和祥码头帐房接洽一切，谨此/奉告，敬颂/台祺。弟甘璧生顿首。五月三日。/

甘璧生致罗原觉函（图一），一页，横17厘米，纵26.3厘米，共有6行文字：

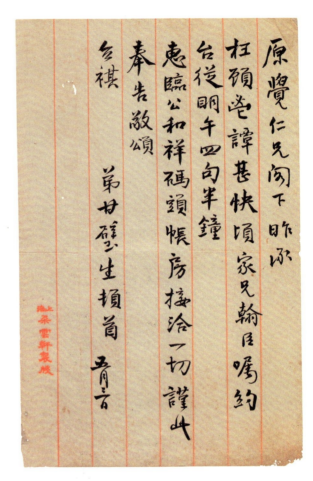

图一

按：该函使用"上海朵云轩制笺"。信中所言"家兄翰臣"即甘翰臣。1924年3月12日，上海闸北粤商医院右侧退藏庐吴衡之别墅举办古画展览会，甘翰丞（臣）等参观了该展（转引自王中秀编著：《黄宾虹年谱》，上海：上海书画出版社，2005年6月第1版，第168页）。1934年6月19日《申报》刊登甘翰臣等同启《潘兰史先生追悼会》（转引自王中秀编著：《黄宾虹年谱》，上海：上海书画出版社，2005年6月第1版，第328页）。信中还提及"公和祥码头"。"公和祥"即"Shanghai and Hongkew Wharf Co. Ld. 是近百年来上海港建立最早、规模最大的码头仓库托拉斯"（金立成：《帝国主义对旧上海码头业的垄断——上海公和祥码头史料》，载《学术月刊》1962年第1期第36页），据此可知此时罗原觉正在上海出差。

另据该函信封（图二，横9.6厘米，纵21.7厘米）上的文字"即送 一品香旅馆 / 罗原觉先生启 / 甘缄 /"，"一品香旅馆"是上海20世纪20年代一家知名旅馆，可知罗原觉在上海出差时入住该旅馆。

据王中秀编著《黄宾虹年谱》考证，1921年"3月，罗原觉自北平来沪造访，为跋《李思训碑》"（上海：上海书画出版社，2005年6月第1版，第153页）。是知罗原觉此时在上海出差，一直到5、6月还在上海。

因此，该函应写于1921年5月3日。

图二

55

高嶋鞠致罗原觉函 1 通

原觉先生有道：顷奉 /
手翰，敬悉 / 道履安胜
为慰。承 / 洵（询）地
震之事，弟赖无恙，祈
勿为念。/ 又蒙 / 寄《吴
本兰亭题跋考》一篇，
论断明 / 浙，得益不尠，
感铭无已，尚望续 / 示。
耑此鸣谢，即颂 / 文安。
弟高嶋鞠顿首。/ 庚午
除夜，遥祝 / 先生寿。/

高嶋鞠致罗原觉函（见下图），两页，每页横 13.2 厘米，纵 23 厘米，共有 11 行文字：

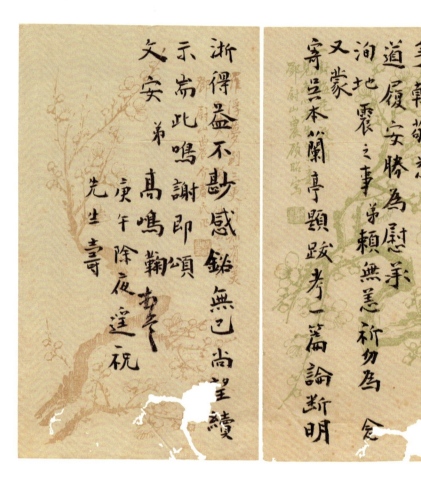

高嶋鞠，应系日本人。

该函写在特制信笺上。信函中的第一页，信笺印制"梅花图"及"一树梅花一放翁。见冬心先生笔意。邓尉山农顾昭写"等文字；第二页，信笺印制"罗浮梦到三更月，知有美人入梦来。癸亥仲春之月。邓尉山农介春氏昭"等文字。

信中署"庚午除夜"，即 1931 年 2 月 16 日。表明该函写于此时。

56 黄居素致罗原觉函 1 通

在罗原觉往来信函中，有一通黄居素早年书写的信函。这封信函是由黄居素写给粤籍鉴藏家罗原觉的。

黄居素（1897 年 5 月 16 日 ~ 1986 年 3 月 22 日），广东中山人。据徐友春主编《民国人物大辞典》介绍，黄居素“早岁留学美国，回国后，任广东省中山县县长。1924 年 11 月，孙中山任命为代理中国国民党海外部部长。后任粤军总司令部政治部主任，广东省政府秘书长。1928 年 10 月，任国民政府立法院立法委员。1930 年 1 月，任广东省政府委员。嗣后在香港家居养病。中华人民共和国成立后，曾一度回北京，任中央文史馆馆员，不久抱病返港，数十年深居简出。1986 年 3 月 22 日逝世。终年 90 岁。著有《黄居素画集》《光网楼诗》”（第 1115 页）。

这封信函有两页（图一、二），每页横 20.2 厘米，纵 27.8 厘米，共有文字 14 行，内容如下：

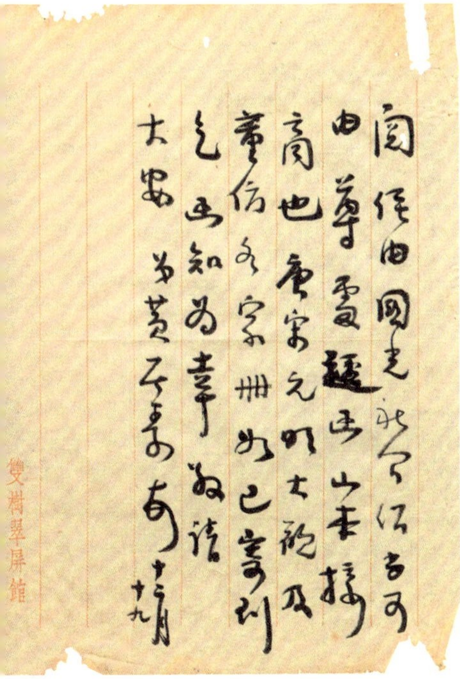
阅经由国光社介绍当可
由尊处径函山本接
商也唐宋元明大观及
董仿各家册如已寄到
乞函知为幸敬请
大安　弟黄居素顿首　十二月十九

图二

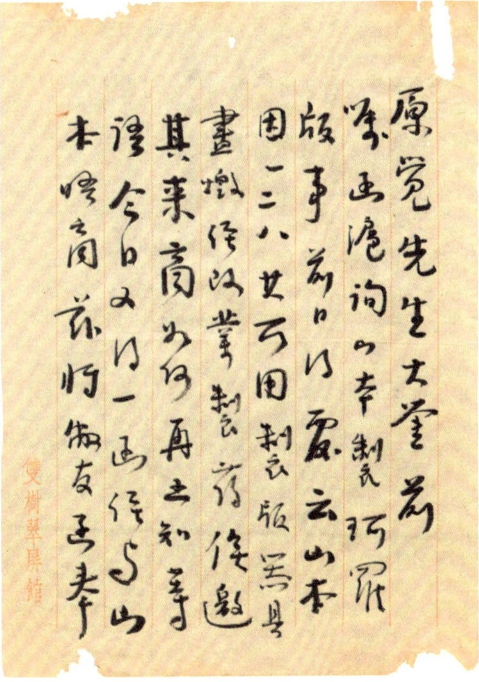
原觉先生大鉴前
嘱函沪询山本制珂罗
版事前日得覆云山本
因一二八其可用制版器具
尽毁经改业制药俟邀
其来商如何再函知等
语今日又得一函经与山
本晤商兹将敝友函奉

图一

原觉先生大鉴：前 / 嘱函沪询山本制珂罗 / 版事。前日得覆云：山本 / 因“一·二八”，其可用制版器具 / 尽毁，经改业制药。俟邀 / 其来商如何，再函知等 / 语。今日又得一函。经与山 / 本晤商，兹将敝友函奉 / 阅，经由国光社介绍，当可 / 由尊处径函山本接 / 商也。《唐宋元明大观》及 / 董仿各家册，如已寄到，/ 乞函知为幸。敬请 / 大安。弟黄居素顿首。十二月十九。/

按该函写在"双树翠屏馆"信笺上。据《黄居素自述》介绍："一九三五年乙亥年，（黄宾虹）经港至广西讲学，讲学后由广西至港，寄居司徒拔道东山台六号（即双树翠屏馆）一星期。曾论画学，并作画港景清水湾横幅一帧示范，即席题赠黄居素大女长玲，该画由鄙人保存迄今。在场画家有张谷雏、黄般若、□□□及邓绍荫。随宾虹游览香港、九龙有陈铭枢、唐天如、黄般若等。香港期间，由居素友人王季原派船乘兴乘船环游香岛海景海峡，即席写生资料甚多。与黄居素登港山顶（太平山）实地写生。（在居家处双树翠屏馆）山顶写生，由黄般若先生摄影并宾师亲自题记。"（转引王中秀编著：《黄宾虹年谱》，上海：上海书画出版社，2005年6月第1版，第362页）可知"双树翠屏馆"是黄居素在香港的住所名，该函应写于黄居素居住香港期间。

　　该函未署年款，只写下"十二月十九日"这一日期。据信中所言《唐宋元明大观》一书，该书是指1929年日本昭和四年一月廿三日印刷、廿五日发行，由大塚巧艺社印刷的《唐宋元明名画大观》一书。可知该函书写时间的上限是1929年。信中所提"国光社"即神州国光社。黄居素早年在神州国光社期间，即与黄宾虹关系甚好。据黄般若《忆宾虹老人》一文回忆："宾老与居素的交情，是在师友之间的，他们见面时是称黄老师，居素先生主持神州国光社时，古书画及《美术丛书》《神州大观》画册的编辑都是请宾老主其事的。"（转引自王中秀编著：《黄宾虹年谱》，上海：上海书画出版社，2005年6月第1版，第361页）另据信中所言"一·二八"，当指1932年1月28日淞沪抗战。据此可推断该函应写于1932年12月19日。此时黄居素住在香港，受罗原觉委托，去函上海，询问山本制珂罗版事。

藉刚致黄节函（见下图），一页，横 17.8 厘米，纵 27.8 厘米，有文字 6 行：

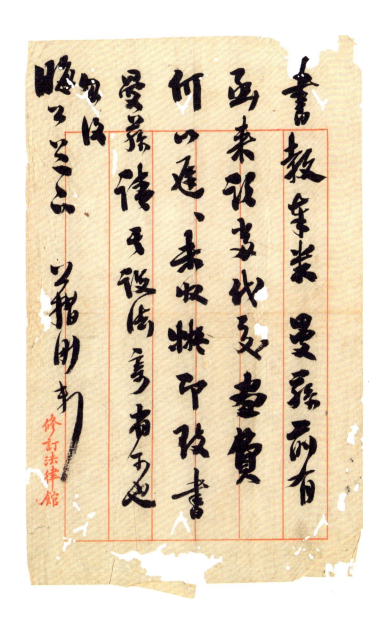

书教奉悉，曼苏前有 /
/ 函来，谈当代交画费，/
何以迟迟未收，拟即致
书 / 曼苏，请其设法寄
省可也。/ 匆复。/ 晦公
足下。藉刚顿首。/

按：该函使用"修订法律馆"信笺。信中所提"曼苏"即麦曼苏，"晦公"即黄节。

147

58

龙泽厚致罗原觉函 1 通

龙泽厚（1860～1946），字积之，广西临桂人，光绪优贡。以知县引见，在广州从学于康有为，后为万木草堂学长。生前精研易学和佛家经典，著有《易经八卦》等，编有《南海先生上书记》。"光绪廿三年，复生（指谭嗣同）与梁启超、汪康年、龙泽厚、康广仁等在上海发起设立'戒裹足会'，会址设在《时务报》报馆内，而且还订了章程二十条"（转引自王中秀编著：《黄宾虹年谱》，上海：上海书画出版社，2005年6月第1版，第29页）。

龙泽厚致罗原觉函（图一），一页，横28.3厘米，纵23.1厘米，共有文字13行：

原觉先生鉴：昨夕偕至友陈飞公小聚 / 禅悦斋，畅谈佛理兼及碑版金石文字。 / 飞公闻 / 执事高雅，无任敬佩，急思一晤，特奉约一 / 叙，适逢 / 公出，留条致意，谅经 / 鉴照。顷飞公约同趋候。弟适有要事，未 / 克同来，谨缄笺介绍。此公学修三长，/ 佛经（藏）几能背诵，生平所见，金石尤多。/ 执事一见，必能恨把晤之晚也。顺颂 / 晡安。/ 弟泽厚顿首。三月廿八日。/《茅山志》如已校毕，乞掷还为叩。/

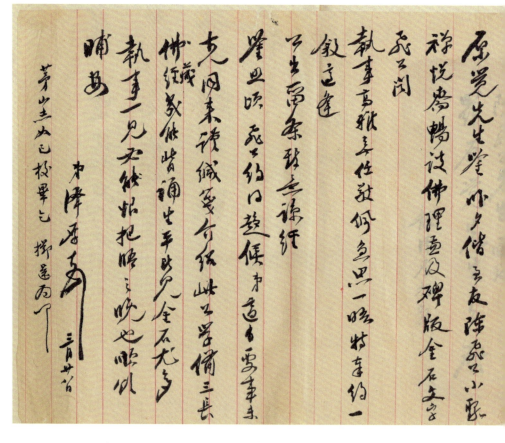

图一

148

信封（图二），横 8.7 厘米，纵 19 厘米：

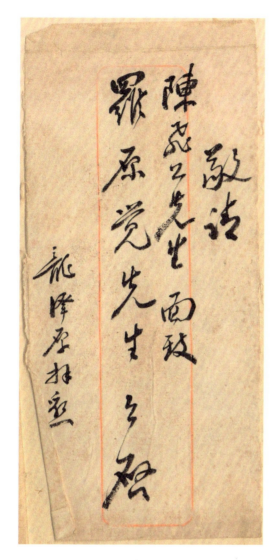

图二

敬请 / 陈飞公先生面致 / 罗原觉先生台启 / 龙泽厚拜恳 /

罗汉致罗复堪函（图一、二），两页，每页横 14.3 厘米，纵 24.2 厘米，共有 10 行文字：

复堪五哥尊鉴：前在 / 原觉兄处携碑版四 / 种，郙阁颂与弟藏本 / 不相上下，其刘玉（与）拟 / 二十元、阳嘉十元、孔羡 / 十元，请转致前途。如 / 原觉兄有意割让，当 / 即备价送上，否则即 / 作罢论也。手此敬请 / 台安。弟汉顿首。十二日。/

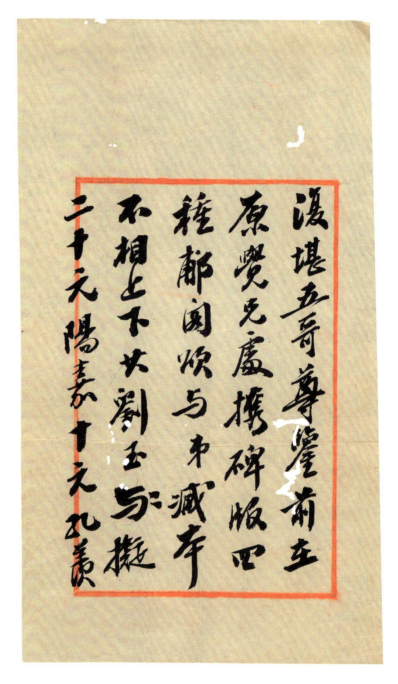

图一

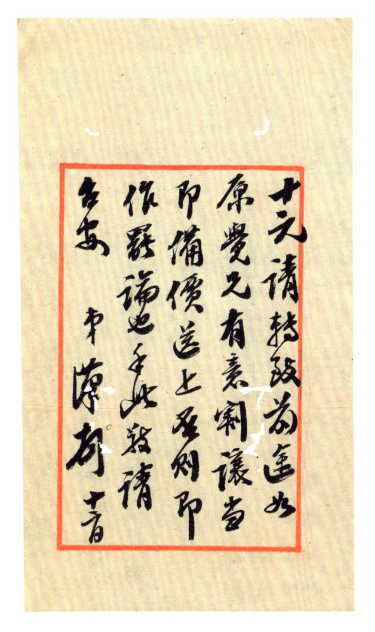

图二

按：罗复堪（1872～1955），名惇曧，顺德大良人。早年与堂兄罗瘿公从康有为受业，后肄业于京师译学馆。民国初年在财政部泉币司供职。后在北京艺专和北京大学文学院讲授书法。中华人民共和国成立后为中央文史馆馆员。著有《三山簃诗存》《三山簃学诗浅说》《书法论略》等。

60

麦健曾致罗原觉函 1 通

麦健曾（1900～1977），广东顺德人，1900年（清光绪二十六年）生。早岁留学美国，获博士学位。1936年任广州市政府财政局局长。后任北平铁道管理学院教授，香港中文大学高级讲师。1977年逝世。终年77岁（《民国人物大词典》第817页）。

麦健曾致罗原觉函（见下图），一页，横15.8厘米，纵25.7厘米，共有文字6行：

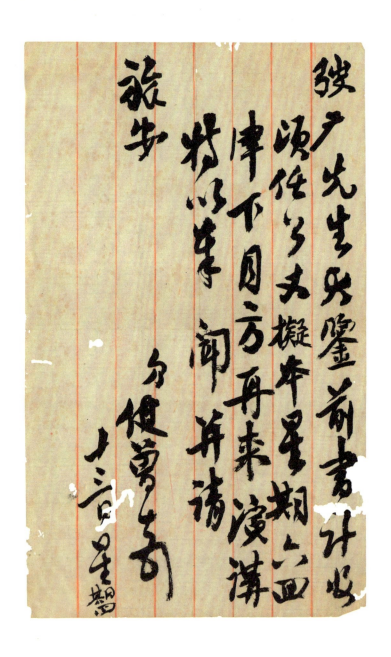

弢庵先生大鉴：前书计收。／顷任公丈拟本星期六回／津，下月方再来演讲。／特以奉闻，并请／旅安。弟健曾顿首。／十三日星期四。／

满康致罗原觉函（图一），一页，横 18.5 厘米，纵 25.6 厘米，共有 8 行文字：

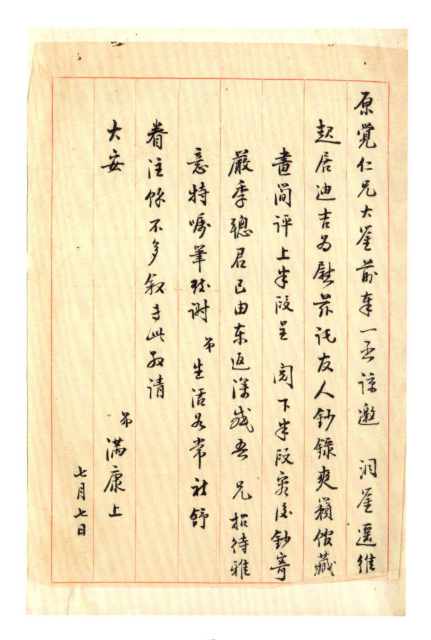

图一

原觉仁兄大鉴：前奉一函，谅邀洞鉴，遥维 / 起居迪吉为慰。兹托友人钞录爽籁馆藏 / 画简评上半段呈阅，下半段容后钞寄。/ 严季聪君已由东返，深感吾兄招待雅 / 意，特嘱笔致谢。弟生活如常，祈舒 / 眷注，余不多叙。专此，敬请 / 大安！弟满康上。/ 七月七日。/

满康致罗原觉函（图二），一页，横 15.7 厘米，纵 23.2 厘米，共有 6 行文字：

书评自当抄寄，幸勿 /
介意。雪公自别 / 兄后，
向未见面，容相机详谈。
衰兄晤时，希 / 道惓惓，
余容后叙。专此奉复，
敬候 / 旅安。弟满康敬
复。/ 六月二日。/

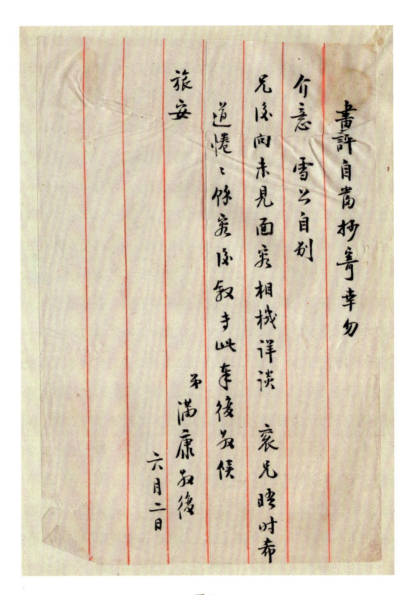

图二

按：爽籁馆为日本实业家阿部房次郎之藏画馆，是日本收藏中国名画最丰富的馆之一。阿部房次郎（1868～1937），号笙洲，曾任东洋纺织株式会社会社长、贵族院议员，辛亥革命后致力收集中国绘画，得 160 余件。《容庚学术著作全集：颂斋述林》收录《评爽籁馆欣赏》一文。

闵孙侨致李沧萍函（见图），两页，每页横 12.4 厘米，纵 23.7 厘米，共有 12 行文字：

按：信中所云"岭南书社"即岭南图书流通社，起初设在中山大学校园附近的广州市文明路 145 号，专售粤中刊本，1933 年开办，1934 年底或 1935 年初关闭。据此可推知该函写于 1934 年或 1935 年 2 月 26 日。

沧萍老兄大鉴：接读/手教，敬聆一一。敝处前寄去各书，承已/代致岭南书社，甚感。敝处所需《读书堂集》，岭南社/亦已寄来。又彼仍索《独诵堂集》三部、《疑年录》《金文韵/编》各一部，兹连同/足下所索《雪海楼诗存》二册，一并寄奉/尊处。岭南社书五册，仍祈/代致，并希/赐复为荷。手复，顺颂/春祺。弟闵孙侨上。二月廿六日。/

另附《云海楼诗》一册，并请/交岭南社代售价一元为荷。/

63
王文焘致罗原觉函 1 通

四川华阳王文焘，字君覆，号俶灟，王秉恩之子。清末官浙江后补知县，辛亥后曾在逊清小朝廷任职，后在广东开办电力公司。上海图书馆藏焦山无叀鼎全形拓王文焘跋本（卷轴装，画芯纵 102 厘米，横 51 厘米，馆藏号 Z2399）。该本有民国十六年六月中伏王文焘过录《翁方纲焦山鼎诗》三首、王文焘释文及民国十八年王文焘过录《徐问蓬焦山鼎跋语》。无叀鼎，西周晚期器，三蹄足鼎，双立耳，窄沿方唇，颈微敛，腹稍鼓，通高 54.2 厘米，内壁铭文 94 字（《纸上吉金——钟鼎彝器善本过眼录》，北京：文物出版社，2020 年）。

在罗原觉往来信函中，有一通《王文焘致罗原觉函》（图一、二），两页，每页横 15.8 厘米，纵 26.9 厘米，共有 10 行文字：

原觉仁兄大人阁下：晨间聆 / 教，快慰无似。兹将各（帖）碑目寄上，祈 / 费心代为留意为盼。欧阳通所书碑名，/ 亦盼示知。新出石经，望 / 费神觅一全份。闻蕰圭绝壁有十余 / 石，周君季木能为代求其新得之石经 / 否？京寓何所，务希 / 示知为盼。此请 / 旅祺。愚弟王文焘顿首。/ 附碑目一纸。/

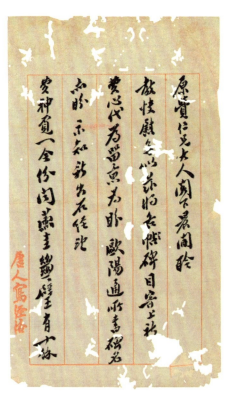

图一

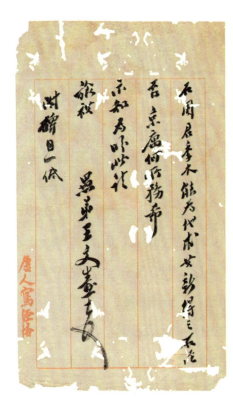

图二

156

按：该函使用"唐人写经恪"信笺。此外还有两个信封。

信封一（图三），正面书写：

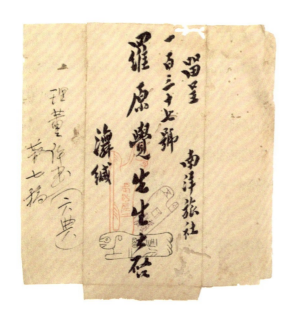

图三

留呈南洋旅社 / 一百三十七号 / 罗原觉先生大启 / 潍缄 /

信封二（图四），正面书写：

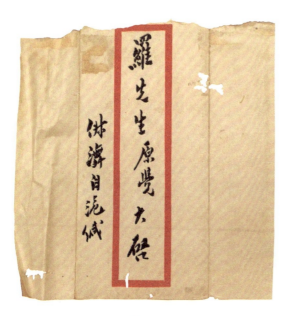

图四

罗先生原觉大启 / 俶潍自沪缄 /

64 许守白致罗原觉函 1 通

许之衡（1877～1935），字守白，广东番禺人，早年毕业于日本明治大学，历任北京大学国文系教授兼研究所国学门导师，北京师范大学讲师（《容庚北平日记》第9页）。1925年11月21日"许之衡来，同往研究所。许言高鹗并未著《红楼梦传奇》，王静安《曲录》据杨恩寿《词余丛话》之说不足据。并言曹雪芹增改，而非作。曹魏随园学生，见于《诗话》中。第一回《红楼梦》明言增删、补目等话可见"（《容庚北平日记》第51页）。

许守白致罗原觉函（图一），一页，横15.4厘米，纵25.7厘米，共有9行文字：

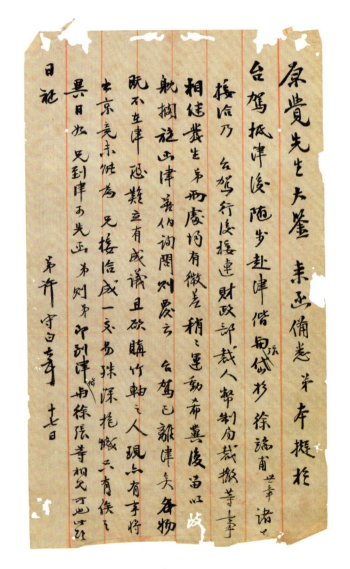

图一

原觉先生大鉴：来函备悉，弟本拟于/台驾抵津后随步赴津，偕与张岱杉、徐端甫（世章）诸公/接洽。乃台驾行后，接连财政部裁人、币制局裁撤等事/相继发生。弟两处均有微差，稍稍运动，希冀复留，以致/耽搁。旋函津善伯询问，则覆云台驾已离津矣。各物/既不在津，恐难立有成议，且欲购竹轴之人，现亦有事将/出京，竟未能为兄接洽，成一交易，殊

158

按：该函未署年款，只有"17日"落款。据该函信封（横 9.1 厘米，纵 20.7 厘米，图二）上的邮戳文字"PEIKING/ 十二年十二月十八 / 北京 /"，显示该函写于 1923 年 12 月 17 日。此时罗原觉已到上海，入住"上海中法界民国路泰安栈五十一号房"，许守白住在"北京上斜街五十五号"。信中所提"善伯"即徐善伯，名良，康有为的大弟子徐勤之子。

深抱憾，只有俟之 / 异日。如兄到津，可先函弟，则弟即到津，偕与徐张等相见，可也。此颂 / 日祉。弟许守白顿首。十七日。/

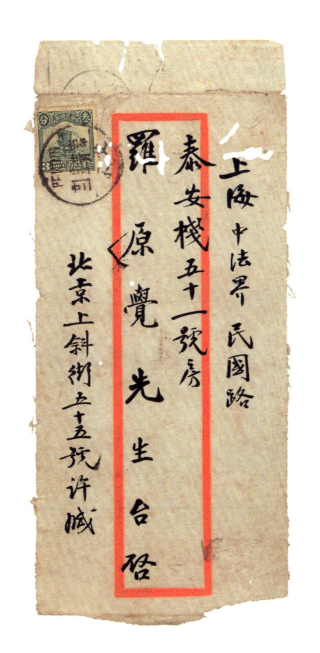

图二

原觉我兄：/顷师韩以尔疋刻章允贻，秀健可喜。今欲乞其再刻，/幸为觅石三分方形者两颗，余请为我/酌定，不可求多也。附上十元港币，不足，乞/示补奉。来期定否。春寒/自重。/玉森白。十五日。/

叶玉森（1880～1933），字葰渔，江苏镇江人。芜湖市政筹备处秘书长。1925年购得甲骨1300片，开始甲骨研究。著有《铁云藏龟拾遗附考释》《殷墟钩沉》等。《容庚北平日记》第58页附"1925年地址"：叶玉森"安徽当涂县署"；第114页"1926年10月23日"条记载："接三弟、七妹、叶葰渔信，及葰渔《铁云藏龟拾遗》"；第116页"1926年地址"："芜湖中国银行刘石转，芜湖二街凤宜楼间壁。容庚赠送《金文编》给叶"；第240页"1931年12月29日"条记载："寄叶葰渔甲骨拓片"；第294页"1933年1月7日"条记载容庚在上海"与郑师许往返叶玉森，留午餐"。

又据丙寅年（1926）四月五日蔡守《致黄宾虹函》云："闻叶葰渔（玉森）已为巢县县长，其新刊之铁云藏龟之□，未识已寓目否？"（转引自王秀中编著：《黄宾虹年谱》，上海：上海书画出版社，2005年6月第1版，第179页）

叶玉森致罗原觉函（图一），一页，横13.3厘米，纵26.8厘米，共有7行文字：

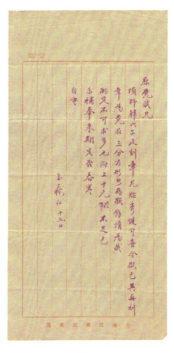

图一

按：该函使用"香港亚细亚用笺"。"尔疋"即邓尔雅。

叶玉森致罗原觉函（图二），一页，横 16.2 厘米，纵 13.4 厘米，
共有 14 行文字：

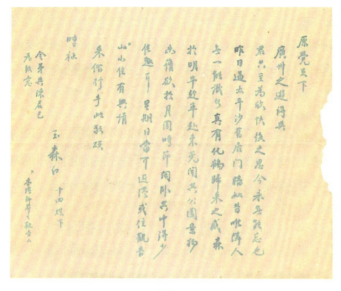

图二

东莞公园景物优美，也给顾颉刚先生留下深刻印象。顾颉刚
1928 年 9 月 23 日日记中写道："东莞公园中有小山，且倚城，甚
幽静。绿树红桥，仿佛北平公园矣。"（《顾颉刚全集》45《顾
颉刚日记》卷二第 207 页）

信封（图三），横 16.6 厘米，纵 16 厘米：

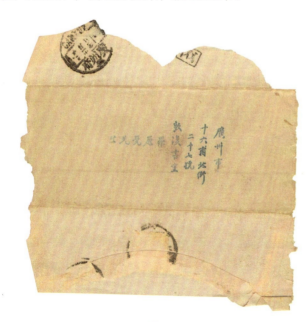

图三

原觉足下：/ 广州之游，
得与 / 君共，至为欣快。
后之思今，永无能忘也。
/ 昨日过太平沙旧居，
门墙如昔，唯邻人 / 无
一能识者，真有化鹤归
来之感。森 / 于明早趁
车赴东莞，闻其公园景
物 / 真蒨，欲于月圆时
节闲卧其中，得少 / 佳
趣耳。星期日当可返港，
或往观音 / 山 * 小住。
有兴，请 / 来偕行。手此，
敬颂 / 时祉。/ 玉森白。
十四灯下。/ 令弟与陈
君，乞 / 为歉意。
* 香港新界之观音山。/

广州市 / 十六甫北街 /
二十七号 / 敦复书室 /
罗原觉先生 /（邮戳：
CANTON 十一月□□日
广州府）

66

易大厂致罗原觉函 1 通

原觉吾兄：/古□属代送一函，望/查收。乞/交尊轩之□来手带返。/有友谈，故未及走候。/吉羊千万。大厂居士留。/

在罗原觉往来信函中，有一封易大厂《致罗原觉函》及信封一个。该函（图一）一页，横 12.5 厘米，纵 23.8 厘米，有文字 6 行：

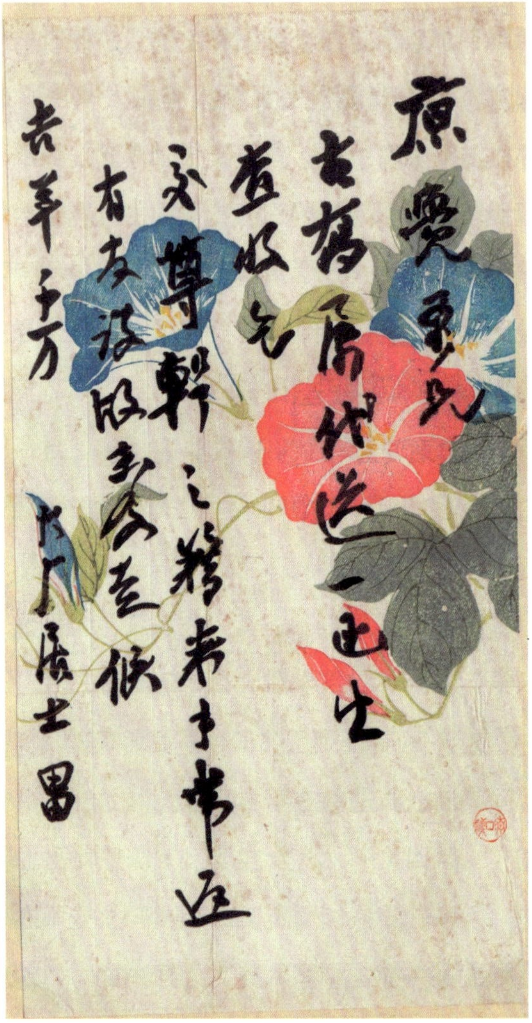

图一

该函写在印有画作“牵牛花图”的信笺上。书信人为“大厂居士”，即易大厂。易大厂（1874 ~ 1941），“名孺，原名廷熹，字季馥，别署大厂居士，广东鹤山人。早年肄业于广雅书院，中年游学日本。于书画、篆刻、治印、碑版、音韵、文字源流、乐理、词等无不精研。孙中山任大元帅时，任其秘书。此际息影沪上，创设华南印书社，创制北碑字模。抗战前与黄宾虹兼任暨南大学书画研究会教席”（王中秀编著：《黄宾虹年谱》，上海：上海书画出版社，2005 年 6 月第 1 版，第 170 页）。据《民国人物大辞典》第 484 页介绍，易大厂"为陈兰甫嫡传弟子。旁通法文及佛学。曾应聘赴南京，刻中华民国国玺。历任暨南大学、国立音乐专门学校等校教授，印铸局技师等。与萧友梅合作歌曲数十种。设南华书社，创制北碑字模，编印古籍美术图书。1941 年 12 月 26 日逝世。终年 67 岁。著有《大厂词稿》《双清池馆词集》《大厂集宋词联帖》《守愚斋题画诗词残存录》《大厂印谱》等"。1942 年夏苏乾英《致黄宾虹函》云："大厂已逝，观其遗作多无法度可寻，然其佳者，实不在明人之下，真所谓似画非画之画矣。故生于近代文人画中独推大厂与苏子毂两人。"（转引自王中秀编著：《黄宾虹年谱》，上海：上海书画出版社，2005 年 6 月第 1 版，第 444 页）可见对易大厂画作的评价甚高。

信中提及的"古□"可能是"古乔"，即黄古乔，亦可能是"古直"即古公愚（1885 ~ 1959），广东梅县人，南社社友，著有《汪容甫文笺》《曹子建诗笺》《汉诗辨证》《东林诗草》《陶靖节诗笺附年谱》等。无论是黄古乔，还是古直，均与罗原觉有交往。

该函未署年款日期，但据该函信封（图二，横 11.5 厘米，纵 26.4 厘米）上所写文字"第一宾馆 / 罗原觉先生 / 促件 易 /"，可知这是由易大厂寄给住在第一宾馆的罗原觉的一个信封。按"第一宾馆"位于北京打磨厂。由于未见信封上有邮戳，所以可推测这封书信是易大厂写于罗原觉出差北京期间，是易大厂派人转送给罗的，而不是通过邮局寄达的。

该函还提到"吉羊千万"，可知该函写于农历羊年。我们知道，在易大厂一生中，1883 年、1895 年、1907 年、1919 年和 1931 年属农历羊年。罗原觉出生在 1891 年，与易大厂交集的羊年有 1895 年、1907 年、1919 年和 1931 年。其中，1895 年罗只有 4 岁，1907 年罗 16 岁，很显然这两个年份易罗二人间不可能有通信往来，罗也不可能去北京出差。因此，这封书信的书写时间只有 1919 年和 1931 年这两个年份。

图二

　　拙文《罗惇曧致罗原觉函考释》介绍，"罗原觉曾于1920年下半年至1921年3月前和1923年下半年，到北京天津出差，住在第一宾馆"。据考，1921年易大厂赴北京，与罗振玉、丁佛言、寿石工、马衡、梅兰芳、尚小云等各界人士发起成立"冰社"，以发扬国粹，开展学术研究，并当选社长。由此我们初步推断，该函写于1931年的可能性最大。

　　已有的研究表明，易大厂手札、书画或者扇页多以行草、行草书和草书为主，其线条厚重古朴，笔画自然，不露锋芒，具有浓郁的金石气，用墨灵活多变，字体空间布局疏密有度，行云如水，其书法作品既拙朴自然，又独具匠心。新见易大厂信函的发现，为人们进一步了解易大厂的书法作品、交游情况，提供了一份新资料。

关冕钧（1871～1933），字伯珩，广西苍梧人。"1870年（清同治九年）生。清进士，历任京张铁路会办、总办、京绥铁路总办，考察各国宪政大臣二等参赞。1914年3月，被选为约法会议议员。1917年9月，任梧州关监督兼北京政府外交部特派广西交涉员；同年11月，被选为临时参议院议员。1920年起，历任杀虎口税务监督。塞北税务监督，山西盐运使。"（《民国人物大词典》第1653页）1933年2月15日病逝于北平。

在罗原觉往来信函中，有两通《关冕钧致罗原觉函》。第一通（图一），一页，横17.5厘米，纵27.8厘米，共有6行文字：

图一

卷匦照收，午后两钟前候 / 教。如能 / 拨冗相候，请以电话告我， / 至盼。 / 原觉道兄。冕钧顿首。 / 十二。 /

第二通有信函、信封。信函（图二）一页，共有文字 8 行：

手示，敬悉。横枝如在省觅得，/ 请交九广铁路局温孝生总 / 办代收转寄。湘竹扇恐小 / 骨，费接驳，谨奉缴，乞 / 察所有好书画，随时电告，一饱 / 眼福，尤盼。手请 / 原觉长兄安。弟冕顿首。/ 附扇骨一持。/

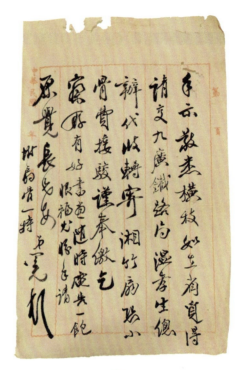

图二

信中所谈主要是湘竹扇、书画等物品，其中"扇骨"已交回罗原觉。该函信封（图三）上写明："并扇骨一持，回交 / 罗原觉先生台启。/ 关复 /。"

图三

张麐致罗原觉函（图一），一页，横 16.4 厘米，纵 17 厘米，共有 9 行文字：

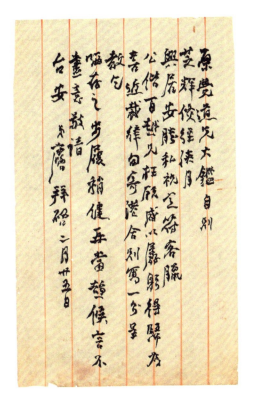

图一

信封（图二），横 10.6 厘米，纵 21.8 厘米：

图二

■

原觉道兄大鉴：自别 /
芝辉，倏经浃月，/ 兴
居安胜，私祝定符。客
腊 / 公偕百越兄枉顾，
咸以孱躬得归为 / 喜。
近裁律句寄港，合则写
一分呈 / 教，乞 / 哂存
之。步履稍健，再当趋
候，言不 / 尽意，敬请
/ 台安。弟麐拜启。二
月廿五日。/

■

菜园北街五号 敦复书室
/ 罗先生原觉大启 / 百子
路张缄 /

张謇致罗原觉函（图三），一页，横 16.4 厘米，纵 26.5 厘米，共有 8 行文字：

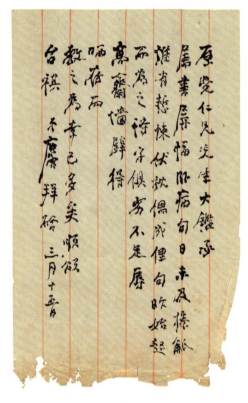

图三

原觉仁兄先生大鉴：承 / 属书屏幅，卧病旬日，未及操觚，/ 惟有惭悚。伏枕偶成俚句，昨始起 / 而为之，诗字俱劣，不足辱 / 高斋墙壁得 / 哂存而 / 教之，为幸已多矣。顺颂 / 台祺。弟謇拜启。三月十五日。/

信封（图四），横 8.5 厘米，纵 17 厘米：

图四

函送 菜园北街五号 / 敦复书室 / 罗原觉先生大启 / 请片 百子路张缄 /

据商务印书馆出版《张元济全集》第2卷收录《张彬致张元济函及张元济批注》介绍，张彬号黄楼，河北南皮人，张之洞侄。该函介绍："弟歇浦闲居，闭门却扫，时藉绘事，陶写性情，第有心拟古而笔妙难寻……惟思砚田实无恶岁，笔墨可当生涯，倘于图画博有微名，庶几垂暮之年得偿食力之愿。"（第238页）可知张彬晚年以丹青笔墨为生。

在罗原觉往来信函中，我们发现一通《张彬致罗原觉函》（见下图），一页，横15.8厘米，纵25.7厘米，共有文字9行：

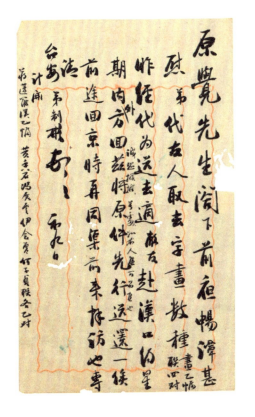

该函未署年款。从信中所言"前夜畅谭""一俟前途回京时，再同渠前来拜访也"，可知此时罗原觉正在北京出差。已有得研究成果表明，罗原觉曾于1920年至1921年和1923年下半年赴北京出差。可知该函似写于这一时期。

信中提道，"弟代友人取去字画数种：画乙幅，联四对"，这几幅字画是蒋莲《罗汉》图和黄香石、冯展云、伊念曾、何子贞联各1对。

原觉先生阁下：前夜畅谭，甚/慰。弟代友人取去字画数种（画乙幅，联四对）。/昨经代为送去，适敝友赴汉口，约星/期内外方回（诚恐担搁，尊处如有人售，可另售也）。兹将原件先行送还，一俟/前途回京时，再同渠前来拜访也。专/请/台安。弟制彬顿首。初九日。/计开/蒋莲罗汉乙幅，黄香石、冯展云、伊念曾、何子贞联各乙对。/

唐天如（1877～1961），"名恩溥，广东新会人，古文家，曾任清史馆纂修，后为吴佩孚秘书长"（刘斯奋选注《黄节诗选》，广东人民出版社，1993 年 10 月第 1 版，第 81 页）。精通医术，后移居香港行医。好诗，喜书画。

唐天如是黄节在北京的友人之一，两人过从颇密。黄节诗中多次涉及唐天如，如《雪朝过唐天如同登江亭》《雨中过天如不值，遂造瘿公寓斋》《雪中约刘三、天如、宪子登江亭作，并寄贞壮》《唐天如妻挽词》《十一月十四日园山怀唐天如》《中秋夜与李子沧萍、张子友鹤观月社园，忆去年中秋与诸贞壮、黄元白同饮于此，李、张二子亦与焉。贞壮、元白后先南归，惟二子尚相从不去。又朝来始得唐天如兵间书，知其仍在人世。伤乱怀远，一时交集。张子为余援琴奏〈捣衣〉之操，诗以写之》《越园为天如作画，属题》《送唐天如南归》等。

唐天如与黄宾虹的关系亦十分密切。据王中秀编著《黄宾虹年谱》统计，黄宾虹多次赠画给唐天如，如 1925 年春赠唐天如画（第 171 页）；1929 年秋日，为唐天如作设色山水（第 240 页）；1932 年 4 月，为唐天如作《听帆图》（第 278 页）；1934 年夏，为唐天如再作《听帆楼图卷》（第 327 页）；1935 年为唐天如用焦墨法写《九龙山水图卷》（第 365 页）；1940 年春为唐天如作山水长卷（第 423 页）。

从罗原觉往来信函中保存的唐天如致罗原觉信封及唐天如致王绍一信封，可知唐天如与罗原觉有过交往。

唐天如致罗原觉信封（图一），横 17.1 厘米，纵 26.6 厘米。

据信封上的邮戳文字"CANTON/ 十一年十一月三十 / 广州/""CANTON/ 廿""HONG-KONG/ 8.30/ 29 NOV/ 22/"，可知该信封于 1922 年 11 月 29 日从香港寄出，次日到达广州。此时罗原觉尚住在广州城十六甫北街二十七号敦复书室。

此外，我们看到，该信封正面印制有"金鱼"图案及"朵云轩主人制，海盐宋石年写图"等文字。宋石年（1850～1914），

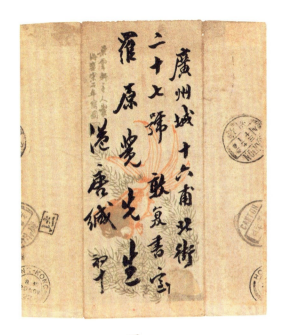

图一

广州城十六甫北街 / 二十七号敦复书室 / 罗原觉先生 / 港唐缄 初十 /

名海，字石年，后以字行，浙江海盐人，流寓上海，工花鸟。

唐天如致王绍一信封（图二），横 10.5 厘米，纵 24 厘米：

图二

敬烦 / 面致 / 王绍一先生大启 / 天如拜中 /

王绍一，1920 年 8 月 4 日孙文《致朱执信函》云："执信兄鉴：王绍一兄来港，请为接洽。王兄对于湘中出兵攻桂，甚为尽力，比来亦欲促彼方速发也。此致。"

71

陆和九信封之谜

第一宾馆 / 罗原觉先生
升 / 和九由观音寺下院
寄 /
（尊件明午可退还）

在罗原觉往来信函中，有一个信封（图一），正面书写的文字内容如下：

图一

这里显示收信人的收信地址是第一宾馆。根据之前的研究，我们已知第一宾馆位于北京打磨厂。因此，该件信封应写于罗原觉出差北京期间。寄信人"和九"，即陆和九（1883～1958）。因此，该信封是陆九和从北京观音寺下院寄出，说明此时陆和九住在观音寺下院内。

陆和九，湖北沔阳人，本名开钧，字和九，号墨盒。中年迁居北京，曾任北平中国大学、辅仁大学国学系教授，中央文史馆馆员，讲授金石学、古器物学、文字学及书法、篆刻等，收藏碑刻砖瓦拓本甚富。他著述颇丰，有《中国金石学讲义》《中国金石学图谱》《中国古器物学》《汉武氏石室画像题字补考》《孝堂山画像考》等数十种传世。

据陆和九《中国金石学图谱》"弁言"介绍，该书是陆和九于 1930 年 12 月在龙泉寺下院完成的。按"龙泉寺下院"即北京国会街龙泉寺下院观音寺。另据《汉武氏石室画像初拓全本三卷》

中的陆和九批校题记所书"丁卯年四月朔日志于北京龙泉寺下院"。按"丁卯年"即1927年。可知20世纪20年代末、30年代初陆和九住在北京观音寺下院。由此我们可初步推断上述这个信封写于20世纪20年代末、30年代初这段时期。遗憾的是,该信封里的信函,去向未明。

目前我们虽然暂时无法知道上述信封中所提"尊件,明午可退还"之"尊件"具体指什么物件,但陆罗二人间的交往亦见于金石文字拓本。在黄宝权捐赠罗原觉藏品里,有一份拓本(图二),是西魏大统五年石像铭文内容:

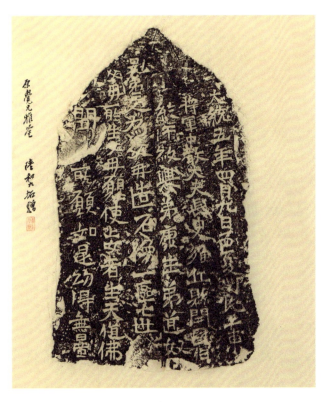

图二

大统五年四月九日□夏□民□东/将军、中散大夫长史、雍丘县、开国伯/纥干纹与弟康生、弟道奴/兄弟三人为父母造石像一区,七世/父母、所生父母愿使上女者生天道佛,/闻所愿如是,功德无量。

按:大统五年即公元539年。这是西魏大统五年四月九日中散大夫长史纥干纹兄弟三人为父母建造一区石像上所刻铭文内容。拓本左侧空白处还存有毛笔题记"原觉兄雅鉴,陆和九拓赠"一行,并盖"沔城陆和九"篆体朱文印一方。这显示陆和九和罗原觉二人间除有书信往来外,还有金石文字拓本的赠送。

72

方若致罗原觉函 1 通

拓片并四十万之元奉上，承 / 情感谢不尽。/ 尊件如送岱公，弟无不帮忙；如由弟送 / 交，恐日内无暇。奈何？复上 / 原觉先生。即颂 / 刻安。弟方若顿首。/ 罗先生。/

在罗原觉往来信函中，有一通《方若致罗原觉函》。该函一页，横 15 厘米，纵 25 厘米，共有文字 7 行：

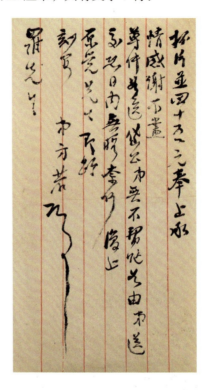

信中所言主要是两件事：一是写信人将"拓片并四十万元"交给收信人，二是写信人答应将收信人的藏品帮忙送达"岱公"，但如由写信人"送交，恐日内无暇"。

这里的收信人是罗原觉，写信人是方若（1869～1954）。方若是清末民国初年一位有全国影响的收藏家，是清宣统年间出版《校碑随笔》一书的作者。

方若，"字药雨，原名方成，字楚卿，祖籍浙江镇海（今属宁波），后迁居定海。1869 年（清同治八年）生。19 岁中秀才。1893 年赴天津谋生，后入北洋学堂任文案。1894 年参加维新政治活动。1900 年，任《国闻报》编辑。1903 年该报因发表抨击清廷文章，方被通缉，避天津日本领事馆……1954 年逝世。终年 85 岁"。（《民国人物大辞典》第 124 页）他与罗振玉、刘铁云、王文敏、王孝禹等是好友。该函写作时间虽暂无法确定，但显示罗原觉与方若两人间有交往。

在罗原觉往来信函中，有两通方孝岳（1897~1973）书写的信函，一通是方孝岳写给李沧萍的信函（图一），一页，横20厘米，纵25厘米，共有文字10行：

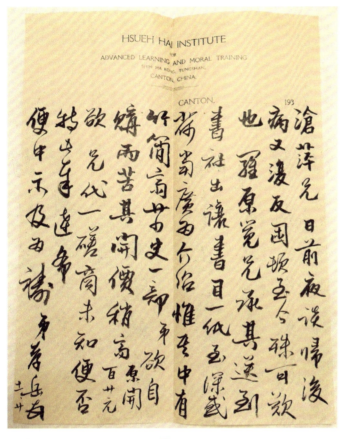

图一

沧萍兄：日前夜谈归后，/病又复反，困顿至今，殊可叹 / 也。罗原觉兄承其送到 / 书社出让书目一纸，至深感 / 荷，当广为介绍。惟其中有 / 竹简斋廿四史一部，弟欲自 / 购，而苦其开价稍高（原开百廿元）/ 欲兄代一磋商，未知便否？ / 特此奉达，希 / 便中示及为祷。弟孝岳顿首。/ 十一 · 廿 /

按：该函文字内容是写在"广州学海书院"专用信笺上。该信笺印有广州学海书院的英文名称和英文地址，还印有年号"193_"，表明该信笺印制于20世纪30年代。信中主要谈及书信人想购买"竹简斋廿四史"一部，只因罗原觉"开价稍高"，故给李沧萍写信，请他出面与罗磋商。信中提及的"书社"当指"岭南图书流通社"，"书目"即岭南图书流通社印制的书目。从写信人使用学海书院专用信笺，可知此时书信人当在广州学海书院教书。

据杨绍权在《广州的卫道读经与学海书院二三事》一文中回忆，学海书院创办于陈济棠主政广东时的1934年，1936年解散，期间聘请的教授中就有方孝岳。杨还提到：方孝岳"在北方大学任教多年，著作颇多，都是有关'国学'方面的。他是桐城派古文家方苞的后人"（广州市政协文史委员会编《广州文史资料存稿选编（七）》，中国文史出版社，2008年5月第1版，第229页）。据此可初步推断，《方孝岳致李沧萍函》当写于1934年至1936年间。

另一通信函是由方孝岳写给罗原觉的（图二、三）。该函有两页纸，每页横12厘米，纵25厘米，共有文字8行：

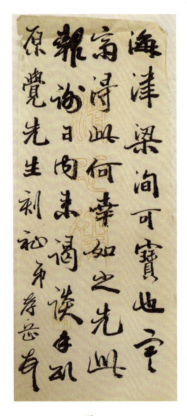 

图三　　　　　　　　　　图二

此封信函使用的信笺，上面印制有"清心斋""红柿"等文字。信中所谈内容主要是写信人在收到罗原觉赠送圣教序影印本后致信答谢一事。信中所言"圣教为书中之王"之"圣教"，是指《怀仁集王圣教序碑》。该碑拓本，罗原觉曾收藏有非常珍贵的松烟本，该本经罗原觉努力运作，获得罗振玉、王国维、康有为、梁启超等多位名家书写的题跋，其中杜蕴宽的题跋内容是"癸亥十月原

176

觉携此枉过寒斋，阅之，精神为之一爽。"梁启超的题跋内容是"睹原觉兹本，爽然若失。留斋中半年，日临数纸，似有所会。原觉南归，检还之。今生梦魂，不能忘此也。癸亥十月梁启超记于京师北海松坡图书馆。"王国维的题跋内容是"此本神采焕然，除唐拓太宗温泉铭外，殆无第三种可以鼎足。癸亥十月，原觉携示，用志眼福。"汪大燮的题跋内容是"宋拓诸帖，惟怀仁圣教序传世较多，然字口清晰如此本者，实见所未见。癸亥十月原觉携以见示，叹为观止，不独碹蜡精良，度其锤拓，亦较在前也。"多位名家题跋中不约而同地提起"癸亥十月"，"癸亥"即1923年，表明这年10月罗原觉携此珍本赴北京天津拜师访友。该拓本盖有"原觉""王镛之印"等朱文印，现收藏在日本三井纪念美术馆。

罗原觉收藏的这份松烟本《圣教序》，1927年1月商务印书馆以《宋拓第一圣教序》为书名，用珂罗版双层宣纸精印出版，这是松烟本《圣教序》首次公开出版，服务社会大众。后来，商务印书馆于1929年7月再版、1932年11月国难后又出第一版、1938年2月国难后出第四版。

另据徐友春主编《民国人物大辞典》介绍，方孝岳"祖籍安徽桐城，1897年（清光绪二十三年）生于安庆。幼年在家读私塾。1911年至1918年，在上海圣约翰中学和圣约翰大学读书。毕业后，赴北京大学任预科国文讲师。1920年任上海商务印书馆编辑。1922年赴日本东京大学进修。1924年回国后，任北京华北大学教授。1928年任东北大学师范学院教授。1930年回华北大学任教授。1933年任广州中山大学中文系教授。1939年任上海圣约翰大学教授。1948年重返中山大学任教授。1971年退休。1973年12月11日病逝于湖北省京山县。终年76岁。著有《汉语语音史概要》《中国文学批评》《中国散文概论》《左传通论》《尚书今说》等"。（第130页）从方孝岳的个人履历，我们初步推断《方孝岳致罗原觉函》似写于20世纪30年代。

在罗原觉往来信函中，有一通《严季聪致罗原觉函》（图一）。该函一页，横21厘米，纵27.6厘米，共有文字9行：

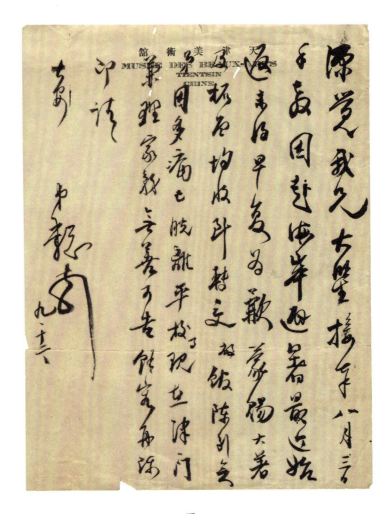

图一

源觉我兄大鉴：接奉八月三日／手教，因赴海岸避暑，最近始／返，未得早复为歉。蒙赐大著／及拓片，均收到，转交敝馆陈列矣。／弟因多病，已脱离平校事，现在津门／兼理家务，无善可告，余容再陈，／即请／大安。弟季总顿首。／九·十二·／

按："源觉"应是写信人的笔误，即罗原觉；写信人的落款签名"季总"可能是"季聪"二字的签名体，即严季聪。该函文字内容是书写在天津美术馆专用信笺上。该款信笺印制有"天津美术馆/MUSEE DES BEAUX-ARTS/TIENTSIN/CHINE/"等中法文字4行。信中写道，写信人因身体原因，已离开北平，"脱离平校事"，正在天津"兼理家务"。信中还写道，"蒙赐大著及拓片，均收到，转交敝馆陈列矣"，"敝馆"是指天津美术馆，意思是指书信人已收到罗原觉惠赠的大著及拓片，并已转交至天津美术馆陈列。

该函使用的信封有幸也被保存了下来。信封（图二）正面书写道：

图二

可知这是天津市立美术馆的一款专用信封。信封上盖有四方邮戳，其中，两方邮戳仅存半面："CANTON" "□□年 / □月 □五 /CANTON/"，文字不全；另两方邮戳，较为清晰："天津 / 廿三年九月十七 / 十九 /TIENTSIN NO/"，"广州 / □年九月廿六 / 八 /CANTON NO.3/"。按"廿三年"是指民国廿三年，即公元1934年。由此可知该函写于1934年9月12日，并于9月17日从天津寄出，9月26日寄达广州。

需要指出的是，书信人严智开（1893～1942）是天津美术馆的首任馆长，是中国近代教育家、诗人、南开大学创始人之一严修（1859～1929）的第五子（一说，第六子），中国近代博物馆事业的开拓者之一、天津博物馆首任馆长严智怡（1882～1955）之弟。

严智开字季聪，祖籍浙江省慈溪县（今属宁波市），生于天津文昌宫西，出生于津门望族之家，与周恩来是南开中学同学。据李海文《周恩来旅日日记：中日友好的见证与延续》一文介绍："保田比周恩来大7岁，因为严智开的关系而与周恩来相识。南开校董严修之子严智开与周恩来是南开中学同学，在东京美术学校留学时与保田结成好友，两人同住灵梅院。1918年2月，严智开要回国一趟，然后去美国留学，因周恩来生活拮据，经常吃白水煮豆腐，便将灵梅院的房间留给周恩来使用。周恩来在2月1日夜搬去灵梅院，2月23日，因'贷家必须解散，定明日迁移'，只借用三周，但是对因经济困难而经常搬家的周恩来来说不短了。就在灵梅院借宿期间，周恩来与保田君有了共食、相谈之谊。"（载《世纪》2023年第2期第7页）

严智开于1929年冬开始筹备天津美术馆。次年10月1日，该馆建成并举行开幕典礼，严智开担任首任馆长（江紫媛：《天津市立美术馆发展史略》，天津大学建筑学院2015年12月研究生毕业论文）。到1934年4、5月间，严智开接到教育部的聘书，到北平国立艺术专科学校担任校长。

这封书信的发现，充分显示严智开虽已离开天津美术馆，去北平艺专任教，但他始终心系美术馆，与外界的联系，主要还是在围绕美术馆业务而开展。

兴致罗原觉函 1 通

兴致罗原觉函，一页，横 17.3 厘米，纵 26.2 厘米，共有 7 行文字：

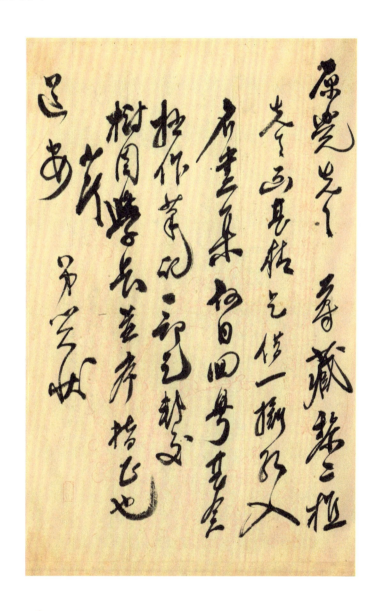

原觉先生：尊藏黎二樵 / 先生画甚精，乞借一 / 摄影入 / 名画集。何日 / 回粤，甚念。/ 拙作笔 / 记一部，乞转交 / 树园 / 学长，并序指正也。/ 此颂 / 道安。弟兴状。/

按：该函使用的信笺印制"梅花图"及"雀查查，忽地吹香到我家，一枝照眼是 / 雪是梅花。曲江外史题 /"等文字。信中所提"树园"即韩文举。

荣致罗原觉函 1 通

《荣致罗原觉函》，一页，横 16 厘米，纵 26 厘米，共有文字 7 行：

原觉道兄足下：闻／台从北游已返，快慰快慰。此行想大胜利，新得／必多，能以一二开眼否？毅生每日二三时必在舍下，／嘱代致意。如有事欲谈，请来弟前讨之，必可／快晤也。此复即请／侍安，伫候／足音，不一。荣顿首。廿四日。／

（汉残石已照收，费神。谢谢！看吕诚连古习便是。）

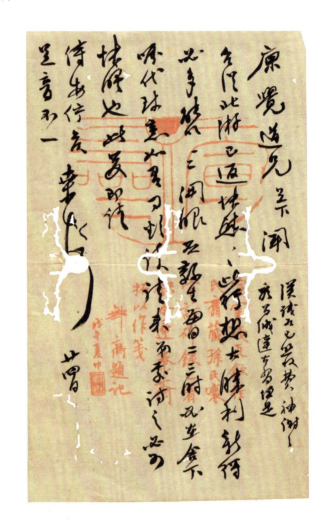

按：信纸上印制"宣室"二字残瓦拓文及"宣室残瓦，歙翟氏旧藏，孙氏《寰宇访碑录》已著录。今归秦斋，拓以作笺。鄦斋题记。戊午夏中"等字样和"鄦斋"印文。据考，"鄦斋"即徐乃昌（1869～1943）的堂号，"戊午"即 1918 年。

□致罗原觉函 1 通

□致罗原觉函，一页，横 17.5 厘米，纵 24 厘米，共有 5
行文字：

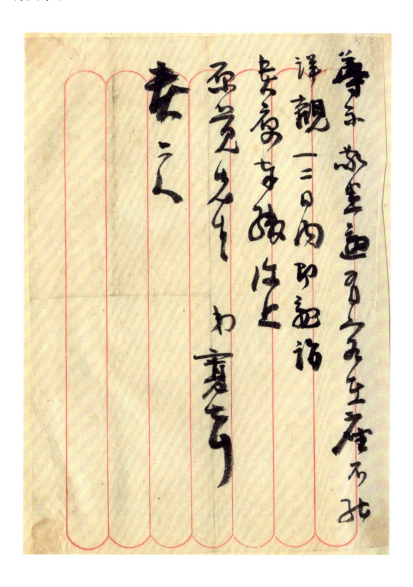

尊示敬悉。适有客在座，不能 / 详观，一二日内即亲诣 / 贵寓奉缴，□上 / 原觉先生。弟□顿首。/ 奏之。/

□致二兄大人函 1 通

□致二兄大人函，一页，横 17.2 厘米，纵 26.5 厘米，共有 8 行文字：

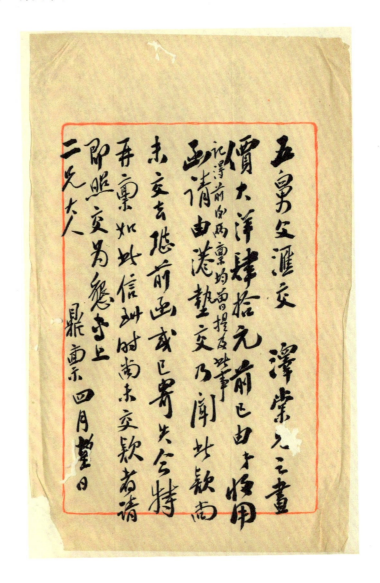

五舅父汇交泽棠兄之画 / 价大洋肆拾元，前已由弟收用，/（记得前后两禀均曾提及此事）/ 函请由港垫交，乃闻此款尚 / 未交去，恐前函或已寄失，今特 / 再禀。如此信到时，尚未交款者，请 / 即照交为恳。专上 / 二兄大人。鼎禀。四月望日。/

184

黄荫普致罗泽堂函 1 通

两页，每页横 13 厘米，纵 22.6 厘米，共有文字 12 行：

泽棠仁兄足下：别来忽忽数月，比想 / 起居多吉。弟到津后，寄寓任公先生处。/ 昨见《致任公书》，知文驾不日北来，甚喜，会 / 面有期。足下此来，系积数年搜集之勤，玮 / 异之品，定必不少，任公亦以一睹为快。惟弟知任公 / 近状颇窘，即遘奇珍，亦恐无力罗致。若碑板 / 果有精品，尚可为介绍□友人，但北中近来银 / 根奇紧，无[不]受此恶影响。足下载宝而 / 来，欲[觅]真能享受之人，谅凡易之。任公颇以此 / 为虑，特嘱转致，希酌而后行。北事方平，南 / 中又大起波澜，瞻望乡关不稼，驰否。手泐，敬候 / 近祉。弟普顿首。九月十一日。/

按："任公"即梁启超。信中透露了一些历史信息，比如：梁启超喜爱收藏，此时正住在天津，生活"颇窘"；"北中近来银根奇紧"，"北事方平，南中又大起波澜"；罗原觉与梁启超有密切交往，收藏许多"玮异之品"。

在广州王大文先生的帮助下，通过比对王先生家藏《黄荫普致王贵忱函》笔迹，我们确认名"普"的书信人即黄荫普。

绮致罗原觉函 2 通

《绮致罗原觉函》（图一），一页，横 17.2 厘米，纵 26 厘米，共有 7 行文字：

原觉兄：前辱片未覆，今又辱 / 手书，知南强旧同学结集之 / 举，甚善甚善。惟弟已定明晨 / 趋沈阳返沪，兼约友数 / 人同行，势难更改日期，诚 / 有负盛意，但弟无论在否，亦极 / 愿南强旧同学有一结合也，余希时示知为盼。/ 绮。廿四日。/

（诸旧同学，均代致意）

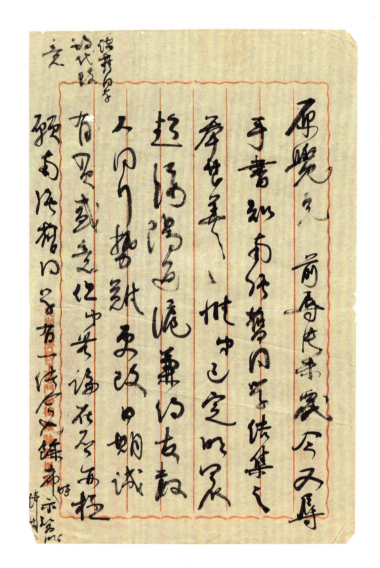

图一

按：该函使用"吴淞同济医工专门学校杂志社用笺"。

186

《绮致罗原觉函》（图二、三），两页，每页横 17.2 厘米，
纵 26 厘米，共有 13 行文字：

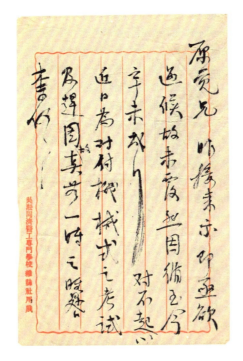

图二

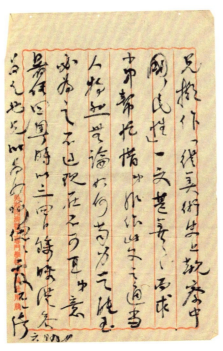

图三

按：该函使用"吴淞同济医工专门学校杂志社用笺"。

原觉兄：昨接来示，即 / 呕欲 / 过候，故未覆。然因循至今，/ 卒未成行，对不起。以 / 近日为对付机械式之考试 / 及赶图，故真无一时之 / 暇晷，/ 奈何。/ 兄拟作《从美术史上观察中 / 国国民性》一文，甚善甚善，而求 / 弟帮忙。惜弟非作此文之适当 / 人物，然无论如何，当力乞能至 / 必为之，不过现在不可耳。弟意 / 暑假回粤时，以三四日余暇，从容 / 为之也。兄以为如何？怱怱覆，不一。绮。六月九日。/

187

信封（图四），横 10 厘米，纵 19.6 厘米：

□□十六甫北街／□复书室／□原觉先生启／吴淞砲湾同济杂志社缄／

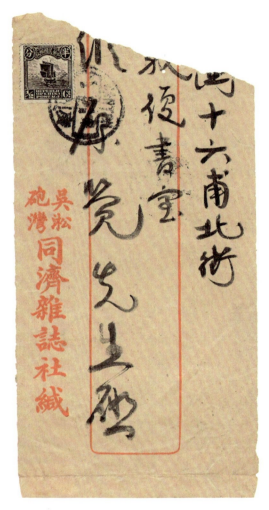

图四

溥致罗原觉函 2 通

《溥致罗原觉函》（图一），一页，横 17.1 厘米，纵 26.6
厘米，共有 5 行文字：

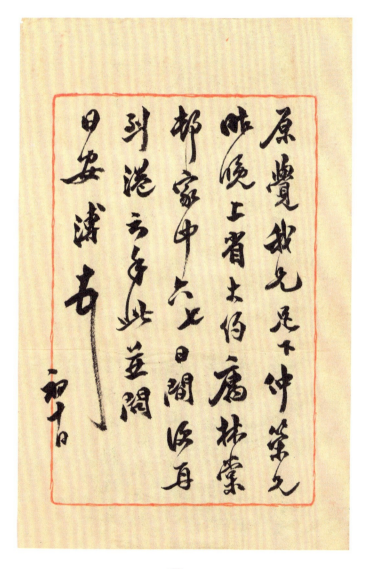

图一

原觉我兄足下：仲策兄 / 昨晚上省，大约寓林棠 / 邨家中，六七日间便再 / 到港云。手此，并问 / 日安。溥顿首。初十日。/

按：信中所云"仲策"即梁启勋。

189

《溥致罗原觉函》（图二、三、四），有三页，每页横 17.2 厘米，纵 26 厘米，共有 17 行文字：

原觉我兄足下：别后 /
起居奚似，想安善也。
初拟抵沪 / 便即入都，
其后往返汉沪两次，/
倏逾数月。昨复来汉，
再赴岳州，/ 决北上矣。
近得晦公书否？闻 /
兄作北游，是否决定？果
尔，则京 / 津间当相晤
耳。令弟雅意，/ 至为
可感。承放大撮照各片，
非 / 独弟铭五内，即亡
者亦感激九京 / 矣，乞
为致谢。属件到京后，
即 / 妥办寄上。若有 /
赐函，由晦公转可也。
粤中风 / 潮若何？ / 府
上想无惊扰，至念。手
此，即 / 敬 / 日安。弟
溥拜上。/
植兄统此致候。廿日。/

图二

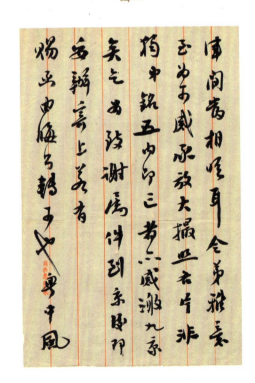

图三

190

图四

按：本函使用"北洪泰监制"信笺。信中所言"植"即康植，"晦公"即黄晦闻。

信封（图五），横 8.8 厘米，纵 10.5 厘米：

图五

191

雪白致罗原觉函 1 通

《雪白致罗原觉函》（图一），一页，横 12.8 厘米，纵 25 厘米，
共有 4 行文字：

泽棠仁兄足下：示悉，
小儿 / 外出未返，如何？
着其径复 / 足下就是，
此问 / 日祉。雪白。初
四日。/

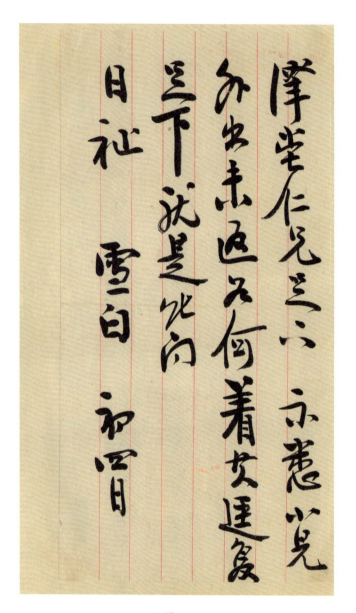

图一

信封（图二），横 7.3 厘米，纵 17.5 厘米：

图二

即复 / 罗泽棠先生 /

193

雪广致罗原觉函 1 通

《雪广致罗原觉函》（见下图），一页，横 12.9 厘米，纵 24.8 厘米，有文字 6 行：

旷兄足下：公学已按与台湾银 / 行，乞即告该地警区保护一切，/ 凡有人欲借各石像者，□与台 / 湾银行有关系，不必转借，/ 免去交涉。弟雪广上。六月十六日。/（公学各石器，乞力为保全，至叩。）/

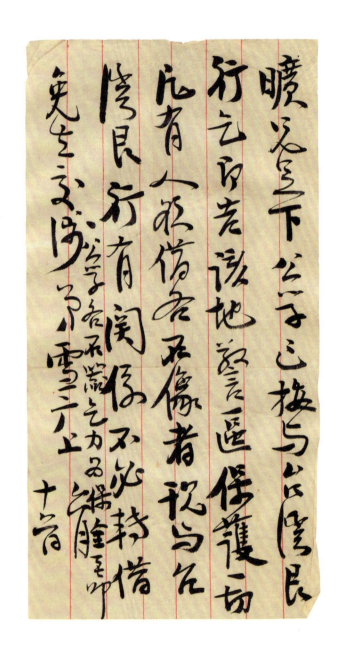

194

关钧致罗原觉函 1 通

一页，横 13 厘米，纵 22 厘米，共有文字 6 行：

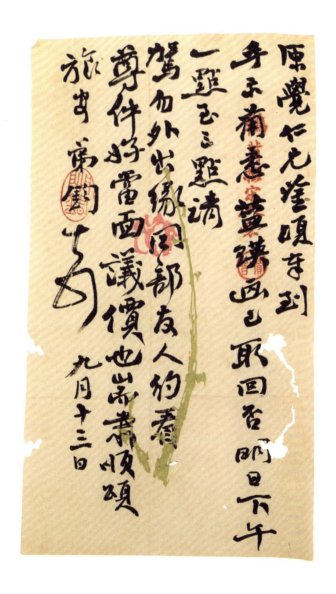

原觉仁兄鉴：顷奉到 / 手示，备悉。蓝瑛画已 / 取回否？明日下午 / 一点至三点，请 / 驾勿外出，缘同部友人约看 / 尊件，好当面议价也。/ 耑肃，顺颂 / 旅安。弟 / 钧顿首。九月十三日。/

　　按：该函信笺印制有题识"鹤嘴抚宋人意"的桃花图案，在书信人名"钧"字处盖有"关钧"二字篆体朱文椭圆形印文一方。表明该函是由关钧写给罗原觉的。信中提及"蓝瑛画"及"约看尊件""当面议价"一事。

莪英致罗原觉函 1 通

一页，横 20 厘米，纵 25.3 厘米，钢笔书写，共有文字 9 行：

原觉世兄大鉴：敬启者：/手书及神道碑，咸拜领，不/胜谢谢。此帖毫芒毕现，不愧/为近世名品。妹现正摹习，未/悉能稍学皮毛否耳。倘异日/字学略有寸进，亦皆吾/兄所赐也。先此鸣谢，顺颂/日祺。制妹莪英上。四月廿五号。/回家乞代问安。/

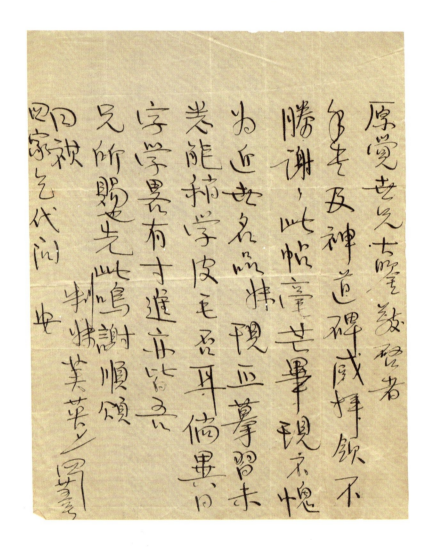

196

思求致罗原觉函 1 通

一页，横 13.2 厘米，纵 19.9 厘米，钢笔书写，共有文字 5 行：

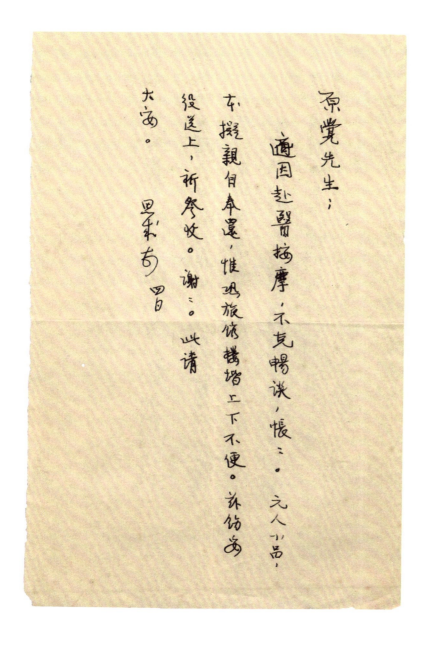

原觉先生：/ 适因赴医按摩，不克畅谈，怅怅。元人小品，/ 本拟亲自奉还，惟恐旅馆楼阶上下不便。兹饬妥 / 役送上，祈察收。谢谢。此请 / 大安。思求顿首。四日。/

王 致罗泽堂函 1 通

一页，横 13 厘米，纵 24 厘米，共有文字 6 行：

示悉。徐临圣教序，谨 / 奉还。林君韵宫欲买 / 乡先达字画。/ 兄何时回，弟可介绍一切也。/ 谨复泽兄。弟 王 顿首。/ 十三。/

按：该函使用印制"逍遥夼"三字的信笺。"林韵宫"即林绳武（？～1938），广东信宜北界人，近代文史学家、书法家，清光绪优贡生，选入广雅书院读书，曾任驻秘鲁领事，国会议员，1930 年聘任《钦县志》总编纂。

198

袁锡致罗泽堂函 1 通

一页，横 14 厘米，纵 25 厘米，共有文字 6 行：

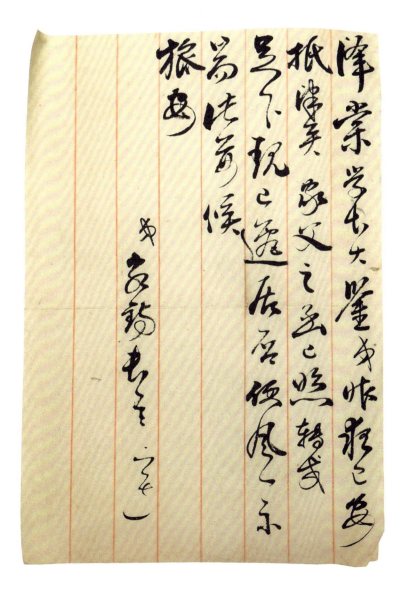

泽棠学长大鉴：弟昨夜已安 / 抵津矣。家父之函，已照转交。/ 足下现已迁居否？便风一示，/ 崇此并候 / 旅安。/ 弟袁锡顿首 /

罗期振致罗原觉函3通

原觉先生宗兄阁下：顷日江北归来，展诵／赐书，敬悉。日来集等部，奉乞／照收。粤东汇款，如此奇昂，为他方配，未／见敝处书，烦即候有便／带下可也。／委觅各书，即容代觅不误，外账单一纸／乞／核，敬请／著安。振书另顿首。／二月廿八日。／（近未出新书目。前之书目，似上次已携去矣。）

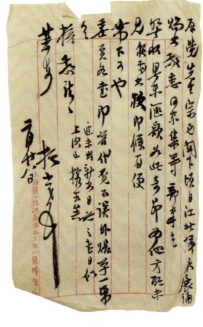

图一

第一通（图一），一页，横15厘米，纵24.8厘米，共有文字10行：

按：该函使用"上海汉口路河南路西三九八号□□笺"。

第二通（图二），一页，横15厘米，纵24.8厘米，共有文字6行：

囜当欲多购他书，但因零款难／寄，故欲待集有成数，再为觅寄，／敝处无任欢迎。此次十余元，为数不多，／即待下次再购他书同汇可也。敬请／著安。振书另顿首。／十一日。／

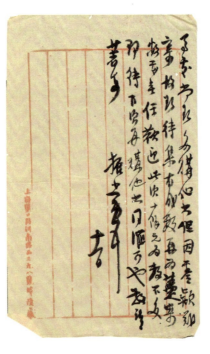

图二

200

按：该函使用"上海汉口路河南路西三九八号□□笺"。

第三通（图三），一页，横 16.2 厘米，纵 24 厘米，共有文字 6 行：

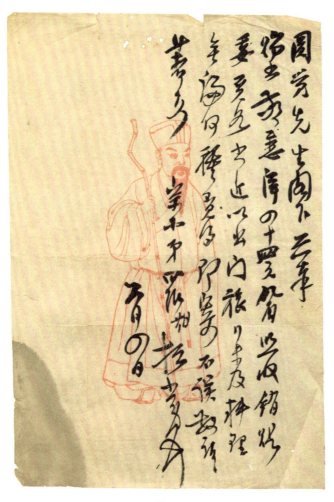

图三

圆觉先生阁下：前奉 / 赐书，敬悉。洋四十四元九角照收销账。/ 委觅各书，近以出门旅行，未及料理。/ 无论何种，觅得即寄不误。敬请 / 著安。宗小弟罗期振书另顿首。/ 六月四日。/

罗敬僯致石泉函

1通，两页，第1页（图一）横18厘米，纵24厘米；第2页（图二）横14.8厘米，纵23.8厘米。共有文字24行：

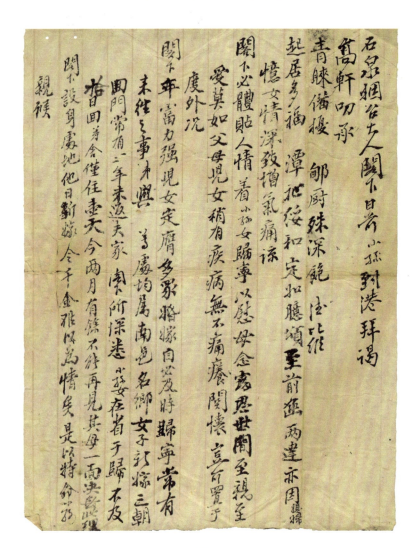

图一

石泉姻台大人阁下：日前小孙到港，拜谒/高轩，叨承/青睐，备扰郁厨，殊深饱德，比维/起居多福，潭礼绥和，定如臆颂，至前函两达，亦因媳妇/忆女情深，致增气病，谅/阁下必体贴人情，着小孙女归宁，以慰母念，窃思世间至亲至/爱，莫如父母儿女，稍有疾病，无不痛痒关怀，岂可置于/度外。况/阁下年富力强，儿女定膺多众婚嫁，自必及时归宁，常有/来往之事，弟与尊处均属南邑名乡，女子新嫁，三朝/回门，常有一二年未返夫家，阁下所深悉。小孙女在省于归不及/拾日回弟舍，仅住壹天，今两月有余，不能再见其母一面，决无此理。/阁下

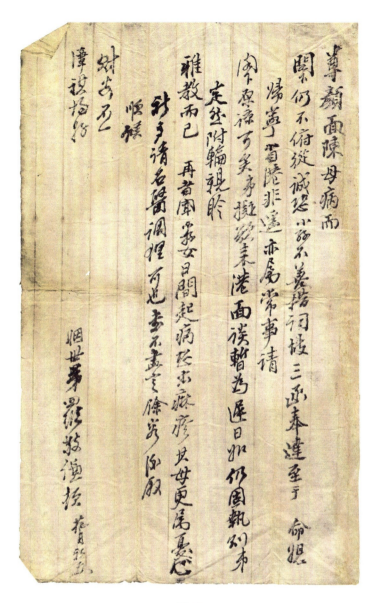

图二

设身处地，他日新嫁令千金，难以为情矣，是以特命小孙 / 亲候 / 尊颜，面陈母病，而 / 阁下仍不俯从，试恐小孙不善措词，故三函奉达。至于命媳 / 妇宁省港非遥，亦属常事，请 / 阁下原谅可矣。弟拟欲来港面谈，暂为迟日□仍固执，则弟 / 定然附轮亲聆 / 雅教而已。再者闻小孙女日间起痛，恐小麻疹，其母更属忧心，/ 祈多请名医调理可也。书不尽言，余容后叙。/ 顺候 / 财安不一。/ 潭祺均好。姻世弟罗敬慊顿。花月初五。/

203

信封一组

信封一（图一），正面书写"罗泽堂先生"。按：该信封正面红色印制翠竹图及"青云直上，经香阁制，□□意"题款，并盖"竹山"二字印文一方。

信封二（图二），正面书写"法界/中国旅馆/罗原觉先生/"。按：该信封正面残存邮戳文字显示"十一年九月/天津/"。"十一年"指民国十一年。"法界中国旅馆"在天津。表明该信封写于1922年9月，此时罗原觉正出差到天津。

信封三（图三），横15厘米，纵25厘米，正面书写："香港中国电报局/麦局长转交/罗泽棠先生大启/天津罗缄/"。按：信封正面书写的收信人地址是香港，表明收信人罗原觉此时正在香港。根据信封左上角所盖邮戳文字"甲/TIENTSIN 8/九年九月十四/天津府/八/"，"九年"指民国九年，即1920年，可知该信封是在1920年9月14日从天津寄出，由天津罗书写。而信封背面书写的地址却是"北京崇文门内苏州胡□/十一号麦寓/"。这当中的历史因缘值得探究。

信封四（图四），横10.8厘米，纵21.9厘米，正面书写："广州市西关十六甫北街廿七号/敦复书室/罗原觉先生台启/南京路一百二十六号三楼/上海中华国民制糖股份有限公司缄/电话中央二四八六、一五五三号/易寄/"。按：这是从上海中华国民制糖股份有限公司易姓人员寄往广州罗原觉收的一个信封。

信封五（图五），横7.7厘米，纵17厘米，正面书写："西关十六甫北街廿七号/敦复书室/罗原觉先生启/锦荣街八号李缄（大同石佛堪）/"。按："大同石佛堪"即今天的大同云冈石窟。这是一名李姓人员借用云冈石窟的信封寄给罗原觉收的一个信封。

信封六（图六），正面书写："本市东山百子路菜园北／五号／罗泽堂先生／广州河南鹤鸣二巷达庐缄／"。按：这是一款"达庐"专用信封，由广州惠爱中路同文发行。信封上盖有邮戳，上面的文字显示："广州九／□年八月廿九／十五／CANTON SO NO. 3／。"

信封七（图七），正面书写："寄北京香厂南洋烟草公司／黄古乔先生劳即转／罗泽棠先生大启／由广州东山简宅邓发／"。说明此时罗原觉在北京出差。

信封八（图八），正面书写："广州西关十五甫三巷六号／敦复书室／罗泽堂君／香港李缄／"。

信封九（图九），横 8.7 厘米，纵 18.5 厘米，正面书写："日本东京府大森／望翠楼ホラル／罗原觉先生启／天津河北二马路康吉里十八号黎宅李缄"。信封正面盖有邮戳，文字显示："TIENTSIN／二十年六月□日／天津／"，表明 1931 年 6 月罗原觉正在日本东京。

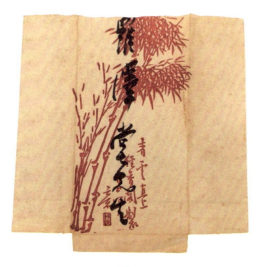

图一

图二

图三

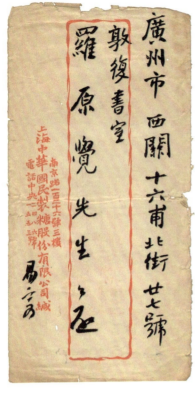

图四

图五

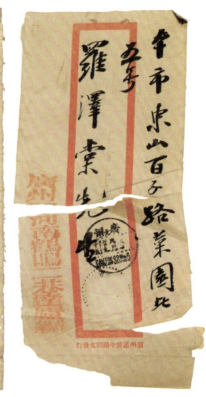

图六

图七

图八

图九

206

2015 年 12 月 18 日，我借"祝福的印记——传统童服里的故事"展览在香港文化博物馆开幕之际，在博物馆林国辉馆长的帮助下，得有半日闲暇泡在香港大学的图书馆里。也许上天有眼，竟让我意外地读到了周季木先生的一封遗函，实在令我兴奋异常！这封信函属佚文，未见任何著录，但它披露了许多重要内容，确实十分珍贵，值得介绍。

该封信函共有两页，楷体墨书，从右往左竖写，首页有 8 行，第 2 页 9 行。信笺是特制的，上面印有"居勤学俭 / 服善抱真 / 戊辰三月集《小子碑》字 / 季木"等字。"戊辰"即 1929 年。该信全文如下：

原觉先生阁下：梦梁兄来，得捧 / 大札，敬谂 / 起启多吉为颂为慰。去夏承赐鹿 / 毫笔多管暨《书道全集》一部，当时弟适在天津，月余遄归。又奉 / 华翰并汇款贰百元，当即覆函致谢，/ 想已邀 / 青及矣。今藉梦梁兄回里之便，带呈 / 敝斋藏匋一份，祈 / 晒纳为幸。弟今春得吴子苾藏彝器（皆烬余品）/ 十种，皆以文字胜者，俟命工精拓呈 / 教。近日 / 阁下有新获否？好风多便，当希时赐 / 教益为盼，匆匆肃覆，敬颂 / 冬祺。弟周进顿首再拜。十一月十九夕。/

《西乡侯兄张君碑》后半近又出土，其下截已归我收来，/ 上截正托人物色，不久或能归我。下截拓本，案头 / 适有一纸（得石时所拓），亟检奉清赏，想亦为我一块也。又及。/

这是周进写给罗原觉的一封书信。周进（1893 ~ 1937），字季木，室名居贞草堂，安徽至德（今东至县）人，清两江总督周馥之孙、周学海四子、周叔弢之弟、周一良之叔，著名收藏家、金石学家、考古学社员，著有《居贞草堂汉晋石影》《魏石经室古玺印景》《建德周氏藏古封泥拓影目》《建德周氏居贞草堂藏器》《季木藏匋》《新编全本季木藏陶》等。罗原觉（1891 ~ 1965），原名罗泽堂，别字韬元，弢盦，恽卢等，号道在瓦斋、菜园病叟、平宁瓷佛庵等，广东南海人，著名文物鉴藏家兼学者。

这封书信连同信封被夹在《弥斋藏匋》一书里。《弥斋藏匋》一书线装，共有12册，每页粘贴匋文拓片一张。拓片十分精美。信函被粘贴在《弥斋藏匋》末册最尾两页，信封被夹在该书首册扉页内，上面书写"敬求 吉便带交罗原觉先生收启 外纸包一个 季木拜讬"楷体字，"外纸包一个"显然是指《弥斋藏匋》一书。该书扉页还粘贴一张宣纸长条，纸条上有墨书"弥斋藏匋"篆体四字，另有两行小楷字"壬申十一月拓奉原觉先生鉴定，秋浦周进寄自北平"，还盖有"季木"篆体朱文印一方。按"壬申"即1932年。显然，"弥斋"二字是周季木先生使用过但并不为众人所知的一个室名。由此可知，该封书信连同《弥斋藏匋》一书是在1932年农历十一月十九日由周进即周季木先生在北平托"梦梁兄"带往广州并转交罗原觉先生的，后由罗原觉先生捐给了香港大学冯平山图书馆收藏。

信中提到的诸多事情，极具学术价值，值得一一提及。

一、信中所言说明周进与罗原觉二人之关系十分密切。他们虽身处一北一南，但因有共同的收藏爱好，两人磋商学问、互通有无。罗先生1931年夏向周先生赠送多管鹿毫笔和《书道全集》一部，周则将自己珍藏之陶器铭文悉数拓出，装订成册，送与罗鉴定。《书道全集》为日本平凡社出版之书籍。

二、信中提到了清代金石学家吴子苾藏品的下落，为后人了解吴子苾所藏彝器去向问题提供了珍贵线索。吴式芬（1796~1856），字子苾，号诵孙，海丰（今无棣）县人，室名陶嘉书屋、双虞壶斋，道光进士，著有《攈古录》《攈古录金文》，与陈介祺合著《封泥考略》十卷。1932年春，吴子苾所藏彝器十种为周季木收藏。这批藏器均为烬后余品，且以铭文见长。

三、披露了晚清出土珍贵石碑《西乡侯兄张君碑》流传细节。目前《西乡侯兄张君碑》残石只发现两块，碑文前半篇的下半截残石是在光绪二十六、二十七年间在河南修武县发现的，后为山东杜九锡买走，卖给了端方。端方死后，该残石为固始葛成修购得，后为周季木以明拓足本《天玺纪功碑》交换所得。信中所述"其下截已归我收来"正是指此块残石。可见，该块残石至迟在1932年已为周季木所藏。信中还提到"《西乡侯兄张君碑》后半近又出土"，"上截正托人物色，不久或能归我"。实际上，信中所提"上截"残石直到1935年春，才由胶西柯燕舲在北京尊古斋代周季木购得。经多位学者研究考证，现《西乡侯兄张君碑》改题碑名为《汉池阳令张君碑》。新中国成立后，这两块残石由周季木先生的后人遵从其遗愿捐赠给了国家，现为故宫博物院院藏珍贵文物。

（原载《中国文物报》2016年1月12日第8版"收藏鉴赏周刊"）

附录
广州博物馆藏罗原觉后人捐赠《周进致罗原觉函》两通

《周进致罗原觉函》（图一），一页，横16.2厘米，纵24.2厘米，共有文字7行：

图一

示悉：明午准携云麾碑呈（麓山寺碑亦并带呈）/阅。弟处关于云麾之图籍，仅/赵氏影本，在乱书中，已检不出，望查金石（弟无此书，前于友处借看者）/钩本，万不可据，其字以臆钩/勒也。弟明午三钟准到尊寓，/请略候。尚复，即请/恽庐先生刻安。弟进顿首。/

《周进致罗原觉函》（图二），一页，横16.2厘米，纵25.6厘米，有文字6行：

痹痛加重，不能起床。昨日索/阅各件，请即留下，明晚即行/奉上。或由足下自来取亦/可。足下如欲面谈，不妨话/于床下，惟嫌亵渎不恭耳。/原觉先生。弟进倚枕顿首疾上。/

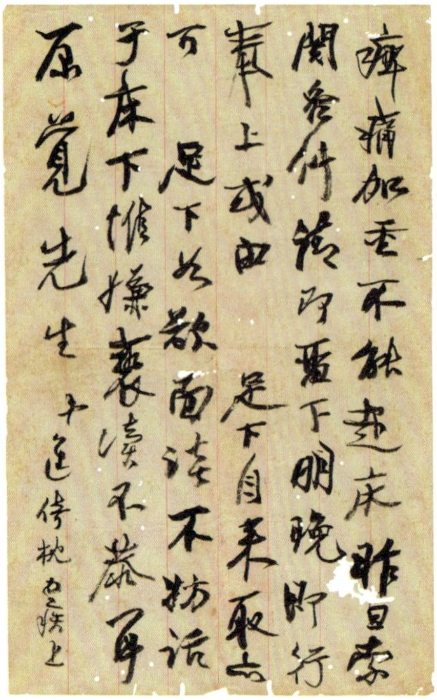

图二

信封（图三），横15.1厘米，纵16.6厘米：

回呈/罗先生收启/季木之/

图三

一、新发现的两封黄宾虹书信：黄宾虹与蔡哲夫的友情

在广州博物馆藏品里，保存有两封黄宾虹写给蔡守（哲夫）的书信，反映了民国时期黄宾虹与粤籍文人的交往与友情，弥足珍贵。

黄宾虹，初名懋质，后改名质，字朴存，又作朴丞，初号滨虹，后改号宾虹，别署予问、虹庐、虹叟，笔名有朴人、冰鸿、大千、顾庵等。中年后，以号行。安徽歙县潭渡村人。1865年（清同治四年）生于浙江金华铁岭头街，1955年3月5日卒于杭州西湖，享年90岁。为我国近世山水画大家，享有"中国人民优秀的画家"荣誉称号。

第一封书信（图一～三）有两部分，第一部分共有3页纸，每页纵27.3厘米，横17.2厘米，行草，书写在印有"石芝阁抚褉帖"信笺上，共20行，每行以 / 相隔，下同，内容如下：

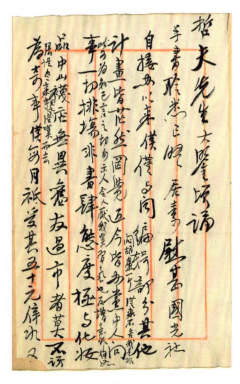

图一

哲夫先生大鉴：顷诵 / 手书，聆悉已晤居素，慰甚。国光社 / 自接办以来，仆仅与闻编辑部分，其他 / 计画，皆茫然阁觉。近今皆办党中人问 / 事。一切排场，非书肆态度，极与化妆 / 品中山袜店无异。（闷葫芦一个，从来不告我是非，此可为知己言之，切勿示人，令人厌我辈习气也，反增意

外，何如？）旧友过市者，莫不讶/为奇事。（张諟斋来申见之，浩叹而去。）仆每月祗受其五十元薪水，又/居素另补我五十元车马，终日编辑，与接/见熟人，不如从前卖文字生活自由多/矣。明年拟脱离去，专事作画沪上，亦/可得二三千金，足糊口矣。/兄事非不欲说项，深虑党派参差，无/所裨益。我辈生当斯世，正合为徐俟斋、/姜鹤涧一流忍饥受寒，不见显达人，最/为乐事，否当蜷伏湫隘嚣市，/宁与贾竖贩夫不识字人安居，尚无/荣辱耳。夏历年终，居素来申/否？晤时可将/尊贱之见同达也。专复，即候/道绥。黄宾虹启。（现在敝寓寄居蜀友张君善孖家，渠亦鬻画，每年可三五千金，法界西门路西成里九十六号。又）/

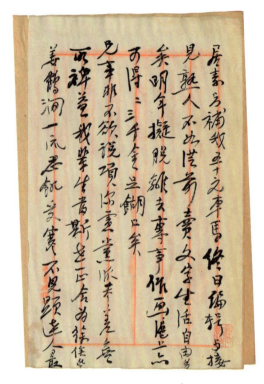

图二

图三

212

第二部分（图四）

仅 1 页纸，纵 27.3 厘米，横 17.2 厘米，行草，共 5 行，也是写在"石芝阁抚禊帖"信笺上，内容如下：

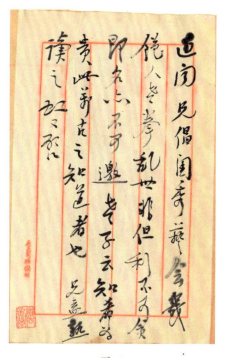

图四

近闻兄倡闺秀艺会，几 / 饱人老拳，乱世非但利不可贪，/ 即名亦不可邀。老子云：知希为 / 贵。此万古之知道者也。兄盍熟 / 读之。虹又启。/

在第一封信上还有三方篆体"藏去为荣"朱文印文。第二封书信（图五～七）共有 3 页纸，每页纵 25.8 厘米，横 17.5 厘米，行草，共 24 行，内容如下：

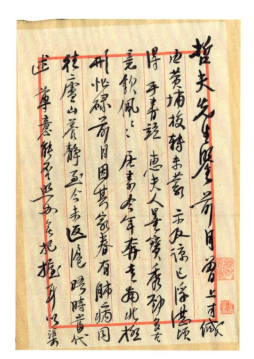

图五

哲夫先生鉴：前月曾上寸缄，/ 由黄埔校转，未蒙示及，谅已浮湛。顷 / 得手书并惠夫人墨宝，秀劲多古 / 意，钦佩钦佩。居素今年奔走南北，极 / 形忙碌，前月因其家眷有肺病，同 / 往庐山养静，至今未返沪。晤时当代 / 述尊意，能否照办，无把握耳。以渠 / 性质上，文艺外，不甚听从，即弟

荐一二／社伙，不久为
之遣去，政治上尤觉无
效。友人／黄忏华前在
《时报》主笔，历办党
务，春间来沪，／由弟
介绍一晤。忏华亦研究
佛学有得，同为／粤人，
近仍在党部秘书，拟就
委员会，略有／援引，
而居素已不欲为其联
络，以政途固／非居素
所愿，荐人近亦不易进
辞。然粤地／谅非宁比，
容缓商之，再作复耳。
弟自粤／游返申，居素
邀与社内任编辑之役，
每／日远近熟友坐谈，
自晨至暮，送迎不已。／
昔可避人，今无可避，
劳劳终日，乏暇握管。
各／处缄索尘积，□□
答复，著述更无头绪。／
晦翁久未通讯，兴致郁
闷，由王秋湄处／聆悉
之。诸贞壮杭寓一炬，
全付巨劫，藏书／等物
计失八万元。今马夷初
约入教部秘书，／月金
可四五百金，得不偿失，
可怜已。专复，此颂／
日绥。黄宾虹启。／

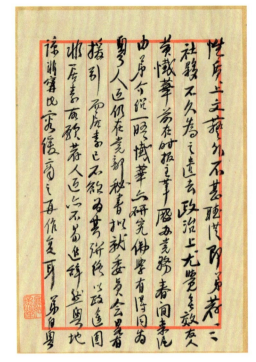

图六

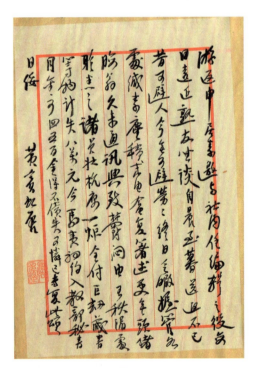

图七

214

在这封信上也有三方篆体"藏去为荣"朱文印文，另有一方篆体"月色登来"白文印文。这两封书信都没有落年款。据云雪梅著《黄宾虹画论》一书所记："1928 年，65 岁，赴桂林讲学，游桂林山水，小游香港，过零丁洋。在广州购得族祖凤六山人画《泽渡村图》册页。住上海西门路西成里时，张善孖、张大千兄弟住其楼下。"[1]承蒙王中秀先生教示，"黄宾虹 1928 年住汾阳坊神州国光社印刷所楼上，1929 年底入住西门路张善孖楼上，因神州社搬迁河南路新楼。1931 年夏黄宾虹脱离神州社"。信中提及"明年拟脱离去"，由此推断，这两封书信的书写时间应在 1930 年，是在黄宾虹先生居住上海西门路西成里九十六号时写给粤籍文人蔡守哲夫先生的。

蔡哲夫（1879～1941），广东顺德人。据顺德蔡守哲夫著、1943 年顺德谈月色编辑《寒琼遗稿》记载："讳守，初名有守，字哲夫，一字寒琼，六十岁后自号寒翁，诗书画称三绝，兼长金石学。丙子（1936）秋偕其月色夫人来京任职党史馆党部故宫博物院，考订金石书画古物，功未竟，会丁丑（1937）变作，避难于当涂白纻山……庚辰（1940）夏秋之交，患心脏病，医治无效，阅六月而殁。"

从书信内容可以看出黄宾虹先生与蔡哲夫先生的关系非常密切。比如说，黄宾虹在信中将自己对国光社的个人看法告诉蔡哲夫，表明黄宾虹将蔡哲夫视为知己。信中写道："国光社自接办以来，仆仅与闻编辑部分，其他计画，皆茫然罔觉。近今皆办党中人问事。一切排场，非书肆态度，极与化妆品中山袜店无异。"信中还特别提到："闷葫芦一个，从来不告我是非，此可为知己言之，切勿示人，令人厌我辈习气也，反增意外，何如？"当蔡守哲夫病逝后，其夫人谈月色编辑《寒琼遗稿》时，黄宾虹又为其作序，追述了两人的友情和交往，还对蔡守哲夫的诗作了很高的评价：

忆自己酉（1909），余恫时艰，将之皖江，道经沪渎，时黄晦闻、邓秋枚两君刊辑《国学丛书》，蔡君哲夫共襄其事，因缔交焉。蔡君研究古籀文字、诗学、宋人书画篆刻，靡不涉猎，海内知名之士、文翰往来，几无虚日；又尝奔走吴越，拟游泰岱，适战事作，遂还粤中，居十余年；以余笃好三代文字，时为得古印谱寄余。后以访友重来，旋寓金陵，偕其配月色夫人，文艺自乐，倡和尤多；然坎坷无所遇，处境益贫而诗日益进；性独嗜茶，自比于杜茶村，而卒郁郁以老。嗟夫！茶村挟济世才，丁时数奇，忧患流离，羁栖转徙。其所为诗，读者谓如天宝之杜甫、义熙之陶潜，前后不同。以蔡君之才之遇，方之茶村，古今一辙，当无不同。遗编仅存，世乱未已，晦闻先没，秋枚老病，哀成斯集，将付梓人，倘令黄邓两君见之，感慨为何如也。壬午（1942）初冬歙黄宾虹叙。

二、试释黄宾虹论谈月色的画"秀劲多古意"
——兼论黄宾虹与谈月色的友情

黄宾虹在信中特别提到："顷得手书并惠夫人墨宝，秀劲多古意，钦佩钦佩。""夫人"即指蔡守哲夫的夫人谈月色。表明黄宾虹十分赞赏谈月色的画。谈月色（1891～1976），广东顺德龙潭乡人，原名古溶，又名溶溶，字月色，以字行，晚号珠江老人，因行十，又称谈十娘。斋名"梨花院落""茶四妙亭""旧时月色楼""汉玉鸳鸯池馆"。工诗善书画，篆刻、瘦金书、画梅驰誉海内外。黄宾虹信中论谈月色的画"秀劲多古意"，虽然我们今日无法看到当年谈月色创作的这幅画，但是从广州博物馆所藏谈月色《楝花》水彩画，亦可看出黄宾虹对谈月色画作的评论十分中肯。

谈月色《楝花》水彩画（图八），纸本，画心纵138厘米，横34.3厘米，裱纵223厘米，横51厘米，画面清秀整洁，描绘的是一枝盛开的楝花，树叶和花瓣错落有致，具有岭南画的风韵，又呈现出水彩画的表现方法，用色鲜明，给人以朝气勃发之感。

从画面上留存的蔡守哲夫先生题款，可知该画作于抗战期间的1939年。题款写道：

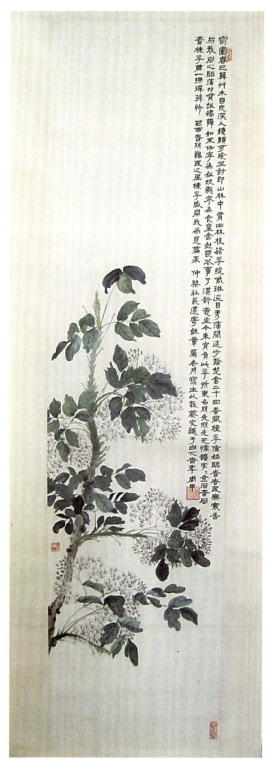

图八

穷园春已暮，草木自荒深。人镜颖可飧，坐对即山林。中有出林枝，繁华绽紫琳。延目秀蒲间，延步锴楚阴。二十四番风，楝花信始临。时告民无寒，苦与我同心。骀荡多有趣，娇弹如不任。宁为驱蛟龙，宁为食皇禽。到畏花事了，湛（笔者按：《说文》："湛，没也。"后作"沉""沈"）龄（笔者按：同"吟"）竟至今。未肯负此花，折柬召朋先。朋先无懦嚣（笔者按：同"响"），字字金石音。同赏楝花篇，一抚迟算衿。己卯春朔鸡民之居楝花盛开，我为是篇，承仲琴社长远寄酥章，属老月写生以报，蔡守识于白下，时年周甲。

己卯即公元 1939 年。"时年周甲"指蔡守 60 岁时。"仲琴"指"黄仲琴",广州岭南大学、中山大学教授,1884 年生于漳州,抗战后去香港,1942 年逝世。"老月"是指蔡守夫人谈月色。"白下"是南京的别称。该篇题款为蔡守在南京所写,写明了该画创作原因,是其夫人谈月色受黄仲琴之嘱创作的。蔡守在题款后盖有篆体"寒翁诗词书画"白文印文一方(图九)。在该画的右下角还有一方朱文印文,篆体,内容是"丹青眷属,褒难夫妻",表达了蔡守哲夫夫妻饱受战火煎熬,患难与共、夫妻以丹青共勉的心情。画面上还有一方篆体"蔡夫人谈月色"朱文印文(图一〇)。

图九

图一〇

虽然黄宾虹在信中仅此一句评价谈月色的画,但他们之间的交往可追述更早。在广州博物馆藏画中,留存一幅黄宾虹创作的山水画,从画中题款可知是 1922 年前后黄宾虹应谈月色之请而创作的。

这幅画为水墨山水卷轴画,纸本,画心纵 117.2 厘米,横 48.2 厘米,裱纵 229.6 厘米,横 53.3 厘米(图一一)。画轴上有邓尔雅的古篆体题名"宾虹朴人画旧时月色楼图"(图一二)。画面上有黄宾虹、高燮和高剑父的题款。其中,黄宾虹的题款共 5 行,竖写,另有篆体"黄宾虹印"白文印文一方:

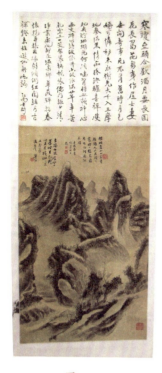

图一一 　　　　　　 图一二

古溶女德索写 / 旧时月
色图, / 以名其楼, 草
草不 / 工, 即希 /
法鉴。宾虹。/ "黄宾
虹印"

"古溶"即"谈月色", "旧时月色楼"即谈月色的斋名。
表明黄宾虹是应谈月色之请, 为其斋名而创作的一幅水墨山水画。
画面上另一题款为吹万居士所题, 共有8行, 竖写, 另有篆体"高
燮之印""吹万"朱文印文两方(图一三):

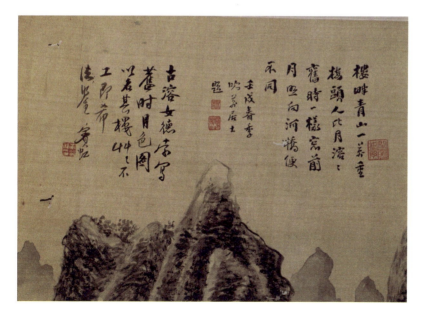

图一三

楼畔青山一万重, / 楼
头人比月溶溶。/ 旧时
一样窗前 / 月, 照向河
桥便 / 不同。/
壬戌春季 / 吹万居士 /
题。"吹万""高燮之印" /

219

"吹万居士"即南社耆宿高燮，金山张堰镇（今属上海）人，生于1879年，1958年去世。字时若，一作慈石，又字吹万，别号吹万居士、寒隐、寒隐居士、志攘、黄天、孤冢诗人、拜鹃、炊万等，自号闲闲山人。黄宾虹曾有《闲闲山庄图》之作。"壬戌"即公元1922年。表明此画作于壬戌年春季前。在高燮题跋旁还有一篆体"闲闲山人"朱文印文。

更为难得的是，画里还有高剑父的题跋（图一四），共有11行，竖写，另有篆体"高仑"印文一方：

图一四

寒琼斋头合欢酒，月要长圆 / 花长寿。花弖夷作居士妻，/ 世间奇事无不有。旧时月色 / 娇可怜，移来水榭光大千。入三摩 / 地参法果，情痴终证欢喜禅。双 / 苑央贮珊瑚匣，何须啮臂将血歃。醉心 / 画更醉心诗，归依佛亦归依法。廿年辛苦 / 礼空王，一笑袈裟换艳装。儒门诇少清 / 净业，乐地却在温柔乡。华严弹指春 / 怀抱，异样因缘剧倾倒。红闺话月古 / 禅镫，赤柱游仙新画稿。江南老剑。"高仑"朱文印文 /

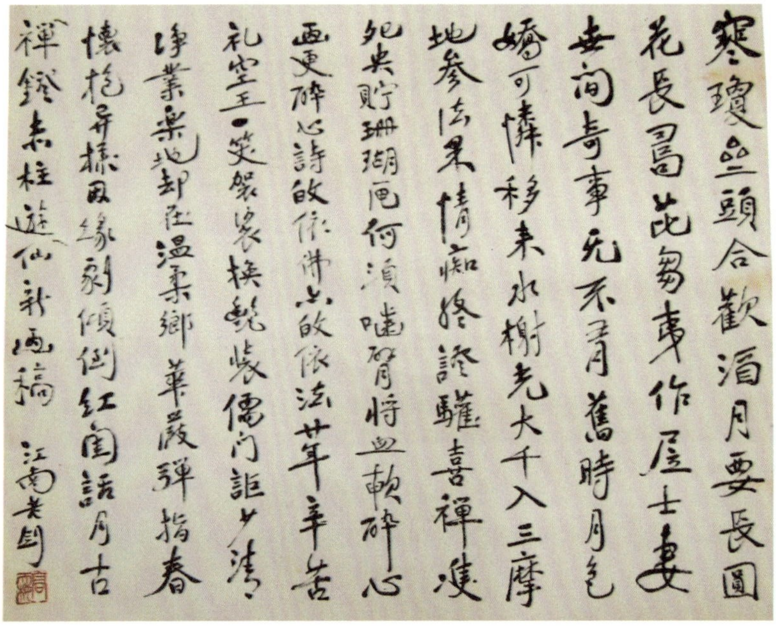

"老剑"即高剑父。高剑父生于1879年，1951年在澳门去世。广东番禺人，初名麟，后改署仑，字爵廷，号剑父，别署亭、鹊亭、卓庭、昆仑山农老剑等，以号行[2]。中国同盟会会员，参加了广州"三二九"起义。他在这篇题跋里以"江南老剑"一名叙述了谈月色的身世及志向才华，也表明此时蔡守与谈月色已结为夫妻。谈月色是在1922年2月12日嫁给蔡守的。据《黄宾虹年谱》介绍，1912年春高剑父来沪创办革命刊物《真相画报》，邀黄宾虹襄办，由此二人相交[3]。故黄宾虹应谈月色之请而创作的这幅《旧时月色楼图》上留有高剑父之题跋，也就不足为奇。这幅画关联黄宾虹、谈月色、高剑父和高燮等人之间的友情，至为珍贵。在画面的右下角还有一方篆体"高蹈独往，萧然自得"白文印文（图一五）。

图一五

三、黄宾虹赠画罗原觉

广州博物馆藏品中，还有一幅黄宾虹作于 1921 年的画（图一六），是为粤籍另一文化名人罗原觉创作的。该画为纸本，画心纵 137 厘米，横 44 厘米，裱纵 205 厘米，横 53 厘米。画面上存有黄宾虹撰写的两段题跋，第一段共 4 行，另有篆体"黄宾虹印"印文一方：

图一六

幽径春深长薜萝，考槃在陆硕人薖。花飞 / 点砌沾红雨，水涨平沙净绿莎。倚竹禽鸣高 / 阁外，出山泉绕小桥过。荆关妙处虽难学，写 / 到真山意若何。
宾虹。"黄宾虹印" /

221

另一段仅 2 行：

辛酉四月奉 / 原觉先生雅正。质又题。/

"辛酉"指公元 1921 年，"质"为黄宾虹之名，"原觉"即罗原觉，表明这是 1921 年黄宾虹为罗原觉创作的。罗原觉（1891～1965），广东南海人，一名元觉，原名泽堂，别署恽卢、韬元，世居西关，著名碑帖鉴赏家，为"岭南碑帖第一人"。据《黄宾虹年谱》介绍，辛酉年三月罗原觉自北平来沪为跋《李思训碑》而造访黄宾虹[4]。而本画作于此次行程后的一个月，即四月，反映了黄宾虹与粤籍罗原觉二人间的交往与友情。

除此之外，黄宾虹还赠送给罗原觉一幅扇面水墨山水画（图一七），画面最长 60 厘米，最宽 19.5 厘米，纸本，扇骨为竹。画面描绘的是几所平房坐落在树丛中，有两个人坐在一艘小船上，正在河中向房子的方位划行，远处为高山。画面上留有黄宾虹的题跋，4 行，另有篆体"朴丞"朱文印文一方。

弢庵先生 / 属画校 / 碑图。写博 / 粲正。/ 宾虹。/ "朴丞"朱文印文

图一七

"弢庵"即指"罗原觉"。从前引"辛酉年三月罗原觉自北平来沪为跋《李思训碑》而造访黄宾虹"，可知该件扇面应作于此时期。扇面的背面还留有朱祖谋撰写的一首《摸鱼子》词（图

一八），共23行，另有"彊村"朱文印文一方，内容如下：

图一八

朱孝臧（1857～1931），名祖谋，字藿生，又字古微，号沤尹，又号彊村，浙江归安人。1904年任广东学政。辛亥革命后，隐居上海。早年工诗，后专力于词。

在罗原觉往来书信中，还有一封《黄宾虹致罗原觉函》（图一九），横18.5厘米，纵27.3厘米，共有文字8行：

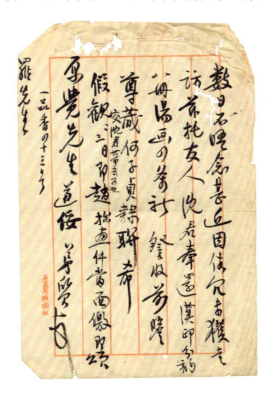

图一九

占城阴颓云一角，/有人持/恨终古。书生满眼/神州泪，凄断海东烟雾。坟/上土，怕/有酒能浇，踏遍桥/南路。英/游迟汝。向笙鹤遥/空，不逢/骞、广，心事更谁诉？/天难问，身/世儒冠多误？凭渠笔/力牛弩。铜/琶无分《中兴乐》，消受此/生栖旅。凭/吊处，剩破帽疲驴，怅望/千秋去。啼/鹃最苦！要无主青山，有/灵词客，来/听断肠语。《摸鱼子》/马鞍山访龙洲道人墓/殁庵仁兄正。祖谋。"彊村"朱文印。/

数日不晤，念甚。近因俗冗，未获走/访，兹托友人沈君奉还《汉印分韵》/八册、汤画四条，祈察收。前鉴/尊藏何子贞隶联，希/假观二三日（交沈君带去可也），即赵拙画件当面缴。即颂/原觉先生道绥。弟质顿首。/一品香四十三号/罗先生/

223

该函使用"石芝阁抚禊帖"特制信笺。按"何子贞"即何绍基，"罗先生"即罗原觉，"一品香"是上海知名旅店。可见这是罗原觉在上海出差期间黄宾虹写给他的一封书信。

以上3件文物均由罗原觉先生夫人黄宝权女士1987年捐给广州博物馆。

四、黄宾虹与其他粤籍文人的交往

新发现的两封黄宾虹书信中还提到黄节、黄忏华、王秋湄等粤籍文人。黄节，字晦闻，笔名黄纯熙、佩文、黄史氏、蒹葭楼主，广东顺德人，1873年生，1904年与邓实等人在上海创设国学保存会，1905年参加编撰《国粹学报》，1928年6月任广东省政府委员兼教育厅长及广东通志馆馆长，1929年春辞职居澳门，1935年1月24日在北平逝世[5]。信中提到："晦翁久未通讯，兴致郁闷，由王秋湄处聆悉之。"表明黄宾虹十分关注关心黄节。

黄忏华，广东顺德人，字璨华，号凤兮，我国近代著名佛学理论家。黄宾虹信中直接写到，黄忏华是他的友人，曾在"《时报》主笔，历办党务"，还"研究佛学有得"。王秋湄（1884～1944），名军演，改名世仁，字秋湄，以字行，晚号摄堂，室名北濠草堂。黄宾虹信中提到他也是粤人，即广东番禺人。工诗，擅书法，精章草，用笔清劲峭拔，飘逸不凡。1912年6月6日（农历四月二十一日）蔡守致黄宾虹书云："日前绍介王君秋湄趋诣……秋湄为吾粤报界有名之士，且为贞社同人，望与接洽为盼。"[6]王秋湄晚年寄居苏州，逝于上海。

信中还多次提到"居素"。居素即黄居素，广东中山人，1896年（光绪二十二年）生。早年留学美国，回国后，任广东省中山县县长。约在1927至1928年间，随黄宾虹学画，后与黄宾虹一起接办上海神州国光社，成为该社主办人之一。约在1933年，脱离政治生活，到香港定居治学。1986年3月22日终于香港，享年90岁。黄宾虹信中提到："居素今年奔走南北，极形忙碌，前月因其家眷有肺病，同往庐山养静，至今未返沪。晤时当代述尊意，能否照办，无把握耳。以渠性质，上文艺外，不甚听从，即弟荐一二社伙，不久为之遣去，政治上尤觉无效。……而居素已不欲为其联络，以政途固非居素所愿，荐人近亦不易进辞。"这里透露了黄居素的行程及厌倦政治的心情。

尤为难得的是，黄宾虹在信中将自己的心情和心思袒露无遗。他在第一封信中写道："终日编辑，与接见熟人，不如从前卖文字生活自由多矣。明年拟脱离去，专事作画沪上，亦可得二三千金，足糊口矣。兄事非不欲说，顷深虑党派参差，无所裨益。我辈生当斯世，正合徐俟斋、姜鹤涧一流忍饥受寒，不见显达人，最为乐事，否当蜷伏湫隘嚣市，宁与贾竖贩夫不识字人安居，当无荣辱耳。"他在第二封信中又写道："弟自粤游返申，居素邀与社内任编辑之役，每日远近熟友坐谈，自晨至暮，送迎不已。昔可避人，今无可避，劳劳终日，乏暇握管。各处缄素尘积，末电贪复，箸述更无头绪。""今马夷初约入教部秘书，月金可四五百金，得不偿失，可怜已。"马叙伦，字彝初，后改作夷初，号石翁、寒香，晚号石屋老人，浙江杭县人，1884年生，与黄节等组国学保存会，复刊行《国粹学报》，1928年10月任教育部政务次长[7]。从上引文字可以了解到黄宾虹当时的心情及个人追求，其十分厌倦在神州国光社里的编辑和接待工作，以及政府部门的政务工作，而对艺术的追求孜孜不倦。

图片说明

图一～三：黄宾虹写给蔡守（哲夫）的书信

图四：黄宾虹写给蔡守（哲夫）的书信

图五～七：黄宾虹写给蔡守（哲夫）的书信

图八：谈月色《楝花》水彩画

图九：谈月色《楝花》水彩画局部一

（本人在写作过程中，得到王中秀先生、陈瑞林先生的指教，谨致诚挚的感谢！）

注释

［1］云雪梅著：《黄宾虹画论》，郑州：河南人民出版社，1999 年 7 月第 1 版，第 189 页。

［2］陈滢著：《岭南花鸟画流变》（1368～1949），上海：上海古籍出版社，2004 年 9 月第 1 版，第 455 页。

［3］王中秀编著：《黄宾虹年谱》，上海：上海书画出版社，2005 年 6 月第 1 版，第 94 页。

［4］王中秀编著：《黄宾虹年谱》，上海：上海书画出版社，2005 年 6 月第 1 版，第 153 页。

［5］徐友春主编：《民国人物大词典》，石家庄：河北人民出版社，1991 年 5 月第 1 版，第 1098 页。

［6］王中秀编著：《黄宾虹年谱》，上海：上海书画出版社，2005 年 6 月第 1 版，第 92 页。

［7］徐友春主编：《民国人物大词典》，石家庄：河北人民出版社，1991 年 5 月第 1 版，第 680～681 页。

（原载岭南画派纪念馆编：《岭南画派在上海国际学术研讨会论文集》，广州：岭南美术出版社，2013 年 11 月第 1 版，第 138～147 页）

日本侵略者在实施侵华战争的过程中，不仅大量使用杀伤性武器和违反国际人道主义的生化武器，还制造了影响深远的精神麻醉剂。这些精神麻醉剂隐蔽性高、欺骗性强，是为其侵华行为服务的精神武器。这类为日本侵略行为服务的各种观点、学说等精神麻醉剂，广泛散布于日本社会，影响及于中国。

我们在黄节先生的一封佚书里阅读到20世纪二三十年代流行于社会的日本侵华思想。该信共存6页纸，每页横16.2厘米，纵26.2厘米，共有文字50行，内容如下（信函图片详见本书第一卷《广州市市立博物院创始人黄节与罗原觉交往简述》一文中图一八、一九、二〇）：

原觉我兄足下：前寄一函，想当 / 察览。伯猷兄云，节后回港，想在旧九月 / 方可首途，各书画当托其带返。昨夜 / 后五时，得奉 / 电示，知粤中息争尚有问题。今午已 / 有一电致精卫、树人两兄。电文云：国 / 难天灾，愿息争御外，急救破亡等 / 语。弟亦只尽吾一点心力，恐两兄未必 / 置意。且此等语，实人云亦云而已。忆十 / 七年春间，弟道大连回粤，同舟有日（忘其 / 姓名，原有一名刺留在皮夹，后到大连，并皮夹失去。此人 / 并托弟代购某种小说） / 人久客济南者，阅船册，知弟同舟，乃 / 通刺攀谈，醉后（此人长于饮酒），遂言：在百年以内，黄 / 白种族必有战争，稍有世界眼光 / 者无不知之；东亚大国黄种惟华与 / 日，若非合力，不足以抵当白褐，华若能 / 举国团结，一致图强，与日提携，实所 / 幸望；倘长此内争，则乌能御外（彼所谓外 / 者乃白种），日乃不能不预为之计。酒酣，更大言 / 曰：到时非华统率日，即日统率华，无可 / 讳者。弟聆其言，为之痛奋。回粤后，亦曾 / 对省府诸公言及，似已曾对 / 兄言。可知彼国蓄谋已非一日。三十年前 / 甲午中东一役，割地赔款以和。数年后，清 / 廷侈玩如故。弟于乡试对策，引《秦风·/ 无衣》诗义，曰：此西周遗民之诗，而平王弃 / 之，朱子所以传《扬之水》而悲也，盖谓割地 / 以后不知国耻，必至亡国而后已。当时袁 / 季九先生校试，读至此流泪；撤闱后，每 / 对人谈及，辄流泪。清廷告终，吾民建 / 国二十年来，依然玩忽如故，而彼国乃 / 蓄谋图强三十年矣。事至今日，全恃国 / 际公评，并仗一时民气，实力不充，如 / 何抵拒。吾恃国际正中其惧白之忌，将必 / 以强黄之说，愚惑吾民。观其外交官言，/ 若隐若吐，盖彼不敢公言于列强之前 / 也。恐此役非一时之事。吾国若不合力 / 图强，以御后门之风潮，则不併于日，恐 / 亦暗分于诸强耳。弟老矣，尚复何 / 用，以故年来著述只求心知（即朝闻夕死之意），不思传后，/ 实痛乎壮年无补于时，老而无力无 / 财救国，徒自废而已耳。/ 尊电期望弟甚殷，但当道何尝 / 置意。今日致电汪、陈，乃答 / 盛意，知无补于丝毫也。尚愿勿以 / 致电之事告人，否则人亦疑弟之 / 多言矣。学校因乱耗，经费又绝，此虽 / 小事，然教育何能振兴邪。专复并颂 / 秋祺，不一一。弟节顿首。九月廿六日。/

原觉是指罗原觉先生（1891～1965），原名罗泽棠，别字韬元、弢盦、恽卢等，号道在瓦斋、菜园病叟、平宁瓷佛庵，广东南海人，著名文物鉴藏家兼学者。节是指黄节（1873～1935），名晦闻，字玉昆，号纯熙，又号节，别署甘竹滩洗石人、晦翁、佩文、黄史氏，广东顺德人，清末民初著名诗人，岭南近代四家之一，长期在北京大学任教。广州市市立博物院筹建期间，罗原觉是筹备委员会委员之一，黄节任广东省府委员兼教育厅厅长。1928年12月，黄节为博物院起草了《重修镇海楼记》。从该信内容所见两人以兄弟相称，表明二人的关系十分密切。

该信落款只留月日，未落年款。据信中"清廷告终，吾民建国二十年来依然玩忽如故"一句，推知该信应写于民国二十年即1931年9月26日，即日本发动"九一八"沈阳事变后的第八天。

信中特别提及1928年春间作者所遇到的一件事。为说明问题所见，我们不妨再将上文信中提及之事的有关内容抄录于下：

弟道大连回粤，同舟有日人（忘其姓名，原有一名刺留在皮夹，后到大连，并皮夹失去。此人并托弟代购某种小说）久客济南者，阅船册，知弟同舟，乃通刺攀谈，醉后（此人长于饮酒），遂言：在百年以内，黄白种族必有战争，稍有世界眼光者无不知之；东亚大国黄种惟华与日，若非合力，不足以抵当白祸，华若能举国团结，一致图强，与日提携，实所幸望；倘长此内争，则乌能御外（彼所谓外者乃白种），日乃不能不预为之计。酒酣，更大言曰：到时非华统率日，即日统率华，无可讳者。弟聆其言，为之痛奋。

这种以"华与日同属黄种""黄白种族必有战争"的思想论调，具有极强的欺骗性，是为日本发动侵华战争寻找借口。这种思想论调亦见于《李宗仁回忆录》，李回忆：

"九一八"以后的两三年内，日本军、政、商、学各界要员访粤，并来我私邸访问的，多至百余人。军人中，如土肥原贤二少将、松井石根中将、冈村宁次少将、梅津美治郎少将、板垣征四郎少将、铃木美通中将，和知鹰二中佐、血田宽三、服部、中井、吉野、佐方等，都是后来侵华战争和太平洋战争中的要角。

文人、政客、学者来访的，如现任日本国有铁道总裁的十河信二，便是当年与我长谈的访客之一……

对于这些日籍访客，我总是开门见山毫不留情地痛斥日本强占我东北的狂妄行动。以同文同种之国，中、日两民族亟应相亲相重，以维持远东和平。而日本不此之图，却一意步西方帝国主义的后尘，变本加厉侵略中国，可耻孰甚？……

一般日本人，在我责以大义以后，都有赧然无辞以对的表示，唯独土肥原和松井二人却态度倔强，向我反驳，此事已详第三十九章。其他日人则有一共同遁辞，说中国国势不振，赤祸弥漫，苏联最后必将以中国为踏脚石而侵入太平洋，赤化东南亚。中国的东北位居苏联东进的要冲，而中国无力防守，为免沦入苏联之手，日本实不得不越俎代庖云云（中国人民政治协商会议广西壮族自治区委员会文史资料研究委员会：《李宗仁回忆录》，1980 年 6 月版，第 683 ~ 684 页）。

　　这类思想论调在这里被描述得更为明确、细致，麻醉性更强。由此我们也可知日本人所谓的"黄白种族"之白族，应是指苏联人。这类思想论调不仅流行于日本社会，也影响中国。日本国会图书馆藏有张宗昌写给日本政府铁道大臣小川平吉的两通函件，其中有一封写于 1928 年 12 月的函件，张在此所提观点即是上述论调的表现。张写道：

　　迨浮海东来，一身孤寄，讨赤之志，到底不渝。乃近来四方之使云集，均以拯民水火，维国纲常为请，足见人心思治，不忍坐视神州禹域断送于赤俄，黄炎华裔，沉沦于禽兽也。按国党自联共以还，未尝一日脱赤俄之操纵……再经期年，则噬脐莫及，燎原势成，谁复能救！而欧美诸邦，不计将来利害，徒争目前商战之利，不惜鼓吹迎合，助成反日排货之风潮。凡此远忧近患，皆与贵国国体民生及东亚和平有绝大之影响，不许瘝视者也……党国消长，华国安危，即与贵国息息相关……他日大功克成，不仅敝国受其赐，东亚和平因而永赖，即贵国隐患，亦可消弭，益固皇阼于无穷矣！（转引《张宗昌穷途作乱，段祺瑞暗中支持——读日本小川平吉未刊文书之一》，载杨天石著《近代中国史事钩沉——海外访史录》，北京：社会科学文献出版社，1998 年 9 月版，第 270 ~ 271 页）

　　张宗昌（1881 ~ 1932），字效坤，山东掖县人，奉系军阀头目之一。1928 年 8 月，兵败下野，一度亡命中国大连、日本。"九一八"事变起，离日返国。殊不知，张的这种观点乃是引狼入室。

　　通过阅读新发现的黄节致罗原觉书信，我们可知，日本在实施侵华战争的过程中，除制造各式先进武器外，还制造了各种精神麻醉剂，为其侵略行为寻找借口和理论依据，以此麻痹中日两国人民。

　　（原载《文物天地》2015 年第 8 期第 11 ~ 12 页）

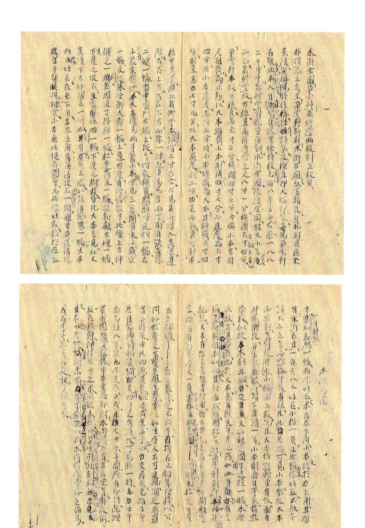

罗原觉《水浒全图"朵云轩""藏修堂"两版刻之校异》复写稿

1964年中，中央文化部夏衍副部长来香港公干，获悉我家有传家之宝，"李卓吾批评忠义水浒传"一套，全书一百卷，四大册，介装八函。要求参阅。先父罗原觉乃将此套物本借给夏衍副部长参阅。他亦知道此版本是水浒传最初版（第一次版），明万历年刊印，世上祇有两三本。一在北京大学，一在日本，我家仅有一套乃三军本中最好的一套，是印刊家李卓吾之家传，作为传家之宝，有夹批笔批字。因此，夏衍部长看后，表示此本是罕见之本。希望由国家保存。先父遵照夏衍部长之本愿，将此版本移赠中央文化部，由香港大公报社送到北京交中央文化部。中央文化部再转移到北京国家图书馆善本特藏部保存。所以後来国家图书馆善本特藏部回信给我们说明此事。

并说明附上罗原觉对此版本之多年研究心得著述"李卓吾先生批评忠义水浒传"文章。煌煌万言论述。他们积极筹措有关刊物商讨刊载事宜。但结果未有刊物刊出。

此文（十九页）前已交广州市博物馆，请贵馆管理档案人员查看是否仍存在或已失踪？如失去，请告知为盼！

罗思穆致笔者函

231

《水浒传》是我国四大古典名著之一，早已家喻户晓。现今最为流行通用的版本是由人民文学出版社出版的。据该版本1997年1月第2版"前言"介绍："人民文学出版社以容与堂本为底本，参照天都外臣序本、杨定见序本等整理出版此书，初版于1975年，1981年修订重印，在社会上和学术界都产生了很好的影响。今次出版，又重新校订一遍，并增加了注释，使整理工作更臻完善，可谓精益求精。"由此可知，人民文学出版社出版的《水浒传》是以容与堂刻本为底本的。

　　容与堂刻本即指《李卓吾先生批评忠义水浒传》百回本，刻于明代万历三十八年（1610），是现今保存最早的完整本子。李卓吾即李贽（1527～1602）。如此珍贵的刻本自然会引起学术界的广泛关注，同时也引起了我的浓厚兴趣。

　　数年前，我在整理广东学者罗原觉先生的未刊稿《李卓吾批评〈水浒传〉容与堂本》时，被其文章中缜密之考证所折服。与此同时，我又从罗原觉先生的公子罗思穆先生处得知，容与堂刻本原为罗家珍藏，后归于国家，现珍藏在中国国家图书馆。之后，在国家图书馆善本部的允许下，并在薛文辉女士的热情帮助下，我得以目睹容与堂刻本的真容。

　　容与堂刻本线装一套，共四十六册，分装八函，全书一百卷（图一）。在书中，我看到盖在不同页面的五种不同内容的印文。其中，

图一

在“小沙弥怀林谨述‘批评水浒传述语’”一文首页和卷八十八最后一页，各盖有繁体字“原觉”二字朱文印文一方。“原觉”即指“罗原觉”。又在“李卓吾先生批评忠义水浒传目录”首页，盖有繁体字“罗原觉”朱文印文一方。在“小沙弥怀林谨述‘批评水浒传述语’”一文末页、卷一“水浒传像‘张天师祈禳瘟疫’”、卷二“水浒传像‘王教头私走延安府’”和卷三“水浒传像‘鲁提辖拳打镇关西’”等页面，盖有“杳冥君室”篆体朱文印文一方。此外，“澄观堂”篆体朱文印文，分别盖在卷一、卷二和卷四的首页、卷六“水浒传像‘九纹龙剪径赤松林’”、卷十六“水浒传像‘杨志押送金银担’”和卷三十四“水浒传像‘镇三山大闹青州道’”等页面，以及卷四十三、卷五十、卷五十一、卷五十三、卷五十五、卷八十五和卷一百的首页。在卷四十一的首页、卷五十八“水浒传像‘众虎同心归水泊’”和卷一百“水浒传像‘徽宗帝梦游梁山泊’”等页面，盖有“岭海遗珠”篆体朱文印文一方（图二、三、四、五）。

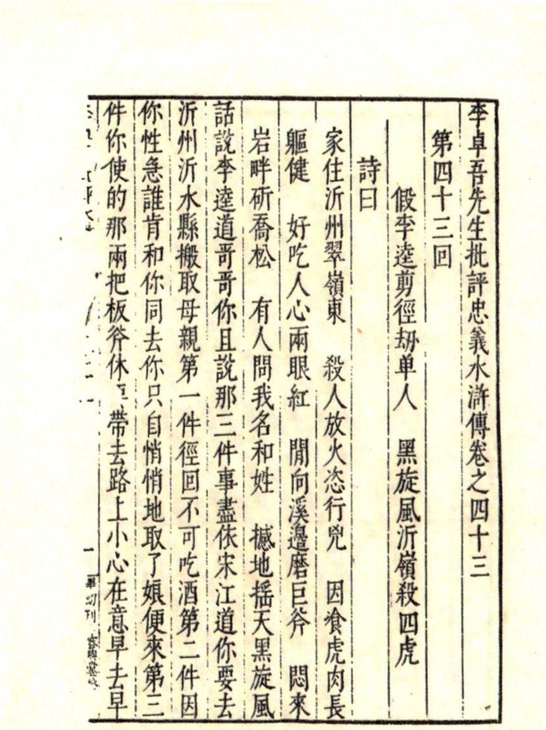
李卓吾先生批評忠義水滸傳卷之四十三
第四十三回
假李逵剪徑刼单人　黑旋風沂嶺殺四虎
詩曰
家住沂州翠嶺東　殺人放火恣行兇　因貪虎肉長軀健　好吃人心兩眼紅　閒向溪邊磨巨斧　悶來岩畔斫喬松　有人問我名和姓　撼地搖天黑旋風
話說李逵道哥哥你且說那三件事盡依宋江道你要去沂州沂水縣搬取母親第一件徑回不可吃酒第二件因你性急誰肯和你同去你只自悄悄地取了娘便來第三件你使的那兩把板斧休ㄱ帶去路上小心在意早去早

图二

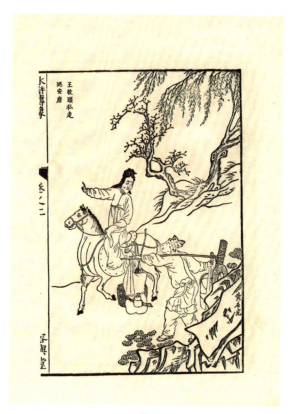

图三

图四

234

图五

承罗思穆先生指教："家父罗原觉先生生前多用'澄观堂'印章，这枚印章主要是用在为朋友写画题字上。'杏冥君室'是家父在广州西关宝源正街居室的名称，1934年初迁居广州东山后，居室名改用'敦复书室'。'岭海遗珠'是家父打算将其所写文章汇集成册时所用的印章。"据此也可推测，该刻本应在20世纪20年代入藏罗家。

在书中，我还看到有两处用红色作了修改，一处是在卷三十六，将"有军师吴学究回花知寨"句中的"回"字改为"同"字；另一处是在卷七十三，将"我是苏州罗真人的徒弟"句中的"苏"字改为"蓟"字。又在卷五"李和尚曰：人说鲁智深桃花山上窃取了李忠周通的酒器，以为不是丈夫所为，殊不知智深后来作佛，正在此等去何也率性而行，不拘小节，方是成佛作祖根基"句处，粘有一张宣纸便签，上有墨书两行字："鲁智深窃酒器而逃，有损英雄形象，/ 此水浒传一大缺点。批者强词夺理，赞为佛性，殊为可笑。/"从字迹分析，此正是罗原觉先生的字体。

由此可知，中国国家图书馆珍藏的这套明容与堂刻本《李卓吾先生批评忠义水浒传》正是罗原觉原来珍藏的本子。

遗憾的是，上述中国国家图书馆珍藏本中保留的印文、改动之处及便签文字，均不见于20世纪60年代后陆续出版的图书中。如1975年4月上海人民出版社影印出版的《明容与堂刻水浒传》，虽说是根据1965年中华书局上海编辑所影印本翻印而成，而该所影印本又是根据北京图书馆（即今中国国家图书馆）藏本影印出版，此北图藏本正是来自罗原觉的藏本，但我们在上海人民出版社影印本中却未发现有任何印文、改动之处及便签文字。我们推测，当年中华书局上海编辑所影印出版时，可能是事出有因，但却由此导致了此后各种以容与堂本为底本进行标点的本子均只字未提罗原觉，如1988年11月上海古籍出版社出版由凌赓等校点的《水浒传：李卓吾评本》也是因为以上述上海人民出版社影印本为底本，而只字未提罗原觉；前述人民文学出版社出版的标点本也只字未提罗原觉。这种情况直到2004年国家图书馆出版社影印出版《中华再造善本》时才作了彻底改变，该社影印出版《李卓吾先生批评忠义水浒传》时未再做任何处理，原汁原味地保留了前述印文和改动之处。

如此珍贵的刻本到底是在哪一年从罗原觉手中转入国家图书馆收藏的呢？

我在2004年7月香港出版的《陈君葆日记全集》卷五"1962年7月1日星期日"条日记里读到这样一条记载："写完了致夏衍的信，附叔通的信寄去……晤原觉，对所藏《水浒传》，仍坚持要价三万元，因附笔语夏公。既而他又以藏本影页送来，托为传。""原觉"即"罗原觉"。根据陈君葆日记保存的影页内容可知，罗原觉所藏正是容与堂刻本《李卓吾先生批评忠义水浒传》百回本。陈君葆当年就职香港冯平山图书馆馆长一职，夏衍时任中央文化部副部长。此时他们正在商谈国家收藏容与堂刻本《水浒传》一事。

2012年12月24日，笔者收到香港罗思穆先生的来信。他在信中说道："1964 年中，中央文化部夏衍副部长来香港公干，获悉我家有传家之宝'李卓吾批评忠义水浒传'一套，全书一百卷、四十六册，分装八函，要求参阅。先父罗原觉乃将此套版本借给夏衍副部长参阅。他亦知道此版本是水浒传最初版，明万历年刊印。世上只有两三本（套），一存北京大学，一存日本，我家所存一套乃三罕本中最好的一套，是印刊家李卓吾之家传，作为传家之宝，有其亲笔批字。因此，夏副部长看后，表示此本是宝贝之本，希望由国家保存。先父遵照夏副部长之希望，将此版本移让中央文化部，由香港大公报社送到北京，交中央文化部，中央文化部再转移到北京国家图书馆善本特藏部保存。"

罗思穆先生的介绍基本可信，只是夏衍先生早在 1962 年 7 月前已获知并在积极洽谈收藏罗原觉藏容与堂刻本一事。另据陈君葆 1965 年 1 月 20 日星期三的日记记录："罗原觉昨病逝于养和院。"（《陈君葆日记全集》卷五）由此可推断，罗原觉所藏明代容与堂刻本《李卓吾先生批评忠义水浒传》百回本是在 1962 年 7 月至 1965 年 1 月间，准确而言，即罗思穆所言 1964 年中，入藏国家图书馆。

当然，有关容与堂刻本入藏中国国家图书馆的更多细节，尚待我们去发掘。众所周知，20 世纪五六十年代，我国正在开展社会主义建设，经济并不发达。而从内地移居香港的一些知识分子，生活亦十分艰难，一些学人甚至不得不变卖家藏的古玩字画书籍，一批外国人也趁机来香港进行收购。当年罗原觉先生的生活亦十分艰难，在此历史背景下，我们看到双方讨价还价，罗先生在出让容与堂刻本时"坚持要价三万元"，这实属人之常情。在香港当年那样的社会环境下，他没有将此稀世珍宝卖出国门，已属不易，其爱国之心当予肯定。

（原载《中国文物报》2016 年 5 月 31 日第 6 版"收藏鉴赏周刊"）

1. 铜軎，汉代

长 18 厘米，内径 5.4 厘米。

圆柱形，内大外小。

2. 铜勺，汉代

长 18 厘米。

青铜，烟斗形，勺把带弧形，尖顶，把背凹槽，勺成半球形。配酸枝木盒。

3. 刻莲瓣纹青釉碟，南朝

高 3 厘米，口径 13.4 厘米，足径 5.9 厘米。

胎体厚重，敛口浅腹圈足，底微凸，凹足底，内外壁划花瓣纹。通体施青釉。施釉不均匀，有缩釉、脱釉现象。

4. 隋故太原王夫人墓志铭并序碑

缺左上角。长方形：纵 38.8 厘米，横 26 厘米，厚 4 厘米。

青石。民国时期广州石牌出土。1965 年罗原觉捐赠。

5. 青釉陶立俑，唐代

高 21.5 厘米

陶胎，空心立俑。头戴幞头，身着翻领紧袖襟长服，长裤，右手弯曲至胸，左手垂直稍前弯。通体施黄白釉，有脱釉现象。

6. 唐三彩人面陶埙，唐代

高 5.2 厘米，底长 5 厘米。

人面像，两耳穿孔，顶部伏一兽。空心，上锐下平。背无釉。埙为古代吹奏乐器。

7. 天青石虹月端溪砚，宋代

长方形：纵 24.2 厘米，横 15 厘米，厚 8.5 厘米，池深 1.8 厘米。

石质坚实细润，呈紫灰色。砚堂呈"中"字形，上部为池，砚面上有三颗石眼，其中二颗鸲鹆眼，砚背呈箕形；后部凹下可抄手。根据鸲鹆眼的分布，雕成高低各异的七柱状，形如七星。

附有酸枝木板盖。盖板正面贴一张白纸，上面手书 6 行文字："宋端州天青石虹月砚。/ 面上有鸲鹆眼，如星月，有青花结一束，/ 如虹底，有七星 / 虹贯月，见《唐书·天文志》。黄山谷《赠米元 / 章诗》：沧江夜静虹贯月，知有米家 / 书画船。/"

8. 青釉罐，宋代

高 8.2 厘米，口径 3.5 厘米，
足径 7.3 厘米。

直口鼓腹圈足。腹外划莲瓣纹。
施青釉，足无釉。

**9. 潮州"许申之印"印章，
宋代**

高 2.2 厘米，印面长 2 厘米，
宽 1.9 厘米。

质地似石，方形桥纽，半圆孔。
印面刻篆书两行"许申之印"。
许申是北宋潮州名贤。

10. 石水筧碑，南宋

长 47 厘米，宽 19 厘米。

"城南厢信女傅氏二娘舍钱造
石水筧，祈保平安者。绍定三
年七月中元题。"

罗原觉捐赠。1976 年入藏。

11. 磁州窑碗，南宋

口径 17 厘米，足径 6 厘米，
高 7.8 厘米。

卷唇，深腹，圈足外撇。碗内
底有支烧点 4 个。碗内外施
白釉，不均匀。

12. 元大德八年款铜权

通高 7.8 厘米，底径 3.9 厘米。

红铜铸造，表面有淡绿色锈，
顶部方纽中有一系绳圆孔。权
身呈上大下小的椭圆形。束腰
下接台阶形圆底座。权身正面
铸铭文"大德八年"，背面刻
蒙文，左侧阴刻"口一"二字。

13. 元大德九年款铜权

通高 8.7 厘米，底径 4.6 厘米。

红铜铸造，表面有淡绿色锈，
方形纽中有一系绳圆孔。权身
呈上大下小的椭圆形。束腰下
接台阶形圆底座。权身正面铸
铭文"大德九年"，背面铸铭
文"口路"，右侧阴刻"十"字。

14. 枢府窑系印花小碟，元代

高 3.6 厘米，口径 12.5 厘米，足径 3.6 厘米。

直口弧腹圈足。通体施青白釉，足底无釉。碟内壁下部印菊瓣纹，碟心印花卉纹。

15. 青白釉小罐，元代

高 5.1 厘米，口径 3.5 厘米，足径 4.6 厘米。

盘口短颈，花瓣形鼓腹，圆足。外施青白釉，足无釉。

16. 兰亭序图石砚，明代

长方形：纵 27 厘米，横 17.5 厘米，厚 8.2 厘米。

正面上额及四侧刻亭阁人物图，中堂微凹，深池；背面为长方形槽，槽底刻褚遂良之文章；左侧刻铭文，右侧槽缘刻篆书"唐兰亭序研 项子京宝藏"。附有精美锦缎包一个和酸枝木板盖一块，盖板正面正中线刻王羲之像及"晋王羲之像"文字一行，上方正中线刻"晋兰亭研"。

按：顶元汴（1525～1590），字子京，别号墨林居士，明朝嘉兴人，工绘事，精鉴赏。

17. 嵌石榴花铁笔筒，明天启年间

高 10.9 厘米，口径 6.1 厘米，底径 6.8 厘米。

配酸枝木座，木盒。圆筒形，直口，平底，口沿嵌回字纹，器身嵌花地开光石榴花纹，底座嵌花纹，底嵌缠枝纹，底心嵌篆书"天启年制"四方款。

18. 折枝花卉纹带盖青花小罐，明正德年

通高 7.5 厘米，口径 3 厘米，足径 3.3 厘米。

直口短颈丰肩，腹下敛至足部，腹部绘折枝花卉纹，腹下部绘二道弦纹，假圈足，足底心有一凸钉。带帽形盖，圆纽，盖绘三道弦纹。内外施釉，足无釉。

19. 木雕方形印盒，明末

长 7 厘米，宽 7 厘米，高 2.7 厘米。

方形。漆红油，内有红印泥，面雕枇杷果，四周侧面刻回纹。

20. 酱地青花牡丹纹三足炉，明末

高 9.2 厘米，口径 19.9 厘米。

盘口直颈，鼓腹圜底，凹底，三兽头足，颈口间对称两耳。外施酱釉，釉不着底。颈部绘青花云纹，腹部绘青花折枝牡丹纹。

21. 守卫悬带铜牌，明清时期

纵 14.5 厘米，横 6.5 厘米，厚 0.7 厘米。

铜质，长方形，配酸枝木盒。顶部拱形，周围有廓。上部铸狮子云纹，中置孔，一面铸篆书"守卫"字，左侧刻"勇字柒千贰佰肆拾玖号"字；另一面铸楷书三行："凡守卫官军悬带此牌 无牌者依律论罪 借者及借与者罪同。"

22. 铜牌，清雍正拾年

纵 6.5 厘米，横 10.4 厘米，厚 0.2 厘米。

黄铜，长方形。四角穿四孔。背面平正，正面四边有廓，铸楷书铭文十三行，竖写，共85字："总督部院鄂弥达 巡抚部院杨永斌 提督学院邓钟岳 观风整俗院焦祈年 布政使耳汝来 按察使黄文炜 粮驿道陶正中 盐法道冯元方 广州府吴骞 南海县闵音 番禺县逯英 雍正拾年陆月 吉旦 监造官广粮通判张珵。"

23. 乾隆皇帝御笔金版横额

裱：136.5 厘米 ×39 厘米，
心：125 厘米 ×27.5 厘米。

24. 青花缠枝牡丹纹印盒，清嘉庆年

通高 3.6 厘米，口径 6.5 厘米，
足径 4.3 厘米。

胎体薄，子母口，斜腹下敛，
圈足，帽形盖，顶平。通体施
釉，绘青花缠枝牡丹纹。

25. 青花花卉开窗四足印盒，清嘉庆道光年

通高 3.7 厘米，口径 8 厘米
×5 厘米，底 7.5 厘米 ×4.5
厘米。

椭圆形，斜直壁，平底，四足，
带盖。通体施青釉，外壁四面
开光内绘吉祥物纹饰。盖面微
鼓，开光内绘牡丹花纹。

26. 清阮元题款天台红藤杖

长 224 厘米

刻铭文三行，阮元题字，附葫芦一个，缠枝藤。藤杖上刻隶书"槎口老口附丽孙枝盘根错节阅历期颐 杖乡杖国 相扶相持是谓灵寿永宝用之"两行，正书"道光三年岁在昭阳协洽秋八 阮元题"一行。

27. 变釉陶水盂，清咸丰年

口径 7.5 厘米，足径 8.5 厘米，高 6 厘米。

胎体厚重，敛口鼓腹，假圈足，变釉，泛黑色，带蓝白色。底钤楷书"咸丰年制"单行四字款。

28. 石湾仿钧窑翠毛釉小陶罐，清中期

高 8.2 厘米，口径 4.4 厘米。

直口，垂腹，平底。口沿不规则，呈褐色，釉下垂至底部，有缩釉现象。

29. "崇曜臣印"玉印，清代

高 8.8 厘米；印面：长 6.1 厘米，宽 6.1 厘米。

玉石。印面方形，刻篆书"崇曜臣印"四字，边刻"次闲赵之琛仿汉铸印"字。

30. "伍氏紫垣"玉印，清代

高 8.6 厘米；印面长 6 厘米，宽 6 厘米。

玉质。长方形。印面方形，刻篆书"伍氏紫垣"4 字，边刻"六十八叟次闲制"字。

31. "粤雅堂"玉印，清代

高 9 厘米；印面纵 8.1 厘米，横 4 厘米。

印面刻篆书"粤雅堂"3 字，边刻"次闲仿雪渔老人法时戊申三月"字。

32. 宜兴紫砂六方暖壶，清代

通高 12.7 厘米，对角 11.5 厘米。

外体呈六方形，直腹下收，平底，每面刻"回"字纹。上部对角竖两耳，穿铁丝提梁六角足。肩部对称竖两耳，穿铁丝提梁。帽形盖，小圆纽。

33. 木雕坐像，清代

高 22 厘米

面部丰腴，神态安详，双目微合，裸足，头带披巾，身穿袈裟。双手合抱左膝，右臂裸露，右脚盘坐。海水形底座。

34.《郭兰石少宗伯书赠罗邨侍郎楷范册》一册，清代

长 26 厘米，宽 16 厘米。

郭兰石（1785～1832）

35. 邓吴包三子碎金合轴

裱：230 厘米 ×59.5 厘米

心：100 厘米 ×45.5 厘米

邓顽伯（1743～1805）

吴让翁（1755～1821）

包安吴（1775～1855）

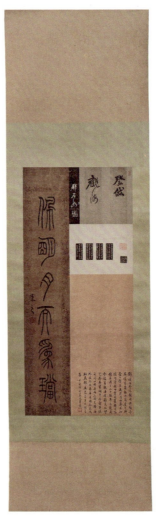

36. 黎简《三老图》轴，
1850 年

裱：210 厘米 ×51 厘米

心：87 厘米 ×40 厘米

37. 黎简行书诗卷

心：720 厘米 × 31.5 厘米

黎简（1747～1799）

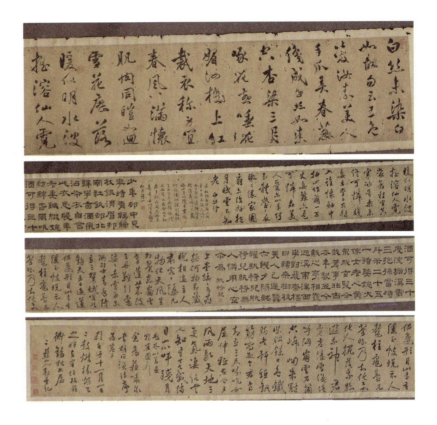

38. 陈澧胡金竹书法杂说合卷

裱：811 厘米 × 26.2 厘米，心：80 厘米 × 24.5 厘米，370.5 厘米 × 12.5 厘米

陈澧（1810～1882）

胡金竹（1654～1727）

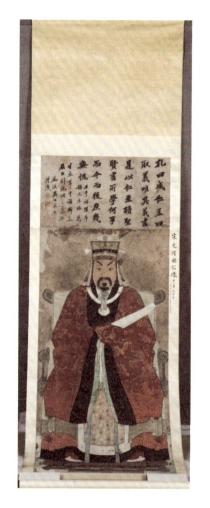

39. 宋文信国公画像

裱：291 厘米 ×83 厘米

心：189.5 厘米 ×71.5 厘米。

40. 梁启超相片，1912 年拍摄

相片出自天津日租界宫马街田上照相馆（Photographer S.Tagami）

相片左右两侧空白处有梁启超题字："壬子腊半，雪中所影，其地为天津之日本公园，所倚之宅，即饮冰室也。腊不尽二日，像主自记。""辛酉人日持赠原觉仁弟。启超记。"

按："壬子腊半"即 1912 年农历十二月初八，"腊不尽二日"即农历十二月二十八日，"辛酉人日"即 1921 年农历正月初七。

梁启超（1873 ~ 1929）

41. 梁启超行书康有为诗长卷

裱：131 厘米 ×45 厘米

心：130 厘米 ×39 厘米

"十年久别江湖梦，万里重为汗漫游。阅徧春花红过眼，颇惊秋髻白盈头。月明三五伤遥夜，剑倚东南看几州。更问新诗添几许，肯来寄我卧沧州。南海先生诗。玉文吾兄雅属。梁启超。"

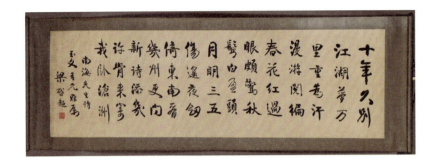

42. 罗振玉篆书横额

裱：113 厘米 ×39 厘米

心：97 厘米 ×30.5 厘米

"罗振玉题：从苑嗣音"（印文："振玉印信""玉笥山楼"）

罗振玉（1866～1940）

43. 黄宾虹《山水图扇面》

60 厘米 ×19.5 厘米

44. 黄宾虹《赠罗原觉山水图》,
1921 年

裱: 205 厘米 ×53 厘米

心: 137 厘米 ×44 厘米

45. "西河圜阳郭季妃之椁"
相片

相片背面有商承祚铅笔题记 3
行: "门: 高京裁尺三尺四
寸, 宽一尺四寸六分。己巳三
月段建德周氏墨本景印。商承
祚记。"

46. 罗天池题《野遗老人墨笔平远千岩万壑图无上神品》相片

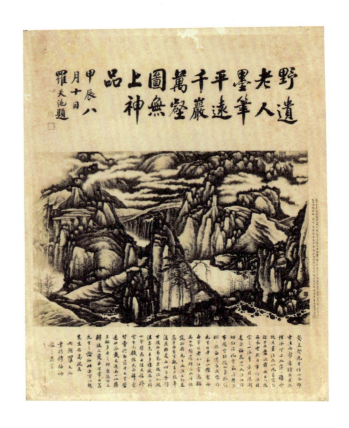

47. 广东文献馆主办历次艺术观赏会宣传单

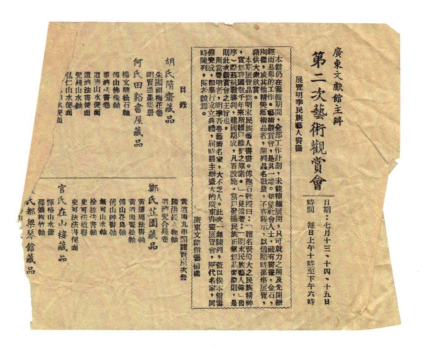

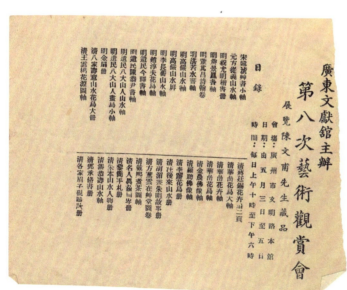

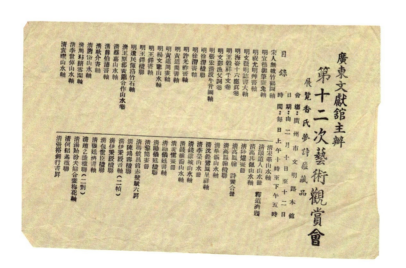

48. 广东省文献馆主办第一次史迹展览会宣传单

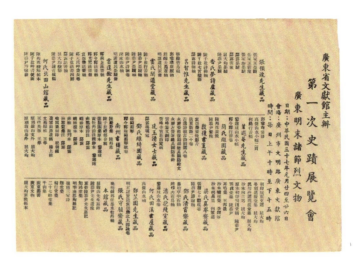

49. 敦复书室出品目

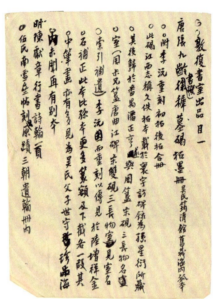

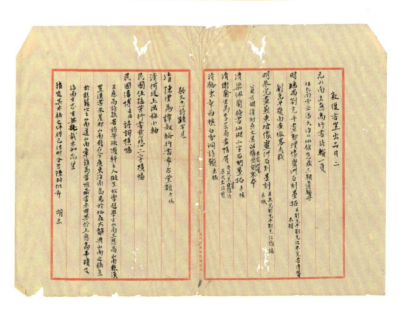

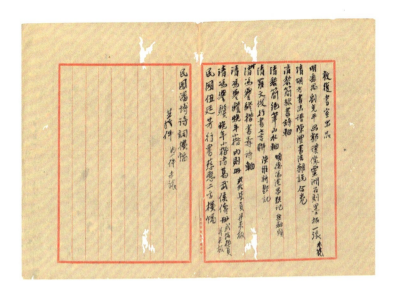

50. 云烟过眼录

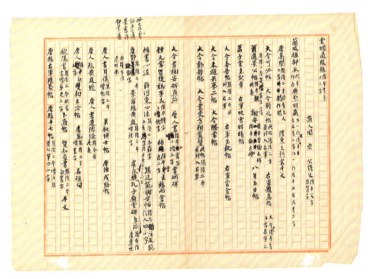

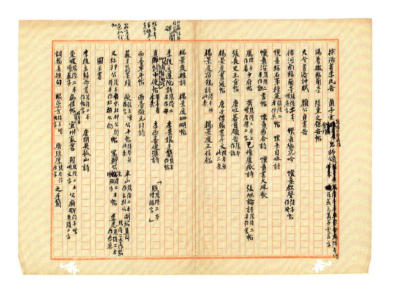

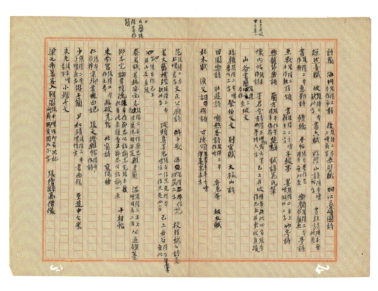

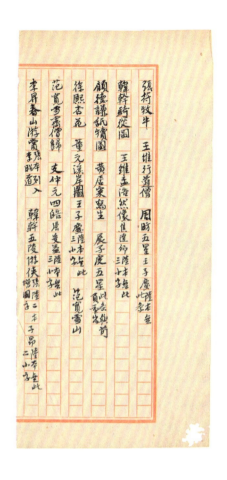

張祐牧牛

王維行道僧　周昉五星王子慶澄此条本畫

韓幹蔣從圖　王維王浩然像崔道師澄本尤子慶此

顧揆謙祇讀圖　黃居寀寫生　展子虔五星此奉本畫前

徐熙杏花　董元溪岸圖王子慶三小此　范寬雪山

范寬雪齋會僧歸　支仲元四皓居竟盂澄三小字尋此

李昇春山游賞張陸二本昭道入

韓幹五陵游俠張陸二本　子昂澄本畫此

樓圖子

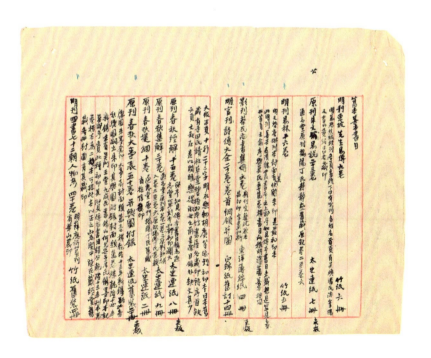

51. 旧本善本书目

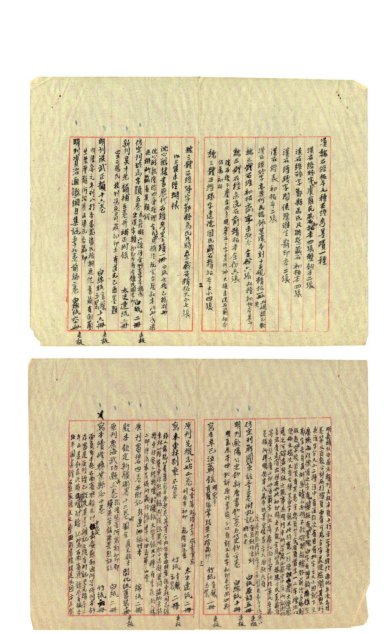
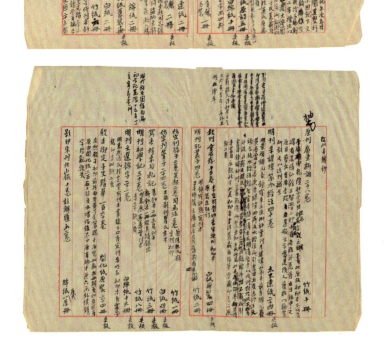

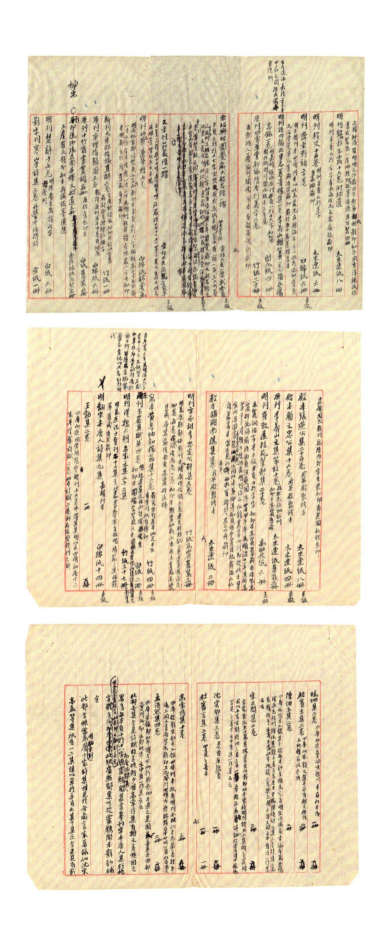

263

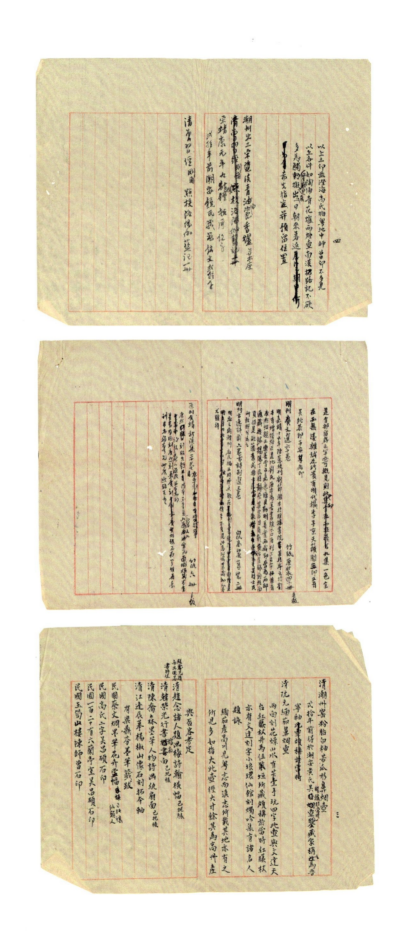

書目善本

廣東新語
原本竹紙十冊　未重裝
約缺甲八頁
屈翁山撰　康熙刻本
可配覆刻本補全或抄全
竹紙六冊裝好

武溪集
余靖撰萬歷刻九卷并補遺附錄（不多見）
萬歷樓藏本

白沙子全集
明顧德新學時撰凡五卷并詠史詩
竹紙六冊裝好

勾漏集
明顧德新學時撰
康熙重輯寫刻本首序朱墨氣印
初印本白缺三冊　紫好第二冊缺首一頁本約三頁
冊中分為數林車武緣草渡然新草漸遊草清暉園草詠史詩
名各卷省有數大任謝方端然於每海端等序冠於卷首廣州府志　彭氏

離六堂集
大㳄撰十二卷近稿一套　卷首有圖詠
白紙六冊裝好

小樓吟稿
陽春女士謝方端撰并續刻
原本白紙初印一冊卷首缺李詞九序一頁可抄補
卷末缺詞三首

附

小樓吟稿
村其子劉世醫書名小樓吟稿
得即其後人承不獲刻全
竹紙一冊

陳澧手校尚書大傳
朱青星三色筆點校愛日草盧刻
光緒間後人童刻竟缺續刻全卷　可見初刻本之難
廬文弨讀補遺孝異本竹紙二冊裝好
七種三十五冊莢肆托萬元

資治通鑑綱目集說平十九卷前編二卷　明張居正庭同撰
嘉靖刊初印白綿紙葉訂六十冊
萄州高氏舊藏比頁氏得粉杵平氏辛花庚本紙墨美勝
素錯刊初印白綿紙第訂六十冊
有張大庸李摩諸印　等有起進前有校頁
葉頁有後頁相搭杵木之字　明刊中諸板街光覓
有夾板

水經注四十卷　朱謀瑋第未之崖悟悅諸九卷許本
嘗摸刊竹紙第頁二十四冊　有縣草堂印
有夾板

海內奇觀十卷　明夷白堂本
有夷白堂第印為初印本之證白紙六冊

崔致遠桂苑筆耕二十卷
高麗舊治字本民刻六冊有高麗原裝封面紙木頁補抄頁有夾板
洪亭蓄治廿卌年為頃治十二年其時高麗未并清朝年號海山仙館叢
刊刻從北宋刊府圖書緣竹藏京同北本

黃孝功知豫蔡集十二卷
竹紙四冊　四庫附錄廣本及詞集一卷共九十二卷李姜勝
影宗抄本

西漢文經二十卷　宗陳鑑
明印明紫竹帜四冊原本有燥訂之明原裝本母冊分切不齊
藍色封面其觀背紙仿明陸慶名白冊及白綿紙時盤善有
青楠失救及罹

52. 道在瓦斋藏古陶器清单

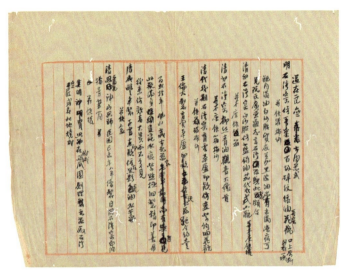

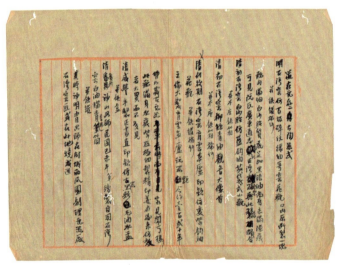

53. 罗原觉撰藏其他文稿

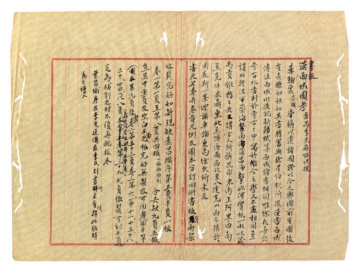

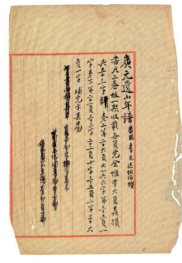

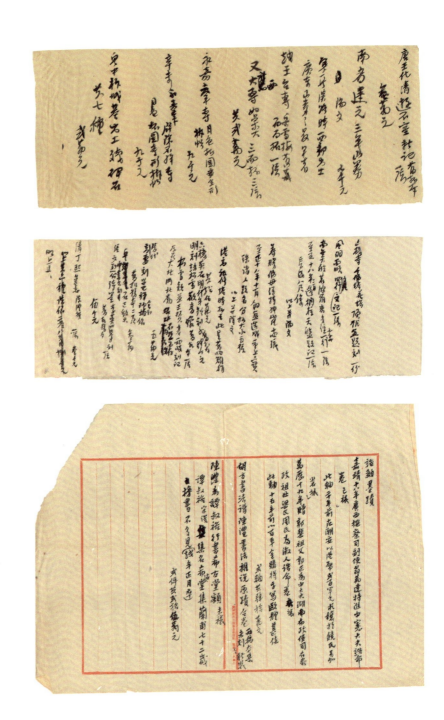

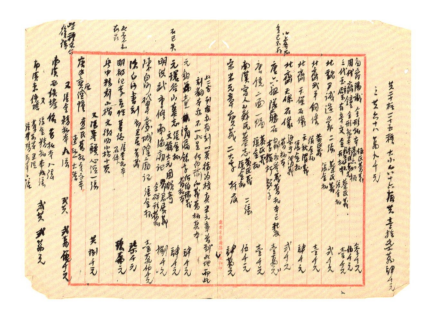

廣東金石

唐王化清造石室刻記　書拓本一張

六榕寺千佛塔　頂銅鑑題刻一張

風調雨順等字　四行一張

南漢大寶若陵罪案經一張

重光六年十月銅造壽王寶正寶珠語人題名分

奉勑佛母摩持神咒　上中張

拓大小三張

廣東文獻館

广州博物馆藏黄宝权捐献罗原觉藏书清单

罗原觉藏书中的《宋王复斋钟鼎款识》

1. 陈新畬《求古精舍金石图（说剑楼雕）（丙子春阮元题）》（丁丑八月廿日薰宦陈经书叙于说剑楼）。共 4 册。

2. 泉唐周韩候、山阴刘北溟同辑并审定《荆南萃古编（江夏李开选书）》（光绪甲申年鸿宝署斋刊）。共 2 册。

3. 淮安吴玉搢纂《金石存十五卷（许槤题）》（嘉庆二十四年乙卯六月后学李宗昉书叙于浙江使院。闻妙香室校本。嘉庆二十四年刊）。共 4 册。

4. 翟文泉著《隶篇（杭州许槤题）》（道光十七年五月开彫，十八年印成。道光十八年夏五月平寿伟堂陈官俊序，道光十八年季夏月杨以增序），卷一至十五共 8 册，《隶篇续》1 册，《隶篇再续》1 册。总共 10 册。

5. 归安吴云退楼《两罍轩彝器图释（德清俞樾署检）》十二卷（同治十有式年秋九月）。共 6 册。

6. 刘幼丹著《奇觚室吉金文述》二十卷（光绪丁酉七月江夏吴光耀叙，奉节张朝墉书。光绪壬寅仲冬北平陶钧序，汉阳李凤高书）。共 10 册。

7. 庐江刘体智《善斋吉金录》（庐江刘体智叙）。共 5 册。

8. 江阴缪氏收藏《艺风堂珍藏金石目一十八卷》（光绪丙午秋七月刊。缪荃孙）。共 8 册。

9. 宋庐陵欧阳棐撰《集古录目十卷》（光绪甲申十月江阴缪荃孙识于宣武城南绳匠衙并校辑）。共 2 册。

10.《集拓新出汉魏石经残字》（民国十有七年六月廿日马衡序）。共 1 册。

11. 民国廿二年七月容庚《颂斋吉金图录》（廿二年五月唐兰序于北平寓居之无斁斋，五月劳动节容庚记）。共 1 册。

12.《雪堂藏古器物目录》（甲子四月上虞罗振玉书。甲子季春东方学会印行）。共 1 册。

13.《雪堂所藏古器物图》（癸亥长至长洲章钰）。共 1 册。

14. 上虞罗氏景印《古明器图录》（丙辰九月永丰乡人罗振玉书叙，上虞罗印景印）。共 1 册。

15. 罗振玉撰《三朝钞币图录·四朝钞币图录考释》（宣统甲寅九月既望上虞罗振玉书目）。共 1 册。

16.《金泥石屑》（永丰乡人近著之一。丙辰三月永丰乡人罗振玉书于海东侨舍吉金贞石之居）。共 1 册。

17. 罗振玉《六朝墓志菁英》（宣统丁巳中秋前一日永丰乡人罗振玉书于海东寓居之梦邺草堂）。

共 1 册。

18. 上虞罗振玉署《董盦吉金图》（甲子六月内藤虎书于平安侨居之宝左盦，浪华斋藤君董盦）。共 1 册。

19.《恒农冢墓遗文》（宣统乙卯重九仇亭老民罗振玉书于海东侨舍之永慕园，永慕园印）。共 1 册。

20. 罗振玉《两浙佚金佚石集存》（丁巳十一月罗振玉书于海东寓居）。共 1 册。

21. 罗振玉《邺下冢墓遗文二编》（宣统丙辰十月晦罗振玉书）。共 1 册。

22. 罗振玉《殷虚书契菁华》（甲寅十月上虞罗振玉书于东山寓舍之涌庐，富晋书社，实洋叁元）。共 1 册。

23. 罗振玉《隋唐以来官印集存》（上虞罗氏景印，巳丙辰重九上虞罗振玉书序）。共 1 册。

24. 罗振玉《贞松堂唐宋以来官印集存》。共 1 册。

25. 罗振玉《俑庐日记》（甲戌十月松翁记）。共 1 册。

26. 罗振玉《矢彝考释（丹徒鲍鼎署）》（己巳七月既望上虞罗振玉书于辽东寓居。己巳孟冬月）。共 1 册。

27.〔魏〕杨衒之撰《洛阳伽蓝记》（大梁刘毓楠序。道光甲午三月朔日长兴朱紫贵于吴门枫江草堂书序。道光十三年十二月既望钱塘吴自己准自序。光绪二年春新镌，洛阳西华禅院藏板，钱塘吴氏原刻，时光绪二年春洛阳诸同人助资，嵩山释智水监刊）。共 1 册。

28.《大乘起信论直解》卷上、下（光绪十六年春三月金陵刻经处识）。共 1 册。

29. 吴兴吴大澂纂辑《愙斋集古录》26 册，另册《释文賸稿》（上虞罗振玉署并序，吴昌硕书书名，光绪二十二年秋八月白云病叟吴大澂自叙。涵芬楼影印。上海商务印书馆印行）。共 26 册。

30. 吴兴吴大澂纂辑《愙斋集古录释文賸稿》（上海商务印书馆出版，中华民国八年四月初版）。共 1 册。

31. 陈簠斋藏镜拓本，丹徒刘氏抱残守缺所藏，蟫隐庐影印《簠斋藏镜》（上、下）（乙丑季夏孝胥题签）。共 2 册。

32. 开封关百益题、撰《新郑古器图录》（商城何日章校，民国十八年五月一日何日章识"序"于河南图书馆。上海宝山路商务印书馆发行兼印刷，中华民国十八年十月初版）。共 2 册。

33. 丹徒叶玉森著《说契·矍契枝谭》〔中华民国十八年十月北平富晋书社颇離（玻璃）版印行〕。

共 1 册。

34. 朱杰勤著《秦汉美术史》（崇德学社丛书，广州杉木栏二十六号崇德学社出版，民国二十四年八月初版）。共 1 册。

35. 商承祚著《长沙古物见闻记》上、下册（金陵大学中国文化研究所丛刊甲种，民国廿八年十月以哈佛燕京学社经费印行，民国廿八年岁莫上虞陈梦家谨序于昆明西南联合大学，金陵大学中国文化研究所出版发行，写镌者：成都杨泽，中华民国廿八年十月出版）。共 2 册。

36. 开封关葆谦著《郑冢古器图考》（编者：关百益，中华书局印行，罗地纸精印，民国二十九年二月印刷发行）。共 4 册。

37. 笹川临风编纂《印度画集》（大正五年七月五日印刷，七月十日发行，精华社，东京）。共 1 册。

38. 上海朱孔阳邠裳氏辑《历代宗庙附考》（上、下）卷一至八（赘翁署于尊闻阁。申报馆仿聚珍板印）。共 2 册。

39. 番禺汪兆镛伯序纂《岭南画征略》（"戊辰八月潘飞声年七十"题签，番禺潘飞声兰史"题辞"。子壻锺祐庆校刊，丁卯六月汪兆镛自识"叙例"）。共 2 册。

40.《荥阳郑氏碑》（光绪辛巳春二月十九日荆州杨守敬撰并书。明治辛巳春石鼓堂校刊。明治十四年四月十二日出版届）。共 10 册。

41. 顺德梁廷枏章冉著《藤花亭书画跋》（自明诚廔丛书。咸丰五年正月初日朔顺德梁廷枏"序"，自识于粤秀讲院之有所不为斋。顺德龙官崇谨序于中和园西编之挈瓶室，顺德龙氏中和园印）。共 4 册。

42. 嘉善程文荣撰《南邨帖考》（贵池刘世珩校刊，聚学轩丛书第五集），共 4 册。

43.《秦汉古玉印》（盍斋所藏，附赵飞燕印）。共 1 册。

44. 分宜教谕宋应星著、南塘先生校订《天工开物》（浪华书林，菅生堂。华通书局印刷发行，民国十九年六月初版）。共 9 册。

45. 扬州阮氏编录《积古斋钟鼎彝器款识（大错王鼎橅署）》（嘉庆九年岁次甲子中秋日扬州阮元序，光绪五年八月华亭林长庆记宜都杨守敬书，上海中华图书馆印行）。共 4 册。

46.《江慎修音学辨微自写本（程鹏书端）》（宣统己酉二月顺德邓实谨识"序"。国学保存会己酉印行本，每部定价洋壹元。上海四马路东惠福里内国粹学报馆发行）。共 1 册。

47.《传古别录第一集》（戊辰春二月开封关葆谦写"序"）。《传古别录第二集》（戊辰闰二月开封关葆谦识于津沽客次）。共 2 册。

48.《宋王复斋钟鼎款识》（扬州阮氏精古垒摹。嘉庆六年岁在辛酉春二月廿有四日北平翁方纲书于石墨楼之后轩，积古斋藏宋拓摹刻）。共 1 册。

49.《宋王复斋钟鼎款识》（嘉庆七年秋摹勒成册。道光二十八年冬十月汉阳叶氏重摹刻本）。共 1 册。

50.《吴氏古砖拓存》（潘伯寅持赠，观古阁藏）。共 1 册。

51.《愙斋砖瓦录一卷》（编纂者、印刷者西泠印社）。共 1 册。

52. 大兴翁方纲覃谿撰《瘗鹤铭考补》（陶子麟刊。光绪三十四年戊申孟冬之月丰润端方跋，光绪戊申孟冬之月丹徒陈庆年跋）。共 1 册。

53. 泉唐丁敬著《砚林集续拾遗（戊午夏后学吴昌硕书）》（书画名人小集，戊午孟夏之月，上海聚珍仿宋印书局精勘印）。共 1 册。

54.《寐叟题跋（二集）》（上海闸北宝山路商务印书馆，1926 年 11 月初版）。共 4 册。

55.《殷虚器物存真初集》（1929 年 12 月开封关百益识序）。共 1 册。

56. 醴陵朱芳圃编《甲骨学商史编》（中华书局，1935 年 2 月印刷发行）。共 2 册。

57.《汉铜印丛》（汪启淑鉴赏，收藏者：瞿良士。上海河南路商务印书馆，1935 年 6 月初版）。共 4 册。

58. 汉川徐澄宇著《甲骨文字理惑（丙子七月澄宇自题）》（中华书局，1937 年 2 月印刷发行）。共 1 册。

59.《古今图书集成》（中华书局影印）。共 62 册。

60.《古今图书集成考证》第一册（中华书局影印）。共 1 册。

61.《钦定西清古鉴》（光绪十四年 宋书馆在日本铜镌）。共 24 册。

62.《西清续鉴乙编》上函、下函（鉴定者：美洲福开森，无锡廉南湖。北平古物陈列所，中华民国二十年九月初版）。共 20 册。

63. 乌程周中孚撰《九曜石刻录》（庚寅腊八南海伍德彝题，翠琅玕馆丛书，道光己丑二月初吉周中孚郑堂书于东园池上之爱莲亭）。内含：《钱谱》（宋董逌），《漫堂墨品》（商丘宋荦牧仲著），《水坑石记》（虞山钱朝鼎叒谷著），《琴学八则》（燕山程雄颖菴著），《观石录》（侯官高兆云客著），《红术轩紫泥法定本》（新安汪镐京快士著），《阳羡茗壶系》（江阴周高起伯高著），《洞山岕荼系》（江阴周高起伯高著），《南村觞政》（白门张惣僧持定），《桐埜副墨》（粤东黎遂球美周著）。共 1 册。

64.《铁桥制印》（收录 46 印）。共 1 册。

65. 嘉定瞿中溶撰，瑞安陈準校订《奕载堂古玉图录（商承祚署耑）》（道光十二年九月甲辰朔嘉定木居士瞿中溶书于吉羊镫室，南陵徐乃昌跋。瑞安陈氏湫漻斋刊行）。共 2 册。

66.《北宫词纪》（明刊本。秣陵陈所闻荩卿粹选、陈邦泰大来辑次《新镌古今大雅北宫词记》，万历甲辰午日友弟朱之蕃识《北宫词纪小引》，时万历甲辰夏龙洞山农《题北宫词纪》）。共 2 册。

67. 南海吴荣光伯荣撰《辛丑销夏记》卷三、五（番禺潘正炜季彤，嘉定瞿树辰申之，南海吴弥光朴园仝订）。共 2 册。

68. 吴大澂《古玉图考（甲子春日东山署签）》（光绪十有五年岁在己丑夏四月八日吴县吴大澂书"叙"于济宁节署。上海同文书局用石影印）。共 4 册。

69.《檇园销夏录》（吴江郭麐祥伯）卷上、中、下。共 1 册。

70.〔明〕屈大均著《广东新语》第一卷至二十八卷（康熙庚辰仲春吴江潘耒撰序。盖"芸情仙馆考存书画印"篆体字印文）。共 9 册。

71.〔明〕屈大均撰《皇明四朝成仁录十二卷六册》（番禺叶恭绰校订。上海商务印书馆，中华民国三十七年四月初版）为广东丛书编印委员会编印《广东丛书第二集（叶恭绰题）》。共 6 册。

72.〔明〕屈大均撰《翁山文钞六卷》上册（国立北平图书馆藏钞本）。附"黄氏忆江南馆徐氏南州书楼辑本《翁山佚文二辑一卷》"（后学番禺黄荫普辑）（中华民国三十七年四月初版，上海商务印书馆，发行人：朱经农）。（为广东丛书编印委员会编印《广东丛书第二集（叶恭绰题）》）共 2 册。

73.〔明〕薛始亨撰《蒯缑馆十一草（梁寒操署）》（番禺黄氏忆江南馆藏钞本。为广东丛书编印委员会编印《广东丛书第二集（叶恭绰题）》。上海商务印书馆，1948 年 4 月初版）。共 1 册。

74.〔明〕余姚孙月峰著《书画跋跋》（天台山农题。上海大东书局印刷发行，民国八年十月一日出版）。共 4 册。

75. 定海方若药雨甫著《校碑随笔》六册（民国十二年校印，华璋书局）。共 5 册。

76.《校碑随笔续集》六册（民国十二年校印，华璋书局）。共 1 册。

77. 马衡《石鼓为秦刻石考（钱玄同题）》（民国廿年十月马衡识于北平寓庐之凡将斋）。共 1 册。

78. 衡阳马宗霍辑《书林藻鉴（章炳麟题签）》（民国二十三年仲冬马宗霍序）。共 4 册。

79. 马宗霍辑《书林纪事》（商务印书馆，民国二十四年十月初版）。共1册。

80. 郭西朱青湖先生著《南宋古迹考》卷上、下（嘉庆己卯又四月上澣吟竹锁成跋。钱塘朱彭辑。武林丁氏重雕。光绪七年中冬之月陈豪题眉）。共2册。

81.《汤贞愍公年谱》（汤贻汾，字雨生，江苏武进人。癸酉三月陈韬谨识"叙例"）。共1册。

82. 王箬林先生著，吴兴温纯一斋订《虚舟题跋》（墨妙楼藏板）卷一至十。共3册。《虚舟题跋补原》卷一至三。共1册。总计4册。

83. 黄侃著《文式（赋颂第一，论说第二）》（中国文学门一二三年级）（油印本）。共1册。

84.《中国文字学通论（黄节）·古文字学·商周字例自序（永嘉戴家祥）》（丁卯十月。合订油印本）。共1册。

85. 钱玄同著《说文段注小笺十四至二十八》（油印本）。共1册。

86. 宝应王予中先生纂订《朱子年谱》（白田草堂藏板，浙江书局补刊）。共2册。

87.《朱子年谱考异》（白田草堂）。共1册。

88.《朱子论学切要语》（白田草堂）。共1册。

89. 天台齐次风先生编《历代帝王年表》（山阴胡天游序，乾隆丁酉中和节天台齐召南识、自序，道光四年冬刊。小琅嬛仙馆藏）。共3册。

90.《御制耕织图》（康熙三十五年春而月社日题）。共2册。

91.《番汉合时掌中珠》（乾祐庚戌二十一年骨勒茂才谨序。苏联聂斯克写赠。绝域方言集第一种贻安堂经籍铺刊行，甲子重阳上虞罗福成书于津寓之易安堂）。共1册。

92. 礼部左侍郎胡煦辑《卜法详考》（葆璞堂。玉灵秘本，男季堂重校，孙钰、孙镈正字）。共2册。

93. 东武刘喜海燕庭编辑《海东金石存考（福盦王寿祺署）》（道光十二年秋七月处暑节三山陈宗彝识于京师东安门内椿荫轩斋中，西泠印社聚珍版）。共1册。

94. 番禺李光廷恢垣编次《广元遗山年谱（陈璞题）》（同治五年二月陈澧序。甲戌版归无意斋）。共1册。

95.〔明〕李濂撰《汴京遗迹志》（三怡堂丛书）。共6册。

96. 宝丰李于潢著《汴宋竹枝词（许钧署端）》（壬戌十一月河南官书局新刊）。共1册。

97.《楚器图释》(甲戌十二月，江安傅增湘，廿四年一月容庚。永嘉刘节学《寿县所出楚器考释》)。共 1 册。

98. 紫琅冯云鹏晏海氏、冯云鹓集轩氏同辑《金石索》(崇川冯云鹏晏海自序，道光元年开镌，滋阳县署藏板，邃古斋藏)。共 6 册。

99. 紫琅冯云鹏晏海氏、冯云鹓集轩氏同辑《石索》(邃古斋藏)。共 6 册。

100.《求是斋印存》(西泠印社辑)。共 4 册。

101.《海山仙馆藏真三刻》(咸丰七年八月潘仕成谨撰)。共 13 册。

102. 陈介祺著《簠斋尺牍(雪堂罗振玉署)》(潍县陈簠斋尺牍为杭州陈氏搜辑成书，分装十二册，共计 565 叶，上海商务印书馆，黄县丁氏匋斋藏)。共 12 册。

103. 吴江赵亨衢汇辑《阁帖汇考》。共 2 册。

104. 大兴翁方纲《苏米斋兰亭考》(粤雅堂丛书。嘉庆八年癸亥秋七月廿二日方纲识，谭莹玉生覆校，咸丰癸丑展上巳日南海伍崇曜跋)。共 2 册。

105. 大兴翁方纲撰《复初斋文集(丁宝铨题)》(吴兴刘承幹序于歙浦之嘉业堂，丙辰年夏上海同文图书馆校印)。共 10 册。

106. 薛尚功《历代钟鼎彝器款识法帖》(缺第四册)(嘉庆二年闰六月壬戌仪征阮元识，光绪八年正月上海点石斋缩印)。共 3 册。

107.《史忠正公集》(江南扬州府甘泉县学生员臣史开纯恭录，乾隆)。共 2 册。

108. 玉置环齐编辑《明清艺林人名谱》(川田翁江、长三洲阅，碧云山房梓)。共 15 册。

109. 嘉兴张廷济叔未先生著《清仪阁题跋》(苏州振新书社石印，嘉兴张廷济叔未甫)。共 4 册。

110. 虞山顾湘翠岚氏校刊《篆学丛书》(内分三十二种，上海棋盘街文瑞楼印行)。共 6 册。

111. 长洲彭蕴灿先生编《历代画史汇传(鸳湖徐喆题)》(发行所：英界棋盘街上海锦章图书局石印，印刷所：法界白尔路)。共 6 册。

112.《孙氏书画钞》上、下册(丁巳十月无锡孙毓修跋)。共 2 册。

113. 扬州甘泉毛凤枝撰《陕西南山谷口考》(通学斋校印)。共 1 册。

114. 宋郭若虚撰，明毛晋订《图画见闻志》(汲古阁。扫叶山房印行)。共 3 册。

115. 江浦寂园叟初稿《匋雅》（原名《古瓷汇考》（上、下），上海古瓷研究会印行，民国十二年季秋月）。共 2 册。

116.《御定历代题画诗类》（残存十七册）。共 17 册。

117. 湘西受恬曾兴仁编订《砚考》（为重订砚考之跋，辛丑人日受恬仁书）。共 2 册。

118. 支那撰述华严合论卷二十八之三十四《大方广佛新华严经合论》（唐于阗国三藏沙门实义难陁译经，唐太原方山长者李通玄造论，唐福州开元寺沙门志宁釐经合论）。共 1 册。

119. 温廷敬丹铭著《经史金文证补》（载《广州学报》第一卷第一期第一～二四页）（抽印本）。共 1 册。

120. 冼玉清著《招子庸研究》（载《岭南学报》第七卷第三期第 67～104 页）（抽印本）。共 1 册。

121.《中国营造学社汇刊》。共 4 册。

122. 丹荔社编辑委员会编选《丹荔书画集》（丹荔社出版）。共 1 册。

123.《东京帝室博物馆美术课列品建筑目录》（大正十年五月二十七日印刷及发行，印刷者：柴田喜一）。共 1 册。

124.《东京帝室博物馆美术课列品书迹目录》（大正八年十二月十日发行，昭和二年十二月二十四日印刷（增补），昭和二年十二月二十八日发行。印刷者：神谷岩次郎）。共 1 册。

125.《东京帝室博物馆美术工艺部第二区烧制品目录》（大正八年十二月二十七日印刷及发行。印刷者：渡边市太郎）。共 1 册。

126.《东京帝室博物馆美术工艺部第三区髹漆品目录》（大正九年十一月廿六日印刷，大正九年十一月廿九日发行。印刷者：渡边市太郎）。共 1 册。

127.《东京帝室博物馆美术工艺部第四区染织品目录》（大正九年十一月十日印刷，大正九年十一月十四日发行。印刷者：岛连太郎）。共 1 册。

128.《东京帝室博物馆美术工艺部第五区玉石品目录》（大正九年十二月九日印刷，大正九年十二月十二日发行。印刷者：柴田喜一）。共 1 册。

129.《东京帝室博物馆美术工艺部第八区纸革品、第九区印钮篆镌目录》（大正九年十二月二十七日印刷，大正九年十二月三十日发行。印刷者：渡边市太郎）。共 1 册。

130.《东京帝室博物馆美术工艺部第六区甲角品、第七区印木竹品目录》（大正十年六月十二日印刷，大正十年六月十五日发行。印刷者：岛连太郎）。共 1 册。

131.《东京帝室博物馆历史部第二区列品埴轮目录》（大正九年十二月廿五日印刷，大正十年十二月廿八日发行。印刷者：斋藤章达）。共 1 册。

132.《东京帝室博物馆历史部第二区列品镜目录》（大正十年十一月二十日印刷，大正十年十一月廿四日发行。印刷者：岛连太郎）。共 1 册。

133.《东京帝室博物馆历史部第八区列品乐器类目录》（昭和二年十二月廿四日印刷，昭和二年十二月廿八日发行。印刷者：小林武之助）。共 1 册。

134.《东京帝室博物馆历史部第九区列品度量衡目录》（大正十年十二月二十五日印刷，大正十年十二月二十八日发行。印刷者：渡边市太郎）。共 1 册。

135.《东京帝室博物馆历史部第十一区列品台湾汉人风俗品目录》（大正九年十二月二十五日印刷，大正十年十二月二十八日发行。印刷者：渡边市太郎）。共 1 册。

136.《东京帝室博物馆历史部第十一区列品琉球及西南诸岛风俗目录》（大正九年十二月二十五日印刷，大正九年十二月二十八日发行。印刷者：渡边市太郎）。共 1 册。

137.《东京帝室博物馆历史部第十一区列品蝦夷风俗品目录》（大正十年十二月二十五日印刷，大正十年十二月二十八日发行。印刷者：渡边市太郎）。共 1 册。

138.《东京帝室博物馆历史部第十二区列品南洋风俗品目录》（大正十年十二月十三日印刷，大正十年十二月十五日发行。印刷者：铃木安三）。共 1 册。

139.《东西古匋金石展观》（会期：大正十五年十一月十、十一、十二日三日间，会场：大阪美术俱乐部）。共 1 册。

140.《第五回佛兰西现代美术展览会图录》（东京，日佛艺术社发行，1926 年）。共 1 册。

141.仲田胜之助著《写乐》（昭和三年四月一日印刷，昭和三年四月五日发行，印刷者：北原铁雄）。共 1 册。

142.帝室博物馆《镜剑玺特别展览会案内》（昭和四年十月十四日印刷，昭和四年十月十六日发行，印刷者：铃木安三）。共 1 册。

143.《世界美术全集》别集第十五卷"民族艺术篇"（昭和五年十月十日印刷，昭和五年十月二十日发行，平凡社）。共 1 册。

144.《十竹斋书画谱》第七册"果谱上"（昭和十一年四月廿五日印刷，昭和十一年五月一日发行，编辑兼发行人：北原义雄）。共 1 册。

145.《十竹斋书画谱》第八册"果谱下"（昭和十一年六月十五日印刷，昭和十一年六月二十日发行，编辑兼发行人：北原义雄）。共 1 册。

146. 小山富士夫著《青磁史稿》（昭和十八年十二月十五日印刷，昭和十八年十二月廿五日发行，发行所：文中堂）。共 1 册。

147. 李朴园著《中国艺术史概论》（1931 年春林文静序，上海北四川路良友图书印刷公司印行）。共 1 册。

148. 足立喜六著，杨炼译《长安史迹考》（商务印书馆发行，1935 年 9 月初版）。共 1 册。

149. 李吉甫撰，孙星衍校，张驹贤考证《元和郡县图志》（十一、十二）（王云五主编《丛书集成初编》，商务印书馆，1937 年 12 月初版）。共 2 册。

150. 上海朱孔阳邠裳氏辑《历代陵寝备考（丁丑冬十月赘翁题）》〔申报馆仿聚珍板（版）印〕。共 12 册。

151. 仪征李斗著《扬州画舫录》（光绪纪元孟秋申报馆印）。共 7 册。

152. 国立中央研究院《庆祝蔡元培先生六十五岁论文集·历史语言研究所集刊外编第一种》（下册）（1935 年 1 月，北平）。共 1 册。

153. 容庚撰《倪瓒画之箸录及其伪作》（载《岭南学报》第八卷第二期）。共 1 册。

154.A.Michaelis 著，郭沫若译《美术考古学发现史》（上海乐群书店，1929 年）。共 1 册。

155.《考古》第六期。共 1 册。

156.《松尾家所藏品入札》。共 1 册。

157.《历史舆地沿革险要图说》。共 1 册。

（以上为 1987 年 8 月黄宝权女士向广州博物馆捐赠罗原觉藏书 519 册）

一、印谱

秦汉印谱，1 册，纵 10 厘米，横 17.5 厘米。

古印留真，1 册，纵 29.3 厘米，横 16 厘米。〔按：有木夹板。夹板封面贴一张长方形纸条，上面书写："古印留真（原钤十六页，簠斋藏印三百廿四面。"〕

苏若瑚等印（牧甫印），1 册（19 张），纵 14 厘米，横 18.2 厘米。

讱葊集古印存，4 册，纵 31 厘米，横 20 厘米。（按：新安汪启淑鉴藏。）

印谱，33 张，尺寸不等。

李药洲氏印，20 张，尺寸不等。

二、拓本拓片

汉临光侯吕婴建渭桥神舍石刻旧拓本，1 册，纵 34.5 厘米，横 18.6 厘米。

汉故节史郑君之碑（玉笥山楼藏本），1 册，纵 35 厘米，横 18 厘米。

汉史晨飨孔庙后碑，1 册，纵 34 厘米，横 19.5 厘米。（按：光绪丁未小除夕张祖翼署。）

隋故司隶刺史房彦谦碑（欧阳询书，贞观年刻），1 册，纵 38 厘米，横 19.4 厘米。

欧阳询隶书"房彦谦碑"，1 册，纵 37.8 厘米，横 19.3 厘米。

恽庐集最粤东金石砖瓦木刻字第一册，纵 42.7 厘米，横 25.8 厘米。

墨池堂选帖卷一，1 册，纵 31 厘米，横 17.3 厘米。

摹宋本九成宫醴泉铭残刻，1册，纵35.5厘米，横20.3厘米。

玉笥山楼藏：乐毅论、宋宝晋斋帖、裴耀卿书，共三帖，1册，纵32.3厘米，横16厘米。

旧拓灵庙碑刻字米损本，1册，纵32.2厘米，横19.5厘米。

褚遂良小字真草阴符经，1册，纵33.4厘米，横17.5厘米。

旧拓李仲璇碑，1册，纵32厘米，横16.3厘米。

初拓李氏迁先茔记，1册，纵34.5厘米，横19.7厘米。

唐太宗御制大三藏圣教序（守愚珍藏），1册，纵30.6厘米，横14.3厘米。（按：永徽四年十月褚遂良书，碑存西安府慈恩寺。）

魏温泉颂碑，1册，纵33.9厘米，横19.9厘米。

初拓今古香斋蔡帖，上、下册，每册纵23.7厘米，横18厘米。

素师帖，1册，纵33.8厘米，横17厘米。

怀素、颜真卿等帖，1册，纵28厘米，横18.6厘米。

岳雪楼鉴真法帖，1套12册，纵36.7厘米，横18.6厘米。

寰宇贞石录（秦汉、南北朝），3册，纵25.3厘米，横28.2厘米。

友石斋集帖（南海叶梦龙编次，番禺刘彬华审定并书），1套2册，纵31.8厘米，横18.5厘米。

伊阙佛龛之碑，1册，纵39.3厘米，横22厘米。（按：封面有"芦渡老人"用红笔书写"龛之碑"字。）

杂拓文字，1册，纵35.2厘米，横19厘米。（按：共有118石拓本。）

古陶文拓本，1册，纵38.5厘米，横20.4厘米。

历代杂拓文字，13册，纵30.3厘米，横20.4厘米。

罗福颐手摹金石文字，1册，纵30.8厘米，横20厘米。（按：每张拓片均盖"罗福颐手摹金石文字"白文印文。）

六舟和尚手拓金石文字，1册，纵32厘米，横17.1厘米。

周季木《古陶文字拓》，1套2册，纵19.9厘米，横14.5厘米。（按：封面书写："周季木古匋文二册共一百二十片文字，有名拓本。"书内有罗原觉题字："古陶文壹百式拾片。周季木兄所赠，用陈簠斋潍县拓工拓法，当时推为海内第一之拓墨。每片仆墨多次始成，复别出拓不满意之纸。"）

砚拓，1册，纵29.5厘米，横17.5厘米。

砚拓镜拓及印鉴，1册，纵28.4厘米，横20.4厘米。

南华寺木刻（北宋造像），1册，纵18.5厘米，横16厘米。

李晓园摹刻《汉石经残字校对本》拓本，1册，纵43.5厘米，横32厘米。

唐无忧王寺宝塔铭、宋无忧王寺塔诗并题名，1册，纵46.5厘米，横25.3厘米。

赵文敏兜沙经法帖，1册，纵32厘米，横16.5厘米。

明拓薛曜书封祀坛碑帖，1册，纵36厘米，横17.8厘米。

明拓柳公权书符璘碑帖，1册，纵34厘米，横19.8厘米。

汉尹宙铭拓（清初拓本），1张，纵203厘米，横104厘米。（已裱。己未重装。精旧拓本，不易得）。

东魏凝禅寺碑并阴拓，1套2本，纵39厘米，横30厘米。（已托底。封面字由曹伯元题。书中多处有题跋：a."此碑阴与碑阳同一书人，字皆廋硬，姑存之，以资考证。伯元跋。"盖"南海弟子"朱文方印。b."是碑廋硬通神，如曲江之翩翩风度，是石魏碑之自成一家者。辛亥四月伯元再跋。"盖"伯元所得金石""璇吉之章"白文印和"南海弟子"朱文印。c."此东魏凝禅寺浮图记，为予庚子年在市上购得。初时碑贾即云，此吴荷屋先生之家藏也。当时予不信，随于丙午年春三月在家养疴，忽展此卷，乃细验元象二年四字，确为荷屋先生手笔，始知碑贾所说诚非诞语也，为之忻喜不置，并以金石文字之缘焉。光绪丙午季春清明后一日。南海曹璇吉跋。"盖"南海曹氏伯元"篆体朱文印和"南海曹氏伯元所藏图书"篆体白文印。）

大唐故翻经大德益州多宝寺道因法师碑拓，1张，纵221厘米，横100厘米。（已裱。明拓本。）

唐拓孝堂山石室汉画像题字（罗氏敦复书室手稿），1册，线装本。（盖"旧法书斋"篆体白文印、"原"篆体白文印、"鉴古珍藏"篆体朱文印。）

大汉韶州云门山光泰禅院□故匡真大师实性碑录文，1册，线装本。

唐褚亮碑（拼本），1本，纵30.2厘米，横18.5厘米。（太官二字未坏本。旧装。）

岳麓书院法帖，1本，纵28.5厘米，横22厘米。

陈焯手抄元代《云烟过眼录》，2本，纵28厘米，横20厘米。

朱九江先生佚文随录初稿，1册，线装本。（按：有题记，"朱九江先生集外佚文随录。乙卯冬，得先生诗札数纸。大儒遗迹虽简言零稿，亦每见大义，且有关于掌故者，寒目咫欢，不胜珍喜。先生遗文，所见刊本，凡三。陈古樵先生刻，是汝帅斋遗诗最先。康南海先生刻朱九江先生佚文最近，而简竹居先生刻朱九江先生集，编订审密，且年谱事录于先生言行表揭周详，世尚之为善本。顷并检而校所得，欲征故实，因见集中之文，于二本每有缺异，盖丛稿之后，一时所得，未能全无遗义，乃校录其缺异并及真迹抄本暨诸序跋，随笔所誊，妄参蠡测，汇而传之，以便翻检。

自备之本，惟多是熹若精若瑕，非所能审也。民国五年八月后学罗惇谨识。""自八日迄十七日，凡十日，录得三十三页。曹师每旁示答，森弟助以检录。终日闭门伏案反省，多少谣惊也。弢盦记。"）

汉孔君碑拓，1张，纵130厘米，横47厘米。（拓片上盖"筠清馆金石文字"篆体朱文印、"吴荣光印"篆体白文印、"器用眼福"篆体白文印、"致绮园藏碑记"篆体朱文印、"钟存玩"篆体白文印各一方。有"北平翁方纲记：'汉孔君碑，其目见于《金石录》，证其元年乙未之上，当为永寿二字。乾隆癸丑三月钱塘何元锡、教授颜宗槧于圣林红墙外见之，移置圣庑同文门，别立碑以志其处，十一月扬州阮元书志，钱唐黄易同观。'"筠清馆藏。）

大隋车骑秘书郎张景略墓志铭拓，1张，纵42厘米，横42厘米。（筠清馆藏。）

隋开皇十二年大都邑主杜乾绪等造像记，1张，纵165厘米，横37厘米。（筠清馆藏。）

后周造千佛像拓，1张，纵115厘米，横58厘米。（筠清馆藏。）

大唐故兴圣寺主尼法澄塔铭并序拓，1张，纵77.6厘米，横68.2厘米。（盖"筠清馆金石文字"篆体朱文印、"吴荣光印"篆体朱文印。《金石萃编》有。开元十七年十一月。筠清馆藏本。）

大唐太原府交城县石壁寺铁弥勒像颂并序拓，1张，纵182厘米，横73厘米。（《校碑随笔》云："道光末碑亭圮，碑断裂为六块，此是未断前拓。"《金石萃编》有。正书。开元二十九年六月。筠清馆藏。）

唐升仙太子碑并序拓，1张，纵336厘米，横161厘米。（升仙太子碑在偃师县缑山仙君庙，圣历二年御制御书，碑额碑阴额游仙诗，共三纸，失阴。《金石萃编》有。"升仙太子庙碑并碑额，额背原注失碑阴。原籤一纸，又小籤二纸。白纸浅墨精拓，甚难得。第六行末'登昆仑'登字，第九行上'先承'承字，第二十七行上'仰贯'贯字，《萃编》并缺。此拓完好。《八琼室金石补正》祇补'登''承'二字，仍缺'贯'字。碑额背本性性字、愿下礼字、丹下诚字，《萃编》皆缺。此拓惟'诚'字小损，余二字并完好。补正未有指正。"筠清馆藏本。）

宋齐州水门记拓，1张，纵110厘米，横48厘米。（盖"筠清馆所藏金石文字"朱文印。"齐州北水门记石刻。原藏一。右记十一行，行廿七字。正书。字大一寸强，上下有斜裂纹，共二道。检天下金石志，《金石萃编》《金石补正》《艺风堂目》均未载。孙氏《访碑录》、吴氏《攟古录目》、法氏《山左访碑录》并载。曾巩撰书。民国《山东通志》有存目，作《齐州北水门记》。北水二字，拓本已缺。孙吴法三书所录亦缺，殆从《元丰类稿》录补。今以《类稿》校之。涵芬楼元刊'中捷析为二门局皆用□'。《类稿》作'中置石捷析为二门局皆用木多'，置在二字。析字斤有一点，则刊本之误也。记云：工始于二月庚午，而成于三月丙戌，即工成撰记之时。自

284

孙氏著录以来，祇标熙宁五年，不标月日，皆其略处。字近鲁公多宝塔碑，北宋人风规可见。此拓藏角具在，而纸墨甚旧，《山左访碑录》言县志。"）

北宋元祐党籍碑拓，1张，纵142厘米，横72厘米。（按：拓片左右下角各盖一方"筠清馆所藏金石文字"篆体朱文印。封套上毛笔书写："元祐党籍碑原已碎为三纸，今已缀拼成幅。《萃编》有元祐党籍碑，碎为三纸，小字本。崇宁三年。嘉定辛未沈暐跋。"筠清馆藏本。）

东波居士书九折岩题刻拓，1张，纵86厘米，横169厘米。（筠清馆藏。）

宋种放诗后题字二石拓，2种，纵58厘米，横108厘米。（宝元三年至熙宁十年丁巳。见阮元《小沧浪笔谈》。筠清馆藏本。）

元至元十四年重修娲皇庙碑拓，6张，纵101厘米，横58.5厘米。（筠清馆藏。）

元延祐六年御宝圣观碑拓，1张，纵230厘米，横93厘米。（筠清馆藏。）

元重修单父琴台石刻拓，7种，最大纵86厘米，最大横112厘米。（筠清馆藏。）

元至正十三年皇元敕赐赠翰林学士文献杜魏公神道碑铭并额拓，3张，纵266厘米，横128厘米。（筠清馆藏。）

元苏门山刘杰等题名拓，1张，纵45厘米，横62厘米。（筠清馆藏。）

夏大禹岣嵝碑拓，2张，纵193.1厘米，横128厘米。（南海毅斋藏。盖"少毅"篆体朱文印原拓极罕。）

颍上兰亭序，2张，纵72.2厘米，横29.6厘米；纵75.1厘米，横29.4厘米。（南海毅斋藏，盖"少毅"篆体朱文印。其中有一张拓片上盖"南海邹氏"篆体白文印、"永誉"篆体朱文印；另一张拓片上盖"药雨"篆体朱文印。）

唐姜行本纪功碑拓，1张，纵186.6厘米，横60厘米。（南海毅斋藏，观字完全未泐。盖"少毅"篆体朱文印。）

唐大兴善寺故大德大辩正广智三藏和尚碑铭并序拓本，1册，纵30厘米，横18厘米。（已裱。按：在拓片右侧空白处有题记1行："唐不空和尚碑。石虽已断，然纸墨精善，拓工良好，自属可贵。南海邹永誉题记。"并盖"永誉"篆体朱文印。该拓片折叠成册，封面上贴一长条形纸条，上面毛笔竖写题记："旧拓唐不空和尚碑，南海毅斋藏。"并盖"少毅"篆体朱文印。）

柳子文撰、王同老书，晁端德篆盖，宋故定州观察判官仇府君墓志铭拓，1张，纵76厘米，横76厘米。（已裱。盖"少毅所藏"朱文印一方。）

殷比干墓题字断碑，1 张，纵 104.5 厘米，横 52 厘米。（已裱。戊申二月祖翼。盖"磊安"朱文印。）

汉建宁二年史晨奏祀孔子庙碑拓，1 张，纵 170 厘米，横 82 厘米。（光绪丁未小除夕张祖翼署，盖"磊安"朱文印。已裱。）

汉正真残碑，1 张，纵 64 厘米，横 44.5 厘米。（戊申上元磊堪，盖"磊安"朱文印。已裱。）

北齐武平九年马天祥造像文字拓，1 张，纵 101 厘米，横 58 厘米。（戊申四月磊厂，盖"张祖翼"白文印。已裱。）

汉少室神道碑阙铭拓，1 张，纵 374 厘米，横 37 厘米。（已裱。远字不坏本。）

汉封龙君灵山君三公之碑拓，1 张，纵 175 厘米，横 82 厘米。（已裱。未园署。）

汉故圉令赵君之碑（拓片影印本），1 张，纵 219 厘米，横 98 厘米。（按：有钱载、梁章钜、梁同书、翁方纲、何绍基、伊秉绶、郑孝胥、翁树培、石韫玉、吴荣光、黄易等题记。）

"大晋龙兴 / 皇帝三临辟雍 / 皇大子义再莅之 / 盛德隆熙之颂 /"碑拓，1 张，纵 64 厘米，横 33 厘米。（有题记：民国二十一年冬托苏子乐兄置于高州。）

魏故使持节侍中都督李宪墓志铭拓，1 张，纵 91 厘米，横 88 厘米。（已裱。）

隋龙华寺碑并序，1 张。

大隋左武卫大将军吴公李氏女墓志文拓片，2 张，纵 45 厘米，横 42.3 厘米。（1 张已裱，1 张未裱）（按：已裱拓片的右、左下角有题记："此隋碑为何蕙盦所藏。昨 / 由其家人处购得隋碑，内承 / 周齐峻整之绪，外收梁齐绵 / 琴之风，简要清通，汇为一局，/ 故可宝也。乙卯秋伯元志。"并盖"伯元审定""璇吉之章"白文印文。）

砚拓，7 张，纵 29.2 厘米，横 17.7 厘米。

南海浴日亭碑拓，1 张，纵 146.6 厘米，横 81.1 厘米。（按：拓片上盖"伯瑜所得金石""何昆玉印"朱文印文。）

唐少林寺碑旧拓本，1 张，纵 307 厘米，横 123.5 厘米。（已裱。并唐玄宗隶书额，秦王告少林寺主教裴漼撰并行书。）

唐少林寺柏谷坞庄碑旧拓本，1 张，纵 303 厘米，横 120 厘米。（已裱。并唐玄宗隶书额，少林寺赐田敕。）

唐开元十一年唐玄宗文皇帝赐少林寺柏谷坞庄御书碑记拓，1 张，纵 88 厘米，横 119 厘米。（残破。未裱。）

颜真卿书唐颜勤礼神道碑拓，1 张，纵 180 厘米，横 106 厘米。（已裱。）

颜真卿书唐颜勤礼神道碑拓，1 张，纵 178 厘米，横 91 厘米。（并侧，出土初拓精本。已裱。）

苏灵芝书唐梦真容敕（开元年刻），1 张，纵 202 厘米，横 89 厘米。（旧拓本。已裱。）

张之宏撰、包文该书兖公之颂（天宝元年刻），1 张，纵 200 厘米，横 85 厘米。（已裱。）

高丽国演福寺钟铭，1 份 4 张，纵 33 厘米，横 62 厘米。

温益禹弼、李弼颜、翁方纲、金一凤论题贾使君碑阴，1 张，纵 158 厘米，横 84 厘米。（已裱。）

大唐龙角山庆唐观纪圣之铭拓（唐开元十七年建），1 张，纵 162 厘米，横 96 厘米。（光绪戊申四月祖翼，盖"磊安"朱文印。已裱。）

元延祐五年题衔碑拓，1 张，纵 74.5 厘米，横 61 厘米。（光绪戊申五月磊堪。已裱。）

广州修城砖拓本，1 本，纵 72 厘米，横 31.5 厘米。（已裱。）

大唐幽州昭仁寺之碑拓，1 张，纵 302 厘米，横 107 厘米。（已裱。旧拓本。正书，朱子奢撰，虞世南书。贞观四年十月。陕西长武县。四十行，行八十四字。）

张九龄撰裴光庭碑拓，1 张，纵 114 厘米，横 124 厘米。（已裱。玄宗御书。精旧拓，比《金石萃编》考正并多字。另有校记。）

奉为高祖文皇帝造龙华碑拓，1 张，纵 139 厘米，横 76 厘米。（江阴方可中手拓本。）

伊阙佛龛之碑拓，1 张，纵 293 厘米，横 168 厘米。（已裱。）

唐故特进尚书右仆射虞恭公温公之碑拓，1 张，纵 113 厘米，横 102 厘米。（已裱。）

唐颜鲁公离堆记拓，1 张，纵 192 厘米，横 52 厘米。（已裱。）

唐故大樊将军周之碑拓，1 张，纵 228 厘米，横 96 厘米。（已裱。）

辽大康六年藏掩感应舍利记，2 张，纵 72 厘米，横 42.3 厘米。

宋施宗庆墓志拓，1 张，纵 63 厘米，横 56 厘米。（已裱。）

南宋龙华寺题名拓，1 张，纵 41.5 厘米，横 72.5 厘米。

李少鸿书唐虔州雩都县福田寺三门记拓，1 张，纵 127 厘米，横 67 厘米。

曹真残碑并序，2 张，纵 75 厘米，横 98 厘米；纵 77.5 厘米，横 96 厘米。

元三清龛复出记拓，1 张，纵 26 厘米，横 42 厘米。

乾隆皇十七子题岳武穆墓拓，1 张，纵 34 厘米，横 61 厘米。

陈三立撰文，沈曾植书，吴俊卿篆皇清诰授奉直大夫晋赠光禄大夫河南邓州知州朱光第墓志拓，1 张，纵 155 厘米，横 74 厘米。

清远紫霞洞石大字拓，9 张，纵 222 厘米，横 54 厘米。

西晋泰始六年晋故明威将军南乡太守郧休府君侯之碑拓，2 张，纵 228 厘米，横 93 厘米。（并碑阴碑额译文俱全。初拓本。）

齐故尚书左仆射宇文公之碑并序拓，1张，纵206厘米，横94厘米。（天统五年八月。光绪二十四年出土。初拓本。）

南汉大宝元年韶州云门山光泰禅院故匡真大师实性碑拓，1张，纵165厘米，横93厘米。（旧拓配匡圣轴装）

晋中□□王献之书帖拓，1张，纵30厘米，横28厘米。（已托底）

魏武定题记拓，1张，纵78厘米，横35厘米。

苏子瞻、王杰、梁森宇字拓，2张，纵35厘米，横45厘米。

北公乡将军上尊号奏拓，3张，纵186厘米，横102厘米。（按：魏上尊号奏精旧拓本并阴额，共三张。延康元年在河南许州。乾隆前精拓本。雪堂《金石文字簿录》记乾隆时拓本第二行轻车将军都□都字全泐。此本都字尚存上半。第五行军华乡侯之军字全泐，此本军字尚存左半。奉常臣□之臣字已泐，此本臣字完好。第十六行□魏□命之初之魏字全泐，此本魏字尚存笔末一角。碑阴第二行皇天则降□露而之降字已损，而字全泐，此本降字仅损连石痕，而字尚存大半。第三杂还于其间无□之间字半损，还其二字全损，此本其字全在，间字仅微损，惟还字泐去。第五行信矣著矣，矣著二字半损，此本矣字完好，惟著字有损。凡此皆乾隆前拓之证，而背及碑额三张完如新，为同时原拓，绝非拼配，尤为难得。）

康有为题寒山寺钟诗拓，1张，纵130厘米，横89厘米。

隋故太原王夫人墓志铭拓，1张。（按：该拓片左下角空白处盖"罗原觉传本"朱文印，并有毛笔题记6行："右隋南海王夫人墓志为筑广九铁路时石牌乡发现，载于宣统《番禺志》。粤中／所存隋刻并此而四，俱在大业年间。宁赞碑，五年四月；刘猛进志，五年十一月（志称猛进／殁于大荒之岁建酉月，窆于建子月三日丙寅。查大业五年己巳十一月甲子朔三日是丙寅。宣统《番禺志》／及叶氏《奇觚廎集》，考为开皇十二年丁巳十一月。上虞罗氏《蒿里遗文目录》列于大业元年，其日历皆不合。／徐智竦志，六年十一月，皆正书。此志三年五月，为隶书，而出土最后石色紫，类端州产，与／三石又殊，若说粤存隶刻，则唐石而亦尠见。"还盖"原觉"二字篆体白文印。）

杂拓，10张，尺寸不等。

筱谷笔筒拓，1张，纵34.5厘米，横45厘米。

林文昭手拓"王字汉砚"，1张，纵29厘米，横96厘米。（有题记："王字汉砚。出土于洛阳。吴岳庐称之日汉宝，犬养木堂名之日祖研，因以颜斋。太庸手拓。"并盖"林文昭印""汉研斋"

白文印。）

"维大魏黄初二年秋八月二日中州信弟子张莲为亡父母诸亲族眷属之灵造登天国永□子子孙孙□虞供奉之万年无疆"铭文及像拓，1张，纵17.5厘米，横33厘米。（有题记："古玉造像。养斋手拓"，"林文昭手拓"，并盖"养斋氏"白文朱文印等。）

"岁在辛未辟师不祥"砖拓，1张，纵47厘米，横33厘米。

永嘉年砖拓，11张，尺寸不等。

多种砖拓，29张，尺寸不等。

太宁、永明等砖拓，8张，尺寸不等。

延光、凤皇、永嘉等砖拓，16张，尺寸不等。

陶片纹拓，8张，纸边纵47厘米×横35厘米不等。

建初、晋元康等拓，6张，纸边纵32厘米×横53厘米不等。

圆形碑拓（残件），1张，直径35厘米。

"大魏正光年戍边吐番□和将军国使令"碑拓，1张，纵38厘米，横24厘米。

"吉""张"字等砖拓，6张，纵39厘米×横20厘米不等。

"大汉大宝""永定"字砖拓，2张，纵38厘米×横6.5厘米不等。

文宣王庙新门记，1张，纵121厘米，横68厘米。

带"文君"铭文的青铜錞于全形拓，1张，纵104厘米，横69厘米。（按：盖两方朱文印："罗原觉传本""家有汉文君淳于、隋大业南海王夫人墓志、宋熙宁潮州陈十五娘造瓷佛、绍定广州城南傅二娘造石水笕记石刻"。）

转运使司重建使院题名之记，2张，纵137厘米×横88厘米不等。（按：盖"罗原觉传本"朱文印。拓片左上角有毛笔题记："此碑已核通志，宋刻。""使院题名记出于文明门小门城基，掘地／获之。此碑分而为二，疑是开禧年号，当是宋石。／祈／泽堂先生文鉴。拓片式张，并已查阅为合式。留下来观。／弟权记附。／"）

"永嘉年"晋砖拓，18张，纵35厘米×横6厘米不等。

"商父乙卣"影印本，1张，纵63厘米，横36厘米。（按：有徐乃昌、王国维、邹安、罗原觉、黄宝璇题记。）

新修曲阜县文宣王庙记（咸通十一年建），1张，纵123厘米，横73厘米。

大魏孝昌元年佛弟子李祥为七世父母造像，1张，纵36厘米，横14厘米。

"太康""开元"年等砖拓，5张，尺寸不等。

汉石画拓，5 张，纵 31 厘米 × 横 106 厘米不等。

汉石画拓（论语石拓），14 张，纵 63 厘米 × 横 196 厘米不等。

汉石画拓，12 张，纵 72 厘米 × 横 113 厘米不等。

"六祖大鉴禅师 / 像元符二年四 / 月八日王文敬造"铭文及造像拓，1 张，纵 26 厘米，横 24 厘米。

菩萨立像拓，2 张，纵 46 厘米，横 24.5 厘米。

汉廿八将佐命功苗东藩琴亭国李夫人灵第之门画像拓，1 张，纵 59 厘米，横 114 厘米。（已裱。）

褚遂良书唐太宗御制三藏圣教序拓，1 张，纵 31 厘米，横 19 厘米。（已裱。）

大周故将仕郎房君墓志铭并序，1 张，纵 44.5 厘米，横 42.5 厘米。

大魏天平三年故沧州刺史王僧墓志，2 张，纵 54 厘米，横 51 厘米。

唐大兴善寺广智三藏和尚碑（建中二年建），1 张，纵 208 厘米，横 105 厘米。

唐神龙三年荥阳县头陁逸僧识法师上颂圣主中兴得贤令卢公清德之文，1 张，纵 214 厘米，横 117 厘米。

唐咸通十年新修曲阜县文宣王庙记，1 张，纵 122 厘米，横 74 厘米。

敬善寺石像铭（宣德郎守记室参军事李孝伦撰），1 张，纵 80 厘米，横 44 厘米。

大唐故骑都尉濮州阳县令于君之碑拓，1 张，纵 171 厘米，横 67 厘米。

□庙堂之碑，1 张，纵 185 厘米，横 96 厘米。

孔道辅撰祖庙祭文，1 张，纵 65 厘米，横 103 厘米。

大唐故司空太子太师上柱国赠太尉扬州都督英贞武公李公之碑拓，1 张，纵 144 厘米，横 150 厘米。

龙龛道场铭并序，1 张，纵 85 厘米，横 116 厘米。

颜氏干禄字书，1 张，纵 183 厘米，横 113 厘米。

大唐中兴颂，1 份 6 张，纵 90 厘米 × 横 167 厘米不等。

大唐故巂州都督赠幽州都督吏部尚书文□公□□□碑铭拓，1 张，纵 180 厘米，横 93 厘米。

孔子卅一世孙立碑拓（断裂三截），1 张，纵 166 厘米，横 77 厘米。

一切如来心真言（佛言）拓，1 张，纵 32 厘米，横 32 厘米。

柳侯丁丑春赴柳幕道长沙谒拓，1 张，纵 212 厘米，横 122 厘米。

大卿宋公留题周文王庙诗拓，1 张，纵 75 厘米，横 63 厘米。

大周故荣德县丞梁君墓志铭拓，1 张，纵 51 厘米，横 71 厘米。

大唐故辰州溪县令张君墓志铭拓，1张，纵49厘米，横45厘米。

唐故太原县开国男王守琦墓志铭拓，1张，纵46厘米，横43.5厘米。

大唐故处士张君墓志铭拓，1张，纵63.5厘米，横83厘米。

唐故圭峰定慧禅师传法碑拓，1张，纵207厘米，横98厘米。

□春式乔张丽人之墓，1张，纵75厘米，横54厘米。

鲁孔子庙之碑并额，1张，纵212厘米，横84厘米。

魏故渤海太守王府君墓志铭拓，1张，纵51厘米，横51厘米。

大方广佛华经卷拓，2张，纵20厘米，横37厘米。

伪齐车骑将军时珍墓志铭拓，1张，纵40厘米，横48厘米。

魏汝阴太守温伯雄家人纪其辞拓，1张，纵27厘米，横26厘米。

北齐天保元年张龙伯兄弟造像拓，1张，纵72厘米，横21厘米。

故李功曹墓铭拓，1张，纵55厘米，横53厘米。

张景珍等造像拓，1张，纵72厘米，横28厘米。

杨阿眉造像拓，1张，纵67厘米，横17厘米。

张利造像拓，1张，纵67厘米，横17厘米。

维大金大定十七年三清观铁盆铭拓，1份6张，纵60厘米，横19厘米。

苏东坡元丰六年十月二十四日赤壁游字拓，1张，纵184厘米，横29.5厘米。

岳飞真迹拓，1份4张，纵125厘米，横33.5厘米。

"粤维大宝二年／七月十五日王／氏为亡夫敬造／药师佛像一区／愿亡魂早登仙界／"铭文及造像拓，1份2张，纵26厘米，横22厘米。

有文字瓦当拓，20张，纵27厘米×横24厘米不等。

隋侯延为女夫张仕岳造像（铭文：开皇十二年三月三／日岳女张兰一心供／养，侯延为女夫张／仕岳敬造佛像一／区，岳妻侠婑一心／供养／），1张，纵96厘米，横35厘米。（按：有商承祚题记："隋侯延为女夫张仕岳造像。原觉仁兄考订。辛未三月商承祚持赠于燕京。"盖"锡永""契斋藏印"篆体朱文印。）

大隋开皇十三年诸葛子恒平陈颂碑拓，2张，纵110厘米，横72厘米。

武氏祠孔子见老子画像题字拓，10张，纵52厘米×横100厘米不等。（筠清馆所藏。）

柳公权书并额魏公墓先庙碑，1张，纵164厘米，横99厘米。

董其昌墨迹款识（不完整），1张，心纵24.5厘米，横13.5厘米。

嘉庆六年立苏文忠公侍妾王氏朝云之墓拓，1张，纵116厘米，横53厘米。

瓦当拓，31张，纵21厘米×横21厘米不等。（按：有的拓片上盖"菊存鉴藏"篆体白文印，有的拓片上盖"菊存"篆体白文印，有的拓片上盖"桐君手拓"篆体朱文印，还有1张拓片上写有题记："本斋藏汉瓦廿种，拓赠行严先生鉴定。弟陈凤翔。"并盖"陈桐君"篆体白文印、"桐君手拓""诵读庐金石文字"篆体朱文印。）

砖拓，14张，纵37厘米×横11厘米不等。（按：这批砖拓或盖"菊存"朱文印，或盖"菊存鉴藏"白文印，或盖"丛桂山堂"朱文印。"菊存"即王秉恩之弟王秉懋。）

大元国至元二十五年上将安人葬番禺县墓碑拓，2张，每张纵43厘米，横28厘米。

刘宋故龙骧将军护镇蛮校尉宁州刺史邛都县爨龙颜使君之碑，1张，纵285厘米，横121厘米。（并碑阴八分书，隶额。大明二年九月。在云南陆凉。二十四行，行四十三字。卓尔不群之字，不骤崇鳞字之左半，均比近拓本少损，且拓墨甚佳，殊不多见。已裱。）

大觉去尘造像铭拓，1张，纵75.5厘米，横48.5厘米。

乐志论文征明书拓，1张，纵31厘米，横40厘米。

隋邯郸县令蔡府君故妻张夫人墓志铭拓，1张，纵58厘米，横57厘米。

佛顶尊胜陀罗尼经序拓，8张，纵91厘米，横21厘米。

魏景明二年广州王文造像铭拓，1张，纵53厘米，横34厘米。

魏景明三年邑主中散大夫荥阳太守孙□□像铭拓，1张，纵127厘米，横51厘米。

魏景明四年邑主马振邑子像铭拓，1张，纵63厘米，横31厘米。

魏景明四年比丘法生为孝文皇帝并北洛王母子造像拓，1张，纵36厘米，横16厘米。

魏正始三体石经字拓，6张，纵106厘米×横61厘米不等。（石在河南洛阳。未洗剔前拓本，洗剔后行末三字更清晰，惟全体神态多矣。）

晋勾龙能平后土祀及后土造像拓，2张，纵67厘米×横67厘米不等。（未裂本，又初拓本。）

魏故敷城开国公刘□墓志铭，1张，纵62厘米，横58.5厘米。（已裱。）

宋三十七部会盟石诚碑拓，1张，纵117厘米，横63厘米。

郑板桥书例拓本，1张，纵25.5厘米，横61厘米。

龟兹左将军刘平国（治关亭摩崖拓片），1张，纵52厘米，横47厘米。（已裱。）

北周故开府仪同贺屯植墓志拓，2张，纵224厘米×横114厘米。（已裱。原石初拓本。）

北周强独乐造像记拓，1张，纵143厘米，横117厘米。（已裱。原石初拓本。精旧拓本，未见有第二本。）

唐永泰寺碑并额拓本，1张，纵211厘米，横81厘米。（已裱。旧拓本。第三行敕字之左为字，上顶第六行冲和和字、第九行轨范范字、十三行不住无相之不字，皆未泐。稍旧拓本此等字已泐成空白。）

唐故徐州都督临淄定公房公碑并额拓片，1张，纵270厘米，横137厘米。（已裱。）

汉熹平残石拓，1张，纵71厘米，横63厘米。（阮跋，未损字。桓字存上半。乾隆五十八年出土。此为嘉庆拓本。已裱。）

手抄唐化度寺碑拓，2张，纵35厘米，横18.5厘米。

广东名人字迹，3张，纵178厘米，横127厘米。

圣教序题跋，14张。

汉党锢刻石残字拓片（天津福山王氏藏石，丹徒陈邦福考订，盖"福山王氏"白文印），1张。（按：陈邦福考订，为党锢残石。残石曾藏于天津王竹林家，今藏天津历史博物馆。）

"开皇十二年十二月廿六日梁明为亡父母造像"铭文拓，1张。（有题记："隋开皇十二年梁明造像。拙藏六朝造像之一。"并盖"侯官何遂"白文印。）

蔡守审定、月色手拓甲骨文拓，2张。（拓片上均盖"蔡守审定""月色手拓"篆体朱文印各一方）

"大统五年四月九日纥干纹兄弟三人为父母造石像"铭文拓，1张。（有题记："原觉兄雅鉴。陆九和拓赠。"并盖"沔城陆和九"篆体朱文印。）

"而旋"残字碑拓，1张。（已裱。盖"柯燕舲所藏金石"篆体白文印。）

东魏刘懿墓志拓，1张。（原石精旧拓。）

隋张贵男墓志拓（初拓精本）。

"邬道源先生墓表"拓，1张，纵50厘米，横74厘米。

"清诰授奉政大夫湘南陈公暨淑配谭太宜人墓志铭"拓，2张，每张纵42厘米，横69厘米。（诰授资政大夫代办出使大臣驻秘参赞官世愚侄黎熺撰文。民国九年七月初九立。）

革命党人史古如史憬然女士等人碑刻拓，3张，每张纵70厘米，横50厘米。

"发起建筑兴中会坟场会员纪念"碑拓，1张，纵68厘米，横47厘米。

"胡省长卫士殉难李新君之墓、邓上将卫队黄南君之墓、南海人"碑拓，1张，纵76厘米，横42厘米。（中华民国壬戌年十二月初十晚沈逆雄英江防司令会议变乱。民国十四年三月吉日黄大汉立。）

　　《空谷足音——敦复书室信札整理与研究》的出版问世，本是一件值得高兴的事情，可我却开心不起来，心中总忐忑不安。其因有二：一是虽经本人努力，已初步完成馆藏罗原觉文物资料中书信类藏品的整理和研究工作，但印谱印章、拓片、手稿等其他类藏品的整理和研究工作却因本人工作调动而无法继续开展，变得遥遥无期，从而给个人的学术生涯留下了遗憾！二是本项目虽然着手时间较长，从20世纪90年代初即已开始，断断续续地开展了三十三年，但受个人学术水平所限，不仅没能构建起章节体系，未对学人们的交游圈做出系统阐述，仅以单篇论文的形式呈现，只对遗存的每封信函做了个案研究，而且书中还存在误释误读或未能释读的情况。在此诚恳地欢迎读者朋友们的批评指正！

　　本书涉及的信函作者，多是晚清民国时期的旧知识分子，大多是大名鼎鼎的名家学人。他们的每封信札都是一幅赏心悦目的、个性化的书法作品，信函的内容展示了学人们之间的真实情谊及当时的社会生活氛围。每当读到这些文字，学人们的思想和情感就如同"空谷足音"，在我的心中引起巨大的回响。

　　我年轻时总感觉来日方长，做起事来追求慢工出细活，可是一旦年过半百，加上事务繁多，顿感时间紧迫，有点力不从心。自己虽一再努力，即便偶尔抱恙，也丝毫不敢有懈怠之心，每日力求能解决一点问题。但即便如此，依然没能在规定的期限内完成本书的出版，在此我要真诚地感谢广东省博物馆事业发展基金会的同仁们，允许我一而再再而三地延迟项目的结项。